O grande dicionário de sonhos

ZOLAR

O grande dicionário de sonhos

Novos sonhos decifrados

Tradução
Bruno Casotti
Johann Heyss
Kvieta Morais

12ª edição

CIP-BRASIL. CATALOGAÇÃO-NA-FONTE
SINDICATO NACIONAL DOS EDITORES DE LIVROS, RJ

Zolar, m.1976-
Z79g O grande dicionário de sonhos / Zolar; tradução: Kvieta Morais,
12ª ed. Bruno Casotti, Johann Heyss. — 12ª ed. — Rio de Janeiro:
Nova Era, 2022.

Tradução de: Zolar's encyclopedia & dictionary of dreams,
fully revised and updated for the 21st century
ISBN 978-85-7701-165-0

1. Sonhos - Dicionários. 2. Interpretação de sonhos
— Dicionários. I. Título.

CDD: 153.303
10-3813 CDU: 159.963.38(038)

TÍTULO ORIGINAL NORTE-AMERICANO:
Zolar's encyclopedia & dictionary of dreams, fully revised and updated
for the 21st century

Texto revisado segundo o novo Acordo Ortográfico da Língua Portuguesa.

Publicado mediante acordo com Fireside, um selo da Simon & Schuster

Diagramação: **editoriarte**

Direitos exclusivos de publicação em língua portuguesa para o Brasil adquiridos pela
Editora Nova Era um selo da Editora Best Seller Ltda.
Rua Argentina, 171 — Rio de Janeiro, RJ — 20921-380 — Tel.: (21) 2585-2000
que se reserva a propriedade literária desta tradução

Impresso no Brasil

ISBN 978-85-7701-165-0

Seja um leitor preferencial Record.
Cadastre-se e receba informações sobre nossos lançamentos e nossas promoções.

Atendimento e venda direta ao leitor:
sac@record.com.br

Dedico este trabalho a Naisha Amon
e a todas as minhas Irmãs e meus Irmãos espirituais
do Templo da Ordem Hermética de Heliopolis. *

*The Hermetic Order Temple Heliopolis — T.H.O.T.H.

Certa vez, eu, Chuang Tsé, sonhei que era uma borboleta, voando para lá e para cá, uma borboleta para todos os efeitos. Eu me guiava apenas pelos meus caprichos de borboleta e não tinha consciência da minha individualidade como homem. De repente, despertei e, deitado, lá estava eu de verdade outra vez. Agora não sei se eu era um homem sonhando ser borboleta ou uma borboleta que sonha ser homem.

Introdução

Uma conversa com Zolar

Sonhos!

Será que há alguém lendo este livro que nunca sonhou? Você se lembra do seu primeiro sonho? Eu não! Mas lembro de ter sonhos ainda muito novo. Como Chuang Tsé, o filósofo taoista, bem cedo tive consciência de que uma parte de mim aparentemente vivia não apenas em um, mas em dois mundos. Mais tarde, compreendi que não apenas eu podia transitar entre um e outro, mas, na realidade, podia viver entre os dois também.

Com o tempo, percebi que existir nesse estado não tinha nada de bom, era mais uma maldição que acompanhava certas pessoas, sobre as quais Colin Wilson* escreveria um dia, chamando-as de outsiders.

Após compreender isso, também entendi que, se eu tinha alguma religião, não era o Metodismo da minha juventude, mas sim que eu era um místico, palavra cujas raízes originalmente significavam "ser calado", referindo-se sem dúvida à inabilidade do homem de expressar em palavras a sua experiência do inefável.

Não é como os antigos hebreus queriam que acreditássemos, que é uma blasfêmia dizer o nome de Jeová. Mas, sim, que fazê-lo é uma impossibilidade, pois no momento em que alguém profere o nome de Deus, Ele não é mais o assunto do qual se fala. Por esse motivo, os taoistas escreveram: "O Tao do qual podemos falar não é o verdadeiro Tao!" É exatamente essa ideia que levou o místico Joel S. Goldsmith a cunhar a expressão "O Infinito Invisível" para descrever a divindade que ele percebia.

Pois é somente no estado de sonho que nós, como mortais, nos aproximamos até mesmo da mais remota compreensão de quem e o que os nossos deuses podem de fato ser. Essa verdade era bem conhecida nos tempos antigos e levou à criação de "templos do sono", que possibilitavam àqueles julgados doentes se recuperarem por intermédio da intervenção divina. Ensinava-se que, durante o sono, o deus vinha a você, trazendo seu toque curador. De todos os deuses e templos relacionados a esse pensamento, o santuário de Esculápio recebia a mais alta consideração, tornando-se o ápice da medicina grega.

Mas só ao conhecer Erlo van Waveren, um dos discípulos diretos de Carl G. Jung, pude entender verdadeiramente a importância dos sonhos. Por ser um

*Escritor inglês especialista em assuntos místicos, autor de *O outsider*. (*N. do T.*)

estudioso de van Waveren, passei a apreciar e confiar na sabedoria sem censura que eu podia obter dos meus sonhos, caso percebesse o significado por detrás dos vários símbolos, os quais se apresentavam noite após noite. E é aí que este trabalho se torna importante.

Durante meio século, Bruce King, que fundou a editora Zolar Publishing, juntou todos os antigos livros de sonho que podiam ser encontrados e criou o que acidentalmente se tornaria um incontestável clássico da literatura ocultista. Como tal, logo ocupou o seu lugar nas mesas de cabeceira no mundo inteiro.

E, na verdade, de todos os livros Zolar publicados, é o Dicionário de sonhos o mais estimado e passado de pais para filhos, como uma herança de família.

Nesta edição, eu, com a ajuda, o talento e as habilidades editoriais de Nadine Daily Papon, removi ambiguidades e repetições encontradas na primeira edição e organizei os significados dentro das descrições de sonhos para torná-las acessíveis mais rapidamente. E, para torná-las ainda mais úteis, acrescentamos números da sorte para cada categoria de sonho.

E, é claro, se qualquer desses números se mostrar proveitoso, não vou me ofender com o recebimento de cheques com que os leitores queiram me presentear junto a suas cartas de agradecimento!

Sério... divirta-se, aproveite e tenha tanto prazer quanto eu tenho em apresentá-lo a você. E para aqueles que queiram entrar em contato comigo pessoalmente, ou que busquem conhecimento na área da metafísica ou do oculto, as informações encontram-se a seguir.

Finalmente, para não esquecer, tiro o chapéu para Dominick Abel, o meu incansável agente literário, e à Amanda Patten da Touchstone/Fireside, sem a qual não poderíamos desenvolver este importante empreendimento.

Zolar
Post Office Box 635
Ozona, Florida 34660
Site do Zolar: www.zolar-thoth.org
Endereço de e-mail: zolar.pub@verizon.net

A

A 01-04-26-38-39-48
começo do alfabeto: todas as coisas têm que começar em algum lugar.
digitar ou escrever a letra A: uma ação que sinaliza o início da comunicação.
letra A sozinha: é bom para os negócios ser o primeiro na lista telefônica.
outra pessoa escrevendo a letra A: indica uma primeira tentativa de se expressar.

ABANDONAR 04-14-15-31-34-46
a si mesmo: para receber amor, precisa ser capaz de dá-lo.
algo pecaminoso: surge oportunidade para dar o passo que você planeja há tempos.
algo querido: coisas ruins acontecem a pessoas boas.
amigos: é impossível planejar o futuro sem esse elenco de personagens.
emprego: quando uma porta se fecha, outra se abre.
esposa: foi sua culpa, portanto reconcilie-se.
filhos: nenhuma desculpa será levada a sério.
lar: abra-se a novas formas de se relacionar.
mãe: você busca liberdade e volta para casa para encontrá-la.
marido: mudança de amigos levará à liberdade de ser você mesma.
namorado(a): fracasso leva a grandes dívidas.
navio: você terá sucesso se alcançar a terra.
negócios: brigas que, se não forem silenciadas, levarão a incidentes penosos.
outros: você se afeiçoará aos inimigos quando eles fracassarem.
pai: suas ações tolas levarão a dificuldades nos negócios.
parentes: estabeleça uma família substituta com aqueles que se importam com você.
pessoa amada: ansiedade de separação devido à culpa acerca de comportamento tolo.
pessoas influentes: uma reconciliação está a caminho; cada pessoa deve manter seu poder.
religião: seus ataques a pessoas erradas resultarão em pobreza.
sonhar com o abandono: com as emoções em equilíbrio, você tem liberdade para explorar.
um ente querido: você deve se esforçar para recuperar emoções perdidas.

ABDOME 06-18-32-33-48-54
algo movendo-se dentro: você tem uma longa jornada de trabalho árduo à sua frente.
da pessoa amada: traição em função de ambições distintas; mantenha-as em equilíbrio.
esfregá-lo descoberto: você recuperou dinheiro; um alívio de tensão atrairá mais dinheiro.
grande e não estar grávida: você pôs todos os seus ovos na mesma cesta infértil.
grande, se sonhado por mulher solteira: apogeu da vida; você vai se casar em breve.
inchado: você se recuperará de uma doença contagiosa grave.
levar um tiro: o amor dói; encare essa lição positivamente e siga em frente.
pequeno: você não pode absorver o futuro antes de digerir o passado.
  crescendo: redobre o vigor no trabalho em vez de divertir-se.
  magro: sua falta de defesa resulta em perseguição.
sonhado por pessoa casada: o amante do parceiro infiel é a gula.

sonhar com um: grandes expectativas de que todos os seus talentos serão utilizados.
ter dores abdominais: você terá dor de barriga nos negócios, mas boa saúde.
ter um grande: o caminho para o seu coração não é o estômago.

ABDUÇÃO 02-13-19-33-40-41
à força: exigências inesperadas, quando satisfeitas, renderão bons resultados.
filho de uma: um mistério se resolve mudando sua visão sobre si mesmo.
mulher sofrendo: uma pequena afeição pode ser interpretada erroneamente pela pessoa amada.
sofrer uma: alguém próximo está tirando vantagem de você.

ABELHAS 05-12-22-28-31-47
abelhões voando em volta de: muito distraído com assuntos sem importância.
cera de: você está encobrindo a dor de algum desejo interior.
entrando na sua casa: os inimigos causarão danos à sua reputação.
enxame de: a força do grupo com uma fraqueza individual leva a um empreendimento lucrativo.
ser picado por: cuidado com seus inimigos interferindo em seus relacionamentos íntimos.
fazendo mel na sua árvore ou no depósito: os inimigos serão conquistados com doçura.
no topo da sua casa: você terá azar por causa de uma situação delicada.
sua propriedade: deleite-se com a fonte de seu sucesso nos negócios.
matar: você ficará arruinado por ter destruído o responsável errado.
muitas: cerque-se de pessoas do seu tipo.
ao meio-dia: ganhos financeiros por meio de notícia chocante.
com mel: você irá acumular dinheiro e pessoas que desejam o seu.
de manhã: diligência, organização e chegar lá primeiro levam ao sucesso.
picado por uma: cuidado para não deixar pequenos pensamentos irritantes controlarem você.
não ser: uma pequena diferença de opinião, um alvoroço.
rainha: inimigos querem machucar você.
ser atacado por: você está muito ocupado e compromissado com trabalho árduo.
voando de noite: você receberá um benefício muito divulgado.

ABISMO 03-10-16-18-52-55
cair: jornada cautelosa por transações perigosas.
queda de outros: seja prudente em todas as transações; enfrente o medo que abandonou.
sem se machucar: dinheiro que emprestou não será devolvido; confronte o seu próprio vazio.
em geral: um alívio indescritível de que o seu potencial pode se realizar.
escapar: seu rígido sistema de crenças foi desmantelado.
salvar pessoas: uma relação consigo mesmo é necessária antes de tomar uma atitude arriscada.
a si mesmo: mantenha os olhos abertos para enfrentar a sua escuridão.

ABÓBORA 02-18-36-40-42-53
colher uma: o começo da morte de um parente aos seus olhos, bem como aos do mundo.
comprar uma: seus atos serão descobertos e criticados em público.
torta de: o atual infortúnio no amor não é para sempre.
comer: vai contrair uma doença séria que pode ser curada com remédios simples.

fazer uma: amigo traiçoeiro quer se vingar; jogue a bomba de volta para ele.
cultivar: seu crescimento precipitado será desprestigiado por fofocas maliciosas.
de Halloween: sinais enganosos são tentadores, mas na direção errada.

ABORÍGENE 26-41-45-48-51-52
lutar contra: abrace a sua natureza instintiva; siga o seu próprio ritmo.
ser: fazer uso de forças naturais para lidar com suas dificuldades.
canibal: o medo de que uma atividade proibida seja descoberta.
comendo alguém: você está sendo devorado pela pessoa amada; recue.

ABORRECIMENTO 07-11-14-17-26-45
aborrecer outros: você receberá convite de pessoa importante.
estar aborrecido: seus planos passarão por dificuldades que você pode superar.
filhos aborrecidos: perigo em se agarrar a segredos.
pessoa casada sonhando sobre aborrecer outros: não há como salvar um casamento onde falta amor.

ABORTO 13-17-33-34-39-52
abortar: você está trilhando um caminho infrutífero na vida.
bem-sucedido: projeto atual resultará em desgraça.
fazer campanha contra: sua coragem superará todos os obstáculos.
outras mulheres abortando: rejeitar os outros resultará em solidão e escândalo.
realizar aborto (em outras): você sofrerá por não ter seguido seu código de ética.
sonhar com: o término de um relacionamento amoroso causado por diferença de objetivos.

ABRAÇAR 04-08-15-19-23-39
amigo abraçando: traição oriunda de uma amizade anteriormente honesta e estimulante.
estranho abraçando: um convidado indesejável criticará você para contrabalançar os elogios.
filhos abraçando: a você será confiado um segredo que, se exposto, destruiria a sua família.
outra pessoa abraçando a pessoa que você ama: solidão e problemas.
parentes abraçando: você será acusado de indiscrição sem provas.
pessoa amada abraçando outros: você terá uma vida emocionalmente produtiva.
ser abraçado por outros: uma outra pessoa quer conquistar a pessoa que você ama.
por desconhecido: momento favorável para dedicar-se a namoricos.

ABRIGO 15-18-19-23-24-35
abrigar um refugiado: o que você faz será mal interpretado e condenado.
contra temporal: consideração por toda a comunidade, não apenas a sua família.
furacão: cuidado com o mau conceito que fazem de você pelas costas.
estar em um: está reavaliando e fazendo mudanças em seu estilo de vida.
ir a um, com a família: você constringiu seus pensamentos para se preocupar apenas consigo mesmo.
outras pessoas: ficará insatisfeito com as condições atuais, mas terá medo de confrontar a situação.
procurar, contra inimigos: a insegurança do presente está camuflando uma entrada de dinheiro para breve.
sonhar com um: está deslocado no tempo e no espaço, à procura de um porto.

ABRIL 04-06-35-37-38-53

alguém tentar enganar você no dia 1º de abril: você terá poder sobre alguém.

enganar alguém no dia 1º de abril: alegria na família.

mês de abril: o sucesso será adiado.

nascido em: feliz nos assuntos do amor.

filhos nascidos: terão posição importante na vida.

ABSCESSO 17-19-22-25-37-51

operado: uma experiência dolorosa da juventude precisa ser revivida para que sigamos em frente.

sonhar com: sua experiência com amigos ruins tem lhe impedido de fazer bons amigos.

ter: você se libertará de pensamentos nocivos.

em outros lugares: o que não lhe contaram é muito importante.

no dente: comer para reprimir raiva só transfere a dor.

no pescoço: estão sufocando as suas opiniões.

ABSORVER 09-18-42-45-47-55

algo para dentro de você: você está absorto demais no que está fazendo para enxergar a verdade.

ideias: reinterprete-as e transforme-as em suas.

informações: todos os dados devem ser inseridos coordenadamente no panorama global.

ser absorvido por um grupo: una todas as facetas de sua identidade.

ABUNDÂNCIA 12-14-20-43-45-46

de dinheiro: você ganhará dinheiro por meio de permuta.

de outras coisas: sucesso no amor é importante; mantenha seu capital.

em excesso: acalme o mau humor em relação ao dinheiro que emprestou.

de parentes: aumente a autoconfiança para receber dinheiro prestes a chegar.

ter: você terá uma posição influente entre seus contemporâneos.

ABUTRE 09-17-21-24-27-31

devorando sua presa: tem gente querendo viver à sua custa.

muitos abutres: sofrerá prolongada enfermidade que pode trazer morte e infelicidade.

ser atacado por um: cuidado com o que come, pode regurgitar.

sonhar com: não conseguirá desfazer o mal-entendido com um amigo.

voando em círculos: pessoas falsas vão fazer de tudo para ganhar espaço; derrube-as.

morto: derrota de opiniões e crenças arcaicas; vitória dos novos valores.

ACADEMIA MILITAR 14-15-18-20-39-48

cadete em uma: humilhação precisa perdurar para ganhar força de integridade.

casado em uma: inimigos são vencidos pela perseverança.

descasado em uma: casamento em breve cheio de adversidades e repressão emocional.

oficial em uma: desencorajamento em suas questões.

professor em uma: autoritarismo rígido é questão de vida ou morte.

ACAMPAMENTO 07-11-19-39-41-48

acampar: seu descanso de uma jornada longa e cansativa será temporário.

amigos em: bons resultados em todos os empreendimentos, exceto no casamento.

cercado pelo inimigo: alinhe os seus bens e fique firme.

estar camuflado em: você está se escondendo entre os elementos, e eles retêm você.

estar em: transcendência nos assuntos do amor, mas você não consegue marcar a data do casamento.
preparar-se para: hora de deixar as preocupações de lado e aceitar uma proposta de casamento.
soldados em: as conquistas das tropas irão aumentar enquanto as suas diminuem.
sonhar com: incerteza nos assuntos domésticos quando o nome da pessoa amada é caluniado.

AÇÃO JUDICIAL 01-17-32-42-43-54
contra você para obtenção de dinheiro devido: você gasta dinheiro sem restrições com atos descuidados.
dar entrada em uma: use de cautela contra acontecimentos desfavoráveis nos negócios.
dar entrada em uma ação relacionada a negócios: você terá prejuízo por meio de problemas legais.
outros: envolve prejuízo causado por inimigos influenciando outros contra você.
em andamento: você perderá o caso, a não ser que fatos sejam descobertos.
ganhar uma: evite especulação, o dinheiro será perdido; concentre-se no que pode ganhar.
homem dando entrada em uma ação de divórcio: as pessoas não levarão seu assédio ou tormento a sério.
mulher: ela está defendendo princípios perdidos há muito tempo, como acontecerá com o seu amado.
interpor recurso de apelação: os amigos enganarão você por meio de reputação má e desagradável.
para recuperar dinheiro que devem a você: êxito nos negócios; será que vale a pena entrar nesta guerra?
perder uma: você ficará temporariamente tentado a emprestar dinheiro a uma pessoa amiga; não o faça.

ACHAR 07-14-15-28-39-47
alguém nu: você achará novos usos para velhos talentos.
perdido na floresta: você terá um futuro incerto.
artigo valioso: grande infortúnio nos negócios.
outras coisas valiosas: vergonha e arrependimento.
árvore: dissolução daquilo que mais lhe importa.
criança: você se verá frente a frente com uma ação judicial muito complicada.
ouro e prata: você terá muitas preocupações provenientes de segredos ocultos.
várias outras coisas: você está decidido e confiante em sua infidelidade.

ACHOCOLATADO 03-12-15-24-28-40
beber: lute pelos seus direitos para ter um ótimo futuro.
comprar: alegria na família é interrompida pelas intenções ardentes de amigos.
fazer: meios abundantes, mas baixas expectativas.
sonhar com: esconda amigos desagradáveis em seu próprio benefício.

ACIDENTE 02-08-17-29-35-40
acidentar-se: sua vida está ameaçada pela preocupação com a competição.
e ferir-se: existe alegria e lucro provenientes de seguro, mas uma nuvem agourenta paira no ar.
e morrer: sua família está infeliz com as suas explosões exageradas face a medos não analisados.
junto a amigos: você passará por uma humilhação, mas deve levar a cabo o aspecto que esqueceu.

junto à família: você vai querer ajuda do governo, pois não conseguiu aplicar toda sua experiência em metas positivas.
junto a inimigos: seu júbilo com o infortúnio de outro se voltará contra você.
aéreo: com bastante oxigênio, sua mente está cheia de vitalidade.
atravessando a rua: não tema assumir uma nova responsabilidade.
automobilístico: dinheiro aparecerá quando você se recuperar do choque.
capotar em carro ou caminhão: ansiedades sobre saúde deveriam ser tratadas como fato até se mostrarem falsas.
de bicicleta: esteja alerta à agressão por parte de membros da sua equipe.
em terra: bons empreendimentos, se os antigos forem abandonados. Evite uma decisão apressada de empreender uma viagem desnecessária.
no mar: decepção em assuntos do coração; um novo caminho em sua vida foi bloqueado.
seguro contra: explique seu fracasso em atender pedido de outra pessoa.

ÁCIDO 08-09-13-14-17-43
estalando: você é destruído pelo seu próprio cinismo.
jogado em seu rosto: cuidado com os invejosos.
limpá-lo: uma pessoa amiga está desgastando sua confiança.
manuseio: perigo à frente por causa de uma promessa.
por outros: o pior cenário possível tornou-se verdade.
ser corroído: utilize um novo aparelho com cuidado.
ser dissolvido: você menospreza seus amigos por minarem sua autoconfiança.
dissolver outros: seus amigos duvidam de sua habilidade de mudá-los. Seus atos hostis impedem que cumpra suas promessas.
sonhar: um relacionamento ameaça sufocar você.
teste do ácido: seu verdadeiro valor não será destruído.
usar vocabulário: atacar os outros desgasta sua autoconfiança.
utilizar: um salvamento de perigo atual está prestes a acontecer.

ACIMA 09-13-16-19-37-38
algo caindo perto de você: retire seu dinheiro de onde está para evitar perdas.
perto de outros: cuidado, pois amigos se tornarão adversários invejosos.
algo que paira: você deve erguer-se para enfrentar os desafios que surgem.
que o(a) atinge: implemente aquela ideia que você achava além do alcance.
olhar: sente-se inferior em relação àqueles no comando.
de cima: sua mente conceitual consegue controlar a execução de detalhes.

ACLAMAÇÃO 07-10-19-24-41-45
aclamar alguém: para ser aclamado, você precisa dedicar tempo trabalhando características pouco desenvolvidas.
pessoa importante: sucesso de outra pessoa lhe causa mágoa.
outros recebendo: consequências dolorosas acompanham golpe da traição de pessoa amiga.
receber: você foi privado da sua antiga simplicidade.

AÇÕES 09-19-24-31-34-35
boas: suas alegações trarão ganho financeiro.
imorais: rivais roubarão a afeição da pessoa amada.
más: você sofrerá traição de amigos que se sentem justificados.

ACOMPANHAR 08-12-16-27-43-51
solista musical: assumir responsabilidade pelos desastres da vida faz renascer a paixão de viver.
ter companhia: ao ceder o seu poder a outra pessoa por uma justa causa, você perde assim mesmo.
de amigo: seu ambiente mudará; amor e apoio o(a) acompanharão.
um estranho: inimigos se farão visíveis; você precisa usar seus recursos interiores.

ACORDO 21-34-45-53-54-55
assinar: arrisque-se.
cancelar: intenções duvidosas trazem lucros incertos.
com o diabo: grande sucesso para pescadores.
ler sem assiná-lo: não assine a menos que o acordo seja mutuamente vantajoso.
levar a cabo: você precisa construir sua credibilidade em uma nova área.
sonhar com: reconcilie o seu sistema de crenças com a realidade.

AÇOUGUEIRO 03-25-36-38-41-53
discutir com: cuidado com seus próprios hábitos negativos.
entregando-lhe carne cortada: você tem a força para fazer o que é preciso para sobreviver.
matando qualquer animal: a morte de um amigo íntimo ao qual você teme.
observar um trabalhando: ignore pessoas insensíveis.
preparar e vender carne: sucesso financeiro vem com perda de reputação.
de cordeiro: você tem medo de sangrar de um machucado causado por um objeto cego.
de porco: o perigo de contaminação que você sente é real.
de vaca: refreie seu comportamento agressivo antes de sair do freezer.
ser amigável com um: renovação de velhas amizades se mostrará valiosa.
sonhar com: revela vontade reprimida de trinchar a vida de alguém.

ACROBATA 15-21-25-31-33-50
acidentando-se: você escapará de todos os perigos.
fazer acrobacia: declare independência daqueles que roubam sua paz.
observar a atuação: adie viagem por nove dias.
perdendo o equilíbrio: alguém está empurrando você para o lado.
ser um: use os truques de seus inimigos para derrotá-los.
ter um parente: você será enganado(a) por um parente bem intencionado.

AÇÚCAR 05-10-18-24-45-50
cana-de-açúcar: discussão entre amigos para ver quem interfere mais.
colocar em fruta: palavras doces vindas dos amigos não é sinal de sinceridade.
colocar no café ou no chá: passará pela experiência amarga de ter um falso amigo.
comer: sua avaliação está correta, você está cercado de bajuladores.
comprar: um amigo desleal está tentando lhe arruinar.
cozinhar com: você está se excedendo no gosto por doces.

ACUSAÇÃO 07-11-15-26-33-34
acusar o próprio erro: viva de acordo com sua própria moralidade, apesar de justificativas para não fazê-lo.
considerar justa: apenas Deus os convencerá.
de outra pessoa: o fim de uma amizade ocorre por motivos justificáveis.
provar inocência: mesmo se sua inocência for comprovada, você ainda sairá perdendo.

ser acusado: cuidado com escândalos causados por rumores falsos.
por outros: aqueles que bajulam são vítimas de infortúnio.
por um agente do serviço secreto: esteja a postos e tenha aliados firmes.
por um homem: terá sucesso por meio de uma argumentação não planejada.
por uma mulher: é bem provável que ocorra uma desgraça.

ADAGA 07-11-12-28-45-46
apontando em direção a alguém: a sua agressão encobre a sua fraqueza.
apunhalar: sua decisão rápida e imatura cria mais conflito.
atacar alguém com uma: seus planos serão ameaçados, ainda mais se você atacar primeiro.
carregar uma: você será vítima da sua própria hostilidade.
coberta de sangue: você agora possui a força para vencer os seus rivais.
cravada com o punho aparecendo: perigo iminente; suas atitudes têm que ser irrepreensíveis.
defender-se com uma: sua coragem enfrentará um assunto difícil.
muitas: cuidado com a traição, conduzindo a um relacionamento desafortunado.
ser apunhalado: uma briga acalorada causa repercussões.
nas costas: sua traição lhe deixa vulnerável; pensamentos maldosos atraem a maldade de outras pessoas.
ser ferido por uma: outra pessoa está se deleitando com o que você sonhava.
sonhar com: hostilidade vinda de uma pessoa ausente logo poderá se concentrar em você.

ADÃO 15-22-28-30-35-51
falar com ele: defina seus desejos, mas seja específico, pois eles se realizarão com precisão.
sonhado por uma mulher: ela dará um neto a seu pai.
sonhar com: quando o pai de alguém prospera, há mais trabalho para o filho.
menina: falta de inibição levará à queda.

ADEUS 12-21-27-41-44-45
dar aos seus filhos: as preocupações desaparecerão.
outra pessoa: tome cuidado nos negócios.
parentes: você receberá notícias dolorosas.
pessoa amada: bons momentos pela frente.
pessoa amada dando adeus para você: falso amigo por perto.
estranho: analise o quanto você conhece seus amigos.
outros: uma jornada longa e tediosa.
parentes: a preocupação deles é fruto da solidão.

ADIVINHAR 10-17-23-34-40-48
a respeito de assuntos pessoais dos outros: você é que é amigo enganador.
adivinhação: você tem desejo de conhecer o futuro, mas não a capacidade.
corretamente: você participará de uma ótima aventura.
idade das pessoas: desça de volta à terra após um período de ilusão.
outros adivinhando sobre você: você será enganado devido a um mal-entendido.

ADMINISTRAR 06-12-19-25-26-45
assuntos alheios: você alcançará uma posição de respeito.
seu próprio negócio: você receberá uma herança.

sonhar com um administrador: você é líder em assuntos nos quais talvez não acredite.
ser convocado por um: melhora em contatos profissionais está para acontecer.

ADMIRAÇÃO 06-08-32-44-45-48
alguém admirado: antes de se compromissar com amigos, verifique a motivação deles.
por outros: você conservará o amor de antigo colega.
ser admirado: perigo de degradação, mantenha o sucesso para você.
por crianças: sua vaidade impede que faça amigos que o(a) respeitem.
alguém que você gosta: seu amigo está realmente apaixonado por você.

ADOÇÃO 08-12-18-23-33-40
de crianças: época favorável à reflexão sobre um novo aspecto do seu eu.
alguém: parentes pedirão ajuda; não esqueça que você conquistou sua independência.
outros filhos: seus filhos não gostarão da criança adotada.
ser adotado: melhora a saúde emocional de alguém próximo a você.
ser uma criança adotada: temperamento causa desentendimentos, e falta de controle, rompimento completo.
ter filhos adotados: velho amigo não confia em você; novo amigo tem ciúmes.

ADOLESCENTE 08-27-29-34-37-47
acompanhado por um: um espelho de você naquela idade.
confusão de adolescente: mudanças físicas têm prioridade sobre a razão.
forte e zangado: durante a maior parte da adolescência, nada parece certo.
idolatrar a adolescência: você não está agindo como adulto.
ser: descubra quem você é, seus objetivos e sua direção pela enésima vez.

ADULTÉRIO 12-16-39-47-53-54
cometer: sua moralidade é excelente; a do seu parceiro não.
alheio: perda de dinheiro por causa da incapacidade de se unir com seu companheiro.
da esposa: brigas com vizinhos que confrontam você com provas.
do marido: uma herança é recebida em forma de uma menininha.
moralmente chocado(a): desejo de estar tendo esse caso.
planejado: você deseja consolo, ignorando seu senso de justiça. Termine o caso que está tendo ou ficará doente.

ADVERSÁRIO 02-36-41-51-54-55
lutar contra: você está condenado a criar vilões.
ser perseguido pela adversidade: descoberta de dinheiro.
sonhar: no final, você vencerá seus adversários.
ter um: prosperidade, caso proteja seu adversário

ADVOGADO 01-10-20-23-29-31
casar-se com um: você será apanhado em uma situação embaraçosa.
consultar um: você precisa enfrentar as suas preocupações a respeito de um assunto legal.
contratar um: conhecidos irão se aproveitar de você; não terão êxito.
diante do juiz na fase de pronúncia (quando o juiz toma uma decisão em relação à denúncia do Ministério Público): sua chance de ganhar uma ação de mau procedimento médico é mínima.
discutir com um: burocratas irão causar uma melancolia inesperada.
dispensar um: você é uma pessoa ambiciosa demais e pouco prática para esperar se reconciliar com um inimigo.

escrever uma carta a um: saiba exatamente o que deseja antes de começar; seja específico.
estar em um tribunal com um: evite especulação na bolsa de valores; o júri é imprevisível.
filho se tornando: seu senso de observação altamente desenvolvido é hereditário.
lidar com o advogado da outra parte: prejuízo ao se desviar do comportamento convencional e correto.
lidar com o advogado da outra parte: você perdeu a confiança e o respeito dos outros.
ocupar o cargo de: um conflito de interesses levará à traição.
outros propondo uma ação judicial contra você: reflita bem sobre os planos antes de agir.
pagar um: a ação judicial fracassará se você não tiver o apoio de uma mulher.
propondo uma demanda em juízo: sua força e energia irão beneficiar seu caso.
receber conselho de um: você sofrerá humilhação por causa dos seus princípios morais promíscuos.
receber um documento legal de um: más notícias irão se transformar em tragédia.
ser apresentado a um: restrinja características e atos que possam causar críticas.
vestindo uma toga preta: você receberá a justiça que está buscando.
ser: você realizará grandes sonhos se puder interpretar tanto o direito humano quanto o Universal.
sonhar com um: seus preconceitos contra a lei irão se desgastar.
ter advogado com postura adversa: sua culpa está dominando você; você precisa do seu próprio advogado.
ter uma reunião com um: sua forte determinação causará um atrito com seu consultor.
testemunhando contra um criminoso em um tribunal: sua reputação será salva por uma pessoa amiga.
outros, contra você: cuidado com a traição.

AEROPORTO 05-18-24-26-28-31
caminhar na pista de aterrissagem: planos têm que ser reexaminados.
esquecer passaporte: não pode apressar a sua transição.
estar atrasado por causa de gelo: seu único amigo leal vai ajudar você.
desastre: será que você não está correndo sem pensar?
espaço aéreo abarrotado: você trocará favores com sócio influente.
retido no controle de segurança: se não estiver seguro, não vá adiante com o projeto.
retido no portão de embarque: você está evitando ir direto ao ponto.
tempo instável: confie no seu senso de direção.
não conseguir comprar passagem: complicações nos negócios originam-se do seu mau humor.
retido no portão de chegada: você não tem consciência dos grandes obstáculos que estão por vir.
ver luzes de sinalização no aeroporto: você precisa de uma forma de alívio.

AFETO 02-08-21-29-41-45
ofender-se com: transforme a situação em um gracejo.
receber dos filhos: você receberá dinheiro de forma inesperada.
ser afetuoso: dignifique suas emoções satisfazendo-se primeiro.
não: você tem uma longa jornada a sua frente dentro dos limites da decência e moderação.
sonhar com: deleite em prazeres indiscretos.
trocar: o relacionamento não vai durar, por isso aproveite.

AFIAR 09-10-25-26-37-40

apontar lápis: divergência em família.

faca: fale com língua afiada com o traidor, mas com língua amena com um amigo.

instrumentos: perda de emprego não é um desfecho obrigatório.

sonhar com afiador de facas: boa fortuna para aventuras.

tesoura: alguém está querendo romper com um casamento.

uma lâmina: parceria agradável que só faz acrescentar.

AFLIÇÃO 05-09-24-26-40-41

passar por: mudança inteligente após descanso de tormento no trabalho.

sonhar que sente aflições no corpo: afaste-se de brigas com vizinhos invejosos.

AFOGAMENTO 11-14-18-23-29-30

afogar-se ao cair na água: imersão no inconsciente para superar uma perda.

em um carro mergulhando na água: assuntos reprimidos do inconsciente controlam você.

afogar-se em um barco emborcado: você é impotente para mudar o rumo de sua vida; peça ajuda.

conseguir respirar embaixo d'água: os acontecimentos atuais são um fardo para você; você é surpreendentemente capaz.

crianças sendo salvas de se afogar: você terá prosperidade e uma posição alta apropriada.

despertar com o impacto de água fria: você não consegue agir sem um solavanco.

homem de negócios se afogando: você é forçado a enfrentar problemas de falência.

marido ou mulher se afogando: uma tragédia séria pela frente; perda de estabilidade e equilíbrio.

medo de se afogar: em breve, infortúnio no amor.

não conseguir respirar: a situação parece ameaçadora; você está se envolvendo em coisas demais.

outros se afogando: a alegria e o triunfo são seus.

parentes se afogando: grande perdição pela frente depois desta terrível calamidade.

pessoas se afogando e se agarrando a você: salve-se primeiro; então volte para salvar os outros.

preso embaixo d'água: o seu destino iminente dominou você.

pular dentro d'água: você precisa enfrentar problemas que ignorou anteriormente.

reação ao quase-afogamento: o terror quanto a sua própria incapacidade em lidar com emoções.

e você é salvo: os amigos irão ajudar você a passar pelos problemas ileso.

desiste: você irá perder tudo o que tem para criar espaço para a perda e o desespero.

fica lúcida: com os seus maus pensamentos submersos, a esperança pode emergir do dilúvio.

morre: a amargura está enfraquecendo a sua vontade de viver.

se salva: você continuará até o fim; fique de olho na pessoa amada.

se sente calmo: uma situação esmagadora irá se tornar manejável.

sente terror: esperança e alívio após uma luta aparentemente sem esperança com o destino.

tenta nadar: faça aulas de salva-vidas e salve-se!

gritar: ninguém pode te salvar da sua situação atual, exceto você.

salvar outros de: um amigo irá alcançar uma posição de importância.
ser afogado por alguém: preste atenção nas pistas da identidade do seu inimigo.
em água turva: é difícil ver o que fazer, mas você sabe o que quer esquecer.
ser salvo de: você terá ajuda de uma pessoa amiga.
seus próprios filhos se afogando: a ansiedade do parto ou nascimento — o seu próprio.

ÁFRICA 04-13-17-25-32-49
fazer uma viagem sozinho: você fará novos amigos.
com outras pessoas: você agirá tolamente.
ser deportado para lá: reinvente suas habilidades em um novo ambiente.
sonhar: fazer parte de um júri resultará em perdas financeiras.
vê-la em um mapa: seu sucesso está em movimento.
voltar do continente: uma grande decepção se aproxima.

AGENTE 07-08-23-46-47-52
contratar: muito dinheiro no papel, pouco na mão.
fazer negócios com: mudança de ambiente à vista.
ser: você influenciará pessoas a fazer coisas boas.
sonhar: seja prudente nos negócios.

AGENTE FUNERÁRIO 18-26-28-34-40-49
ir à sala de um: fica desejando a morte, mas terá vida longa.
preparando um corpo para o funeral: vai aguentar a perda, mas os sentimentos de culpa precisam ser resolvidos.
ser um: está aceitando uma tarefa dolorosa e necessária no lugar de alguém que não conseguiria dar conta.
tirando um corpo de casa: uma figura de autoridade não possui mais força.

AGONIA 03-04-09-34-40-42
a respeito de algo: supere a inércia confrontando sua indecisão.
de alguém: eles vencerão se você não parar de pensar nas ofensas deles.
filhos em: sua atitude teimosa cria suas próprias barreiras.
marido e mulher em: cansaço do prazer que carece de substância.
outros em: você se recuperará de uma doença, mas o amigo não.
parente em: você sofre muito por prender-se a reações emocionais do passado.
pessoal: suas desculpas serão aceitas; sua missão ainda não está determinada.
sentir: suplício causado por opinião que você precisa mudar para ter sucesso.

AGOSTO 11-14-17-19-28-34
nascido em: você tem autoconfiança e está aberto a novas experiências; o amor-próprio trouxe a aceitação.
sonhar com o mês: a prosperidade vem de seus pais; o desejo, de você.
a primavera: espera-se uma reformulação de planos, e começa uma nova aventura.
o inverno: você está nutrindo velhas ideias e ressentimentos.
o verão: uma oportunidade para se expressar e ser ouvido.
sonhar durante o outono: você está sendo avisado de provas e desafios pela frente.

AGRESSÃO 14-22-29-31-39-43
inerente: direcione energia para saídas construtivas.
planos para matar: a luta é particular, dentro de você.
raiva em relação às pessoas: você não está levando sua própria individualidade em consideração.
a uma pessoa: repressão de uma emoção pode ser prejudicial, tentar disfarçá-la será pior.

sonhar: sensação de ameaça, restrições e confinamento.
violenta: a vaga preocupação que te aflige pode ser justificada.

ÁGUA 14-28-23-29-32-36
água mineral: vai recuperar totalmente a saúde.
com gás: eventos excitantes estão chegando.
apagar um incêndio com: acalme seu processo de raciocínio.
barrenta: a repercussão de sua incapacidade de coletar o dinheiro aparecerá em poucos dias.
beber, benta: desejo de lavar seus pecados para ter pureza de espírito.
gelada: prosperidade e vitória sobre inimigos.
mineral: refresque-se todos os dias para ter saúde.
quente: será molestado e perseguido por inimigos.
cair na, e acordar imediatamente: sua vida inteira pode ser destruída por seu cônjuge.
colocar rosas na: tem imaginação demais.
contida por dique: seu dique tem que ser duradouro; do contrário, você ficará arruinado.
corrente: sua saúde vai melhorar muito.
de uma mangueira: regeneração explosiva de ideias criativas.
derramar: sua raiva lhe impede de crescer.
encanada: você se preocupa demais sem razão.
estagnada: sofrerá as consequências de teimar em não ter ambição.
estar dentro de água quente: precisa reconsiderar os planos de progresso.
estar inchado de: desejo frustrado de retornar ao ventre.
estar sozinho perto de uma cascata: o sucesso lhe virá, pois está dentro de você.
com pessoa amada: um caso amoroso além da memória será escondido na caverna mais próxima.
fervendo: as paixões devem ser moderadas.
grande quantidade fluindo através de aqueduto: vai receber uma fortuna dos pais.
sendo construído: adiamento de sucesso.
jogar fora água suja: problemas criados por outros devem ser resolvidos por você.
levar para o quarto: será visitado por um homem sem moral.
e derrubar: dificuldade em reter os bens devido a um acordo desfavorável.
em recipiente furado: abuso de confiança e roubo por meios insidiosos.
malcheirosa: grande batalha para resistir aos odores da doença.
objetos flutuando na: conotações de sexo explícito.
pular em água muito fria: perseguição.
refrescante: renovação que vem ao receber aquilo por que tanto esperou.
rosto refletido na: aperfeiçoe-se e então siga aproveitando o que há de bom nas pessoas.
saindo de um buraco no chão: aflição.
salgada: perderá o respeito pelos patrões quando eles ignorarem um confronto que você precisa vencer.
ser jogado na: diálogo interno extenuante em sua mente; os dois lados serão necessários para se reconciliar.
sonhar com movimento de redemoinho: será levado a um confronto contra a vontade.
suja: não feche com a primeira oferta; clareie as ideias.
tirar de uma fonte: uma bela e jovem esposa trará sorte.

de um poço: será atormentado por parceiro.

usar uma chata: você precisará resolver um problema insistente para que ele se vá.

ÁGUA-FURTADA 02-29-30-38-42-44

escrever em: você está vivendo completamente em sua mente, com o que chegará à verdade.

estar em uma exposta ao público: promoção no trabalho em breve.

estar na da sua casa: felicidade foi assegurada em circunstâncias mais tranquilas no passado.

morar em: seu intelecto é imaculado, mas incompleto, sem emoções.

servindo de torre de observação: ganhos pelas intenções puras e pelo compromisso altruísta ao conhecimento verdadeiro.

ÁGUIA 19-21-28-37-39-43

caindo sobre você: a ameaça está na sua inabilidade de se relacionar consigo mesmo.

capturando sua presa: uma pessoa mais forte faz você se sentir fisicamente inferior.

carregando você: vergonha e tristeza resultam de um acidente sério que você causou.

de-cabeça-branca: depois de grandes dificuldades, você terá uma posição política mais importante do que aquela que tem agora.

em gaiola: seus amigos restringem sua visão; morte iminente de um deles.

encontrando seu esconderijo: competidores ferozes irão expor você.

ereta: muitos soldados morrerão no triunfo do espírito sobre a matéria.

ferida: você perdeu a habilidade de perceber que é você que causa a perda do amor.

matar: nada irá impedir você de alcançar seu objetivo.

morta: declínio da sua força física no meio da vitória.

mulher sonhando com várias: ela terá filhos que serão patriotas famosos.

nascimento de filhotes de: você terá um futuro muito próspero em um país estrangeiro.

no ninho: grande responsabilidade será confiada a você com bons conselhos.

no alto de uma estátua: sua visão irá tornar verdade grandes ambições.

no topo de uma montanha: vitória dos elementos mais grandiosos do poder.

em cima da sua cabeça: apresente o seu problema para que o grupo o solucione, de forma que você tenha o controle.

possuir: honrarias e lucros serão rapidamente esbanjados.

pousando: o espírito da mente desceu para supervisionar necessidades mundanas.

na sua cabeça: o poder da vida interior para nos arrebatar.

ser atacado por: seu parceiro(a) vê sua contribuição como interferência.

voando: ânsia pela liberdade que outros tomaram.

AGULHAS 03-06-13-28-33-35

cerzir com: será apresentado a novo modo de prestar serviço.

costurar com: você se dá demais e diz exatamente o que pensa.

de aço: sofre profundamente pela falta de compaixão alheia.

encontrar uma: tem amigos que gostam de você; não teste a paciência deles com seu gênio ruim.

enfiar linha na: será necessário paciência com os fardos de família para poder resolver negócios não terminados.

perder: sinais de brigas são prova de decepção no amor.
picar-se com uma: há hostilidade por detrás de sua afeição por um parente.
procurar por uma: você se preocupa sem razão, e procura por algo sem nada ter perdido.
sonhar com: está muito irritado por julgamentos e perseguições no amor.
tentar enfiar linha na: problema sem solução, esqueça.
ter uma: intriga em período estressante faz com que pedidos sejam revelados.
tricotar com: será mordido pelo resultado de seu egoísmo.

AIPO 09-11-15-29-31-47
comer: você terá conforto, amor e afeição em casa.
comprar: você irá escapar dos problemas e alcançar seus sonhos mais loucos.
mastigar um talo de: você terá muitos casos.
recheado com requeijão: uma promessa de luxo e sofisticação.
sonhar com: boa saúde digestiva e finanças saudáveis.

AJOELHAR-SE 03-10-20-25-33-34
amigos se ajoelhando: você será enganado por uma pessoa amiga a quem causou mal.
em um lugar inadequado: você está quebrando sua palavra de honra.
em uma igreja ou em um tabernáculo: deve-se receber a mensagem da missão incumbida.
inimigos se ajoelhando: eles têm o mistério deles mesmos para resolver; permita que o façam.
para recolher algo: tire vantagem da menor oportunidade.
para rezar: felicidade e honraria vêm depois da sua confissão.
filhos: pare um momento e pague o dízimo.
outra pessoa: peça perdão a uma outra pessoa por tê-la prejudicado.
parentes se ajoelhando: a humildade resolve mais que a confrontação.

AJUDA 03-16-34-40-45-49
contratar auxiliares: seu trabalho árduo irá conquistar o respeito dos sócios.
demitir auxiliares: você espera favores demais dos outros; irá mudar de emprego constantemente.
pedir ajuda financeira: pessoas influentes estão agradecidas a você.
receber ajuda de um cachorro: uma mulher mal-humorada irá enganar você.
de amigo: seu pedido de ajuda em um futuro próximo será atendido.
solicitar ajuda: tentativa de compreender os corações de seus conhecidos.
ter auxiliares confiáveis: você precisa responder ao empregador por ações inadequadas.

ALARME 02-08-18-26-38-51
ajustar: a impaciência está tomando conta de você; em vez disso, faça uso de antigas suspeitas.
de outra pessoa: o problema não é seu; vigie seus objetos de valor.
dar: apresse os outros para executarem planos – os deles, não os seus.
ouvir enquanto desperta: é tarde demais para reparar os danos.
enquanto dorme: momento para reabastecer suas energias, peça desculpas.
soando: aja com rapidez no projeto em curso para evitar perdas.

ALBATROZ 09-20-25-31-38-42
atirar em: você não conseguirá fugir de atual perigo.
no alto do mastro: sua atitude arrogante precisa parar.

sonhar com: desconhecido traz grandes problemas.
vários no mar: você tem como auxiliar parentes que buscam ajuda.
voando sobre você: a liberdade traz responsabilidades.

ALCOOLISMO 01-04-07-21-22-33
álcool demais consumido por você: o estímulo está em resolver problemas.
outra pessoa: os elogios ao seu sucesso são temporários.
estar de ressaca: a busca do prazer não resolve os problemas.
estar embriagado: suas inibições estão bloqueando sua criatividade.
ingerir pequena quantidade de bebida alcoólica: seu coração precisa relaxar e permitir que seu espírito aja.
em segredo: expresse a coragem de suas convicções.
sofrer de: seus hábitos são apropriados às suas ansiedades.

ALEIJADO 08-20-27-39-46-49
amigos: você se tornará mendigo se não aceitar a bondade.
crianças: você foi pego em uma disputa entre os mais velhos.
filhos aleijados: você depende muito de sua família.
homem aleijado na prisão: alguém imobilizou o seu negócio seriamente.
mulher: você será devidamente punida por más ações.
membros da família: você espera favores demais dos outros.
parentes: um dia você receberá recompensa por sua bondade.
pessoas: você gostaria de corromper a vida de uma outra pessoa por vingança.
ser: sua depressão provém do seu menosprezo por sua saúde moral.
ser deficiente: você está mostrando uma visão amedrontadora de si mesmo aos outros.
ser deformado: você não tem um remédio viável para feridas emocionais.
sonhar com: uma fonte inesperada irá lhe pedir ajuda.
mancando: você está falando falsidades a respeito de uma pessoa próxima a você.
tomar conta de: uma pessoa com remorsos perturba você.
usar um aparelho ortopédico: cuidado com as falsas aparências.
vários: você triunfará sobre o inimigo se trabalhar a sua autoestima.
você mesmo: uma parte de sua natureza foi impedida de se desenvolver naturalmente.
seriamente: aborrecimentos por causa de uma ação judicial prolongada.

ALERGIA 35-38-40-45-47-50
ser alérgico: seu corpo está se vingando pelas coisas que você tem colocado nele.
ter: uma má ação de pouca importância requer pagamento.
de outros: você é uma praga para quem não é seu igual.

ALFABETO 07-23-27-31-40-46
escrever: boas notícias inesperadas.
imprimir: as preocupações desaparecem.
recitar alfabeto estrangeiro: um mistério foi resolvido; escreva.
sonhar com: amigo ausente retorna para compartilhar lições básicas de vida.

ALFAIATE 02-40-41-42-52-53
alterações sendo feitas por: reavalie seus hábitos alimentares, você fará longa viagem.
encomendar roupas a: alegria sem lucro.

homem sonhando com: exercite a cautela em assuntos empresariais.
moça sonhando com: casará com homem abaixo de sua posição.
ser um: será preciso ter muita paciência para mudar de ambiente.
tornar-se um: receberá oferta para trocar de posição.

ALFINETES 07-21-23-30-35-42
comprar: está tentando jogar a culpa nos outros, e não é verdade.
dar de presente almofada de: cuidado para não dar motivos para que seus amigos fiquem lhe alfinetando.
uma almofada sem alfinetes: uma vida confortável sem ser objeto de inveja.
espetar-se com um alfinete: vai conseguir muito mais do que espera.
jogar fora: fique longe de grupos de mulheres durante um jantar.
outras pessoas usando: será continuamente rechaçado; readapte os planos a cada desvio.
ouvir um alfinete cair: preste atenção agora nos mínimos detalhes.
que caem: conseguirá concretizar seus interesses a despeito de sua insegurança em relação a uma pessoa específica.
ter muitos: sérios constrangimentos de um amigo.
usar, para costurar: use as pessoas para coisas positivas, não para se vingar de outras por você.

ALGAZARRA 07-09-10-16-17-36
criar uma, barulhenta: será criticado por ficar discutindo minuciosamente as palavras dos outros.
outras pessoas: está se deixando distrair por entretenimentos.
ouvir uma: ficará tão abalado que terá uma crise nervosa.

ALGEMADO 21-24-35-37-40-51
algemar outros: amor forçado voltará para partir seu coração.
inimigos: outros ficarão muito aborrecidos com as suas ótimas expectativas.
libertar-se de algemas: seja mais esperto que seus inimigos usando o plano deles contra eles.
outros: você vencerá todos os obstáculos, inclusive complicações com os parentes por afinidade.
parentes: seu chefe dirá que você é atrapalhado e depois irá promovê-lo.
pessoa amada: um amor ilusório cativou o seu coração.
prisioneiro perigoso: você receberá uma carta com dinheiro, mas não a permissão para seguir em frente.
ser ou estar algemado: arrepender-se de erro passado não trará pessoa amada de volta; limite apenas a autoexpressão.

ALGODÃO 02-15-17-36-39-51
campo de: abundância para a economia.
empregados fazendo chumaços de: os negócios irão prosperar.
grande quantidade de: os problemas farão com que você perca peso.
fardo de: progresso em direção da prosperidade.
comprar: você derrotará os inimigos com um produto superior.
vender: dinheiro a caminho para todos os envolvidos.
polir com: fazer uma mudança irreversível é perigosa.
utilizar discos de: é possível limpar manchas de sangue.

ALHO 06-09-12-15-29-48
comer: recuperação da saúde que você pensava ter perdido.
comprar: você precisa de proteção contra que irritação?

cozinhar com: os seus subordinados não gostam de você.
cultivar no jardim: as pessoas detestam você; aquelas com intenções maléficas, ainda mais.
dar para os filhos comerem: você alcançará um alto cargo ao repelir forças nocivas.
pendurar: proteção contra aqueles que lhe querem mal.
pessoas que não gostam de: você não está apto a ocupar o cargo.
sonhar com: descoberta do segredo de uma saúde forte.
temperar com: seu sistema irá lhe agradecer repetidamente.

ALICATE 07-14-15-22-30-39
comprar: você quer espremer o máximo da situação.
grande: não siga a direção para a qual está sendo manipulado a seguir.
mecânicos trabalhando com: as pessoas fazem piada de sua incapacidade de lidar com parâmetros simples.
sonhar com: é preciso ética e vontade de trabalhar para ter prazer e lucros consistentes.
usar: o que você busca está a seu alcance.

ALISTAR-SE 02-06-10-15-28-44
filhos se alistando: brigas na família causadas pela diminuição de renda.
homem sonhando com o ato de: postergação do êxito.
mulher: irá levar muitos anos para encontrar um bom marido.
outros se alistando: promoção no trabalho.
parentes se alistando: falso amigo por perto.

ALMANAQUE 04-07-09-11-29-49
comprar: brigas com pessoa amada sobre fim do noivado.
consultar: você será acionado por dívida, mas vencerá o caso.
sonhar com: ocorrerão mudanças que afetarão seu destino.
ter: suas ações causarão escândalo.

ALMIRANTE 04-15-25-28-29-54
comandando sua frota: terá um bom futuro se você se associar com uma autoridade.
estar na companhia de: você domina habilidades para comandar respeito de outros.
ser: perigo em assuntos de amor por causa da falta de respeito.
ser a esposa: obstáculos insuperáveis acompanham essa honra.

ALMOFADAS 01-10-17-18-26-39
com ondulações: sua atitude quanto aos amigos é intolerante, preconceituosa e desprezível.
deitar-se sobre várias: mude para deixar de ser parasita.
pertencentes a outros: discórdia entre amigos.
ter algumas: o seu casamento será substancial, não rico.
muitas: sua esperteza abrandará as dificuldades e preocupações nos negócios.

ALPINISTA 03-28-34-39-44-46
descendo uma montanha: sucesso de pequena importância nas questões de alguém.
perdido na neblina: o solo onde você pisa é sempre sagrado.
escalando: a entrega de um bebê será muito dolorosa.
sonhar com: fique de olho em fofocas maldosas.
subindo e chegando ao topo: receberá a visita de uma pessoa que não é bem-vinda.

sem conseguir chegar ao topo: planos acalentados têm de superar sua fraqueza.

ALTAR 06-08-18-21-27-43

ajoelhar-se: sonho secreto sacrificado em prol do bem maior.

castiçais com velas acesas: sua fé é a parte mais valiosa de seus recursos interiores.

sendo acesas: novos planos de compromisso total com você mesmo terão sucesso.

sendo apagadas: a humildade se faz necessária para a solução de problema.

confuso: você precisa abandonar suas defesas para negociar com seus inimigos.

coroinha: desligue-se das preocupações para honrar a fonte do amor.

fora de uma capela: grande prosperidade se você cruzar o patamar.

sendo construído: admiração com a capacidade da natureza de se regenerar.

decorado: uma melhor compreensão com aqueles ao seu redor.

com flores brancas: um casamento, felicidade, consolo e agradecimento.

destruído: sacrificar tudo o que já foi para permitir tudo o que pode ser.

ser casado e sonhar com: vários pequenos aborrecimentos devido a sua escolha.

sonhar com: você precisa se afastar de alguma coisa para conseguir possuí-la.

ALTURA 01-44-47-48-49-50

alcançar o ponto mais alto da sua carreira: você está se empenhando em ambições que estão além das suas capacidades.

mais baixo: você deveria se empenhar mais para compreender os motivos daqueles de quem você não gosta.

medo de: você que se sentia acima de tudo cairá das alturas em direção à participação em novos desafios.

ALUCINAÇÃO 09-22-23-29-31-44

homem bonito: perda de dinheiro.

mulher bonita em: você amará outra pessoa em breve.

sonhar com: empreendimento favorável de negócios.

ter: você ficará muito desapontado.

ALVO 07-32-33-35-37-46

atingir o: sintonia com seus ideais.

atirar bem no: você tem mente aberta, é original e deve deixar sua marca.

atirar no: planos de arquitetura requerem sua atenção disciplinada.

errar completamente o: desejos reprimidos obscurecem sua visão.

sonhar com: vai conseguir tudo que deseja.

AMANTE 04-12-23-26-45-49

fazer parte de um concubinato: possui pouco respeito por si próprio e não se importa com a opinião pública.

reconhecer uma família: velhos inimigos serão enfrentados pela família inteira.

sonhar com: segurança necessária para manter verdadeiros motivos escondidos.

ter um: grande perigo e vida dupla trarão desgraça pública.

AMARGO 00-11-22-33-44-55

crianças comendo coisas: as exigências delas são duras de engolir.

outros sentindo gosto: você não consegue reprimir a aversão de outra pessoa por você.

provar algo amargo: você terá uma erupção cutânea no corpo todo.

sentir um gosto: o gosto em sua boca significa sucesso.

tomar um remédio amargo: você vai brigar com a empregada doméstica.

AMBULÂNCIA 11-21-32-38-39-48

chamar para parente: avultam problemas financeiros provenientes de grandes despesas médicas.

você: ajuda está disponível para emergência iminente.

cheia: todos os sonhos serão realizados se você for discreto.

vazia: você perdeu pessoa amiga por causa de suas palavras descuidadas.

AMEAÇA 01-31-33-42-43-50

sem ferimento: amigos tentam lhe desacreditar.

ser ameaçado por animais: instintos reprimidos vão acabar emergindo.

no último minuto do sono: medo de não lidar adequadamente com seu dia.

pela insanidade: reflita sobre sua relação, não sobre o dilema em si.

por animal de estimação: abandone a civilização e volte à terra.

por cachorro: solte-se, deixe seus instintos naturais lhe guiarem.

por um assaltante ileso: é preciso expressar uma vergonha reprimida.

por um intruso: a identidade explicará a razão da invasão.

AMEIXAS 04-10-25-29-37-39

colher maduras da árvore: mudança de cargo no trabalho.

comer: vai passar por decepção que acabará lhe levando a uma posição de respeito.

fazer pudim de: seu produto já não é mais feito com os ingredientes originais necessários.

fora da estação: está forçando a afeição por parte de pessoas do sexo oposto.

verdes: os esforços por uma amizade eterna não darão em nada.

AMÉRICA DO SUL 01-06-36-43-47-48

ir a vários países na: uma exposição à cultura através dos séculos.

retornar da: seu dedicado cônjuge renova os votos matrimoniais.

ser cidadão de país sul-americano: melhoramento de propósito por meio de muito trabalho.

ser deportado da: perda de posição presente devido a divergências familiares.

ter negócios com a: desfará uma sociedade e formará outra.

viajar pela: você já viu todas as obras naturais de Deus.

AMIGOS 13-19-31-32-34--41

afastar-se de: você terá uma vida de aflição já que vive se aborrecendo com coisas insignificantes.

chegada de um amigo: um ato exuberante em cores flamejantes fazendo uma declaração que você não quer ouvir.

confrontado por: você receberá uma herança em breve.

em dificuldades: você receberá uma notícia boa e inesperada.

encontrar-se com: pense antes de agir contra uma afronta; será que a razão está com ela?

em um bar: interesses além dos empreendimentos atuais e condições de maior prestígio.

fazer novos: uma qualidade projetada que você não sabia possuir.

passar a noite com: você não está tão abandonado quanto pensa.

pedir desculpas a: um antigo amigo voltará com todos os parentes.

preocupação com: esperam-se favores demais; e a retribuição tem muito pouco a ver com as suas necessidades.

receber desculpas de: uma mudança de companhia sem mudar de amigo.

relacionamento compatível com: emoções contrabalançadas com uma pessoa amiga, equilibrada e fiel.
irritante: confie no seu próprio julgamento quanto a se envolver em atividades duvidosas.
problemática: doença por perto devido à alienação de sócio de longa data.
rir com: você irá terminar a sua parceria com outros, mas vai manter esta amizade.
ser abordado por: um legado de desonra perpetuado em negócios enervantes.
ter perdido a amizade de alguém: experiências dolorosas farão com que você se mexa.
tímidos: ouça aqueles que não formam opiniões baseados em um capricho.
tirando vantagem de você: você buscará mudanças no relacionamento, ou talvez nada.

AMOR 12-14-17-32-33-37
adversidade no: cautela com rumores maliciosos que trazem conflitos para o seu relacionamento.
amante ser aceito pelo: os negócios não prosperam porque você os trata com desprezo.
bater no: este caso, no seu sigilo, não permite conselhos racionais vindos de uma pessoa de fora.
chegada de um: um presente especial ao seu eu interior tem pouco valor quando envolve vingança.
deixá-lo sair pela porta dos fundos: procure um amor idealizado e romântico.
estar zangado com o: a pergunta que persiste é aonde isso vai levar; se a lugar nenhum, desista.
fazer uma promessa ao: momento certo para cortejar tudo ao seu redor.
preparar um banho para o: você terá uma vida de luxo.
ser magoado pelo: se você não pode ajudar publicamente, abra espaço para alguém que possa fazê-lo.
amar os filhos: é impossível para eles fazer qualquer coisa para romper este vínculo.
o parceiro: você terá êxito em projeto atual por meio da determinação.
não: busca decepcionante pelo contentamento que falta em casa.
outros: vocês irão viver juntos e felizes por toda a vida.
parentes: um amor secreto será revelado.
trabalho: prosperidade pela frente se você confiar na sua sorte.
briga de casal: harmonia no relacionamento precisa passar por tons dissonantes.
estar apaixonado: os amigos estão com ciúmes da sua concentração em um amor novo.
em companhia da pessoa amada: livre de cuidados aflitos.
por si mesmo: abuso da vaidade, fé e confiança.
indesejado: problemas do coração irão se resolver em breve.
levar um relacionamento amoroso para frente: aja depois do terceiro pensamento sóbrio e racional.
não ter êxito no amor: satisfaça-se com o que tem; não fique frustrado com o que não tem.
ser amado: satisfação com o seu contentamento na vida doméstica atual.
pelos filhos: brigas a respeito de que filho é o mais amado.
tentar fazer amor com alguém: a pessoa amada não irá conseguir resistir a um interlúdio romântico com outra pessoa.

AMOR-PERFEITO 12-16-26-38-45-46
crescendo: terá família grande que vai se multiplicar com o tempo.
no próprio jardim: mal-entendido com amigo do mesmo sexo.
de outra pessoa: você vai se divertir em um jantar com figuras estranhas e desajustadas.
receber de presente, de um homem: seu amor está garantido.
ter um buquê de: vai ajudar em um casamento, planejando outro em sua mente.

AMORAS 00-11-22-33-44-55
comer: o desbotamento do seu caráter lhe causará grandes perdas.
comprar: a impaciência ferirá você.
em arbustos: você ainda precisa passar por muitas provações antes que o plano esteja amadurecido.
mulher casada colhendo: em breve ela ficará grávida.
pegar do chão: você terá azar, já que perdas alternam com o sucesso.

AMOREIRAS SILVESTRES 21-27-32-45-46-48
atravessar e não se arranhar: entrelaçamento de corpo, mente e espírito.
outros: você encontrará uma saída para as dificuldades.
cortar: vergonha e pesar devido a influências malignas.
estar emaranhado em: ações judiciais que não têm defesa.
sonhar com: pobreza e privação por causa de uma ação judicial desfavorável.

AMOSTRAS 07-09-13-26-31-47
tirar: você está testando as pessoas que ama em coisas que elas não têm controle.
de comida: você vai pagar a contragosto uma dívida que contraiu sem saber.
de materiais: doenças não podem ser curadas com experimentos em seu corpo.
de metais: você será convidado a um concerto para absorver uma experiência totalmente nova.
de várias sementes: segurança nos negócios.

AMULETOS 05-13-16-28-29-41
comprar para afastar o mal: você está aceitando respostas fáceis sem responder as difíceis dentro de si.
receber de presente: em breve você passará por muitos altos e baixos.
usar: você terá que tomar uma decisão importante em breve.
vender: cuidado com amigos ciumentos trazendo infelicidade.

ANÃO 11-12-28-30-41-44
anã com corpo proporcionalmente bem formado: os elementos estão lá, mas falta substância.
desconhecido: tema a parte do seu eu que ainda não está desenvolvida.
feio: o futuro está ameaçado por aquele com desejos sinistros.
gnomos: enfrente os problemas agora ou ficará com eles na cabeça para sempre.
ser: você está sendo ultrapassado e vencido nos planos de outras pessoas; tente os seus próprios.
ter amigo: você gostaria de reduzir a importância das suas imperfeições.
sonhar com: você terá uma mente vigorosa e emoções atrofiadas.

ANARQUISTA 11-13-18-21-39-40
assassinato de: desenvolva plenamente o novo antes de destruir o velho.
incitar uma revolução: seu cargo será reestruturado, e você, dispensado.
ser: você perderá a liberdade se ceder a seu impulso.

vários: seja cauteloso com aqueles que querem algo por nada.

ANCESTRAIS 04-05-12-13-36-52

dos outros: você não pode fraudar sua herança; passe adiante a tradição, a raiz do seu passado.

estudar sua genealogia: você se casará com alguém abaixo de sua posição social e se arrependerá.

lembrança dos: seus interesses sofrerão com uma infinidade de fofocas maliciosas.

ouvir a voz de um ancestral: qualquer que seja a coisa que você não pretendia fazer, faça-a agora!

respeito pelos: sem a bem-sucedida luta deles pela sobrevivência, você não estaria aqui.

reunido com: uso de talentos herdados se você deixar sua sabedoria persistir.

reverência: seus movimentos estão sendo observados por críticos hostis.

sonhar com: não confie em pessoas que dizem estar apaixonadas sem demonstrar.

ANCINHO 03-34-39-42-52-54

comprar um: você é diligente em situação ardilosa.

sonhar com: cuidado com ladrões conversadores que lhe isolam de seu amor.

tropeçar e ser golpeado por um: uma série de incidentes risíveis em sua tragédia.

usar, em um acesso para carros: você é cauteloso demais na formação de novos relacionamentos.

fazendeiros usando: bons amigos cuidarão de suas necessidades, e você, dos luxos.

varrer folhas caídas com: um casamento está para acontecer em breve para solucionar problemas financeiros.

varrer feno: sua considerável energia física é guiada por grande força e vontade.

ÂNCORA 06-12-20-35-44-46

jogar: decida-se por buscar respostas no seu íntimo.

levantar: siga o caminho combinado ao pé da letra.

na água: aqueles dos quais depende estão arrastando você para baixo.

na proa de um navio: sua busca pela prosperidade precisa de um relacionamento sólido.

pendurada: você está navegando sem propósito, o que impede a sua prosperidade.

perder: o impulso para o aprendizado está armado.

quebrada: sobrecarregado pelas circunstâncias, você terá uma maré de azar.

ANDAIME 10-13-14-26-40-43

abaixar um: explorar a empresa até o limite impossibilita construir para o futuro.

cair de um: você está apoiando o lado errado de uma questão.

muitas pessoas caindo de: você causará ferimentos ao desiludir os outros.

erguer um: seus pensamentos odiosos causarão a doença de alguém.

estar no alto de um: pessoas doentes vão melhorar com suas ideias atenciosas.

ficar debaixo de um: os riscos que você corre levarão sua família a cair em desgraça.

subir em um: andar pelos caminhos mais retos e estreitos não aumenta seu prestígio.

vários andaimes alinhados: um rival vai lhe pressionar muito e arruinar sua dignidade.

ANDAR NAS PONTAS DOS PÉS 18-20-22-35-36-40

crianças: acontecimentos inesperados para ex-amantes.

muitas pessoas: conhecerá pessoas pouco éticas.

outras pessoas: não deixe de apaziguar suas brigas antes do cair da noite.

"pisar em ovos": satisfação e felicidade por conseguir desfazer uma armação contra você.

ANDORINHA 04-16-19-29-33-41

amantes vendo uma: jogue uma pedra para cima e colha má vontade onde ela cair.

pessoas casadas vendo juntas: felicidade doméstica após muitas perplexidades.

na grama: paz e harmonia doméstica.

ninho de: você está pronto para constituir família.

com ovos: uma criança espera para nascer.

destruir um: ao destruir seus inimigos, você destrói a si mesmo.

ANEDOTA 17-26-27-33-38-39

contar: duplo sentido confunde sua mensagem.

ouvir: você participará de um grande evento social.

contada por alguém num palco: você está fadado à decepção.

contada por amigo: uma charada tem que ser resolvida antes que você siga em frente.

ANEL 08-22-27-30-31-35

comprar um: perda de velhos investimentos; novas propostas surgirão.

homem sonhando que perdeu seu: a noiva vai casar com outro.

moça solteira, o dela: será abandonada pelo namorado.

perder seu: longo conflito que resulta no desabrochar de um amor.

quebrar uma aliança de casamento: momentos inquietantes de desassossego doméstico que terminam em divórcio.

de noivado: separação de namorados, reunião de ex-namorados.

ter um, de diamante: velho caso amoroso revivido e consumado.

de ferro: infidelidade por parte de seu cônjuge; trabalho duro pela frente para reparar o erro.

de ouro: fará esforços enormes para não perder a dignidade.

colocar no dedo: compromisso de relacionamento ou casamento.

de pedras preciosas: liberte-se de um amor platônico; terá uma noite de paixão com alguém.

tirar um, do dedo: consequência impalatável de um caso amoroso.

usar muitos: muitos eventos se mostrarão dinâmicos.

ANESTESIA 04-17-27-46-48-51

administrar clorofórmio: amortecer seus sentimentos não vai ajudar a superar pesar emocional.

emprego do clorofórmio para anestesiá-lo: uma surpresa agradável quando você perceber o que está passando.

outros: seu centro de controle foi envenenado.

estar sob efeito de anestésico: você está tentando fugir de uma realidade que estaria melhor esquecida.

ANIMAÇÃO 04-12-20-37-46-48

desfrutar da animação com o companheiro: tempos bons pela frente.

com a pessoa amada: perigo nos assuntos do amor.

estar animado: grande tragédia pela frente.

estar em um lugar animado: promoção no trabalho.

ANIMAIS 11-13-30-39-48-50

acariciar: grande prosperidade pela frente.

afagar: a prosperidade está perto; não se jogue sobre ela.
afastá-lo empurrando: em breve você se livrará de seu comportamento arrogante.
alimentando-se: alguém está empenhado em destruir você.
de uma carcaça: alimentar-se de calúnias não enche o estômago.
babuínos: uma ascensão fugaz de status; tente mantê-la.
balindo: novos interesses serão agradáveis.
bater em: seu senso de poder está frágil na melhor das hipóteses.
até a morte: saia do negócio antes que acabe com ele.
porco: informações erradas prejudicam seus negócios.
búfalos: perseverança no lançamento de seu grande empreendimento.
caninos de: saia antes que seja despedido.
carcaça: vida longa e boas perspectivas.
casco de: você corre o risco de ser enganado pela pessoa amada.
coiote: um trapaceiro quer arrastar você para a solidão.
com desejo sexual: desejos não satisfeitos se traduzem em raiva.
comprar: você está imitando outra pessoa em vez de expressar-se.
de outra pessoa: você é um espelho das emoções deles para com você.
descansando em estábulo: não terá sorte no amor se não prestar atenção.
em um campo: ganhos financeiros se você ampliar sua esfera de atuação.
domar: mantenha seus amigos por perto; inimigos cercam você.
em uma montanha: perda de dinheiro nos negócios.
esquilo: problemas familiares estão consumindo sua energia nos negócios.
falando: flancos que separam você da vingança.
você falando com: você se beneficiará da associação com pessoas da alta roda.
famintos: ganância impede que você conquiste aliados.
furiosos: um amigo está defendendo o seu nome.
enjaulados: suas ofensas estão se voltando contra você.
garras de: você se ofenderá com as maneiras de alguém.
doméstico: amigos distantes estão pensando em você.
selvagem: alegria que durará pouco.
girafa: mantenha o nariz fora da vida dos outros.
gnu: visite lugar com ar fresco e perto da natureza.
gordos: abundância no inverno.
gorila: suas ações são mal interpretadas e criticadas injustamente.
grandes: seus desejos reprimidos virão à tona com hostilidade.
grunhindo: está na hora de mudar de profissão.
hipopótamo: sua autoridade se apoia em pernas incertas.
no jardim zoológico: você está entediado com as pessoas das quais não pode fugir.
invadindo seu carro: outras pessoas só querem se aproximar de você.
e atacando você: mostre-lhes sua licença para agir.
e você sai dirigindo com eles: traga seus inimigos para junto de si.
jovens: seu amor materno/paterno trará prosperidade.
magros: você precisa aguentar a fome até chegar ao fundo de sua natureza agressiva.

morsa: seus requisitos simples no trabalho ainda precisam de refinamento.
mortos: você está se livrando de instintos que não são mais necessários.
na frente de seu carro: a preocupação de outra pessoa é real e bem intencionada.
orangotango: um conhecido impiedoso não hesitará em fazer você de bobo.
pequenos: irmão ou irmã mais jovem precisa de sua atenção.
perseguindo você: parte de sua personalidade obstinadamente exige expressão.
polvo: transações múltiplas que deixarão você emaranhado em uma situação irreversível.
roedor: uma praga que confunde o exterminador.
roendo ossos: você ficará completamente arruinado.
segurar a cabeça de um cachorro, cavalo ou burro: você se tornará escravo.
ser perseguido por animais selvagens: um amigo ofenderá você.
  e feridos: você está se abrindo a críticas.
ser perseguido por uma hiena: os outros são inúteis; trabalhe sozinho.
ser um caçador ilegal: você quer roubar o estilo de vida de outra pessoa.
ser um furão: capte o cheiro de trapaça e confronte-a.
ter raiva: para brincar com tubarões, você precisa aprender a nadar primeiro.
traseiro de: você logo terá dinheiro.
uivos selvagens: os inimigos derrotarão sua intolerância.
vender: sucesso adiado até um momento mais propício.
veterinário: seus instintos básicos precisam melhorar.
zangados: é difícil reprimir sua raiva.

ANIVERSÁRIO 00-11-22-33-44-55
comemorar seu: boa saúde e existência tranquila.
  de outra pessoa: essa pessoa traz a perspectiva de um emprego.
da esposa: bons tempos estão chegando.
de amigos: em breve você se beneficiará de um presente surpresa.
de filhos: dinheiro à frente se você não for muito obstinado.
de namorado: abundância de dinheiro em breve.
de parente: contatos precisam ser refeitos depois de longa ausência.
do marido: uma decepção esperada.
presentes de: promoção por meio do apoio de outros, se você é sensível às necessidades deles.
receber presentes: você terá muitas mordomias na vida.
  dar: sua presença será bem-vinda, apesar do pagamento de dívidas.
seu próprio: você está se sentindo no controle do seu futuro.

ANJOS 06-31-42-44-46-52
com asas: a inocência torna você vulnerável.
coro de: sua firmeza de caráter achará a luz da verdade.
perto de você: paz e bem-estar com sua natureza intuitiva espiritual.
pessoa doente sonhando: a tranquilidade da morte.
pessoa saudável sonhando: a saúde de uma pessoa amiga melhorará.
  não pecadora: assegure às pessoas amadas mortas que podem prosseguir.
  pecadora: uma necessidade de arrependimento; a mensagem é apenas para você.
  que tem asas: pessoas doentes sob seu cuidado melhorarão.
pondo asas: suas ações agora não serão consideradas interferência.
querubins: seus guias em um evento propício.
  manifestando tristeza: alguém infligirá sua ira sobre você.

manifestando veneração: suas ações deixam dúvidas quanto ao seu caráter.
vários anjos: você herdou uma inteligência extraordinária.

ANO BISSEXTO 14-30-33-45-52-59
casar-se em: o casamento não irá durar muito.
filhos ficando noivos em: nunca casarão com essa pessoa.
morte de parente: você herdará dinheiro de um parente.
nascer em: você terá uma vida longa.
você sendo solteiro em: casamento no prazo de um ano.

ANO-NOVO 05-17-19-32-36-41
casar-se no: o casamento não vai durar muito.
cometer adultério no: separação iminente de sua integridade.
ficar bêbado durante uma festa de: esperanças frustradas de ser reconhecido e aclamado.
menino nascendo no: será levado a se tornar uma pessoa importante.
menina: vai se casar com pessoa rica.
passar o ano-novo com amigos: cuidado com rival inescrupuloso.
em número par: terá muito pouco dinheiro e possível desenvolvimento profissional.
ímpar: ganhará bastante dinheiro, mas fracassará ao investí-lo.
pedir em casamento no: o casamento será para sempre.
sonhar com o: melhora nas circunstâncias é e deve ser esperada.

ANOITECER 03-18-21-26-41-44
estar cansado depois de um excitante: suas energias estão esgotadas quando deveriam estar elevadas.
estrela vespertina (o planeta Vênus): você perpetuará a sua crença de amor à primeira vista.
na hora do crepúsculo: depois da façanha, aproveite a fama e rejuvenesça.
próspero passado com outras pessoas: as preocupações acabarão se você deixar de se comportar como uma criança.
ter um maravilhoso: lástima pela perda do amor, um futuro brilhante ainda está de vigília.
de comemoração: perigo causado por segredo dificultado pelo amor.

ANSIEDADE 03-16-30-35-43-45
alguma parte do corpo vibrando: marque um exame físico.
com a vida caótica: seja agressivo na superação de obstáculos ao seu progresso.
estar apreensivo: faça as coisas do seu jeito, como no passado.
com os filhos: você escapará de um perigo.
amigos: você espera muitos favores em troca de pouco esforço.
finanças: brigas na família.
estar frenético: momentos árduos seguidos de férias tranquilas.
outros: promoção na empresa.
parentes: você receberá uma pequena herança.
imagens de: exponha suas preocupações íntimas ao parceiro(a).
ser atormentado: não deixe a raiva pelos erros passados bloquear o seu futuro.
ter: você precisa reconhecer inimigos antes de confrontá-los.
dolorosa da mente: o que você deseja é proibido e errado.

ANTIGUIDADES 11-14-20-36-43-47
comprar: adquira conhecimento por meio das experiências de vida de outros.
perder: volte à sua herança, à fonte de sua felicidade.
sonhar com: aspectos de vidas anteriores, suas e de outros.

tirar vantagem de antiquário em um negócio: prosperidade multiplicada.
vender: é hora de compartilhar a sabedoria conquistada com tanto esforço.

ANTIQUADO(A) 07-09-10-16-17-36
beber um coquetel: vai morar em cidade curiosa com cidadãos fortemente religiosos.
lidar com pessoa: os negócios vão prosperar com valores com os quais você consegue se envolver emocionalmente.
sonhar que está: mantenha seu encontro com a pessoa certa.
ter ideias: felicidade que dura pouco, pois suas opiniões estão ultrapassadas.
usar roupas: divergência em casa, com tentativa de retornar à felicidade de antes.

ANÚNCIO 02-05-09-39-42-49
anunciar uma venda: perdem-se os artigos, ganha-se o dinheiro.
colocar: desejos e impulsos subconscientes são expostos.
ler: seus planos tornam-se realidade sem sua participação.
no jornal: sua falta de maturidade interior virá a público.
olhar: a fusão proposta é uma armadilha; a mensagem é não.
receber publicidade favorável: você terá numerosas atividades sociais.

APARTAMENTO 06-24-28-37-43-51
alugar para outros: alegria durante o período do contrato de locação.
de outra pessoa: problemas à frente.
dever aluguel para alguém: você será atormentado até o limite da ganância de outra pessoa.
estar em uma cobertura com amigos: você está desfrutando de mais coisas que as suas habilidades permitem.
estar sozinho em: faça amizade consigo mesmo primeiro.
com outra pessoa: você encontrará o amigo que vem tentando achar.
morar em uma cobertura: você exagerou a sua importância.
pagar aluguel para alguém: enfrente cara a cara aqueles que o cercam.
não pagar: outra pessoa será atormentada em seu lugar.
para parentes: retribua o favor dos laços de família.
ser proprietário: envolva-se mais com um empreendimento.

APITO 04-05-20-38-40-49
consertar o: receberá bom conselho; preste atenção na mensagem.
estridente: cuidado com agressões menores.
soando durante um jogo: mude de estratégia antes que marque um pênalti.
sonhar com apito quebrado: está sendo espalhado um escândalo injustificado para lhe prejudicar.

APOIAR-SE 04-05-10-46-50-56
em outra pessoa: você receberá assistência substancial.
em uma parede: ajude aqueles próximos a você que estão precisando de dinheiro.
filhos se apoiando em você: felicidade.
pessoas se apoiando umas nas outras: você receberá uma carta do exterior.

APRENDER 16-25-28-29-46-48
a escrever: o segredo do conhecimento será revelado a você.
algo mentalmente: uma autocrítica saudável, contanto que seja facilmente aprendida.
com a experiência: sorte para a pessoa da qual você gosta.
filhos aprendendo suas lições: você terá poucas dificuldades na vida nas

quais não conseguirá enfrentar o desafio.
lição de vida: você está tentando fazer mais do que pode ser alcançado na sua categoria.
língua estrangeira: não será um relacionamento amoroso, mas uma amizade leal.
mais rapidamente que os seus colegas ou iguais: não enfie o que você sabe pela goela deles abaixo.
nova profissão: ligação superficial com o conhecimento estabelecido.
parentes, ser informado da chegada de seus: tristeza inesperada com as pessoas idosas da sua família.

APROVEITAR-SE 04-12-36-38-45-47
ser alvo de amigos: você terá uma vida cômoda.
outros: pequenas discussões sobre investimentos insignificantes.
para conseguir dinheiro: a prosperidade da família está no futuro.
pessoas pobres: devolva um pouco.
tirar proveito: melhora nos negócios está por vir.
de outros: consolidação dos negócios em breve.

AQUECEDOR 07-10-19-38-48-49
ser aquecido por um bom: sua vida caseira lhe nutre.

AR 02-06-32-35-37-44
arfar: você está envolvido(a) demais em um projeto e precisa de ar fresco.
atmosfera: prosperidade em assuntos financeiros.
calmo: liberte seus pensamentos para aceitar o ponto de vista de outros.
castelos no: atualize seus sonhos, uma história de cada vez.
com detritos: cuidado com problemas triviais.
com neblina: planos atuais deveriam ser reconsiderados.
com névoa leve: você está sendo enganado e influenciado contra sua vontade.
condicionado quebrado: notícias importantes de longe não chegaram a você.
freio de ar comprimido de trem assoviando: um erro judiciário lamentável.
frio: tristeza na família causada por fracassos nos negócios.
céu azul e claro: claridade trará sucesso.
pairando no: cuidado para não inflar demais o seu ego.
poluído: liberte-se do confinamento.
profunda inspiração: conecte-se com o Espírito Universal.
expiração: destaque o seu eu e trabalhe nele.
quente: criar opressão causa reações fortes.
sem oxigênio: você está no nível de sobrevivência básica, comece de novo.
tempo claro: alegria na família.
chuvoso: meios abundantes de nutrir a sua criatividade.
nublado: você não consegue distinguir amigos fiéis de enganadores.
tempestuoso: doença traz perigo.
úmido: infortúnio acaba com esperanças otimistas.

ARAME 11-14-22-32-35-36
ficar preso em farpado: reformule seu jeito severo e defensivo para os oponentes de surpresa.
pular uma cerca de: deixe os inimigos com suas artimanhas.

ARANHA 02-04-06-17-25-31
comer uma: você é uma pessoa muito voluptuosa que acaba se enrolando na própria teia.
empresário sonhando com: sua fortuna será devorada por um parceiro sedutor.
mulher solteira: não aceite se casar com pessoa apegada demais.

fiar uma teia: atitudes frugais e meticulosas serão a base do poder para fazer fortuna.
crianças descobrindo uma: elas serão importantes na vida.
ser enredado em uma: a percepção dos próprios desejos pode ser suprimida por um gesto errado.
matar uma: período de grande prazer.
rastejando em sua pele: ódio e inveja que precisam ser resolvidos.
na de outra pessoa: sua imaturidade causa despeito e ódio que acabarão lhe matando.
ser picado por: infidelidade conjugal que causa opressão
ser picado por uma tarântula: sua segurança está em grande perigo.
sonhar com uma: uma provocação lhe fará se emaranhar em uma situação difícil.
várias aranhas: conflitos domésticos devido a uma teia que você fiou detalhadamente.
ver uma aranha à noite: dinheiro de sobra por meios ilegais.
de manhã: complicações com processo judicial devido a acusações falsas.

ARBUSTO 04-17-28-30-40-53
abrir caminho por entre os arbustos: desvantagens que no final provarão terem vindo para melhor.
cerca viva aparada: você vai superar qualquer obstáculo apresentado por um parceiro indisciplinado.
engatinhar por uma: você será jogado no ostracismo por um casal conhecido.
cheio de folhas verdes: notícias que trazem grande felicidade ao seu lar.
com armação de madeira: negociar pode ser a solução para um problema irritante.
cortar um: perigo advindo de segredo exposto e infligido em sua privacidade.
dando azevinho: memórias nostálgicas do Natal e da lareira.
colher: cuidado com tormentos que o jogam na depressão.
guirlandas de: sua sorte material e social irão sempre se renovar.
de junípero: alguém falará mal de você, mas isso será exposto a seu favor.
cozinhar com frutas: esteja alerta contra uma associação com pessoas de caráter imoral.
de laburno: alguém tentará envenenar sua vigorosa mente.
de lavanda: receba as ações ofensivas de outros com uma pitada de sal.
esconder-se detrás de: perigo iminente pela exposição de casos amorosos deprimentes.
outros: recuperação veloz de oposição no amor, futuro brilhante pela frente.
ver alguém se escondendo de propósito: cuidado com as fofocas.
frágil sem folhas: o fracasso de seus planos é irreversível.
irrompendo: terá chance de mudar para melhor.
vários ramos de sempre-viva: trabalhe bastante por amigo verdadeiro e constante.
vegetação rasteira e enrolada: nervosismo devido à ameaça de caso secreto.

ARCA 01-07-15-22-32-43
da Aliança e os Dez Mandamentos: meios abundantes se você agir de acordo com as regras.
em lugar sagrado: lugar antiquado e confortável com equilíbrio emocional.
sonhar com: eventos benéficos e importantes estão para acontecer.
ter: um porto seguro das forças da paixão.

ARCO-ÍRIS 03-15-19-24-25-31

ao meio-dia: melhoria de sorte seguida por problemas de um tipo que você nunca viu antes.

amanhecer: grandes riquezas com abertura de horizontes.

pôr do sol: tempos de felicidade e satisfação, período de descanso pela frente.

crianças vendo um: serão saudáveis, inteligentes e traquinas na juventude.

namorados, juntos: casamento feliz e riquezas após período com os mais terríveis problemas.

estar perto de um: o fim revela o caminho a ser tomado e a forma de fazê-lo.

mulher casada sonhando com um: mudança na vida amorosa, em pouco tempo terá estabilidade.

moça: amará uma pessoa agradável.

solteira: um belo presente é recebido por transmitir indiscrições tentadoras.

sobre sua cabeça: mostrará falso orgulho sem muitos aplausos que o justifiquem.

AREIA 05-12-20-29-38-45

caminhar sobre areias oscilantes: crescimento psicológico forçado com a defesa de cada etapa.

colorida: você receberá um favor que lhe deixará devendo outro.

construir castelos de: seu período de fortuna fácil acabou.

deitar na: reverta a maré antes que você fique ensopado.

dirigir-se à tempestade de: abra seus olhos para logros, mas não fique imaginando que eles existem em toda parte.

propriedade sendo danificada por: você construirá outra casa em bases mais sólidas.

duna de: sua inocência será provada por amigos cuja honra você defendeu.

em uma ampulheta: comece outro projeto enquanto espera.

lidar com: você passará por pequenas aflições por parte daqueles que querem usar sua influência.

misturar com cimento: suas manipulações são imutáveis.

outras pessoas usando: você vai receber um dinheiro inesperado que vai lhe escorrer pelos dedos.

sonhar com: constrangimento e desconforto devido ao uso das suas ideias por parte de outros.

trabalhar com: evite que outros roubem suas ideias e defenda anos de trabalho duro.

usar sacos de: alguém está lhe enchendo de pedidos de fãs.

AREIA MOVEDIÇA 03-13-15-16-32-34

ajudar alguém a sair da: os assuntos dos outros estão inacessíveis para suas bisbilhotices.

algo afundando em: será traído por amigos que tentam lhe forçar a seus próprios vícios.

outras pessoas: você deseja a satisfação daqueles que lhe prejudicaram.

lidar com: não seja indiscreto em relação a seu medo da morte.

ser tragado por: está se atolando em seu lado emocional.

sonhar com: está cercado de tentações que lhe dragarão para a lama.

ARENQUE 04-07-09-18-25-32

capturar: os desejos serão realizados depois de uma situação um pouco desagradável.

comer: boa sorte para a pessoa de quem você gosta.

comprar: você será generoso com os amigos que desconfiarão da sua atitude.

cozinhar: gravidez em um futuro próximo.

defumado: supere o vício do vinho e das bebidas alcoólicas baratas.
receber de alguém: você realizará grandes sonhos e terá dificuldades financeiras.

ARGAMASSA 02-18-20-25-32-35
caindo em você: estão lhe fazendo falsas acusações.
lidar com: em breve passará por muitos altos e baixos.
misturar: está disfarçando erros do passado com uma máscara de perfeição.
no chão de casa: será humilhado devido às suas atitudes desonestas.
saindo da parede de casa: você chegou ao limite com problemas familiares.

ARGILA 06-10-12-34-38-48
construir uma casa com tijolos de: sua casa foi construída sobre fundações instáveis.
e colocar um quarto no alto: força de vontade pura é necessária para a superação de obstáculos.
esculpir com: suas ideias estão definidas precisamente.
fazer tijolos de: sua flexibilidade não impede que interesses especiais prejudiquem você.
branca: boas perspectivas de negócios se a sua ética permanecer pura.
sonhar com: suas ideias são facilmente manipuladas pelos outros.
trabalhar com: você está preso a um destino flexível moldado pelos acontecimentos.

ARMA 04-09-17-26-28-43
arsenal cheio de: credibilidade se ganha com trabalho, não pela força.
atirar um bumerangue: cuidado para não revelar informações sem querer.
bater em alguém com um porrete: corrija a fonte da fofoca, não o fofoqueiro.
jogar uma granada: um ajuste severo na autoconfiança após errar o alvo.
pontuda: suas palavras fazem o estrago; percepção interna e amor podem curar a ferida.
possuir uma: aprenda a corrigir o método de defesa antes de continuar.
quebradas: mau uso de informações valiosas para sua defesa.
uma lança: será possível vencer adversidades aparentemente impossíveis contra inimigos assustadores.
ser ferido por: vai se aborrecer com um erro de julgamento em experimento crucial.

ARMA 20-26-33-35-43-46
atirar em uma pessoa com: você pode deixar aquele incidente desagradável para trás de vez.
em um inimigo com: uma ação na justiça acabará com um relacionamento nocivo ou perigoso.
em você mesmo com: você consegue enfrentar qualquer ataque sem ajuda.
caçar com: você está adiando decisões de vida ou morte.
carregada: sentimento lamentável de que a sua única proteção é a violência.
comerciante de: você dissolverá uma corporação.
comprar: preste bastante atenção no rosto de quem você vê durante a prática de tiro.
de dois canos: preocupações e conflitos até que consiga superar más decisões de gerenciamento.
disparar: sua boa condição física e energia mental tornam este momento favorável para começar um projeto.
disparar uma: você está cheio de ideias brilhantes.
homem sonhando com pólvora: seu recente comportamento mal-humorado.
moça: medo da atividade sexual no caso de matrimônio com um soldado.

mulher: você está nervosa e agitada e irá divorciar-se do seu marido.
levar um tiro: ameaça de uma doença séria do coração.
manusear pólvora: sua aventura é explosiva por natureza.
metralhadora: você sente fraqueza e exaustão.
outros disparando: você sentirá suas convicções enfraquecidas durante algum tempo.
ouvir disparo de: problemas financeiros precisam ser resolvidos antes que se transformem em uma bola de neve.
puxar o gatilho contra o inimigo: você sofrerá muitas críticas.
adolescentes: você está estendendo as suas ações para além da sua capacidade de ser receptivo.
mulher casada: desonra nos relacionamentos.
receber de presente: mantenha seus impulsos sob controle.
rifle com uma baioneta: enganos precisam de remendo a fim de impedir a separação do casal.
ter: seus problemas estão incessantemente à beira da desonra.
ter pólvora: você deveria corrigir seu comportamento antes que ele estoure na sua cara.
viajar com: medo da violência.

ARMADILHA 02-13-19-21-29-39
capturar alguém com: desconsidere a influência de outros e retome o comando.
animais: a família não aprovará sua escolha profissional.
pássaros: vai juntar pequena quantia em dinheiro.
instalar armadilhas: está sabotando suas ações com ilusões de grandeza.
com outras pessoas: está preso em um círculo de amizades.
porta fechada: você se limitou a uma reconciliação sem amor.
cair ao atravessar uma porta: foi envolvido para negar seu verdadeiro eu; afaste-se graciosamente.
ser pego em: endureceu seu coração em relação a um assunto encerrado.
em algum caminho subterrâneo: abusará da confiança de outros.
sonhar com: receberá uma carta surpreendente e desagradável; não responda sem um advogado.

ARMADURA 05-12-24-28-34-38
carro blindado: a única influência deveria ser a sua própria.
curvar-se com o peso de: você está sendo sufocado por comentários negativos de outras pessoas.
na lama: inflexibilidade inapropriada causará fracasso.
usar: a criança assustada precisa espiar para fora da concha.
outros: afaste as pessoas desagradáveis; exponha o seu verdadeiro espírito.

ARMÁRIO 02-06-09-13-49-50
abrir: uma carta aguardada há um bom tempo.
comprar: traição por parte de pessoas de confiança.
fechar: perda de uma carta no correio.
vender: desavença na família.

ARMAS DE FOGO 04-15-21-27-30-38
artilharia disparando: você precisa optar por uma única carreira.
balas vindo em sua direção: advertência de violência verbal imediata.
carregar: você terá nas mãos uma ação judicial se atacar outra pessoa.
cartucho vazio: você, tolamente, muda de aliados; eles se uniram contra você.
cartuchos de munição: um encontro doloroso com um dentista.

disparando: você acabará rejeitando um ato impulsivo.
disparar metralhadora: a dependência de seus inimigos na agressão desinibida afeta você de forma negativa.
ouvir uma: você foi prejudicado pelas ações insensatas de seus amigos; preste atenção em quem transpira culpa.
disparar um revólver: objetos de valor perdidos são descobertos.
espingarda: dois amantes são demais; decida quem você quer.
rifle: uma outra pessoa rouba as suas conquistas.
em um arsenal: sua capacidade de se proteger ameaça outras pessoas.
estar armado com: uma boa oportunidade para reunir recursos positivos.
outros: as preocupações não serão afastadas facilmente; complicações aumentam os problemas.
granada: refreie suas emoções zangadas, violentas e explosivas na sua própria casa.
pessoas armadas: oficiais do exército lhe farão uma visita.
possuir: lucros devido a uma milagrosa mudança de direção nos negócios.
semiengatilhadas: não permita que o façam perder a cabeça.
vender: você está em companhia de bandidos.

ARMAZÉM 03-14-16-24-29-36
estar em um: seu catálogo de experiências de vida.
estocar coisas em um: sua mesquinharia também controla seu talento.
tirar coisas do: você espera que outros decidam por você.
produtos sendo despachados de um: está esgotando seus recursos emocionais.
sonhar com uma caminhonete: outra infidelidade levará ao futuro parceiro.
sonhar com uma caminhonete: seu tremendo potencial lhe virá facilmente ao longo da vida.

ARMINHO 07-19-20-25-30-39
comprar casaco de pele de: economize deixando que outros paguem pela sua presença.
ter: você investirá em imóveis e viverá em uma rica barreira à sua miséria.
usar: um amigo falso por perto, um sincero e leal também; faça sua opção.
vender: o comprador será lesado se esperar honestidade de sua parte no negócio.
sonhar com: grande riqueza se você não distribuir tudo.

ARQUITETO 08-15-18-34-43-50
estar com: arquitetos estão simplesmente frustrados.
com plantas: corretores de terra enganarão você.
falar sobre uma construção com: todos são arquitetos frustrados.
ser: cerque-se de prazeres visuais e proteção.
sonhar com: você terá muito prazer na vida.

ARQUIVO 01-20-24-25-37-45
colocar documentos em: você se defronta com obstáculos organizacionais inquietantes.
vários: você realizará suas grandes ambições ao baixar seus padrões morais.
de metal: sucesso através de trabalho árduo e imaginação.
com gavetas: descoberta de objetos de valor perdidos, arquivados no lugar errado; contas não pagas já vencidas há muito tempo.
retirar documentos de: você colocará um documento no lugar errado causando discussão sobre suas intenções.

ARRANHAR 02-06-08-17-30-34

a si mesmo: sua ambição exagerada acaba bloqueando seu sucesso.

não: os planos de opositores serão frustrados por sua discrição.

drenar sangue de um arranhão: os erros de um amigo íntimo irritarão você.

namorados arranhando um ao outro: a ligação entre os dois será abalada.

outros: você pode se dar mal ao cantar vitória antes da hora em relação a um dinheiro que está chegando.

cabeça: solução ingênua para dúvidas sérias.

ser arranhado por um gato: você acabou com a satisfação interna de alguém.

crianças: você passará por insucesso inesperado.

por um cachorro: a agressividade súbita de alguém precisa de explicação.

por uma roseira: um revés irritante atrapalha sua liberdade.

por unhas de mulher: seu amor está garantido, mas não lhe trará satisfação.

sua cabeça: bajulação não equivale a favores sinceros.

suas próprias costas: suas preocupações serão suavizadas, pois é com você que contam.

ARRECADAÇÃO 11-17-19-34-36-41

agência de cobrança: você não conseguiu retribuir uma afeição.

contribuir para: você deve algo a alguém.

fazer uma em favor de pessoas pobres: você está tentando obter afeição antes que eles se vão.

outros contribuindo para a sua: você conquistou respeito por meio de um ato desonesto.

ARREPENDIMENTO 04-05-12-14-29-32

arrepender-se de atitudes: terá um aspecto ruim da lua em sua fase final.

crianças: não seja tão detalhista em suas exigências; há modos mais criativos.

primeiro amor: vai conhecer uma pessoa rica e honrada que não vai apagar suas memórias.

em sua condição presente: será induzido a deixar sua casa por falsas razões.

expressar, a um companheiro: é melhor não dizer certas coisas.

outras pessoas: sua infelicidade terminará em breve ao fazer as pazes.

sentir remorso: um conselho bem dado vai lhe mostrar o caminho para um destino considerado impossível.

transgressões: você está cultivando a perfeição.

nos negócios: terá dificuldades em casa; seu companheiro vai se mostrar mentiroso e indigno.

ARROZ 04-10-19-27-32-34

comer: uma temporada de prazeres sensuais e paz em casa.

amigos: você vai entreter uma visita indesejada e de intenções duvidosas.

pudim de: será vítima de bajulação e de persuasão mal-intencionada.

tanto, que fica cheio: a feira é de caridade em prol de outros, não de você.

comprar: vai realizar altas ambições e sobreviver vitoriosamente aos conflitos.

cozinhar: prosperidade em várias transações, mas permanecendo no mesmo local.

outras pessoas: acabe com seus doentios sentimentos de posse.

cultivar: abundância que vem de visita a terras estrangeiras.

jogar: os inimigos abandonam seus interesses ao perceberem que você não se deixará deter por eles.

vender: cuidado para não fazer planos de ganho financeiro antes da hora.

ARRUMAR 9-25-31-39-44-45

algo para enviar por correio: excesso de confiança causará fracasso.

homem arrumando roupas para uma viagem: você é culpado por seus gestos tolos.

mulher: talvez deixe seu marido sem querer.

malas para uma viagem: preocupações de trabalho lhe manterão em casa, mas haverá mudança significativa.

parentes: reorganização de antigos relacionamentos que você permitiu que fossem destruídos pela mentira.

sua casa: eventos que causam mudança completa no ambiente.

ARTE 02-08-09-20-36-38

comprar obras de: você trabalhará arduamente, mas quer que outra pessoa dê as instruções.

de viver: use expressão criativa desde uma obra-prima até um cinzeiro.

ser negociante: sua diligência será recompensada.

sonhar com obras de: reputação pela utilização de gosto refinado no trabalho.

vender obras de: você está pronto para expressar sua opinião.

ARTÉRIAS 04-21-24-27-32-52

canais de um rio: preocupações fluirão até o próximo porto.

entupidas: sua honestidade em relação aos outros está impedindo seu progresso.

suas próprias sendo cortadas: você ainda aprenderá muitas habilidades que salvam vidas.

ter fortes: uma mensagem com boas notícias.

fracas: recuperação lenta de uma doença.

ARTES MARCIAIS 02-18-26-34-47-48

caratê: cada movimento teve implicações intelectuais.

judô: movimentos simples executados com força derrubam o adversário.

ARTISTA 15-16-22-40-44-52

com visitantes frequentes: o que parece ser verdade não é.

incubi-lo de pintar seu retrato: traição, caso você permita que sua criatividade seja usada por outros para se expressarem.

lecionando a aluna particular: você receberá muito consolo por meio do amor por sua criação.

paleta de todas as cores: você receberá convite para uma festa de pessoas de todas as artes.

pintando retrato de outra pessoa: enquanto a atenção se afastar de você, aja.

ser: sua excentricidade receberá muitas honras.

sonhar com: satisfação de partes irracionais do eu.

ter um cavalete: a realização da autoexpressão em seus passatempos.

outros: você precisa desenvolver seu potencial.

trabalhar usando cavalete: sua mente está se dedicando à meditação.

ÁRVORES 12-15-24-25-42-47

abacaxizeiro: fertilidade: a grande nutrição por caloria.

abeto: você sempre mantém as esperanças em meio às trevas do desespero.

alameda de: presidirá um encontro com vários pontos de vista distintos.

alfarrobeira: uma afeição elegante.

ameixeira: fidelidade de e para aqueles que realmente contam para você.

abrunheiro: libertação de fofoca maldosa.

amendoeira em flor: uma relação ambígua com indiscrição e estupidez.

com frutas maduras: tempo propício para felicidade em casa.
amoreira: sobreviverá por sua sabedoria, não pela de seu companheiro.
anéis de: a sabedoria advinda de experiências do passado pode ser investida em seu futuro.
aspe: lamente suas ações, pois elas são a causa de sua solidão.
bétula: seu amor é virtuoso, honrado e manso demais para apreciar seu valor.
buxo: ganhará com o estoicismo e solidão por meio da perda de jovem.
carregadas de frutos: riquezas e prosperidade nos negócios.
carvalho: vida em família repleta de hospitalidade e com finanças organizadas.
vivo e cheio de musgo: uma casa que você não consegue largar.
castanheira: você merece um pouco de luxo, nem que seja por um dia.
castanheira americana: trabalhos difíceis e demorados.
cedro: você tem uma força de caráter incorruptível.
cerejeira: doença que vai bloquear suas distrações para que você possa se concentrar em seus estudos.
choupo: gozará de vasta reputação por poucos feitos.
retorcidos: analise mais uma vez seus pontos de vista e preconceitos.
cipreste: a ajuda de um amigo trará desespero quando os problemas de saúde forem descobertos.
soprando ao vento: um triste revés trará sentido ao seu lar.
colher frutas de uma: herança recebida de pessoa idosa.
comer do fruto de castanheiro-da-índia: fracasso devido ao momento inconveniente de pequena enfermidade.
cortar galhos de oliveira: paz, serenidade e felicidade em todos os desejos.
cortar galhos de teixo: morte de parente idoso.
cortar o tronco de uma: vai incorrer em perdas e se tornar empregado de alguém.
cortiça, de: guarde sua vida interior para si mesmo, mas procure se apoiar em sua força.
deformada: os elementos de sua vida cobram seu preço.
estragada: redefina os limites de seu espaço íntimo.
crianças subindo em: uma agradável variedade de conhecimento, lazer e diversão.
caindo ao subir em: reestruture seus objetivos para que não extrapole demais a realidade.
com uma escada: conseguirá cargo importante e de destaque com o qual será difícil viver.
frutífera: você é uma personalidade extrovertida e imaginativa que aprecia coisas proibidas e incomuns.
quebrar ramos ao: as rotas comuns para o sucesso não estão abertas para você; seja original.
de Natal: alegria e felicidade, paz na Terra.
derrubar uma tília: caso amoroso perigoso; segurança no amor conjugal.
descansar debaixo de uma: você tem a influência de amigos, mas é o único responsável por seu crescimento.
dormir: sua saúde e seu vigor estão sendo sugados por suas responsabilidades.
em flor: está afirmando seu princípio criativo.
desenterrar um pedaço de tronco: sua diligente curiosidade se mostrará justificada.
doente: seu caminho atual lhe levará ao ridículo.

elmo: dignidade em vida tranquila.
faia: seu bitolamento cruel limitará a prosperidade de novas empreitadas.
figueira: será prolífico em suas discussões e inflexível em sua indolência.
faia-da-terra: não use a pena de si mesmo como se fosse um distintivo.
figueira-de-bengala: uma discussão amarga e infinita.
floresta de pinheiros: uma reunião de família trará prosperidade e apoio convicto.
floridas: prazer e doce satisfação.
sem flores: crescimento nos negócios.
flutuando rio abaixo: respeito entre amigos que podem ultrapassar o fluxo.
sendo serrada: um lar confortável é a satisfação de se trabalhar duro.
sentar-se em: tempo livre para viver a vida como quer.
folhas caindo no outono: deve superar uma situação ou as ramificações lhe seguirão.
farfalhando: a voz da Mãe Natureza fazendo seus talentos se manifestarem.
ficando amareladas: doença para breve, mas depois tudo voltará ao normal.
freixo: é prudente separar o ego do esplendor que lhe cerca.
da montanha: seja prudente com os momentos mágicos, pois eles não lhe impedem de descansar.
frutífera, mas sem frutos: seus talentos não podem ser reconhecidos se você não os expuser.
não amadurecidos: sua vitalidade está sendo drenada pelo crescimento de outra pessoa.
galhos de: a família vai se dividir e se expandir para que todos tenham espaço para crescer.
grandes e sem frutos: seus gastos extravagantes mostram sua total insensibilidade.
laranjeira: ficará descontente por não ver sua generosidade retribuída.
macieira: será tentado por pessoas envolventes e falsas em sua busca por perfeição.
magnólia: a dignidade da perseverança em amizades sólidas que a distância não afetou.
mastro de navio feito de uma: será ajudado na necessidade.
não saudável: seu potencial encolheu.
palmeira: vitória caso não tente colocar o chapéu onde não alcança.
pássaros em: reflita nas palavras dos outros e nas canções de alguns poucos.
pata-de-vaca: sua incredulidade ao ser traído.
pau-brasil: suas possibilidades de expansão são majestosas.
pequena muda: fertilidade, procriação e pobreza até a fruição.
pereira: brigas devido a oposição às suas ideias, mas separação está fora de questão.
pícea: esperança em adversidade contra aqueles que pressionam até conseguir ganhar vantagem.
pinheiro: felicidade tremenda com pessoa honesta.
cones de pinheiro no chão: uma série de coincidências lhe fará redirecionar suas preocupações com sua renda
cortar galhos de: desfrutará de trabalho apropriado e bem-estar.
plátano: curiosidade.
podar: traz sua saúde à tona.
queimando: chateação e infelicidade.
raízes de: as profundidades do passado informarão o presente.
romãzeira: desfrutará de um futuro tranquilo em meio às suas tolices.

saindo ilesa de incêndio florestal: sofrerá um acidente incomum.
salgueiro: bravura em defesa da humanidade.
seca: alguém está lhe traindo ao lhe negar apoio.
seiva de: será agradavelmente surpreendido por uma visita que já foi a menina dos seus olhos.
sempre-viva: sua forte fé em si mesmo é prenúncio de vida longa.
torta: vai limitar a prosperidade de suas novas empreitadas.
tronco de: continue a tradição de sua família, contribua para ela.
verde: uma alegria ilimitada lhe fará esquecer todas as tristezas.

ASILO 03-08-10-19-28-45
estar em um: problemas sérios à frente serão resolvidos por intermédio de análise cuidadosa.
evitar a sua internação: você precisa romper com o passado e ter mais cuidado com a saúde.
pedir asilo político: ansiedade de separação das pessoas que você deixou para trás.
ser louco em um: você será culpado por fazer coisas tolas até que lide com sua motivação.
sonhar com um: você viverá uma vida longa e saudável se expressar sua discordância no trabalho e em casa.

ASMA 02-21-28-32-44-51
contrair: o medo fez com que seus pulmões paralisassem.
outros com: desilusão devido ao descaso com sua sobrecarga emocional.
sonhar com: estabeleça uma pausa profunda e longa entre cada ação.
ter: recuperação de doença causada por mudança para outro estado.
ter ataque de: evitar enfrentar o seu processo intuitivo está sufocando o seu progresso.

ASSADO 03-05-11-22-23-36
assar carne de boi: risco mínimo para seu estilo de vida confortável.
carneiro: bênçãos e apoio substancial.
no espeto: será convidado a um encontro que durará dias.
porco: perdas no jogo.
vitela: desejos serão conquistados na medida de seus esforços.
comprar carne assada: empreendimentos prazerosos e lucrativos.
comer: será afetuosamente saudado, mas seu verdadeiro mérito não será reconhecido.
fatiar: ganhará no jogo, uma aposta com cada corte.
servir: está dividindo suas oportunidades com os amigos.
entalhar um: comemoração entre aqueles que lhe são próximos.

ASSALTANTE 06-16-19-23-25-36
amigos remexendo suas coisas: será tomado pela dissolução das esperanças.
entrando pelos fundos: dinheiro novo que lhe será tomado indiretamente.
escapar de ser ferido por um: posses podem ser repostas; você, não.
fugindo: a decepção amorosa se dissipa, só continua viva em sua mente.
matar um: vai se perder ao paquerar pessoa muito mais nova.
sendo preso: sua identidade está em crise, só você pode pagar a fiança.
ser um: prepare-se para devolver o que tomou.
molestado por um: um parente perde filho e propriedade.

ASSASSINATO 04-05-06-11-30-48
ajudar alguém a cometer: desgraça por meio de ato de desonra realizada por outra pessoa.

comete um: agir sobre sua raiva é abertamente um tiro que sai pela culatra.
de um assassino: culpa reprimida produz múltiplas explosões.
sendo preso: um inimigo pagará pelos crimes que cometeu contra você.
planejar um: a dura realidade não apagará a confusão emocional.
amigos: precisa evitar um perigo que arruinará sua reputação.
outros: livrar-se da competição não fará com que você seja promovido.
ser assassinado: um inimigo está tentando feri-lo por meio de seus amigos.
outros: triunfo sobre inimigos é ilusão, pois aumenta a aposta.
ser condenado por homicídio: sob qualquer que seja a influência, morte ainda é morte.
inocente: cuidado com tudo que esteja num ângulo de 360 graus em relação à sua visão.
ver um sendo cometido: tristeza porque ações de outras pessoas estão minando você.

ASSASSINATO POLÍTICO 13-17-24-27-28-51
cometer: uma bênção disfarçada se você permitir que os inimigos se exponham.
sangrento: toda a energia negativa dele passará para você.
ser assassinado: proceda com o máximo de cuidado.
sonhar com: você está transformando um inimigo medíocre em mártir.

ASSINAR 10-15-27-31-43-45
comunicar-se com surdos por meio de sinais: é mais fácil tocar uma alma do que estender a mão.
conferir assinatura: você vai gastar dinheiro até ficar na pobreza.
fazer sinais com os dedos: é vaidade sua achar que será compreendido.
mãos: cuidado para não ser persuadido a concordar com algo não declarado.
nota promissória: uma explosão de temperamento maculará seu crédito.
um acordo: como idealista, seu trabalho acaba de começar.
um contrato: alguém lhe confidenciará um segredo; guarde-o em seu cofre forte.
um documento legal: você abandonará a família por uma vida mais rica.
uma carta: você fará novos amigos caso se apresente corretamente.
de amor: se não for dizer a verdade, não diga nada.

ASSINATURA 07-39-40-42-43-45
assinar certidão de nascimento: riquezas.
de casamento: boa saúde.
de óbito: cuidado com os olhos à medida que aumenta o trabalho no escritório.
diploma: alegria.
de alto dirigente, em documentos: a vida de crianças está em perigo.
de juiz em decisão judicial: você desmascarará falsos amigos.
sonhar com a própria: pai e mãe lhe deixam muito feliz.

ASSISTENTE 11-15-16-25-36-42
demissão de outros: amigos enganarão você.
demitir: caso de amor será perturbado.
o seu, demitido por outras pessoas: promoção no emprego atual.
precisar de: o sucesso requer que você peça ajuda.

ser: problemas pela frente se você não ler mentes.

ASSOCIAÇÃO 03-04-21-24-36-48

corpo de pessoas armadas: você fará bons negócios.

de empresários: não se deixe desviar pelos acontecimentos presentes.

forte: você tem domínio sobre as pessoas.

ter: você gosta demais de diversão.

ASSOMBRAÇÃO 00-11-22-33-44-55

aparição: recriminações contra o comportamento imprevisível da pessoa amada.

de ladrão: você cairá nas mãos de malfeitores.

de parente falecido: a tentação dos lados sedutores dos malfeitores.

desaparecendo: olhe por trás da realidade, para a Sombra.

duende: a entrega descontrolada à comida extremamente condimentada.

espantar um fantasma: aquela coisa não é mais possível; mantenha os negócios supervisionados de perto.

espírito devorador de cadáveres, do folclore muçulmano, roubando sepulturas: roubaram as suas esperanças; recupere-as.

falando com você: parente falecido volta para advertir você de que é alvo de intenções maléficas.

não ter medo de: você atravessará dificuldades que outros não notarão.

ser assustado por: espere problemas pela frente no seu casamento exageradamente feliz.

sonhar com: mobilização imediata contra rancor daqueles que conspiram contra você.

vestida de preto: grande tristeza pela frente a não ser que você lide com o passado.

branco: grande consolo para as suas ilusões perigosas.

ASSOVIAR 04-05-20-38-40-49

chamando atenção: tem algo a perder em possíveis empreitadas com pessoas que tratam estas coisas como um jogo.

crianças assoviando: tomará parte em evento cômico e agradável.

no teatro: você possui uma personalidade adaptável e flexível.

como vaia: uma ligação pessoal vai acontecer em breve.

ouvir outras pessoas assoviando: conversa negativa prejudicará sua reputação, mas não seu sucesso.

na calada da noite: está protegido de seus inimigos.

para um cachorro: será perturbado por mudanças em seus inocentes prazeres.

ASSUSTADO 04-09-17-18-22-23

assustar outras pessoas: uma mudança na vida depois de sofrer sérios reveses.

ter sido: um anúncio deixará você feliz.

durante o sono: você descobrirá um segredo.

muito: grande êxito se você tirar umas férias primeiro.

pelos filhos: você prosperará com perseverança; os seus medos são temporários.

ASTROLOGIA 02-03-10-16-17-21

consultar astrólogo: você necessita ajuda confiável e competente para determinar sua influência.

o seu signo: sua prosperidade está no equilíbrio consigo mesmo.

pessoa rica estudando: você venderá artigos abaixo do custo para aumentar o crescimento.

qualquer signo do zodíaco: ame e aceite quem você é primeiro.

seguir seu horóscopo: livre-arbítrio requer uma compreensão de que a escolha do momento certo é fundamental.
sonhar com: a busca paciente pela verdade produz uma orquestra de temas.
sonhar com astrólogo: a solução está no conhecimento que você rejeitou anteriormente.

ASTRÔNOMO 01-23-26-35-38-45
estar em companhia de: inimigos fracassam ao limitar o escopo de sua pesquisa.
outros: bons rendimentos.
olhar através de um telescópio: alguém irá predizer seu futuro.
manusear um: as dificuldades diminuirão com o devido cuidado.
outros: você ficará constrangido com sua reação exagerada diante de problemas.
ser: projetos se desenvolverão lenta e metodicamente.
astronauta: você está aberto à exploração do universo, um planeta de cada vez.
sonhar com: grandes ambições se realizam.

ATADURA 05-06-16-27-40-45
band-aid: você receberá uma visita inesperada.
cobrir um corte com: você melhorará sua situação social.
comprar: você espera favores demais dos outros.
manusear: espere trabalho agradável e convalescença de doença.
colocar em outros: perdão por antiga ferida emocional.
jogar gaze fora: o resíduo de venenos vazando de dentro.
de outra pessoa: outros estão escondendo seus sentimentos de você.
na sua boca: todas as ofensas do passado têm que ser perdoadas e esquecidas.
dos filhos: espere notícias a respeito de um acidente.
utilização de gaze: sua tortura mental e dor física serão aliviadas.

ATAQUE 08-11-14-17-49-51
atacar outros: a integridade da sua moral está em questão.
mulheres: você precisa de aconselhamento profissional e um outro emprego.
contra-atacar: não se deve matar mosquitos com metralhadora.
fazendo amizade com quem ataca: envolva-o em luz branca e mande-o embora em paz.
fugir de: a melhor defesa é um ataque bem forte.
mulher sonhando sobre: você tem um medo não muito claro do sexo oposto.
salvar-se de: você perdeu, peça paz.
perguntando "o que você quer de mim?": alguém em quem confia vai trair você.
perguntando "quem é você?": hora de fazer um balanço dos seus livros e da sua vida.
ser atacado em sonho e acordar: troque a fechadura e tranque as janelas.
ser emboscado: problemas não se resolvem em uma dimensão, mas em três.
ser vítima de: seus projetos falharão; tomar o controle salvará seus planos.
sofrer: o perigo está em quem você é, não no que você faz.
de amigo(a): você recebeu um legado.
e escapar: salve-se primeiro e depois os outros.
e gritar por socorro: você está sendo sabotado por um sócio.

e ser comido por quem ataca: você está limitado; acabe com o relacionamento.
e ser ferido: você permitirá um insulto.
por computador: você não consegue argumentar com sua própria mente inflexível.
por desconhecida força do mal: volte ao templo de sua escolha.
por homem: outros desprezam você pelo seu poder de sedução.
por máquina: pare de financiar o projeto.
por mulher: mulheres não são inimigos fracos.
por pessoa indefinida: você é afetado por um vazamento em seus lucros.
por pessoa muito alta: você se estendeu demais em seus interesses.
por pessoa pequena, mas poderosa: falta de atenção a detalhes não causa danos a você.

ATAQUE DE RAIVA 14-21-30-37-41-50
arrumar complicações devido ao próprio: egoísmo e falta de consideração pelos outros.
ter um: seu comportamento recente tem sido infantil, e você transmite uma imagem horrorosa com seus destemperos.
criança tendo um: o espelho de seus atos.
outras pessoas: você vai se colocar em situação embaraçosa com suas palavras incautas.

ATAQUE DE SURPRESA 04-08-19-22-25-53
da polícia: expor um pequeno problema pessoal antes de sua resolução evitará uma prisão.
das forças armadas: vingança sob as regras do compromisso.
estar em um aéreo: perderá imóvel e a chance de se estabilizar.
observar um, de alojamento seguro: um passo em falso pode ser mortal.
ser pego em um: sua renda ficará incerta por causa de um erro involuntário.
ter a casa atacada: tristeza emocional de fonte incerta.
de outra pessoa: resolva seus erros pendentes ou perderá o amor de pessoa muito querida.

ATERRISSAR 05-07-13-38-44-48
cair da cama: as coisas não são o que parecem.
desembarcar de um avião: assuntos fora de controle começam a se estabilizar.
machucar-se ao: planos futuros carecem de profundidade e discernimento.
acordar com o impacto: férias longas se fazem necessárias.
antes: uma mudança de carreira está próxima.
morrer em: uma nova oportunidade está chegando.
sobreviver em: não se aconselha cautela em relação à expansão nos negócios.
pessoa importante pondo os pés em terra: conclusão bem sucedida do seu trabalho em direção a sonhos maiores.
suavemente de paraquedas: grande alegria pela frente.
tentar se apoiar em algo: a autoconfiança se faz necessária.

ATLETA 16-23-27-28-38-42
estar com: para competir, pule mais alto a fim de desenvolver equilíbrio, flexibilidade e vigor.
ganhando corrida: quando o avançar se torna cansativo, o cansaço avança.
pulando mais alto: conheça seus limites e tente alcançar o próximo.

ser: problemas financeiros até que você seja bom o bastante para conseguir apoio.
tornar-se: tome cuidado para não sobrecarregar suas forças.
treinando: resistência, compromisso e consciência de seu corpo.

ATOLADO 11-16-21-27-31-35
estar atolado em cartas: estratagema imprudente com parente distante.

ATOR (atriz) 05-07-18-22-39-43
casar-se: suas ambições são suprimidas na conquista da fama da pessoa amada.
em um filme: você será exposto como hipócrita.
incapaz de atuar: sinal que você tem falso amigo/falsa amiga.
emocionar-se: não confie em promessas, apenas em atos.
lembrar as falas: candidate-se a um emprego em área diferente.
observar: você esquecerá suas falas durante uma apresentação.
crianças: você precisa amadurecer o seu verdadeiro eu.
uma atriz: sua participação não será convincente.
outros atuando: expanda seu círculo de amigos incluindo pessoas que você sinceramente admira.
jogando: procure mentiras em bate-papos.
lutando: você está agindo como os outros esperam que faça.
perdeu o talento: volte à escola ou aos livros.
voz: não consegue se convencer de que é melhor representar sua resposta que articulá-la.
ser: você perderá amigos que não conseguiu convencer.
atriz: sente-se mal a respeito de suas deficiências.
de comédia: você terá prazer nos negócios atuais.
de tragédia: infelicidade causada pela inveja – a sua.
estrela: deleite-se nas luzes da ribalta; o poder sumirá em breve.
ser apresentado: cuidado com a fofoca que você espalhou por inveja.
a uma atriz: humilhação virá por meio do confronto com auto-imagem verdadeira.
tornar-se um famoso: não assuma o destino de outros; assuma o seu próprio.
usando o figurino errado: mude de carreira para adequá-la a você.
nenhum traje: outros enxergam através da sua máscara.
ver muitos: você trabalhará mais e com pouco retorno.

ATRASADO 01-19-31-35-36-41
cheque pré-datado: é inútil, pois não tem fundos.
estar: as decisões não podem mais ser adiadas.
outros: você não terá paz de espírito até que enfrente a sua dor.
para um compromisso: suas habilidades consideráveis estão sendo testadas.
por culpa de outros: seu apoio não está preparado; modifique-o e comece de novo.

ATRASADO 06-15-26-30-55-56
estar: suas opiniões serão solicitadas.
amigos: você será persuadido a interessar-se pelo bem-estar social de pessoas que não precisam de ajuda alguma.
empregados: comportamento indisciplinado e irresponsável.

outros: sua perda de dinheiro será criticada exageradamente pelos seus inimigos.
para uma reunião: você irá se defrontar com obstáculos causados por uma oportunidade perdida.

AUMENTAR 06-08-19-32-36-45
conta bancária: a vaidade de muitos é oportuna; se alguém cair, outro poderá ascender.
família: faça o possível e o impossível para tornar-se mais agradável em uma situação sensível.
melhorar a situação financeira: cuidado com gastos, e o aperto financeiro atual irá afrouxar.
o próprio negócio: advertência para que você não use de arrogância no próximo negócio.

AUSENTE 19-25-33-34-36-40
alegrar-se pela ausência de parente: parentesco não significa confiança.
de amigo: uma ação apressada expõe um amigo(a) desleal.
mãe: o inesperado acontecerá de longe.
morte de amigo: pessoa amiga bem próxima está tirando vantagem das suas emoções.
outra pessoa: você terá o domínio sobre várias questões.
pai: reconciliação com uma pessoa amada afastada.
pessoa amada: você terá que aguentar o peso do fardo de outra pessoa.

AUSTRÁLIA 12-13-15-27-31-40
estar na: você é um oportunista possuidor de grande astúcia.
ser deportado da: você tem que colocar seus assuntos em ordem.
para a: exemplifica a facilidade ou a dificuldade com que você está complicando sua vida.
viajar para: eventos sociais ficarão de cabeça para baixo.
de lá para o exterior: rapidamente duvidamos do que não podemos explicar.

AUTOMAÇÃO 08-12-15-28-41-47
agir mecanicamente: suas fraquezas serão expostas, mas você não as verá.
lidar com máquinas automáticas: cuidado com compromissos que você não pode cumprir.
ligar automaticamente: as diretrizes já foram estabelecidas; os limites, fixados; mexa-se.

AVALANCHE 04-14-28-35-36-50
descendo pela montanha: a inércia do projeto rejeitado tem que ser vencida.
enterrado por uma: sua vida está fora de controle; cave o seu caminho para fora.
outros: troque o ambiente que cerca você pelo bem de sua saúde.
estar sob um deslizamento de terra: força opressora ameaça sobrepujar você.
fugindo de uma: você precisa evitar perigo iminente antes que a paralisia se instale de novo.
pisar em chão instável: libere-se de suas emoções rígidas e aprenda a voar.
ver uma: obstáculos insuperáveis confrontam sua postura rígida.

AVEIA 09-15-19-20-26-39
colher: ganhos financeiros.
cozinhar flocos de: nível variado de saúde quando se trata de sua dieta.
comer: desfrutará de merecida prosperidade.
cultivar: uma fase favorável levando à prosperidade.
vender: pobreza por causa de uso imprudente do dinheiro.

verde: a jornada será lucrativa e de grande alcance.

AVELÃS 01-22-26-31-32-41

aveleira antes da colheita: problemas difíceis irão se transformar em vantagens.

colher: pai ou mãe correndo risco de vida.

comer: ocasiões alegres com amigos bons e entusiasmados.

comprar: discussões e debates produtivos sobre empreendimentos.

quebrar cascas de: pare a desavença antes que ela tenha tempo para envenenar a situação.

AVENTAL 04-26-30-36-51-52

amarrar: você receberá grandes honras.

azul: você se aborrecerá com fofoca de mulher.

perder: fique fora da cozinha.

desamarrar: você perderá a pessoa amada por causa da crítica dos mais velhos.

homem de: está sujeito aos caprichos excêntricos de sua mulher.

laço preso a: você deve resolver a situação familiar.

ter perdido: você perderá a pessoa amada.

usar: alegria está disfarçando algo.

AVENTURA 06-07-08-34-40-54

arriscada: comprometa-se com planos a longo prazo.

com um homem: cautela com novos interesses e ambiente.

mulher: suas reações frente a uma situação delicada estão sendo observadas.

emocionante: você é uma presa fácil para a manipulação.

participar de uma: o grito de uma mulher perturba você.

ser aventureiro: você ficará angustiado se sua vida não for excitante.

AVES DOMÉSTICAS 01-15-20-31-35-44

cozinhar miúdos de: dê atenção a conselhos baseados no bom-senso.

muitas: ganhos consideráveis irão acalmar sua ansiedade por algum tempo.

pássaro bonito: você exibirá orgulho e se sobressairá em qualquer grupo.

sonhar com: você terá uma vida memorável sem altos e baixos.

ter uma: você receberá um favor de uma pessoa desconhecida.

AVES DOMÉSTICAS 02-07-16-27-30-40

comprar, gordas: brigas familiares por causa de nova proposta de casamento que você vai aceitar.

comestíveis: boa negociação levando a ganhos consideráveis; você não concorda com um mau negócio.

cozinhar em fogo baixo: não há lucro sem glória, nem consciência sem discussão.

galinha não depenada: ganhos espirituais e materiais se você se dispuser a fazer o trabalho.

jovem: você mudará de posição por causa de sua vívida imaginação.

viçosas: não será forçado a ficar com o prêmio de consolação.

dar de presente: muito tempo valioso desperdiçado em prazeres frívolos.

limpar: alguém lhe dará dinheiro que traz em si um problema considerável.

pintinho: alguém está insatisfeito com suas andanças.

recheadas: os amigos ficarão ao seu lado enquanto durar o dinheiro.

AVESTRUZ 05-12-16-18-44-47

com a cabeça empinada: convencimento é ignorar a realidade dos outros.

comprar plumas de: os amigos sabem que você é uma pessoa de hábitos mesquinhos, e ignoram os fatos.

enfiando a cabeça na areia: hostilidades no trabalho serão abruptamente aplacadas.
usar um chapéu com plumas de: uma leve enfermidade será motivo de muito barulho por nada.
outras pessoas: sua expansividade e diplomacia são maculadas por fingimento.

AVIÃO 04-05-25-38-41-48
acidentar-se e sobreviver: medo de perder privilégios, poder ou autoridade.
morrer: sua visão volta-se calmamente para seu interior.
asas de: seu voo suave pela vida pode parar repentinamente.
busca por: você está se negando desejos com os quais sonhamos intensamente.
cair de: descer numa terra mais idealista.
casar-se com aeromoça: as pessoas não têm nada de bom para falar a seu respeito.
divorciar-se de aeromoça: você será prejudicado quando um segredo protegido for descoberto.
estar trancado em um hangar: sucesso.
vazio: confusão, dissolução e dissabor.
hidroplano: você atravessará com êxito uma situação de incerteza.
mergulho repentino de: reexamine as atividades de ontem.
pequeno e decolar: prejuízos resultantes de pequenos investimentos, sucesso em outros empreendimentos.
viajar: você passará por muitos altos e baixos.
com a pessoa amada: você está agindo tolamente; o objetivo é o despertar espiritual.
com amigo(a): reflita sobre suas prioridades.
com sua família: com planejamento, você ganhará dinheiro.
pouso: cuidado com adversidade proveniente de uma fonte inesperada.
de emergência: planos ambiciosos estão além de suas possibilidades.
supersônico: investimento rentável de retorno rápido se mostrará vantajoso.
tentativa de pouso frustrada: é preciso um esforço supremo para se recuperar.
com êxito: reorganize o seu itinerário com mais tempo para as conexões.
com perda de conexão: inspire várias vezes antes de agir.
mas perde o retorno e fica preso no aeroporto: medo de que a pessoa amada parta antes que você volte para casa.
voando na direção errada: a liberdade não tolera irresponsabilidade.
zona proibida: rivalidade com aqueles os quais evitou.
sob ataque de aviões de caça: vários meses de trabalho árduo antes que você compreenda.
voar em um avião de caça: o projeto precisa ser acelerado.

AVIÃO 08-09-22-29-41-42
afiar as hélices de um: reconhecimento de seus direitos para construir sua vida.
ser dono de um: você é indiferente à satisfação de fazer um bom trabalho.

AVÓS 03-04-22-45-47-48
bisavós: doença não fatal pela frente; preste atenção ao conselho deles para preveni-la.
falar com: você tomou uma sábia decisão; atenha-se a ela.
falar nos sonhos com: espere ajuda para viver uma vida mais prudente.
netos em companhia de: progresso na saúde; uma superabundância de experiências.

ser: você herdará a sabedoria do passado deles sem retroceder até a infância.

AZAR 01-0512-23-34-45

você tendo: seu padrão de punição corresponde a seu padrão ético.

amantes: medo de ser punido por ação graças à atitude de outra pessoa.

inimigos: está sendo acusado por seus inimigos de ações que eles fariam.

outros: perigo se você não mantiver suas más ações sob controle.

parentes: autopunição pelo que sua família fez.

AZEITONAS 05-16-21-24-29-34

comer: felicidade na vida doméstica se você for realista.

estocar azeite: eventos agradáveis vão evoluir facilmente com a rota tranquila.

fritar comida em azeite: nova proposta de trabalho chegando.

garrafa, colocar em: a contenção e a preservação de sua alegria futura.

tirar da: prazeres sociais, deleite e favores de pessoas influentes.

misturar azeite à salada: sua saúde melhorará em breve.

pegar de uma oliveira: ceticismo relacionado ao seu emprego pode ser resolvido com trabalho constante.

do chão: trabalho duro pela frente em meio a problemas avultantes.

ramo de oliveira: resolução de conflitos e reconciliação.

sentir o aroma de um ramo de oliveira: muitas soluções favoráveis em empreitadas.

AZUL 11-12-22-27-32-44

celeste: relacionamento calmo, contemplativo e pacífico com sua mãe.

escuro: sua melancolia está nadando em depressão.

marinho: você prosperará de forma misteriosa.

melancolia: a saudade causa o aparecimento da sua depressão de emoções imobilizadas.

qualquer tom: uma vida confortável e tranquila cheia de atos generosos de simples cuidados.

ser atingido por um raio vindo do céu: uma amizade nova e excitante com a verdade.

B

BADERNA 03-07-14-16-23-35

liderar uma: seu mau uso do sexo oposto lhe aprisiona emocionalmente.

sonhar com uma: seu suprimento de afeição não será aliviado com a libertinagem.

terminar com uma: seu segredo é distorcer as atitudes dos outros.

tomar parte em uma: infortúnio nos negócios se você não moderar suas opiniões.

amigos: perseguição por parte de inimigo em uma viagem de negócios muito cansativa.

inimigos: observe-os cometendo erros e tire vantagem.

parentes: você é independente demais do apoio dos amigos.

BAGAGEM 06-15-27-41-42-49

bolsas de papel: relutância em enfrentar perigos iminentes.

carregar somente uma sacola ou mala: você contraiu muitas dívidas.

mais leve que o esperado: você precisa esforçar-se; definir-se não é fácil.

pesada: seu estilo de vida está além dos limites, sua carga de trabalho é pesada; mantenha seu espírito leve.

colocar coisas em uma sacola ou mala: você não está contribuindo com a sua parte justa.
dentro de casa: cancele sua viagem; mude as fechaduras.
esquadrinhar uma sacola ou mala: seu caráter é integro embaixo de toda a desordem trivial.
incapaz de encontrar suas sacolas ou malas: outros provocam você e fazem com que fracasse.
jogar fora uma sacola ou mala: o conteúdo voltará para assombrar você.
mala em um carrinho: você está complicando algo simples.
malas de couro: cuidado com a inveja daqueles que você conhece em uma viagem inesperada.
malas dentro de um quarto: uma viagem foi cancelada.
malas ou sacolas de outra pessoa: infortúnio causado por companhia inesperada.
malas ou sacolas em um carro: dinheiro inesperado.
na rua: fardos pesados esperam você, já que seus pertences serão roubados.
outro carregando a sua: sua dependência poderá mostrar-se positiva.
várias: traição por parte de pessoa amiga, trabalho excessivo por parte de pessoa inimiga.
perder suas malas: você se sente mal equipado para enfrentar a situação.
roubar uma sacola ou mala: você cobiça os pertences dos outros.
sacolas de lona: cerque-se de tudo que queira, exceto companhia inesperada.
vazia: objetos de valor estarão em um lugar estranho, atrás de algo.

BAGAGEM 11-18-21-33-44-48
amantes perdendo a deles: noivado rompido significa que é hora de seguir em frente.
parentes: cuidado com especulação financeira quando a consciência está pesada.
carregadores descarregando a sua: você está jogando responsabilidades em outras pessoas enquanto se deleita com o que é bom.
deixar a sua para trás: você é muito possessivo e quer ser dono de tudo onde quer que vá.
encontrar a sua própria: dificuldades no seu caminho são ainda mais oprimidas pelo peso da sua bagagem.
perder: brigas em família a respeito de um gasto inesperado.
fácil de manusear: as dificuldades do dia a dia são fáceis; problemas que duram muito levam tempo para se dissiparem.
leve: você irá receber dinheiro para pagar sua dívida.
muito pesada: bagagem emocional está fazendo você afundar.

BAGUNÇA 05-18-25-28-46-47
bagunçar coisas: será levado ao amor por uma pessoa inesperada.
crianças: receberá um legado que não pode aliviar a sensação de abandono.
coisas bagunçadas: idolatra o dinheiro, ignorando os propósitos das organizações que apoiam sua continuidade.
em lugar de marinheiros: terá muita sorte em transações de negócios.

BAILE 01-03-11-32-35-38
assistir sem dançar: em breve você receberá uma herança.
dançar em salão de: seu espírito se elevará.
homem: você encontrará obstáculos.
moças: você terá muito dinheiro.
dançarino profissional em: você irá conhecer uma pessoa agradável.

de casamento: infortúnio nos negócios.
com mulher bem vestida: uma promoção.
estar entre os dançarinos: você receberá boas notícias.
ir a baile de máscaras: cuidado com armadilhas.
moças em: a aflição toma conta de você quando é deixada de fora.
mulher casada dançando com outro homem: fofoca por parte dos amigos, difamação por parte dos inimigos.
mulher dançando com o próprio namorado: você enfrentará muita oposição.
marido dela: você teve sucesso.
mulher solteira dançando com homem casado: amigos serão desonestos com você.
salão de: você renovará uma antiga amizade.
ser a bela do: muitos casos de amor, mas não sem dificuldades.
dançar com: evite rivais enquanto curte a tensão da música arrebatadora.
negligenciar: assuntos sociais complicados.
sonhar com: você herdará muito dinheiro.
ao qual você não foi: noivado em breve.
viúva dançando com homem casado: em breve ele se divorciará da esposa.

BAILE DE MÁSCARAS 12-14-21-25-32-47
estar em um sozinho: terá música alegre e companhias divertidas.
com a pessoa amada: uma vida de sucesso à frente, sem outra opção.
em grupo: sua conduta será mal interpretada e criticada.
numa festa: alguém vai enganá-lo fingindo ser algo que não é.
ser a rainha de um: inimigos buscam sua queda, mas seu problema foi criado por você mesma.

BAIONETA 13-14-21-26-33-39
levar nas mãos: identifique o inimigo certo em seus próprios empreendimentos.
outros segurando uma: você ficará sob o poder de inimigos, a não ser que pegue a baioneta.
soldado com: erros precisam de conserto para impedir a separação das partes.
sonhar com: brigas com amigos atacarão seu coração.
ter: o sucesso será adiado até que você decida procurá-lo.

BALANÇA 03-06-13-37-38-45
antiga: resultados lisonjeiros em um processo judicial não trazem justiça.
estar sobre uma: você lidará com a justiça.
outros: denota uma prisão que causa desapontamento e preocupação.
parentes: você será chamado ao tribunal para testemunhar em favor de alguém.
pesar crianças em: você será terrivelmente enganado se esperar que as coisas funcionem sempre da mesma maneira.
a si mesmo: seus padrões não estão dentro de seu poder aquisitivo.
comida: você deve rever a quantidade e não a qualidade da comida que come.
várias coisas: discussões com amigos sobre questões sérias.
pesar em: a única solução é quando todas as partes estão satisfeitas.
sonhar com: você não deu atenção devida a um dos lados da questão.
várias: prisão e comparecimento ao tribunal devido a delito antigo.

BALANÇAR 02-09-13-27-36-39
balançar-se: cuidado ao acreditar que há satisfação e liberdade em seus casos amorosos.

em círculos: mudança de planos será um sucesso.
em um balanço: atraso causado por sua instabilidade.
outros balaçando-se: suas velhas ideias são rejeitadas por serem antiquadas demais.

BALÃO 17-37-39-44-46-49
de criança: você logo se recuperará da decepção de perder o emprego.
estar em: sua ideia criativa se libertará do cativeiro.
cesta de balão de ar quente: progresso lento, mas contínuo, a alturas sem limites.
descendo: riscos desfavoráveis, a menos que você se acalme e aceite ajuda.
subindo: um risco que você assumiu comprometerá o empreendimento.
estourando: ache os pedaços e monte-os de outra forma.
esvaziando-se: você deu motivos para que outra pessoa se zangasse.
flutuando: você precisa de uma escada para alcançar seus objetivos.
sonhar com: sua mente inventiva causa decepção a outros.
ver um colorido: agarre uma descoberta antes que ela se dissolva no ar.

BALCÃO (sacada) 11-21-26-28-31-32
acenar para alguém de um: sucesso por meio da receptividade a ideias de outros.
em um balcão: novo amigo(a) terá influência positiva.
amantes dizendo adeus em um: uma longa separação se seguirá.
decorado com bandeira em dobras: tristeza levando à determinação de que você terá sucesso.
deixá-lo em companhia de uma pessoa amada: grandes decepções serão noticiadas.
estar em um: notícias desagradáveis sobre atos repreensíveis por parte de amigos ausentes.
com pessoa do sexo oposto: quanto mais durar a separação, maior será o amor.
estar sentado em um: você não conseguirá manter o que tem agora.
em pé: você perderá o seu emprego atual, uma greve antecipada se faz necessária.
estatelando-se no chão: preste atenção ao conselho de um profissional.
reconhecer outra pessoa em um: encontro feliz com uma pessoa amiga querida.

BALDE 04-11-29-33-38-40
cheio: você tem muitos amigos próximos que trazem abundância com eles.
comprar um: está acalentando novos empreendimentos com intenções questionáveis.
limpo: terá dinheiro de sobra para se mudar para um bairro melhor.
sujo: será traído por amigos.
vazio: pobreza do nível mais baixo, plantações perdidas e fome.
vender um: as pessoas vão confiar em você e valorizar seu conselho.

BALÉ 16-20-21-22-40-45
assistir: ser enganado por parceiro causará preocupações momentâneas.
dançar: você é facilmente seduzido, entregando-se à infidelidade, ao fracasso e ao ciúme.
em um palco profissional: faça mais exercícios para prevenir problemas de saúde.

fazer uma pirueta: muita gratidão por trabalho árduo dedicado não consegue se igualar à sua alegria.
filha dançando: você casará com um regente.
homem sonhando com: você é frívolo com as atenções.
muitos bailarinos dançando: uma percepção infantil de uma fantasia inspiradora.
moças: saúde e prosperidade estão à mercê de um movimento delicado.
outros: siga caminhos, outros e o seus.
mulher sonhando com: problemas causados por caso com homem mais jovem.
uma jovem sonhando: seu amante está sendo infiel com mulher mais velha.

BALEIA 16-26-28-32-40-46
capturar uma: um inimigo quer vê-lo perder tudo que você lutou para conquistar.
matar uma: encontrou a fonte da boa sorte, agora devore seu oponente.
no convés: cuidado com sedutores que manipulam seu lado emocional como quem não quer nada.
observar uma: outra pessoa está cuidando bem de um projeto que você recusou por ser vultoso demais.
ossos de: tende a ser arrogante e rejeitar boas oportunidades por achá-las inferiores a suas capacidades.
participar de uma pesca à: oportunidade de recuperar o dinheiro perdido.
sonhar com: grandes lucros em um cheque, uma relação completa consigo mesmo.

BANANAS 15-23-29-41-46-48
apodrecendo: você vai assumir um caso desagradável.
comer: você exagerará no cumprimento de uma tarefa voluntária.
comprar: nenhuma de suas emoções pode ser negada, e as da pessoa amada também não.
cultivar: um pequeno empreendimento, se assumido, acumulará dívidas.
vender: negócio não lucrativo é um empreendimento desagradável.

BANCO (de parque) 13-25-27-38-43-47
crianças sentadas: mostraram-lhe o jogo, mas não deixam você jogar.
outros sentados: não confie em devedores e confidentes que não querem se encontrar com você em público.
com o sol brilhando: você fará novos amigos e logo discordará deles.
sentado em: uma oportunidade de fazer uma viagem que você já adiou no passado.
sonhar com: faça seu trabalho com cuidado ou poderá perder o emprego.

BANCO 05-07-11-23-28-34
acumulando dinheiro em: você teme perder a virilidade se compartilhar.
congelaram a sua conta: disputas deixam de ser ridículas quando conseguem cruzar fronteiras estaduais.
estar em: promessas falsas são recebidas de seu depósito de energia.
uma casa de câmbio: ser generoso demais não lhe consegue amigos.
lidar com: repentina perda de confiança e segurança emocional.
receber um empréstimo de: você se sente inseguro quando tenta equilibrar os negócios e a vida pessoal.
ser banqueiro: você deseja ser respeitado pelos seus conselhos financeiros.
ter: amigos fazem chacota do seu senso inato de responsabilidade.

tomar empréstimo: perdas financeiras pela frente por causa de seus descuidos.
usar um caixa eletrônico: suas emoções estão em segurança.
e ele ficou com o seu cartão: confronte aquele que põe em risco as suas emoções.

BANDEIRA 04-09-15-24-31-43
amarela: mudanças importantes na sua vida.
arriar: arrependa-se dos seus atos.
azul-clara: promoção no trabalho.
azul-marinho: você conseguirá prosperidade por meio de outras pessoas.
branca: sucesso nos empreendimentos.
brasileira, agitar uma bandeira: você executará uma tarefa difícil com honra e dignidade.
carregar uma: o respeito virá a você.
dourada: você fará negócios com pessoas de lugares distantes.
grande mastro: admiração para um soldado vitorioso.
quebrar um: trabalho árduo.
hasteada a meio-pau: uma calamidade além da compaixão normal.
içar: vocês lutam entre si mesmos, mas se unem contra o inimigo.
marrom: grande amizade.
negra: sua hostilidade destruirá a confiança entre amigos.
receber mensagem por sinais feitos com: descumprimento dos termos e das condições do seu bom nome.
tremulando com a brisa: você escapará de um infortúnio ameaçador.
ver uma exibição de: triunfo do seu imperativo territorial sobre os inimigos.
verde: sorte nos assuntos do amor.
vermelha: advertência de brigas com amigos.

BANDIDO 08-17-22-24-42-43
atacar um: confie em seu próprio vigor e na sua opinião.
roubando banco: perigo iminente por parte de amigo em visita.
ser atacado por: cuidado com acidentes.
sonhar com: prosperidade nos negócios, mas você irá pedir desculpas pelos métodos utilizados.
vários: lidar com o perigo fará você progredir nos negócios.

BANHAR-SE 10-23-38-40-43-45
com ondas: resolva este problema, e o sucesso será seu.
com os filhos no mar: alegria em família.
em água límpida: perigo nos negócios está passando.
marido/mulher: ansiedade por causa de adultério.
pessoa amada: um aborto espontâneo ou um erro judiciário.
com outros: preste ajuda a seus amigos; difame os inimigos.
em água fria: exercite o seu corpo saudável.
com outros: cuidado na escolha de suas companhias.
quente: relacionamentos de caráter lascivo lhe serão oferecidos.
suja: a doença está se aproximando furtivamente de você.
em água turva: um processo de purificação mental.
suja: saia do ambiente negativo, mude de amigos.
em águas repletas de algas: você teme perda de boas opiniões causada pelas intenções maléficas de outros.
em casa de banho: esclareça mal-entendidos com pessoa amiga.
em mar aberto: com perseverança você estabelecerá uma grande fortuna.
em um brejo: esqueça os amores perdidos, vá atrás de objetivos reais.

em um canal: busca lógica e prazerosa de inteligência.
em um lago: a infelicidade passará sem a sua intervenção.
em um rio: um negócio bem incomum à frente.
em uma casa: evite companhias frívolas e imorais.
em uma pequena cachoeira: os projetos atuais irão fracassar.
em uma piscina: muito interesse e preocupação por parte de pessoa do sexo oposto.
sem roupa: uma herança de dedicação espiritual.
vestido: você terá uma briga com a pessoa amada.

BANHEIRO 19-23-29-31-38-45
beber da pia: problemas no amor estão perto.
comer sobre a pia: você não se casará com a pessoa que ama.
pia vazia: você contrairá muitas dívidas.
entrar na banheira vestido: purifique-se de impurezas morais.
vazia: não há escapatória para as preocupações com os negócios.
estar em uma banheira: purificação moral de suas decepções.
estar na banheira com a pessoa amada: você receberá uma herança.
tirar a roupa, mas não entrar na banheira: problemas no amor.
mulher bebendo água da pia: os encantos dela lhe renderão ascensão social.
pia cheia de água: alegria na família.
privada: liberte-se do apoio emocional de outra pessoa.
sonhar com banheira: você terá raiva da sua culpa.
usar uma pia cheia de água: você terá muito dinheiro.

BANHO 16-19-20-21-42-45
banheira vazia: não siga com o seu plano se estiver tomado pela raiva.
ensaboar o corpo em uma banheira: boas notícias sob o velho incrustado.
preparar: lute com o velho a fim de abrir caminho para o novo.
para seus filhos: a alegria é sua.
parceiro(a): grandes ambições relativas ao prazer se realizarão.
tomar banho de banheira, antes de dormir: você irá se entregar a uma paixão.
ao meio-dia: começo do processo de cura.
de água fria: apenas envolvimento direto leva ao sucesso.
de manhã cedo: ansiedades antigas em seus sonhos desaparecerão.
de noite: fortaleça o seu eu exterior para possibilitar a purificação do seu eu interior.
em água gelada: desgraça causada por atos preconceituosos.
em água morna: estado grave de sujeira emocional indesejada.
em água quente: você será afastado do amor por falta de interesse.
tomar banho de sol: folhagem exuberante e ar fresco do campo.
com a família: progresso inesperado.
com a pessoa amada: sentimento afetuoso anteriormente desconhecido para você.
e ser criticado: é fácil para os outros condenar você por coisas que eles não podem fazer.
usar um roupão de: você precisa de ajuda dos parentes para lidar com dívidas de família.

BANJO 08-13-25-28-47-48
ter: você tem que aguentar a tristeza enquanto curte essa diversão.
tocar: pobreza, mas felicidade.

outros: pequenas preocupações logo desaparecerão.

tocar em um palco: um grande consolo está na troca cósmica.

BANQUETA 09-25-27-28-39-44

divã vazio: aviso de problemas se você nutrir sua independência resoluta.

encher almofada para ajoelhar em uma igreja: você está cedendo sua energia e força de vontade a uma outra pessoa.

rezar sobre uma: cuidado com os rivais.

ter os pés sobre uma: reuniões de jovens de diferentes origens.

estar sozinho em um divã: um inimigo está buscando a sua ruína.

a pessoa amada: perigo nos assuntos do amor.

amigo: trabalho árduo aguarda você.

com um cachorro: você tem amigos leais.

filhos: paz após um período de aflição.

marido: você tem muita força de vontade para triunfar sobre seus inimigos.

BANQUETE 14-19-21-29-37-46

comparecer a: prazeres terão preço alto, uma vitória da depressão.

de casamento: bons amigos estão por perto, mas você os admira?

político: decepção por não receber presente esperado.

idoso sonhando: equívoco grave acerca do que você valoriza.

pessoa jovem sonhando: você está vivendo no conforto enquanto outros passam fome.

BAR 12-14-40-41-42-43

banco vazio: abra espaço para novos amigos.

beber em: ansiedade causada pela sensação de fracasso.

com companhia: controle suas paixões sem se tornar rígido.

sozinho: obstáculos impedem que você exprima desejos ilícitos.

estar em: você dissimulará a perda de uma pessoa amada com planos enganosos.

ir a: você irá para a cadeia por crimes que seus conhecidos cometeram.

mulher solteira: você acha que não tem *sex appeal*.

outros bebendo em: você é mais prezado pelos amigos do que você pensa.

perder o transporte de volta para casa depois do: hora de outra pessoa liderar seu projeto.

pessoas não deixando que você vá embora de um: o conselho de outra pessoa não é bom para você.

ser taberneiro: você fornece aos outros meios para que resolvam os conflitos deles, não os seus.

sonhar com: você será responsável por atos tolos em um grupo.

BARALHO 32-35-38-40-50-52

ás: esperanças que deixaram você sem dinheiro irão se realizar.

de copas: agarrando-se a clichês, os seus bens terrenos aumentarão.

de espadas: "o diabo levou você a fazê-lo" é uma resposta inaceitável.

de ouros: você irá atrair uma pessoa que trará mudanças favoráveis.

de paus: o dinheiro lhe conseguirá um parceiro que questionará suas ausências.

dama de paus: a ajuda vem de uma mulher em desacordo com outros.

copas: inovação restaurará sua fé.

espadas: você tem discussões com uma mulher sobre o aumento de poder dela.

ouros: você encontra facetas contínuas de uma pequena fraude de um tipo ou de outro.

dar as cartas: você está investindo emoção demais em um negócio arriscado com uma pessoa na qual não se pode confiar.
um full house: a prosperidade irá seguir você até alcançá-lo.
embaralhar cartas: você testará a pessoa amada quanto à fidelidade e irá perder a confiança dela.
fazer "vazas" no jogo de vazas: planos de viagem devem ser reavaliados.
jogar cartas: você está sendo descuidado com sua paixão avassaladora.
e perder: bons empreendimentos irão decair quando a concorrência suplantar o crescimento.
e vencer: problemas pela frente causados por ações na justiça questionando seus lucros.
pessoas jogando cartas: você terá brigas a respeito da qualidade das suas intenções.
vinte e um: você vivenciará perda por meio de roubo enquanto sua atenção está voltada para a competição em vez da criatividade.
jogar paciência: relaxe parte de seu cérebro enquanto sua energia criativa flui.
mulher requintada dando as cartas: você se enganou nos números que serão divulgados.
rei de paus: ajuda da qual você precisava muito vem por parte de um homem em uma posição superior.
copas: a grande paixão da sua vida será o perigo de se permanecer rei.
espadas: mudança de personalidade e hábitos virá por meio da influência de uma nova pessoa.
ouros: o chefe da família está com disposição de perdoar.
ser carteador: você controla a última carta para ajustar a situação à sua conveniência.
ser versátil como um coringa: uma companhia superficial não traz nenhum benefício.
ter um coringa nas mãos: uma competição ativa exigirá o dobro de esforço da sua parte.
usar o coringa: indica o momento apropriado para se dedicar ao namoro.
não: pessoas irão tirar vantagem de você.
valete de paus: rival criará um obstáculo à realização dos seus objetivos.
copas: uma pessoa de pele clara está tentando você.
espadas: você estará em um acidente ou será testemunha de um.
ouros: um acontecimento iluminará o seu caminho para fora da escuridão.

BARBA 22-25-28-34-35-42

aparar a própria: medo de castração e perda da masculinidade.
arrancar a própria: ruína e pobreza; você terá que pagar aos seus credores.
bonita: sucesso pleno em seus empreendimentos.
branca: grande prosperidade por meio da conscientização.
longa: preste atenção à sabedoria da história.
cavanhaque: escândalo na área da saúde.
cheia: você ganhará coragem inesperada.
cinzenta: perda de dinheiro, azar e brigas.
tornando-se: você será vítima de fofoca e difamação.
cortar a de alguém conhecido: a pessoa verdadeira é exposta.
encurtar a: correndo perigo de perder prosperidade.
homem se barbeando: perda da virilidade.
homem sonhando com uma mulher barbada: a pessoa amada está escondendo seus pensamentos mais profundos.
lavar a própria: medo de ficar obsoleto.

marrom: no patamar da cura, há a tristeza.
muito curta: a riqueza dura pouco.
muito rala: morte de um familiar.
mulher sonhando que tem uma pequena: haverá um aborto provocado.
com homem barbado: você deixará o seu marido.
se barbeando: busca por uma figura paterna gentil.
pentear: suas antigas companhias conseguem detectar sua vaidade.
perder pelos: perda de parente mulher.
preta: promete-se sucesso nos negócios.
ruiva: você será provocado e perderá dinheiro em combate.
ter: luta selvagem para sobrepujar problemas financeiros.
desarrumada: cada ponta dupla é um sonho abandonado.
falsa: você está enganando a si mesmo a respeito da sua saúde.
muito comprida: a prosperidade virá e permanecerá.
não: grandes lucros nos negócios.
ter crespa: será que você está causando a impressão que deseja?

BARBANTE 03-20-26-29-33-48
bola preta feita de: use sua energia com parcimônia; evite flertes.
comprar: tempo ideal para cortejar a pessoa amada.
desenrolar: deve encarar os problemas.
enrolar algo com: será culpado de atos inconsequentes.
guardar cordas velhas: terá discussão com um amigo por causa de pequenezas.
muito grosso: lágrimas devido a um relacionamento amoroso.

BÁRBAROS 01-04-10-31-35-43
homem brutal: sua força irá transformar-se e se resignará às obrigações.
lutar contra: fracasso dos inimigos em praticar moderação quando defendem suas opiniões.
mulher brutal: autoabnegação criará um compromisso lascivo.
ser: você humilhará o seu eu interior para conseguir aceitação social.
ser morto por: batalha mental desesperada para não defender a mediocridade, mesmo nos amigos.

BARBEAR 13-14-32-34-47-53
a si mesmo: use de análise sucinta para as dificuldades à frente.
alguém lhe barbeando: não morda a isca, por mais que lhe provoquem.
mulher barbeando homem: as mulheres lhe rejeitam.
mulher sonhando que raspa as axilas: os homens gostam de você por causa de sua paixão por viagens.
pernas: você recusará proposta sem entender seu significado.
o pescoço: não recuse a proposta; combine-a com suas ideias.
passar espuma antes de: você vai resolver um problema urgente ao se olhar no espelho.
raspar a cabeça de um homem: perda no jogo.
freira: ambições não lucrativas, bem intencionadas e bem recebidas.
ser barbeado por barbeiro: não compre as ações que ele recomenda.
ter uma barba rala: você não quer dividir seu potencial com os outros.
grossa: fará dinheiro suficiente para não ficar no vermelho.
ruiva: será perturbado por credores devido a débitos não contraídos.
terminar de se: você é culpado de molestar mulheres com suas fofocas.

BARBEIRO 09-10-20-24-27-46
barba feita pelo: sinta a força para se revelar no meio social.

chamar em casa: você deseja igualar as vantagens em uma discussão.
corte de cabelo e barba feitos por mulher: falta de confiança em relacionamentos com mulheres.
corte de cabelo feito por: medo de ser dominado por suas tentações.
estar no: dificuldades nos negócios com aqueles que desejam controlar.
ir ao: arbitre a hostilidade dos seus lados masculino e feminino.
ser: você deseja reduzir o poder de outra pessoa sobre você.

BARCA 17-19-21-30-31-47
amigos em: amigos bem-intencionados impedem a sua maturidade.
pessoas em: triunfe sobre distrações prazerosas que afastam você dos seus objetivos.
estar sozinho em uma: você ficará desconcertado com o tamanho e a profundidade do perigo.
com a família: suas recompensas serão proporcionais ao seu esforço.
com outros: apague suas reações emocionais do passado; escute o seu coração para conhecer as novas.
inimigos em uma: uma pessoa com intenções maléficas está observando você.
no cais: sua inércia bloqueia o seu impulso em direção ao sucesso.

BARCO 07-15-19-30-35-40
a motor: o isolamento da liderança e a liberdade de agir por sua própria conta.
com perda de força no motor: você será vítima em uma disputa com uma pessoa desagradável.
afundando: é hora de os seus filhos deixarem o ninho; suas emoções irão sobreviver.
amarrar a uma boia de sinalização: suas emoções estão ancoradas em segurança, mas elas morrerão lá.
ancorado: você está assegurando um relacionamento estável para te acompanhar em sua missão.
atravessar um estreito: deixe as preocupações para trás e concentre-se no plano essencial.
barca deixando o cais: diferenças não podem ser apaziguadas; dirija-se a uma nova esfera.
e partindo sem você: você está em grandes apuros e não está pronto para uma mudança.
com a sua bagagem: a independência inclui a solidão da falta de identidade.
barcaça vazia: problemas surgem quando você se mete nos assuntos de outra pessoa.
totalmente carregada: você fará uma longa viagem.
cabo para içar velas se partindo quando o barco está em plena velocidade: você mudará de planos radicalmente.
cair de: desonra numa tentativa equivocada de recuperar uma oportunidade perdida.
dentro de água agitada: você pode mudar uma viagem emocional negativa.
chegando na data errada: o seu senso de ritmo e tempo precisa ser reiniciado.
e ninguém espera por você: você acha inadequado seguir seu próprio curso na vida.
no porto: a vida puxa você para baixo a fim de que você aprenda com os seus próprios erros.
cracas no casco de: trabalho meticuloso acabará sendo recompensado.
cruzar o rio em um pequeno: grandes dificuldades põem à prova suas habilidades limitadas.
com a pessoa amada: vocês devem lidar com o impasse emocional para chegar um ao outro.

em riacho límpido: as coisas estão destinadas a dar certo.
em rio lamacento: você precisa atravessar o inferno para chegar à verdade.
e envolto em escuridão e névoa: um contratempo durante uma viagem quando você balançou o barco.
esforçar-se, mas perder o barco: você precisa de um enorme esforço para compensar as frustrações de ter sido deixado para trás.
a conexão e ficar ilhado: medo de que se você não chegar em casa, a pessoa amada irá partir.
e cair na água: tome fôlego várias vezes antes de cada ação.
e conseguir pegar o barco: modifique o seu itinerário com mais tempo para as conexões.
estar a bordo de um grande: só você pode alcançar o seu objetivo na vida; nenhuma pessoa pode fazer isso por você.
estar à deriva em: dificuldades pela frente devido à sua falta de objetivos; estabeleça um.
e virar: seus ideais desgastados precisam de uma boa reforma.
e alcançar a terra em segurança: alegria e prosperidade apesar das circunstâncias.
pessoas à deriva em: mudanças no ambiente atual.
estar em: um casamento feliz irá acontecer, apesar da desorganização.
durante tempestade: um nível muito grande de controle se faz necessário.
em águas calmas: prosperidade em seus negócios.
estar em barco a vapor: você tem um relacionamento emocional firme.
estar em pequeno veleiro ou bote inflável: os seus progressos são desajeitados.
estar embarcado em um rio: quanto mais reto você viajar, mais segura será a viagem.
estar no leme: tenha forças para conduzir sua vida e enfrentar os desafios.
fazer um passeio de: você não está indo atrás de seus objetivos com convicção suficiente.
com a pessoa amada: o relacionamento não tem para onde ir.
fazer virar um: medo de ser derrubado, mas a prosperidade será reconquistada.
morar em uma casa flutuante: um evento inquietante com companheiros que não sabem se conter.
movendo-se lentamente: é preciso paciência na jornada da vida.
movendo-se lentamente: vá mais devagar, nada jamais será rápido o bastante.
navegar em um iate: confie que seus talentos lhe trarão fortuna.
outra pessoa no leme: uma outra pessoa decidiu controlar suas novas experiências e lições.
passar a noite em: reflexão da sua necessidade de solidão.
pilotar: um barco bem conduzido equivale a uma vida bem conduzida.
que perdeu a hélice: você não conseguirá completar a tarefa em mãos produtivas.
rebocador puxando uma barcaça: dignidade de estar fazendo um trabalho que ninguém mais deseja fazer.
um navio: você está acompanhando o seu empreendimento a uma recepção pública.
em perigo: você receberá dinheiro inesperado como recompensa pelo sucesso.
rebocar: acontecimentos desastrosos serão inescapáveis.

remando um bote: lucro por meio de atos simples e uma ajuda inesperada.
e o bote virar: conquistas têm que levar em consideração todos os aspectos.
em um rio de águas tranquilas: você receberá ajuda de uma pessoa proeminente.
remar no Aqueronte, o rio dos mortos: uma viagem na vida após a morte para nascer de novo.
remo: escolha a resposta às suas emoções e vá em frente a fim de vivenciá-la.
tripulação em terra: seu futuro será uma surpresa total.
embarcada: você se defrontará com o trabalho de um trapaceiro em sua jornada a uma nova fase da vida.
durante uma tempestade: a vida está cheia de desafios imprevisíveis.
ver: uma viagem pelo seu inconsciente irá mudar sua vida.

BARCO SALVA-VIDAS 06-10-13-27-29-43
a bordo de: você terá oposição em todos os seus assuntos, mas exija dispositivos de segurança suficientes.
afundando: no primeiro sinal de fracasso, os outros irão expulsá-lo do barco deles.
boiando no mar: segurança em um tumulto emocional.
muitos: uma massa de azar da qual você é uma pequena parte.
junto a uma boia sinalizadora: uma outra pessoa irá lhe causar grande inconveniência ao se manter longe.
lançar um: você embarcará em um novo empreendimento livre do fardo do velho.
salvando as vidas de pessoas: salve-se primeiro e, então, aqueles que contribuíram para o seu sucesso.
sendo construído: seus negócios progridem, pois você constrói alicerces cautelosos e empreendimentos bem financiados.
despedaçado: ofertas que parecem distorcidas e estranhas provavelmente o são.

BARMAN (barwoman) 07-08-11-14-26-45
namorar um/uma: alguém para satisfazer às suas necessidades orais infantis.
precisar de: uma pessoa que você considera sua amiga está sendo paga para socializar e ajudar.
querer namorar um/uma: atração pela vida veloz com prazeres irregulares, sem as convenções sociais.
ser: você é a muleta sustentando todo mundo, exceto a si mesmo.
casado com: parceiro(a) se sente usado(a) por você.
sonhar com: confortos sensuais da infância e isenção de responsabilidades.

BARÔMETRO 13-24-36-37-41-46
registrando tempo ruim: avalie suas emoções antes de mudá-las.
bom: não bloqueie esta mudança em seu clima emocional.
chuvoso: deposite confiança em outra pessoa.
claro: controle suas emoções, não deixe que elas influam em você.
tempestuoso: mudança de cargo trará perdas financeiras.
subindo rapidamente: pressão interna de conflito emocional chegará a um ponto crítico.
ter: a pressão está causando sua dor de cabeça.

BARREIRAS 11-21-26-31-32-41
erguer: você precisa limpar seu nome de falsas suspeitas.
outros erguendo barreiras: você terá notícias de um antigo conhecido.

saltar: oportunidade de um cargo mais alto onde aquele que se arrisca é valorizado.
sonhar com: você será injustamente acusado de não seguir uma linha de conduta rigorosa e integridade moral.

BARRICA 05-11-15-26-32-38
cheia de líquido: você irá a uma festa com bebida liberada.
sendo enchida de peixes: as dificuldades atuais são imaginárias.
sonhar com uma: você irá se fingir de sóbrio na sua bebedeira.
vazia: não estrague o presente com os delitos do passado.

BARRIGA 01-16-26-29-37-48
crianças de barriga cheia: elas irão progredir nos estudos.
parentes: decepção pelo fato de suas esperanças não serem acessíveis aos outros.
vazia: você não será convidado para um jantar.
de grávida, grande: o progresso de suas conquistas está aparecendo.
forte: são situações como essas que você deveria evitar.
grande: digira a tristeza antes de se voltar para a sorte.
inchada: será preciso cobrir uma vasta gama de possibilidades antes de descobrir o criminoso.
pequena: ninguém saberá de seus segredos, pois você não os digere.
reta: os riscos que você correu debilitaram sua saúde financeira.
ter barriga de cerveja: suas finanças vão mal, e seus amigos são constrangedores.

BARRIL 01-02-27-35-41-45
abrir: um novo amigo terá influência na expansão dos seus horizontes.
comprar um: você se sente suficientemente saciado para compartilhar seu vinho.
em pé e cheio: um período de sorte está para começar.
grande número de: abundância de dinheiro e festividades.
rolar um vazio para cima: tempos difíceis virão.
vários para baixo do balcão: você está estabelecendo um futuro sólido.
sem fundo: mude de emprego para conseguir promoção.
ter um: um presente inesperado.
vazio: mude suas insatisfações.

BASTÃO 03-15-16-36-40-52
bater em parentes com: boas esperanças serão controladas por uma mulher.
contar com um bastão quebrado para se defender: descobrirá um roubo.
enfiar pólvora em arma com um: viverá dias melhores.
usar um cassetete: aviso de ladrões vindo pegar dinheiro.

BASTARDO 03-05-11-41-40-47
ser: para superar a falta de amor, você precisa dar amor.
e ter vergonha de ser: você terá problemas com a criação de seus filhos.
sonhar com: a descoberta por outra pessoa das suas impurezas impede que você viva segundo suas purezas.
ter: insatisfação de que a vontade de outra pessoa não satisfará a sua.

BATALHA 05-06-12-26-28-35
assistir a: você ficará aborrecido por não participar.
campo de: você sente uma confusão mental, com impulsos antagônicos ajustados para lutar um contra o outro.
estar em uma invasão: interferência, real ou psicológica.

lutar com os punhos: você será traído no amor.
naval: você triunfará em suas manobras.
perder: acordos de negócio com outros não são aconselháveis.
ser parte de um regimento: o grupo garante a segurança, mas existe um traidor entre vocês.
sonhar com: você só pode satisfazer o seu potencial, não o de outra pessoa.
táticas de guerrilha: planos clandestinos envolvendo táticas desonestas.
terrestre: identifique seus opositores e então decida.
travar sozinho: as coisas darão certo se você não for a pessoa que agride.
vencer: desejo de esquecer problemas reais e destruir o inimigo.

BATATAS 05-19-20-27-31-37
alimentar porcos com: será seduzido por uma mulher e depois receberá um desprezo imerecido.
cavar: grande sucesso de seus esforços coroará sua ambição.
comer purê de: seus sonhos de renda confortável serão realizados.
salada de: os investimentos darão lucro quando você fizer várias escolhas adversas.
cozinhando em água: entreterá um convidado indesejado, para a insatisfação de um parente.
cozinhar: discutirá com pessoa amada devido sua falta de compreensão.
descascar: vai tentar muitas tarefas e fracassar no complemento.
fritar: vai se casar com moça corpulenta que nunca tem fome, mas sempre limpa o prato.
plantar: os planos mais caros se materializarão das profundezas.

BATER 07-10-15-17-25-44
bater: guarde sua língua para toda a prosperidade que irá sorrir para você; espalhe apenas notícias importantes.
bater repetidamente: estranho misterioso irá permanecer obscuro.
derrubar uma pessoa com o seu carro: a sua fadiga crônica não é desculpa para a violência.
em outros: nostalgia ao recriar o passado e medo do futuro.
em parentes: você terá muita coragem, caso inclua a sua família no dinheiro que está por vir.
nos inimigos: divergência a respeito de uma coisa que você já teve e precisa de ajuda para recuperar.

BATERIA 05-15-23-29-42-43
baquetas: declarações ostentadoras perdem credibilidade quando não são cumpridas.
comprar: você está atrapalhado tentando manter as pessoas no ritmo; envie um pedido de socorro.
filhos tocando: as calamidades aguardam aqueles que desejam uniformizar a juventude.
marchar em um desfile e tocar: sorte, prosperidade e excesso.
outros: convença outra pessoa do seu ponto de vista.
ouvir: desassossego antes que você realize suas aspirações.
tocar: marche no seu próprio ritmo.
tocar o bumbo: você realizará suas ambições preferidas no seu próprio ritmo.
tocar o tom-tom: experiência desagradável que é difícil de defender aos seus iguais.

BATIZADO 02-08-16-39-43-49
de um bebê: assuma responsabilidade por um projeto novo.
bebê de outra pessoa: doença de pessoa amiga irá despertar suas forças secretas.

estar em um: uma nova pessoa criará uma drástica mudança em sua vida.
pelo fogo: um caráter refinado resultará da purificação intensa.
pelo vento: imersão em uma batalha intelectual desesperada.
realizar: permita que ideias antigas redirecionem sua vida.
seu: purifique-se de emoções negativas antigas.
ter sido: você está aberto às possibilidades de uma vida próspera.
por parentes: decepção com as mudanças de seu melhor amigo.
por seus próprios filhos: o seu potencial será realizado pelos seus filhos.

BAÚ 21-27-29-34-41-48
abrir a tampa de um: está em viagem de autodescoberta.
fechar: livre-se de elementos indesejáveis.
abrir divisórias dentro de um: um potencial a ser desenvolvido.
cheio: os planos de viagem foram cancelados até você superar a situação.
de um parente: um viajante vai voltar do exterior.
encher um: seja seletivo quanto a quem você inclui.
levar, em uma viagem: um desejo será realizado.
muitos baús: faça a viagem para apreciar melhor o que deixou e o que vai encontrar na volta.
vazio: resista à tentação de trocar de emprego; você está para receber uma promoção.

BAZAR DE CARIDADE 13-20-30-39-40-46
comprar coisas em: grandes sonhos serão realizados.
pessoas vendendo: você receberá uma proposta.
estar em: felicidade no amor.
sonhar com: você desperdiçará sua sorte e prosperidade em empreendimentos triviais.

BÊBADO 10-26-30-32-37-42
com música: você tem muita sensibilidade; utilize-a em experiências estéticas.
embriagar-se ingerindo vinho barato: seus prazeres passageiros deixam você em péssimas condições físicas.
vinho fino: você conhecerá uma pessoa importante, próspera nos negócios.
estar: suas indiscrições e seu comportamento desregrado irão levar você à ruína.
e se sentir triste: traição de parentes.
e ter dores no peito: a infidelidade de um amante; momento perfeito para flertes.
ficar doente por causa do alcoolismo: você está desperdiçando dinheiro da casa no jogo.
outros: você tem pouca confiança na sua perícia e habilidade.
filhos: você deseja voltar a uma juventude sem responsabilidades ou autocontrole.
inimigos: você será vítima de calúnia e desonra causadas pela falsificação e roubo de outra pessoa.
marido constantemente: assuma a responsabilidade e não seja tão dependente do parceiro.
mulher: você fará algumas coisas imorais, desavergonhadas e depravadas.
parentes: você terá riqueza e sua saúde melhorará.
pessoa bêbada, sem bebida alcoólica: você não está conseguindo sair de uma situação difícil.
pessoas: você perderá dinheiro por causa de outra pessoa.

tendo bebido água: você ficará rico devido à carreira literária.
ter bebedeira: qualquer passo em falso poderá causar problemas.
várias pessoas: você será culpado de condescendência excessiva.
ver uma pessoa: seu emprego está em perigo por causa do seu cultivo de prazeres imorais ilícitos.
a si mesmo: fique sóbrio para formar opinião; canalize suas energias em condutas mais saudáveis.

BEBÊ 05-13-39-47-51-52
alimentar: no final, você colherá os frutos do seu trabalho.
amamentado pela mãe: você depende demais dos conselhos dos pais.
pela ama-de-leite: você confia demais em pessoas que não têm lealdade a você.
amamentando: preocupação com o seu desamparo e desejo de ser amado.
babá: cuidado com sua própria segurança; culparão você pela raiva de outra pessoa.
babando: festa com seus colegas de trabalho.
balançar berço: esqueça o egoísmo para manter a paz.
bonito: você precisa de cuidado e estímulo.
cambaleando: independência repentina é embriagante.
careca: você quer voltar à época em que ser careca era gracioso.
dando os primeiros passos: sua relutância em agir causa problemas com seus sócios.
dar à luz um: trilhe um caminho novo e mais produtivo agora.
de outra pessoa: você tem uma dependência infantil de alguém que não sabe disso.
dormindo: ótimo futuro se você aceitar assumir responsabilidades.
encontrar abandonado: tome conta de todas as crianças que puder.
envolvido em cueiros ou faixas: suas ideias são sufocadas nos primeiros passos.
estar em carrinho de: suas responsabilidades irão impedir você de se socializar.
com outros: ciúme de um irmão ou uma irmã; dê atenção à sua criança interior.
estar em um quarto de: coisas não correrão tranquilamente.
feio: infortúnio pela frente causado por alguém em que você confia.
indefeso: o menos valorizado mostra ser de grande utilidade.
muito esperto: lute pela perfeição do seu eu superior.
muitos: a recusa de seu amigo(a) em crescer não deve impedir você.
nádegas de: você está cansado de tentar reunir a família e fracassar.
o seu: o seu renascimento em um estado de inocência.
ouvir chorando: disputas na família serão resolvidas por um estranho.
recém-nascido: uma união dos níveis físico, mental e espiritual.
com fraldas: não tema os acontecimentos, seja aberto a eles.
ser um doente: fracasso em sobrepujar seus instintos básicos.
e estar chorando: você se sente abandonado, mas precisa resolver um problema nos negócios.
trazer um para berçário: amor perturbado.
trocar fraldas: novo crescimento se abre para potencial inexplorado.
recusar-se a: o emprego do marido irá afastá-lo de casa por longos períodos.

BEBER 03-04-11-16-24-35

água da amurada de um barco: alguém deseja colocar sal nas suas feridas.

de fonte cristalina: você terá uma vida de abundância, saúde e felicidade.

de um jarro: você terá companheiros agradáveis.

de uma fonte: recuperação total de uma doença.

morna: você tem amigos leais.

muito fria: triunfo sobre os inimigos.

pura de um copo: sede de experiência espiritual.

suja e lamacenta: você está envolvido demais em seus assuntos.

algo doce: você será amado violentamente e tomará parte em atividades oferecidas de maneira insinuante.

alguém bebendo: você obterá vários títulos, mas continuará totalmente dependente.

até ficar satisfeito: irão lhe pedir para acompanhar um parente a uma festa chata e cansativa.

bebida alcoólica: atenção com um acidente causado pelo seu desejo de esquecimento.

de uma xícara limpa: emprego imediato.

e quebrar um copo: você quebrará a perna.

em excesso: parceiros de bebida irão tirar vantagem da sua indolência.

em lanchonete: um vizinho irá lhe convidar para entrar para a Maçonaria.

em moderação: você está envolvido em atividades que desacreditarão você e as está adorando.

embriagar-se ao tomar bebidas doces: você está sonhando com uma riqueza que não lhe comprará o amor.

leite: meios abundantes e trabalhos sérios pela frente.

na companhia de amigos: cuidado, seus flertes estão mandando a mensagem errada.

néctar: você acumulará posição e riqueza, possivelmente por meio do casamento.

outros bebendo: você quer ser liberado das responsabilidades da vida adulta.

parentes bebendo: noivado imediato com antigo conhecido.

querer e não conseguir achar água: infortúnio.

sangue: você está matando a sua sede espiritual.

vinho tinto: fuga e alimento.

branco: felicidade.

meio copo de: a sua autoestima está em baixa.

BEBIDA ALCOÓLICA 04-10-28-35-38-55

abster-se de: seu abuso está mantendo você longe de acontecimentos importantes.

amigos: na pista expressa, cuidado com amigos ciumentos.

parentes: você está ignorando princípios que têm conduzido a sua família.

beber aguardente: humilhação por meio de comentários imponderados.

beber coquetéis: você deixa seus amigos com ciúme uns dos outros por não tratá-los com igualdade.

beber gim: surpresas em uma situação perturbadora fortalecem o molde.

destilaria: mudança para um negócio mais lucrativo com o objetivo de sustentar o seu estilo de vida boêmio.

estar sedento de: infortúnio ao ignorar sua criação ou formação.

fazer ilegalmente a sua própria: cuidado com acusações de atividades ilegais.

ficar bêbado ao tomar: infelicidade não acaba em felicidade, mas em um torpor melancólico.

ficar bêbado ao tomar champanhe: a euforia é momentânea.

outros: você está triste e decepcionado por ter sido deixado de fora.
ficar embriagado só ao olhar para: você está ocultando os seus planos por meio de ações enganosas.
garrafa vazia: sua coragem está exaurida; busque-a em algum outro lugar.
cheia: case com alguém de fortuna e com a inteligência de não beber.
misturar drinques: você está inundando sua mente com ideias visionárias e deixando escapar as ideias reais.
oferecer rum: você fará amigos, os quais irá trocar com frequência.
recusar uma: alguém não acredita na sua imagem de aluno sério.
ter uma barrica cheia de: você irá manter o seu lar agradável e confortador a qualquer custo.
tomar: amigos leais não deixarão que conduza; amigos falsos conduzirão você.
com gelo: você terá de aguentar comentários dolorosos a fim de evitar reagir aos rivais.
com uma amiga: mulher de caráter questionável manipulará seus pensamentos.
amigo: você precisa apresentar suas ideias sem permitir intimidação.
em copo ou taça grande: você enganará a si mesmo de que aproveitadores são amigos.
em copo ou taça pequena: você está se escondendo da realidade por trás de uma benevolência superficial.
várias doses de uísque com água ou soda: briga com sócio.

BEBIDA 01-02-13-27-29-33
derramar: emoções por um amor não correspondido dominam você.
em jarra rachada: perda da virgindade.
espuma no alto de: prazer em companhia alegre.
transbordando de uma jarra: emoção desperdiçada com quem não merece.

BECO 03-10-25-37-48-52
com fileira de árvores: transforme a natureza com honra e dignidade.
escuro: os vizinhos estão dizendo que você fez algo desonesto; para você, isso é desconhecido.
sem saída: medo de exposição deixou você cercado, mas ainda existe um lado exposto.
sonhar com: você não tem saída, a não ser redirecionar seus planos totalmente.

BEIJAR 13-15-24-31-36-41
as nádegas de uma pessoa: você está sendo enganado pelas suas emoções fundamentais e pela sua integridade pervertida.
beijo: muita aflição se você der vazão ao seu apetite sexual.
você não quer: pequena doença cheia de altos e baixos emocionais.
irmão ou irmã: sinceridade e autenticidade e o seu apoio inflexível.
mãe: você está almejando um carinho que agora somente seus amigos podem dar.
mão: você deseja a prosperidade de outra pessoa, mas irá ganhar a infelicidade de um amor não correspondido.
marido ou esposa: alegria e satisfação no casamento será o seu prêmio diário.
namorado(a) durante o dia: intenções honrosas, amor sincero e apoio responsável.
durante a noite: perigo oriundo do emprego de energia inadequada; traição exposta após uma longa cegueira.
o chão: humildade pela vastidão da terra e respeito pela terra que possui.

pai: uma doença na família impedirá a ajuda dele nos seus negócios.
pessoa amiga: fracasso nos seus negócios por causa da inveja maliciosa de amigos falsos.
um estranho: um relacionamento breve irá levar a uma conduta promíscua e honestidade ilusória.
uma mulher solteira: você tem o respeito e o amor dos seus amigos e a falsidade da pessoa que ama.
uma pessoa morta: um novo relacionamento amoroso vem daqueles parentes que ainda estão vivos.

BEISEBOL 08-16-23-29-40-41
arremessar a bola: seu mau humor é a causa de seus problemas familiares.
fazer um home run: seu empreendimento virou um sucesso.
jogar uma partida de: futura prosperidade se você não cometer falta.
e marcar muitos pontos: divórcio à frente se você não impedir boatos falsos.
e não marcar: decepções devido a histórias falsas sobre você.
outros: cultive a felicidade doméstica sendo uma companhia alegre.
taco: defender-se contra agressão deveria ser um jogo, não vida real.

BÊNÇÃO 08-11-14-27-44-47
abençoar alguém: você está em paz com as transgressões deles contra você.
outros recebendo: ambições rivais perturbarão você.
ser abençoado: você será forçado a um casamento que não deseja.
por um padre: suas energias brotarão da divina proteção.

BENEFÍCIOS SOCIAIS 22-29-30-40-46-49
amigos sendo beneficiados: um mistério será resolvido.
conceder a outros: investimentos favoráveis.
destinados à família: você está zangado por não ter conseguido sustentar sua família.
receber: você receberá um fundo.
doação: você não conseguirá cumprir com seus deveres.

BENFEITORA 02-07-08-09-24-49
discutir com uma: muita comoção sem bons resultados.
ser insultado por uma: as pessoas estão falando coisas ruins sobre você.
ser uma: vida agradável é capaz de ajudar àqueles que lhe auxiliaram antes.
sonhar com uma: não deixe que um estranho lhe tome a palavra.

BENGALA 00-11-22-33-44-55
andar de bengala: seu senso comum precisa de uma influência útil e equilibrada.
apoiar-se em: uma fonte de força foi puxada debaixo de você.
bater em alguém com: você terá domínio sobre os inimigos.
cana-de-açúcar, plantação de: progresso nos negócios.
cortar: fracasso total em todas as frentes.
de bambu: você criará várias crianças.
levar no braço: boa saúde.
matar alguém com golpes de: você terá grandes lucros.
outra pessoa bater em você com: você está sendo tratado da forma que tratou outras pessoas.
pequena zarabatana: vários cachorros serão mortos.
possuir: você será infeliz.
quebrar: desacordo na família.
repousar sobre: doença em um futuro próximo.
ser atingido por: esqueça a vingança, aprenda a lição e siga em frente.

ter que punir pessoas com: problemas financeiros.
vime: você tende a duvidar dos outros.

BERÇO 04-06-29-31-35-39
balançar: você tem o poder para controlar ou alimentar os outros.
seu próprio: não pare com a sua suspeita saudável de doença na família.
um bebê no: não desvie a sua atenção dos assuntos que realmente importam agora.
bebê no: busque delicadamente dissuadir alguém de falar.
de boneca: objetivos inalcançáveis.
mulher jovem sonhando com: a conduta atual irá acarretar vinte anos de responsabilidade.
ser tirado do: você gosta de se envolver romanticamente com pessoas muito mais jovens.
vazio: infortúnio devido a problemas de saúde.

BESOUROS 07-12-31-35-44-48
escaravelho: símbolo da ressurreição; a humildade é uma coisa boa, a pobreza não.
matar: admita seu erro, e as coisas se ajeitarão rapidamente.
pegar: brigas com amigos sobre pequenos males; o problema tem solução.
sonhar com: o dinheiro virá em grandes quantidades, mas por pouco tempo.
voando precipitadamente por cima de você: déficit financeiro em breve.
voando: sorte extremamente boa.

BETERRABAS 14-18-20-21-30-33
comer: relacionamentos amorosos serão manchados pela calúnia.
em pratos sujos: você acordará no meio da noite angustiado.
comprar: você irá receber um presente caro.
crescendo em um campo: seus próprios negócios prosperarão.
em pilhas: boas transações em grande negócio.

BEXIGA 01-09-1220-41-46
outros passando por cirurgia: você terá um contratempo de saúde se você se esforçar demais.
parceiro tendo removida a: contrairá pneumonia.
passar por uma cirurgia: uma desgraça causará o fracasso das suas expectativas.
sonhar com: atenção em como você exerce seu poder.
ter distúrbio na: você não está querendo fazer para merecer.
ter que fazer xixi no meio da noite: termine o seu sonho primeiro.
em público: você precisa expor uma história constrangedora e rir dela.

BEZERRO 01-07-12-16-18-32
alimentar: sua generosidade está sendo estendida a pessoas erradas.
brincando: sua atitude é superficial.
cabeça de: grande consolo do tipo frívolo e libertino.
comprar: você se apaixonará loucamente.
dançar ao redor de um de ouro: você deixa os seus amigos para trás na sua busca por luxo.
junto à mãe: suas habilidades de liderança não estão desenvolvidas.
panturrilha, a sua: a força está se formando na flexibilidade de sua missão.
pastando calmamente: a sorte de ter uma mãe carinhosa na infância.
pertencente a outros: prazer mundano recebido dos pais.
pessoas casadas sonhando com: o amor e a sensualidade juvenis irão durar para sempre.

possuir: você massageou sua habilidade física de progredir.
sendo abatido: vá na direção oposta.
vários: você está com disposição para travessura.
vender: você se casará em breve.

BÍBLIA 01-02-11-33-40-49
abrir: você está sendo torturado pela falta de discrição de um parente idoso muito querido.
acreditar: inimigos serão derrotados pela sua perseverança.
alguém lendo para você: resista às tentações de difamar a sua ética.
comprar: pare de tentar justificar seus atos; seja autêntico.
consultar o Novo Testamento: sua perspectiva mental pode mudar o seu ambiente.
deixar cair no chão: não menospreze conselhos bons e bem intencionados para sentir paz interior.
filhos lendo: alegria sem lucro ou necessidade de lucro.
ler: você procura o significado oculto para tudo o que acontece em sua vida.
levar para a igreja: um ato inocente irá aliviar sua consciência.

BIBLIOTECA 16-24-32-34-39-54
consultar livros na: contate a sua esperteza inata por meio do inconsciente coletivo.
devolver um livro à: você é astuto e não teme os problemas que estão por vir.
obter um livro emprestado na: assegure-se de que as opiniões que você expressa sejam suas.
possuir uma: você terá de consultar um juiz para escolher novos significados na vida.
sonhar com uma: você irá progredir rapidamente na sua fome por ideias.

BICICLETA 04-09-18-37-40-43
andar de: apressar as suas ambições levará ao fracasso, outros não conseguem acompanhar.
de dois assentos: aceitação de partes da pessoa amada e de você mesmo que antes eram rejeitadas.
ladeira abaixo: o infortúnio ameaça você.
ladeira acima: é necessária muita energia para que você possa tirar proveito das ótimas perspectivas.
cair de: alguém está fazendo com que você perca o equilíbrio.
ciclista cruzando a linha de chegada com os braços erguidos: triunfo de energias equilibradas.
comprar: sua atividade solo melhorará suas condições físicas.
para os filhos: promoção, se você tomar a decisão certa.
consertar: seus atos vigorosos e, ainda assim, sensíveis realizam um trabalho eficiente.
estar sentado em: espere que os outros liderem.
pedais de: você é uma pessoa prática, autêntica e com delírio de grandeza.
pneus furados: você está desapontando o seu corpo.
ter: felicidade com um grande investimento de esforço pessoal.
monociclo: fazer as coisas sozinho deixará instável aquilo que é estável.
vender: você é muito sensível às necessidades de outra pessoa.

BIGAMIA 17-22-26-28-37-39
cometer: a mentira não é livre de culpa.
e ser punido por: o delito foi contra você mesmo.
não acreditar em: ansiedade pelo conforto da absolvição.

ser bígamo: o rigor do castigo reflete os seus sentimentos acerca do delito.

não ter: você gostaria que seu parceiro(a) encontrasse outra pessoa para liberar você da responsabilidade emocional.

não: você está na defensiva quanto aos delitos que cometeu contra outras pessoas.

ter parceiro(a) bígamo: você tem medo de perder a sua parte merecida de devoção.

BILHAR 09-13-20-25-32-48

jogar: evento planejado fará você esbanjar dinheiro.

jogo de: o jogo restabeleceu uma amizade, mas é preciso lidar com o que causou o rompimento.

noivos jogando: terão oposição dos sogros.

todos os dias: você está colocando as bolas nas caçapas com sua habilidade habitual.

pessoas casadas jogando: o amor da pessoa amada é sincero, mas o seu por ela, não.

pessoas solteiras jogando: lide com problemas em uma ordem específica.

sinuca: bloqueie a vantagem injusta da oposição.

BILHETE 02-05-15-19-41-43

esperar horas para comprar um: uma pessoa na fila se tornará importante.

esquecer o: sua vida amorosa precisa ser examinada.

não conseguir achar o bilhete para sentar ao lado da janela: seus planos serão contrariados.

para a data errada: você está no trabalho errado, ou na companhia errada.

de passagem: avançou rápido demais para saber onde deveria estar.

perdido: está chegando uma oportunidade única na vida.

ter um de loteria: vai brigar com a pessoa que mais ama.

BINÓCULOS 13-14-33-34-38-41

aproximar objeto usando: você leva as coisas muito a sério; a claridade revelará tudo.

comprar: uma mulher de pouca moral está por perto.

homens olhando: prosperidade por meio do dano à reputação de outra pessoa.

militares usando: você será prejudicado em questões pessoais.

mulheres olhando: você receberá muitas recompensas na vida.

observar a pessoa amada: perda de um parente distante.

quebrados: seu futuro financeiro não está claro.

ser observado: pense cuidadosamente e se concentre plenamente antes de agir.

ter: sua visão do futuro está correta.

ver usando: o que você vê do futuro é uma gota no oceano.

BISCOITOS 00-11-22-33-44-55

assar: notícias referentes a uma cerimônia de casamento.

comer bolachas de água e sal: você receberá o que for merecido.

dar, a marinheiros: uma vida de casado próspera.

comprar: você perdeu seu bom apetite por causa de conflitos triviais.

dar: você tende a curtir demais os desgostos dos outros.

fazer: você terá uma jornada próspera.

BISPO 00-11-22-33-44-55

em procissão: você é bem otimista, continue assim.

no altar: você provavelmente terá problemas com a lei.

receber a comunhão de: você deseja tranquilidade, não importa a duração.

sacerdotes em companhia de: saúde ruim causada por sofrimento mental.
vestir: falso amigo investigará suas preocupações íntimas.

BLASFÊMIA 05-10-13-20-21-23
blasfemar: você está virando sua vontade contra orientação potencial vinda de dentro.
ensinar às crianças a não serem sacrílegas: terá família feliz, mas com vida pública difícil.
pessoas profanas: você vai brigar e perder uma amizade.
profanar o nome de Deus em vão: perdas financeiras por causa de situação inquietante.
violar coisas sagradas: sofrerá terrivelmente por causa de suas culpas.
amigos: receberá uma herança com uma cláusula específica.
outras pessoas: vai fazer altas dívidas e seus bens cairão de valor.
parentes: miséria que pode virar degradação total.

BOBAGEM 15-18-27-29-37-46
fingir-se de bobo: punir-se pelos erros não conserta as perdas.
jovem e tolo: seu conhecimento não o qualifica.
a pessoa amada: as ideias dos parceiros trarão ganhos financeiros.
maluquices e atos insensatos: vivencie o que não entende, pois é o suficiente para torná-lo proveitoso.
noivos tolos: ambos sofrerão por sua inocência.
pessoa amada sendo tola: ajuste-se, ria de si mesmo.
ter cometido tolices: não se leve tão a sério.
outros cometendo: alegria sem lucro.
filhos: receberá dinheiro em breve.

BOBO 15-19-23-25-28-29
fazer papel de: sua situação melhorará com aulas de oratória.
ser mudo: você conhecerá novos amigos que pensam como você; evite conjecturas com eles.
ser: briga na família pela frente.
membros da família: nascerá uma criança incapaz de expressar seus sentimentos.
outros: não discuta seus planos de negócios com a sua costumeira língua solta.

BOCA 04-28-30-31-42-48
a sua: segure sua língua e seu sorriso falso.
aberta: generosidade e tagarelice destrutiva inapropriada.
cheia de comida: suas atuais ações estão cheias de ridículo.
vinho: grandes prazeres por vir e felicidade para amantes.
com mau hálito: um obstáculo social precisa ser superado.
ser rejeitado devido a: sua assertividade ofende aqueles que você não quer alienar.
engasgando: logo será beijado por alguém que está em suas fantasias.
incapaz de conseguir se livrar do que está em sua garganta: espere sérios problemas com a maneira como se apresenta.
fazendo careta: falta de flexibilidade para permitir que outras pessoas errem.
fechada: temores injustificados, indefensáveis.
firmemente: inconscientemente envergonhado de sua participação numa situação difícil.
grande: a lealdade de um amigo vale mais do que a popularidade.
incapaz de se abrir: perigo, a não ser que você cuspa a verdade.

infectada: vergonha pública quando você fala fora do contexto.
muito grande: abundância de conversa não faz uma amizade.
pequena: no silêncio, suas habilidades inatas se revelam.
sem dentes: vai viver mais do que seus dentes.
sonhar com: ficará bêbado com intenção oculta.
de amigos: má sorte acompanhará sua insatisfação com o destino.
de animais: fome de fofoca maliciosa em sua boca.
de crianças: pessoa na qual você confiava pouco será uma forte aliada da qual você dependerá.
de inimigos: rapidez para criticar traz arrependimento.
de outros: está magoado com insinuações de pessoas nas quais confia.
suja: desespero por alimento.
tirar objetos da sua: a força das palavras venenosas em sua explosão é você.

BOCEJAR 12-17-22-30-31-30
de manhã: será rejeitado pela pessoa amada de maneira tão brutal que ficará doente.
em eventos sociais: você não está preparado para a posição que ocupa; procure outra que seja mais adequada.
na igreja: passará por humilhação por estar cansado demais.
no escritório: escolha um objetivo realista para sua carreira e peça que as coisas sejam mais discutidas.
sonhar com o ato de: pequenos problemas sem seriedade estão lhe detendo.

BOCHECHAS 01-05-20-23-27-30
bonitas: alegria e satisfação.
homem sonhando com as próprias: narcisismo é um caminho solitário.
mulher sonhando com as próprias: ela será muito amada pelas coisas erradas.
pálidas: você precisa de cautela.
pintar: no final, a trapaça será descoberta.
rosadas: você é muito tímido para flertar com a verdade, preferindo uma ilusão colorida.

BODAS DE OURO 04-08-12-21-39-40
estar em uma festa de: você receberá uma fortuna de um parente rico.
moça sonhando com uma festa de: ficará noiva em um ambiente confortável e fechado.
pessoas casadas indo a uma festa de: suas esperanças de férias com todas as despesas pagas irão se realizar.
sonhar com uma festa de: comemoração de serviços e devoção longos e leais.

BOI 09-13-30-32-46-48
arando a terra: reúna dois colegas de trabalho divergentes.
búfalo: use seu poder para escapar do estouro da boiada.
dormindo: perda de amigos por doença.
lutando: você tem inimigos que insistem em lutar.
magro: perda de bens por causa da hostilidade do companheiro.
puxando uma carroça: sorte no amor, mas carência de bens materiais.
rebanho: prosperidade nos negócios, felicidade em casa.
pastando tranquilamente: deve observar as especulações de oportunidades e aceitá-las.
sem chifres: desenvolvimento favorável de seus interesses.
sonhar com um: negócios lucrativos.
gordos: sua prosperidade vai crescer com um parceiro influente.
no pasto: terão ascensão rápida no cargo atual.
sonhar que compra: terá força para suportar intensa labuta.

matar um: sua obstinação está além da racionalidade.
vender: cuidado ao comprar e vender ações.

BOILER 14-20-27-39-45-50
caldeira geradora de vapor: empreendimentos comerciais podem causar doença.
operar um: não preste atenção à bajulação; suas esperanças são inúteis sem o talento.
ser fabricante de: infelicidade sob uma administração ruim.
ter: você se tornará amigo do técnico.

BOINA 03-24-26-39-42-47
de criança: você não tem culpa do que foi acusado.
de algodão: um amigo está abusando da sua amizade.
de seda: seus feitos não são práticos, mas para causar efeito.
ter uma: alguém tentará trapacear, mas você não permitirá.

BOLA 06-07-10-16-31-36
colorida: seu caso é efêmero; o amor tem raízes.
diferente: amigos precisam do seu espírito competitivo.
jogar com parceiro: nova parceria se mostrará lucrativa.
muitas pessoas: relacione-se somente com as forças universais do mundo.
jogar handebol: é preciso coragem física para agarrar a bola que atiram em você.
perder uma: você precisa de uma abordagem equilibrada com todos.
rolando morro abaixo: você é a sua própria contradição.
sonhar com globo terrestre: parece que o destino brinca dentro da esfera perfeita.

BOLHAS 01-17-20-47-50-51
em água fervendo: dignidade e excelência.
em uma banheira: sua ingenuidade encontrará protetor.
estourar: seu mundo pode ser efêmero, mas você não é.
fazer: evite o desperdício ou você pode perder a pessoa amada.
sair de: angústias não resolvidas sobre o nascimento.

BOLICHE 10-24-27-31-42-49
derrubar todos os pinos: as maiores ambições se tornarão verdade no último momento.
a maioria dos: um fator acabará com o seu relacionamento.
jogar: sua ambição cega deve ter cautela com os riscos.
com a pessoa amada: você terá decepções no amor.
com parceiros de negócios: dissolva a parceria.
e ganhar: você será vítima de roubo.
jogar bocha: quem você está bloqueando?
jogar o boliche inglês de nove pinos: os negócios não estão resolvidos.
não atingir nenhum pino: derrota nas negociações.
sonhar com jogo de nove paus: um rival conquistará a afeição da pessoa que você ama.
a pessoa amada: você terá decepções no amor.
outros: em breve você passará por muitos altos e baixos.

BOLO 07-13-18-21-44-49
assar: sua indulgência fará com que seu destino passe de luxuoso a prático.
comer um pedaço de: o aumento da sua riqueza fará você perder a pessoa amada.
a assadeira inteira: você ganhará uma casa em uma decisão judicial.

começando pelo glacê: você teme ficar aprisionado dentro de si mesmo; estabeleça limites, não importa o quão doces.
doce: futuro promissor para as almas empreendedoras.
meio quilo de: algo prazeroso que você pode cobrir com qualquer calda.
comprar: a afeição de uma pessoa amiga irá apoiar sua fraqueza.
levar um: conhecidos estão fazendo coisas grotescas.
mulher sonhando que come seu próprio bolo de casamento: grande perigo de uma prisão criada por você mesma.
servir aos amigos: você enfrentará obstáculos intransponíveis.

BOLSA 02-04-17-33-37-50
achar uma, com dinheiro dentro: perda de poder e do controle dos bens.
sem: desentendimento entre parentes causado por conduta grosseira.
apanhar: está preso a um círculo de amizades abrangente e defensivo.
comprar uma: ficará extremamente ocupado ao comparecer a um casamento, um funeral e um evento político.
dar uma, de presente: assuntos de rotina tratados sem maiores cuidados farão você se aborrecer desnecessariamente.
namorados sonhando que encontram uma: vai receber o dinheiro que vem procurando.
perdem: perder algo de que precisa muito.
perder sua: seu passado se foi, sua indecisão é o futuro.

BOLSA DE MULHER 02-10-16-21-42-49
achar: bancarrota, mas uma grande vida amorosa.
cheia: toda sua solidariedade, embora negligenciada, será utilizada até o fim.
com bolsa de moedas dentro: bons resultados nos negócios para retardar ou impedir o seu encargo.
vazia: bons resultados nos negócios para retardar ou impedir o seu tédio.
comprar uma: você está enfrentando um problema sem solução.
dar de presente: você enfrentará oposição ao seu sucesso em empreendimentos.
receber: irritação e perda de paciência com empregados indignos.
perder: alguém está tentando roubar seu amado.
sendo roubada: outros estão tirando vantagem da sua indecisão.
sonhar com: você está transferindo riquezas enquanto os negócios vão bem.

BOLSA DE VALORES 09-27-29-30-33-42
ganhar na: só revele seus rendimentos para pessoas que já lhe demonstraram lealdade.
negociar na: paciência será essencial para descobrir uma inimizade oculta.
perder na: perda de riquezas que lhe deixa temporariamente desorientado.
ser membro da: você lidará com devedores ricos e pobres.
ter negócios na: invista na saúde de seu país, bem como na sua própria.
vender metodicamente na: suas finanças estão a salvo.
freneticamente: conserte os resultados negativos dos riscos que assumiu.

BOLSO 03-04-05-06-10-34
buraco em seu: alguém está lhe desfalcando os lucros, e lhe culpando pelo rombo.
canivete de bolso fechado: sua vingança está deixando rastros na superfície.
aberto: reconheça sua raiva e a use construtivamente.

cheio de dinheiro: sucesso imediato do que você escreveu.
vazio: fim das esperanças de não ter parentes cobiçosos.
de parceiro: vai ganhar no jogo.
encher os bolsos de parente: infortúnio.
pegar um batedor de carteiras: um amigo vai se voltar contra você por causa de suas atitudes vingativas para com outras pessoas.
relógio de: senso de tempo é tudo; preste atenção naqueles que são avarentos neste sentido.

BOMBA D'ÁGUA 01-04-26-30-40-42
bombear água limpa: penumbra temporária, mas com espírito forte e corajoso.
barrenta: vai conversar com pessoas que usam o sucesso de seus negócios questionáveis para lhe irritar.
bomba de incêndio: receberá notícias surpreendentes e ruins sobre uma pessoa de quem você aprendeu a gostar muito.
outras pessoas: pessoas não tão bem-sucedidas quanto você buscam usar sua influência.
usar uma, a motor: receberá notícias desagradáveis que fortalecerão sua decisão.
operar uma, à mão: o medo de notícias tristes lhe faz trabalhar mais.
pôr uma para funcionar: estabelecer parâmetros para o negócio é tão importante quanto o negócio em si.
não conseguir: sua prosperidade será temporária.
puxar água com uma: você será atormentado pela pessoa que ama.
sonhar com uma: terá dinheiro, mais liberdade e independência no trabalho.

BOMBARDEIO 01-10-11-31-39-47
bomba: ações judiciais abrangendo uma multidão de vítimas.
bomba explodindo: uma discussão acalorada com trégua e acordo.
descobrir um poder especial depois de: peça conselhos a alguém que você respeita muito.
estar desarmando uma bomba: sua honestidade permitirá que você evite o perigo.
estar ferido: você está emocionalmente ferido.
estar imobilizado em um bombardeio: cuide-se para não entrar em choque e então reaja.
estar preso em: ambas as opções são necessárias para a solução do problema.
estar salvo: você é a única testemunha das indiscrições em sua vida.
estar sob: sua raiva pode explodir e prejudicar seu casamento.
outros sob: trapaça em assuntos do amor.
granada de mão: um presente iminente.
jogar uma bomba em outra pessoa: responder hostilidade com hostilidade complica o problema.
alguém joga uma bomba em você: desculpas pela sua hostilidade são devidas.
morrer em: você está sofrendo muito.
outros feridos: você não é responsável pelo fracasso de outra pessoa.
outros morrendo em: graças aos amigos, você é salvo mais uma vez.
período depois de: tempos difíceis ficaram para trás.
sentir cheiro de gás durante: chame a companhia de gás imediatamente.
ser incapaz de desarmar uma bomba: sua raiva está fora de controle.
sonhar com: uma má notícia lhe custará dinheiro.
ter sua cidade destruída em: você precisa assumir a responsabilidade pela sua vida.

e toda a vida desaparecer: planejamento para o futuro previne prejuízo financeiro.
mas você sair ileso: encarregue-se dos problemas familiares e resolva-os.
ver uma bomba explodir: transforme sua agressividade em uma força positiva.
e pessoas morrerem: seus problemas têm solução.

BOMBEIRO HIDRÁULICO 09-15-19-36-39-41
fluxo estável nos encanamentos: sua segurança está perdendo a ligação com as emoções.
liberando um esgoto bloqueado: você verá as coisas sob um ponto de vista diferente.
lidando com instalações sanitárias profundas: sua personalidade é repleta de talentos.
limpando um esgoto entupido: fracas emoções precisam ser libertadas para chegar ao ápice.
reequipando encanamentos: está se apegando à inveja e ao ciúme.
ser um: sua consciência lhe segue.
vazando: irritação continuada e obscura por causa de parentes intrometidos e insistentes.

BOMBEIROS 08-20-21-10-44-46
carro de bombeiros ligado a um hidrante: boa sorte àqueles que estão em perigo.
jorrando: uma experiência inquietante se mostrará opressiva.
ser comandante dos: riqueza e sorte.
ser e estar em um carro de bombeiro: você irá realizar seus grandes sonhos.
um carro de bombeiros atendendo um chamado de incêndio: você terá paz.
retornando de: você terá uma grande decepção.

BOMBONS 02-05-18-23-30-51
comer: um prazer público sem o equilíbrio nutricional.
azedos: segredos antigos serão expostos.
comer confeitos: você logo se apaixonará.
comer pé de moleque: cercado de sabores exóticos.
dar de presente: o dinheiro devido há muito tempo será devolvido.
fazer: você irá colher lucros nos negócios.
sobremesas elaboradas e refinadas: você terá prazer e lucro.
pessoas fazendo confeitos: paz e felicidade na casa de outra pessoa, não na sua.
receber de presente: você terá muito sucesso com um novo romance.
saboreando: mime-se com indulgências, acreditando que a segurança está próxima.
ter nas mãos um pote de: a preocupação será afastada.
usar pirulitos como chupetas: você será eleito para uma posição de importância pelos seus iguais.

BONDADE 21-36-38-41-46-48
coisas boas: infortúnio no amor.
dizer coisas boas sobre os outros: você ficará envergonhado.
fazer coisas boas para outros: alegria e prazer.
filhos fazendo coisas boas: um bebê nascerá tardiamente na sua vida.
outros fazendo coisas boas para você: lucro e ganhos.
pessoas dizerem coisas boas sobre você: os amigos enganarão você.

BONDE 06-12-19-24-34-38
correndo nos trilhos: você é incapaz de se desviar da rota controlada.

correr para pegar: uma sinfonia infinita precisa ser tocada.
dirigir um: faça um curso de primeiros socorros para rebater maldades.
na plataforma: caso perigoso pode comprometer ou iluminar seu futuro.
pular de: seu caminho é o único que lhe serve.

BONÉ 01-02-03-17-28-39
capacete de mineiro: medidas à prova de falhas deveriam ser estudadas e memorizadas.
comprar: você receberá uma herança, com um limite de retirada anual.
de prisioneiro: sua coragem está traindo você em um momento crítico.
ganhar: seu casamento se envolverá em assuntos comunitários.
perder: sua coragem trairá você em um momento de perigo.
pessoa amada usando: na presença da pessoa amada você demonstra timidez e pudor.
velho e sujo: prejuízos nos negócios.
vender: você não está operando bem o seu negócio.
vestir: você cumpriu sua missão.

BONECAS 14-21-28-30-32-37
comprar: evite envolver-se em divergências com pessoa que conheceu há pouco tempo.
meninas brincando com: manipulação das memórias de sua infância para ser a pessoa dos seus sonhos.
pertencentes a outras pessoas: moda, beleza, manipulação e vingança.
sonhar com: você subestima as falhas da sua felicidade doméstica.
ter: você tende a flertar com aspectos da sua personalidade.

BONITA 07-09-21-22-40-42
companhia de uma mulher: você terá passatempos agradáveis.
outras pessoas que são: invalidez causada por fã com ciúmes.
ser: doença causada pelo medo de deixar de ser desejável.

BORBOLETA 18-29-36-38-43-48
caçando uma: você está cercado de influências desastrosas.
de lindas cores ao sol: felicidade no amor, mas temporariamente.
dentro de casa: uma inconsistência irá causar um pequeno problema.
emergir de um casulo: o surgimento de um novo aspecto de si mesmo irá melhorar sua imagem.
estar em um casulo: você se sente oprimido pela vida e deseja fugir.
jovem mulher sonhando com: cura que transforma precisa de um ambiente seguro.
matar: seu relacionamento está impedindo sua transformação.
pegar uma: do feio e do que pouco promete, surge a beleza.
pousando na pessoa amada: caprichos dos dois lados.
tornar-se uma: sua metamorfose levará à beleza.
voando de flor em flor: prosperidade crescente durante toda a jornada dela.
ao redor da luz: uma vitória de pouca duração da qual emergirá o conhecimento.

BORDAR 09-14-17-23-33-41
guardanapos: um casamento acontecerá em breve.
para a pessoa amada: você será aceito na sociedade pelo seu talento em embelezar tudo o que toca.
roupa de cama: um casamento verdadeiro exige verdades simples e ações econômicas sensatas.
sonhar com: seus pecados inocentes farão com que outros conspirem contra você.

vestido de criança: o embelezamento de detalhes enriquece uma vida jovem.

BORRACHA 03-05-10-12-13-18

apagar escritos com: incerteza em relação às suas atitudes ameaçando o efeito das ações dos outros.

cartas de amor: você está dando margem para que seu namorado se interesse por outra.

produtos feitos de: rebelião entre parentes; preserve sua honra com unhas e dentes em meio a estes ladrões.

usar, para vários fins: os amigos não entenderão sua conduta.

vestir: proteja sua saúde e sua liberdade com um plano de previdência.

BORRIFAR 01-07-10-27-34-35

essência pela casa: melhorará as condições atuais ao atrair amigos sábios.

inseticida dentro de casa: desfrutará de ambiente positivo, livre-se de preguiçosos.

mulher sonhar que está borrifando perfume: será forte e saudável em sua vida frívola.

no corpo: aguarda visita que virá somente por causa de sua insensatez.

BOSQUE 24-27-30-40-48-49

árvores quebradas no: atividades sociais agradáveis.

caminhar no: trabalho árduo pela frente.

clareira no: alívio da incerteza.

em chamas: aflição.

muitas árvores no: desfrutará de negócio bastante satisfatório.

perder-se em um: espere uma nova oportunidade de se apresentar.

BOTAS 19-23-24-30-36-38

as suas usadas por outra pessoa: a pessoa amada deixou você.

comprar novas: os negócios serão ótimos.

contrabandista de bebida alcoólica, sendo um: você não tem respeito por leis que considera injustas.

machucar os pés devido às novas: perda de dinheiro devido a descuido.

marrons: boa sorte no trabalho novo.

mulheres comprando: desejo de tornar sexy sua postura definitiva.

novas: você pode confiar na lealdade dos seus empregados.

outra pessoa com novas: tome atitudes práticas e sensatas.

pesadas: alguém está pisando na sua reputação.

usar: os negócios serão bons, mas o lucro, insignificante.

usar galochas: as economias devem alcançar um montante bem alto.

vazando: você será chamado para explicar faltas ao trabalho.

velhas: decepção com o amigo no qual você depositou sua confiança.

BOTÕES 03-06-26-27-29-44

arrancar: significado erótico óbvio para ver como você reagirá.

comprar: você terá uma mente vigorosa; abra-a aos outros.

costurar um de volta no lugar: uma busca em vão de um ideal inalcançável.

sonhado por homem solteiro: atraso nos assuntos do amor porque você se sente limitado.

mulher: prepare-se para o conflito com aqueles próximos a você.

firme: sua fachada social cuidadosamente moldada receia uma rachadura.

perder: a inimizade secreta de outra pessoa pode ser prejudicial à sua saúde.

ter um frouxo: sua máscara social está prestes a fundir-se; mantenha a boca fechada e faça um levantamento dos danos.

BOXE 01-05-15-26-35-47

assistir a uma luta de: uma declaração surpreendente sobre energias desperdiçadas.

boxeador em uma luta: você está tendo dificuldade para escolher opções adequadas.
boxear: obscureça o oponente.
participar em luta de: perda de alguém precioso para você.
perder aposta em: você tem um amigo leal.
ser empurrado para as cordas: suas ilusões estão recebendo uma dose de realidade.
treinar para uma luta de: conflitos e atritos bem perto de você.
vencer uma luta de: eventos emocionantes trazem harmonia entre amigos.

BRAÇOS 09-13-15-17-34-47
abraçando você: um novo amigo será um recurso.
acidente com: doença na família.
sustentar os próprios: momento decisivo no qual você tomará o controle de seu destino.
finos: suavize suas táticas para que incluam tato.
pequenos: você terá muito dinheiro em que não poderá tocar.
cobertos de pelos: você terá muita riqueza.
dois braços quebrados: perda do poder de conduzir sua vida e se sobrepujar.
dois braços quebrados em um homem: discussões na família.
em uma mulher: perda do marido.
dor: azar nos negócios.
esquerdo sendo amputado: parte de você precisa de energia reparadora.
direito: morte do lado masculino da sua personalidade; não mais um contribuinte arbitrário.
não ter um: sua criatividade está inibida.
Popeye, braços do marinheiro: você exagerou em sua autoridade.
quebrar: sua perda de confiança causa grande perigo à sua família.
sardas: incidentes desagradáveis serão subtendidos.
sonhar com seus próprios: vitória sobre os inimigos.
ter grandes: o poder de construir ou destruir está dentro de você.
doença de pele nos: você trabalhará arduamente sem proveito.
musculosos: suas conquistas não se equiparam com seu potencial pleno.

BRANCO 03-05-09-30-43-44
defeitos e crimes: tenha cuidado nos negócios.
uma investigação: será chamado para livrar a cara de um amigo.
estar em um quarto: você espera a perfeição absoluta da iluminação mística.
paredes brancas: estará em guarda contra armação.
pintar um recinto de: limite sua responsabilidade, aceite sua ascensão das trevas.
usar: recomeço e vida sadia.
ver luz branca: apague todos os problemas anteriores e comece de novo.

BRASÃO 10-11-12-13-29-41
magnífico: procure aqueles cuja ambição se iguala à sua.
manchado: você tem vergonha por ter manchado o nome da família.
seu próprio na porta de casa: um fracasso nos negócios quando você exagerou a sua importância.
sonhar com: as recordações no sótão enfraquecerão sua opinião sobre os seus ancestrais.
ter: você será muito honrado pelas mulheres.

BRASIL 13-27-28-34-48-50
estar no: sucesso no mundo por meio de seus próprios esforços.

ser deportado: você é incapaz de sentir gratidão.

ouvir o hino nacional: surgirá uma tentação — siga-a.

cantar em cerimônia oficial: os laços da lealdade se estreitam.

ser brasileiro: você está se agarrando a toda experiência material para sobreviver.

ser deportado para: muitas pessoas têm inveja de você.

ver num mapa: todos os caminhos levam para onde está o dinheiro.

viajar para o exterior: os negócios estão bem longe, mas próximos do seu coração.

viajar sozinho para: deixe sua bagagem de inveja para trás.

com outros: o futuro dependerá totalmente do que você fizer.

voltar do exterior: sua prosperidade deve ser apreciada e mantida.

BRAVURA 03-13-27-29-41-49

agir com: você terá uma doença dos nervos até que se ponha à prova.

mostrar coragem e: uma pessoa amiga tem uma hostilidade oculta contra você.

não ter: você está apto a se subestimar.

BRIGA 07-30-32-37-44-46

brigar com um amigo: atos malignos perpetrados por mentes maliciosas.

com a pessoa amada: fazer as pazes tornará as coisas muito melhores.

com esposa ou marido: será culpado por atitudes idiotas contra a autoridade de um parceiro.

começar uma: escolha um oponente com quem você possa vencer ou perder, elegantemente.

ter uma, em família: você tem de encarar uma oposição de valores dentro de casa.

com um estranho: eis uma pessoa que você gostaria de jamais ter conhecido.

com um parceiro: terá domínio sobre vários assuntos, mas não dentro de casa.

no trabalho: fique avisado; fará contato com pessoa contaminada pela raiva.

BRINCAR 01-05-08-12-24-38

brincar com um bambolê: amizades só são tranquilas na infância.

participar de uma brincadeira: vencerá os inimigos, mas perderá o amor da pessoa que namora.

com fogo: receberá notícias surpreendentes e ruins sobre alguém de quem você perceberá que gosta mais do que pensava.

playground: está fazendo barulho demais; alimente relacionamentos mais maduros.

crianças em um: em sua inocência, você não percebe quem lhe ronda.

BRINCOS 03-08-20-21-30-42

dar os seus próprios a outra pessoa: você finalmente entendeu a situação depois de uma grande briga.

de outra pessoa: críticas desagradáveis são feitas a seu respeito por caluniadores.

perder os seus próprios: um período de tristeza causado pela sua preguiça.

receber de presente: a afeição de alguém irá atrair rivais de baixa categoria.

seus próprios: trabalho agradável que exige um maior esforço do que o que você está fazendo.

usar: amigos irão enganá-lo, mas você ganhará na loteria.

uma mulher atraente: você terá um caso com uma aventureira.

BRINDE 01-07-12-13-17-44

brindar em um banquete: perderá pessoa amada ao aceitar nova posição na comunidade.

fazer um durante uma refeição: bom humor com a chegada de notícias inesperadas.

ouvir outras pessoas fazendo: seu entusiasmo excessivo estará livre de constrangimento.

BRINQUEDOS 03-19-34-40-43-46

arma de brinquedo: um ataque malicioso será um golpe em sua reputação.

brincar com: ilumine seus pensamentos para que as ferramentas da criatividade entrem em ação.

comprar: seus planos serão considerados inteligentes no jardim de infância, mas não depois que você se formar.

dar a crianças ou filhos: está agindo de maneira possessiva com os outros.

receber para seus filhos: possui amigos leais e é muito bem quisto.

perder: mude o nome do seu jogo.

BRONQUITE 01-20-24-29-31-33

outros com: obstáculos nos negócios surgem nas suas tentativas de corrigi-los.

parentes com: a ajuda médica necessária será provida.

recuperar-se de: grande prosperidade se você for atrás de seus pontos de vista apenas.

ter: um inimigo busca sua ruína causando uma doença.

BROTOEJAS 13-32-42-45-47-53

crianças com: tem consciência honesta e faz negócios desonestos.

amigo com brotoejas no rosto: deve se valer de recursos estafantes para estabelecer seus direitos.

ter, no corpo: cuidado para não falar de maneira grosseira.

no rosto: receberá visita de alguém que não vê faz muito tempo.

pernas: constrangimento, mas nada muito sério.

BRUXA 04-14-22-24-29-43

esposa, sonhar com: você gostaria que sua esposa se cuidasse melhor e parasse de reclamar.

falar com uma: suas instigações vão retornar a você; conserte o rumo de sua vida.

ficar nervoso por causa de: homem esnobado por paqueras.

ignorar: está sendo observado por alguém com más intenções.

mulher sonhando com: teme que suas atitudes estejam longe da boa educação.

ser: encare seu medo irracional e tente explicá-lo.

ser perseguido por bruxa em uma vassoura: cuidado com intrigas, uma experiência decepcionante.

com varinha: aceite dicas de estranhos até que algo lhe indique o contrário.

ter medo de: abuso de confiança, truque de prestidigitação.

ver uma velha e má: fofoca e escândalos vindos de amiga que está perdendo a beleza.

BUDA 02-20-27-28-39-43

estátua de: você não consegue escapar da influência de alguém.

falando com você: felicidade pura e inesperada que surge da bênção da sabedoria.

rezar para: falta de coragem para expressar seus sentimentos.

sentar-se como: uma orientação espiritual emanará por você.

BUFÊ 25-26-28-37-42-52

com preço fixo: a culpa tem que ser digerida.

comida demais no: você está farto do relacionamento com muita ação e pouca substância.

você não consegue decidir o que comer: a parceria está devorando você.

BULDOGUE 01-03-05-38-45-49

atacando você na rua: envie a interferência subversiva de volta ao seu inimigo.

comprar: você será tentado a cometer perjúrio para proteger os seus anseios.

ter: um grande protetor ajudará sua carreira.

vender os filhotes de: um inimigo está buscando sua ruína por meio de críticas desfavoráveis.

BUQUÊ 05-11-29-31-43-46

dar: a pessoa que você ama é fiel.

de flores murchas: doença seguida de morte.

de flores secas: comemoração do crescimento perpétuo.

entregue a você: por um estranho, seu admirador será revelado.

fazer: você se casará logo.

jogar fora: você será separado de uma pessoa amiga.

lindo: sua autoestima precisa de microgerenciamento.

perder: seu amor não é correspondido.

receber: seus amigos apoiarão você.

BURACO 04-14-19-26-33-45

arrastar-se para dentro de: você terá contato com pessoas indesejáveis.

cair em: seu esforço para prejudicar outra pessoa irá voltar-se contra você.

cerzir: uma antiga divergência precisa ser resolvida.

em suas roupas: suas dívidas precisam ser pagas.

espiar para dentro de: uma parte de você anteriormente desconhecida.

para fora: a armadilha foi armada para uma situação da qual você não pode sair facilmente.

fazer: tenha cautela com a autenticidade da opinião de um estranho.

outros: bons tempos pela frente.

nos seus sapatos: seus problemas não irão embora.

BURRO 10-12-19-24-36-45

alimentar: as pessoas estão rindo da sua estupidez em ajudá-los.

andar de: embora você seja forte, cairá em desgraça.

bater em: notícia desagradável é recebida por chute no traseiro.

carregado: você tem uma atitude tola quanto ao trabalho árduo.

carregar: determinação não se equipara a dinheiro.

castrar: grande desgraça será causada por discussão com melhor amigo.

colocar ferraduras em: futuro trabalho árduo não será fútil, mas desonrará você.

comprar: você está se movendo lentamente por dificuldades inesperadas.

conduzir: o seu bom caráter está sendo explorado por mulheres malignas.

em estábulo: sua falta de moderação e seu menosprezo pelos outros irão arruinar o seu negócio.

filhos sentados em: lisonja fará com que tenha filhos saudáveis e obedientes.

jumenta perseguindo um jumento: estão espalhando um escândalo a seu respeito.

matar: se você deixar de ser burro, terá sua prosperidade.

movendo-se muito devagar: muita segurança pela frente antes das más notícias.

muitos: guarde seu esforço para vários amigos, não para o universo; a sua docilidade não impedirá que a pessoa amada acabe com o relacionamento.

orelhas de: um grande escândalo confrontará sua teimosia.
ouvir zurrar: desgraça e perda de amizade causada por inimigo sem escrúpulos ou decência.
pertencente a outros: seus caprichos serão satisfeitos às custas do trabalho de outra pessoa.
possuir: sua falta de humildade não é nenhuma vantagem durante uma discussão.
selvagem: você não está conduzindo o seu negócio racionalmente.
ser atingido por coice de: infortúnio com a revelação de caso clandestino.
ser atirado de um: briga com a pessoa amada sobre um assunto pessoal que você ocultou.
ser puxado por: você está sendo usado para os objetivos de outra pessoa, não os seus.
vender: o comprador será humilde, mas você terá grande prejuízo no negócio.
ver um morto: o temor de uma traição remitente assombrará você.

BÚSSOLA 01-08-17-20-29-36
caminhar para cada direção de uma: você tem a habilidade de perseverar a despeito de acontecimentos externos hostis.
para o Leste: projetos que existem há muito tempo serão reconhecidos.
para o Norte: sucesso importante a longo prazo em uma direção que você não está tomando.
para o Oeste: você está seguindo novos interesses e iniciativas.
para o Sul: evite ter ciúmes desnecessários do(a) parceiro(a).
perder uma: o rumo da sua vida desapareceu.
segurar uma: a solução deste problema mudará sua vida.
verificar o seu rumo com uma: siga a direção da sua verdadeira autoexpressão.
ponteiro aponta para você: ninguém pode ajudá-lo, exceto você mesmo.

C

CABEÇA 04-05-34-37-40-55
a cabeça de um estrangeiro: você fará uma longa jornada e sofrerá enorme influência de outros.
a própria: você receberá algo bom inesperadamente.
de pessoa morta: você descobrirá o segredo da servidão, dor e tristeza.
de um selvagem: seus desejos fundamentais manterão você pairando no fundo.
dor de: não revele os seus planos de negócios ou eles irão causar grande rebuliço.
esmagar a sua: resolva os conflitos, um passo de cada vez.
grande e redonda: dignidade e estima oriundos de bons negócios.
muitas: você precisa enfrentar a desonra no amor com fortaleza e bom-senso.
pequena: cuidado com aqueles cujo prazer é corroído por motivos ocultos.
pessoa com três cabeças: reputação e dinheiro logo depois que você mudar de profissão.
pessoa doente sonhando com uma cabeça grande: irá melhorar logo se não ficar obcecada com ansiedade.
rachada ou dividida: amargura recente ligada a esperanças frustradas.
segurar a cabeça com as mãos: você terá uma doença mental e subsequente distúrbio nervoso.
sem corpo: uma experiência levemente divertida mostrará ser o seu futuro.

ser capturado por caçador de: cuidado para não se associar com selvagens indisciplinados e rebeldes.

ser careca: você ignorou bons ensinamentos e está com inveja dos cabelos de outra pessoa.

estar ficando: aumenta a estima da sociedade por uma atração que emana de uma fonte interna.

mulher ficando: depois dos cinquenta, quem você é torna-se evidente no seu rosto e não pode ser escondido.

na parte traseira da: suas ideias estão bloqueadas ao público.

no lado esquerdo da: morte de parente que desperdiçava a vida com prazeres ilícitos.

direito: morte de amigo que cometia indiscrições e não voltou às graças por isso.

ter cortada a: confie na sua intuição ou irá fazer novos inimigos.

ao meio: você sairá vencedor em um assunto legal com pessoas poderosas de grande influência.

desconhecido: você derrotará um adversário desconhecido.

galinha: outros irão resolver o que fazer em seguida.

outra pessoa: você superará os amigos em termos de sucesso.

ter uma enxaqueca: seu projeto favorito terá êxito se você seguir seus próprios conselhos.

ter uma redonda: abandone seu envolvimento antes que ele destrua seu coração.

torso sem: probabilidades instáveis servem de base para sua rápida ascensão.

valetes de um olho só de perfil: você está muito preocupado com a sedução.

voltada para as costas: seus truques irrefletidos criarão uma aflição duradoura.

CABELEIREIRO 01-10-22-29-40-44

conversar com: cuidado com as pessoas que você deixa que exerçam influência sobre você.

fazer o cabelo no: adiamento de um bom resultado até que o trabalho esteja terminado.

com amigo: você tem poder para mudar a imagem de um amigo.

homem cortando o cabelo no cabeleireiro: você tem medo da subjugação.

inimigos no: sua imagem está fadada à decepção.

levar sua filha ao: não deixe que ninguém se meta nas brigas dos outros.

mudar o seu estilo: a expressão externa da sua mudança interior.

mulher no: um símbolo do seu nível de atratividade.

permanente: existem repercussões em se repetir uma fofoca escandalosa.

peruca feita por um: suas atitudes falsas colocam você em perigo iminente.

ser: prepare-se e esteja pronto para comparecer a um grande baile.

ter cabelo tingido de castanho avermelhado: um amante renunciará a você por infidelidade.

branco: refreie seu entusiasmo por um amor não correspondido.

com hena: você enfrenta o desprezo da sociedade e a reputação destrutiva do inimigo.

louro: as únicas louras burras são as de farmácia; você não preferiria ser morena?

para cobrir os fios brancos: você gostaria de ser mais atraente sexualmente.

preto: organize para outras pessoas uma festa onde os participantes brincam de detetive.

ruivo: excitante, mas você corre o risco de perder uma amizade.
uma linda mulher ruiva: notícia apaixonada e inesperada equivale a um leve desgosto.
pintando o cabelo de louro: ela manipulará homens novos para realizarem seus caprichos.

CABELO 06-18-22-31-45-54
acariciar: sem querer, você terá o amor e a confiança do companheiro.
alguém puxando o seu: os inimigos estão tentando prejudicar você.
bem cuidado: você teme que possa se contaminar por meio do sexo.
bem penteado: seu progresso será negligenciado por causa da sua perda de fortaleza mental.
caindo: perda de amizade resolverá alguns problemas irritantes.
cortar: você está perdendo a sua reputação imaculada.
as suas tranças: reavalie seus hábitos; exija uma explicação.
cortar bem curto: infelicidade.
cortar na altura do pescoço: livre-se das características que não conseguem lidar com o perigo.
crescendo da extremidade da boca: aceite conselho.
nas costas da mão: você ofenderá a sociedade discriminadora com sua indiscrição.
no rosto de uma mulher: risco de perder uma fortuna; você terá que se sustentar.
crespos: você será hostil e grosseiro até que esteja em companhia da pessoa certa.
negro: você usará seu charme para enganar e ganhar a confiança de alguém; então irá traí-lo.
de outra pessoa: seus assuntos precisam de muita atenção.
de prisioneiros: você alcançará a vitória, e seu inimigo, a vergonha, mas será indiscreto.
descolorir seu: apesar da propaganda dizendo o contrário, os homens ainda preferem as louras.
despenteado: você está tendo relações sexuais sem proteção; você perdeu ou perderá controle do seu futuro.
emaranhado: uma ação judicial demorada será o fim de um mau negócio e um casamento oneroso.
escovar seu: você está recarregando sua energia e centrando seu crescimento.
homem que perdeu todo o seu cabelo: medo de que sua impotência seja revelada ao público.
com pouquíssimo cabelo: você deseja independência dos tabus morais.
cujo cabelo é branco e curto: a sabedoria que só vem com a idade.
cujo cabelo é comprido: falsa dignidade leva à fraqueza de caráter.
cujo cabelo foi raspado à força: você perderá o seu amor por causa de uma mudança repentina que levará a uma promessa de celibato.
mulher: você está se estendendo muito além dos limites normais.
homens sonhando com louras: inversões de inatenção à pessoa inteira.
lavar o seu: salvação de um infortúnio avassalador.
muito curto: suas emoções são controladas demais; isso não reduzirá o tamanho da sua tristeza.
mulher com cabelo dourado: um predador audacioso está à caça; a uma mulher de verdade.
mulher sonhando com: sua personalidade foi superestimada inapropriadamente.
pentear o da pessoa amada: quaisquer problemas sexuais serão resolvidos.

de outra pessoa: um aviso para aqueles que não são amigáveis com aquela pessoa.

pôr uma rede sobre o próprio: você terá uma dor de cabeça terrível, o que significará uma aliança indigna.

queimar: a morte de alguém que você conhece jogará uma cortina sobre suas aspirações.

rabo de cavalo: seus desejos fúteis são temperados com vivacidade e entusiasmo.

rebelde de um agressor: desdém pela reação da sociedade à sua imagem envolve você em problemas.

seu próprio: prosperidade continuada em uma nova esfera da vida.

cortar com uma tesoura: você será convocado para ajudar alguém.

desarrumar: brigas em família são pequenas discussões, se examinadas mais de perto.

ficando ralo ou caindo: você tem tendência a pontas duplas; o seu desdém fará com que perca valioso amante.

lavar: tristeza com acontecimentos terríveis.

levantar: fortifique a sua alma com paciência; conceba os seus esforços com coragem.

preocupar-se, pois o cabelo está ficando branco: separação da família; fim do relacionamento.

satisfação com a aparência do: sua jornada de vida será prazerosa; portanto, feliz.

ter cabelo comprido e bonito: você deseja amante sexualmente vibrante.

à escovinha: sua generosidade com o seu dinheiro, uma vez explorada, leva à frugalidade.

branco: dignidade enquanto o seu físico enfraquece.

muito comprido: grandes esperanças, mas a pessoa amada é casada.

castanho: você será uma pessoa sensual; não importa o preço.

comprido: você receberá algo importante.

até o chão: a covardia e a fraqueza do companheiro estão enganando você.

do maestro: aqueles com muito cabelo enganarão você.

louro: prossiga com a tarefa onerosa de provar que você não é estúpido.

preto: um antigo relacionamento será renovado em um acidente de carro.

ruivo: você está contando uma mentira pelo direito de agir de acordo com sua própria moralidade ou imoralidade.

um punhado de: você ficará pobre por ser generoso demais com amigos irritantes.

ter caspa: apague ofensas antigas antes de abordar outra pessoa.

ter dificuldade para soltar o cabelo: você enfatiza seu intelecto para esconder suas emoções.

tornando-se cinzento: você precisa enfrentar dificuldades na escolha de parceiro.

comparar cabelo escuro com: para manter sua juventude, você precisa escolher um caminho; um deles fará você envelhecer mais rápido.

estar na companhia de pessoa com: amor depois de muitas rejeições.

trançar seu: você romantizou em excesso o seu caso.

desfazer a trança: comece sua nova aventura no mundo feminino.

usar coque: restringido de relações mútuas.

CABRAS 00-11-22-33-44-55

arrebanhar: você irá escalar um trecho perigoso.

beber leite de: você se casará por dinheiro e atingirá a saúde plena.
bode: fique alerta e escute cuidadosamente o rebanho.
bode lutando: sua teimosia está tornando outra pessoa infeliz.
branca: a sorte de conhecer pessoas importantes será muito irregular.
brincando: sua agressividade diminui sua credibilidade.
cabra: você superará os inimigos com cuidado e prudência.
cabrito: resistência a um deus ao qual tem que ser sacrificado.
chifres de: perda de dinheiro causada pelo jogo.
com manchas brancas e pretas: seja cauteloso no seu apetite pelo prazer e pelo poder.
escutar: as reclamações desnecessárias dos outros cercam você.
levar chifrada no traseiro: você pode ser convencido de qualquer coisa, sem problema algum.
manter em um curral: você não consegue conter o arrebatamento da natureza sem repercussões.
matar: pare de resistir ao progresso; faça sua opção.
muitas: habilidade destemida de aceitar quase tudo.
ordenhada: a modéstia lhe cai bem; a humildade é uma coisa forçada.
possuir muitas: abundância e riqueza oriundos de investimentos vigorosos.
preta: amigos nos quais não se pode confiar pressagiam o seu fracasso.
ser: realização de um sonho de sexualidade desenfreada.
ser bode expiatório: você está buscando alguém para carregar o seu fardo.
sonhar com: a adversidade será superada por meio dos poderes da paciência.

CAÇAR 08-11-14-18-28-48

alce: você terá uma influência apavorante sobre as mulheres, acarretando intrigas.
animais grandes: você está gerando prosperidade do resíduo de animais destruídos.
animais pequenos: ciúme, ressentimento e intrigas mesquinhas.
chamariz: fraude da parte de uma pessoa pela qual você nutre afeição.
de verdade: você está lutando pela glória que não pode conseguir.
ir caçar: amigos acusarão você de um comportamento impróprio.
mudar de área de caça: êxito em criar quando você mudar de local.
muitas pessoas caçando: seus esforços são fracos demais para vencer obstáculos; você será vítima de calúnias.
mulheres caçando: para você, as mulheres não são companheiras, são presas.
não encontrar um determinado animal durante a caça: fracasso dos seus próprios desejos de encontrar a verdade.
participar de um grupo de caçadores: intrigas envolvendo uma pessoa que não admite ou aprecia o seu amor.
raposa: você irá superar as dificuldades da falta de confiança em um parceiro próximo.
voltar de viagem de caça: você está preocupado com as responsabilidades deixadas para trás.

CACATUA 04-06-13-30-32-34

comprar uma: você discutirá com os amigos.
manter em uma gaiola: você perceberá a própria indiscrição.
ouvir uma falando: um amigo falso está por perto.
sonhar com: o descobrimento de um segredo.

CACHIMBO 07-09-10-16-17-36
apagar um: perderá amigo próximo.
comprar um: você deseja aliviar o peso de suas labutas adquirindo todo tipo de conforto e conveniência.
dar de presente: progresso nos negócios.
ganhar: progresso nos negócios caso você mantenha abertas as linhas de comunicação.
de madeira: discórdias devido a hábitos extravagantes e autoindulgentes.
encher um: uma postura discordante deverá ser confrontada em determinado momento.
fumar um: uma visita trará grande satisfação.
outra pessoa: recue de situações egocêntricas.
sujo: será publicamente repreendido por uma indiscrição.
ter vários: a contemplação do conhecimento traz enorme paz de espírito.
tubulações: serviço para sua comunidade por meio de atitudes inovadoras.

CACHOEIRA 03-11-27-35-38-42
com água barrenta: está liberando emoções reprimidas com um baque contínuo.
com água clara correndo facilmente: aguarde a felicidade doméstica de uma vida de fartura.
água turva e correndo com dificuldade: você foi levado por eventos além de sua escolha.
limpa: fluxo contínuo de atividades.
sonhar com: sua paciência e tolerância serão necessárias quando for convidado a um lugar de entretenimento.
tirar água de uma: virada social excitante.
ver uma, com outras pessoas: tem gente de olho em você para descobrir alguma hipocrisia em sua natureza sensata.

CACHORRO 04-21-26-31-34-45
acariciar: você está reprimindo impulsos sexuais, transferindo-os para um amante incondicional.
pequeno: seu namorado não merece o seu amor.
alemão: você se apaixonará profundamente.
amigável: tudo ficará bem se você cuidar das necessidades básicas.
arnês para: uma apresentação levará a uma amizade, negócios lucrativos e diversão.
baba branca saindo da boca de: você não está preparado para cumprir com as responsabilidades da sua posição.
bastardo: fidelidade entre amantes; obstinação no relacionamento.
brigando com um gato: briga com vizinho pela frente.
brigando: cuidado com ladrões perdendo o controle.
brincando com um gato: doença que se espalhou entre seus filhos causa grandes brigas para ver quem consegue mais atenção e amor.
brincando juntos: você está voltando à infância, com amigos fiéis e aventuras.
buldogue: você expressará hostilidade com namoradas; há coisas que é melhor não dizer.
cabeça de: uma falsidade revelada arruinará seu futuro feliz.
canil cheio: não enfrente a situação sozinho para evitar brigas; vá aonde foi convidado.
cão da montanha: você terá amigos leais.
cão de caça: um estranho tentará você com o que pode causar a sua ruína.
cão de cego: provável perda repentina de liberdade em uma longa separação dos amigos.
cão de corrida: perda de uma ação na justiça quando você tenta lidar com

muitos lados dos negócios ao mesmo tempo.

cão de guarda: uma situação desconcertante dará uma virada em seu benefício.

cão pastor: você irá se deparar com a mentira no seu caminho para revelar uma fraude.

cão policial: agressão redirecionada para ações positivas.

cão vigia: cordeiros inocentes serão vítimas de outros se insinuando para dentro de suas vidas.

branco: sua prosperidade se tornará verdade em breve.

castrar: sua natureza obstinada está dificultando sua vida.

causando destruição: seus esforços árduos irão forçar alianças tensas.

cinzento: um amigo fiel está sempre por perto.

colocar focinheira em: uma medida de segurança para protegê-lo dos instintos básicos de sobrevivência.

com raiva: você terá sucesso em superar tendências malignas.

atacando você: um adversário inesperado está compensando você às escondidas.

com sarna: os assuntos sociais frustram os assuntos físicos.

de outros: advertência de problemas das pessoas que demonstram hostilidade e disposição para brigar.

e grande: um momento inoportuno para fazer negócios com parceiros prudentes e compassivos.

desamarrar: um casamento acontecerá.

dormir com: você não precisa ter receios; ele acordará ao primeiro cheiro de ataque.

falar com: você está farejando a caça pelos meios sociáveis.

feliz: você está à mercê de inimigos ardilosos; leve seu cachorro ao veterinário.

filhote bonito: você receberá visitante indesejado levando bens ilícitos.

galgo: você será seduzido.

ganindo: perigo iminente, pois alguém o está subjugando a fim de ganhar acesso a você.

inamistoso: você receberá ajuda de uma pessoa amiga quanto a companheiro briguento.

inglês: você receberá convite para uma festa de pessoas muito ricas.

latindo: cuidado com as brigas, faça amigos de seus inimigos.

para amigos: aguarde acontecimentos agradáveis causados pela ação de pessoa amiga.

para você em uma árvore: uma pessoa que grita ameaça você com raiva.

levar susto de um furioso: você terá um caso com alguém possuidor de uma mente intensa.

macho brincando com fêmea: os apetites são saciados com prazeres irrestritos e exagerados.

acasalando: a realização de todos os desejos; os amantes estão traindo um ao outro.

marrom: alguém não confia em você.

mencionado em A Divina Comédia *de Dante Alighieri*: você fará uma jornada e se elevará sobre a mediocridade.

mordendo pessoas: você está no limite dos seus recursos; leve seu cachorro para uma escola de obediência.

ninhada de: você tem muitos talentos, mas precisa escolher um e fazer uso dele.

o mais fraco da ninhada: você precisa se esforçar mais que os outros para mostrar quem é.

orelhas de: honestidade entre marido e mulher ou uma tragédia terrível irá acontecer.

ouvir latidos: conselho instintivo de amigos deveria ser seguido.

peludo e não escovado: uma mísera herança e uma vida árdua.

pequeno: você é muito exigente e fútil com a sua necessidade constante de prazer.

pequinês: seus vizinhos reclamam da sua tagarelice constante.

perdido: a lealdade tem que ser merecida; de outro modo, a tentação irá levá-la embora.

perdigueiro: um antigo amor ainda persegue você com a revelação de conexões ilícitas.

pessoa solteira sonhando com: você será seduzido e se tornará egoísta e intolerante.

poodle francês: você está vestida e maquiada bem demais para a ocasião.

possuir: uma acusação injusta será usada para implicar você em um escândalo.

preto: cuidado com amigos nos quais não se deve necessariamente confiar.

protegendo uma pessoa ferida: aventuras amorosas serão inúteis se você estiver exausto.

pug gordinho e asmático: você fará amizade com alguém furioso e de idade incerta, considerado um milagre médico.

que baba: prosperidade até o limite da sua tolerância; sorte e vários favores.

rasgando roupas: fofoca dentro de sua própria família assegurará infortúnio imutável.

rosnando para você: encontro com alguém que você não gosta por motivos desconhecidos.

sendo espancado: você está cercado pela fidelidade; concentre suas energias e seja leal a elas.

ser atacado por: você se sente ameaçado; seus próprios impulsos animais irão dominar você.

perseguido por: aqueles que você considera serem seus inferiores estão perturbando você.

ser mordido por cachorro louco: destrua a ameaça de seus inimigos antes que ela possa ser ativada.

matar: você está à beira da loucura e não quer que os outros mencionem o fato.

ser mordido: você será enganado por alguém em quem confia e que manchará sua reputação.

por um poodle: veja mais que a aparência de alguém antes de agir.

seu latido: pense bem antes de agir quanto à sua agressão enfurecida.

spaniel enfiando as orelhas caídas na comida: um relacionamento no trabalho é imprudente.

ter hidrofobia: vigie seus tesouros; seus amigos não irão proteger você totalmente.

traseiro de um: em breve você receberá a visita de ladrões, parte de um esforço desesperado para derrubar você.

trela se partindo: acontecimentos imprevisíveis na sua vida amorosa; animação fora do comum nos negócios.

triste: medo de perseguição e maus-tratos.

uivando: você receberá notícias sobre a tristeza e a dor de outra pessoa.

valente: um guia ao seu inconsciente, pessoal e coletivo.

vários latidos: riscos em acompanhar a multidão é fundamental para o resultado.

vários: você está seguindo a multidão apesar de seus receios.

CACHOS 07-21-23-42-44-48

cachear os próprios cabelos: um novo ambiente e momentos melhores em vista.

cortar os de outra pessoa: alguém quer que você suma.

enrolar os cabelos: perda de uma pessoa amiga.

escuros: você foi absolvido da culpa por confessor antagonista.

fazer nos cabelos da filha: você mostrará grande amor maternal.

homem sonhando com alguém cacheando cabelos: a esposa dele é infiel.

muitos: a vida amorosa está confusa.

mulher sonhando estar cacheando os cabelos dela: dependente demais do seu parceiro.

outros fazendo os seus: momento conveniente para insistir no cortejo.

pessoas cortando o cabelo de outros: uma pessoa amiga que confia em você confessará um caso secreto de amor.

ter: mudança completa nos seus negócios.

pessoas com: você terá dor emocional.

CACTO 09-14-23-24-27-28

comprar: beleza nascendo de uma série de coisas negativas tem repercussões comoventes.

espetar-se em: seus atos irrefletidos causam dano.

pessoas se espetando em: sua irritação isolou você.

pequeno: sua sovinice causa danos a outros.

regar: sua generosidade está sendo desperdiçada com falsos amigos.

CADÁVER 06-12-27-30-36-41

arrastar uma mala com: sua consciência está ficando pesada.

caminhando: irão pedir que faça uma tarefa desagradável e você morrerá prematuramente.

de outra pessoa: desejo de tirar essa pessoa e a amargura dela da sua vida.

de parente: medo de que você esteja perdendo o controle do seu caso de amor.

de um animal: você precisa enfrentar o fato de que o atual projeto é um beco sem saída.

dissecar: deixe os velhos costumes enterrados.

em rigor mortis: o medo blindou você contra seus próprios sentimentos.

em um necrotério: a morte de um casamento que você não quer.

na água: você anseia pela morte para fugir de uma perspectiva mental intolerável.

putrefazendo-se: outros estão ofendidos com sua negligência com a saúde.

sendo baixado em uma sepultura: percepção da mortalidade e da redução das funções do corpo.

vários: você sente o perigo da morte vindo daqueles aos quais prejudicou.

ver a si mesmo como um: um pedido de desculpas vindo de alguém que cometeu uma enorme injustiça com você no passado.

vestido: problemas antigos podem ser resolvidos apesar de um amigo que causará decepção.

CADEADO 05-14-30-32-35-36

aberto: momento adequado para cortejar.

abrir um: frustração de ambições levando ao extremo da insatisfação.

homem: está flertando com várias mulheres.

mulheres: será infiel ao homem que lhe ama.

não conseguir abrir: uma solução pode ser encontrada ao abordar o problema pelos flancos

fechar um: sua má vontade de participar das coisas por inteiro lhe levará ao fracasso.

ter a chave para o: evite qualquer tipo de especulação.

achar: vai sobreviver a seus problemas.

perder: cuidado com assuntos de dinheiro.

CADEIA (cárcere) 01-02-04-21-25-38

estar na: você ressente estar sendo afastado de seus impulsos criminosos por outras pessoas.

a pessoa amada: constrangimento e decepção com o caráter da pessoa amada.

amigos: você gostaria de ser responsável pelos atos de uma determinada pessoa.

por causa de uma injustiça: você será pego em uma mentira pequena, que se tornará uma mentira grande.

durante muito tempo: você se prende a um relacionamento que parece uma prisão.

em uma escura: examine bem os negócios antes de se envolver e ter de responder por eles.

inimigos: prosperidade de pouca duração oriunda de um favor seu concedido com relutância.

mulher sonhando com: você irá enfrentar muito sofrimento causado por uma fonte desconhecida.

prisão perpétua: você responderá às críticas do seu chefe por ficar bêbado.

ser carcereiro: mantenha um impulso imoral ou impróprio sob controle.

ser imediatamente libertado da: você está correndo risco de contrair uma doença infecciosa.

CADEIRA 12-14-15-19-40-44

banquinho: nova amizade se você conseguir expor as suas ansiedades reprimidas.

colocar tachinha para alguém sentar-se nela: um grave erro de julgamento refletirá em você.

de praia: a sua fraude foi descoberta.

desgastada: o seu sistema imunológico não pode lutar contra aflições emocionais.

dormindo em: você ficou tempo demais.

estar em uma movida por outros: você não conseguirá cumprir uma tarefa importante.

estofada: melhore a sua casa com o seu aumento.

levantar-se de: você está confiando o seu poder a outra pessoa.

na cabeceira da mesa: suas atitudes estabelecem se é hora de você liderar.

ocupar cadeira da cabeceira em mesa de reunião: a confiança de outra pessoa em seu julgamento irá lhe trazer reconhecimento.

poltrona: você receberá notícias de negociações a seu favor.

confortável: você precisa superar a sua preguiça natural.

estar sentado em: outros terão grande respeito por você.

outros: convidado indesejável virá visitar você.

muitas: honra e dignidade em sua perspectiva otimista.

vazia: você receberá notícias de uma pessoa amiga ausente.

sentar-se em: alívio de adversidade graças aos seus próprios atos sensatos.

ser fabricante de: o trabalho não exige muito, mas as suas preocupações sim.

CADEIRA DE BALANÇO 18-27-28-29-31-35

comprar uma: sua vida pessoal precisa descansar das extravagâncias.

crianças brincando em uma: dinheiro chegando.

sentar-se em uma: confronto com obstáculo intransponível.

vazia balançando: morte na família.

vender: passará a participar ativamente.

CADERNO 01-19-21-40-41-42

anotar algo em um: um colega vai lhe surpreender com anotações detalhadas.

ler seu: recue, ouça e não reaja ao encontro que lhe perturba.

de outros: um fato importante ficou de fora da proposta.

perder seu: guarde cópias à parte de todas as informações importantes.

CADETES 07-15-26-30-32-35

em academia: alguém ameaçará você.

indo para casa: você precisa se preparar para oportunidades em uma cidade no exterior.

parente sendo: você receberá a notícia do nascimento de uma criança.

se formando: uma mulher trairá você.

sonhar com: trabalho árduo pela frente.

treinando: você está prestes a conseguir um cargo soberbo e bem pago.

CÃES DE CAÇA 01-09-28-30-32-45

em ação: você terá sorte e prosperidade sem envolvimento emocional.

montado seguindo os: aproveite bem o seu tempo de lazer.

ser perseguido por pessoas: se você afrouxar o passo, sofrerá uma pane.

possuir: o êxito virá depois de muita luta.

sabujo: uma pessoa amiga fiel buscará sua felicidade e prosperidade, mas existe um limite.

seguir: outros estão fazendo a mesma pesquisa; experimente outro caminho.

CAFÉ 12-20-28-32-35-42

beber expresso forte: você precisa de um impulso adicional de energia para completar o projeto.

beber sozinho: os amigos estão fofocando a seu respeito.

borra de: felicidade interrompida por doença.

cafeteira nova: você mudará de residência.

cafeteria: o ritual social enganará você.

comer em uma: você tem uma dor causada pelo mal escondido em seu estômago.

ser garçom em uma: você está servindo comida saborosa para pessoas detestáveis.

cliente: uma pessoa amiga está fazendo esforço demais.

comprar: você terá uma excelente reputação nos negócios.

doce: a sua natureza empática e cooperativa anseia por afeição.

estar em cafeteria com pessoas boas: seus amigos admiram você.

com estranhos: alguém conspira para ganhar as suas posses.

fazer: você está obtendo o que quer, não o que precisa.

fervendo: aflições emocionais por buscar coisas além do limite.

moedor de: evite fofoca mudando o seu comportamento.

moer: você superará obstáculos usando discrição.

moinho de: cuidado com qualquer passo em falso que possa dar uma vantagem aos seus inimigos.

plantar: ganhos financeiros por meio de crédito substancial.

pôr em uma xícara: a segurança está próxima.

queimando: problemas na família podem ser evitados com uma visita ou um telefonema.
ser funcionário em cafeteria: sua independência está em risco.
torrar: você está se preparando para dar afeição a um visitante.
vender: espere prejuízos.

CAFÉ DA MANHÃ 07-17-21-37-47-48
preparar: tristeza e doença causarão mudanças favoráveis.
tomar na casa de outra pessoa: você fará uma viagem em breve, vá mais devagar e tenha cuidado.
acompanhado: a armadilha está preparada para você cair, desmistifique a ilusão.
em uma cafeteira: você realizará façanhas apressadas, mas propícias.
sozinho: um erro precipitado será cometido.

CAFETERIA 14-20-24-33-45-48
comer bolo em: você pode fazer o que quiser.
discutir filosofia em: a sua filosofia de vida está sendo contestada.
fazer um intervalo para o café em: sua busca por conhecimento precisa de um descanso.
observar a calçada de: você perdeu seu rumo.
pedir um outro café expresso em: acabe com seu vício em café.

CAIR 03-04-13-28-35-46
amigos caindo: medo de ser enganado acabará causando isso.
ato físico de: senso de volta à realidade depois de uma viagem de fantasia.
da beira de um penhasco: a posição que você alcançou precisa de contato humano básico.
de um telhado: seu equilíbrio mental se foi.
de uma escada: um passo errado não significa fracasso; tente novamente.
do espaço sideral: desejo não realizado de apoio e afeição.
em um buraco negro: você é altamente sensível ao seu ambiente.
sobre os rochedos: um obstáculo está impedindo a sua apresentação.
água: busque conhecimento espiritual agora.
de brinquedo de parque de diversões: desfrute da luta da mesma forma que desfruta da solução.
de um lugar alto: você está se sentindo emocionalmente fora de controle agora que o medo justificado está ausente.
de uma ponte: você afundará tão profundamente quanto maiores forem suas euforias.
um lugar não tão alto: falta de apoio fará com que você acione a sua verdadeira força.
e ferir-se: você passará por dificuldades por ter perdido a estima dos amigos.
e ficar assustado: você experimentará um sentimento obscuro por um lapso moral.
e levantar-se outra vez: você fica vivenciando o ato inacabado até que o complete.
morrer: peça a uma pessoa amiga para subsidiar o seu projeto, mas não para fracassar em seu lugar.
e machucar-se: perdas financeiras iminentes se você repetir os mesmos erros.
filhos: você fará um movimento errado; adie sua decisão.
em cima de alguma coisa: largue aquele objeto ou situação sobre a qual você perdeu controle.

em cova no cemitério: você perdeu seu senso de valor próprio e equilíbrio mental.
em uma vala: salve a sua reputação da sua opinião pouco favorável sobre si mesmo.
filhos caindo: conte com a parada respiratória até ter certeza que a criança está bem.
inimigos caindo: não revele a ninguém o seu medo secreto de não estar no controle.
na água: risco de que um desejo de morte para o seu inimigo se realize.
no chão: você está sob ameaça do perigo do isolamento completo.
no mar: você ficará doente até que se dedique à cura da sua mente.
no mar e acordar assustado: perda de fé em si mesmo.
outros caindo: um desmascaramento oportuno de seus inimigos quando você sofre uma queda às custas deles.
parentes caindo: perda de estima ante aqueles que você ama e respeita.
sem se ferir: você será vitorioso nas suas lutas, e as dificuldades se tornarão preocupação.
ser atirado no mar pelos inimigos: você será perseguido devido à perda de autocontrole.
tropeçar e: você depositou um valor destorcido em uma oportunidade de problemas.
sem: você pode corrigir uma situação complicada se voltar mais gentilmente todas as noites.

CAIXA 02-19-21-24-25-41
aberta: alguém quer roubar de você.
abrir: você fará uma viagem agradável.
admirar: deixe sua juventude somente na lembrança.
amarrar uma: você está colocando a vida em ordem.
caixa-forte: você será enganado, e a verdade lhe será negada.
roubar: você perderá toda sua fortuna por causa da ganância de desejar a parte do outro também.
cheia: o jogo da proposta de casamento começou.
de esmola da igreja: você terá tristeza e decepção no trabalho.
de Pandora: o mal será solto sobre o mundo.
de papelão: uma proteção limitada contra o risco.
engradado: seu desejo de se encher com emoções positivas conduz você.
enterrar propriedade roubada em uma: você será responsabilizado por circunstâncias sobre as quais não tem controle.
estar dentro de: não escolha uma ação, faça ambas.
fechada: os segredos de uma outra pessoa prejudicarão você.
com a chave: você está ansioso demais para descobrir os segredos dos outros.
receber uma de formato intrincado: este relacionamento vale o esforço.
ter: o negócio fracassará sem bom-senso.
vazia: planos serão transtornados por intenções conflitantes.
vazia: você tem dificuldade para ganhar o que considera um salário digno.

CAIXA REGISTRADORA 18-22-28-40-44-49
cheia de dinheiro: expectativas favoráveis.
com gaveta vazia: você tem uma ajuda desobediente.
cheia: você fará negócios com um homem de negócios rico.
homem sonhando tirar dinheiro de: ele se apaixonará por uma linda mulher.

mulher sonhando tirar dinheiro de: ela irá se casar com um homem rico.
observar: a liberdade de desejar que a abundância de dinheiro pode propiciar.
roubar dinheiro da: sua trapaça trará bens materiais, mas fará perder um amigo.
sonhar com: a falsidade da sua benevolência efusiva será revelada.
trabalhar com: amigos veem você como um mercenário insensível.
várias em um banco: você está gastando dinheiro emprestado de várias fontes.
vazia: você receberá uma mísera compensação por trabalhos passados.

CAIXÃO 07-16-26-35-38-45
amigo deitado em: você receberá promoção por causa dos erros de outra pessoa.
de outra pessoa: uma herança pode estar inevitavelmente perdida.
do chefe da família: você tem que lidar com disputas quanto ao testamento.
elaborado: a morte de um parceiro, o nascimento de outro.
estar deitado em: quebrar um compromisso trará um fim triunfante às esperanças.
estar em: estado anestesiado, sem ânimo.
amigo no: doença séria de uma pessoa amiga muito querida que irá encerrar uma etapa da sua vida.
ser baixado em uma sepultura: a sua autoexpressão física está limitada.
muitos: você terá grandes dívidas com amores que não deram certo e com os quais você falhou.
parentes deitados em: você receberá uma herança às custas da tristeza de outra pessoa.
pessoa morta em: desperdícios financeiros de uma situação que se deteriora.
roubar um: você tem vergonha de ter recebido uma fortuna.
sendo baixado: mudanças que você não tem poder para evitar estão próximas.
seu próprio: alguém está tentando trapacear você.
sonhar com: você se casará em breve e terá a sua própria casa com água no porão.
vazio: você viverá até uma idade bem madura.

CALÇADA 06-37-38-41-46-48
à esquerda: tempos difíceis pela frente; anarquia sinistra e agourenta.
caminhar com companheiro em uma: será convidado para um casamento.
direita: bons tempos a caminho; talento e habilidade levando à maestria.
cair em uma: você tende a ser mal-humorado, o que atrapalha sua concentração.
crianças caminhando em: prosperidade se você evitar as fendas.
estar com pessoa amada em uma: você vai discutir por causa de amor e fazer as pazes em harmonia.

CALÇAS 05-12-17-19-36-45
comprar: sua vida está seguindo na direção desejada.
de homem: vencerá competição, a despeito das imprudências de seus oponentes.
de mulher: você não se torna igual a uma pessoa ao fazer o que ela faz.
de operário e suja: dias melhores não virão no futuro; eles estão acontecendo *agora*.
jogar fora: as roupas não fazem a pessoa.
lavar a seco: sua autoconfiança garante seus lucros.
lavar as: suas crenças não lhe são dignas.

mulheres usando pantalonas: você construiu um irresistível apego.
perder as: a indignação das pessoas para com você é resultado de fofocas sem fundamento.
sonhar com: tende a falar demais e dizer o que não quer.
tirar as suas: cometeu indiscrições com suas atitudes e seu inconformismo.
um furo em sua: flerte com mulher casada que talvez nunca seja descoberto.
usar calças apertadas: não empreste dinheiro do qual não pode abrir mão.
usar: divida o controle da família e da paz.

CALCULAR 13-25-34-35-45-47
outros calculando para você: um pedido de ajuda atrairá novos inimigos.
ter calculado: a solução está em usar sua cabeça.
erroneamente: danos nos negócios contribuem para sua severa autocrítica.
gastos: aguarde más notícias a respeito de negócios; outros vivendo às suas custas.
outras coisas: novos conhecidos irão manipular você.
um problema: hábito de gastar frugalmente é necessário para resolver seu dilema.

CALDO 02-20-29-32-35-37
beber: negócios irão prosperar por meio do apoio de amigos.
dar a uma pessoa doente: muito dinheiro.
derramar na roupa: uma grande honraria será recebida.
ferver: casamento.

CALEIDOSCÓPIO 01-17-23-33-37-42
manusear um: integre o seu eu interior e o exterior com um novo guarda-roupa.
outros: as cores escolhidas refletem cada parte da sua personalidade.
perder fragmentos coloridos de vidro de um: partes da charada da sua vida inteira.
sonhar com um: você terá grande prosperidade.

CALENDÁRIO 03-11-25-26-31-32
arrancar fora as folhas de: o tempo está passando mais rápido do que você pensa.
comprar: arranje tempo para visitar os amigos.
jogar um fora: depois de um período de reveses, sua situação irá melhorar.
preocupar-se com uma data: agora é o momento certo para tomar decisões precipitadas.
sonhar com: você tende a ser muito impaciente e perder o presente.

CÁLICE 07-29-41-40-44-49
beber de: não reaja, prossiga com calma; existem falhas sérias no seu entretenimento.
quebrar um: decepção em alguma esperança almejada.
segurar com as duas mãos: a sua alma falou, obedeça-a.

CALIGRAFIA 02-06-12-13-18-24
de outros: você precisará de ajuda para decifrar documentos legais.
escrever um discurso a mão: o seu oponente aumentará suas palavras para subir nas pesquisas.
letra: aja imediatamente ao ver parentes mais velhos.
letras em uma parede: você descobrirá a verdade e subirá de posição.
ver letras em um papel: você inventará desculpas para outras pessoas, mas não por elas.

CALMA 02-04-13-14-24-29
acalmar a si mesmo numa situação estressante: você precisa ser imperturbável para acalmar os nervos.

amigo: um final feliz para um empreendimento duvidoso.
depois da tempestade: um período de graça seguido por uma emboscada.
parente calmo: você perdeu o respeito dos amigos.

CALOR 18-24-26-35-45-55
comprar um aquecedor novo: você tende à leviandade quanto à sua fisiologia.
acender um: grandes tensões são temporárias; promoção no emprego.
apagar um: peça desculpas por comentários inadequados.
estar em lugar muito aquecido: uma imaginação profunda com emoções transitórias.
estar muito quente: seu corpo está reagindo aos sintomas físicos perturbadores.
ter calor no seu rosto: os amigos estão deixando a imaginação negativa deles sair do controle.
ter insolação: você não tem vontade de se preocupar com os esforços de outras.

CAMA 07-18-19-23-36-46
arrumada: seu coração ficará satisfeito com um novo amor.
bagunçada: você descobrirá segredos, mas não os revelará.
bebê na: alguém com más intenções está observando você.
branca imaculada: paz.
com quatro colunas: comportamento particular precisa fazer um intervalo para olhar para si mesmo.
crianças indo para: você deseja fugir para o mundo dos sonhos.
fazendo xixi na: a fonte da ansiedade é doméstica.
de campanha: você irá bem para o interior para poder se dar ao luxo de comprar imóvel.
descansar confortavelmente em sua própria: você terá segurança e amor.
em chamas: os segredos divulgados trarão prosperidade.
sua própria, mas você sai ileso: tragédia irá interferir na rotina diária.
em um quarto de hotel: visitas inesperadas em momentos inoportunos.
estar doente em uma: doença terá complicações.
estar em cama estranha: você vencerá uma pessoa que no passado não foi amigável.
estranho na sua: infidelidade matrimonial.
fazer a: mudança de residência causada por mudança em relacionamento.
ficar por um longo tempo: você não está querendo aceitar que o relacionamento acabou.
levantar da: doença causada pela perda de intimidade.
pessoas idosas indo para: pessoas amigas falecidas estão por perto.
sem conseguir dormir: não confie muito na sua rejeição dos sonhos.
sentado na própria: começo de conexão alma-com-alma de um casamento anterior.
sob as estrelas: possibilidades futuras são infinitas.
vazia: você vencerá uma pessoa que, no passado, foi indiferente a você.
ver a si mesmo em uma: você precisa de solidão para a sua saúde.
ver manchada: pessoas negativas ao seu redor.

CAMAFEU 08-34-40-41-44-47
comprar: uma ocasião triste dominará os seus interesses.
ter: promoção nos seus próprios negócios se tornará desagradável.
perder: a morte exigirá sua atenção.
sonhar com: você receberá muita consideração dos outros.

receber um de presente: você irá se recuperar de uma doença.

CAMALEÃO 23-26-29-34-40-47

disparando: volte e enfrente sua indecisão.

oculto em um galho: sua adaptação em prover ajuda quando e onde necessária.

trocando de cor: sua inconstância impede o seu progresso.

pele: mudar os valores para se adaptar à situação leva à confusão.

CAMARÃO 01-10-17-20-28-45

comer: desonra de pessoas altamente respeitadas, das quais você depende.

cozinhar: morte de amigo por superexposição.

cru: uma negociação ruim será retificada.

lagostim, cozido: decepção devido ao mau julgamento em questões amorosas.

pescar: você será objeto de grande honra.

CAMELO 08-26-34-36-37-44

comprar: você deseja pagar outros para assumir suas obrigações.

em uma caravana: sua viagem pela vida será uma série de solavancos.

levando uma carga: sua raiva quanto à sua herança desprezível priva você de energia.

mastigando: você precisa de paciência e perseverança para aumentar sua energia.

imaginar um: problemas antigos causados pela sua obediência cega irão voltar.

carregado de mercadorias: você precisa suportar um grande fardo até que cada obstáculo seja transposto.

ajoelhando-se: ao iluminar sua carga, você ficará sem sustento espiritual.

muitos: grandes lucros se você reservar dinheiro para os tempos difíceis.

caravana em um oásis: você irá se recuperar da doença, contrariando todas as expectativas.

sonhar com: você terá obstáculos e uma angústia intolerável para superar.

andar de: você será rico por meio da sua paciência.

sentado em: a modéstia e a moderação governam suas ações bem-sucedidas.

CÂMERA 14-19-21-24-28-31

comprar uma: tentativa de recapturar momentos passageiros para vivenciá-los repetidamente.

olhar dentro de uma: uma amizade antiga enganará você em breve.

receber uma de presente: problemas no amor sujeitarão você a uma grande decepção.

ser um cameraman: acompanhe o movimento, passe o filme de novo para aprender a lição.

ter uma: você receberá notícias desagradáveis das imagens gravadas.

tirar fotos: acontecimento desagradável ainda não foi percebido.

CAMINHÃO 02-20-23-25-35-49

dirigir um: sua vida inteira está em movimento.

uma picape: esteja alerta contra fofocas maliciosas.

van: está escondendo seus talentos detrás de janelas escurecidas.

estar em um: dificuldade de manobrar a própria vida amorosa.

levando carga: entulho é lixo inútil.

na estrada de ferro: período adequado para galanteios.

rebocando um trailer: teste todos os encargos e descarte cuidadosamente a bagagem indesejável.

CAMINHAR 11-23-25-26-33-35

à noite: irritação por ser perturbado, seja no plano real ou no imaginário.

atrás de rivais: reprograme sua agenda para conseguir uma forma diferente de transporte.
com leveza: conselho de alguém lhe trará lucros.
com muletas: perda no jogo.
comprar uma bengala para: resolva os assuntos prementes com mais cuidado.
aguentar o peso sobre uma: será ajudado em sua prosperidade.
outros: levará um tapa de alguém em uma disputa.
de trás para frente: perda financeira devido à dívida antiga que segue sem ser paga.
em ruas enlameadas: só superará as dificuldades com trabalho duro.
em ziguezague: a oposição pode ficar incontestada depois de você.
lentamente: a desgraça se dissolve e se transforma em contentamento tranquilo.
mancando: batalhas e complicações tornam o avanço perigoso.
na água: está no controle de seu triunfo e sucesso.
para frente: mudança de sorte que trará grandes lucros.
pesadamente: fará amizade com um cientista e seguirá cuidadosamente sua pesquisa.
por um canal seco: sua insegurança é causada por pessoas trabalhando contra você.
rapidamente: precisa ter mais entusiasmo por suas vitórias.
sobre algo em chamas: o limite de seus pés será testado.
sobre cascalho: se não levar tudo nas rédeas, sofrerá.

CAMINHO 04-10-27-38-42-51
andar por um, amplo e reto: pensamentos ocultos trazem infelicidade; tome uma atitude em relação a eles.
difícil: constrangimento se não reconsiderar os assuntos do dia.
estreito: adversidade se você se desgarrar de seus ideais.
longo: tome a rota da menor resistência.
seguir por um, com alguém: um evento insignificante vai lhe encantar.
tranquilamente por um: seus interesses florescerão com claridade de pensamento.
duas pessoas que se amam seguindo por um: vai conhecer e ignorar pessoa importante.
moça, com namorado: terá pequena perda de importância se casar com homem rico.
mulher casada, com marido: terá encontro amoroso e se separará do marido.
encontrar obstáculos ao longo do: com grande esforço, terá sucesso.
perder-se em um: uma situação na qual você parece ridículo; recue e recomece.

CAMISA 02-08-25-42-46-48
botão faltando em: seu erro de omissão será exposto.
comprar: vão lhe contar muitas mentiras.
lavar uma: seu sistema nervoso central precisa voltar às condições originais.
passar uma: você vai amar alguém que não lhe ama.
perder uma: diminua os riscos de suas apostas com múltiplos projetos.
rasgar uma: boa fortuna se você não descuidar dos detalhes.
suja: reviravolta dramática de proporções cinematográficas.
trocar de: não jogue fora velhos relacionamentos.
usar uma camisa esporte na moda: namorados vão se separar por frivolidade e insensibilidade.

vestir uma: você ficará desiludido ao se separar de pessoa amada.

CAMISETA 06-07-11-12-32-47

comprar uma colorida: esconde suas suspeitas, mas não detrás da bebida.

masculina: hostilidade ao seu redor, proteja seu coração.

tirar do corpo uma: você é muito indulgente com sua gula.

CAMISOLA 02-13-20-33-41-42

sendo arrancada e deixando-a nua: você será substituída nos braços da pessoa amada.

amassada: você será provocada até a fúria quanto às incapacidades daqueles identificados por você.

rasgada: o segredo será revelado limitando sua ascensão.

usar uma linda: sua necessidade de ser o centro das atenções limita os seus relacionamentos amorosos.

CAMOMILA 13-23-27-43-44-50

aplicar um cataplasma de: lide com a profundidade das suas feridas.

beber chá de: reduza seu estresse antes de tomar uma decisão.

colher: trate a doença antes que o evolva.

CAMPANÁRIO 08-34-40-42-46-49

cair de um: ambições prejudicadas por um conhecido.

de uma catedral: você precisa aceitar o seu lugar em um quadro mais amplo.

de uma fortaleza: você poderá resistir aos esforços dos inimigos se ficar alerta.

de uma igreja: desgraça inesperada será anunciada a você.

escalar um: conquista do maior desejo pessoal após lidar com vários problemas.

machucar-se em um: terá de encarar e superar problemas de saúde.

muito alto: promessa de uma vida longa; o sino ainda não tocou.

parcialmente demolido: perda de emprego porque você tentou fazer mais do que as suas habilidades permitiam.

sinos tocam no: livre-se do constrangimento; você receberá crédito financeiro.

sonhar com vários campanários: aviso de sérios problemas.

CAMPEÃO 14-25-34-36-42-49

campeã: sua preocupação excessiva demonstra culpa de sentir desonra com respeito às mulheres.

da justiça: você precisa que se lide com a honestidade em seu benefício.

ser: somente poucos, cujo entusiasmo nunca esmorece, recebem ganhos financeiros.

seu time tornando-se: seu compromisso com a excelência trará amizades duradouras.

sonhar com: controle-se e tenha mais cuidado.

CAMPINA 04-22-27-30-33-48

caminhar em uma: sua rigidez é séria e convencional.

comprar uma: oferecerá muita hospitalidade e acumulará propriedades de muito valor.

dormir em uma: seu espaço está restringindo sua capacidade de sentir felicidade.

estar em uma: felicidade e confiança são recíprocas entre os parceiros.

grama crescendo em: ilusões e esperanças vãs impedem mudanças em um bom casamento.

seca pela neve: deixe as velhas ideias como alimento para outros.

sonhar com: obrigações trarão reuniões com boas promessas.

CAMPO 02-17-27-31-34-52

à noite no: melancolia e fraqueza.

convidados visitando você no: boa saúde.

estar no campo com a família: os lucros proporcionarão liberdade de aflição financeira.
em dia claro e ensolarado: doença da mente.
estar perdido na zona rural: faça sua própria trilha.
família lhe dando um bom pedaço de terra no: você terá uma bela esposa.
fazer piquenique no: uma decisão pendente poderá custar mais dinheiro do que você tem.
horta no: infelicidade.
ir para: risco de perder terras.
negócios em outro país, ter: consciência conceitual da vida além do seu ambiente atual.
propriedade sendo muito fértil: satisfação e tranquilidade de que a pessoa amada é uma pessoa boa e honesta.
bem localizada: felicidade.
estéril: período de desolação.
sair de uma cidade grande e ir para: carta com notícia ruim.
sair de uma cidade pequena e ir para: você fará uma longa viagem.
ter grande propriedade no: riquezas proporcionais ao tamanho da propriedade.
viver no: aqueles que tentam tomar terras irão atormentar você.

CAMPO 06-10-17-18-19-42
com círculos das plantações: mensagem de um poder superior.
comprar: você terá recepção hospitaleira.
dar uma volta pelos: assentado em elementos naturais.
devastado pelo granizo: a natureza destrói com o objetivo de reconstruir.
estar em: busque as atividades para as quais tem mais talento e habilidade.
fertilizar um: o retorno de um poderoso empreendimento.
improdutivo: você deixou que uma oportunidade fosse perdida.
negligenciado: aquilo que você reprimiu está exaurindo seus recursos interiores.
plantação: um bom casamento exige a sua interação consciente.
de aveia: prosperidade.
de milho: lucros.
de outros grãos: amigos agradáveis e grande abundância.
de trigo: comércio próspero se você tiver cuidado com os comerciantes.
semear um terreno: suas forças têm bases emocionais.
trabalhar em: trabalho árduo pela frente; seu empreendimento irá beneficiar muitas pessoas.

CAMUNDONGOS 16-29-38-39-44-49
apanhados em armadilha: será caluniado, a não ser que frustre seus inimigos.
apenas um camundongo: sua pressa e correria para evitar problemas é inútil.
brincando: sua timidez trará desonra.
cachorro apanhando: será posto em situação vergonhosa por pensarem que é inferior.
chiando: um problema evitável pode ser enfrentado com novos recursos.
gatos matando: vitória sobre amigos inseguros.
medo de: sua energia está sendo sugada.
sonhar com: problemas envolvendo um sócio em negócios podem ser desafiados com carta autenticada.
sonhar com ratoeira: sua incapacidade de ferir o outro não é universal.

CANA 10-15-19-20-21-33
bambu ondulando ao vento: a fé flui com seu rio; não adie o processo judicial.
curvando-se sobre seu barco: guie-se por seu instinto de sabedoria.
lidar com: está sendo enganado por negociantes.

outras pessoas: teste as pessoas antes de confiar nelas.
oboé: determinação enfática e olhos e orelhas acurados são vitais para seu sucesso.

CANAL 33-36-41-45-46-50
água fluindo em um pequeno: seus traumas emocionais autoimpostos precisam fluir.
caminhar ao longo de: seus negócios têm ilegalidades problemáticas.
com uma mula: transforme seus desejos ardentes em bens materiais.
cheio de água: a segurança está próxima.
coberto de vegetação: aproxima-se problema que você não pode controlar.
construir um: transforme suas paixões em objetivos intelectuais.
de águas turvas: diminua a qualidade de vida agora para economizar dinheiro para a velhice.
limpo, de águas claras: a prosperidade é facilmente acessível com pequena margem de erro.
navios passando por: novos contatos levarão você ao exterior.
viajar por comporta de um: elimine as uvas azedas entre os seus amigos.

CANALHA 12-20-39-43-45-48
homem de negócios sonhando com um: aumento de transações e rendimento confortável.
moça: receberá proposta de casamento.
mulher: perderá a grande estima de um amigo; aferre-se a seus próprios conceitos.
muitos: reconhecimento como perfeito cavalheiro no ápice de sua carreira.
ser um: a estima que as pessoas em geral têm por você é cansativa para quem está de fora.

CANÁRIO 03-08-10-32-33-36
comprar: você precisa verificar se o ar está envenenado antes de entrar na mina.
morto: tornar seus sonhos realidade exige passos cuidadosos.
possuir: toque a música que você deseja cantar e viva a vida que deseja viver.
ter em casa: conversa à toa que é um obstáculo a você mesmo.

CÂNCER 03-05-22-28-35-42
sonhar com: você tem pouco dinheiro no momento, mas terá muito, mais tarde.
ter: alguém no seu círculo social busca destruir seu sucesso.
contraído por outros: as células produzem doença com cada desejo egoísta.
na superfície do corpo: você está alojando forças venenosas para se equipararem ao seu ódio por si mesmo.
no rosto: você está escondendo o seu caráter verdadeiro por detrás de suas ansiedades.
no pescoço: um problema que corrói sua energia está baixando sua resistência.
ter dentro do corpo: uma preocupação incapacitante deixa suas emoções em desarmonia.
parentes: outros vêm consumindo seus recursos.

CANETA 02-13-15-26-29-35
bico de pena: refinamento do processo de escrever com união de corpo e mente.
afanar uma: uma troca crucial de correspondência fará explodir sua sorte.
escrever com uma: retorno nostálgico à época em que as palavras contavam muito.
comprar uma: sua vida será tão longa quanto a expectativa de vida da caneta.

crianças usando uma: estão escrevendo aquilo que não conseguem lhe dizer na cara.

escrever com uma: notícias de amigos ausentes que guardam ressentimento de você.

à moda antiga: sua reserva e hesitação lhe deixam com uma perspectiva pessimista.

caneta-tinteiro: nenhuma notícia vinda de falsos amigos é boa.

cartas de amor escritas com caneta-tinteiro: estão lhe enganando, as cartas não lhe estão sendo entregues.

cartas na cama: irritação devido a ressentimento escondido que lhe cerca.

escrever com uma entupida: não tem consciência da impressão negativa que transmite.

esferográfica: está com intenção de mandar sua mensagem com o menor custo possível para você.

pena de escrever: com paciência e força seu projeto será completado.

quebrar a ponta de uma: as coisas não são o que parecem, mude de rumo.

comprar uma nova: progresso de seus filhos com sua parcialidade.

quebrar o bico de uma: mau juízo trivial que pode terminar em um destrutivo acidente.

CANGURU 04-18-21-38-40-42

em uma jaula: você conseguiu refrear a hostilidade de outra pessoa, mas isso causará grande ansiedade.

estar na bolsa de um: deixe os segredos dos outros com eles; tenha êxito apesar deles.

morto: um grande desastre de enorme pela frente; conserve suas forças.

ser atacado por um: muito cuidado com a sua reputação enquanto está ascendendo social ou profissionalmente.

CANHÃO 01-19-21-40-41-48

balas de: desejos agressivos de destruição para evitar situações que você considera desconfortáveis.

disparando: reações rápidas evitarão acidente.

homem sonhando ter ouvido um disparar: supere os riscos antes de se envolver em um projeto.

mulher: você se casará com um militar às custas das suas emoções.

militar disparando um: casamento com uma moça bonita que irá se descartar de você emocionalmente.

mulher sonhando com: você está desesperada para causar um efeito no seu parceiro.

ouvir um: um relacionamento fugaz se mostrará sem sentido.

sonhar com: você será convocado para defender seu país.

CANIBAIS 09-13-18-42-47-51

animais: você sente que está sendo comido vivo pelo excesso de trabalho árduo.

canibalizar-se: privar uma parte para fortalecer outra, e, como resultado, destruir ambas.

descobrir que amigo é: livre-se do aproveitador e produza para si mesmo.

humanos: desejo insaciável de possuir a força de vida de outra pessoa.

ser: você está vivendo das energias de outra pessoa para evitar desenvolver sua energia criativa.

sonhar com: devore as habilidades dos inimigos para adquirir o poder deles.

CANO 07-09-10-16-17-36

quebrar um: segurança e resultado tranquilo para adversidade.

rastejar por um encanamento: o relacionamento está lhe sufocando.

CANOA 04-09-19-30-31-50

estar em: sua liderança resolverá o caos nos negócios.

com a pessoa amada: vida doméstica frágil; ponha-se a caminho sozinho.

em águas calmas: concentre sua energia em um caminho; nenhum outro foi oferecido.

em riacho de águas rápidas: prazeres de pouca duração.

remar, mas não sair do lugar: você precisa definir os seus objetivos antes que possa se mover.

ter: você não tem nada que possa compartilhar com os amigos.

virar a: você renunciou ao seu equilíbrio emocional.

CANSAÇO 02-08-28-36-39-42

estar cansado: alguém lhe prestará um grande favor.

amigos: eles estão tentando diminuir seu poder.

companheiro: problema de saúde que causa depressão vai tirar energia dos relacionamentos.

crianças: está querendo que elas cresçam rápido demais.

funcionários: você se preocupa mais com diversão do que com trabalho.

CANTADAS 01-03-04-11-19-41

por parte de pessoa libertina: rejeição por parte da pessoa amada devido a caso sem importância.

ser objeto de: uma apresentação vai lhe animar brevemente.

ser preso por causa de: cuidado, não ache que a verdade é uma coisa óbvia.

reprimenda: fazer-se de bobo faz parte da liberdade.

tentar: as coisas estão melhorando, não se desespere.

CANTAR 07-09-15-18-21-40

aplaudir um dueto: as ameaças por parte de valentões acabarão estimulando os negócios.

cantor(a) com voz rouca: disputas devido a suas pretensões excêntricas.

de soprano: você está temporariamente irritadiço.

de tenor: o ápice da sensibilidade masculina.

doce e suave: você está abrigando tendências agressivas em seu coração.

escutar alguém que canta mal: cuidado para que o ciúme não acabe com sua felicidade.

assistir: pequena doença na família pode ser compensada.

falsete: você seduzirá a mulher de seus sonhos.

rock and roll: exercite livremente suas emoções.

solo: você fugirá para um lugar onde seu anonimato não será questionado.

vibrato: satisfação instantânea de desejos.

ópera: será afligido por lágrimas graças ao tempo que perdeu com fofocas.

outros: sua vida será alegrada por muitos amigos.

ouvir uma canção: novidades otimistas e momentos melodiosos com vários cantores alegres.

cantos de pássaros: a emoção de despertar de longa hibernação.

outros: você é apressado demais para gastar tempo lidando com os outros.

um coro celestial: você sairá ileso do acidente, mas ficará com cicatrizes mentais.

uma canção de amor: atitudes irracionais podem ser adoráveis, mas são prejudiciais à sua carreira.

uma canção na igreja: companhia agradável, benéfica e positiva.

uma voz de baixo: uma discrepância leva à descoberta de trapaça de funcionário.

ser cantor(a): todos os momentos serão de impacto emocional equivalente a uma morte na família.

de jazz: a série de emoções não tem fim, a música não para.

de karaokê: permita-se encarar um público admirado.

de música popular: prazeres de parentes distantes e as pequenas alegrias deles.

uma canção: você está em harmonia com seu ambiente.

melancólica: permita que sua tristeza siga seu rumo.

CANTO 03-07-21-33-38-46

acotovelar-se em: você está magoado por causa da autoconfiança da pessoa que você ama.

apertar o de um cobertor: liberte-se das restrições da sua insegurança.

colocar objetos em: um mistério para ser resolvido; o traidor são as suas mentiras.

empurrado para: corrija suas próprias ações por meio da mudança de direção.

estar em um: você está fadado à decepção, a não ser que mude de atitude.

filhos em: você não está sendo sincero na sua abordagem; mude-a.

pessoas em: problemas fermentam na solidão.

CÃO DE GUARDA 01-21-32-45-46-49

de pelo macio: cuidado com falsas suspeitas, mas mantenha-se de olho.

dois brigando: alguém que você achou que era inimigo tem fortes sentimentos de amor por você.

brincando: você se cobriu de defesas, de modo que não consegue ver amigos em potencial.

ser mordido por um: um amigo de muita confiança o traiu em questões amorosas.

CAPA 20-25-30-38-41-52

ajeitar: você será necessário nos seus negócios.

comprar: você está desperdiçando bons tempos.

rasgar: afastamento de todos aqueles que você ama.

ter manta sobre os ombros: dignidade.

tirar: você cairá em desgraça.

vestir: você terá um novo emprego.

usar: você precisa proteger o que vem encobrindo.

vestir uma nova: você receberá boas notícias de uma pessoa amiga.

CAPA DE CHUVA 20-21-23-30-42-44

sonhar com uma: está construindo uma carreira brilhante lentamente; não desperdice dinheiro.

usar uma: vai brigar com pessoa temperamental.

outras pessoas usando: será rejeitado por amigos.

CAPELA 09-11-19-25-32-47

ajoelhar-se em: um momento de paz interior denota que o negócio tem que mudar.

estar do lado de fora de: o grande número de amigos que você tem atrapalha a serenidade interior que você conquistou.

rezar em: contemple a orientação de Deus.

sonhar com: leve a sério apenas os amigos verdadeiros, desvencilhe-se dos falsos.

CAPIM 08-11-26-36-45-49

cães ou animais comendo: excesso de ego que precisa ser aparado.

comer: você está morrendo à míngua, financeiramente falando.
cortar a grama: recolha os cortes para o único lucro que você irá obter.
estar deitado no: sua paz é momentânea; outros pisarão em você.
morto: confie em métodos testados e verdadeiros e trabalhe mais do que nunca.
muito alto: você será identificado como conhecedor do assunto em território inexplorado sem razões objetivas para tal.
pessoa artística sonhando com: reduzir materiais a proporções manejáveis.
pessoa literária sonhando com: simplifique a sua vida material para o poder intelectual.
seco: a saúde da pessoa amada piorou.
sonhar com: riqueza para aqueles envolvidos em negócio.
ver orvalho na grama ao amanhecer: os incontáveis pensamentos que podem brotar.
caindo e refrescando: abundância pelo casamento com pessoa de posses.
verde: ganhe dinheiro e faça amor com a mesma musicalidade.

CAPITÃO 04-09-11-24-43-44
casar com: você enfrentará um grande escândalo.
ser: progresso na carreira e prosperidade se você estiver à altura da responsabilidade.
ser ajudante do: outra pessoa está tomando decisões por você.
ser esposa do: felicidade na família, rivalidade invejosa na comunidade.
ser namorada do: não acredite no que os homens, quem quer que sejam, falam para você.
ver: a força de suas nobres aspirações conduz você na vida.
com frequência: assuma o controle do seu destino e responsabilidade por seus atos.

CARACÓIS 01-18-21-33-36-47
com chifres para fora da concha: infidelidade e constante troca de amantes.
comer: terá boa situação financeira.
crianças: elas terão carreiras brilhantes.
em festa especial: você gosta de papos indecentes com gestos obscenos.
cozinhar: inconsistência contínua na família.
em um jardim: trabalho sem expectativa financeira que traz recompensas.
muito grandes: receberá uma posição elevada e honrada.
pegar do chão: reunião de família à qual você gostaria de não ir.
pisar em: sua intolerância só lhe renderá inimigos.
recolhendo-se para dentro da concha: alguém está escondendo uma peça do quebra-cabeça.

CARANGUEJOS 02-18-36-37-43-47
comer: as tensões no seu abdome são causadas pelo seu cinismo.
pessoas comendo: hora de ação evasiva; os rivais certamente lhe causarão dor.
de casca mole: o apego a velhos ressentimentos não justifica atitudes agressivas.
formando uma nova casca: ressurreição depois de ter sido assolado por parceiro apegado demais.
mortos: a sua culpa de prazeres sensuais destrói o amor.
fervidos: você perderá tudo o que acumulou.
muitos: distrações impedem você de acabar um projeto.
em um mercado de peixe: muitas pessoas arranham sua energia.

rastejando: você é compelido a resolver mais mistérios complexos.

vivos: seu novo amado salvará sua sanidade da sua possessividade.

CARCEREIRO 02-17-21-29-30-31

conversar com um: recesso feliz a caminho se ouvirem o que você diz.

receber um favor do: está desperdiçando suas boas intenções.

ser um: suas tendências controladoras são restritivas e negativas.

sonhar com: terá muita felicidade por longo tempo.

tendo problemas com os prisioneiros: morte de parente vai causar furor.

tirar um, de sua posição: observe quem você atrai para se aliar.

CARDEAL 10-12-14-22-42-44

conclave de: progresso nos negócios será protelado.

morrendo: infortúnio nos seus assuntos causará deportação.

muitos: tristeza causada por ter que guardar um segredo enquanto outra pessoa é destruída.

caminhando numa procissão: propostas importantes farão sua carreira progredir.

padre tornar-se: sua ruína causada por promessas falsas.

sendo nomeado Papa: infortúnio em empreendimento devido a conflito de interesses.

sonhar com: progresso na profissão será impedido por conselhos malévolos.

CARDO 01-28-31-33-36-46

arrancar: antagonismo dentro do confuso emaranhado de sua mente.

evitar que parentes arranquem: querelas podem ser evitadas com tato.

familiares arrancando: determinação requer trabalho em equipe.

furar-se em um: você fica só com suas ideias.

regar um campo de: está diluindo os efeitos de sua decepção na água.

sonhar com: cada furo representa um julgamento que você não quis encarar.

CARIDADE 03-05-09-18-22-44

alguém pedindo esmola para você: infortúnio se você se recusar a dar.

comprar coisas em um bazar de: você realizará grandes ambições.

devotar-se a obras de caridade sem hesitação: você tem um aliado perigoso.

doar alimentos para: trabalhe arduamente ou será forçado a mendigar.

doar para: ganhos financeiros esperados há muito tempo em um futuro próximo.

livremente: sua situação financeira está deteriorando.

doar roupas para: as pessoas estão rindo quanto à ideia de que você é um fardo para elas.

donativos: tristeza causada pela afeição por outra pessoa.

pessoas vendendo coisas em bazar de: você receberá proposta de uma fonte inesperada.

receber: você sente que não pode resolver suas aflições familiares sozinho.

ser caridoso: menos sorte espera você em assuntos de negócios.

CARIMBO 01-08-13-17-32-34

sonhar com: vai ganhar algo desejado.

usar lacre para fechar um: questões legais sairão a seu favor.

CARNE 17-21-24-26-36-48

atirar para um cachorro: perigo muito próximo a você; quem lhe trará isso?

comer bife: terá uma vida fácil como o mamífero carnívoro que você é.

assado: está chegando ao xis da questão; um lado de cada vez.
cozido: melancolia decorrente de discordâncias leva você a analisar em excesso seus problemas.
cru: receberá notícia desanimadora sobre morte de amigo.
frito: será bem pago para matar o espírito de alguém; outros serão favorecidos.
grelhado: receberá bênçãos de Deus e afeição de amigo.
podre: sua sorte se voltou contra você e o deixou em perigo.
salsicha: está em clima de combate em sua carreira.
vitela: enganará alguém quando mudarem inesperadamente os planos em relação a você.
comprar: ganhará dinheiro apostando em ações.
congelada: falsidade e engano expulsos de sua consciência.
cortar cozida: precisa juntar forças com rival em questões relativas à ambição e compartilhar o sucesso.
cortar, crua: um amigo gostaria de se tornar amante.
cozinhar para si mesmo: pequena diferença de opinião sobre amor não correspondido.
mas sem poder comer: seu "pão de cada dia" será sempre fornecido.
outros: uma compreensão corajosa e profunda sobre suas necessidades em envolvimentos amorosos.
ossos tirados da: ficará ocupado com projetos durante longo tempo; dê o que sobra para outros.
quebrando os ossos da: terá todo tipo de dano, além do que você tem de perder.

CARNE DE VACA 06-11-16-39-40-49
bolo de carne moída: mau agouro em relação a um assunto bobo.
comer bife tártaro ou carpaccio: dores no corpo se você exagerar na atividade física.
comer crua: sua confusão interna está passando para a sua família.
assada: você terá uma vida agradável.
cozida em molho: você terá uma situação financeira segura; felicidade duradoura.
comer fervida: você mergulhará em profunda melancolia.
comprar para cozinhar: sorte nos jogos de azar.
hambúrguer: cuidado com machucados que você não lembra como conseguiu.
jogar fora: perigo iminente.
mais do que você consegue comer: pode resultar em cortes e contusões misteriosas.
pingando em água fervendo: obtenha prazer da vida.
retirada de ossos: previsão de perda de riqueza.
vaca em exposição agropecuária: atos serão recompensados.

CARNEIRO 01-11-30-39-40-45
comprar: não espere nada a não ser respeito, e então conseguirá.
criar: receberá visita inesperada que virá correndo lhe ver.
matar um: perderá um processo referente a requisições não cumpridas.
sonhar com um: está caindo em uma armadilha da qual vai precisar de tato e discernimento para se desvencilhar.
ter muitos: energia, agressividade e impulsividade sem contemplação.
vender: grandes ganhos.

CARNIFICINA 08-13-16-19-29-37
de animal: catástrofe à vista.
de um carneiro: gozará de paz ao chegar à solução de um problema.
de um cavalo: alerta precoce de enfermidade mortal; faça um check-up.
de um fazendeiro: haverá uma reunião de família com comida e bebida em abundância.
de um porco: a manutenção das necessidades físicas em todas as bases.
de uma vitela: jovem que se regenera em curva ascendente na cadeia alimentar.
sendo cometida: será mais temido que adorado pela pessoa amada.
ser vítima de: insinuações indelicadas.
trabalhar em um matadouro: cuidado, críticas não serão bem recebidas.

CARPINTEIRO 06-09-13-22-23-45
consertando a casa: esqueça as frivolidades, vá direito à fonte.
contratar: acontecimentos inesperados e agradáveis chegam com excitação.
dando acabamento com uma lixa: a sua imaginação cobre uma área vasta demais para ser produtiva.
extraindo uma tacha: discussões com seu empregador.
formão sendo usado: você extraviará documentos importantes que definem o seu projeto.
comprado: você realizará os seus desejos por meio de trabalho vigoroso.
operando torno mecânico: sua prosperidade está nas ideias que você apoia.
perfurando com uma verruma: uma companhia cansativa prolongará a estadia.
pregando com tachas: atenção com sua reputação; sua sagacidade rápida e afiada pode ser abominável.
raspando madeira com uma faca: apoio encorajador virá dos credores.
trabalhando: sucesso legítimo em assuntos financeiros para dar forma a projetos.
trabalhando ativamente: você empregará sabedoria prática para revelar o desconhecido intuitivo.
usando alavanca: sua força aumentará uma vez que a superfície esteja nivelada.
usando serra de fita: você receberá os elogios merecidos do seu empregador.
usando torno de bancada: uma tarefa sendo pressionada a uma conclusão forçada.
usando uma broca: você está superando a timidez que te impedia de formar relacionamentos.

CARREGADOR 18-20-31-33-35-37
carregando sua bagagem: um amigo chega para lhe salvar.
carregando várias coisas: suas exigências foram recusadas, mas suas argumentações lógicas não serão.
de outra pessoa: perderá a confiança em si mesmo.
ser um: infortúnio e fadiga por causa de trabalho excessivo e abuso por parte de outras pessoas.
ter um lhe ajudando: você é o parceiro fiel de uma pessoa hostil.

CARREGADOR DE CAIXÃO 01-05-19-21-22-46
colocando mortalha sobre caixão: herdará algo.
em um altar: grande tristeza causada por uma morte.
militares carregando um caixão: será ludibriado por uma mulher.
pessoas pobres: sofrerá assédio constante por seguir as próprias convicções.
muitos: você é uma pessoa distinta que deve viajar para o oeste para tirar proveito disto.

quatro pessoas carregando um caixão: humilhação vinda dos dardos lançados pelos olhos dos inimigos.

ser um: grande afeição será fator relevante em sua promoção.

CARREGAR 03-04-07-18-26-42

carga: você começará antes do amanhecer e descansará ao anoitecer.

carregar uma mulher: você está obcecado em carregar o relacionamento.

criança: você será tolerante com o seu fracasso em completar o projeto.

ser carregado por alguém: sua personalidade na qual os outros confiam tem um futuro incerto.

por mulher: um novo caso de amor depois que o problema for resolvido.

por pessoa pobre: o fardo que você está carregando pertence a outra pessoa.

por um homem: dias de ansiedade causados por doença.

CARRETA 17-19-21-24-49-53

atar-se a uma para puxá-la: você viverá em sofrimento e servidão.

atolada na lama: reexamine seu excesso de responsabilidades.

carregada de feno: sonhos serão realizados.

coberta: excesso de bagagem lhe impedirá de completar uma viagem planejada.

descendo de: perda de dignidade ocorre devido às maquinações de rivais.

em charrete: o seu projeto ficará atrasado.

pesada: descarregue a bagagem emocional para alcançar o sucesso que você merece.

ser transportado na sua própria: você terá poderio e autoridade.

subir em: perda de emprego estável leva à busca de trabalho constante.

CARRO 02-05-18-34-47-52

alugar: você adquirirá uma reputação desfavorável.

a um homem: libido com poder, mobilidade, destreza e desleixo.

a uma mulher: ambição, afirmação, desejo de sobrepujar o homem, liberdade.

amassar seu para-lama: alguém está se empenhando para destruir seu orgulho.

outros: evite criticar membros de sua família.

andar em alta velocidade: escolha o seu oponente e inclua-o na corrida.

e receber multa: insatisfação com seu próprio desempenho sexual.

sonhado por homem: euforia sexual, pare e aproveite.

andar em marcha lenta: crie uso construtivo de sua energia.

apreendido: seu ato inocente foi mal interpretado.

atropelar alguém com o seu: você está destruindo uma parte de você com sua ambição cega.

bater em: para evitar confrontos, você escolheu o caminho do fracasso.

bateria arria no trânsito: como aborrecer o máximo de pessoas com apenas uma cajadada.

carroceria muito feia: você se sente incapaz e inadequado para a tarefa à frente.

com relâmpagos pintados: os irrequietos precisam aparecer.

enferrujada: com a ajuda do computador, faça uma viagem virtual.

grande: você não tem controle sobre a vida; simplifique-a.

maciça: você está carregando excesso de bagagem emocional e material.

pequena: você trabalha muito em troca de um salário pequeno.

velha: seu corpo está deteriorando, faça um check-up.

com motorista pobre: impeça que aqueles ao seu redor retirem tanto da sua vida.
comprar um lindo: promoção no trabalho incluirá condições.
dar carona: você receberá críticas por depender demais dos outros.
de pé sobre o para-lama: em breve você viajará para o estrangeiro.
derrapar: seu erro de julgamento coloca sua família em risco.
e retornar da derrapagem: seu mentor lhe fará uma surpresa agradável.
deslizando em marcha-ré: suas recaídas são autoinduzidas.
dirigir sozinho: preveja e tome conta de seu destino.
com amigos: o seu grau de autocontrole e responsabilidade com você mesmo.
com esposa: solidifique seu relacionamento antes de se mudar.
com os filhos: preocupe-se com os dos outros primeiro.
com parentes: não deixe que influenciem você a levar uma vida que eles não conseguiram levar.
com namorado(a): suas fraquezas serão descobertas, seu nome será envolvido em escândalo.
com pessoa amada: paixões têm que ser controladas enquanto você está dirigindo.
com segurança e habilidade: sucesso por meio de seu próprio esforço.
de noite: você está escondendo algo de seus amigos.
na chuva: você tem ido a novas alturas sem se preparar.
rápido: você está progredindo quanto à confiança e fé, mas verifique seu estado emocional.
enguiçar ou parar em rodovia: você não está conseguindo pegar velocidade, verifique o motor.
escapar da trajetória de uma capotagem: você terá sucesso em planos angustiantes.
faltando peças do motor: você não tem as ferramentas necessárias para terminar o trabalho.
que não responde: sua incapacidade de mudar seu modo de pensar está bloqueando o seu progresso.
que responde: a tentativa de levar suas ambições adiante é frustrada.
faróis dianteiros de outro carro visíveis: você não está conseguindo ver além de uma solução desagradável.
do seu carro não acendem: você está forçando o assunto.
vários e brilhando intensamente: ação rápida e decisiva poderá evitar o desastre.
ganhar uma corrida: você se livrará dos concorrentes rapidamente.
indicação de caminho errado: não se mova até que consiga ver à frente claramente.
indicador de combustível mostrando tanque vazio: pare e reconstrua sua energia.
instalar novos freios: ponha um fim imediato a um projeto que você começou.
morrer em: torne-se ativo em situação que você evitou ou ela irá assombrar você.
em chamas: arrependa-se de um ato que predizia a sua decepção.
em explosão: seus inimigos se empenham em frustrar seus negócios.
motorista andando de marcha-ré: contratempos causados por pessoas que você atropelou.

não conseguir achá-lo estacionado: a divulgação do seu negócio será frustrada.
não conseguir engrenar corretamente: você está lutando com um problema muito difícil.
não conseguir ver através do para-brisas: pare e olhe para os lados.
outros roubando seu: trafegar em círculos de negócios inexplorados se mostrará muito caro.
outros sendo passageiros: cuidado com notícias falsas.
mulher: escândalo envolvendo seu nome; sua fraqueza será revelada.
ouvir buzina alta: você fez um retorno proibido.
partindo: novos fardos e responsabilidades não diminuem dependência em outros.
passageiro que corrige o motorista constantemente: seu estilo de expressão é ficar mandando outros fazerem coisas para você.
passar noite em: amigos prestativos demonstraram um entusiasmo excessivo com os próprios conselhos.
pegar carona: você terá confrontos com credores.
pisar em pedais: suas ambições e habilidades em decidir serão reconhecidas.
pisar no acelerador: você está tentando ir mais rápido do que é capaz.
pneus furados: massageie as coxas e ande todos os dias!
estourando: verifique o ar e gire seus pneus, agora!
pôr anticongelante no: desejo de impedir que relacionamento esfrie.
problemas para ligar ignição: algo falha em acender a centelha vital.
quebrando na estrada: viagens e alterações vão se alternar.
quebrar o eixo: desgraça vem de uma fonte além da compreensão.
radiador em: seus atos apressados fizeram com que você tomasse uma decisão errada.
sair de uma van: planos para uma viagem não se realizarão; desemprego.
outros: não aja impulsivamente; coisas boas estão para vir com um pouco de paciência.
sair de: estagnação no nível onde você está realizando o seu potencial.
sem motorista: repense o nível de autocontrole de suas atividades.
sofrer acidente de: prepare-se para uma concorrência poderosa por dinheiro iminente.
e ferir-se: alongue os músculos e amplie sua visão do mundo.
suas bolsas em: chega dinheiro inesperado.
ter um: você está roubando uma reputação.
usar freios: retire-se do negócio se ele não é o que você deseja.
sem sucesso: falsos obstáculos estão drenando os seus recursos.
ver acidente de: obstáculos inesperados interferem em seu plano.
ver perigo no espelho retrovisor: vá em frente com força total.
volante se desprendendo em suas mãos: estão demorando para devolver o dinheiro que você precisa.
vulnerável a danos: medo de inadequação reprime o seu desempenho.

CARROÇA 11-13-16-22-25-27
alugar uma: outra pessoa está desfrutando do que você esperava ganhar.
cair de uma em movimento: reveja suas prioridades e lute por seus direitos.
carregada: fortuna inesperada vinda de confusões ilícitas que você preferiria esquecer.

cobertura para uma: está escondendo informação de fofoqueiros maliciosos.
dirigir uma: você espera deter uma prova desanimadora.
parando em frente à sua casa: você está sem fonte de força, restaure o equilíbrio.
passear de: está trabalhando com as pessoas certas, no emprego certo.
com a família: herança de parente distante.
pessoa amada: terá muita sorte em um leilão.
perdendo uma roda: substitua o dissidente e siga em frente.
puxada por um burro: mude de emprego para trabalhar sob liderança inteligente.

CARRUAGEM 03-06-13-19-38-52
andar de: é provável que você tenha uma doença breve devido à falta de seriedade.
conduzir coche ou diligência sozinho: você terá uma luta de poder com a pessoa da qual menos gosta.
com outros: cuidado para que traição do passado não frustre sua posição de vantagem.
descer de: perda de um imóvel se você não tomar cuidado.
emborcada: desgraça para você quando fizer alguém de tolo.
fazer longa viagem de: você levará tempo para alcançar prosperidade.
ir a algum lugar de: você terá muitas lembranças bonitas.
outros conduzindo coche ou diligência: decepção.
postilhão conduzindo um coche como guarda: você receberá boas notícias.
caindo de um cavalo: você receberá notícias desagradáveis.
sendo morto: brigas domésticas pela frente; não imponha condições.
vários acompanhando: prosperidade.
quebrada: seu corpo envelhecido não consegue mais carregar você.
ser cocheiro: você terá e será um serviçal leal.
ser um lacaio: amigo falso por perto.
sonhar com lacaio: você se sente decepcionado com o que esperava fazer.
sonhar com: cuidado com a riqueza, pois durará pouco tempo.
ter lacaio: problemas inesperados de suas muitas visitas.

CARTA 05-14-23-25-33-48
a sua entregue pessoalmente: sua consciência perturbada deveria se redimir consigo mesma.
amor: franqueza é uma qualidade admirável quando empregada com paixão.
aplicar um lacre em uma: você terá êxito em todos os seus negócios até que o teor deles seja revelado.
carta do cônjuge: separação com acusações no ar e críticas à solta.
da pessoa amada: você será desconsiderado para um bom casamento, com acusações no ar.
com aviso de recebimento: você não irá resistir a padrões legais e éticos; a desonra virá.
com dinheiro: você está no meio de uma exaltada divergência de opinião.
de negócios: não fique ansioso imediatamente; a situação desagradável ficará a seu favor.
destruir uma de negócios: obstáculos intransponíveis confrontam você pela falta de lealdade.
enviar uma: cuidado para não revelar os seus segredos; ainda assim, não faça rodeios quanto à sua oferta de asilo.

a parentes: brigas em relação a ser perseguido por credores por causa das suas dívidas.
à pessoa amada: o ar ao redor de uma discussão amigável, mas acalorada, precisa ser limpo.
a uma pessoa amiga: você fará uma longa viagem depois de uma tentativa de suicídio.
ao marido ou à esposa: o pesar por um mal feito há muito tempo já teve tempo para sarar.
aos filhos: ao criar uma criança, preste atenção aos mínimos detalhes.
de negócios: cuidado para que, na sua advertência de problemas, não se detecte inveja.
fax: algum elemento da sua vida pede atenção imediata.
enviar uma pelo correio: você receberá notícias interessantes com um pouco de trauma.
esconder uma que pertence a outra pessoa: cuidado com um rival de cabelos claros; uma pilha de cartas atrasadas chegará.
escrever uma: envolvimento excessivo no seu ponto de vista.
anônima: você não pode aceitar a primazia do destinatário; destruí-lo não vai ajudar.
evitar que outra pessoa veja uma: onde há dinheiro, há traição.
a um pretendente: sua intuição supera seus inimigos; não condene sem provas.
ler uma carta-corrente: acusações desagradáveis vindas de alguém que você conhece são iminentes.
interessante: você lutará contra um mal potencial pela sua reputação.
outros lendo a sua: tome precauções para não ser enganado por uma simples informação de rotina.
política: você receberá ajuda de uma pessoa convencida e maliciosa.
recusar-se a ler: vergonha, perda da posição social e nos negócios.
romântica: você esquecerá a sua consciência perturbada e realizará o seu maior desejo.
letra de câmbio, ter uma: lucro inesperado proveniente de uma série de oportunidades empolgantes.
rasgar uma: rival tomará a afeição da pessoa amada.
receber uma: grande fortuna aguarda você emocionalmente, se permitir que a ajuda seja prestada.
anônima: ferimento desagradável e falso cria tensão a cada movimento.
de parentes: você irá se safar de um perigo presente e terá lucros.
de pretendente: noivado imediato, mas o noivo atrairá outras ofertas.
de uma pessoa amiga: visitante trará erros incorrigíveis; problemas de identidade prejudicam a sua reputação.
dos filhos: você está embarcando em um negócio perigoso que está fadado ao fracasso.
receber uma e abri-la com ansiedade: uma mensagem que você comunicou.
colocá-la de lado: você não deseja ouvir a verdade recompensada com ciúme.
registrada: uma violação de uma confiança durável por meio de finanças instáveis.
receber: o negócio oferecido fortalece a confiança na sua competência.

CARTÃO DE DIA DOS NAMORADOS

01-02-04-16-26-27

casados trocando: receberá proposta inesperada; não aceite.

enviar um: perderá oportunidade de fazer dinheiro.
para a pessoa amada: contradição nos termos de seu amor vai afastar aqueles a quem você ama.
receber um: vai aproveitar as oportunidades disponíveis, perdendo assim a melhor delas.
da pessoa amada: vitória sobre inimigos, mas sem repartir as benesses.
sonhar com o dia dos namorados: beijará alguém do sexo oposto que logo lhe esquecerá.

CARTEIRA 08-09-16-17-26-28
cheia: a descoberta de um poder interno influencia sua escolha por uma abordagem sensata.
de couro: tem uma séria ambição por conquistar.
encontrar uma: acabe com essa indecisão paralisante; conquistar algo seria um bom começo.
e devolver: um relacionamento lucrativo será firmado.
feminina: receberá pequena quantia em dinheiro e participará de reunião próspera.
sendo roubada: você perdeu a confiança necessária para seguir; agora é tarde demais.
sonhar com uma perdida: sua identidade não é expressa, ninguém vai descobrir seu verdadeiro eu.
suja: sua fonte de renda talvez não seja completamente legal.
vazia: vai ganhar uma fortuna, mas perderá a si mesmo.

CARTEIRA 14-33-32-38-40-41
achar: sorte e prosperidade.
e devolvê-la: uma chuva de presentes para você.
de mulher: obtenção de quase todos os desejos.
de parente: a descoberta de uma vida secreta.
perder: brigas com amigos muito chegados.
sua própria: grande alegria misturada com tristeza.

CARTEIRO 01-05-08-28-39-40
dar uma carta a um: será magoado pela inveja alheia, a despeito de sua confrontação da mesma.
ouvir apito de um: você vai esperar por uma pessoa, que virá com inesperada companhia.
sem cartas para você: sua decisão, mesmo se revertida, não será aceita.
ser um: sua missão pessoal é carimbar ansiedades maldirecionadas.
trazendo cartas: receberá notícias desagradáveis; evite aquelas que querem seu dinheiro.
cartões-postais: suas mais profundas emoções e indiscrições serão expostas.
impossibilidade de ler o que está escrito em um cartão-postal: leia as letrinhas miúdas antes de assinar o contrato.
entrega especial: distrações agradáveis consomem sua atenção.

CARVALHO 01-11-23-25-35-36
atrofiado: perda de um forte colega de trabalho para a corrupção.
branco: independência.
caído em seu caminho: um aumento de sua tolerância em questões civis.
com folhas verdes e fartas: prosperidade por meio da generosidade de alguém.
descansar debaixo de um vasto: terá sempre proteção em sua vida longa e feliz.
folhas caídas de um: perda de estabilidade no trabalho.

jovem e saudável: cresça por si mesmo para ter fartura na velhice.
morto: lembre-se de suas origens e valha-se delas.
muitos e belos: propostas imediatas de trabalho fluindo por meio de escolhas sábias.
namorados sonhando com um: casamento feliz e muitos filhos saudáveis.
sendo cortado: casamento precoce baseado em premissas falsas.
sonhar com: otimismo criativo com base na força e na estabilidade.
subir em um: confie na durabilidade da sabedoria natural.

CARVÃO 02-17-22-28-35-36
ardendo: você está subestimando as virtudes das pessoas que trabalham com você.
em um fogão: cuidado com amigos desleais; faça concessões a amigos verdadeiros.
em uma lareira: você será amado carinhosamente e se deleitará em prazeres.
lentamente: irritações de pouca importância causadas por empregador.
comprar: você receberá recompensa justa por ser diligente e consciente.
crianças brincando com: reflita cuidadosamente antes de tomar decisões.
em brasa: se existem dúvidas sobre a reputação, mude-a.
estar em mina de: use a sua intuição para evitar um perigo grave.
estar sentado em um carvoeiro: você está esperando o retorno de um amor que te abandonou.
extinto: você está perdendo o emprego por causa de ciúme infundado.
ingerir carvão ativado: afeição secreta.
manusear: o pesar ocupará o vazio deixado pela sua imprudência insensível.
molhado e apagado: você está preocupado com um projeto que está sendo protelado.
na meia de Natal: a opinião de outro sobre você está errada.
não utilizado: problemas pela frente à medida que a vergonha é exposta.
vender: você terá dinheiro bastante para viver confortavelmente durante toda a vida.

CASA 00-11-22-33-44-55
água inundando uma casa: você se sente esmagado com lágrimas por uma tristeza de muito tempo atrás.
algo errado com a casa: retome o controle da sua vida.
alicerces da sua casa estão afundando: a base das suas faculdades precisa de apoio construtivo.
antiga: considerando as alternativas, envelhecer é aceitável.
árvore caindo sobre uma casa: faça um *checkup* com o médico de sua escolha.
assentar tijolos: use os seus talentos intelectuais como base para construir.
possuir: suas finanças estão bem o bastante para começar o seu trabalho de reforma.
bagagem dentro de: uma viagem é cancelada.
barraco: viva frugalmente e satisfatoriamente, mas não descuide da saúde.
carro bate em: você modificará planos para o futuro.
cheia de gente: um bom relacionamento com a família e os amigos.
colocar papel de parede em um quarto: projete o lugar inteiro primeiro, todas as paredes.
muitos: uma mudança de imagem tem que vir de dentro de você.

construir uma casa nova: glória sem felicidade por meio de uma mudança sábia.
com outros: você terá um grande consolo; valorize o seu atual grupo de apoio.
um anexo: comece um novo sistema de exercícios.
a uma casa instável: volte atrás nas suas decisões recentes.
danificada por uma invasão de animais: abandone os velhos hábitos que desapontaram você antes.
insetos: você está deixando que contratempos insignificantes destruam a sua paz.
terremoto: você não possui a estrutura de apoio básica para apresentar a seu empreendimento.
vento: sua sanidade está em risco por causa de pensamentos desvairados.
decorar: você confia nas suas habilidades; use-as.
demolida: um caso de amor curto e intenso arruinará o seu casamento.
demolir: suas forças explodiram de dentro.
dispor ou organizar as coisas em uma casa: os sonhos não se realizarão.
em chamas: você está culpando a pessoa errada.
a sua: festas frenéticas prejudicam a sua alma.
estranha: não seja mais a ovelha negra; os problemas precisam ser solucionados.
limpar: você receberá notícias de uma pessoa ausente.
morar em casa de veraneio: uma vida vivida em um nível em termos práticos e emocionais; tranquilidade.
vazio: renda baixa traz solidão e preocupação.
mudar de: requeira o financiamento da casa própria, e então encontre a casa certa.
paredes cedendo: você assumiu responsabilidades demais.
pavilhão ou belvedere durante uma tempestade: os outros conseguem enxergar amor no seu silêncio.
estar sob lintel: você irá se mudar para uma casa maior para ter uma proteção maior.
perder a casa devido à bancarrota: você terá discussões a respeito de dinheiro e coisas materiais.
execução da hipoteca: a demanda da sua própria energia é maior que a oferta.
pertencente a outros: você deixou que um inimigo visse a sua privacidade e será prejudicado com isso.
prédios comerciais ao redor de: decisão importante mudará a sua situação emocional.
preso na casa: você precisa buscar aconselhamento.
debaixo de um objeto: seus planos excedem seus recursos.
em um armário embutido ou closet: segredos de família precisam ser revelados.
em um vão: este é o momento de examinar o que está fazendo.
sob ataque: sua mente está sendo ameaçada por aqueles que querem o que você tem.
sofisticada: você tem a estima certa por si mesmo.
sua casa sem uma parte: você tem negócios inacabados com um de seus pais.
tão cheia que não há espaço para você: alívio permitirá riscos com fins de prosperidade.

telhas vazando: uma rachadura na sua segurança, deixando sua felicidade doméstica incompleta.
observar as: segurança física é rara e cara.
usar porta dos fundos de uma casa: desejo de voltar à inocência da infância.
vazia: você lamenta as oportunidades perdidas quando observa as paredes da sua alma.
vendida para outra pessoa antes que você se decidisse: volte ao seu lugar de culto.
viga velha e podre: resolva o problema central antes de prosseguir.

CASA DA MOEDA 11-13-20-28-31-36
cunhar moedas: seus dedos têm imenso poder com um movimento intricado.
o prédio: problemas por se intrometer nos assuntos dos outros.
trabalhar na: seus esforços servirão a outras pessoas e as tocarão diariamente.

CASA DE PENHORES 02-21-23-31-41-47
penhorar algo: seus constrangimentos financeiros serão publicados.

CASA DE VERANEIO 05-08-20-29-41-49
camarote, estar em um: você está vendo os problemas domésticos de uma perspectiva distorcida.
entrar em: busque proteção de suas árduas responsabilidades.
estar com a família em: hora de reformar sua casa.
com a pessoa amada: morte de um inimigo.
com amigos: perigo nos assuntos do amor.
estar em casa de praia: premonição de um comportamento mesquinho testemunhado por uma pessoa instável.
de campo: uma recuperação lenta de uma doença; a sua frugalidade será recompensada.
morar em uma de madeira: você se mudará para uma casa maior.
sonhar com: você está passando muito tempo sozinho.

CASACO 01-14-23-35-38-41
abotoar: muito comedimento é necessário em especulações.
com forro de lã: você terá depressão por falta de sol.
com gola erguida para proteger contra o vento: a adversidade causa transtorno nos negócios.
comprar uma capa impermeável: grande força de caráter impede qualquer tendência ao roubo.
de criança: meios substanciais.
comprar um: você será uma pessoa de honra nas discussões familiares.
desgastado: você está desiludido por causa de um gesto romântico insincero.
feito de lã grossa: atividades ao ar livre.
desgastado: acidentes ocorrem quando as defesas estão enfraquecidas.
novo: os seus sentimentos mais profundos, se expostos, receberão honrarias.
perder: a especulação causará sua ruína financeira.
poncho: a ajuda está a caminho.
roxo e chapéu: outros têm respeito por você.
sobretudo: você quer muito que o mundo o veja.
sujar o seu: você perderá bom amigo devido à sua hipocrisia.
usar um novo: olhe para os problemas nos negócios sob um ponto de vista diferente, como uma oportunidade de lucro imprevisto.
de chuva: tome uma atitude para se proteger.

pertencente a outra pessoa: você será forçado a buscar a ajuda de um amigo.
rasgado: outros sugarão os seus lucros; eles cairão em desgraça.
velho: uma mudança para pior por causa da desonestidade de outros.
velho: a prosperidade vem com a verdade; as pessoas buscarão sua ajuda.

CASAMENTO 19-20-23-27-38-45

com muitos convidados: revelação de um caso maldito lança sombras de conflito sobre o casamento.
comparecer a um: a recuperação da enfermidade será atrapalhada pela obsessão com invejas mesquinhas.
da filha: noivado relâmpago e casamento em menos de um ano.
da irmã: desgosto e consternação por ela alcançar o que você não conseguiu.
de parente: espere por problemas familiares que resultarão em divórcio.
do filho: vida longa com cônjuge amoroso.
do irmão: muitas lágrimas por parte de uma convidada.
de viúva: está resgatando em si mesmo as qualidades de um marido falecido.
fugir com amante: é preciso rebater rapidamente a fofoca que atinge seu caráter.
ganhar um anel de diamante: felicidade doméstica se você não aceitar a primeira oferta.
devolver: a relação acabou.
perder: a desconsideração do parceiro causa aflição.
marcar o noivado com alguém: espere ter a família por perto para estragar sua felicidade.
amigos: grandes ambições serão realizadas se você integrar suas qualidades positivas.
mas não noivar: não está preparada para relações sexuais que considera degradantes.
parentes: você está reunindo todas as partes da hereditariedade em aspectos de seu eu.
ser padrinho de: os planos vão dar errado devido a falso amigo cujos planos dão certo.
mulher sonhando com o próprio: está casando com o homem errado.

CASTANHAS 09-16-23-32-37-38

avelã: deixe o passado no passado e recupere o presente.
castanha americana: vai se dar bem em novo projeto.
comer amendoins: estará em um quarto cheio de estranhos.
manteiga de amendoim: arrependimento por causa de uma mentira pela qual você não pode se desculpar sem admiti-la.
comer de sobremesa: desejo importante lhe será concedido.
do Pará: vai brigar com pessoas obstinadas e irracionais.
esconder: descoberta de um tesouro dentro de si, o qual você tem medo de expor.
gosto amargo de amêndoa: você tem um poder raro de observação; arrume um mentor.
comer: novo amigo lhe decepcionará com sua estúpida indiscrição.
comprar: tristeza temporária devido ao fracasso de empreitadas correntes, mas as coisas vão melhorar.
doces: seus amigos lhe cercam de doçura.
juntar: está guardando sua criatividade para momento mais propício.
noz europeia: após um período de má sorte, receberá um presente que deseja.

noz-pecã: riquezas.
núcleo da: a força essencial que lhe orienta na vida precisa de seu reconhecimento.
pistache: entretenimento social em honra de um amigo querido.
que ainda estão na árvore: sua subida se dá em galhos fortes com raízes profundas.
com a pessoa amada: vai se casar com pessoa agradável e abastada.
dormir debaixo de: boa saúde.
à sombra de uma: está protegido de preocupações causadas por amigo importante.
fazer um piquenique com a família sobre uma: frivolidade e diversão com suas pessoas favoritas.
quebra-nozes, segurar um: passará por dias infelizes que refletirão bem em suas ações.
beliscar a própria mão com o: felicidade no amor.
quebrar cascas: casamento feliz e sucesso em empreendimento.
pisar em: vai fazer muito dinheiro com pequenos investimentos.
quebrar: sucesso nos negócios ao resolver casos difíceis.
e ver que está vazia: uma pessoa confiável vai renegar uma promessa.
mas não comer: não gastei; reinvista seus lucros.
torradas: o calor da alegria da família nas ruas de Nova York.

CASTANHAS PORTUGUESAS 17-19-27-30-40-48
assar em uma fogueira: a vida sem a pessoa amada seria inconcebível.
catar do chão: use a sua engenhosidade para solidificar um caso de amor.
comer: direcione as vantagens a seu favor.
comprar: você se desapontará com a pessoa amada.
sentar-se sob castanheiro: a vida recuperou as suas possibilidades.
ter: sofrimento doméstico é causado por suposto amigo.

CASTELO 15-32-36-42-45-47
antigo: investimentos de longo prazo precisam ser revisados.
em chamas: brigas são causadas pelo seu mau gênio; mude-se para uma vizinhança melhor.
entrar em: você está tendo um caso de amor com você mesmo; volte à realidade.
fortaleza de: você está colocando uma parede entre você e uma oportunidade.
olhar para: as suas expectativas excedem os seus recursos.
pequeno: sua imaginação precisa de um pouco de realismo.
residir em: você receberá reconhecimento por suas conquistas extraordinárias.
ser convidado em: uma pessoa eminente influenciará você.
sitiado: você está defendendo sua busca por liberdade criativa.
sonhar com: aguarde a visita de amigos à sua vida de poucas restrições e grande riqueza.
viver em: seu orgulho excessivo pressagia sua queda.

CASTOR 04-06-17-26-38-39
amigos com um casaco de pele de: uma pessoa amiga está trabalhando diligentemente contra você.
com casaco de pele de parentes: não deixe que fofocas maliciosas magoem suas emoções.
comprar um casaco de pele de: você será acusado de conduta imprópria em relação a uma pessoa inocente.

vender: cuidado para não se sobrecarregar de trabalho.
sonhar com: seja diligente no planejamento meticuloso.
ter um: uma pequena herança conseguida por meio da perseverança não resolverá os problemas.

CASTRAR 03-13-16-28-37-42
animal: você será acusado de causar um trauma sexual.
cordeiro: você está dando um grande banquete para as emoções, os sentimentos e os impulsos reprimidos.
homem sendo castrado: a sociedade irá se dar bem melhor sem o seu plano.
mula: uma autoridade punirá você por inferioridade.
mulher sonhando castrar um homem: um desejo implacável de se vingar da rejeição dele por ela.
porco: infelicidade de estar envelhecendo e tendo que crescer.
ser: ao minar o vigor deles, você triunfa sobre os inimigos.

CATÁLOGO 21-30-38-39-41-51
de máquinas: perda em assuntos pessoais.
de mercadorias de uma loja: você ganhará muito no jogo.
de roupas e sapatos: amigos culparão você.
escolhendo a partir de um: tentativa de ser diligente no futuro.

CATEDRAL 12-16-26-36-39-41
abside: aguarde um milagre em breve.
estar em: você receberá homenagem.
gárgula em: um trote fará você rir e rezar.
interior de: tenha cuidado com seu negócio.
lado de fora de: prosperidade.
nicho vazio: você está hesitando à beira da ação; confie em alguém próximo a você.
com estátua: você superará sua apreensão e agirá com inteligência.
com Nossa Senhora: sua timidez impede que você expresse seus sentimentos em público.

CATIVEIRO 01-10-11-12-17-24
animais em: sua dignidade e honra estão sendo destruídas pela servidão.
entregar-se ao: infortúnio se você não enfrentar a traição na fonte.
esposa no: seu marido irá censurar você por sua indiscrição.
estar em: você é prisioneiro de sua moral e do seu sistema de crenças a respeito da ética.
inimigos em: culpa quanto aos desejos de fazer os outros derrotarem a si mesmos.
pessoas em: você está passando dos limites para sujeitar os outros às suas opiniões e emoções.
submeter alguém ao: decadência se você deixar que alguém pise em você.

CAUDA 02-08-09-19-40-47
abanando: terá confortos duradouros na vida.
cortar sua: será culpado por atos tolos; segure a língua.
de animais selvagens: conhecerá pessoas inteligentes.
de animal manso: casará com pessoa instável.
de cavalo, longa: receberá assistência de amigos.
separado da: será abandonado pelos amigos.
de vestido: em breve terá dinheiro de sobra.
muito comprida: a carroça fica mais pesada à medida que vai abarcando mais projetos.
ondulada: você é o alvo da piada.

puxar a de um animal: está pedindo para levar um chute.
queimada: sofrerá adversidades ao procurar consertar julgamentos errados do passado.
segurar um animal pela: está correndo perigo de ser chutado.
ter uma: terá de pedir desculpas pelos atos de pessoas de sua relação.
vermelha: fará bons acordos empresariais.

CAVALARIA 06-07-24-29-38-43
mulher casada sonhando com um soldado da: ela se divorciará do marido.
mulher solteira: ela se casará com um banqueiro rico.
pertencer à: você se casará com uma mulher bonita.
sonhar com: distinção no serviço e ascensão na sociedade.

CAVALARIÇO 17-18-25-27-30-46
cuidar dos seus cavalos: recursos abundantes.
escovar um cavalo: você fará uma viagem por terra e muito tempo passará antes que o projeto seja completado.
estábulo: você conta com o apoio da sorte.
outros trabalhando como: uma mudança de ambiente.
rédeas de: perda incompleta e inconstante de emoção a serviço de outros.
ser: questões legais serão comunicadas a você.
vários: você terá que lutar contra malfeitores.

CAVALGAR 23-25-31-34-35-36
em pleno galope: nesta velocidade você acabará perdendo o rumo de seu objetivo.
um cavalo: os negócios sairão de controle; tome as rédeas.
branco: mensagem dos céus.
crianças: vai desistir da pessoa amada em troca de um lucro mercenário.
caindo de um: prosperidade sob condições nefastas.
e ser jogado no chão: mude de direção para ter negócios satisfatórios.
vermelho: recue e use sua raiva construtivamente.

CAVALOS 04-07-10-26-30-42
açoitar um: sua fúria e desaprovação estão com você.
amigos andando a: um amigo fará sexo com a pessoa que você ama.
andar a: rédeas estáveis e coração firme colocarão você um degrau acima na vida.
divertindo-se destemidamente: um relacionamento gratificante com a sua comunidade.
em um cavalo perigoso: sua preocupação, insegurança e confusão deixam você desprotegido contra o mal.
em um que não lhe pertence: você não consegue se comprometer com um parceiro.
mulher andando a cavalo e sendo derrubada: o casamento não irá durar muito.
para caçar com cães: dividendo inesperado oriundo de um fundo ou ações sem valor.
preocupação a respeito de: tome uma atitude para melhorar esta esfera da sua vida.
sem sela: independência e codependência conseguem coexistir.
arreios: pequeno progresso nos assuntos do amor.
comprar: um novo amor tentará você.
bater em um para fazê-lo obedecer: você irá ferir seus amigos com atos egoístas de arrogância.

cair de: saia do projeto antes que fracasse.
castrado: você perderá uma coisa valiosa, mas, depois de muita preocupação, irá encontrá-la.
cavalo selvagem e agitado dando coice: sua superação de grandes obstáculos será recompensada.
cavalo sendo montado por um: uma outra pessoa tem controle da vida dela e da sua.
mulher: você se reconciliará com os amigos depois de ceder a investidas inoportunas.
cinza: o dinheiro virá facilmente durante toda a vida.
com espuma saindo da boca: você tem amigos leais com dificuldade para serem sinceros.
com rédeas: lado animal da natureza precisa ser controlado.
comprar: você lucrará com a venda de uma propriedade e ficará perdido em um vácuo emocional.
conduzir pelo cabresto: avalie decisões com cuidado antes de deliberar ações.
conduzir uma parelha: sucesso para os planos de boa colheita e felicidade doméstica.
crina: uma luta para se erguer com um convite para ingressar na alta-roda.
de cauda comprida: os amigos irão ajudá-lo a escolher uma esposa.
curta: os amigos te abandonarão quando você estiver na penúria.
domar um cavalo selvagem: uma outra pessoa está resistindo a suas tentativas de se tornarem amigos.
égua: você se casará com uma mulher bonita em breve.
encontrar ferradura: boa sorte para a pessoa de quem você gosta.
esconder um cavalo fugitivo: você está indo contra a tradição sem o apoio de seus superiores.
exibição de cavalos em uma feira: você lidará com assuntos desde a turbulência até a prosperidade.
ferido: sonhos serão difíceis de realizar nos empreendimentos de amigos.
levar coice de: confiança excessiva e errada em estranhos.
mancando: você se defrontará com oposição; comece seu próprio projeto.
montado em: casamento opulento; energia sexual está bem apoiada.
montar em um cavalinho de balanço: sua indecisão está custando caro a você.
em um garanhão: sua ascensão social não lhe trará paz.
morto: perda de um casamento agradável e empreendimentos felizes por causa da imoderação.
negro: seu luto e sua tristeza por ter sido molestado separará você dos outros.
branco: felicidade, mas não à custa de outra pessoa; fique junto de amigos agradáveis.
castanho claro: você realizará os seus sonhos; cuidado ao lidar com ideias.
de outra cor: bons negócios a caminho.
escuro: uma temporada de descontentamento, treinamento árduo e bons conselhos; vitória tão doce.
participando de uma corrida: brigas com amigos a respeito do controle da sua vitalidade.
Pégaso: seus instintos estão fertilizando sua imaginação.
perder: outros progredirão com o lucro do seu empreendimento.
pôr cabresto em: com o tempo você irá controlar o destino, apesar daqueles que trabalham contra você.

pôr rédeas em um cavalo: preocupação desnecessária a respeito da saúde de outra pessoa que você não pode mudar.

potro: sucesso é adiado com notícias vantajosas.

correndo atrás da mãe: começos novos e surpreendentes melhoram a sua vida em casa.

sugando leite da: vitória sobre os inimigos, se você cumprir apenas obrigações nobres.

prender os estribos: você será forçado a viajar para recuperar a prosperidade; a viagem será adiada.

desatar os: uma série de incidentes azarados contribuem para o êxito.

ter dificuldade para: tirar vantagem da falta de sorte de outra pessoa causa grandes brigas com uma pessoa amiga.

puxando carruagem ou diligência: você encontrará um parente distante que se insinuará na sua vida.

puxando uma carroça: libere-se da opressão que os outros exercem.

puxar as rédeas de: seu sucesso será prejudicado por ter que pagar suas dívidas com os inimigos.

recebendo ferradura: interesses irão progredir para além das expectativas mais extraordinárias.

relinchando: uma pessoa que não foi convidada será entretida e intimidada a ir embora.

vários, ao mesmo tempo: um predador está se aproximando do seu estábulo.

segurar as rédeas firmemente: seu intelecto deveria moderar seus impulsos emocionais.

ser atirado de: use de cautela contra escândalo e vergonha.

ser: você ainda não se conscientizou das suas energias físicas.

ter cavalariço: triunfo na vida com a assistência fiel dos amigos.

ter esporas: você deveria aceitar as tentativas de uma outra pessoa de encorajar sua autoconfiança e domínio de si.

enfiá-las no cavalo: você está recebendo críticas de alguém que não tem que fazer o trabalho.

fixar: ansiedade acerca de resultados nos negócios.

trocar ou negociar cavalos: você está abaixando as defesas contra a fraude em um negócio traiçoeiro.

vender um cavalo: sua generosidade e seu altruísmo em relação à pessoa amada estão sendo percebidos e apreciados.

visitante montado em: alguém buscará seu apoio ou sua proteção.

CAVALO DE CORRIDA 01-11-33-40-43-52

apostar em um: você exige que seu parceiro encare seus demônios e se comprometa.

cavalgar um: perda com especulação indiscriminada por parte de seu companheiro.

exercitar-se em um padoque: procure reagir mais rápido e depois chegue a uma solução.

estar dentro do pasto do: não faça especulações com notícias de uma contratação.

outras pessoas: uma contratação será cancelada devido à flutuação financeira.

ter um: tentativa de economizar enquanto ainda há tempo.

treinar um: seu caráter e sua personalidade são imitados.

CAVAR 05-30-31-33-38-44

buracos para plantar árvores: vá às raízes da sua integridade para resolver o problema.

desenterrar um cadáver: seus atos desonrosos vieram à tona.
mineiro ou cavador profissional: sua mente curiosa precisa de disciplina.
no solo: com trabalho árduo, sua tarefa dará lucro.
bom: reative os traços de personalidade dos quais você esqueceu.
fofo: seus planos aliviarão sua consciência.
outros cavando: promoção, se você se dedicar diligentemente.
sepulturas: desenterre fatos pouco conhecidos antes de prosseguir.
sonhar com: nível de sucesso varia com o nível de dificuldade.

CAVEIRA 01-02-10-39-48-53
de parente: sua lealdade instável maculou sua reputação.
de um ancestral: fará bons negócios caso deixe de lado os negócios de família.
de um animal: problemas domésticos se provarão psicoticamente embaraçosos.
de uma pessoa morta: após o choque, permita-se descobrir um segredo.
segurando com as mãos: revelação de segredo bem guardado de um inimigo.
em um museu: receberá dinheiro para futuras expedições.
lidar com uma: está por demais absorto em um mundo erudito para se comunicar com os outros.
ossos cruzados (simbolizando morte): alerta de perigo a lhe perseguir.
sonhar com uma: arrependimento por suas imperfeições.

CAVERNA 07-15-17-27-37-51
cair em: retorno aos níveis da consciência onde o medo se estabeleceu.
engatinhar para dentro de: evitar uma situação muito difícil não irá resolvê-la.
escapar de: o seu eu mais forte está tentando encontrar você.
escavar uma gruta: você sente a energia abandonar você, deixando dores musculares causadas por uma friagem.
estar em: mudança e provável afastamento das pessoas amadas.
com outras pessoas: meios abundantes se você buscar refúgio nos amigos.
estar em uma grande: você permanecerá pobre e desconhecido no seu universo em expansão.
grande: desejo de renunciar à responsabilidade e tornar-se totalmente dependente de outra pessoa.
fazer uma grande festa em uma gruta artificial: você está alegremente absorto na e pela pessoa amada.
jantar em uma: a pessoa amada não pode substituir sua inabilidade de lidar com seu mundo.
muito profunda: morte de uma pessoa amiga faz você refletir sobre o começo de sua vida.
sair para a luz: sua depressão acabou; o seu eu pode sair em segurança.
ser levado à força para: jornada perigosa pela frente ao nível primitivo do ser.
viver em: o seu egotismo, na verdade, é insegurança.

CEBOLAS 08-10-19-37-44-45
colher do chão: revelação de segredo de várias camadas.
comer cozidas: lição negativa para um fã negativo se tornará palatável.
anéis fritos: sua alegria exagerada atrairá um rival irritante.
cruas: as soluções vêm por meio de lições amargas.
comprar: seus sentimentos serão feridos, mas siga em frente para superar os obstáculos.
cozinhar: será visitado por um amigo que se tornará invejoso e vingativo.

descascar: em breve terá grande felicidade.
fatiar uma: seu atual mau humor durará pouco.
plantar: sua personalidade contundente e decisiva encontrará um ponto de acordo.
ver crescendo: os rivais vão lhe pressionar para que você acabe declarando o que pensa de ruim sobre eles.

CEGONHAS 13-19-24-33-34-41
grupo de: há previsões de que você será roubado, mas restará saber por quem.
muito quietas: chegada de inimigos e pessoas perigosas.
ninho de filhotes de: um bebê no seu futuro.
ver cegonhas no inverno: mude para uma residência mais harmoniosa.
duas juntas: vai se casar e ter bons filhos.
voando: você será responsável por muitas crianças.

CEGUEIRA 06-11-30-35-45-49
bebê cego de alguém: você não quer que eles enxerguem características que você não gosta a seu respeito.
cabra-cega: os cegos estão conduzindo os cegos neste empreendimento.
contraída por você: o que você se recusa a enxergar está restringindo você.
por amigos: problemas e tristeza estão ao seu redor.
por homem: cuidado para que a ambição não substitua a inteligência nos empreendimentos.
por muitas pessoas: você tem que querer entender os inimigos a fim de derrotá-los.
por mulher: uma pessoa merecedora pedirá sua ajuda.
por parentes: não ignore as brigas em família; o que os seus olhos não vêm, o seu coração sente.
dar dinheiro a mendigo cego: jogue na loteria, as probabilidades são maiores.
homem vendado: ele quer ficar viúvo.
entre muitas pessoas: reviravolta repentina da sorte.
mulher vendada: você está decepcionando os outros com a sua inabilidade de lidar com o problema.
olhos fechados e correndo: perigo na pista de corrida.
perder sua própria vista: está na hora de ir ao oftalmologista.
pessoa cega sendo conduzida: aventuras estranhas, impossíveis de completar.
por cachorro: notícia preventiva.
pessoa jovem ficando cega: você não consegue concordar com seus amigos, que acabam se mostrando falsos.
pessoa vendada: uma consciência preocupada com uma influência perturbadora.
ser cego: você será enganado por alguém próximo.
seu bebê nascendo cego: você não queria nascer neste corpo.
usar antolhos: o fracasso em ver o óbvio desvia você do caminho certo.

CEIA 07-10-28-29-30-51
cear: permitirá que pequenas coisas interfiram no todo.
a negócios: a desgraça pública não pode ser escondida detrás de boa aparência.
sozinho: recuperará seu entusiasmo pela juventude.
servir a animais: o prazer varrerá o infortúnio, mas este em seguida mostrará sua cara feia outra vez.
sonhar com a Última Ceia: receberá bênçãos de novo e valoroso amigo.

CEILADOR 03-06-28-33-41-51

amigos que são: não dê ouvidos aos conselhos deles; consulte a quantidade e a qualidade de seu trabalho.

colhendo trigo: receberá uma bênção.

feno: não se preocupe com bobagens enquanto há tanto trabalho a fazer.

ser um: toda a fartura de que você precisa está em casa.

vários ceifadores trabalhando: fará um piquenique após uma dura manhã de trabalho.

fazendo corpo mole: miséria quando se der conta de que seus esforços não dão resultado em meio à prosperidade alheia.

CELEIRO 06-17-21-22-26-49

animais invadindo um: prosperidade é quando todo mundo quer o que você tem.

cheio: você se casará com uma pessoa rica.

construir um: trabalho árduo vai compensar em termos de proteção.

outros, para você: pare de negar o valor dos vizinhos.

estar em um: você vai ganhar uma ação.

com outras pessoas: você receberá uma herança.

Jesus na manjedoura: você será abençoado.

manjedoura vazia: enfrente o problema de sua carreira profissional: você tem medo de rejeição.

cheia: uma promessa de um futuro longo e pleno.

manusear grãos em: tenha mais cuidado com a sua dieta.

pegando fogo: documentos importantes largados à toa deveriam ser guardados em um cofre.

vazio: ponha o seu apoio em outro projeto.

com portas abertas: infortúnio está de portas abertas.

CELULAR 01-04-20-35-37-38

conexão difícil: você não tem certeza de quem é o objeto de seus sentimentos.

confusa: parceiro(a) não entende que você deseja partir.

distração e acidente durante o uso do: outras pessoas estão interferindo.

interferência: um relacionamento é entre duas pessoas apenas.

ligação cai: ignore o que foi dito.

não funciona: tente outro caminho.

problemas ao discar: é preciso mais esforço para que você tenha sucesso.

rediscagem não funciona: encare, está na hora.

você não consegue enxergar os números: pesquise informação vital.

CEMITÉRIO 02-06-10-30-38-43

acompanhar um amigo próximo ao: você terá notícias de um amigo que achava que tinha morrido.

um desconhecido: é preciso dinheiro para resolver o passado morto de alguém.

cipreste nos limites do: protege os mortos do mal.

crianças colhendo flores em: você tem uma personalidade sensível e hesitante.

demorar-se no: agarre-se a sonhos que ainda não se realizaram, ainda há tempo.

entrar em: desarraigue a angústia que você enterrou.

estar em: conquiste a sua paz, a prosperidade virá em seguida.

noiva passando por um a caminho do casamento: perderá o marido.

pessoas idosas depositando flores em: você não terá nenhum remorso se resolver o problema.
sonhar com: você receberá de volta propriedade usurpada ocupada por usurpadores.
trazer flores a um: alívio da ansiedade relacionada a um problema que já passou.

CENOURAS 04-06-14-25-29-36
comer: boa saúde para os seus olhos.
cozinhar: abundância deve ser vivenciada antes de ser alcançada.
cultivar: não deixe que os amigos ponham você em situações comprometedoras.
sonhar com: lucro por meio da herança de experiências mundanas.
ter em casa: no final, você será recompensado com crianças saudáveis.

CENTEIO 03-09-11-15-41-46
beber licor de: é preciso comparecer a determinado evento social.
moer farinha de: função desagradável para a qual você serve à perfeição.
pão de: você tem toda a nutrição que precisa; compartilhe as sobras.
assar: bons dias chegando, sua casa é popular.
comer: popularidade com o sexo oposto; desprazer causado por crianças.
comprar pão de forma: uma aventura mexerá com suas ambições; tempere-a com uma avaliação sensata.
servir, em refeição: a prosperidade está garantida na companhia de amigos.

CERA 11-18-27-34-35-46
comprar: está se acostumando fácil a gastar dinheiro a esmo.
encerar o chão de casa: vai pedir dinheiro emprestado para manter um compromisso importante.
outras pessoas encerando: não terá sucesso nas empreitadas por não conseguir cumprir compromissos.
usar: evite emprestar dinheiro e se recuse a ajudar amigos com problemas financeiros.

CERCA 01-06-22-23-34-47
aberta: você acha que deve manter-se longe de seus desejos exóticos.
atingir a fronteira: outros estão definindo os seus limites por você.
atravessar uma: você obterá dinheiro de forma questionável.
cair de: você está se comprometendo com mais do que pode cumprir.
cair de hastes horizontais de uma: você ficará de luto com a morte de um parente.
galgá-las: sua saída envolve galgar alguma coisa.
ficar preso em uma estaca de uma cerquinha: um pequeno erro coloca você em risco de cometer um crime sério.
galgar uma: sua coragem desafiará suas restrições.
com cautela: um inimigo está tentando apanhar você em uma armadilha.
e se machucar: você atingirá o seu objetivo, mas ficará decepcionado com os métodos que empregou.
outros: um inimigo está impondo limites ao seu trabalho.
impedindo a sua passagem: reexamine as inibições que impedem a sua autoexpressão.
limite: você está evitando tomar uma decisão de influir sobre algo ou alguém.
olhar: resolva um assunto paralelo primeiro, depois concentre-se no ponto máximo de suas ambições.
vender joias através de uma: você está se protegendo de ser exposto por seus erros.

CERCO 17-26-31-35-48-55

castelo subjugado sob: você confia que sua empreitada financeira lhe trará lucro

parentes que estão sob: você se tornará ator ou atriz para lidar com apuros familiares.

CERDAS 02-09-19-28-29-37

colher: você está se expondo a novas propostas de negócios.

entregar: período de sucesso de pouca duração seguido de uma pequena quantidade de aceitação.

receber: seu planejamento claramente analisado precisa de dados fornecidos pela oposição.

ter: segurança em seu próprio negócio.

outros: você enfrenta obstáculos insuperáveis.

CÉREBRO 04-08-09-14-19-33

amigos sofrendo cirurgia no: você encontrará um objeto oculto valioso.

comer: você se beneficiará da sua habilidade.

de animal: você precisa ter muito cuidado com cada passo mental.

inimigos sofrendo cirurgia no: você terá bons rendimentos.

operação no: você está ficando mais consciente do seu próprio poder e no seu uso construtivo.

outros com um saudável: equilibre seu intelecto com a lógica do coração.

parentes senis: perigo à frente.

pessoas idosas comendo miolos: volta da memória seletiva.

sofrer cirurgia no: você tem uma mente racional passional.

sonhar com: uma atmosfera desagradável faz com que você se irrite e se torne desagradável.

ter tumor no: sua reputação não transcendeu tempo e espaço.

ter um doente: meditação ativa a transferência do inconsciente ao consciente.

ter um saudável: bons resultados nos negócios devido a grande conhecimento.

CEREJAS 04-18-28-47-49-51

amarelas: você deseja a suculência da elegância.

ao marasquino: um toque de classe para obter apoio a seu favor.

cair de uma cerejeira: o caso termina em decepção por causa das mentiras da pessoa amada.

cerejeira florida: grande sorte pela frente.

sem flores: sua generosidade irá liberar sua boa saúde.

colher: seus desejos serão realizados superficialmente.

comer: você será agradável nos assuntos de personalidade.

azedas: decepções no amor.

em álcool: seus melhores amigos enganarão você.

fora de época: aborrecimento causado por um ex-amigo.

sonhado por homem: ele será enganado por uma mulher.

cozinhar: você está de posse de um objeto delicioso e altamente desejado.

escuras: você se arrependerá dos seus empreendimentos atuais.

pendurar-se em uma cerejeira: perdas nos negócios em breve.

podres: a pessoa amada te machucará com calúnias.

subir em uma cerejeira: um caso passional de curta duração.

ter em casa: sua casa está em excelentes condições.

tigela de: a sua vida é o seu próprio destino, e de ninguém mais.

CERIMÔNIA 02-13-33-34-35-49

desfile militar: tenha orgulho de sua terra natal.

oficial: você tem a habilidade de reagir rapidamente a situações altamente complexas.
participar em: você é um profissional completo.
religiosa: uma expressão de satisfação de valores internos.

CERTIDÃO (ou certificado) 06-28-30-40-42-44
dar: as pessoas reconhecerão sua inocência.
de nascimento: os poderes de criação estão só começando.
de óbito: uma movimentação importante na estrutura de poder da família.
oficial: você está prestes a receber uma promoção.
receber: você não vê as coisas do ponto de vista dos outros.
certificado de ações: perdas financeiras.

CERVEJA 28-32-38-39-41-45
amigos ficando bêbados ao tomar: armar intrigas causa devastação.
beber: um intercâmbio animado com amigos será decisivo.
escura e amarga: necessidades simples, prazeres substanciais, poder sem exageros.
caneca cheia de: a excitação está fermentando; esteja à altura das circunstâncias.
várias: você é complacente demais com sua vida satisfatória.
colher lúpulo para: um caso amoroso arrebatador acabará tão de repente como começou.
derramar: alguém revelará a sua culpa em uma intriga.
estar em uma festa da: aposte no seu sucesso; as probabilidades estão a seu favor.
fazer: você será inocentado de acusações injustas.
fazer cerveja maltada: boa sorte para a pessoa de quem você gosta.
garrafas: prejuízo nos negócios se você especular com números.
outros bebendo, mas você não: você terá pouco dinheiro, mas muito amor para dar.
pessoas fazendo: domine o seu negócio, pois uma vida livre de problemas será sua.

CERVOS 06-26-28-31-34-46
cabeça de: triunfo sobre um eu dócil e inofensivo não é nenhuma vitória.
chifres de: sua presença causa aborrecimento a outras pessoas.
vários: um doloroso amor não correspondido: a pessoa amada se recusou a ser seu troféu.
coelho e cervo correndo: corra com a oportunidade adiante de você.
comer a carne de um veado adulto: seu/sua parceiro(a) está traindo você.
carne de veado: vitória total das objeções de seus inimigos.
comer carne de veado: um convite de uma pessoa proeminente.
corça: um encontro em ambiente pacífico distrai e afasta você das atitudes necessárias.
corça jovem: um perigo grave para seus relacionamentos, se você sacrificar sua qualidade de vida.
mansa: não tenha medo de mostrar sua vulnerabilidade.
matar uma enquanto caça: você está acusando a pessoa errada; o noivado é rompido.
dirige: você está agindo de forma unidimensional.
muitas: você está ofendendo a hospitalidade de seus amigos.

correndo quando avista os seus faróis: você está indo, por seus próprios atos, em direção ao conflito com outra pessoa.
gritar por ter errado o tiro em: você irá à bancarrota com sócio desleal.
macho: cuidado para não fazer uma aparição tola em território indesejável.
manada de: grande amizade com mensageiros do inconsciente.
fugindo: graça, suavidade e fertilidade.
matar: você irá ao tribunal por causa de uma pessoa amiga.
cervo macho: um convite para uma festa de solteiro fabulosa.
outros: adiamento do evento ajuda o seu oponente.
veado adulto: você receberá uma herança depois de lutar pelos seus direitos.
orelhas de: as críticas dos outros ofendem você com frequência.
saltando: táticas diversionárias conseguirão o contrato para você.
ter os chifres de: você levará uma facada nas costas de um caluniador.
o couro: você receberá uma doação de uma pessoa idosa antes da morte dela.
vários: você quer liberdade para vagar com os mensageiros do seu inconsciente.
veado no alto de um morro na floresta: o orgulho guia suas ações.

CESTA 16-18-24-33-38-44
cheia: vida eterna por meio de nascimento, morte e ressurreição.
dar sua: não preste ajuda àquela pessoa amiga.
de flores: uma outra pessoa terá um acidente.
de outra pessoa: sua família aumentará em número.
de roupa suja: verifique duas vezes a honestidade de outra pessoa antes de confiar nela.
ter uma vazia: você perderá dinheiro por causa de descuido.
cheia: abundância em todas as suas formas.

CÉU 01-02-10-39-48-61
azul-celeste e límpido: alegria em casos de amor se você se comportar corretamente.
caindo em sua cabeça: espere ser morto em acidente.
cair do: cuidado para não cair em armadilhas preparadas por antagonistas.
carregado de nuvens cinzentas: um amigo nada óbvio vai lhe apoiar firmemente.
cheio de nuvens: discussões entre sócios.
claro: um caso de amor jubiloso que se derreterá nos primeiros dias de chuva.
coisas caindo do: espere guerra por parte de fonte originalmente recatada.
dourado: será ameaçado por personalidade conhecida.
estrelas que parecem diamantes no: lucros garantidos em tudo.
caindo do: receberá mensagens que representam verdade universal.
grande extensão de vermelho reluzente: desolação por sua incapacidade de ser o centro de tudo.
morar em um arranha-céu: você luta para ser tratado como um indivíduo.
sem janelas: um amante está se afastando de você.
trabalhar em um: tenha altas ambições, mas reconheça seus limites.
nublado: caso de amor tempestuoso terminará em infortúnio.
sem nuvens: deve trazer à baila a conclusão das próprias esperanças.

subir ao: espere honras que lhe serão conferidas em boa hora.

CEVADA 07-22-31-33-35-49

comer: grande satisfação e vigor.

comer pão de: grande satisfação e boa saúde.

comprar: tristeza porque a família não consegue prover subsistência dela.

cultivar no campo: carreira em ascensão na cidade.

fazer malte de: um período de riqueza.

manusear: alegria e lucro por causa de decisões rápidas e certas.

ter muita: uma mente organizada e previdente progride.

vender: um inimigo está muito perto; deixe que se arruíne.

CHÁ 01-16-28-46-47-49

beber: retorno ao básico, livre de más influências.

com leite: ações inteligentes e sutis vão lhe trazer o que deseja.

com limão: sua clareza decisiva e cautelosa reserva vão lhe angariar uma promoção.

com outras pessoas: lide com a situação usando luvas de pelica.

em uma grande festa: você está interagindo com o centro espiritual dos outros.

em uma loja: abandone a lebre e junte forças com a tartaruga.

gelado: haverá um súbito hiato no relacionamento, pelo qual você se sente esgotado.

borra de: será chamado para várias tarefas sociais em prol dos necessitados.

comprar: passará por muitos altos em termos de recursos e baixos em termos de fardos pesados.

fazer: tenha cautela ao agir, cuidado com indiscrições.

sacos de: dignidade e destaque por meio de sua sagacidade aguçada.

ser um abstêmio: vai reagir a opiniões inaceitáveis por parte de amigos.

CHACAL 10-12-13-24-31-36

atacando você: um oponente está à espreita, aguardando um momento de fraqueza.

buscar coisas de valor em cadáveres: transformação no seu maior pesadelo; busque ajuda!

filhos com: um amigo, fiel e com boas intenções, está zelando por você.

possuir: sua persistência se alimenta dos outros.

de cor amarela: você será forçado a parecer tolo por uma pessoa cuja estima você deseja.

outros: sua covardia adiará seu sucesso.

CHÁCARA 04-07-11-13-17-23

bela: as proporções podem ser diagramadas, mas a beleza vem da habilidade de ver o interior.

destruída por um terremoto: fome vinda da morte da beleza e do senso de proporção.

pegando fogo: vai servir na guerra e a devastação lhe causará um impacto profundo.

reconstruir uma: preserve a estrutura de sua alma com a renovação periódica.

rústica: você vai conseguir concretizar suas esperanças e seus desejos.

CHAFARIZ 16-20-34-41-47-49

caneta tinteiro: você tem aspirações literárias de um exame intelectualizado da vida.

cheio: autoexpressão é a chave para a felicidade e vida longa.

esguichando com leveza sob a luz do sol: cortesia e gracejos vindos de várias fontes.

estar em um chafariz de águas límpidas: rejuvenesça seus talentos; faça com que brilhem e reluzam.
cheio de lixo e sujeira: fracasso de um exame intelectualizado do eu.
com a pessoa amada: grande alegria no amor e sucesso no casamento.
com esguichos altos: um acontecimento inspirador e extraordinário pela frente.
turvo: a boa sorte virá mais tarde.
fonte da juventude: mime a si mesmo a fim de renovar o seu amor.
fonte da vida: os poderes férteis do renascimento, vida eterna.
grande: emoção sexual excessiva em uma atribuição imprudente.
seco: período de frustração, desolação e interrupção da felicidade.
sonhar com uma fonte ou pia sagrada: devoção trará êxito.
tomar banho em: a sua alegria e o seu amor serão correspondidos.
e secar-se: pobreza ou morte.

CHAGAS 13-35-40-46-47-54
curativos: vai se sacrificar muito por outras pessoas ao receber notícias inquietantes.
seus filhos com chagas no corpo: eles só se curarão se você cooperar diretamente em seu crescimento.
filhos de outros: raiva pela maneira como as pessoas vêm lhe tratando.
sonhar com: raiva devido à forma pela qual você vem tratando os outros.
ter chagas no próprio corpo: sua carreira está em um ponto crítico.
no rosto: resolverá problemas com um acordo no qual arriscou dinheiro.

CHALEIRA 01-07-13-31-33-42
chaleira: trabalho árduo pela frente.
ferver água em uma: há trabalho difícil pela frente para ampliar os seus horizontes sociais.
reluzente, muito clara e limpa: grandes prejuízos nos negócios, mas ganhos materiais e espirituais.
vazia: uma mudança espera da oriunda de grande dor.

CHAMADO 08-16-25-28-30-44
alguém chamando: mude de rumo antes de agir.
seu nome: aguarde conselhos do seu inconsciente.
voz de Deus: irão lhe pedir que execute uma tarefa importante.
voz familiar chamando você: uma pessoa amiga que vive bem longe está em perigo iminente.

CHAMINÉ 06-16-18-26-31-45
alta: acontecimentos afortunados causados por uma renda inesperada.
cair dentro da: alegria pelo fato de o fogo estar apagado quando você entrou na discussão.
da sua própria casa: você ganhará uma estabilidade de curto prazo.
de navio: nova oportunidade aparece no horizonte.
descer pela: o seu comportamento inconveniente e ofensivo alienará seus sócios.
escova para limpar: você sofrerá uma grande decepção ao ser acusado injustamente.
trabalhando: mudança positiva na sua vida pessoal.
fuligem de uma: você não pode atribuir-se o mérito de completar uma tarefa detestável.
cobrindo você: uma interpretação errônea, típica de revistas de fofoca, persegue você.

fumaça saindo da: seus negócios prosperarão.
limpador de: mensageiro de boa sorte em ação.
com rosto completamente preto: você fará um negócio medíocre.
contratado para limpar a sua: alívio quando os constrangimentos familiares são expostos.
recebendo trabalho: você terá grandes lucros com a nova ideia.
rachada: uma grande catástrofe pela frente trazendo uma renda inesperada.
subir: você escapará de um plano desagradável.

CHAMPANHE 10-19-22-32-37-39
bandeja com taças de: rebelião contra normas sociais traz solidão.
beber: pessoas charmosas não compreendem você.
sozinho: você não terá sorte nos assuntos do amor.
comprar: procure apenas companhias alegres.
estar em uma festa onde só servem: você será feliz com a pessoa amada.
quebrar uma garrafa de: uma aventura iminente.
taça de: sorte temporária.

CHANTAGEM 07-09-10-16-17-36
amigo chantageado: falta autoconfiança e sabedoria.
chantagear dependente: confiança excessiva frustra qualquer esperança de relacionamento.
chefe chantageado: um dedo-duro terá dificuldade para arranjar outro emprego.
fazer uma: está tentando interagir com personalidades e realizar gestos contrários a sua ética.
proposta vinda de um chantagista: é provável que venha a sofrer de um mal desconhecido.
ser vítima de: sobrevivência é dinheiro bastante para colocar comida na mesa.
sonhar com: você será acusado de uma situação da qual não tem culpa.

CHÃO 09-18-28-40-44-46
beijar o da sua propriedade: felicidade no âmbito da família mais chegada.
cavar no seu próprio jardim ou quintal: você tem que confiar no próprio vigor para aumentar sua riqueza.
estar estendido no: condição social humilde pela frente durante algum tempo.
marmota norte-americana: você se apaixonará por uma pessoa brilhante, mas solitária.

CHAPÉU 08-20-24-32-51-54
chapeleiro: sua vaidade traz dinheiro fácil.
comprar um chapéu de um: você terá dívidas, embora o negócio esteja a seu favor.
vender um chapéu a um: você receberá dinheiro em breve.
de homem: trabalho inútil levará à dor emocional.
de mulher: sinal de status e orgulho.
esconder-se sob um capuz: sigilo e dissimulação por traz do disfarce de perfeição.
fazer: suas ideias sobre um trabalho criativo serão requisitadas.
fechar caixa de: você terá que explicar suas indiscrições.
abrir uma: ocasião alegre pela frente onde as pessoas irão se maravilhar com sua presença.
cheia: decepção em relação a uma festa.
vazia: as preocupações serão afastadas com raciocínio e lógica.
flutuando na água: tenha cautela com a filosofia por trás da doença mental de um amigo.

mulher usando um chapéu incomum: grande admiração por ter finalmente revelado o seu eu verdadeiro.
perder um novo: independência de uma autoridade antiquada.
seu: você perdeu a sua posição de poder no trabalho.
preto: falsos amigos do sexo oposto.
tirar: uma demonstração consciente de respeito que resulta em promoção.
tirar o chapéu para alguém: humildade a respeito de um sucesso não é humilhação.
usar gorro: muita difamação por parte de amigos invejosos.
usar grande: você está tentando esconder a sua falta de autoconfiança por trás da extravagância.
capacete de cortiça usado por caçadores e soldados nos trópicos: você visitará um país tropical.
cartola: conte com o fato que você terá intimidade com a mágica da realeza.
chapéu panamá: você será penetra em festas que não tem condições de dar.
de palha: você tem tendência a uma presunção que irrita os seus sócios.
não estar usando quando apropriado: seus pensamentos são incontroláveis nos ventos da verdade.
novo: você gostaria que a atenção estivesse centrada em você, e estará.
outra pessoa: você está fugindo de uma situação.
turbante: uma chegada há muito esperada trará os suprimentos que você necessitava.
velho e rasgado: dano físico e desonra à sua alma.
vento levando o seu chapéu: enigma desconcertante exigirá manuseio hábil.
de uma moça: você tem tendência ao flerte e terá que responder por isso.

CHARADA 05-10-11-16-21-32

falar por meio de: decepção aguda com respostas incisivas.
crianças: um velho amigo lhe visitará sem explicação.
ouvir outras pessoas: oferta inesperada por parte de indivíduo inescrupuloso.
parentes: luxúria e progresso sem obstrução.
pessoa amada: deve controlar as paixões para que elas possam evoluir e crescer.

CHARLATÃO 08-12-14-39-43-44

consultar-se com um: só você poderá determinar a saúde de seu corpo; basta ouvir.
outras pessoas indo a um: você é teimoso em seus assuntos; tratamento legítimo pode ser inadequado.
ser um: vencerá os inimigos, mas não as suspeitas, o que obstruirá sua cura.
sonhar com: em seu estado de desespero, uma mudança de ambiente acaba trazendo falsas esperanças.
que está sob os cuidados de um: será um estorvo para a sociedade quando atribuir a ele sua remissão.

CHARUTOS 01-02-04-07-28-49

comprar em uma tabacaria: sua tentativa de fazer economia é um engano.
ter um aceso: você tem esperanças de prosperidade, mas deveria guardar dinheiro para os dias difíceis.
apagado: ser dogmático trará infortúnio.
cigarrilha: seu espetáculo tem pouca substância, exceto pelo valor que você lhe dá.
outros: seja discreto quando for a uma grande festa.

CHAVES 12-16-29-34-39-41

achar várias: você tem o poder de abrir a porta para a paz na sua casa.

dar a alguém: no seu descuido, você perdeu a vez.

espiar pela fechadura: coisas inimagináveis irão piorar a sua jornada por meio da vergonha.

inimigos: desejo de trancar os inimigos e o que eles representam dentro de um cofre de aço.

outros: negócios lucrativos para o coração.

parentes: você será censurado por uma pessoa a quem admira por ignorar a verdade.

perder as suas: seus sentimentos não podem mais ser guardados a sete chaves.

ter uma: a solução para o enigma está em suas mãos.

da pessoa amada: você escapará de uma situação perigosa.

quebrada: revele o segredo que esmagará o negócio deles.

CHEFE 01-02-09-38-44-47

é seu amigo: a atitude condescendente de outra pessoa está diminuindo suas ambições.

o presidente: você quer que seu chefe seja líder em inteligência, não em popularidade.

seu pai ou sua mãe: você está manipulando seu chefe a agir como seu pai ou sua mãe.

nutrindo rancor por você: período difícil exige a calmaria do olho do furacão.

pedindo que você trabalhe até mais tarde: você terá que aceitar tarefas extras.

rondando você: o ímpeto predominante é a sua ambição.

ser: a independência é possível agora; torne-a provável.

e trabalhar demais: você é o crítico das suas influências; é o seu íntimo que guia você.

sonhar com seu: você se sente mentalmente inseguro com respeito à autoridade.

CHEIRO 06-11-25-28-34-35

agradável: atrairá amante com a isca errada.

de suor: sua evasiva lhe jogará nos braços de um novo amor.

desagradável: um segredo íntimo revelará que seus esforços são desnecessários.

ruim: perda da amizade de vizinhos.

de mau hálito: alguém vai lhe enganar com conselhos que é melhor ignorar.

no ar: será enganado por seu melhor amigo.

CHEQUE 14-22-26-34-44-48

devolvido por falta de fundos: você está sendo enganado.

falsificar: os amigos não estão revelando toda a verdade.

assinatura em um: você está tentando ser claro em vez de justo.

manusear o próprio talão de: dignidade e distinção.

passar um ruim: aquilo ao que você quer recorrer é o que receberá.

sem fundos: um inimigo está buscando sua ruína.

perder: promessa de ganhos financeiros não será cumprida.

perder um talão de: a inimizade de uma pessoa da qual você escapará facilmente.

pessoas preenchendo no seu talão: decepções nos negócios.

preencher: você achará difícil cumprir suas promessas.

sabendo que não existe dinheiro na conta: culpa.
preencher de um talão de: os bons tempos estão chegando.
receber: um empréstimo perdoado há muito tempo será pago.
ter: uma mudança na vida ocorrerá em breve.

CHICOTE 14-15-17-28-32-42

chicotear: as pessoas percebem a agressão por detrás de sua fachada dócil.
outra pessoa: alguém que você admira não precisa usar da força para lhe convencer, mas a está empregando.
um cavalo: seus abusos são fontes de culpa e vergonha.
ser chicoteado: viajará ao exterior e encontrará uma vítima ingênua.
inimigos: vai se recuperar de doença causada por masoquismo.
várias pessoas: vai se decepcionar se acha que os problemas acabarão.
ter um: vai receber uma mensagem afetuosa de pessoa que mais tarde se mostrará maldosa.
usar um: dominação, superioridade e autoridade, a despeito de você merecê-las ou não.

CHIFRES 07-11-23-24-26-37

animais com: o dilema é um aviso para que você escute suas vozes internas.
comprar: bons negócios possíveis por causa da grande força de vontade.
de touro ou vaca: você tem um nível incomum de habilidade organizacional imperturbável.
homem com chifres na testa: risco de doença mortal.
outros: desavenças e conflitos acerca de problemas de outra pessoa.
ouvir o som de uma trombeta feita de: a cavalaria está chegando em sua ajuda bem-merecida.
receber de presente: você se sente enganado a cada curva; você demonstra mais ansiedade pelo casamento que pelo amor.
soprar um corno para emitir um som: prolongadas atividades sociais de natureza alegre; notícia precipitada de natureza pecaminosa.
enquanto caça: conversa inútil distrairá os participantes do assunto em questão.

CHINELOS 01-09-12-18-33-41

comprar: receberá uma pequena gentileza, uma viagem que se reverterá a seu favor.
de homem: terá vida longa em um relacionamento forte.
de mulher: terá de perdoar os inimigos para aceitar relacionamentos desarmados.
mocassins: será contratado para supervisionar outros.
ter muitos: receberá boa recompensa por proposta feita por você.
usar: segurança e contentamento em seu coração.
desgastados: você está jogando fora seu relacionamento.
homem: levará uma vida tranquila se estiver satisfeito com a escolha da pessoa amada.
pessoa solteira sonhando com: cuidado ao escolher o(a) parceiro(a).
rasgado: um grande desacordo ameaça seu relacionamento; e o próximo será ainda pior.

CHINÊS 05-18-29-33-49-53

estar em companhia de: medo da influência de crenças estrangeiras ilógicas.
casa chinesa: você está procurando o misticismo inerente na sabedoria.
Grande Muralha da China: o que tem de melhor em proteção e segurança.

vários: você teme o irracional; é o universo infinito que assombra você.

CHOCOLATE 02-23-25-29-32-42

barra com recheio: usada como uma muleta para fazer você se sentir especial.

beber chocolate quente: você receberá um pedido de casamento que será um desastre.

e compartilhar: você gostaria que aquela pessoa fosse mais do que só um amigo.

comer: um presente de um amigo de confiança que não consegue se controlar.

sobremesas ou doces cobertos de: embeleze os prazeres simples com mimos exagerados.

comprar: um curto período de grandes gastos seguido de prosperidade.

em pó: você dará alegria e saúde àqueles que buscam o seu apoio.

CHOQUE 06-27-38-39-41-47

causar aos outros: cuidado com armadilha que lhe está sendo preparada.

causar choque em pessoa amada: seu amor é mutável, bem como o dos outros.

em membros da família: superará dificuldades apenas ao confessar as fontes das mesmas.

ficar em estado de choque, devido a más notícias: você vai ter domínio dos acontecimentos se for flexível.

devido à pessoa amada: com perseverança, você derrotará os inimigos.

CHORAMINGAR 14-28-33-35-46-49

amigos: limite as despesas; vai ganhar um presente inesperado.

animal gemendo: você sofre muito ao sentir que não há o que fazer ao perder uma pessoa querida.

crianças: ao menos alguém lhe ama com certeza.

com a família: fortaleça-se contra as escapulidas escandalosas de outros.

de felicidade: está preocupado e ansioso por causa da fofoca dos outros, não por pesar.

outras pessoas: vai entrar em pânico sem necessidade devido a problemas irrelevantes para sua vida.

sofrendo muito: desfrutará de prazeres, posição social e um casamento saudável.

CHORO 01-29-33-43-48-49

de membros da família: grande empatia pela perda de outra pessoa.

de outros: você terá que prestar ajuda a outros em angústia profunda.

lágrimas de crocodilo: a hora para tristeza e arrependimento é agora.

lágrimas de tristeza: há um palhaço em seu futuro.

ouvir bebê chorando: brigas de família.

sonhar com: uma vida doméstica feliz cederá a provações deprimentes.

CHUMBO 08-19-22-31-44-53

barras de: você carrega pesos dolorosos nos ombros.

comprar: você receberá notícias do exterior sobre preocupações desnecessárias.

derretido: você está sendo oprimido por assuntos fora do seu controle.

exercer pressão sobre: a ameaça de um acidente sério oprime cada movimento seu.

fazer caixas de: harmonia entre amigos se transformará em suspeita sobre o que você está escondendo.

folhas ou lâminas de: você está afastando os seus problemas das forças que podem resolvê-los.

martelar: derrotas nos negócios, suas ou de outros.

vender: o dinheiro virá facilmente, e as acusações de desonestidade também.

CHURRASQUEIRA 13-19-20-24-38-41

acesa: preste atenção em advertências bem-intencionadas e sugestões úteis.

carvão incandescente: abusarão de sua hospitalidade.

carvão não aceso: o corpo não quer enfrentar a febre.

cozinhar em uma parrilha: uma vida social crescente é sua.

braseiro: entusiasmo em assuntos auspiciosos.

cutucar a comida em: intervenha com os que não foram convidados.

CHUTAR 10-15-18-20-34-36

amigos: uma pessoa amiga está tentando ajudar você a obedecer a disciplina da empresa onde você trabalha.

animal chutando: organize todas as mínimas provas antes de prosseguir.

inimigos: conflitos dentro de você precisam ser resolvidos primeiro.

outros: superiores o repreenderão.

ser chutado: você terá muitos adversários poderosos.

CHUVA 15-24-35-37-44-46

abrigo da: você encontrou seu nicho; os desígnios amadurecerão com a colheita da primavera.

chuvisco: situação emocional de pouca seriedade; a fortuna virá em pequenas doses.

executivos sonhando com: infortúnio nos negócios.

fazendeiro, sem vento ou tempestade: você busca prazeres à custa da prosperidade alheia.

ficar ensopado por causa de um aguaceiro: sucesso por meio da sorte, não da inteligência.

ficar molhado por causa de uma chuvarada: sofrimento causado por amigos duvidosos que não cumprem suas tarefas.

floresta tropical: rica fonte de inspiração e cura.

grande enxurrada, com vento forte: você exclui amigos de sua confiança.

fria: boa sorte com dinheiro, mas leia bem as letras pequenas.

tempestades de granizo arrasando plantações: recursos abundantes pela frente.

muito forte e com ventania: a pessoa que você namora lhe abandonará ao léu.

névoa: problemas que não estão sendo vistos com clareza; você está se deixando levar muito facilmente pelas emoções.

o sol brilhando junto à: chore o que estiver em seu coração e depois esqueça.

outras pessoas que estão na: encontre um meio-termo; ceda e escute o ponto de vista do outro.

mulheres: uma decepção no amor acabará revelando uma direção mais fértil.

ouvir o barulho da chuva, no teto: grande felicidade conjugal, mas sucesso moderado nos negócios.

pessoas pobres sonhando com chuva de granizo: boas oportunidades e vida feliz.

pessoas ricas, chuvarada: perdas, tormentos e aflição no amor.

pingando dentro de um quarto: cuidado com a desolação de falsos amigos.

pisar em uma poça: seu mínimo passo em falso será exagerado.

pular uma: abandone o velho e fertilize o novo.

jogar seu casaco sobre uma, para que alguém pise: sua reputação está perdendo terreno.

sofrer por causa da umidade: sua arrogância lhe corrompe e conduz ao maior dos constrangimentos.

CHUVEIRO 02-16-18-35-40-41

tomar uma chuveirada: limpe-se de sua má fama.

convidados: um problema amplo para organizar confortos materiais.

crianças: a mãe delas está sufocando a individualidade dos filhos.

outros: expurgue os falsos e apoie a verdade.

CICATRIZ 06-15-24-30-39-44

outra pessoa com rosto desfigurado por: você deve aprender a perdoar as pessoas e a si mesmo.

por vacinação: você passará por uma tristeza de curta duração por causa de um pecado permanente.

rosto desfigurado por: um segredo do passado lhe atormenta.

ter uma: o causador do ferimento sofrerá desonra.

devido a uma cirurgia: você vai tentar omitir um ato vergonhoso.

por causa de uma briga: sua tendência a evitar confrontos deixa uma cicatriz de culpa.

CICLONE 18-27-30-31-36-38

estar em uma área atingida por: advertência de problemas.

navios no mar danificados por: morte de um inimigo.

propriedade sendo danificada por um: atividades sociais de natureza alegre.

ser pego em um tufão: pensamentos selvagens e perturbadores.

sonhar com: tristeza intensa afligirá você.

CICLOS 03-09-10-24-33-35

da vida: imagem cinética da mudança das estações da vida.

do tempo: uma rota circular; o processo que é a sua vida.

exercendo influência recíproca: o comunicador interdimensional que contém tudo.

CIDADÃO 03-19-14-21-32-38

bom: muita ambição trará estresse excessivo.

mau: você visitará um túmulo.

ser classificado como: problemas causados pela transgressão dos direitos e prazeres de outra pessoa.

ter a cidadania recusada: você ganhará dinheiro.

tornar-se: você terá trabalho árduo pela frente.

CIDADE (pequena) 19-21-29-35-36-47

entrar na câmara municipal ou prefeitura: tornou-se um cidadão responsável e de coração muito honesto.

conduzir uma reunião na: precisará integrar diferentes pontos de vista.

pagar multa na: chance de aprender com seus erros.

estar em cidade pequena vindo de cidade grande: perda de dinheiro para ganho pessoal.

fazendeiro sonhando que está em uma cidade grande: aviso contra más ambições.

morador de cidade pequena indo para uma cidade grande: aumento de ganhos e lucros.

mulher: um funcionário está insatisfeito com você.

CIDADE 01-04-23-27-30-43

amigos em uma reunião com vereador: novos interesses e ambiente.

avistar a distância: um labirinto complexo que você tem que atravessar.

com muitos arranha-céus: sua vida é confusa demais para poder levar qualquer coisa a cabo.

uma pequena: suas expectativas estão abaixo da sua capacidade.
bem localizada: os planos de negócio se concretizarão.
bonita: recuperação lenta após prejuízo nos negócios.
em chamas: pobreza se você permanecer no domicílio atual.
em companhia de vereador: obstáculos insuperáveis adiante se você especular com imóveis.
em ruínas: doença na família.
estar em uma grande: realização das esperanças de diversão, mas não do gozo.
estar perdido na: você sente isolamento por causa das suas atitudes sociais antiquadas.
em uma área perigosa: proceda com cuidado nos seus empreendimentos arriscados.
em uma desconhecida: a confusão irá se esclarecer por meio da cooperação com outros.
envolta em um nevoeiro: olhe, mesmo se não quiser ver.
uma conhecida, mas agora estranha: algo que normalmente funciona não funciona mais.
uma estrangeira: você se sente fora de seu lugar na sociedade.
habitada: com cada alma, vem a superlotação da bagagem emocional.
lidar com vereador: você melhorará sua situação.
morar em um gueto: perda da casa com a execução de hipoteca.
outros com vereador: cuidado com amigos cuja lealdade pode ser comprada.
passar por uma estranha: um amigo irá se mudar para a sua casa.
pequena: em breve os ideais de negócios se tornarão realidade com todo e somente o seu potencial.

CIÊNCIA 01-17-19-20-22-32
de Einstein: algum problema desconcertante precisa de um quê de gênio para ser resolvido.
estar em um laboratório: a segurança vai ser mais forte do que condições ambientais empíricas.
pessoas trabalhando em um: a ingenuidade anda de braços dados com a distração.
ser um cientista: você arrumará uma posição na base da hierarquia do laboratório.
e se esquecer de algo: a excentricidade em si já é um empreendimento criativo.
e usar instrumentos complexos: seu trabalho constante e zeloso será finalmente reconhecido.

CIGANO(A) 39-40-42-44-45-48
escutar música: abra sua agenda para uma aventura romântica.
falar com: sua avaliação e seu plano de ação estão corretos.
lendo a sorte de uma mulher casada: um casamento prematuro e insensato.
homem: ele terá ciúmes da esposa sem motivo.
mulher: o relacionamento irá se intensificar e então dissipar.
pagar a uma para ler a sua sorte: sua ingenuidade fez você de tolo.
sonhar com: você tem tendência a mudar de ideia e, com frequência, levianamente.

CIGARRAS 00-11-22-33-44-55
matar: você receberá notícia da cirurgia de alguém.
ouvir cantando: chegada de hóspede indesejável.
ao meio-dia: chegada de músicos com tendência à preguiça.

pegar: você terá fome causada por uma perda de apetite nauseante.
não: sua própria preguiça está impedindo que você sare.
pulando: você está cercado por pessoas turbulentas.

CIGARRO 06-26-28-32-35-42
acender: negociações para projetos novos.
apagar esmagando-o com determinação: grande evolução na tentativa de parar de fumar.
deleitar-se com: nenhum progresso.
enrolar: você nunca terá que se preocupar quanto a esbanjar dinheiro.
fumar: você precisa adiar um compromisso até estar mais preparado.
até o fim: sensação de prosperidade é um engano.
homem e mulher fumando juntos: realização das esperanças.
mulheres sonhando com o ato de fumar: problemas desaparecerão logo.
segurar um cigarro fumado pela metade: adiamento do amor.
sentir repulsa repentina por: querer parar de fumar precisa vir de dentro para fora.
soltos: desilusão e decepção.
tentar parar de fumar: as limitações não alcançam objetivos, a distração sim.

CIMENTO 04-05-10-11-16-20
comprar: vai perder algo de que precisa e repor com algo mais prático.
moldar: solidifique seus pensamentos antes de tentar influenciar os outros.
usar: resultados de trabalho essencial podem ser corrigidos.
em casa: em breve haverá briga em casa devido a suas escolhas perigosas.
outras pessoas: não dê ouvidos a fofocas tolas, a não ser que você crie as suas próprias.

CIMENTO 12-17-31-32-44-49
comprar sacos de: você está juntando dinheiro para um acontecimento importante.
concreto endurecido: reforce a estabilidade do seu negócio.
fresco: a duradoura solidez do amor conquistará todas as coisas.
misturar: um relacionamento a princípio superficial se transformará em algo bastante intenso.
trabalhar com: você receberá dinheiro inesperado de uma pessoa que é sua amiga há pouco tempo.

CINTO 04-11-13-18-33-36
afivelar: sua grosseria colocará um freio na sua ascensão ao poder.
de outros: um estranho criará boatos ao seu redor.
amarelo: traição.
amarrar: você está reprimindo suas necessidades eróticas para possibilitar um processo sem dificuldades.
de couro: relaxe por um momento e depois fique alerta novamente.
de ouro: grandes lucros.
de prata: você irá para a justiça para proteger a sua honra.
encontrar: você está ganhando a confiança de alguém; honre-a.
novo: você vai conhecer um estranho importante.
outros amarrando: você gostaria de influenciar uma outra pessoa, mas não consegue segurar três coisas juntas.
partido: o dano recebido requererá uma cirurgia mais complicada.
perder: tristeza profunda.

preto: danos a qualquer um que desafie você.
tirar uma faixa: seu senso de humor pode ser agressivo.
dos filhos: desejos encontrarão afeição anteriormente oculta.
velho: trabalho árduo por nada; ideias brilhantes trazem sucesso.
vestir uma faixa: apresente a sua melhor imagem para convidados importantes.
nos filhos: incumba-os de manter a afeição das pessoas das quais poderão herdar algo.

CINTURA 02-08-15-17-24-36

apertar roupas na: um romance feliz é visto de formas distintas por cada um dos amantes.
coisas, na cintura de outra pessoa: em breve ajudará esta pessoa.
colocar um cinto na: ganhará admiração por conta de sua ingenuidade.
de uma blusa: a sorte vai embora rapidamente caso se deixe distrair por demônios sociais.
nua: será repreendido por diversões ilícitas.
pequena: uma afronta desagradável que você acabou relevando.
sentir dor na: terá dinheiro de sobra após a divisão consentida de bens.

CINZAS 03-12-21-34-45-46

das quais renasce a fênix: você receberá dinheiro de fonte inesperada.
esvaziar um cinzeiro: concentrar-se na perfeição desloca a atenção do processo de chegada.
de metal: você está viajando rápido demais, e as repercussões estão crescendo.
de ônix: sua vida está baseada em conquistas sólidas
limpar: seu medo de errar bloqueou o uso de suas habilidades.
fênix renascendo das: mova-se para novo nível de compreensão.
festejar a Quarta-feira de: precede um ano feliz.
peneirar: os restos purificados de uma vida imperfeita.
retirar de um fogão à lenha: seu descuido causará desgraça financeira.
sonhar com: matéria bruta do renascimento espiritual da luz de Deus.
ter uma camada de: contratempos irritantes, embora temporários.

CIRCO 05-07-16-19-25-30

andar na montanha russa: seu comportamento errático, em busca de excitação, está deixando você perdido.
assistir a um espetáculo de: perda de dinheiro em um empreendimento caro.
atuar em: você ignorou o desenvolvimento de seus outros talentos.
estar em um: sua frivolidade é o sinal para outros de uma vítima em potencial.
levar filhos ao: eventos importantes e benéficos, mas de vida curta.
malabarista em ação: trapaça de um impostor pronto para tirar vantagem.
ensinando os truques dele para você: uma oportunidade que você deveria agarrar com as duas mãos.
sonhar com: constrangimento causará infelicidade futura.

CÍRCULO 05-17-19-22-26-44

círculos nas plantações: você está sob influência de um poder além do seu círculo de amigos.
correr ao redor de: você está resolvendo problemas que você criou, o que criará novos problemas para serem resolvidos.

desenhar um: seus pensamentos não são orientados por objetivos, mas sim por rituais.
estar dentro de: o seu estado mais alto de consciência vem ao preço da solidão.
homem vitruviano: simetria emocional.
mandala: um símbolo de totalidade para a proteção contra o mal.
mover-se em torno de um: você está preso em um ciclo sem fim.

CISNE 04-13-35-40-46-47
alimentar um: vai lhe faltar amizade, mas não amor.
branco: riquezas e distribuição justa de tarefas.
cantando sua canção: você não fará falta no antigo cargo.
matar um: os assuntos empresariais precisam de cuidado, beleza, graça e dignidade.
muitos, juntos: boa saúde e revelação de um mistério.
na água: satisfação material, graça, beleza.
negro: um mal temido será diminuído por seus princípios sólidos.
ouvir o ruído de um: crítica implacável a gesto inocente.
sonhar com: há graça acima e poder debaixo da superfície.

CISTERNA 02-05-18-21-39-47
cheia até a borda: assuntos financeiros estão melhorando às custas de amigos.
cheia pela metade: tristeza por causa das suas indiscrições descuidadas.
quase vazia: rendimentos de negócio infeliz trarão infelicidade.
retirar água de: você tem em abundância enquanto outros estão desidratados.

CIÚMES 03-05-14-21-28-41
ter ciúme da esposa: atividades sociais agradáveis não conseguem reprimir emoção fétida.
do marido: o comportamento em casa é o alimento para brincadeiras inoportunas em público.
do(a) namorado(a): os inimigos estão interferindo a fim de fazer com que suas boas intenções não deem certo.
dos filhos: brigas desagradáveis em família causadas por sua manifestação repentina de desânimo.

CLUBE 03-20-28-37-49-52
bater com um taco de golfe: você está criando o seu próprio poço de infelicidade.
encontrar com os amigos em: ouça o seu próprio conselho, não o de outra pessoa.
estar em: você se encontrará com antigos conhecidos.
estar em uma festa em: prejuízos com pessoas de fora.
pertencer a: você gostaria de ter relacionamentos mais profundos com menos pessoas.
ser atingido por um taco de golfe: você gostaria de um convite para dar o troco.
ter a entrada proibida em: cuide bem do negócio que você tem.

COBERTOR 06-12-13-15-41-47
cobrir a sua cabeça com: você está negando a verdade com um disfarce.
compra sonhada por pessoa rica: perda de capital pela frente.
pessoa pobre: tenha cuidado extra com sua saúde ruim.
enrolar-se em: cuidado com quem você se abre.
objeto da infância que lhe dá segurança e consolo: você é uma pessoa nostálgica.

pessoa de classe média comprando um novo: mudança de comportamento melhorará as condições em casa.
procurar: visitas inesperadas estão vindo de longe.
velho: uma doença evitada por meio da precaução.

COBRA 13-18-28-31-35-49
capitulando: um inimigo vai lhe provocar profundamente a reagir de modo lamentável.
de duas cabeças: sedução e desencanto com os seres humanos.
em gaiola no zoológico: amigos ingratos tramam para transformar suas angústias em falsos presságios.
encontrar uma cascavel: fique firme e tome cuidado com pessoas que não lhe olham nos olhos.
enrolada: período tempestuoso e de muito perigo.
jiboia: um estranho está lhe intimidando.
matar uma: vitória sobre inimigos.
na grama: o que você esconde é mais poderoso do que o que você expressa.
não venenosa: fofoca perturbadora está sendo espalhada sobre você.
lidar com: repetir rumores vergonhosos só lhe torna igualmente vergonhoso.
presas de uma: venenos misteriosos espalhados pela palavra falada.
pronta para dar o bote: traição de quem menos espera.
sendo espancada: seus planos serão estragados pelos atos pavorosos de inimigos.
ser atacado por cobra d'água: para se recuperar de uma doença é preciso prevenir a próxima.
ser perseguido por uma: sua consciência precisa se desarmar.
não conseguir matar uma: eventos infelizes que não foram previstos.
sibilando: cometerá um erro colossal se perder a calma.
sonhar com uma naja: despertar do poder cósmico da coluna.
sonhar com: cuidado com pessoa importante espiritualmente arcaica.
sonhar com víbora: disputas com amante.
matar uma: vitória sobre inimigos internos.
muitas víboras: a tentação do mal não desiste após uma tentativa.
ver uma em gaiola: um amigo não é mais digno de confiança.
trocando a pele: uma nova oportunidade de negócios lhe será oferecida.
várias cobras: pessoas ciumentas querem lhe arruinar, mas seu plano pode reverter isso.

COBRE 01-09-20-31-30-47
comprar: aparências refinadas devem estar bem fundamentadas em fatos.
instalar um fio de: você finalmente se livrará de um estranho fardo.
manusear: uma visita inesperada de uma pessoa importante traz um período de constrangimento.
receber uma moeda de: outra pessoa ajudará você a terminar o seu projeto.
sonhar com: medos sem fundamento impossibilitam a realização dos sonhos atuais.
vender: fizeram você acreditar que uma pequena crise era grave.

CÓCEGAS 03-13-14-29-37-45
alguém lhe fazendo: será resolvido um erro causado por seu comportamento indiscreto.
fazer em outra pessoa: está contando apenas parte da verdade só para incitar as pessoas a brigarem.
sentir no nariz: alguém vai lhe pedir dinheiro emprestado, o que terminará em briga.

na garganta: suas mentiras serão repetidas para quem sabe a verdade.

COCEIRA 02-04-14-17-19-29

amigos com: você será feliz com restrições até encontrar más companhias.

ferida causada ao coçar muito um ponto específico: problemas mínimos, mas irritantes, causados por várias mulheres.

ter uma erupção da pele: chegada inesperada de amigos que levam você para o mau caminho.

filhos se coçando: partida de uma pessoa amiga.

pés que coçam: desejo de viajar para escapar do contato com empreendimentos aflitivos.

mãos: dinheiro para você alcançar círculos sociais mais altos.

nariz: você entrará em uma briga, o que será um erro enorme.

ter: abusaram de você cruelmente e agora você está incriminando outros em sua defesa.

COCO 04-10-20-29-41-50

comer: você receberá uma grande soma em dinheiro.

comprar: você terá um caso de amor.

coqueiro: você receberá uma fortuna dos seus pais.

um coqueiro enorme cheio de: mulheres estão fofocando.

CÓDIGO 11-22-27-35-43-49

consultar um de leis: sua comunicação está cheia de rodeios.

de negócios: você sabe mais do que está dizendo.

decifrar: você está manipulando notícias sobre o progresso nos negócios a fim de impressionar os outros.

Morse: peça aos sonhos um sinal decifrável.

Tributário: eventos vantajosos nos negócios.

CODORNAS 02-06-25-47-50-54

de má qualidade: discussões em público devido à incerteza geral.

espantar um bando de: um momento em alta seguido por várias quedas.

muitas: terá remorso devido à sua incapacidade de reverter maus passos nos negócios.

vindo de um lago ou mar: alguém vai lhe roubar algo para lhe atormentar.

voando: desilusão causada por expectativas frustradas.

COELHO 02-15-20-27-45-47

atirar em: não deixe que as pessoas tentem tomar conta de sua vida.

branco: você deseja satisfazer sua necessidade de pureza e fertilidade.

comer um: haverá uma briga com um amigo, e um pedido de desculpas por carta.

correndo: mudança de ocupação, e você será excepcionalmente produtivo.

vários: negócios direcionando-se calmamente a trazer grande retorno.

negro: os inimigos fracassam em tentar lhe tirar do sério.

pé de: a prosperidade virá quando você finalmente for capaz de apreciá-la.

procriando: seu dinheiro vai se multiplicar sozinho, bem como sua família.

ter, no quintal de casa: hora de mudar de cidade e curtir a vida com os filhos crescidos.

COFRE 10-22-25-32-44-46

abrir um: ansiedade causada por sua derrota, segredos que você esconde da família.

cheio de dinheiro: você está escondendo seus méritos e suas qualidades por detrás de uma posição subutilizada.
esvaziar: sério desastre por ocasião da descoberta de algo que você perdeu em casa.
sonhar com: repercussão de um ato recente que você quer esconder.
trancar um: planos de segurança pessoal seguirão bem.
vazio: sua preocupação excessiva com segurança chega à claustrofobia.

COGUMELOS 01-06-21-26-35-40
brotando: grande avanço para desejos saudáveis e pressa natural em todas as suas questões.
colher: aproveite as vantagens de chances inteligentes, um pouco de cada vez.
comer: grande distinção em vida social vai ajudar suas finanças.
sócios em almoço de negócios: cautela ao lidar com eles, alguns são venenosos.
retirar muitos da terra: suas iniciativas potencialmente perigosas serão bem-sucedidas.
apenas um cogumelo: uma corporação será dissolvida em humilhação e desgraça.
venenosos: transações de dinheiro em larga escala extraem o pior.

COLA 06-14-22-23-28-34
cheirar: não há escapatória dos seus desafios.
comprar: programe-se para fazer conexões positivas a fim de manter este emprego permanentemente.
derramar: o que está quebrado não tem conserto.
ficar grudado na televisão: rejeição do ambiente emocional, além do que você arriscaria.
grudada nas suas mãos: as consequências nunca abandonam o ato, nem os seus motivos.
perder a aderência: você deseja disseminar suas energias, mas vê algo doloroso nisso.
usar: você tem um amigo leal em quem pode confiar.
outros: seus melhores amigos enganarão você com investimentos imprudentes.

COLAR 05-07-14-19-37
belo: realização de amor desejado por cavalheiro distinto.
dar um para a pessoa amada: você quer escravizar e tomar posse do objeto de seu amor.
ganhar um de presente: terá a pessoa amada depois que você questionar o motivo da briga.
marido presenteando a esposa com um: abundância na vida doméstica e comprometimento mútuo.
para crianças: você é uma pessoa virtuosa; deixe-os imitar esta característica.
perder um: receberá uma visita que trará luto.
usar um: está estabelecendo a própria identidade e melhorando-a.
de outros: inveja e ressentimento, e medo de ter de pagar por isso.
de pérolas: melancolia e desalento seguidos pela pura sabedoria.

COLCHÃO 13-16-19-23-24-25
comprar um: uma vida fácil não é resultado de falta de iniciativa.
consertar o seu: desejos serão realizados, se você aceitar conselhos.
sonhar com: cumpra responsabilidades maiores e deveres que não podem ser evitados.
ter um: preocupações causadas por sua firme indecisão.

COLEGA 07-08-09-22-43-49
brigar: existe um motivo pelo qual essa pessoa não é sua amiga.
conhecer: mantenha-se aberto a novas possibilidades; fazer uma nova amizade é sinal de boa sorte.
outros: uma mente vigorosa não se envolve em brigas.
visitar: você experimentou uma dose de boa vontade e virou especialista.

COLEGAS DE TRABALHO 02-03-14-15-18-44
bater por raiva de: nascimento do primeiro filho na família.
lidar com: você será tratado com desdém nos rumores característicos dos grandes negócios.
morte de: infelicidade.
ter: você se envolverá em questões judiciais.

COLETE 02-08-15-17-24-36
grande: deixe a timidez de lado e mergulhe de cabeça neste caso.

COLHEITA 11-17-24-43-45-48
abundante: a natureza favorece sua tarefa árdua, mas lucrativa.
lua da: os amigos lamentarão as antigas extravagâncias deles e manterão os olhos um no outro.
névoa em noite de: brigas não deveriam ficar sérias.
pobre: você tem alergia à dieta que está seguindo agora.
trabalhadores colhendo: você está colhendo o clímax do trabalho feito por você há muito tempo.
descansar depois de: você fez uma jornada extensa e agitada até este ponto.
transtornada pelo mau tempo: irmãos lutando contra irmãos criam problemas para os negócios.

COLHER 20-23-26-35-36-43
comer com: relacionamentos medíocres são feitos com seus ingredientes.
comprar: está construindo a base da alegria doméstica.
de chá: você está ridicularizando e subestimando um simples ato.
de madeira: o controle está fora de seu alcance em um encontro amoroso que só vai trazer problemas.
de prata: uma vida supostamente fácil tem problemas como as de todo mundo.
de sopa: flexibilidade no serviço e boa adaptação ao intercâmbio.
derramando líquido: lide com traumas emocionais um de cada vez.
algo sólido: você quer proteger alguém.
manteiga de amendoim: você quer se agarrar a alguém.
remédio: aceite a situação e lide com ela.
examinar uma: você tem uma visão distorcida das coisas.
perder uma: receberá notícias tristes de infidelidade.
e achá-la em uma grande chaleira: o convite chegará pelo correio.
ser alimentado com: você tem agido como um bebê faminto.
de prata: sua inveja está interferindo em sua vida.
usar uma de bebê: alegria e felicidade em casa.
para mexer: terá companhia para jantar.

CÓLICAS 01-06-20-24-37-50
em seu estômago: qualquer coisa pode ser comida com moderação.
filhos com: riqueza.
parentes com: brigas de família.
pessoas com: preocupação.
ter: uma dor de pouca duração fará com que você tenha um ataque de raiva.

COLISÃO 15-24-28-32-50-51

ferir-se em: decepções nos negócios se tornam físicas.

morrer em: você não consegue decidir que vida escolher.

não se ferir em: você fará uma conquista amorosa, várias.

sonhar com: você terá um acidente grave.

COLMEIA 09-19-21-26-38-39

cheia de abelhas: você está se movendo rapidamente de uma coisa a outra.

trabalhando: você está em uma organização coletiva diligente.

voando ao redor da sua: um negócio produtivo requer vigilância 24 horas.

derrubada: seus tropeços estão enfurecendo seus amigos.

retirar mel de: um inimigo terá sucesso em provocar o seu fracasso.

sem mel: empreendimentos perigosos vão lhe causar preocupação prolongada.

vazia: a sua individualidade exclui o trabalho em grupo.

COLO 02-09-18-26-36-57

cachorro no seu: aquele a quem protege será, por sua vez, seu protetor.

gato: você sofrerá humilhação nas mãos de inimigo sedutor.

morto: perda da pessoa que refreava você possibilitará prosperidade.

uma serpente: perspectivas tentadoras distrairão você de seus princípios e elementos fundamentais.

homem casado com uma mulher no: humilhação e críticas vindas de uma mulher ciumenta.

mãe com os filhos no: segurança agradável.

secretária sentada no colo do chefe: inimigo está tentando causar a perda de um bom cargo.

sentar-se no colo de uma pessoa do sexo oposto: grande necessidade de compaixão por parte do sexo oposto.

COLUNA 04-20-39-41-46-50

apoiar-se em: outros dependem de você, como você deles.

caindo: sua rigidez fez com que sua estabilidade viesse abaixo.

de aço: seu crescente valor para a comunidade irá lhe conseguir honrarias.

de suporte: você carrega o fardo de apoiar os outros.

erigir uma: abundância de dinheiro por meio dos seus esforços apenas.

estar perto de: o apoio está disponível em caso de desespero.

em cima: uma facada no seu romance frustrou as suas esperanças.

quebrada: melhor amigo destrói as suas esperanças.

COMANDANTE 07-12-18-21-22-26

de navio ou uma aeronave: uma conquista no amor obtida por um erro de julgamento.

ser: aqueles que conquistaram o direito ficarão mandando em você.

ser promovido a: você triunfou sobre os erros em seus próprios negócios por meio da abstinência.

sonhar com: você receberá conselhos; siga-os.

COMANDO 15-26-35-39-48-53

comandar: recompensa inesperada é conferida a você.

filhos: o medo não é um processo de aprendizado construtivo.

receber ordens do governo: sua alegria com a morte de um inimigo trará um efeito oposto.

ser comandado por outros: consegue-se perceber a sua raiva de autoridade.

COMBATE 08-24-47-48-50-53
ajudar pessoas em: reconciliação com inimigos se você mantiver sua posição.
observar: você está arriscando o seu bom nome ao se comportar com indiferença a respeito dos acontecimentos em curso.
travar: você está empenhado em empreendimentos e adora se arriscar.
e fracassar: cuidado, pois a pessoa amada pode ser um inimigo.
e vencer: roubar amor não significa ganhar amor.

COMÉDIA 03-13-14-40-43-48
amigo atuando: cuidado com amigos que se levam muito a sério.
assistir a: você desperdiça tempo entregando-se a prazeres temporários.
atuar em: prepare-se para repercussões de sua frivolidade.
escrever: uma visita de um convidado indesejável com intenções cruéis.
ler: a segurança está próxima; a risada cura.
sonhar com: você irá se elevar acima do medíocre com uma carta há muito esperada.

COMEDIANTE 09-22-24-38-49-52
ser: você nutre desejos ruins em sua mente.
arlequim: a sua paixão permitirá que seja seduzido por uma contenda de pecados.
bobo da corte: quem não se leva muito a sério é um sábio conselheiro.
mímico: palavras não ditas revelam que novo amigo não merece a sua confiança.
gesticulando: problemas sérios desanimam parceiro(a) que precisa do seu apoio.
ser um pobre: prejuízo e desgraça.
um: você lidará com críticas pesadas aos negócios automaticamente.
uma: os resultados nos negócios são ridículos.

COMER 06-17-21-29-32-44
arrotar depois de: agradeça à anfitriã antes de mostrar falta de modos.
até ficar cheio: comer em excesso não aliviará perdas e tristezas.
beliscar comida: cuidado com o que você escreve e assina.
em público: cuidado em quem você confia.
carne humana: a sociedade repudia você, e com razão.
coisas gordurosas: advertência sobre uma doença causada pela sua absorção das dores de outros.
coisas salgadas: a prosperidade pessoal preservada contra ameaças colocadas por amigos gananciosos.
com a família: ambiente alegre e empreendimentos lucrativos.
parentes: saudade de um antigo relacionamento passado antes de ter aborrecimentos com seus dependentes.
comida de dieta: reduza suas ansiedades uma por vez.
com as mãos: um possível amante está se mostrando esquivo.
compartilhar boa comida: você tem o suficiente para poder, sem incômodo, dar aos outros.
em excesso: você está sendo devorado pelo amor voraz de outra pessoa; você está emocionalmente faminto.
em mesa vazia: encontre a fonte do seu esgotamento de energia.
grande: você está triste com a sua vida amorosa e precisa se socializar.
em pé: você está fazendo coisas precipitadamente, sem pensar.

em segredo: desejos e ânsias profundas não estão sendo satisfeitos.
engasgar-se enquanto come: respire profundamente antes e no meio de cada mordida.
frutas: comida está lhe sendo negada, o que você realmente merece.
não conseguir encontrar comida para: faça uma mudança radical em sua dieta e em suas companhias.
no chão: alguém tirou algo de você; a perda lhe causa melancolia.
outros comendo: você está zangado e decepcionado com a pessoa amada.
em companhia de: você logo receberá o que desejava às custas do que tinha.
pequena quantidade de comida: peça desculpas ou ficará de fora de uma amizade.
refeição grande: você não consegue compartilhar o descobrimento de objetos de valor.
fina sozinho: a sua falta de empatia causou a perda de amigos.
saladas: o excesso saudável é excesso mesmo assim.
ser devorado por um leão: uma pessoa importante irá atribuir a si mesma o mérito pelas suas ações.
tubarão: você está sendo devorado pelas suas ansiedades interiores.
sonhar em comer enquanto jejua: suas emoções precisam ser alimentadas com outras coisas que não comida.
sozinho: você sozinho consegue lidar com infortúnios.

COMÉRCIO 13-21-27-47-48-51
estar no ramo do aço: perda de amigos que não conseguem estar à altura de seus padrões éticos rígidos.
fazer uma pequena permuta: traição e perseguição daqueles que querem o seu negócio.
ser uma autoridade importante na Câmara de: você será vítima de roubo.
sonhar com: a morte de pessoas que realizam trabalho desagradável.
ter negócios no ramo de tecidos: aflições são superadas pelo uso inteligente do lucro e do prazer.
ter o seu próprio: você receberá um favor em um momento crucial em breve.

COMETA 02-14-27-28-35-40
caindo: influências vindas do seu interior reterão você em momentos incertos.
vários: mudança de personalidade vencerá a pobreza.
riscando o céu: transtornos que causam mudanças externas revelam a sua nova personalidade.
vários: tristeza se mudanças internas não forem feitas.
sonhar com: distinção incomum virá quando você liberar o seu tremendo potencial criativo.

COMIDA 02-03-16-19-33-39
animais comendo comida rançosa: você sofrerá perseguição, mas não calúnia.
comer: você terá boa saúde.
comprar sem saber: um inimigo desconhecido causará muitos danos.
jogar fora: você passará por contratempos por pouco tempo.
sonhar com: você irá ignorar uma proposta de amor.
caçarola: use o seu poço de ideias.
comer: para absorver, compreender e incorporar a sua maneira de viver.
cereais: o começo.
como um glutão: fome por afeição, autoconfiança e reconhecimento.
e não ficar satisfeito: sensação de solidão e vazio.

estragada: perda de dinheiro, o que é difícil de aguentar.
muitos mantimentos: gosto não se discute.
outros: rápida realização de suas esperanças.
pudim cremoso: fazendo uma amizade nova e certamente valiosa.
comer mingau: não mantenha amizade com os que têm inclinação para beber em excesso.
comprar: você terá um sucesso médio.
cozido ou ensopadinho: a vida está cozinhando tranquilamente.
dar para a caridade: você terá trabalho árduo pela frente.
espuma criada durante o processo de cozimento: você estará cercado de amigos alegres.
ferver: você terá muita alegria.
fornecer comida a hotéis e restaurantes: riquezas.
não ter comida o bastante: discussões dolorosas com o parceiro.
pessoas vendendo comida: você receberá algum dinheiro.
picar: você completará seu projeto com êxito.
você mesmo: o relacionamento fracassará, como você previu.
plano alimentar para os filhos: dignidade e ambição.
provar o sabor de uma comida: aborrecimentos fúteis relacionados a situações que nunca terminam.
sendo fornecida a você: as intenções deles são ambíguas.
servir comida a outros: prazer social.
sobras de: você está aceitando menos do que merece.
sonhar com: a felicidade está próxima.
tamales: você receberá um convite para caçar ou pescar.
ter grande apetite: perda de parentes.
para um grande banquete: perda de dinheiro.
pequeno: problemas de saúde pela frente.
perder o: a necessidade de satisfação em alguma esfera deixa você doente.

COMPANHIA 02-03-06-08-15-43

companheiro(a) que não reconhece você: o relacionamento amadureceu e passou da amizade.
conversar com vários companheiros: uma chuva pesada põe você em perigo.
de caminhada: novo amigo para curtir os seus passatempos sórdidos.
estar com uma agradável: a presença dela impede você de cumprir as suas obrigações.
desagradável: as ansiedades de uma outra pessoa causam um adiamento temporário do trabalho.
motorista-acompanhante levando você para o aeroporto: uma doença irá afastá-lo da sua ansiedade.

COMPETIÇÃO 02-03-08-09-16-32

participar de torneio: a delinquência será recompensada.
e ganhar: você levará uma vida misteriosa até que seu noivo desmascare você.
e perder: você fará uma jornada de renovação antes de começar uma nova temporada de prática.
pessoas competindo com você: quantidade irregular de energia para pouco retorno.
tomar parte em uma: o tato e a diplomacia têm melhor resultado que a derrota.
filhos: grande diversão se você não tentar jogar o jogo por eles.

COMPOR 06-10-12-14-28-44

composição musical: você deveria escrever uma canção inspiradora.

imprimir uma composição: extravagância no gasto de dinheiro.

obras literárias: desvanecimento refletindo ciúme e discórdia.

ser um compositor musical: acredite que é capaz de criar e dirigir a sua vida.

você mesmo compondo música: resolver dificuldades consumirá o seu esforço supremo.

COMPRAR 02-12-15-21-29-47

comida: o começo da segurança, a base de sua riqueza.

cosméticos em drogaria: o convite vem por carta.

diferentes produtos: problemas financeiros pela frente.

em loja de departamentos: avanço rápido rumo ao sucesso.

em shopping center: boa fortuna após esforços.

estar em um: ruína de negócios de outros.

entrar em loja com outros: opiniões importam e devem ser reunidas.

pequenas lojas: casos amorosos inseguros caso não sejam continuamente expandidos.

gerenciar uma loja: sucesso.

liquidação em loja: o preço promocional é na verdade o preço justo.

manequim, colocar em vitrine de loja: cuidado para não ficar para trás enquanto os outros se divertem.

pagar demais em loja: você está tentando impressionar um amante, mas sem sucesso.

receber entrega de compras: o contrato não foi assinado.

COMPROMISSO 02-10-31-34-48-53

marcar: negócios com uma pessoa indigna de confiança.

perder: sua falta de sinceridade será exposta.

outros: esteja em um nível igual de prioridade com seus amigos.

remarcar: os inimigos estão dentro de sua casa.

COMPUTADOR 08-12-15-21-26-39

ao ser ligado, não executa as instruções que permitem seu uso: nada acontecerá a não ser que você faça com que aconteça.

com algo solto dentro: optar por um emprego abaixo de sua capacidade atrapalha a sua carreira.

com falta de memória: rebaixar alguém traz um período de dificuldade emocional.

com formato e aparência estranha: assegure-se de fazer uma cópia de segurança do seu disco rígido.

com peças faltando: seu contador está decepcionando você.

condensando dois ou mais programas: alguém está tramando contra você.

dedos não querem trabalhar com: já está mais que na hora de tirar férias.

distorcendo: leve o tempo que precisar para fazer da forma certa.

explodindo: desacelere; você está fazendo esforço exagerado.

fundindo-se: um inimigo secreto está tramando contra você.

internet: você tem conhecimento ilimitado na ponta dos dedos.

mau funcionamento do: não deixe que pequenas falhas no trabalho desconcertem você.

monitor do: seus planos precisam ser reexaminados.

mouse: crie e manipule a sua realidade.

não possui dados operacionais vitais: os computadores não substituem a sabedoria.

não quer desligar: você tem tanta insegurança a respeito do seu emprego que não deixa o escritório.
não quer funcionar adequadamente: atribua o mérito a outros quando é merecido.
não respondendo ao comando: os objetivos que você estabeleceu não são realistas.
operador não consegue ver a tela do: os talentos dos sócios estão sendo subestimados.
os alto-falantes ficam mandando em você: você não está mais controlando a situação.
passando por uma mutação: cuidado para que um sócio não engane você.
rompendo-se: sua ação não foi planejada adequadamente.
saindo de controle: hora de recuperar o seu poder.
software: decida o que você deseja e poderá tê-lo.
  não é compatível: espere dificuldades no seu relacionamento ou casamento.
soltando peças e parando de funcionar: um estado de depressão com pequeno escape.
teclado de: um desentendimento com uma pessoa que você ama.

COMUNICADO 06-13-19-34-35-41
com borda decorativa preta: confronto social resulta em algo ruim.
comunicar uma notícia boa: a felicidade nem sempre é contagiante.
  tornar pública: você precisará de uma dose de sorte para prosperar.
de casamento: anuncie seu plano com cautela.
outros comunicando a você: uma mudança em sua vida ocorrerá em breve.

CONCERTO 09-13-37-38-43-47
cantar em: sua fama terá vida curta.
escutar: uma nova atmosfera enriquecerá a sua independência.
estar como participante: sua personalidade empreendedora é obstinada.
pessoa doente sonhando com: você irá se recuperar por meio de seu repouso obstinado.
pessoas em um: uma herança sustentará seus empreendimentos.
receber convite para um: outros têm você em alta consideração.

CONDE 02-05-09-14-30-34
condessa: humilhação com inatividade forçada.
lidar com: oposição em assuntos do amor.
ser: as pessoas estão testando o seu caráter; teste o delas.
ter amizade com: sua alma irá para a prisão por causa dos seus desejos mórbidos.
  estar em companhia de: não especule achando que você tem o apoio dele.

CONDENADO 09-13-25-33-39-46
escapando da prisão: você gostaria de poder aprisionar seu captor.
que está na prisão: você tem um impulso imoral que deveria ser verificado.
ser em um tribunal: seus desejos anti-sociais se realizaram.
  não: temor da recriminação por pensamentos ofensivos.
  outros: desfaça os seus erros antes que eles fiquem fora de controle.
ser um: cuidado para que seu comportamento não escorregue para a ilegalidade.
  outros: você se sente preso e deseja encontrar alguém para tomar o seu lugar.
sonhar com: você sente que está sendo atrapalhado na luta para alcançar seus objetivos.

CONDUZIR 09-10-11-30-36-47

corretamente os negócios: a herança é o efeito positivo de energia autodirecionada.

erradamente: haverá muitas mudanças.

mal a si mesmo: perda de um amigo.

os negócios: felicidade.

reger uma orquestra: vaivém entre aceitar a grande responsabilidade e o exibicionismo.

banda: planeje e conduza o seu nível de consciência a novas alturas.

ser condutor de trem ou cobrador de ônibus: você receberá uma herança.

tropas militares: mudanças boas pela frente.

CONFETES 11-17-21-36-42-52

comprar: decepção social.

jogar: você receberá uma carta com boas notícias.

em uma multidão: grandes lucros nos negócios.

pessoas jogando em você: amor e alegria.

CONFIAR 11-16-17-22-33-53

na pessoa amada: conte com o seu vigor e afrouxe a sua dependência da pessoa amada.

nos filhos: acontecimento importante e benéfico está para ocorrer.

nos outros: regule a marcha de sua vida para meio galope.

notícias a um amigo: infortúnio nos assuntos do amor.

outros confiando em você: guardar o segredo deles põe você em um risco considerável.

CONFISCO 01-15-27-36-40-42

confiscar os pertences de outra pessoa: os seus próprios assuntos estão confusos.

de propriedade: as premonições se realizarão.

ser liberado do: você terá lucros inesperados.

ter suas coisas confiscadas: empreendimentos perigosos pela frente.

CONFISSÃO 01-09-16-38-42-44

alguém mais confessando: corrija seu comportamento em relação àquela pessoa.

amigos confessando a você: você participará da aventura criativa de compartilhar faltas.

confessar pecados a um padre: assuntos éticos serão postos em ordem depois que você não conseguir manter suas ideias pomposas.

confessar ter traído a pessoa amada: perdoe primeiro a si mesmo ou a pessoa amada nunca lhe perdoará.

confessar-se: em breve alguém lhe contará um segredo que causará perda do seu cargo.

filhos confessando a seus pais: reconheça o comportamento que é prejudicial à sua saúde.

receber de outros: outros irão revelar segredos para você.

CONFISSÃO 02-04-08-12-21-35

dar a alguém: você está sendo conduzido por itinerantes com séria falha ética.

oferecer: seja reservado com estranhos até estabelecer o melhor caminho a seguir.

pedir para se confessar: viverá até idade avançada caso consiga se livrar de seu pesado fardo.

outras pessoas: uma influência perigosa se aproxima quando você se aproxima de sua esfera de influência.

receber ordens de penitência: está na hora de você se retratar pelas ofensas aos outros.

tristeza por ter de pagar: ficará irritado por causa de tarefas que foi coagido a aceitar.

CONFLITO 06-14-27-28-30-48

com uma pessoa amiga: suas emoções estão dilaceradas.

perder um: você terá lucros inesperados.

ter uma divergência: você participará de negócios perigosos.

judicial: você será enganado.

vencer um: você terá lucro por meio da especulação.

CONFUSÃO 02-07-15-21-46-49

estar numa confusão de coisas: não corra nenhum risco nos negócios até as coisas começarem a clarear.

negócios: os negócios vão mudar para pior.

outros: seus devedores vão influenciar contra você aqueles que o apoiam.

questões suas: preste atenção onde pisa, principalmente em lugares altos.

sua mente: circunstâncias terríveis se você fracassar em sua busca.

transformar coisas numa grande conclusão: prazer com uma amizade firme.

CONFUSÃO 10-18-28-30-35-37

deparar-se com uma: terá sucesso, agora é hora de fazer planos.

estar envolvido em uma: sua arrogância e seu autoritarismo vão acabar com qualquer amizade.

amante: fracasso no amor.

evitar: você é crédulo demais; sua introversão lhe faz solitário.

CONFUSÃO 11-18-26-28-32-40

estar confuso: você terá lucros inesperados.

pessoas confusas: você será enganado.

parentes: briga em família.

sonhar com: seu dinheiro será defraudado.

CONGELAMENTO DE BENS 04-12-23-32-41-42

arrestar bens de outros: discussões ridículas acerca de problemas técnicos de computador.

congelamento de conta bancária: mude de banco.

ter bens arrestados por dívidas: fim das esperanças para o futuro por causa de enganos no passado.

impostos devidos: vexame financeiro por causa de contabilidade deficiente.

CONGRESSO NACIONAL 04-05-30-46-48-52

atuar no: você irá ignorar e abusar da família.

comparecer a uma sessão do: em breve você será trapaceado e perderá suas posses.

preparar lei para: consolidar uma infinidade de necessidades transformando-as em algo prático.

promulgar legislação: faça estranhas alianças a fim de manter um equilíbrio de poder justo.

ser membro do: perda de esperança na profissão; mude para trabalho administrativo.

CONHAQUE 09-13-19-20-42-49

beber: uma agradável abundância com pouca atenção aos outros.

comprar uma garrafa de: você receberá uma notícia boa e inesperada.

oferecer: as paixões têm que ser controladas ou os amigos evitarão você.

ter garrafa de: não são as posses que fazem você, você tem que merecê-las.

CONSCIÊNCIA 02-09-16-20-22-27

de outra pessoa: eles têm que viver com ela, deixe Deus levar o fardo.

tê-la limpa: ajuda graças à boa vontade de outras pessoas.
preocupada: suas tentações deveriam deixar de guarda, com os olhos bem abertos.

CONSELHOS 23-30-33-42-43-49
aconselhar aos filhos: convencê-los dará trabalho.
aos outros: se você se abstiver de dar conselhos, terá muitos amigos.
financeiramente: você receberá dinheiro de uma disputa na justiça.
profissionalmente: assegure-se que os negócios estão sendo conduzidos adequadamente.
receber: cuidado com os amigos, pois irão abandoná-lo.

CONSPIRAÇÃO 11-19-21-31-33-38
contra você: ganhará o suficiente para pagar suas dívidas.
para ganhar o controle: cuidado com quem conspira contra você.
para ferir alguém: o infortúnio vai lhe perseguir até você encontrar sua sintonia.

CONSPIRAR 02-09-14-22-45-47
com outros: você acarretará problemas com sua interpretação errônea dos acontecimentos.
conspiração: sua obrigação se estende até o ponto em que seu plano for impraticável.
outros conspirando contra você: você trabalha sob a ilusão de que tudo está bem.
ser conspirador: você vai se queimar muito em um incêndio que você causou.
ser o alvo de uma conspiração: os seus rumos são questionáveis; seja o primeiro a questioná-los.

CONSTRUÇÃO 03-16-21-24-33-40
alicerces de um prédio sendo construídos: a morte de alguém que você conhece e um lugar entre estranhos.
sonhar com outros: em breve você fará uma longa viagem.
arco: você precisa fazer com que vários caminhos se encontrem.
danificado: você precisa corrigir formas de desperdiçar esforços.
passar embaixo de: muitos pedirão favores a você.
assentar tijolos: um aumento lento, mas contínuo, de prosperidade.
com alcova: alguém está imitando você.
esconder-se em: segredos estão sabotando seu relacionamento.
com tijolos: pequenos feitos podem gradualmente construir um castelo.
corredor em uma: você fará uma longa viagem.
cúpula de: você receberá honrarias de altas autoridades.
de um anexo: você está se expandindo para se ajustar à sua ambição acentuada.
descobrir lugar assombrado: imite uma qualidade de um parente morto.
desmoronando: a fé que você pôs no projeto é injustificada.
dintel atravessando e sustentando o alto de uma abertura em uma: você se mudará para um prédio maior.
estar embaixo de: mudanças importantes.
em chamas: você está com a vantagem em uma situação com pessoa causadora de problemas.
em fase específica: representa o nível de consciência.
entrar em prédio ou casa nova: aperfeiçoe cada passo que der em seu novo ambiente.
errar pelos corredores: você perdeu seu tempo e o processo de pensamento.
fachada de: cultive relações com influências externas que ocultam recursos internos.

feita com material falsificado: você não consegue dizer "não!" ao desperdício da sua força de vida.
grande: você terá grandes oportunidades de melhorar sua vida atual.
misturar argamassa: uma tarefa árdua produzirá um acordo doloroso.
mudar a posição de uma porta em uma: você se adapta facilmente ao novo ambiente.
muito alta: você tem um tremendo potencial e um destino soberbo para cumprir.
no estilo jacobino: você ganhará com a experiência.
pedreiro: sua carreira profissional está estagnando; use sua imaginação diligente.
pequena: negócios atuais não serão um sucesso.
pessoas se encontrando no saguão: desonra de amigos traiçoeiros que espionam a distância.
preso em uma: o novo emprego pode ser difícil, mas o novo chefe é pior.
  em quartos que não levam a lugar algum: abra apenas portas conhecidas; volte às suas origens.
  em uma parede: seu sistema de crenças tem que mudar radicalmente.
restaurar uma: sua imaginação ativa realizará suas aspirações.
sendo demolida: você será acusado de má conduta.
universidade: o progresso acadêmico virá a você.
várias: você vai se irritar muito.
viga de aço: o dinheiro é recolhido além das linhas inimigas.
  rebitar uma: energia e apoio ganhos por meio do desafio a inimigos cruéis.

CONSTRUIR 12-14-17-37-38-47

cais: você terá muitas coisas na cabeça.
dirigir uma máquina de terraplanagem: a destruição daquilo limita o seu reestabelecimento.
estradas: confusão nos negócios; os seus.
lar para outras pessoas: aborrecimento.
levantar pesos com um guindaste: você perderá uma propriedade pessoal de forma incomum.
operar um guindaste: assuma responsabilidade pelos conselhos que você dá.
outras coisas: grande lucro pela frente.
sepulturas: doença.
sua própria casa: você está reconstruindo quem e o que você é.
usar guincho: você tem o poder de construir ou demolir seu futuro.
viga mestra pendurada e oscilando: conflitos e obstruções no caminho de uma união construtiva.

CONTABILIDADE 05-09-15-19-26-52

canhotos de seu talão de cheque: você terá o respeito de outros por um período curto de tempo.
  encontrar um erro: significa a morte de pessoa amiga muito querida.
    não: poderá ser promovido(a) se fizer sacrifícios pessoais.
  somar números: você perceberá a verdade.
comparar contas: viva dentro dos recursos que dispõe; equilibre a entrada e a saída de sua energia.
contabilizar: período de atividade árdua seguido de estabilidade financeira.
realizar escrituração: em breve ficará livre das obrigações extras que foi forçado(a) a assumir.
refletir sobre a contabilidade do empregador: você precisa justificar o valor do seu trabalho.
  de outros: a dignidade é sua, mas não o holofote.

ser contador: exija exame frio dos fatos antes de agir.
somar: você perderá dinheiro ao comprar a crédito.

CONTAMINADO 12-22-28-34-36-40
alimentos: prejuízo nos negócios por causa da sua interpretação errônea de si mesmo.
coisas: desgraça futura.
pertence de outra pessoa: você passará por momentos difíceis se assumir mais responsabilidades além das suas.
ter coisas: perigo causado por uma doença muito grave.

CONTAR 05-14-18-26-28-39
cometer erros ao fazer contas: você é demasiadamente avarento com os seus relacionamentos.
corrigir: você passará por altos e baixos em uma amizade perigosa.
descobrir itens faltando: os resultados nos negócios são incertos.
dinheiro: assuma uma atitude mais tranquila em relação ao pagamento das suas dívidas.
homens contando: o ciúme trará você de volta à realidade.
itens diferentes: perdas propícias devem ser impedidas antes que não sobre nada.
mulheres contando: a falta de compreensão atormentará você.
objetos: você é perfeitamente capaz de saldar suas dívidas.
outros contando: descarte sua resposta emocional de sempre.
pessoas: você receberá ordens de um superior que quer disciplinar você.
sonhar com: as ambições serão satisfeitas com uma atitude mais calma.

CONTAS 01-04-16-41-45-48
alguém entregando para você: sua decisão estava errada, volte atrás.
alguém pedindo para você pagar: seu chefe não gosta de você.
não pagar: as consequências de transgressões anteriores estão batendo à sua porta.
pagar: lucros imediatos por intermédio do plano de pagamento cármico.
pagar uma: não assuma nenhuma nova responsabilidade.
por erros antigos: faça um esforço sério para ser justo.
receber: promessas têm que ser mantidas a qualquer custo.
redigir: sinal de insegurança de que você receberá o pagamento.
vencidas: outros falarão mal de você.

CONTENTE 08-11-13-31-34-43
estar contente quando o desânimo seria mais apropriado: é melhor manter suas indiscrições ocultas.
estar muito: boa saúde e um toque de Midas.
filhos: o círculo doméstico precisa se expandir para criar espaço para a alegria.
passeio de carro sem a autorização do proprietário, fazer um: você trocará as suas reservas pelas emoções.

CONTESTAÇÃO 22-25-26-34-37-52
contestar outras pessoas: os negócios serão satisfatórios.
ser contestado pela pessoa amada: você colecionará artigos de pequeno valor que mais tarde valerão uma fortuna.
por amigo: pessoas invejosas estão por perto.

CONTRA-ALMIRANTE 05-11-37-43-48-52
amigo que é: em breve será explicado o segredo de suas frequentes ausências.

em uma batalha naval: você não vai tolerar insubordinação por parte dos outros, mas opta por ser insubordinado.
em uma doca: receberá visita de superior que trará novas ordens.
jovem: você é um grande mulherengo quando não está em serviço.
ser esposa de um: está cercada por namorados, mas só quer um.
ser um: as pessoas o têm em alta conta fora de casa.
no Pentágono: abuso de confiança ameaçará sua integridade e sua honra.

CONTRABANDISTA 26-37-38-42-46-48
amigos: planos imprudentes e precipitados não acabam com suas crises.
inimigo: em breve será preso por façanhas malucas que você nem sabe que realizou.
outros que são: nem todos os seus planos vão dar certo, mas tudo vai correr da melhor maneira possível.
ser: alívio inesperado de um segredo finalmente compartilhado.

CONTRABANDO 04-06-16-28-34-51
ser preso enquanto faz: fadado à decepção.
sonhar com: perigo por meio de um segredo.
ter sócios envolvidos em: a preocupação será acalmada.
vender bens contrabandeados: uma desgraça grave pela frente.

CONTRATO 10-12-18-26-32-48
assinar: sucesso dos seus planos.
de venda: você será informado de um acidente.
esconder: lucros incertos.
fazer uma aquisição: você terá boa saúde até a morte.
ler sem assinar: amigos enganarão você.
não cumprir: trabalho árduo aguarda.
outros fazendo: o contrato será rescindido logo.
redigir: saúde frágil.
sonhar com: dignidade e distinção.

CONTRATO DE ALUGUEL 02-03-30-43-55-59
firmar o de uma casa: evite a perseguição de um rival por meios legais.
de uma loja: o seu negócio está assegurado.
um terreno: você terá sorte nos assuntos do amor.
mover ação judicial por causa de um: reconciliação com um inimigo.
pedir a alguém que assine um: você irá para a cadeia.
rescindir um: futuro incerto, mas a sua renda aumentará.

CONVENTO 04-08-14-17-24-40
estar em: temor de que sua ética e castidade sejam questionadas.
igreja: um noivado com transparência e generosidade.
outros: saúde frágil causada por culpa em restringir outras pessoas.
madre superior: paz, alegria e admiração.
ser uma abadessa: você tem grandes ambições com um futuro interessante.
conhecer uma depois de uma doença: você está reativando, integrando o seu crescimento espiritual.
de um mosteiro ruim: a sua disposição amigável com certeza contornará qualquer conflito.
tornar-se freira em: felicidade, apesar de não se casar com uma pessoa rica.

CONVERSÃO 07-31-36-42-43-50
converter os outros a suas ideias: um evento muito benéfico e importante está para acontecer.
converter-se de uma religião a outra: você terá uma vida calma e feliz.

de moeda estrangeira: você cairá em desgraça.
sonhar com: você precisa resistir às tribulações.

CONVERSAR 07-16-32-33-40-47
acentuando os intervalos das palavras: submeta-se à vontade de seu homem.
ao microfone: você está pronto para revelar seu problema?
ceceando: amigos estão tentando lhe trair.
com alguém: procure ouvir opiniões diferentes.
com sotaque estrangeiro: é preciso cautela em assuntos de saúde.
com um inimigo: você se sujeitará à injustiça para salvar a honra de outra pessoa.
gaguejando: só vale a pena falar a verdade; o resto não deve ser dito.
gírias com pessoas formais: será convidado para um impressionante baile de gala para caridade.
mãe conversando com os filhos: desfrute de diferentes tipos de divertimentos caseiros.
marido e mulher falando um com o outro: cuidado com vizinhos espionando suas conversas.
ouvir outra pessoa: cuidado com sua interpretação do sentido oculto das palavras.
  detalhadamente: será levado a consertar um erro antigo.
  sem conseguir entender: a vida só é um mistério se você continuar a vivê-la como tal.

CONVITE 16-20-33-36-38-42
aceitar: uma herança pela frente; você terá um gasto adicional para mantê-la.
enviar um convite a empresários: você se envolverá em condições intrincadas e desconcertantes.
  amigos: prazer oriundo de atos que antes só traziam desespero.
  celebridade: um mistério será resolvido por meio de uma jornada longa e tediosa.
  parentes: brigas em família acerca de uma lista de convidados.
receber um convite de negócios: decepção quando se investe grandes energias em projetos infrutíferos.
  da pessoa amada: você conhecerá pessoas interessantes, mas não terá ganhos financeiros.
  de um parente: cautela com o porquê do convite deles.
  escrito: expansão da área de influência para incluir uma abordagem mais prática.
  impresso: vergonha e mágoa quando não consegue alcançar o cume das suas ambições.

CONVOCAR 03-14-30-38-47-48
outros: casos de amor insignificantes causarão remorso; você não combina com uniões ligeiras.
ser convocado: sua falta de sorte nos negócios será anunciada em público.
um mensageiro: o trabalho é bom, mas não é nenhum desafio; observar o trabalho dos outros é.

COPA (parte da casa) 17-22-24-26-39-46
colocar gêneros alimentícios em uma: brigas em família para decidir quem ficará com títulos futuros.
derramar algo em uma: um namorado pensa em você; se não quiser ficar com ninguém, dê um jeito.
estar com outras pessoas em uma: terá sucesso nas empreitadas recentes.

estar em uma: sucesso em tudo.
preparar algo em uma: conseguirá resultados positivos nas questões às quais está se dedicando no momento.
preparar bebidas em uma: notícias de alguém de quem não ouve falar há muito tempo.
ter uma cheia: será bem amado por sua sorte e prosperidade.
ter vazia uma: medo que alguém tenha lhe roubado, mas sem saber a identidade do ladrão.

COPIAR 01-12-28-39-43-47
assinatura de outra pessoa: imitar o comportamento de outra pessoa leva ao ridículo, o seu próprio.
carta: ansiedade sobre bens precisa ser posta em perspectiva.
documentos legais: você está em luta com um oponente mais forte.
estar no negócio de cópias: um plano considerado favorável se tornará desfavorável.
outros copiando: aflição emocional quando você vir sua extravagância exposta.
quadro: você preferiria que um clone levasse a culpa por você.
texto: resolva os seus problemas antes que eles saiam do controle.

COPO 02-19-20-34-48-49
beber um copo de água fresca: você tem clara consciência quanto aos perigos de um casamento imediato.
cheio: tempo de fazer especulação com a sua vívida imaginação.
cortar vidro: pausa iminente leva ao adiamento de um casamento.
em um bar: uma discussão rancorosa com uma pessoa com a mesma inclinação.
fábrica de vidros: a sua franqueza com o que deveria ser mantido oculto impedirá a realização de suas maiores esperanças.
fazer algo indesejável, como mastigar vidro: você está tão zangado(a) que a verbalização está truncada; você está expelindo observações mordazes.
homem de negócios sonhando que quebrou um: fim desfavorável para especulações infrutíferas.
oferta de um copo d'água: nascimento de uma criança.
quebrar um copo: suas ações causarão o fim do seu relacionamento em seu proveito.
cheio d'água: morte de uma mãe e problemas de saúde para os filhos.
e derramar água: os filhos serão saudáveis, mas os resultados nos negócios se mostrarão desfavoráveis.
sobre as roupas: favores de um estranho em troca de prazeres ilícitos.
quebrar uma taça: sua existência puxa briga entre os desanimados.
beber de uma: sente-se de costas para a parede e deixe o inimigo tomar o primeiro gole.
cerveja: você é bem-vindo em qualquer lugar e humilhado a qualquer hora.
soprador de vidro: promoção por mérito pressagia dano ao se aceitar adulação.
sujo: trabalho agradável em um cargo subordinado não exige esforço real.
vazio: ajuste seu estilo de vida aos tempos difíceis; seu casamento será testado intensamente.
vidro laminado, ver o seu reflexo em um: a imagem que você pensa que projeta.
quebrar: você salvará uma outra pessoa da angústia que você causou.

COR 21-31-37-39-43-50

âmbar: você receberá uma carta que irá transformá-lo.

anil: escute a sabedoria enquanto você navega nas águas meridionais.

cabelo louro: cuidado com os invejosos enquanto está indo atrás de seus objetivos.

cinza: uma existência monótona cheia de pensamentos inválidos.

malva: advertência contra o orgulho ao enganar as pessoas para roubar os seus pertences.

marrom: você está escondendo uma emoção romântica.

ouro: consciência de Cristo.

pintar um aposento: mudanças importantes, mas ruins, acontecerão.

prata: proteção divina.

qualquer parte do corpo se desbotando: o seu fingimento causará um revés social.

rosa: ressurreições gloriosas do amor do corpo material.

turquesa: espiritualidade que cura.

várias misturadas: você tem amigos falsos.

violeta: purificação e iluminação espiritual.

viva: as emoções estão se agitando de acordo com as vibrações da luz.

CORAÇÃO 08-38-39-45-48-51

azia: retorno à simplicidade mais amena de uma vida satisfatória.

comer: relacionamento amoroso feliz depois que você conhece a pessoa certa.

doença do: os altos delírios dramáticos de outras pessoas estão desarmando você.

empático e sensível: seu sacrifício foi mal acolhido, e com razão, como um insulto às habilidades de outra pessoa.

estar preocupado com problemas no: você ultrapassará os amigos se parar de se sensibilizar com os problemas deles.

feliz: bons negócios, vida alegre e produtiva, lições de crescimento positivas.

ferido: tempos melhores por meio da diminuição de aborrecimentos desnecessários.

homem sonhando com: você amará outra mulher, fato que, se não for reprimido, fará você perder seu verdadeiro amor.

mulher: você abandonará seu marido se permitir que sua energia seja consumida por outra pessoa.

pessoa solteira: fuga com a pessoa amada com intenção de casar-se; um casamento particularmente indiferente.

não ter: vitória nos negócios não pode ser alcançada sem sinceridade e amor.

perder a esperança: a morte da sua coragem está próxima; reprima a sua dor.

sangue seguindo lentamente para o: você não felicitou seu melhor amigo.

sentir palpitar: você teme perder a paciência quando seu chefe for repreendê-lo.

sofrer de palpitações: você provavelmente viverá mais que seus filhos.

ter dores no: doença demorada causada pelo rompimento de um relacionamento.

ter um grande: doença exatamente na mesma força de vida que centra a sua energia.

tomar o seu pulso: busque esforçar-se até o seu limite, não mais.

CORAL 08-18-21-24-26-37

comprar: uma carta com dinheiro obtido graças à sua perseverança.

branco: use a sua intuição como guia.

negro: doença invisível oriunda das profundezas das suas emoções.

rosa: inspiração para criar novas experiências.

vermelho: ame-se primeiro.

recife de: perigo para os barcos do amor.
usar assessórios de: a inspiração para uma linda experiência interior.
vender: uma pessoa amiga do passado voltará, fraca e aflita.

CORAR 04-06-25-28-29-39
crianças corando: você romperá com uma pessoa amiga por causa de acusações infantis.
de prazer: suas maneiras desajeitadas precisarão de ajuda.
de vergonha: você terá que dar explicações de falsas acusações.
namorados corando: irão casar antes da data estabelecida.
por ser flagrado cometendo um delito: o amor de uma mulher mais velha.

CORCUNDA 01-07-08-09-14-18
falar com pessoa: notícia agradável sobre êxito pessoal.
homem: mudanças pela frente, trazendo prosperidade financeira.
mulher: muitas provações com pessoas estranhas, mas agradáveis.
ser: você sofrerá humilhação pelas incapacidades resultantes da sua saúde ruim.

CORDA 14-15-22-28-39-47
amarrar: a confusão deve ser resolvida pouco a pouco.
cortar: brigas e perigo em seu caminho; sua linha da vida será cortada.
desamarrar: tome medidas de segurança antes de lidar com seu problema.
envolver um pacote com cordas: você possui forte poder de atração.
usar: você deve tomar cuidado em todos os assuntos.

CORDA BAMBA 05-11-26-36-39-44
balançar-se na: você não leva em consideração as ramificações de suas ações.
caminhar sobre uma: inimigos no trabalho tentam lhe destruir.
pedalar sobre uma: você tem o apoio de colegas de trabalho.
usar uma vara para se equilibrar sobre uma: você está sobrecarregando sua agenda.

CORDÃO 08-15-28-47-49-51
ao redor do seu pescoço: servidão aos interesses maliciosos do demônio.
dar nó em um: amizades serão fortalecidas.
desembaraçar: um noivado será rompido devido à diminuição de interesse.
muitos nós de: união de forças desiguais com um só propósito.
entre as suas ferramentas: um projeto não será completado.
partir um: torne-se independente da autoridade da qual você se ressente.
segurar um: um amigo virá em seu auxílio.

CORDAS 07-14-15-17-19-29
amarrar coisas pesadas umas às outras: problemas com a justiça.
outras pessoas com: constrangimento e perda de dinheiro por causa de seu comportamento irracional.
apertadas demais: você chegou ao seu limite.
caminhar na corda bamba: você aceita fazer parte de aventuras perigosas por causa dos amigos.
dar um nó: você tem uma resistência física incomum.
de navio: terá notícias de pessoas a quem deve dinheiro.
desatar: elimine quem instalou a armadilha.
descer por uma: você vencerá quem quer que tente lhe derrubar.
jogar um laço: sua insistência em controlar lhe tira a alegria da criação.

laçar: solução infeliz para um mistério acaba lhe fazendo mal.
marinheiros usando uma, em embarcação: terá de trabalhar usando o máximo de sua vigorosa mente.
pessoas enforcadas por: a interferência de amigos que lhe foram impingidos pelas circunstâncias.
rolo de corda nova: término bem-sucedido de projeto longo e árduo.
ser amarrado com: há pessoas que ameaçam sua expansão.
por outras pessoas: vai cair em uma armadilha, sobrecarregado de problemas.
subir por uma: você é obstinado e tem força de vontade; a perseverança favorece a solidão.

CORDEIROS 01-06-23-30-40-51
achar um perdido: bom temperamento ou caráter não vencerão a sua ação judicial; cuidado com a sua conduta.
balindo: sua generosidade será agradável e transformará as suas necessidades mais simples em lucro.
carregar: prosperidade, um bom futuro e devoção a amizades simples.
comprar: nada será negado a esses objetos do seu afeto.
dar um de presente: outras pessoas aumentarão os seus bens.
em um pasto: muita tranquilidade, conforto e prazer apropriados para outros.
matar: inocentes serão atormentados graças a delitos de outras pessoas.
na Páscoa, comer carne: amizade e contentamento duradouro podem ser sacrificados pela prosperidade.
possuir: lucro e consolo ligados ao bem-estar e à prosperidade dos filhos.
rebanho pastando: o excesso de alegria assustará você.
sendo abatidos: ao contrário do que os outros pensam, você tem compaixão.
tosquiar: você está tirando vantagem de pessoas caprichosas e imprevisíveis que estão sob seus cuidados.
vender: você precisa sacrificar diversões e paixões passageiras para alcançar o seu objetivo.

COROA 02-37-40-46-48-49
colocar uma na cabeça de outra pessoa: você merece ascensão social.
com uma cruz: benefícios por meio da morte de outra pessoa.
danificada: sua necessidade de ser admirado está passando despercebida.
de espinhos: você está no limiar de uma iniciação ao martírio.
de espinhos de Cristo: a glorificação de outra pessoa é importante para você.
de estanho: suas esperanças de sucesso foram frustradas.
de ferro: cuidado com negócios que parecem ser honestos.
de flores: empreendimento criativo terá enorme sucesso.
na cabeça: você irá se beneficiar por meio de parentes distantes.
de ouro: grande proteção de autoridades.
real: espere uma tarefa importante por meio da qual sua confiança será avaliada.
da rainha: você se sente negligenciado e quer fugir.
do rei: você depende muito de conforto e promessas tranquilizadoras das pessoas amadas.
ser coroado: iniciação em uma liga de pessoas importantes por meio das suas conquistas.
uma jovem usando tiara: as ambições dela estão além do alcance.

usar uma tiara: atividades sociais de natureza alegre.

COROAÇÃO 03-15-19-41-42-51

da rainha de um concurso de beleza: pessoas com autoridade enganarão você.

de um rei ou rainha: você receberá uma inesperada fortuna.

filha sendo coroada rainha: vizinhos são confiáveis

CORONEL 09-16-24-30-35-43

mulher solteira sonhando com: você irá se casar com um banqueiro para superar as suas amigas.

mulher sonhando em casar-se com: guarde dinheiro para a velhice.

ser: você será cercado pelo mal que se espera que você destrua.

do Sul: a solução de infortúnios financeiros será seguida por uma viagem de negócios.

uniformizado: insatisfação porque o amor não tem destaque em sua roda social.

CORPO 01-07-11-42-47-49

amigos inchados: vergonha é o que eles não revelam a você.

deslocar uma parte do: protele qualquer empreendimento que exija mudança de emprego.

distorcido: faça uma massagem.

dolorido ou inchado: tristeza devido ao desperdício de uma herança por parte de um dos pais.

dor no cólon: sua força interior está sendo posta à prova.

estar inchado: um segredo ruim está explodindo na sua cara; você cairá em uma armadilha.

rigidez causando dor: perturbarão você.

sangrar intensamente: venenos estão surgindo em uma base sangrenta, em uma direção doentia.

levemente: realização dos seus desejos.

sentir-se aprisionado em seu próprio: território traiçoeiro, o pântano do inconsciente.

paralisado: é necessária uma mudança dramática e eficaz.

seu umbigo: sua paralisia no passado foi causada por um gerenciamento ruim.

sonhar com o próprio: alegria pelo mero fato de você existir.

com o de pessoa deformada: você terá boa sorte.

com o de um homem: bons negócios.

com o de uma mulher: pessoas flertarão com essa mulher.

com o dos filhos: você empreenderá uma viagem alegre e intuitiva.

suas próprias nádegas: autocensura.

ter espinhas no: uma indicação de repugnância; a verdade aparecerá.

ter parte atada com fita adesiva: você precisa impedir a revelação prematura do seu plano.

ter sido ferido: muita energia negativa, explosões emocionais muito tensas.

ver amputação: supressão de um velho hábito, o que permitirá o desenvolvimento do talento.

ver seu próprio: a visão pode ser a realidade.

doente: lide com os fardos emocionais antes que eles causem prejuízo.

muito gordo: reduza o consumo semanal de comida em 1/8.

CÓRREGO 12-14-2-29-41-45

apresentando dificuldade para fluir: receberá visita indesejada.

atravessar um córrego com dificuldade e sozinho: passatempo com alegria espontânea.

ficando mais fluente: em breve receberá proposta de casamento.

nadar em: será persuadido a entrar em um projeto contra a sua vontade.
pegar água suja de um: você cairá em desgraça devido à ingratidão de outros.
seco: seu trabalho lhe esgotará e permanecerá incompleto.

CORREIO 03-10-22-29-30-31
comprar selos em uma agência de: os horizontes são limitados, expanda-os.
colecioná-los: é obstinado na defesa de seus valores.
discutir com o diretor geral: alguém está tentando lhe trair, mas pode ser estupidez sua.
encontrar uma agência fechada: divergências em assuntos do coração.
enviar uma carta pelo: obstáculos em seu caminho.
receber: conflitos internos causam mudança de residência.
registrar: será ofendido por alguém e mudará de companhias.
um pacote: a resposta trará um presente do exterior.
ganhar um: uma empreitada lucrativa vai ajudar em relação com o sexo oposto.
estar em uma agência de: por meio da honestidade, terá vitória.

CORRENTE 02-11-25-29-30-35
acorrentado: você está prestes a se desafogar de fardos, mas será difícil.
alguém com: confronte a pessoa para, finalmente, se libertar.
alguém usando um cordão na prisão: assegurar suas necessidades básicas permite vitória sobre os inimigos.
conseguir partir uma: você ficará livre de compromissos sociais.
cortar: suas opiniões te acorrentam a pessoas erradas.
suas: as preocupações irão se dissipar se você enfrentar o passado.
de ferro: você escapará daquilo que te aprisionou depois de um grande empreendimento.
de ouro ao redor do pescoço de uma mulher: o elo perdido para a prosperidade com o seu amado.
guirlanda de flores: a pressão será aliviada por pouco tempo.
inimigos sendo acorrentados: você está sendo restringido pela trapaça.
outros: fardos estão prestes a partir nos ombros dos seus oponentes.
parentes: ancore sua força em vários amigos leais.
não se libertar das: a série de sofrimentos está ligada a um parente.
pessoas acorrentadas: você receberá a tão esperada notícia do elo perdido.
preso em grilhões: suas crenças resultaram em isolamento.
puxar uma para os lados: sua força irá libertar você de um relacionamento confuso.
reação em cadeia: alinhe a série de eventos em direção à verdade.
ser libertado de: você escapará em um ciclo eterno de renovação.
som de: você terá notícias que limitarão sua futura liberdade.
usar um cordão: os limites de suas ideias segurarão você nos próximos tempos.

CORRER 02-12-13-14-26-48
atrás de um inimigo: você vai vencer e lucrar com as despesas desastrosas de outra pessoa.
veado ou coelho correndo: você é um miserável que suga o sangue dos outros para obter lucro.
como um louco: seu progresso está sendo sabotado.
crianças correndo com bastões: é melhor diminuir o passo.
de medo: irá para o exílio para não encarar sua culpa.

em caçada: você tem mais medo da presa do que a presa de você.
muitas pessoas correndo em confusão: receberá notícias aterrorizantes de eventos caóticos.
outras pessoas correndo: grande lucro se você conseguir compreender bem o oponente.
para pegar alguém: está sempre tentando acompanhar os outros e esquece de si.
praticar jogging *com passo controlado*: você está entediado com os atuais exercícios.
querer correr sem conseguir: está sendo dilacerado por um conflito interno.
rápido demais: prosperidade inesperada à custa de sua saúde.
sem roupas: será tomado por impulsos destrutivos.

CORRETIVO 09-20-23-25-29-34
animais teimosos que precisam de: ganhará presente de um estranho.
crianças obstinadas que precisam de: as companhias delas não gostam de sua disciplina.
ser mandado para um reformatório: você está andando com as pessoas erradas.
sonhar com reformatório: teste os amigos antes de lhes confiar cargos elevados.

CORRETOR 16-22-27-32-46-50
lidar com: *compra*: prazer pela frente.
vários: tenha cuidado nos negócios
venda: perda de dinheiro.
ser: os ganhos permanecerão constantes por pouco tempo.
sonhar com: vai conhecer pessoas falsas no futuro.

CORRIDA 13-14-16-41-48-50
amigos participando de: ficarão ao seu lado, independente de você perder ou ganhar.
correr em uma raia: repita padrões antigos para ter sucesso; outras pessoas aspiram ao mesmo.
de cachorros: vai dominar os inimigos se aprender a controlar o próprio ritmo.
de cavalos: vai crescer só para terminar a corrida.
maratona: deve responder por delito que achou que fosse um acidente.
membro da família: você está exigindo muito pouco de si mesmo.
outras pessoas: você está sendo ludibriado por um comportamento desprovido de senso esportivo.
participar de uma: deve preservar sua energia se deseja sucesso duradouro.
e vencer: negociações envolvendo importações serão consumadas.
perder: terá muitos concorrentes para seus interesses.

CORRIDA DE CAVALOS 02-11-24-29-35-40
assistir a: um luxo que você não pode se dar.
outros: escolha um de seus inimigos para ajudá-lo a derrotar os outros.
ir à corrida com a pessoa amada: os estranhos definem você pelas pessoas com as quais é visto.
outros: em uma situação comprometedora, os inimigos fracassarão em todos os níveis.
jóquei galopando: grande lucro em uma aventura perigosa.
trotando: acelere o passo se espera completar o trabalho antes do pôr do sol.
seu cavalo de corridas vence: você tem muitos inimigos.
perde: um intenso remorso por uma ação desprezível.

CORRIMÃO 05-09-14-34-38-43

outras pessoas com as mãos em um: é sempre inteligente olhar antes de pular ou de ser empurrado.

CORTAR 07-17-18-21-37-52

a cabeça de um pássaro: você quer silenciar aquele que está piando sobre os seus negócios.

de animais: você precisa se afastar da situação.

de uma outra pessoa: você buscará vingança por causa da destruição de ideais acalentados há muito tempo.

capim e arbustos: você gostaria de interceptar a prosperidade de outra pessoa nos negócios para você.

com uma serra ou lima: acontecimentos desagradáveis pela frente.

histórias: continuar o seu projeto mais recente é autodestrutivo.

ser: infidelidade romperá um relacionamento.

CORTE 15-16-21-26-35-49

cicatrizando: você terá um bom salário com a sua promoção.

não cicatrizando: você será pago pelos seus serviços.

profundo: você está nutrindo ressentimentos por suas mágoas, não as deles.

sofrido por você: os atos maliciosos de supostos amigos ferirão você.

e feito por você: você será pressionado e se precipitará, tomando uma decisão ruim quanto a um problema iminente.

pelos filhos: dinheiro pela frente.

tratar: acabe com um relacionamento que traz desgosto contínuo para você.

CORTEJAR 02-30-32-41-44-52

outra pessoa: relacionamentos amorosos não são bons quando os amantes são incompatíveis.

ser cortejado: suas ilusões românticas estão fadadas à decepção.

por uma pessoa casada: a abundância do casamento não pode ser compartilhada.

CORTEJO 13-24-26-28-38-45

assistir a um, de uma balsa: não preste atenção a outras coisas, lide apenas com o que é da sua conta.

crianças em um: parente distante vai reconhecer o parentesco.

amigos: estão sendo enganados em relação a um incidente histórico.

inimigos: eventos imprevistos vão alterar tanto os intentos deles quanto os seus.

sonhar com: não julgue as aparências sem desencavar as raízes.

CORTINAS 02-08-16-23-24-35

abrir as: um segredo revelado irá advertir você a tempo.

outros: advertência de problemas se você estender a sua apresentação.

adornadas com borlas ou franjas: irão pedir-lhe que realize uma tarefa difícil de graça.

colocar novas: você entreterá um convidado importante.

brancas: responsabilidade esmagadora.

coloridas: uma vida modesta de muita tranquilidade.

fechadas: você está tentando esconder algo dos outros.

muitas: sua curiosidade trará prejuízo.

CORUJA 10-19-26-40-41-48

arrulhando: colegas próximos são a fonte do problema.

arrulho solene de uma: os pontos de vista serão destruídos pelo luto.

espantar uma: a vida dará uma virada para pior.

matar uma: sacrifícios e privações compartilhados.
pegar uma: não limite sua sabedoria; deixe-a correr livre.
piando: prenúncio de aproximação de pessoa falsa.
sonhar com uma: cuidado com atitude terrível em situação assustadora.

CORVO 06-12-17-24-35-47
batendo as asas: morte por falta de higiene e decadência em abundância.
marido sonhando com um: faça planos para se ver livre de sua esposa.
esposa: avise ao marido para não ficar lhe investigando se quiser continuar com você.
matar: conflitos originados por seu desafio à autoridade causarão revés em sua sorte.
ouvir o barulho de: infelicidade devido à resistência de seus sentimentos.
sonhar com um: receberá notícias diabolicamente maldosas de fonte desconhecida.
um bando voando: para evitar o desastre, siga pelo caminho conhecido e seguro.
voando: sua vida atual está em perigo; mude-a antes que ela lhe transforme.

COSTAS 10-11-22-33-36-48
alguém virando as costas para você: reanime uma velha amizade com atenção do presente.
andar de: reconstrua seus passos para encontrar a falha.
animais com problemas na coluna: uma outra pessoa defendeu você e sofreu por isso.
crianças: defender a si mesmo é uma tarefa desagradável.
outra pessoa: perda de dinheiro em uma ação incompassiva acusando você pelas falhas de outro.
cheias de feridas: feridas, reprimidas ao nível do inconsciente, infeccionam.
nuas: vulnerabilidade à doença, fraude; dar um conselho ruim.
olhar para as costas de alguém: o caráter real dele está no que não pode ver ou revelar.
suas: você sempre estará atrás da parte de si mesmo para a qual virou as costas.
quebradas: você terá úlceras, pois está envenenado de ciúme.
virar o lado direito das: seu chefe acha que você é covarde.
esquerdo: uma pessoa amiga está sendo arrogante; sua força é de caráter intimidante.

COSTELAS 01-11-15-30-32-33
crianças que quebraram as: não são capazes de se garantir no esporte da vida.
deslocar uma das: as pessoas fazem fofocas sobre você; infelicidade causada por parentes.
ter, fortes: especulação moderada e uso total de seus talentos.
machucar as: vai se curvar em obediência a um mestre que você mesmo escolheu.
quebrar: cuidado com traição por parte de gente de confiança, e aplique seus talentos amplamente.
esposa quebrando as: vai se divorciar do marido; os eventos não trarão qualquer demonstração das emoções.

COSTURAR 04-10-17-25-30-37
bordar: deve deixar de confiar nas pessoas que você considera leais; a cautela revelará quem eles são.
moças: está tentando se ater à delicadeza de seus trabalhos manuais.

outros bordando para você: resolva seus problemas antes que virem uma bola de neve.
cerzir: uma atitude cuidadosa e econômica é necessária antes de reciclar.
dar bordado de presente: grandes esperanças de retomar antigo romance.
manejar um bordado de: segurança no atual trabalho.
perder o ponto do crochê: vai arrumar problemas por se meter na vida dos outros.
outras pessoas por causa do desentendimento: será preciso que um dos dois mude de ambiente.
pessoa amada: sua confiança excessiva em si mesmo lhe veda os olhos para problemas que é melhor resolver agora.

COSTURAR 16-24-26-30-44-50
alfaiate: você receberá notícias do exterior.
alinhavar: a extravagância lhe deixa vulnerável a muitos conflitos.
juntas: uma mistura de contradições que só você pode compreender.
para a casa: faça ajustes específicos para sua realidade pessoal.
ponto de costura: reparos são necessários em alguma área.
roupas novas na moda: você manipulará seu trabalho para que se torne mais lucrativo.
roupas para si mesmo: reequilibre certos aspectos de sua vida.
filha costurando: um noivado será anunciado em breve; preparo de enxoval.

COTOVELO 02-13-20-30-36-37
abrir caminho na multidão com: você está disposto a resistir a uma invasão da sua privacidade.
bonito: sua esperteza permite que progrida; o seu trabalho árduo será transferido para outra pessoa.
de crianças: use de cautela com colegas de trabalho mais jovens a fim de evitar uma ação judicial.
de outra pessoa: alguém irá acioná-lo judicialmente por causa do seu temperamento.
quebrar: você é ágil e adaptável ao extremo em um casamento sem amor.
sujo: você está trabalhando demais para obter lucros insignificantes.
ter dor no: dificuldades causadas por uma outra pessoa que está instigando você a um casamento indesejado.

COTOVIA 07-43-46-49-52-57
cantando alegremente: experiências alegres e inocentes na criação de novos empreendimentos.
cotovia: você irá se banhar na luz da prosperidade e ganhará o direito ao respeito.
em uma gaiola: fracasso dos seus planos causado pelo egoísmo do controle.
sendo morta: alguém deseja sofrer com a sua experiência; não permita.
voando bem alto no céu: previsão positiva apontando para um feito ou uma realização com mérito.

COURO 18-34-37-38-42-55
comprar: sua família está com os pés firmes no chão.
dar presente feito de: brigas de família sobre contas vencidas não corromperão a gratidão deles.
loja de artigos de: fracasso dos inimigos por meio da sua escalada contínua em direção à prosperidade.
possuir arreios, bolsa ou cinto de: lucros em especulações.

trabalhar com: promoção por meio de longas e incessantes horas de trabalho árduo.
vender produtos feitos de: amor fiel.

COUVE-FLOR 05-09-10-28-34-45

comer: você se casará por dinheiro para agradar a seus pais e a si também.
comprar: você terá boa saúde depois de se recuperar de uma doença.
cultivar: a traição de uma pessoa amiga fará com que você seja acusado de negligência ou omissão no cumprimento do dever.
sonhar com: um sinal de visão de eventos futuros.

COZINHA 04-18-26-34-36-43

cozinheiro preparando refeições: você receberá de amigos simpáticos um convite para jantar.
desarrumada e suja: você receberá ameaças do departamento de saúde.
espátula de madeira: você lucrará com o trabalho árduo; sobreviverá se evitar os vizinhos.
estar na: alimente-se primeiro, e depois aos outros.
fogão a gás: uma refeição *gourmet* é uma opção.
fogão a lenha: mime a pessoa amada; os amigos irão se unir para apoiar você.
fogo aceso: você terá mudança de empregados para usufruir de uma saúde robusta.
irrompendo: guarde os pequenos utensílios no único lugar onde você encontra tranquilidade.
geladeira cheia de comida: você está sendo muito presunçoso com os vizinhos.
guarda-louça vazio: os negócios não prosperam sem investimento.
cheio: você está emocionalmente faminto, mas não consegue comer o bastante para se saciar.
muito asseada: chegada de uma pessoa amiga que apreciará o seu espírito de realização.
passar líquido através de um funil: rumores espalhados pelos amigos são difíceis de provar e justificar.
outra substância: você é incontrolável quando se empenha rumo aos seus objetivos.
preparar uma refeição: transforme seus assuntos ou negócios em uma refeição apetitosa.
cardápio: você está confuso quanto a múltiplas escolhas e não consegue enfrentar as emergências resultantes.
outros: conte aos outros sobre a sua vida antes que os rumores a destruam.
receber uma receita: um futuro de êxito não deixa de lado nenhum ingrediente.
sair da: pare de interferir nos assuntos dos outros.
sem mobília: sua conduta alienará você com pequenos problemas de natureza temporária.
sonhar com uma: você será objeto de rumores rudes vindos de seus próprios parentes.
uma fileira de jarras, potes ou frascos: você encontrará prazer em fornecer comida e/ou bebida para as atividades sociais dos amigos.
vazios: sucesso precário pode levar ao empobrecimento.
usar o processador de alimentos: você gostaria de dissecar sentimentos e rearranjá-los em uma nova receita.

grelha: hora de tomar conta dos seus negócios.
liquidificador: as necessidades da família precisam de maior diplomacia.
usar uma concha: perigo causado por um segredo revelado no jornal ou no noticiário a respeito de amigo ausente.
outros: infelicidade causada por segredo revelado.

COZINHAR 06-17-26-43-45-50
bolinhos, fritar: mais trabalho sem qualquer compensação adicional.
bruxas preparando poções em um caldeirão: você está agitando os ingredientes de um relacionamento familiar saudável.
com banha ou gordura vegetal: qualquer erro poderá fazer com que o fogo espirre.
com utensílios de ferro esmaltado: uma amizade irá se tornar um tormento constante.
comer: você receberá uma grande quantia de dinheiro de uma festa para reunir os amigos.
comer picadinho: pequenos aborrecimentos e pressão de rivais.
fazer: visitas sem justificativa de vários amigos da família.
em banha de porco: a posição social não se eleva ao mesmo nível que a prosperidade.
em um caldeirão: você está transformando ambições incomestíveis em possibilidades saborosas.
cheio de água: suas preocupações são transitórias.
e virá-lo: planos considerados lucrativos não resultarão em nada.
fervendo sobre o fogo: um negócio lucrativo não resultará em nada.
escrever uma receita: você julgou mal uma pessoa que o respeita muito.
fazer um ensopadinho: cuidado, pois alguém poderá usar de violência contra você.
fogão: a irritabilidade de pessoas famintas será abrandada pela sua presença.
limpar um: você aceita qualquer amizade com muita rapidez; você perdeu uma bem importante.
homem cozinhando: você será convidado para uma festa; leve a sua atitude positiva.
inscrever uma receita em um concurso: sua decisão se mostrará correta.
mulher cozinhando: cuidado com traição causada pelo seu mau gênio.
outros cozinhando: não adianta criar amor se você não servi-lo.
panelas e frigideiras: você virá em ajuda de um criminoso perigoso.
preparar tira-gostos: você está facilitando sua entrada em um círculo social.
preparar uma iguaria: você está tentando tornar sua experiência de vida apetitosa.
regar a carne com molho: você estragará suas expectativas depositando confiança em pessoa indigna.
ser cozinheiro: um futuro de sucesso fornecendo comida para festas.
sobre o fogo de uma lareira: conhecidos que têm pouca estima por você irão visitá-lo.
sonhar com: preocupações sobre o sustento da sua família podem fazer com que você se queime.
temperar: um meio de adaptar a sua família aos seus caprichos.
ter mancha de gordura: uma distração impedirá que você cometa um erro.

várias nas roupas do cozinheiro: não aceite propostas de homens mais velhos.

usar uma receita: reveses financeiros do passado serão resolvidos a seu favor.

várias pessoas cozinhando ao mesmo tempo: você está se agarrando ao amor, qualquer amor.

COZINHEIRO 08-10-15-20-36-46

cozinheira: ela acabará com o noivado.

cozinheiro: você espera favores demais dos outros.

despedir: você vem sendo desonesto consigo mesmo.

ser: você transformou o árduo trabalho de uma vida em um divertido banquete.

em um restaurante: você será enganado por amigos.

uma jovem: logo ficará noiva.

CRAVOS (flor) 2-15-21-26-29-30

amarelos: uma pessoa que você considera muito amiga desdenha você.

brancos: você terá sucesso nos seus empreendimentos.

colher um: seus atos impensados causarão uma crise.

cor-de-rosa: você conhecerá o sucesso glorioso.

homem sonhando com: você deseja comprar uma mulher.

murcho: uma pessoa amiga muito próxima abandonará você.

na lapela: conforme-se com a conveniência; sua vaidade não será satisfeita.

um variegado: suas atenções serão rejeitadas.

vermelho-azulados: você ganhará prosperidade por meio de outros.

vermelhos: você começará brigas com os amigos.

CRÉDITO 03-09-10-22-23-43

importunar parceiro por causa de: cuidado com os danos se você gastou demais.

ir atrás de seus devedores: o dinheiro devido a você, no final das contas, ainda não é seu.

receber pagamento de dinheiro devido por outros: segurança nos negócios.

ser credor: problemas com dinheiro estão próximos.

ser dispensado de juros: você tem motivos para ter ciúme.

ser importunado por credores por causa de dívida: eles sentem a sua prosperidade iminente.

ser molestado por causa de pagamento: pegue e humilhe a pessoa que está exigindo o pagamento da sua dívida.

por muitas pessoas: grande tormento e desespero causam pesadelos.

por parceiro: tormento durante pouco tempo; boas expectativas nos negócios.

por parentes: problemas sérios que você não consegue corrigir, nem amenizar.

CREMAÇÃO 01-02-15-17-36-47

cinzas sendo postas em uma urna: oportunidade perdida de dinheiro próximo.

de parente: você terá uma vida longa.

distribuir cinzas: último pedido de uma pessoa amada.

juntar cinzas: herança está a caminho.

membro da família sendo cremado: você receberá uma herança.

pedir para ser cremado: recursos abundantes.

pessoa amada sendo cremada: você terá muita saúde.

ser cremado: você fracassará nos negócios se seguir o conselho de outros.

CREME 01-06-14-20-30-39

comer: suas alusões a riquezas serão ressentidas.

azedo: você precisa absorver o azedo com as paixões açucaradas.
comprar: você terá um futuro brilhante e salutar.
sonhar com: os outros detestam você por causa da sua ligação com riqueza.
usar um suavizante: uma amizade verdadeira possibilitará ganhos financeiros.
outros: você ficará aborrecido com uma compra errada.

CREPE (tecido) 01-03-05-24-33-45
manusear: podem se seguir brigas entre amantes e separação.
pessoa vestindo: você terá pesares profundos.
preto pendurado na porta: mau sinal.
viúva vestindo: você terá uma vida feliz.

CRESCER 03-14-20-24-30-31
coisas boas crescendo: riqueza.
crescimento: você irá se tornar uma pessoa importante.
ficar alto rapidamente: sua autoconfiança e seu respeito próprio não progrediram no mesmo ritmo que a sua altura.
filhos crescendo: notícias boas em relação à família em breve.
ser adulto: você irá se desiludir com algo em breve.

CRIME 14-16-19-28-39-48
cometer: um segredo estarrecedor precisa ser retificado.
cometido para proteger a honra: uma interpretação errônea da lei.
confessar ter cometido: cuidado com sua brutalidade inconsciente.
outros cometendo: perigo oriundo de um segredo; mudar as coisas só irá piorá-las.
político: seu ódio pelo outro partido ou lado se origina da sua inabilidade e raiva.
ser acusado por cometer: dúvidas assediarão você a respeito de uma dívida que você pode ter contraído.
ser pego enquanto comete: a tentação de perder a paciência será muito grande.
sonhar com: uma outra pessoa está desfrutando o que você desejava.

CRIMINOSO 02-24-38-40-43-50
abrigar um: uma gangue inescrupulosa tratará você como parceiro.
assassino: ajuda inesperada vinda de um aliado que você considerava medíocre.
sendo preso: você está sendo molestado por amigos que usam a sua influência para o ganho pessoal deles.
executado: triunfo sobre os inimigos que cometeram injustiças contra você.
ser: você sente culpa por ter infringido seu próprio código moral.
ser cúmplice de: você está se enganando e não está desenvolvendo o seu potencial.
ser perseguido por criminoso: você poderá entrar em áreas que podem prejudicá-lo.
arrastando correntes: torne a informação pública e deixe o crédito ir para onde tiver que ir.
sonhar com: um amigo muito astuto quer usar a sua influência.

CRISÂNTEMO 06-07-09-28-32-40
amarelo-alaranjado: bem dentro de você está a solução para o seu amor menosprezado.
azul: claridade e pureza.
branco: algo precisa morrer para que a verdade viva.
claro: amor menosprezado devido a uma intriga motivada pelo ciúme.
vermelho: uma expressão do seu amor.

CRISTAL 11-31-38-45-46-48
bola de: outros estão enganando você.
comprar objetos de: você ganhará o dom delicado e frágil da sabedoria.
ganhar objetos de: quem o presenteou demonstrou amizade verdadeira.
joias de: veja a clareza interior da situação atual.
quartzo incolor: você tem apoio e conselhos em suas metas.
quebrar objeto de: seus descuidos causarão a perda de amigos.
ter objetos de: o rumo certo da sua vida foi determinado.
sujo: outros interpretarão erroneamente as suas ações.

CRISTO 16-18-20-21-25-27
consciência de: você terá harmonia espiritual.
crucificado: seus inimigos serão derrotados.
falar com: você receberá um grande consolo por trazer experiências inspiradoras aos outros.
Jesus no Templo: esforços impopulares, mas corretos, serão recompensados.
nascimento de: você terá paz e alegria se não esconder os seus mais profundos sentimentos.
no jardim: você será muito estimado e influente.
ressurreição de: você está em harmonia consigo mesmo e com seu destino.
sonhar com: creia no poder divino para alcançar a totalidade.
vendo o Anticristo: você tem conseguido passar pelas dificuldades da vida com elegância.

CROCODILO 03-04-27-31-41-44
matar: derrote seu inimigo mais poderoso: seus próprios sentimentos negativos.
muitos: uma grande catástrofe pela frente causada pelos seus impulsos repulsivos.
ser mordido por: uma situação perigosa está sufocando você.
pessoas sendo mordidas por: pessoas com más intenções estão por perto.
ser perseguido por: sua própria ganância engolirá você.
sonhar com: você está nas garras dos hipócritas.
ter: evite rivais glutões e deixe sua gula de lado.

CRUZ 04-07-22-28-34-45
ao lado de uma estrada: confie na sua própria força para superar os tempos difíceis.
em uma sepultura: peça ajuda para moderar suas emoções.
Jesus na: sua prosperidade será compartilhada no conforto e na segurança.
na igreja: grande alegria.
rezando para: você está tentando protelar uma situação sem esperança.
sonhar com: problemas em integrar comportamentos radicais.
ter uma nos pés: prepare-se para dor emocional.
usar como assessório: reconciliação com amigos.
de ouro: mantenha energias favoráveis perto de você.
outros: você terá a proteção dos alicerces e da estabilidade.

CUCO 02-05-15-17-31-40
cantando: o seu amor é um sanguessuga volúvel.
capturar: as fofocas dos outros são cruéis, mas você sabe que a verdade é pior.
cuculando: não aceite as responsabilidades dos outros como suas.

matar: você irá interferir nos negócios e na vida emocional de outra pessoa.
muitos: promiscuidade sexual leva a ovos no cesto errado.
sonhar com: pessoa egoísta irá se insinuar para dentro da sua família.

CULPADO 01-04-17-30-34-44
ser: você tem que suportar algum sofrimento por alguma maldade.
inimigos: você está estranhamente intolerante e extremamente sensível.
outros: você se encontra em uma situação fora do comum.
pessoa amada: você receberá herança de uma velha senhora.

CULPAR 05-07-10-15-25-47
amigos: você será cruelmente enganado, sendo levado a acreditar em sua culpa.
levar a culpa: seja humilde frente a seus superiores.
marido ou mulher culpando o outro: discussão seguida de alegria.
os filhos: um presente de um país estrangeiro.
outros: preste atenção e evite a hipocrisia dos amigos.
ser acusado: sua paz de espírito será ameaçada por doença.

CUME 23-24-30-36-37-40
colocar uma bandeira no: seus sentimentos platônicos estão começando a ganhar reciprocidade.
comemorar com outras pessoas ao atingir o: terá amigos poderosos lhe ajudando a conseguir seus melhores interesses.
descer ileso de um: sua avaliação do desafio foi, no mínimo, exagerada.
escalar um muito alto: um desafio que deve ser procurado e resolvido.

CÚMPLICE 03-04-09-34-35-55
acompanhá-lo em coisas erradas: você está sofrendo pela sua própria insensatez em destacar ideias.
ter: você é culpado de espalhar notícias tristes antes de tê-las digerido.
bom: o reconhecimento fará com que você abrace um propósito maior.
vários: um plano com elos fracos não funcionará; descarte-o e siga em frente.

CUMPRIMENTOS 10-24-32-37-45-47
enviar a amigos: você se envolverá em debates longos e complicados sobre os seus motivos.
a homens de negócios: você escapará ileso do perigo atual.
receber de amigos: você recebeu o reconhecimento bem merecido.
de pessoas no exterior: perda da presente posição.

CUNHADA 05-14-15-22-30-31
discutir com: discórdia familiar pode ser cortada pela raiz.
sonhar com uma: seu marido está lhe traindo.
duas cunhadas discutindo com uma irmã: vergonha na família causará dano irrecuperável.

CUPIDO 14-18-31-39-45-48
atirando uma flecha: fique longe dos assuntos dos outros.
sonhar com: você receberá notícias tristes.
vários: você encontrará um tesouro escondido.
Vênus dando luz a: enfermidade ou morte.

CURRAL 06-11-25-28-34-35
estar em um: perda de benefícios por ingratidão.
trabalhar em um: boa fortuna futura.

D

DADOS 08-20-26-40-44-49
jogar com: sua negligência lhe custará a felicidade familiar.
outros vencendo quando jogam: recuperação de dinheiro por acidente, não porque você quisesse.
trapaceando: sua confiança nas pessoas é uma ilusão ingênua.
vencer: livre-se de pessoa amada que é culpada de atos desonrosos.
perder enquanto joga: perdas devido à especulação em números de azar.

DAMASCO (tecido) 07-16-17-28-43-45
com uma estampa florida: dentro da trama haverá uma abundância das suas intrigas.
das rosas de um rosado intenso: com o aumento no número de relacionamentos, as lembranças de esperanças destruídas se avultam.
de seda trançada: um casamento trará um amor fiel.
manchado: você nunca se equiparará às expectativas dos seus sogros.
toalha de mesa de: uma vida digna, próspera e útil; conceda a sua bondade com elegância.

DAMASCOS 22-27-35-37-51-53
colher: futura prosperidade nos negócios e no amor.
comer: pessoa hipócrita quase causa calamidade.
em calda: amigos enganarão você.
fora de época: negócios prosperam apesar da perda de esperança.
secos: grande aborrecimento está para acontecer.
em uma árvore: prazer e contentamento no futuro.
licor de: você derrotará seus inimigos nos negócios.
segurar damascos estragados: problemas e perda de um parente.

DANÇAR 01-02-11-14-42-44
ao som de jazz: por segurança, você tomará emprestado o dinheiro da passagem para casa.
com muita graça: você precisa se unir com um espírito despreocupado e desinibido para resolver dilemas.
criancinhas dançando: uma demonstração espontânea de um lar feliz.
danças extravagantes: grande prosperidade se você mantiver o equilíbrio.
diante de pessoas doentes: você precisa manter distância emocional.
em cabo de aço: você busca condições que impeçam a harmonia, enquanto diz que você a quer.
fazer movimentos circulares ao redor do seu parceiro: você está forçando a barra para ter as coisas do seu jeito.
homem dançando jiga com uma mulher: ele está apaixonado por ela; as intenções dela são mais básicas.
casada: você é despreocupada e alegre, e adora o seu trabalho.
outros: você precisa controlar a facilidade com que demonstra benevolência
uma jovem: será favorecida por uma pessoa idosa quanto a uma herança.
mulher dançando jiga com um homem: uma vida de prazeres simples virá logo.
mulher sonhando com um professor de dança: rivais irão se intrometer cada vez que a música amainar.
homem sonhando com uma professora de dança: você terá dificuldade em escolher entre os amores oferecidos.
o hula-hula: uma série de provocantes aventuras amorosas.

observar dança de amigos: alegria em transitar de uma fase da vida para outra.
de outros: reflexão das suas emoções em relação a eles.
outros dançando: são os passos que você deveria dar para ter sucesso nos negócios.
polca: um exercício bom, profundo, gentil e instintivo.
quadrilha: fora com o amor antigo e viva o amor novo.
com a namorada: graça em expressão criativa.
com a sua esposa: a harmonia é a única solução para o tédio.
rodopiar em êxtase: contato com o harmonioso divino.
ser: você suportará longos períodos de trabalho por momentos intensos de pura paixão.
conduzida por um dançarino: aceite a situação; o problema não desaparece quando você dança ao seu redor.
sonhar com: liberdade de movimento fora dos limites materiais.
sozinho: tristeza por não chamar a atenção de uma pessoa em especial.
tango: você estará muito ocupado com boates e pontos de entretenimento.
dançar um: uma paixão intensa se transforma em enorme arrependimento.
ter aulas em escola de dança: ficará preso nas malhas de um caso amoroso já bastante complexo.

DEBATE 16-24-30-31-36-49
debater os contras: você precisa ser mais flexível em sua reflexão.
debater os prós: aconselha-se cautela ao expressar as suas opiniões.
homem sonhando com uma mulher debatendo: persuasão convincente é temporariamente eficaz.
com um homem debatendo: uma promoção será conquistada pela atenção minuciosa a detalhes.
mulher sonhando com um homem debatendo: precisa fazer o dobro de esforço para convencer.
julgar um: superiores estão avaliando o seu comportamento.
oponente de: a sua informalidade tem uma chance no acordo.

DÉBIL 08-11-26-29-37-47
ser franzino e sem energia: quando você tiver tudo o que precisar, as pessoas lhe pedirão ajuda continuamente.
filhos: uma decepção que irá prejudicá-lo muito.
outros: use de cautela ou talvez não consiga influenciar a pessoa em questão.
sempre: você respira com dificuldade no seu trabalho tóxico.

DECAPITAÇÃO 05-11-31-32-40-48
de assassinos: você não pode forçar uma pessoa a assumir a responsabilidade pelos atos dela.
de inimigos: tire proveito da opinião errônea de outra pessoa.
decapitar alguém: resolva seus próprios problemas.
empresário sonhando com sua própria: você está tomando decisões corretas, mas contra o seu coração, nos negócios.
pela guilhotina: lembranças traumáticas de delitos colocarão você em risco de contrair doença fatal.
perder sua cabeça: seus pensamentos racionais sucumbirão à sua intuição.
ser decapitado por assassinos: derrota avassaladora e perda de imóvel.

ser decapitado: você terá sucesso com os acordos de negócios, mas precisa alienar os sócios.

DECAPITAÇÃO 10-13-14-26-40-43

estar debaixo do cadafalso: examine os riscos e então parta para uma nova empreitada.

ser executado por: devolva a fraude à sua origem.

DECEPCIONADO 02-07-35-41-47-48

desapontar outros: infortúnio nos assuntos do amor.

estar: sucesso em tudo o que você sonhou.

pessoa amada: perigo causado por um segredo.

pessoas decepcionadas com você: você está nas garras de pessoas mentirosas e desonestas.

DECORAÇÃO 02-14-23-32-40-45

decorar a sua casa: mudanças nas circunstâncias com momentos alegres e festivos.

com papel de parede: situação social melhor, mas não pelo uso de seus talentos.

o quarto dos seus filhos: estudo altamente produtivo e convites sociais ininterruptos.

DEDAL 23-25-36-39-41-44

pegar um emprestado: muitos amigos tornarão sua vida feliz.

comprar um: não será capaz de manter o emprego com seu mau comportamento.

usar um para costurar: sua arrogância excessiva vai lhe angariar represálias.

perder um: terá dificuldade para justificar seu mau julgamento.

mulher sonhando com: está sendo criticada por não ser capaz de se sustentar.

DEDOS 03-07-18-19-27-39

anular: você receberá apoio da comunidade artística.

apontar para outra pessoa: a culpa é sua por não ter apontado o problema quando o viu.

bonitos: você é uma pessoa extremamente tímida e indecisa no seu trabalho de ajuda aos pobres.

cobertos com anéis de ouro: você se casará em breve.

cortados fora: você não conseguiu perceber a enormidade da situação.

cortar: você foi apanhado entre o boato e a verdade; indique o seu próprio caminho.

dobrar as unhas para trás: período de agitação causado por parentes que ficam achando defeito em tudo.

coçando você: alguém está decidido a prejudicar você seriamente.

cortar as suas: revele os motivos de uma pessoa arrogante; aceite os seus próprios.

outros: aqueles a quem considera amigos irão esquecer-se de você.

muito longas: com a desonra na família, mais uma pessoa tem uma parte na sua herança.

pintá-las com esmalte vermelho: caminho está baixando padrões morais.

quebrando-as: um certo assunto não deveria acontecer, não importa o quanto você queira.

você coçando outra pessoa com: lide com o intelecto com astúcia e com as obras literárias com parcimônia.

impressão digital: paz, quando você aceitar a individualidade do outros como você aceita a sua.

indicador: somente a paciência metódica sem a dependência de favores de outros terá êxito.

lavabo: dinheiro de uma fonte surpreendente; você ganhará fama por sua benevolência.
médio: cautela com a forma que você usa sua ética profissional.
mínimo: um período de estagnação; você precisa contar com o seu próprio vigor para sair dela.
pálidos: seu amor não será correspondido.
pessoa apontando o dedo para você: você terá que aprender a fazer negócios mais lucrativos.
polegar: espírito lutador obstinado contra o mau-olhado precisa mudar de caminho.
quebrar: seus planos para um bom casamento fracassaram.
queimar: você é invejado por muitas pessoas que o desdenham.
sangrando: você perderá dinheiro na velocidade da circulação.
sobre a boca: é melhor guardar a verdade para você mesmo.
sujo: paciência e compreensão em brigas que não podem ser vencidas.
ter menos de cinco: felicidade e amor não são opções até que você os cultive.
curtos: herança diminuiu de tamanho; você precisa estabelecer novas metas.
dores nos: acusações envolvendo seus supostos delitos.
longos: casamento não durará muito com a sua natureza acusatória.
mais de cinco: o poder regenerador e curativo do toque.
unhas cortadas: desonra em brigas desagradáveis com a pessoa amada.

DEFEITO 33-37-34-35-19-50
físico, ter um: terá vida longa.
moral: suas intenções ocultas vêm à tona.

DEFENSOR 08-16-21-26-43-48
contratar alguém para defender você: não terá bons resultados.
defender o direito da criança: crescimento é um acordo entre duas partes.
ser apresentado a um defensor: você precisa justificar sua decisão.
ser conselheiro: outros acham que você é rico.
tornar-se: a inferioridade que você sente impede seu sucesso.

DEFESA 05-09-11-23-25-34
em defesa de crianças: conserte seus erros imediatamente ou as consequências se multiplicarão.
em defesa de outras pessoas: cuidado para não ser doloso, e peça desculpas de qualquer forma.
em defesa própria: ajuda inesperada de amigos fielmente leais.
outras pessoas lhe defendendo: o âmago de sua questão soa verdadeiro na voz de outra pessoa.
sonhar com: confie em seus poderes para ampliar o alcance de seus talentos.
um advogado trabalhando para você: qualquer coisa que você diga soará como brincadeira; deixe o profissional falar.
outras pessoas: você sabe que é culpado, mas é hipócrita e se faz de inocente.

DEGELAR 03-08-14-16-17-42
comida congelada: perigo por causa de energia secreta direcionada para o lado errado.
derreter gelo: será traído por amigos, mas pode reverter a seu favor.
derreter suas emoções: passará por grave problema não previsto com sua atitude relapsa.
estar com outras pessoas durante um degelo: um antigo adversário se tornará seu amigo.

DEGRAUS 02-18-25-31-32-51

de mármore: será forçado a fazer alguma coisa contra a sua vontade.

descer: será condenado por desleixo.

subir: apoio de algum superior que lhe ajuda a avançar.

subir com pés descalços: casos de amor repentinos mexem com todo o resto.

subir em direção a algo: definir seu objetivo é apenas o primeiro passo.

um degrau por vez: moderação e perseverança levam ao sucesso.

DEMOCRACIA 28-35-37-41-45-47

formar uma: para lutar contra uma ameaça a valores que apreciamos.

lutar pela: as negações racionais irão fracassar na fronteira da mentira.

pertencer a: amigos falsos estão sabotando você com críticas antagônicas.

partido democrático: todos por um, mas não um por todos.

viver em: vocês lutarão contra si mesmos, mas a defenderão até a morte contra ataques de fora.

DENTES 13-20-28-31-33-52

boticão usado para extrair: período difícil que se repetirá a cada década.

caindo: assuntos pessoais sendo brutamente discutidos por vizinhos próximos.

e se esfarelando: faça exercícios para relaxar o maxilar quando estiver em alerta contra inimigos.

e abandoná-los: você falou fora da sua vez; alguns membros da equipe desertarão.

que ficam moles e caem: alguém se afastou de você por causa de sua raiva interna.

cobertos de tártaro: tempo de reexaminar seu discurso.

crescendo: receberá notícia de morte.

de ouro: está cercado por corrupção e tristeza.

de qualquer outro metal: disputas humilhantes que lhe renderão processos judiciais se você nelas tomar parte.

de uma pessoa amada: ação judicial por causa de herança.

de uma pessoa amiga: receberá boas notícias de parentes distantes.

escovar os: julgamentos que aparentemente lhe roubam o orgulho acabam reforçando sua autoestima.

de crianças: vai pedir dinheiro emprestado a parentes, e assim perder a amizade deles.

não escovar: você se sente perdido mesmo entre os amigos mais fiéis.

espuma formada ao escovar os: sua angústia peculiar atrairá a simpatia das pessoas.

extrair: grande obstáculo para a estabilidade emocional causado pela inconstância de amigos.

fungo crescendo em seus: você está deixando que falem em seu nome.

infeccionados: deve explicar seus medos para superá-los.

olhar para os dentes de outra pessoa: estão avaliando sem valor para um divórcio amigável.

passar fio dental nos: fofoca inescrupulosa e maliciosa será revelada.

perder, em uma briga: sua dor física não é diagnosticável.

bebês perdendo: sua raiva interna afastou até seu anjo da guarda.

perder os da frente: perda da percepção das circunstâncias do poder.

perfeitos e brancos: realizará seu desejo de felicidade para o resto da vida.

polir os: está engolindo em silêncio a raiva por uma autoridade para poder digeri-la.

ranger os: humilhação nas mãos de criaturas vis; crave-lhes os dentes.
salientes: precisa fazer um *checkup* no dentista.
sentir dor de dente: desprazer ao perder disputas que desgraçam um associado próximo.
ser anestesiado: terá férias, mas à sua custa.
ter grandes: terá bem pouco dinheiro.
arrancados: está maculando seu lucro proveniente de outra tragédia.
um dente siso: medo de perder algo que estima: sua capacidade de se expressar.
avariados: está lutando agressivamente para controlar seu súbito infortúnio.
limpos por dentista: emprestará dinheiro a vizinhos.
obturados: um erro deve ser retificado antes que você prossiga.
pretos: você descuidou dos dentes; vá ao dentista.
saudáveis: sucesso inquestionável.
sujos: aflição causada por hereditariedade.
usar aparelho nos: seu discurso foi distorcido; corrija-o.
usar falsos: receber o crédito por algo que não fez vai acabar se voltando contra você mesmo.

DENTISTA 07-18-39-42-44-49
acertar o nervo do dente: alegria e prosperidade.
estar em cadeira de: você terá motivo para questionar a sinceridade de uma pessoa amiga.
amigos: medo de perder uma parte vital de si mesmo.
filhos: você se sente indefeso diante de autoridades.
outros: você não está sabendo lidar com seus sócios, expressando opiniões que deveriam continuar desconhecidas.
marcar hora no: enfrente as consequências bravamente.
ser e gostar do que faz: você é temível, causa dor e é, até certo ponto, destrutivo.

DEPRAVAÇÃO 33-37-34-35-19-50
conduta imoral, ter: amigos vão lhe trair.
outras pessoas: será humilhado.

DEPRIMIDO 25-26-28-31-39-44
estar: erga-se para recuperar um estado de espírito alegre, e um triste também.
ir às profundezas da depressão: as camadas mais profundas têm que ser curadas para você começar de novo.
outras pessoas: reflexões profundas sobre o passado irão embora.
sentir-se: prisioneiro do medo de punição por sua incapacidade de sentir respeito.

DERRAMAR 07-08-14-17-32-55
água: você está agindo como uma criança magoada no mundo dos adultos.
bebida: cuidado com que lhe atinge pelas costas.
comida: um amigo lhe recusará algo.
líquido quente: preocupações com a saúde por causa de febre alta e rosto vermelho.
óleo: você não está barganhando com base em suas capacidades, mas em suas necessidades.
outros: pequena divergência em família.
sal: você abriu a porta para que apareçam problemas na família.
sangue: perdas em questões de negócios devido a passo em falso de um sócio.

sonhar que derrama algo: você tende a ser muito egoísta.
vinho: discussões familiares por causa de uma decepção que não se dissipa.

DERRAME 15-29-30-46-47-54
ficar paralisado por um: terá mente fraca, mas coração grande.
não ser afetado por: tem uma parte de sua vida na qual não lhe deixam tomar a iniciativa.
ter um: progresso em assuntos pessoais.
outros: alguém quer lhe roubar a pessoa amada.
parceiro sofrendo: confie em seu bom-senso.
parentes: receberá bastante dinheiro no futuro.

DERROTA 31-36-16-22-30-39
derrotar uma criança: você está tirando proveito injusto.
amigo: satisfação de uma partida bem jogada.
outros sofrendo: obstáculos bloquearão seu caminho.
derrotando: apesar das adversidades, seu projeto terá sucesso.
pessoa casada sonhando sobre derrotar companheiro: ambos serão muito felizes.
derrotar alguém: você tem que se igualar ao colega ambicioso.
sofrer uma: a vida caseira não aguenta sua natureza íntima.
outros: quem está derrotando você no seu próprio jogo?

DESAFIAR 01-04-17-32-52-53
alguém para uma luta de boxe: você trará vergonha à comunidade.
para um duelo: morte instantânea de um parente.
outros desafiando: no futuro, seja prudente, peça desculpas e mantenha a amizade.
ser desafiado: você se reconciliará com seus inimigos após o duelo.
uma proibição: você experimentará derrota para poupar outros de desonra.

DESÂNIMO 01-18-21-22-26-37
estar no escuro: não hesite em agarrar uma oportunidade.
sentir-se desanimado: logo você receberá notícias desencorajadoras.
outros: muita infelicidade causada por sérias dores de cabeça.
sonhar com: aquilo que está corroendo você é a fonte de suas mágoas.

DESAPARECER 02-11-22-26-31-47
amigos: doença na família, a qual eles não desejam que contagie os seus.
dinheiro ou joias desaparecendo: todas as pedras preciosas têm a sua história; não é certo tê-las agora.
marido ou esposa desaparecendo: você prefere que o(a) companheiro(a) desapareça a ter que enfrentar o divórcio.
por mágica: os mágicos fazem esse truque pelo aplauso; você, para não enfrentar a realidade.
sonhar com: você está aturdido por ter sido vítima de roubo; enfrente o ladrão.

DESAPROVAR 08-17-26-35-40-48
receber desaprovação da família: você desfrutará de bons resultados nos negócios.
sonhar com: divergências na família causarão tristeza.
os atos de outros: honra e consideração.
outros: você se envolverá em um acidente de carro.

DESASTRADO 06-14-18-23-46-50
empregados: não confie tanto assim em parentes.
pessoas: bons resultados nos assuntos do amor.

ser: você superará problemas nos negócios.

DESASTRE 19-22-30-38-39-43

cerimônia de casamento desastrosa: participe mais do planejamento.

completa lucidez após: uma mudança repentina reordenará sua vida rapidamente.

estar em: perda da pessoa amada em um acidente sob o qual você tinha controle.

resgatar outros de: examine seu relacionamento de outra perspectiva.

ser resgatado de um: peça ajuda mesmo que ache que não precisa.

sonhada por homem: ansiedade profunda sobre a capacidade de enfrentar a situação.

mulher: um momento conveniente para dedicar-se a esforços que levam ao matrimônio.

tentar se salvar de: tumulto interior sobre episódios da vida.

e não conseguir: salve-se antes de ajudar os outros; do contrário, os dois irão afundar.

DESCALÇO 12-18-20-37-44-46

caminhar: mantenha contato com suas raízes.

em águas claras: sua saúde irá melhorar.

sobre cascalho: lide com cada pedra de conflito.

correr em capim molhado: você está livre para agir.

crianças caminhando: vergonha e tristeza por causa de expectativas frustradas.

homem caminhando: contribuições escassas adiam sucesso.

mulher caminhando: influências maléficas cercam sua busca pelo amor duradouro.

sozinhos: espere problemas vindos de fontes poluídas.

e pernas nuas até o joelho: desgraça social nas suas bases.

até os quadris: você vai cumprir uma pequena pena na prisão.

DESCANSO 04-05-14-22-30-35

amigos descansando: receberá notícias tristes pelas quais você certamente é responsável.

outras pessoas: você vai adquirir uma casa nova e perder o emprego.

parentes: as coisas estão degringolando por causa de sua exaustão.

sonhar com: precisa relaxar o stress físico e mental devido a questões esportivas.

crianças descansando: preocupação excessiva em gerar felicidade nos interesses da família.

DESCASCAR 03-26-29-33-47-48

frutas: está deixando baixar a poeira lidando com a essência da questão.

legumes: vai convidar amigos vegetarianos para jantar.

ovos: será visitado por pessoa amada que ficou preocupada com outra.

peeling facial: está projetando camadas de primeiras impressões.

pele: está descartando as pretensões de um bronzeado para expor sua verdade essencial.

DESCENDÊNCIA 02-04-10-13-21-43

descendente se preocupando sobre o seu futuro: o que você tem que adicionar ao seu legado talvez não seja monetário.

descendentes de outro: declínio de energia e status, já que estão divididos entre seus filhos.

falar com um descendente: medo de cair em desgraça se você interromper a jornada pela autodescoberta.

ser o primeiro na linha de: você subestima a mais profunda continuidade intuitiva na sua vida.
seus descendentes: você será forçado a ceder ao seu progenitor direitos sobre os seus descendentes.
sonhar com: seus talentos não desenvolvidos, suas ambições fracassadas e esperanças mal conduzidas estão nos seus descendentes.

DESCOBRIR 07-14-16-27-29-44
algo: cuidado com aquilo com o que você conta; provas podem revelar o contrário.
descobrir-se: você se ajustou plenamente à sua nova identidade cuja evolução é impossível de impedir.
dinheiro: mudanças abrangentes durante a recuperação depois de uma grande turbulência.
objetos de valor: sua busca não é empírica, e sim teórica; é preciso sujar as mãos para descobrir coisas.

DESCULPAS 20-30-40-42-44-49
amigos desculpando-se: evitar os inimigos não significa ser antissocial com os amigos.
filhos se desculpando: seu firme poder de decisão precisa de uma dose de flexibilidade.
inventar uma desculpa: você terá perdas por causa da sua insensatez.
pessoa amada desculpando-se: você é obstinado e tenaz.
pessoas desculpando-se a você: você terá uma vida longa.

DESENHO 09-18-21-26-40-41
a lápis: peça desculpas por fraquezas.
carvão: expresse suas forças no papel.
sépia: esforços incomuns são recompensados, se você os expuser.
em perspectiva: você tem que lidar com todas as dimensões simultaneamente.
sala de visitas formal: os sonhos serão revelados antes que se tornem realidade.
terminado: as outras pessoas estão controlando você.

DESERÇÃO 02-09-33-34-35-42
desertar a esposa: você descobrirá a verdade de um segredo.
desertar de um país estrangeiro: não sacrifique suas convicções por aprovação.
desertar do exército: você se sente isolado em uma multidão; envolva-se na discussão.
desertar os seus negócios: uma pausa temporária longe dos problemas; grandes perdas irão se repetir.
filhos: você precisa se esforçar no combate à tristeza causada por uma pessoa amiga ausente.
o lar: uma alegre miragem que o distraia é o que você precisa para manter sua vida.

DESERTO 03-04-16-19-35-45
caminhar no: isolamento das pessoas acentua a solidão.
cruzar com mau tempo: intuição, sentimentos, lógica e razão precisam trabalhar juntos.
durante uma tempestade de areia: impotência para ativar o plano que você acalenta.
cruzar com outras pessoas: consenso entre amigos, se você for habilidoso.
ilha: isolamento romântico em um lugar desprovido e melancólico.
outros cruzando um: amigos estão privando você de companhia.
perdido no: traga sua própria proteção contra o vazio do isolamento.
preso no: você está endurecendo em um horripilante isolamento.
ter sede no: uma bebida energética estimulará você à produtividade.

viajar pelo: com esforços lentos e meticulosos, você terá sucesso.

DESFIGURADO 01-20-21-28-32-36
desfigurar a pessoa amada: você tem um amigo fiel.
estar: alegria inesperada oriunda da sua própria autocrítica.
outros: você vê uma parte repulsiva da personalidade deles em você.
parentes: sorte e prosperidade.

DESFILE 01-12-13-19-45-47
de escoteiros: você perdoará os inimigos ao perdoar a si mesmo.
parada cívica: ponha de lado todas as discordâncias internas quando sua família estiver sendo atacada.
passeata de classe: está desafiando os outros para dar valor à sua existência.
passeata de protesto: está sendo entusiasticamente indeciso e irracional.
pessoas felizes em um: nenhum dom pagará seu estilo de vida além das suas próprias capacidades.
procissão religiosa: precisa esquecer por um dia os problemas emocionais que vem enfrentando.
soldados marchando em um: o amor sincero traz dignidade ao envolvimento em empreitada perigosa.
apresentando armas: uma mudança de vida virá por meio da disciplina.

DESGOSTO 02-15-26-27-42-43
estar de luto: o casamento da pessoa com a qual você desejava se casar ocorrerá em breve.
lamentos: você é responsável por atitudes em relação aos mortos.
sofrimento: uma outra pessoa se beneficiará das suas ações.
de filhos: alegria e tempos felizes pela frente.
de inimigos: as acusações do inimigo não são facilmente digeridas.
de outros: amigo leal por perto.
de parentes: alguma coisa boa acontecerá a uma pessoa querida.

DESGRAÇA 03-10-17-25-34-39
filhos em: cada lembrança negativa há muito esquecida surgirá em seu coração.
outros desgraçando você: você está sendo perseguido por não estar à altura de uma reputação que você não alimentou.
outros em: você está cercado de inimigos; um desafio à sua integridade animará você.
parentes em: trabalho árduo aguarda você.
ter estado em: acordo entre amigos; dificuldades com a pessoa amada sobre moralidade.

DESMAIAR 19-23-26-34-48-49
desmaio: prediz possível má circulação do sangue.
filhos desmaiando: um dos primeiros sintomas de uma doença; são necessárias medidas preventivas.
machucar-se ao: você está temporariamente liberado da responsabilidade.
outra pessoa: exigirão dinheiro de você para cuidar de uma pessoa depravada.
membro da família: você receberá de pessoas que estão longe uma notícia dolorosa causada pela negligência.
outros: adiamento do êxito até que você se livre dos seus hábitos frívolos.
ter desmaiado: um relacionamento confuso e desastroso planejado por você.

DESOBEDIENTE 13-17-20-30-33-36
filhos: envolvimento imediato em uma batalha interminável.
marido ou mulher: solidão e problemas pela frente, a não ser que você possa provar que a ordem era injusta.

pessoas: você será acusado e terá uma grande briga.
parentes: uma longa viagem pelo mar entre turistas é aconselhável.
ter sido: uma escolha difícil quanto a mudar de profissão está diante de você.

DESPEDIDA DE SOLTEIRO 13-19-22-41-47-53
ir a uma: seu ego enorme está revelando suas vulnerabilidades.
participar ativamente de uma: separação dos amigos.
sonhar com uma: não se desiluda; aceite a oportunidade oferecida.

DESPENSA 01-14-32-36-37-48
adega: você está armazenando emoção para uso posterior.
sonhada por mulher: um jogador irá propor casamento.
bagunçada: seu lixo emocional, do qual não se livra, irá tornar-se uma doença física.
carvão em: boas notícias de longe aliviarão sua depressão.
dormir em: mensagens significativas das regiões mais profundas do seu inconsciente.
entrar em: coisas que você armazenou há muito tempo estão impedindo seu progresso.
limpar: uma renovação saudável da força emocional.
muitas coisas armazenadas em: você perderá uma propriedade se perder a confiança em um sócio.
vazio: ser receptivo a novas ideias lhe trará prosperidade.

DESPERTAR 07-22-25-30-42-48
mente mantém você desperto: admita a sua culpa e peça perdão.
outros despertando: uma armadilha está sendo preparada para você.
ser: fique atento aos canais para sua criatividade.
completamente: um problema precisa ser reconhecido e resolvido.
por alguém: amigos leais conduzem a bons negócios.
por relógio despertador: você está sempre meio passo atrás.
sonhar acordado: você está na cadeira de controle; construa a sua vida.
ter que: o perigo ameaça você; fique alerta.

DESPIR 14-23-28-31-37-40
com privacidade: seu segredo sobre um incidente escondido revelará sua falta de escrúpulos.
crianças: acontecimentos agradáveis na vida.
despir-se na frente dos outros: as pessoas falam pelas suas costas a respeito de sua deslealdade.
despir-se: terá experiência incomum com novo conhecido.
em quarto de hotel: situação perigosa à vista; espiões em seu quarto.
marido e esposa, no mesmo quarto: negócios vão mal.
na casa dos outros: está expondo seus sentimentos sem retoque.
outras pessoas despindo-se: será visitado por pessoa amada.
ser despido: tristezas causadas por fofoca maliciosa.

DESTINO 08-17-25-49-50-53
contra os seus sonhos: limpe os armários e aproveite o dia.
fez o seu jogo e favoreceu você: surge uma oportunidade para criar a vida que você deseja.

DESTRANCAR 02-15-23-24-37-38
não conseguir destrancar uma porta: cuidado com problemas vindouros.

uma gaveta: não guarde segredos daqueles que lhe amam.

não encontrar a chave para destrancar algo: tenha cautela com as finanças.

sonhar que destranca algo: uma descoberta feita em sua casa.

DESTRUIÇÃO 08-16-25-27-31-46

alguém mandando destruir as suas coisas: você está sendo ameaçado por uma variedade rara de uma doença comum.

causar a muitas coisas: você terá brigas com amigos.

demolir: as pessoas estão falando contra você.

destruir: uma grande tragédia pela frente se você deixar que aconteça.

outros: influências negativas impedem que você construa.

exército destruído: pequenas brigas no futuro.

mandar destruir alguma coisa: advertência de problemas causados porque você se ofende com muita rapidez.

outros destruindo: você tem desejos tolos.

sonhar com: um processo que não é nem contínuo nem fácil exige um projeto de renovação urbana.

DETENTO 15-22-39-40-43-47

escapando da prisão: recursos abundantes atrairão súplicas dos carentes.

matando outra pessoa: grandes discussões causarão uma série sem fim de batalhas infrutíferas para ser ouvido.

matando-se na prisão: a única amizade eterna possível para você é com Deus.

prisão: o pacto entre amigos irá se tornar desagradável e destrutivo.

sendo executado: cuidado, pois a doença pode exaurir sua capacidade de ganhar sustento.

solto: a pequena fortuna que você irá receber precisa ser dividida entre seus credores.

sendo morto na prisão: os pecados são certamente tão ofensivos que até os detentos censuram você.

que está na prisão há muito tempo: você está de má vontade ou com más intenções em relação a amizades que lhe dão apoio.

DETETIVE DA POLÍCIA 11-14-15-16-24-34

curioso a respeito dos seus negócios: você não conhece o futuro, mas se prepara para ele, de qualquer maneira.

interrogando um suspeito: os relacionamentos são tolhidos pelos seus interrogatórios invasivos.

outros em companhia de: você perderá a sua reputação, e os amigos irão se voltar contra você.

sendo levados embora por: seus amigos não são culpados, não os abandone.

ser: problemas irritantes podem ser superados na sua busca por conhecimento e respostas.

ser acusado por: você acha que merece punição por uma má ação.

interrogado: as pessoas erradas estão investigando seu crédito.

questionado: você gostaria de aliviar sua culpa, mas não pelo crime em questão.

DEUS 08-11-13-17-40-47

adorar: desejo de agir com sabedoria que toca o centro do seu ser.

colocando os braços ao seu redor: você receberá de forma discreta aquilo pelo que rezou.

concedendo o que você queria: você realizará seus sonhos de ser melhor, abençoado e puro.

deusas: poder para manifestar espiritualidade.
falando com você: uma intensa sensação de bem-estar e energia vigilante.
falar com: baseie seus atos no conselho que vem do alto e que está dentro de você.
pessoas tomando o nome de Deus em vão: renuncie a desejos pessoais de possuir Deus.
rezar a: você ficará mais forte com a sua responsabilidade moral.
ver cara a cara: pergunte como você pode ser útil ao mundo.

DEZEMBRO 07-14-19-20-24-45
filhos que nascem em: a afeição deles por você será transferida para um estranho.
nascer em: você terá uma vida longa com contínua conquista e perda de amizades.
sonhar durante o próprio mês: sucesso rápido na vida.
durante outros meses: boas receitas financeiras.
no dia 25 de dezembro: você terá a bênção de Deus.

DIA 05-18-27-30-34-45
amanhecer nublado: sua aflição será abrandada pouco a pouco por um bom trabalho.
chuvoso: você perderá um contrato grande que precisava para se manter sem dívidas.
muito claro: vida espiritual esplêndida para aumentar a consciência.
de eleições: não se desespere; os problemas terminarão logo.
de seu nome: o começo da tomada de consciência, se você decidir olhar.
do pagamento: você será vítima de uma injustiça da qual será inocentado.
do seu aniversário: cuidado: sua vida pode ser curta.
feriado durante a semana: prosperidade, com uma nova compreensão e apreço dessa prosperidade.
no domingo: você receberá dinheiro para um novo começo e, depois de um esforço prolongado, lucros.
o anoitecer: luta contra o declínio adverso e prematuro de esperanças não correspondidas.

DIA DE AÇÃO DE GRAÇAS 27-30-37-43-49-52
a família inteira dando graças: vai levar uma vida pacata e feliz.
estar com pessoas que não são da família no: felicidade no coração.
ficar sozinho no: terá bênçãos de Deus para reconstruir sua família.
sonhar com o: terá boa saúde em vida mais feliz e próspera.

DIA DE FINADOS 03-06-12-14-36-48
enfeitar túmulos no: eles terão segurança por longo tempo devido a ações por eles executadas.
ir à igreja no: uma chance de responder a constantes apelos de ajuda entre sobreviventes.
sonhar com: terá boa saúde e bênçãos, mas não pode corresponder à grandeza.
visitar o túmulo de um parente no: enfrenta futura mentira de pessoa conhecida e querida.

DIA DO TRABALHO 15-19-32-38-47-50
Dia do Trabalho: o cansaço causado pelo excesso de trabalho levou você à depressão.
estar em um desfile do: acomodação e submissão são necessidades práticas.
trabalhadores brigando no: você comerá mais que o normal no futuro.

trabalhar no: você receberá uma grande quantia de dinheiro.

DIABO 02-05-20-35-40-48

assinar acordo com: cuidado com o lado sombrio da sua ilusão de realidade.

com chifres grandes e cauda comprida: suas fraquezas, seus vícios e pecados são o seu tormento.

com lança: uma batalha árdua para recuperar a compostura contra a parte ignorante de si mesmo.

estar entre demônios: as emoções abrirão uma brecha pela sua negação.

falar com: você nunca terá pouco dinheiro ou pensamentos maliciosos dos inimigos.

ferir: indícios de sua natureza mais profunda para lutar pela própria vida.

golpear e derrotar: as principais tentações são evitadas para que você triunfe sobre os inimigos.

lutar com: você pode dominar a influência diabólica que ameaça sua segurança.

pessoa doente sonhando com: você é levado a fazer as coisas que, bem no fundo, não gostaria de fazer.

pessoa idosa doente sonhando com: melancolia; encontre a fonte.

pessoa pobre: grande tragédia pela frente, se você cair em tentação.

uma jovem: sentimentos de culpa a respeito de sexo são obscurecidos por posses materiais.

ser ferido pelo: seus pensamentos negativos estão infeccionando dentro de você.

ser levado embora pelo: os indícios da sua natureza mais profunda.

ser perseguido pelo: as tentações têm consequências graves.

e fugir: você receberá punição devido a vínculos legais.

sonhar com: desenvolva poder espiritual lutando com as consequências de desejos.

ter conversa com: você será vítima da traição de amigos e sedução de inimigos.

ver enquanto reza: você resistirá à tentação de pecar e odiar, mas precisa admitir pecado cometido.

DIAMANTES 03-06-10-24-31-32

carbono se transformando em: experiências se transformam em sabedoria, se você se mantiver aberto ao conceito.

comprar: olhe para as várias facetas da sua experiência emocional; lustre cada uma delas.

encontrar: comportamento hipócrita por parte de um homem rico e notável.

falsos: gabar-se é uma compensação exagerada pela sua inferioridade.

outros usando: tire grande vantagem de falsos amigos depois que eles forem expostos.

perder: afastamento da pessoa amada traz pobreza e saúde ruim.

receber de presente: sua condição social terá uma melhora por pouco tempo.

roubar: se você se casar com uma pessoa que voa de um evento a outro, terá grandes perdas.

ser dono de vários: sucesso e honrarias lhe serão concedidos.

sonhar com: impulso pelo poder se estende à percepção espiritual.

ter: negócios e especulações afortunadas.

usar: seu ego excessivamente desenvolvido oculta sua insegurança.

vender: tome grande cuidado ao escolher companheiro(a).

DICIONÁRIO 06-09-10-24-27-31

comprar: uma pesquisa intelectual que carece de emoções e empatia.

consultar um: uma discussão prolixa com pedante dogmático.

outros: o caminho intuitivo só pode ser percorrido dentro de você mesmo.
crianças estudando com: sua sede de conhecimento impressionará seus superiores.

DIETA 21-26-27-32-33-34
amigos fazendo: você acha que o único caminho são ansiedades inúteis sobre autopunição.
estar fraco por causa de uma: você está dosando afeição.
fazer dieta: fim das esperanças se você não expressar seus sentimentos.
fazer uma exagerada: risco de doença ao conter seus sentimentos.
interrompida com consequências desastrosas: você está deixando que suas emoções o controlem.
outros fazendo: você está restringindo os limites até onde mostra suas emoções.
ter anorexia: prive seu corpo de alimento, e ele privará você de significado.

DIFAMAÇÃO (ou calúnia) 09-12-13-14-23-53
cônjuges difamando ou caluniando um ao outro: assuma a responsabilidade, ou as acusações levarão ao divórcio.
seu cônjuge acusando outra pessoa de: você rejeitará as ações anteriormente desconhecidas e perdoará.
ser vítima de: cuidado, pois qualquer comentário pode atrair ainda mais recriminações infames.
outros, espalhada por você: humilhação causada por fraude astuta.
ter difamado ou caluniado outros: uma vitória tênue cheia de flechas que estão a ponto de voltar de onde vieram.

DIFICULDADE 11-24-36-42-46-47
dificuldade perigosa em sua vida: briga com amigo de muito tempo que se tornou indigno de confiança.
estar em grande dificuldade de qualquer tipo: seu estado de espírito reflexivo perde na execução.
nos negócios: constrangimento temporário.
a pessoa amada: reprimir um problema para ser gentil e agradável não resolve a situação.
financeiras: você está subconscientemente a par da hostilidade contra você no trabalho.
outros: você está muito envolvido na disputa de outra pessoa; é hora de lidar com a sua própria.
parentes: apesar de esforços árduos, você não chegará a um acordo.
pessoais: você precisa explorar diferentes trilhas antes de retornar à atual.

DILIGENTE 02-10-32-34-44-49
empregados no trabalho: sua sugestão será recebida com entusiasmo.
filhos sendo diligentes na escola: os outros zombarão deles.
ser: os sacrifícios feitos atualmente conduzirão a um relacionamento importante.
com assuntos pessoais: a solução tão esperada de um problema particular.

DINAMITE 01-20-32-34-38-43
atirar bananas de: você está expressando raiva sob ordens da sua mente.
bananas de dinamite em toda a parte: livre-se do velho, mas seja econômico com o novo que deixa entrar.
estar sentado sobre uma caixa de: precaução, em uma situação explosiva, é o melhor remédio.
ser explodido com: sua força material luta contra inimigos vis.
ver o detonador sendo ajustado: você pode desistir deste acordo antes que fique fora de controle.

DINHEIRO 12-19-20-21-24-27
apreensão com: brigas de família apenas exacerbam a situação, impedindo uma solução.
cambista: dificuldades são falhas suas, e revezes o tornam avarento.
coletar para caridade: está cheio de mesquinharias, numa busca desesperada por afeto e controle.
contar: desejo de melhorar sua situação na vida; período de estabilidade financeira.
contar errado: a necessidade de aumentar todos os ganhos é infundada.
deduzir quantias ilegalmente: manipulação demorada para acertar livros-caixa.
de contas devidas: terá, em breve, discussão na família.
outros contando dinheiro para você: ajude de alguém que precisa de dinheiro.
descobrir: perigo e perda de negócio se você não devolver dinheiro para o dono certo.
desejar: coma um banquete num restaurante de luxo.
enterrar: dissolução de esperanças e aridez emocional.
espalhado pela rua: uma situação bem arraigada e civilizada será fonte de perturbações.
falsificar dinheiro: você ganhará uma promoção; cuidado com aquele que não ganhou.
faltar: dinheiro obtido ilegalmente em suas mãos ainda é ilegal.
gastar: enfrentará risco de fracasso em planos de conforto.
juntar: sua paciência e honestidade vão impor tarefas difíceis.
lidar com dinheiro falso: pedirão que você ajude adolescente indisciplinado.
lidar com moeda estrangeira: um trabalho interessante com uma renda pequena.
com ações: risco de fracasso, vergonha e culpa, e um presente inesperado por correio aéreo.
com cheques: não conseguirá cumprir pagamento de dívidas mensais.
novo, reluzente: será criticado por ser um mercenário.
padrão-prata: sorte em circunstâncias infelizes.
pagar: suas dívidas incomodam sua consciência; pague-as regularmente.
dinheiro que você tomou emprestado: suas finanças estão navegando em águas calmas.
pegar emprestado: os recursos de alguém estão diminuindo.
perder: tempo de geladeira vazia.
receber dinheiro falso: o mistério está solucionado; todos querem mais dinheiro.
receber: mudanças que são obstáculos em suas expectativas são decepcionantes.
recolher: terá bastante dinheiro para suas necessidades.
roubar: doença longa decorrente de ações descuidadas.

DINOSSAURO 10-16-21-29-41-43
ser perseguido por: você está sendo impulsionado por uma compulsão para levar algo a cabo.
que acaba pegando você: limitações à sua aceitação das regras sociais.
ferindo você: punição pela destruição que você não levou a cabo.
vários: disciplina imposta pela coletividade em uma parte antiga de você.

DIPLOMA 06-07-15-38-42-43
filhos com: uma situação delicada finalmente poderá ser apreciada.
outros com: a tentação irá a você; aja com dignidade.

receber: seus talentos estão sendo ignorados; faça uso de tato para expô-los.
ter: o seu orgulho pressagia a sua queda.

DIRIGIR 02-08-13-23-26-35
bêbado: liberação extática e frenética da repressão.
carro esporte: fé no controle de sua independência.
com imprudência: você está perdendo controle dos seus desejos básicos; você está atraindo críticas injustas.
em marcha ré: impulsos que levam à decadência controlam você.
em rua movimentada: você está se curvando sob o peso da responsabilidade familiar.
em uma estrada: um fim de semana impetuoso aguarda você.
ficar sem gasolina: você gastará uma grande quantia de dinheiro sem necessidade.
ladeira abaixo: pise com menos força no pedal ou simplesmente não pise.
mudar de direção enquanto dirige: você ficará cansado realizando atividades que parecem pouco dignas.
não conseguir frear: evite o desastre com destreza e reações rápidas.
outros dirigindo: prejuízos pela frente se uma outra pessoa optar pela compra.
para dentro de beco sem saída: pobreza e circunstâncias infelizes até que você dê a volta por cima.
para o lado errado de propósito: a diferença de opinião entre você e as pessoas que ama é sua escolha.
em alta velocidade: você deve evitar o impulso de um casamento às pressas e, por conseguinte, infeliz.
parentes dirigindo: dê atenção às sugestões e tire vantagem de um conhecimento superior.
pessoa amada dirigindo: implicações esperançosas se você evitar rivais.
sem habilitação: veja-se como adulto e conduza seus sonhos com maturidade.
sem mapa: você sente que tem pouco controle sobre seu destino.
sonhar com: o descobrimento de uma solução importante que estava preocupando você.
utilitário esportivo: você realizará suas ambições de se tornar um cidadão importante.

DISCIPLINAR 02-07-10-13-28-29
os filhos: você precisa ter mais atenção com seus investimentos.
outros: você está impondo a outra pessoa culpa por seu próprio fracasso.
pessoas ignorando o castigo: um inimigo deseja tornar-se amigo de novo.
prisioneiros: você se beneficiaria sendo discípulo de uma vítima de dores.
ser castigado: o seu negócio terá sucesso se você seguir as regras ao pé da letra.
por outros: acontecimentos vindouros assustarão você.
sonhar com: você será repreendido por uma figura de autoridade.

DISCO 05-12-20-36-44-50
comprar: sua confiança precisa ser estimulada por um mentor.
produzir: desfrutará de atividades sociais e grande força de vontade.
tocar: suas reações impulsivas e exageradas estão sendo discutidas.
vender: ganhos financeiros ao reconhecer oportunidade favorável.
registrar questões legais: desfrutará de grande segurança com notícias boas e inesperadas.
requisitar um(a): velhas ideias e hábitos são substituídos por ações ino-

vadoras em companhia de outras pessoas.
ser um escrivão: vai se apaixonar instantaneamente, mas não poderá fazer nada quanto a isso.
sonhar com: você não serve para ocupar posição na família.

DISCURSO 01-05-09-21-31-42
em altos brados: está se censurando por um ressentimento que não expressou.
escutar a um: você se sujeitará a injustiça para garantir os direitos de outra pessoa.
fazer um: sua oratória ambiciosa lhe causará a perda de um amigo.
outra pessoa fazendo um: você é mais persuasivo quando incorreto.
fazer um discurso em uma plataforma: sua afabilidade oculta falta de coragem em disputas.
ficar em silêncio durante um: a palavra é prata; o silêncio é ouro.
ficar sem palavras: só você pode compartilhar a inspiração de sua vida.
político: você deve ao público uma explicação para sua má conduta.
ser orador: você está encantado com a própria eloquência.
apaixonar-se por um: você é um parasita emocional, indolente e manso.
entusiasmar-se com mensagem de: um palpitante apelo lhe falará diretamente ao coração.
que fica rouco: um caso lhe deixará em situação embaraçosa.
ser um locutor: cuidado com pequenos problemas, pois nem todo mundo concorda com tudo.
sermão: você está sendo ostensivamente crítico para com um amigo, e com razão.

DISCUSSÃO 04-08-11-21-34-45
com amigo(a): seu orgulho ficará ferido, mas permita que os outros mantenham o deles.
outros: você racionaliza seu próprio comportamento acusando os outros por ele.
parentes: observe o comportamento dos vizinhos cuidadosamente, mas não faça julgamentos.
pessoa amada: mostre as consequências de ações insensatas.
outros discutindo: uma faceta de sua personalidade se opõe a outra.
ter: você terá momentos árduos resistindo à intimidação.
acalorada: você terá dificuldade para equilibrar fatos opostos.
e ser repreendido: você é arrogante demais quanto às suas ideias.

DISENTERIA 05-12-16-22-27-30
a família inteira com: um inimigo secreto irá se expor no momento mais desesperador dele.
filhos com: você irá a um banquete que envolverá uma nova esfera de oportunidades.
recuperar-se de: você receberá notícia de um casamento.
ter: você receberá um presente caro; remoção dos seus assuntos antigos.
tomar remédio para: os inimigos, depois de ajudar você, cobrarão pagamento repetidamente.

DISFARCE 03-04-13-20-30-43
disfarçar-se: você terá problemas que não são seus.
usando fantasia: transações secretas com seus rivais.
outros disfarçados: seja totalmente aberto e direto.
parentes: acontecimentos importantes e muito vantajosos se aproximam.
ter se disfarçado: você fará uma longa viagem e mudará de residência.

DISPUTA 01-17-19-40-41-43
com parentes: você evitará obstáculos se acalmar os nervos antes de agir.
em assuntos fúteis: você está criando problemas devido ao crédito que recebe ao resolvê-los.
pessoas disputando: uma mulher proeminente menosprezará você.
ter: bons tempos pela frente a partir do descobrimento de objetos de valor perdidos.
de negócios: investimentos desastrosos em uma indústria falida.

DISTÂNCIA 12-19-23-27-34-35
amigos estando longe: você ficará decepcionado se esperar que sua amizade não diminua.
estar afastado da família: uma grande catástrofe adiante não será resolvida rapidamente, e nem por você.
da esposa: uma outra pessoa está aproveitando o que você desejou, mas que não cuidou.
do marido: estranhos serão úteis no resultado.
outros em lugares distantes: uma jornada bem mais importante do que foi planejado.

DIVERSÃO 01-05-21-33-43-48
de outros: deixe a seriedade de lado e ria.
lugar divertido: você está caminhando em círculos; use seu tempo com sabedoria para decidir o seu caminho.
parque: inibições jogadas ao vento voltam direto para você.
sua: infelicidade, a menos que faça novos amigos.
com a família: discussões podem ser amenizadas com toque de humor.
com a pessoa amada: você terá esperanças muito altas.
com amigos: se não puder rir de você mesmo, outros o farão.

DIVERSÃO 18-28-30-33-41-47
à custa dos outros: perdas.
amigos se divertindo: mudança para melhor.
divertir-se com os filhos: fadado à decepção.
divertir-se muito: rápida realização de seus sonhos.
outros se divertindo: o dinheiro virá facilmente durante toda a vida.
parentes se divertindo: felicidade em várias coisas.
pessoas importantes se divertindo: reputação e felicidade.

DÍVIDAS 04-07-13-27-37-49
dever a outros: você não está vivendo à altura de suas expectativas.
estar endividado: tenha mais consideração consigo mesmo; colha da sua própria plantação.
não ter intenção de se endividar: tragédia pela frente, por não viver à altura dos seus recursos.
outros pagando a você: eles sentem que lhe devem.
pagar: você não está retribuindo favores e boas ações na mesma moeda.

DIVÓRCIO 16-19-27-34-45-47
amigos se divorciando: dê atenção apenas à sua própria opinião quando for escolher companheiros de longa duração.
filhos se divorciando: a imitação é a forma mais sincera de lisonja.
inimigos se divorciando: reitere suas promessas em face do ciúme e da infidelidade dos outros.
obter: confesse suas ações ao parceiro antes que sejam irremediáveis.
e receber pensão alimentícia: prosperidade no casamento atual.

parentes se divorciando: rumores desfavoráveis causam descontentamento com os parentes do companheiro(a).
querer: um caso de amor colocará em risco sua felicidade em casa.
ser divorciado: reconheça e perdoe as falhas do parceiro.

DOBRAR 01-06-18-36-45-46
alguma coisa: um período quando tudo parece dar errado.
outras coisas: você terá êxito em seu negócio.
roupas de cama e mesa: sua falta de compromisso aliena o amor.
roupas: você realizará seus maiores sonhos.

DOBRO 06-07-20-21-26-45
casamento duplo de membros da família: você não está em condições de ocupar a posição que ocupa.
duas crianças andando em uma bicicleta de dois lugares: você terá amigos honestos e leais.
indo a algum lugar com o dobro de velocidade: você irá se deleitar com comida boa.
ovo com duas gemas: um membro da família sofrerá um acidente.
qualquer coisa que venha em par: não deposite muitas esperanças no futuro.

DOCA 04-17-24-41-43-44
estar em um estaleiro: uma área segura para você reavaliar seu passado e tomar seu futuro rumo.
estar sozinho em: você precisa aguentar a tristeza antes de uma surpresa agradável.
com operários ou estivadores: boas perspectivas de negócios se você se expor plenamente.
com um marinheiro: uma animosidade secreta causará uma jornada desfavorável.
estivadores: você estará fazendo coisas para outras pessoas.
marinheiros em um estaleiro: uma briga séria com seu melhor amigo acabará em risadas.
operários em um: olhe onde pisa, vigie seus flancos e escute as mensagens que vêm do alto.

DOCES 02-03-06-10-13-26
enviar: tome cuidado com aventuras amorosas; a amargura será abundante.
fazer: será traído pelas manobras e indecisões de falsos amigos.
provar: a prosperidade virá com grande custo para sua felicidade.
receber: prepare-se para uma mensagem que causará uma ruptura definitiva.

DOCUMENTOS DE NEGÓCIOS 09-10-27-29-37-39
manuseado por homem: você está disposto a assumir responsabilidade pela sua própria vida.
por mulher: você colherá o que os seus parentes homens plantaram.
por tabelião: cuidado com especulações financeiras.
manusear os da família: a busca por fraudes será uma má utilização das suas forças intelectuais.
da parceira: grandes lucros serão acompanhados pela perda de estima.
os pessoais: você receberá uma herança, perderá a pessoa amada e terá a desconfiança dos seus amigos mais próximos.

DOENÇA 06-07-10-27-36
amantes sonhando com: os bons tempos estão chegando.
causar pestilência: você empreenderá um negócio muito exaustivo.
amigos: você esbanjará uma fortuna.

outros: você precisa confiar no seu bom julgamento.
contemplar a eutanásia: você está argumentando consigo mesmo para fazer uma mudança.
epidemia: transforme sua obsessão mental pelo materialismo em espiritualismo.
peste: cuidado ao revelar assuntos pessoais.
ter uma: advertência de traição, ainda não evidente.
apendicite: sucesso financeiro se você souber guardar segredo.
artrite: use um cobertor adicional.
câncer: sua criatividade e sexualidade estão bloqueadas.
convulsões: sua força de vontade poderá aliviar uma situação difícil.
outros: vocês estão ligados indiretamente.
desconhecida: anuncia sintomas de doença futura.
diabetes: o amor que você está buscando tem que ser, primeiro, encontrado dentro de você.
do cérebro: você terá sorte e respeito.
do cólon: para você, a vida é demais para se digerir.
do coração: você não está sendo honesto com seus sentimentos.
do fígado: você precisa viver a sua vida, não a dos outros.
escarlatina: tenha fé em sua determinação para viver.
filhos: as coisas acabarão dando certo.
no estômago: desperdício de dinheiro por meio do excesso de remédio.
outros: você será exposto a uma doença contagiosa; fique em casa.
psoríase: um inimigo está tentando difamar você a uma pessoa amiga.
sarampo: ansiedade e preocupação irão interferir na solução de problemas.
outros: irão pedir-lhe que organize um baile de caridade e reduzir a lista de convidados.
parentes: aproxime-se deles para reparações, não com preocupações.
terminal: não existe morte, apenas transição.
tremor da doença de Parkinson: o controle tem que ser entregue.

DOENTE 10-12-27-30-37-42
ente querido que está: você sucumbirá a uma tentação que vai prejudicar o progresso de outros.
estar: você tende à melancolia, o que encoraja os rivais.
crianças: o desafio da vida é evitar a tristeza.
do estômago: dissipação de posses e tendência a comer demais para recuperá-las.
mentalmente: você está cultivando a tristeza onde o lamento excede a causa da amargura.
preocupar-se com alguém que está: considere dar sem esperar retorno.
visitar pessoa que está: você encontrará um jeito de alcançar seu objetivo sem prejudicar a saúde.
no hospital: escute a raiva do desamparo e esqueça-a.

DOMINGO 15-20-24-27-28-47
comer um sundae: comemoração de mais uma epifania.
ir à missa no: promessas maravilhosas e ambições da maturidade se concretizarão.
passar um domingo descansado: cuide de seus interesses com vigilância renovada.

sonhar com: mudanças em várias áreas estão a caminho.

DONINHA 06-08-10-31-37-47

sonhar com: cuidado com gente que parece sua amiga, mas cujas ilegalidades ainda vão lhe desgraçar.

ter um casaco de pele de: risadas e abraços não são o mesmo que amor.

comprar um: tente economizar seu dinheiro para não depender dos outros.

vender: vai frustrar planos para sua derrocada.

DOR 03-08-09-24-33-39

fazendeiro sentindo: promessa de boa colheita, mas também de dificuldade em chegar até ela.

homem sentindo: prosperidade, caso você pare de causar dor aos outros.

mulher: supressão de memórias dolorosas.

marinheiro sentindo: o nível de tensão no mar reflete a dor concreta.

no peito: ganhos financeiros à custa de vidas alheias.

dentes: está se esforçando demais para defender sua decisão, em vez de revisá-la.

estômago: possível excesso de atividades sociais agradáveis.

garganta: você não consegue engolir a aceitação recebida por pontos de vista divergentes dos seus.

ombros: as pessoas estão tirando vantagem de seu sucesso e recebendo crédito por ele.

ouvido: uma fofoca maliciosa a seu respeito faz com que as pessoas se voltem contra você.

pés: fugir não é mais opção.

parto com: morte e renascimento.

sentir: evite perder tempo no futuro com problemas causados por ramificação de maus hábitos do passado.

criança: seu inimigo continuará a perseguição até sua prole.

outras pessoas: aprenda com seus erros ou eles se voltarão contra você.

ter dores por todo o corpo: seu sucesso está sugando sua saúde.

namorados sonhando que têm: seu amor está seguro, mas ex-namorado que sofreu rejeição vai lhe difamar.

severas: há pessoas que gostariam de lhe fazer sentir culpa por fazer aquilo que elas não podem.

DORMÊNCIA 10-12-19-22-27-30

braços dormentes: está dormente demais emocionalmente para se permitir sentir.

corpo de criança: dinheiro de sobra não pode trazer à vida aquilo que você não pode cultivar.

mão direita: receberá a visita de um amigo.

mão esquerda: receberá visita de pessoa indesejável.

pernas: já não consegue mais fugir de quem pode lhe ferir.

sentir: você consegue sucesso nos negócios.

DORMIR 01-13-16-33-43-52

acordar a família: você está acreditando que o dia lhe trará sucesso.

ao ar livre: tenha uma experiência direta com a ordem do universo.

com uma bela moça: é muita ingenuidade de sua parte achar que ela está com você por alguma razão que não seja o dinheiro.

com a própria esposa: você vai se conformar com os desejos de uma mulher de conteúdo.

com homem muito feio: grande infelicidade, doença e desprazer.
com pessoa do mesmo sexo: diferenças desconcertantes iminentes devido a questões triviais.
com pessoa do sexo oposto: as coisas vão correr bem se você aceitar a ramificação das ações.
com prostituta: sofrerá no dia seguinte, e espalhará isso a pessoas que não merecem seu amor.
com uma criancinha: retorno de amor simples e alegria doméstica.
e ouvir o despertador tocar: fique alerta para indicação de acidente que pode ser prevenido.
acordando outros: você está otimista em relação às verdades que armazenar.
ficar com medo ao: esteja em guarda contra problemas futuros que ainda não foram vistos em sonho.
em cama d'água: você deposita confiança demais em amigo persuasivo de moral duvidosa.
em um barco: você perdeu um relacionamento com a solidez da realidade.
em um vagão coberto: sua jornada pelo prado requer atenção exclusiva.
estar dormindo: cuidado com suas ações.
homem dormindo com alguém que não ama: seu supervisor respeita seus talentos.
mulher: promoções conseguidas por meio de confidências na cama são, no mínimo, frágeis.
ir para a cama: você fará inadvertidamente um influente contato de trabalho.
mãe dormindo com a filha: a adoção de um menino rompe o equilíbrio familiar.
mulher dormindo com outro homem na ausência do marido: adversidade devido à sua fraqueza de caráter.
namorados dormindo juntos: vocês precisam intercambiar energia psíquica.
ser sonâmbulo(a): você tem suas ações monitoradas por segurança e curiosidade.
sonhar que alguém está cochilando: seu corpo precisa de sustento emocional.
sozinho: com energia e vitalidade ganhas e retidas, as tentações parecem irrelevantes.

DOSE DE BEBIDA ALCOÓLICA ANTES DE DORMIR 10-13-15-19-30-42
perder tempo com: está louco de amor e querendo passar para a próxima fase.
ser pego tomando uma, na casa de outra pessoa: discussões por causa da horrível sensação de ser menosprezado.
servir uma para pessoa amada: vai esperar um beijo de boa noite; o resto terá um preço.
tomar com muitas pessoas: terá a boa sorte de relaxar por um período.

DOTE 01-03-04-08-21-28
dar às filhas: você ganhará muito dinheiro.
dote ou herança de viúva: você fará uma mudança boa em sua vida.
homem dando propriedade à sua noiva: espere muito constrangimento.
mulher dando um dote ao seu marido: um homem de posses cuidará bem de você.
não conseguir dar: empobrecimento no mundo frio e cruel.

DOUTRINA 11-12-13-15-43-44
aprender os princípios de uma: uma ideia arrogante de você mesmo se torna ofensiva para os amigos.

ensinar as doutrinas do Antigo ou Novo Testamento: uma posição honrosa em um lugar distante e uma nova amizade.
impor obediência à doutrina governamental: uma corporação será dissolvida; momento indicado para ir atrás de novos empreendimentos.
ser professor de: você terá oposição, tempos difíceis e pobreza.

DRAGÃO 03-22-23-26-31-44
assassinar: conquiste a sua escuridão interior e tenha o controle de si mesmo.
homem lutando com: medo de ser devorado por uma mulher.
lutar com: você tem um relacionamento negativo com sua mãe.
e se ferindo: um inimigo poderoso tentará ferir você.
e vencer: você está dominando os poderes do seu inconsciente.
matar: livre-se de suas atitudes insensíveis e desprezíveis ou receberá castigo.
militar sonhando com: você receberá visita de um arauto do despertar espiritual.
muitos: grandes decepções quando você tenta dominar no amor.
salvar uma donzela de: você está salvando a virtude das forças do mal.
ser perseguido por: o materialismo se cerca de cobiça.
voando no jardim: uma viagem a ilhas tropicais será guiada pelas suas paixões.

DRAPEADOS 08-13-27-30-38-44
com estampa de flores: um convite para jantar com pessoas importantes.
com franja: você terá um futuro indistinto.
de seda: você está escondendo seus sentimentos atrás de uma vida de luxo.
de uma só cor: você está fugindo dos problemas.
desbotados: a prosperidade é passageira.
mulheres casadas sonhando com: elas darão à luz muitos filhos.
estar na companhia de: noivado imediato.
ser: uma mudança na vida pela frente.
vendedor de tecidos: você precisa controlar a sua paixão.

DROGAS 03-05-15-32-36-43
dar aos filhos: especulação bem-sucedida.
a parentes: muitas fofocas ao seu redor.
estar drogado: o inimigo está buscando uma oportunidade de prejudicar você.
fabricar: perda de dinheiro.
farmácia: você começará um novo negócio.
receber de médico: você terá a proteção de amigos.
receber ordem para tomar: ânimo elevado.
recusar-se a tomar: tumulto nos negócios.
ter: fraqueza nas suas ilusões; ponha os pés no chão.
o armário de remédio cheio de: negócio bom, mas sem lucro.
tomar: aflição de uma situação potencialmente perigosa.
outros: você está pondo dinheiro em alguma coisa que lhe dará pouco retorno.
usar cocaína: dano autoinfligido ao seu cérebro.
vender: um homem desonesto está por perto ganhando dinheiro às suas custas.

DUELO 01-17-29-31-34-38
assistir a distância: você ressente não ser o centro da ação.
duelar para salvar a honra: cuidado com seu rival.
com um amigo: controle a língua e reconcilie-se.

com um espadachim: uma aventura romântica envergonhará a família.
com uma bengala: você dominará os amigos.
pessoas duelando com os próprios amigos: fique fora das disputas dos outros.
ganhar: adversidades e tribulações precisam ser enfrentadas primeiro.
ser desafiado para: recue e se reagrupe em batalha.
ser ferido em: dano à sua posição social.
morto: aviso de problema.

DUETO 11-13-15-32-38-44
cantar em: sorte no amor, um casamento sereno.
ouvir crianças em: um mistério será resolvido; um novo prazer substituirá o antigo.
amigos: a tentação irá se aproximar de você para competir e questionar sua autoridade.
outros: notícias desagradáveis do ausente interrompem a alegria doméstica.
quarteto: sua harmonia e companhia agradável enchem a vida de energia.
tocar em: uma rivalidade leve de estilos cria um efeito harmônico.

DUQUE 13-18-22-40-41-43
conhecer: você cometerá ações impróprias que exigirão a correção de seus hábitos pecaminosos.
duquesa: você irá a uma festa de gala com convidados distintos.
namorar: novos casos de amor estão à vista se você parar de flertar.
ser: fracasso dos planos devido a sua inabilidade em tomar decisões certas.

E

ÉBANO 02-13-17-19-25-43
comprar: sua intensidade trará sucesso nos negócios.
receber coisas feitas com: você terá bons ganhos.
sonhar com a: você escreverá uma carta que lhe trará notoriedade sem fim.
ter: você conhecerá alguém do exterior.

ECLIPSE 15-30-33-35-37-41
assistir com a família: tranquilidade sem conflitos no lado de dentro; do lado de fora está a reverência.
a pessoa amada: você está vivendo apenas uma esfera de emoções.
fim de: o perigo passou; comece outra vez.
lunar: o estado de estar completamente em harmonia com o que o universo oferece a você.
solar: você atrairá prejuízos incitados pelos seus próprios maus presságios.

ECO 08-13-19-21-26-29
ouvir em uma caverna: uma resposta interna à sua ação externa, amplificada para maior clareza.
das suas palavras: seu boato se voltará contra você.
distante: preste grande atenção ao que está dizendo.
na floresta: você está sozinho, mas não solitário; perdeu seu emprego, mas não seu talento.
próximo: o ódio gera hostilidade; a aceitação influencia o poder.

EDREDOM 04-17-25-27-51-52
belo: vai realizar as próprias ambições pela unidade e pelos laços emocionais de sua família.

caindo da cama: uma batida na cabeça para lhe lembrar da realidade.

colcha de retalhos: a reestruturação da vida na proteção da cordialidade física.

desforrado: uma vida de deleites é importante em sua eficiência e desenvolvimento de praticidade.

esticado em uma cama: a vida doméstica está em ordem: passado, presente e futuro.

manchado: está sobrecarregado por cuidados exaustivos.

EDUCAÇÃO 02-13-15-16-27-33

buscar: a sorte sorrirá para os seus esforços, mas não aumentará a sua cultura.

filhos recebendo: três pessoas constroem a educação: os professores, as crianças e os pais.

não ter recebido: você sofrerá por causa da relutância em aceitar que uma outra pessoa possa ensiná-lo.

restringida: a maior crueldade é limitar o que uma pessoa pode aprender.

ELÁSTICO 17-24-31-40-42-44

ao redor de maços de objetos: cuidado com amigos ciumentos.

estalando: sua coragem será desafiada, estimulando o seu apetite.

sonhar com: você mexerá nas regras para ajudar um amigo.

ter algo feito de: os bons tempos estão próximos.

ter cinta de plástico: a habilidade de se adaptar à experiência mundana está reprimida.

ELEFANTE 02-05-09-26-38-39

alimentar: uma pessoa de caráter sólido se tornará sua amiga.

andar de: sua força bruta imprudente poderá causar danos.

dar água a: você será útil a uma pessoa influente.

em circo: risco de morte para um parente por causa de insensatez.

escapando de: não se altere e seja paciente nas brigas familiares.

indiano: obstáculos surgem no seu caminho; sente-se no alto e assista ao conflito.

em uma jaula: poder do espírito se manifestando.

sendo treinado: seu inconsciente precisa de uma orientação consciente.

livre: você desfrutará de muita independência e ligações de grande influência.

muitos: sua memória extraordinária levará você à prosperidade.

outros com: medo e perigo para aqueles que não se permitem pensar positivamente.

pessoa pobre sonhando com: com cooperação você pode alcançar uma prosperidade tremenda.

ELEIÇÃO 04-07-12-19-23-36

ajudar em: sucesso rápido de suas esperanças de nomeação para um cargo.

assumir um cargo público depois de: mudança de ambiente para satisfazer os seus propósitos.

pessoas durante a: acontecimentos importantes e muito benéficos estão para ocorrer.

vencer a: fracasso nos negócios causado por falso amigo.

ELETRICIDADE 13-26-38-39-40-43

aparelhos que não são movidos à: verifique a sua fiação; seu espírito interior precisa de energia.

faíscas elétricas: sua aventura terminará rapidamente logo após notícias chocantes.

levar um choque elétrico: você está prestes a perder a paciência com amigos trapaceiros.

manusear aparelhos elétricos: sua energia não está plenamente controlada.
outros: dê atenção à força intelectual repentina de outra pessoa.
queimar um fusível: sua energia não está sendo plenamente utilizada em um projeto inútil.
usar: uma tempestade elétrica deixará você muito surpreso.

ELEVADOR 18-21-27-34-41-44
andar de: você se sente confiante em acessar vários níveis da sua psique.
descer de: desgraça esmagadora por causa de um inquietante ambiente de investimento.
despencando até o fundo do poço: você está perdendo altitude em uma carreira ascendente.
que está cheio de água: você está submergindo nas profundezas do subconsciente.
estar com a família dentro de: você precisa do apoio dela para ir em frente com sua vida.
com outros: você desafia os seus rivais e aparece em lugares onde propositalmente não foi convidado.
se agarrando a você: parasitas estão devorando você.
estar preso entre os andares em um: sofrimento emocional pela frente.
movendo-se para o lado: você está indeciso acerca de que objetivos deve seguir.
mudando de poço: energia ou status alternativo.
na sua casa: você deseja coisas demais, vindo com muita rapidez e com pouco esforço.
quebrado: aviso de problemas a despeito da prosperidade.
subir em: aumento na riqueza e ascensão.

ELOGIOS 19-27-29-30-40-41
dar glórias a Deus: recursos abundantes para viver uma vida proveitosa.
seus filhos: vai provocar a ira inflamada de alguém com seu ego superinflado.
fazer: as pessoas estão fofocando sobre como você é capaz de ter a gratidão que elas não conseguem.
ouvir as pessoas lhe elogiando: você levará os bons amigos a lucrar, e os falsos a ter prejuízo.
receber: está cercado por escândalos; não se envolva neles.

EMAGRECER 07-10-27-45-47-52
ser magro: você está mais sensual e seus nervos estão mais sensíveis.
fazer dieta para: riquezas inesperadas.
sofrer para: receberá proposta de casamento.
moça sonhando que está ficando magra: vai chorar por amor perdido; não morra por causa dele.
homem: falta-lhe força e resistência para chegar à primeira divisão.
mulher: casos amorosos felizes.

EMBAIXADOR 07-25-38-42-43-49
convocar: atividades sociais de natureza alegre são muito tediosas.
reunir-se com: mantenha amigos fiéis por perto, e inimigos ainda mais.
ser: traição oficial causará perda do cargo atual.

EMBALSAMADO 02-06-13-22-35-42
animal ou pássaro: você espera favores demais dos outros, que irão parar de fazê-los.
corpo: desejo de imortalidade, apesar da vida atual.
corpo de um parente sendo: você deve confiar no seu bom-senso para manter seu status.

dignitário: você está trabalhando com muita diligência e coragem.

EMBARCADOURO 05-11-12-31-42-45
caminhar sobre um: terá felicidade no casamento, sem um dia sequer de tristeza.
despedir-se de alguém em um: comprará uma joia para a pessoa amada.
em más condições: ficará bêbado.
estar em uma plataforma: sofrerá muito por estar sobrecarregado.
com vendedores: inimigo secreto de uma pessoa com coração de pedra.
marinheiros e operários em um: perda de amigos.
sonhar com: desfrutará de modéstia e castidade.

EMIGRAÇÃO 02-06-09-21-42-43
pessoas emigrando: cuidado com a traição que deixará você em dificuldade.
sonhar com: você receberá uma carta de um amigo em um país estrangeiro.
ter a entrada no país impedida: perigo causado por um segredo.
ter problemas com as autoridades da imigração: grande alegria pela frente.

EMPACOTAR 9-25-31-39-44-45
algo para enviar por correio: abuso de confiança vai gerar o fracasso de uma proposta.

EMPALAR 07-08-15-18-38-46
empalado em uma cerca: você será ameaçado por inimigos e sofrerá pelos erros deles.
outros: sua ira reprimida alcançou proporções preocupantes; busque ajuda.
escapar de ser empalado: você acha que deveria ser castigado por um ato que ainda não cometeu.
sofrer tortura ou castigo: erros causarão dor e angústia.

EMPREENDIMENTO 01-08-19-38-39-41
começar um novo: seja prudente para evitar a desgraça.
outros envolvidos em um bom: grandes mudanças à espera.
realizar um bom: notícia triste o aguarda.
ser forçado a se envolver em um ruim: você fará muito dinheiro.

EMPREGADA DOMÉSTICA 16-17-25-29-34-46
arrumadeira: seja educado, depois aja pelas costas de seu patrão.
casando-se com uma: seu patrão/sua patroa vai se apaixonar por você.
dama de honra, ser uma: terá uma decepção no amor.
mulher idosa sonhando que é: rendimentos crescentes, mas críticas vindas da família.
menina: está sendo importunada por pessoas que querem seu dinheiro.
mulher casada: em uma reunião de escola, você ainda está sendo pouco considerada devido a seu temperamento ruim.
ser uma: se você se ressente de ser uma empregada doméstica, não pode respeitar quem realmente é.
ter várias: a questão com a qual você está lidando é bastante complicada.

EMPREGADOR 01-10-17-27-31-41
dar um aperto de mão ao: quando você sair, não rompa com a empresa e os contatos que você tem nela, de forma que a situação não tenha volta.
discutir com seu: apresente uma rota alternativa viável a uma solução ou cale-se.
empregados ociosos: peça ajuda àqueles que estão na pobreza.
insolentes: você precisa responder por uma falta ao seu chefe.
empregar outras pessoas: os interesses deles se chocam com os seus; a agressividade deles não combina com você.

estar desempregado: seu fracasso em trabalhar com todo seu potencial abortará a sua missão.
enquanto outros seguem apressados para o trabalho: você atrairá apenas desdém dos outros.
estar em agência de empregos buscando trabalho: use seus contatos para criar prosperidade.
e encontrar para outras pessoas: seu projeto criará muitos empregos; fundamentalmente, o seu.
e não conseguir achar: vá atrás do emprego que deseja, não daquele que você sabe que pode conseguir.
falar com seu: você logo ganhará uma promoção devido a um excelente projeto em perspectiva.
falindo: você tem uma mente vigorosa, mas uma confiança inoportuna.
receber um presente do: você perderá seu emprego se questionar os motivos do empregador.
ser contratado por: você precisa mudar sua forma de agir; você é muito impressionável.
ser despedido por um empregador: um mistério óbvio será resolvido; um sorvete na testa para você.
sonhar com seu: você terá mudança desagradável no seu cargo se não cumprir contratos.
ter um bom emprego: demitido em um período de inatividade; seu caráter causará a sua readmissão.

EMPREGO 11-23-28-39-44-53
conseguir um após meses tentando: você encontrará valiosos objetos pertencentes a uma pessoa abastada.
considerar emprego como um desafio: ponto de partida para uma atitude mais madura na vida.
considerar emprego como um trabalho penoso e enfadonho: sua percepção determina o seu êxito ou fracasso.
perder: evite perder a calma com aqueles que você considera responsáveis.

EMPRESTAR 07-19-44-47-48-54
coisas: amigos estão buscando sua ruína tirando vantagem da sua generosidade.
dinheiro: você logo precisará de dinheiro para pagar dívidas particulares.
máquinas: faça com que seja recíproco ou você nunca se recuperará disso.
seu carro: insista em que ele seja devolvido de tanque cheio.
outros emprestando dinheiro para você: amigos verdadeiros não querem seu dinheiro de volta; os falsos desaparecerão.
recusar-se a: você acumulará riqueza e poucos amigos.
roupas: problemas pela frente; a pessoa que toma emprestado quer a sua vida.
ser agiota: os negócios causarão muita preocupação quando aqueles a quem você perseguiu se vingarem.
ir a agiota para obter dinheiro: apesar de seus lucros, você tem vergonha de que ainda vá precisar de dinheiro.
ter usurário como sócio: a comunidade não gosta de você, mas a família da pessoa amada o adora.

ENCHER 12-17-19-25-29-45
bolsa de mulher: você receberá uma joia de presente.
bolsos: honra.
buraco: você se deleita em diversão tempo demais.
garrafas: felicidade para a mulher da casa.
o tanque em um posto de gasolina: aumento de renda em troca de um pequeno pagamento.

sonhar com: você se envolverá em uma transação secreta.
totalmente: satisfação gera preguiça.

ENCOMENDA 19-22-31-32-43-46
fazer pelo correio: você é inocente demais; é preciso haver garantia de devolução de dinheiro em caso de defeito.

ENCONTRO 04-06-07-14-43-44
com um velho amigo: notícia relativa a passado distante muda sua direção.
estar em um: a negligência traz tristes consequências devido à perda de oportunidade.
inesperado: acidentes são oportunidades disfarçadas.
manter um: você gostaria de controlar uma situação explosiva.
sonhar com encontro marcado em um determinado lugar: pessoas invejam seus amigos fiéis e seu senso de responsabilidade.

ENCONTRO AMOROSO 18-22-30-51-55-59
esperar em lugar marcado: infortúnio no amor.
de tocaia: está perdendo seu tempo destruindo a vida de outros em vez de construir a sua.
outros: ficará triste, pois não é com você que seu amor se encontra.
marcar um: sua reputação não sobreviverá a isto.
sonhar com: reconciliação se encaminhará romanticamente.

ENCORAJAR 02-14-24-35-37-39
amigos: suas próprias ações lhe trarão tristeza.
animar uma pessoa doente: você receberá ajuda monetária, que irá prendê-lo como uma armadilha.
filhos: você terá brigas com o(a) parceiro(a) acerca das tentações dos filhos.
parentes: você está perdendo alguém ao qual está muito ligado.
precisar de encorajamento: você está sendo injusto por causa de seu ciúme.
ser encorajado: você irá se ofender com a descoberta de que suas intenções eram egoístas.

ENCRUZILHADA 09-26-28-36-43-44
amigos em: você tem que descobrir e resolver animosidade oculta de alguém.
estar em: uma decisão adiada tem que ser tomada para impedir muitos problemas.
parentes em: você se recuperará da doença se mudar de médico.
sonhada por pessoa casada: convergência de diferentes desejos causa a perda do parceiro.
pessoa solteira: você teme compromisso com a pessoa errada.
vacilar em: medo de tomar o caminho errado impede sua decisão.

ENDEREÇO 03-06-28-39-40-46
escrever: cuidado com especulações arriscadas.
em uma carta de amor: assuntos pessoais serão mal interpretados.
errado: indica infortúnio de pessoa amiga.
profissional: boa sorte e prosperidade virão.
perder o endereço de alguém: você parou de respeitar as qualidades desse alguém.

ENEMA 02-06-17-20-21-23
fazer: você ficará sem dinheiro.
ser submetido a: infelicidade com trauma de infância forçado.
seringa usada para fazer: confusão nos negócios.

submeter alguém a: seus casos de amor estão deixando você doente.

ENFEITIÇADO 03-05-14-16-25-26

enfeitiçar outros: você realizará grandes ambições por não ter uma cabeça conservadora.

estar: influências maléficas que não têm relação com o seu eu.

parentes: perdas nos negócios podem ser recuperadas com sua disposição de compartilhar gratuitamente.

pessoas: você está tentando igualar-se a alguém que lhe encanta, mas não está conseguindo encantar a si mesmo.

por uma feiticeira: sua indolência atrairá pessoas duvidosas com intenções corruptas.

resistir a um feitiço: muitos buscarão seus conselhos, exceto você mesmo.

ENFERMEIRA 05-10-11-12-27-42

contratar uma: precisa que cuidem de você em nível básico.

criança com: uma mãe terá outro filho.

em um hospital: ocupará posição de confiança e responsabilidade.

em casa: estragos financeiros precisam ser resolvidos e reestruturados.

médico, com uma: infelicidade que diminui com o progresso da cura.

molhada e alimentando uma criança: receberá notícias desagradáveis sobre doença na família.

mulher sonhando com uma: alcançará alta posição com sacrifício.

personificar uma: notícias potencialmente perigosas.

precisar da ajuda de: você se sente negligenciado e rejeitado e está criando seu próprio sofrimento.

ENFERMIDADE 01-07-15-24-25-49

delirar: perigo causado por um segredo não guardado.

filhos: melhores perspectivas para o futuro.

outros: novo companheiro de trabalho irá traí-lo quando você tiver baixado a guarda.

doente mental: prospere no meio do caos ou será prejudicado.

ver-se como: pessoas excessivamente imaginativas erguem castelos falsos.

estar com voz rouca por causa de um resfriado: você está se decepcionando pelas palavras de outras pessoas.

falar com uma: você perderá uma oportunidade por causa da sua incapacidade de expressar seus pontos de vista.

outros: adicione energia e alimento nos assuntos do amor.

estar enfermo: os maquinadores podem tramar contra a sua presunção, não suas ações.

fragilidade: você sente que não consegue ficar à altura das expectativas de outra pessoa.

germe: a manifestação interior de uma ideia ou projeto de crescimento, bom ou ruim.

glândulas inchadas: indicação de uma doença séria, que precisa ser eliminada.

morrer de gripe: amigos leais mostrarão compaixão por você.

morrer de tétano: a falta de franqueza destruirá sua vida.

muitas pessoas em um hospital com uma enfermidade: uma epidemia de pequenas proporções afetando uma multidão.

pneumonia: você terá uma longa doença se não seguir seu bom-senso.

morrer de: você terá grandes perdas; destruição de suas esperanças.

resfriado: você está criando uma desculpa para não realizar um trabalho árduo.
ter acessos ou ataques: você não consegue cumprir suas obrigações por causa de doença.
ter aumento do baço: maldade, rancor, mau humor, melancolia e tédio.
ter cálculos biliares: um futuro brilhante depois que os obstáculos forem superados.
ter convulsões: seu aperto pode ser aliviado com força de vontade.
outros: muita deslealdade entre seus colegas de trabalho.
ter doença nervosa séria: você descobrirá um tesouro entre mentes desgastadas ou assustadas.
ter enfermidade mental: autopunição devido a sentimento de culpa causado por rancor hostil.
ter frieiras: sua ansiedade impele você em direção a negócios enganosos, o que leva à doença.
ter gripe: descanse bem depois que melhorar.
ter hemorroidas: você se expôs tolamente a parasitas.
ter icterícia: uma advertência para que você verifique a sua cor amarela com um médico.
pessoa amada: brigas com a pessoa amada a respeito de um coração infiel.
ter prisão de ventre: lembranças precisam ser vividas novamente antes de serem liberadas.
ter prurido: uma confluência de toxinas está atacando seu sistema nervoso.
ter um cisto: uma coleção mórbida de energias incapazes de existir em harmonia.
ter um edema: todas as suas indiscrições nutricionais irão se voltar contra você.
ter uma enfermidade do estômago: você não tem determinação e é facilmente persuadido a sair do seu caminho.
ter: saia do ambiente restritivo.
desconhecida: o diagnóstico para um novo amor é positivo.
filhos: meu consolo é que você é o único que está em apuros.
indigestão: seus pensamentos pessimistas tornam a vida difícil de engolir.
inimigos: grande tentação não favorecerá você.
invalidez: candidate-se a um trabalho complexo que você nunca fez antes, embora queira o desafio.
mulher sonhando em: desespero pela incapacidade de melhorar o bem-estar de outra pessoa.
não fatal: tome um complexo multivitamínico.
outros: alguém que você conhece irá para a prisão.
parentes: discussões com as pessoas que ama preocuparão você.
pessoa amada: você precisa privar-se de alguns prazeres antecipados para ter prazeres futuros.
trismo: você irá casar-se com uma pessoa resmungona, cerrar os dentes, sem expor o seu caso.
visitar pessoas com uma enfermidade: você encontrará uma forma de atingir seu objetivo.

ENFORCAR 11-30-34-41-51-55
amigo: você subjugará aqueles que perseguem outros para conquistar um status acima deles.
boneco que representa um personagem real: será revelada a desonestidade de alguém em que você confiava.

carrasco: cuidado para não criticar alguém em demasia.
criminoso: você ganhará dinheiro de uma forma vergonhosa.
desconhecido: ações precipitadas trarão resultados terríveis.
sem motivo: você tende a ser mesquinho com uma união matrimonial próspera.
parente: sorte para a pessoa no sonho; glória excepcional para você.
pendurar roupa lavada no varal: você está pronto para revelar seus sentimentos.
ser condenado à forca: precursor de uma série de ofensas penosas contra você.
alguém que será: você irá se deleitar com uma carne excelente na sua última refeição.
ser libertado um pouco antes de ser: você realizará seus sonhos com uma falta de dinheiro duradoura.
um homem: você atravessou um nível de consciência e deu um passo na escala social.

ENGASGAR 09-12-18-23-26-28
crianças engasgando: recuperação de decisões conflitantes provocou maturidade.
estar engasgado: sintomas físicos causados por seu impulso indesejado.
outros engasgando: hostilidade extrema causa uma explosão à qual ninguém sobrevive.
sonhar com: sua culpa faz com que você se puna por não falar a verdade.

ENGOLIR 04-16-19-29-33-41
com dor: viverá até mais de noventa anos.
história na qual não acredita: a frivolidade irá pairar pesadamente sobre você.
pílulas: certifique-se de que realmente precisa de tudo que ingere.
sonhar que engole: as sementes de uma empresa com potencial de grandes lucros.

ENGOMAR 08-15-19-21-33-38
camisa masculina: receberá fortuna inesperada se deixar de ser tão descarado.
gola: você precisa fazer planos para a velhice.
de vestido: algumas preocupações, mas muitos ganhos.
mulher sonhando com gola de linho: vai se casar com pessoa esforçada.

ENGRAXATE 01-04-19-28-46-54
lustrando os sapatos de outros: alegria e contentamento.
do marido de quem sonha: você receberá convite para dançar.
ser: o orgulho superou a razão; seu valor é apenas seu.
engraxar sapatos: a perfeição é possível.
ter os sapatos engraxados por um profissional: você terá questões legais a resolver com advogado.

ENGUIAS 16-23-26-30-35-37
contorcendo-se: uma pessoa astuta e manipuladora tem inveja e colocará obstáculos ao seu namoro.
para fora das suas mãos: segure bem a sua carteira quando nas águas da malícia.
mortas: exponha a sedução de alguém para se inocentar.
muitas mortas: cuidado com a verdadeira ameaça quando você sair da prisão.
muitas na água: você está se esforçando muito com as pessoas erradas, mas elogiando as certas.
vivas: desejo de participar de uma orgia de prazeres que pouco a pouco levarão a uma vida dissoluta.

pescar uma morta: advertência de que há alguém com inveja; mantenha o controle sobre ele.

viva: novo negócio seguindo positivamente sobre encostas escorregadias.

segurar: agarre-se ao que teme até que o medo passe.

sonhar com: perigos ocultos e escorregadios estão à espreita, aguardando um erro.

ENROLAR 05-07-13-21-36-50

estar enrolado com um acordo de negócios: terá bastante trabalho para se desembaraçar.

estar enrolado em uma teia: caso de amor que complicará sua vida.

ficar enrolado: a paciência será bem recompensada quando você rastrear a origem do problema.

outros que estão enrolados: a confusão de ideias misturadas inclui também os elementos para uma solução.

sonhar que está enrolado em um novelo de lã: embate com pessoas difíceis.

vegetação rasteira enrolada nas árvores: está contrariado por sua incapacidade de estabelecer boas estruturas.

ENSINO MÉDIO 01-18-25-35-55-56

cursar: terminarão as brigas com pessoas de inteligência inferior.

dar aulas no: você será feliz na sua inocência sobre o mundo real.

fazer parte de panelinha intelectual no: uma pessoa pela qual você tem pouca consideração irá envergonhá-lo.

filhos frequentando o: você não conseguirá satisfação por meio da modéstia.

formando-se no: você irá se distinguir pelos feitos intelectuais.

ENTALHAR 05-08-24-26-28-31

em madeira dura: você está esperando ansiosamente participar de atividades sociais com um encontro às cegas.

em metal: mudança de emprego.

ser entalhador: você não consegue terminar tarefas por causa da sua falta de habilidade.

de sinetes: pouca sorte nos assuntos do amor; concentre-se na sua carreira.

ENTEADO(A) 19-22-24-29-34-43

desgostar de: você está infeliz com as escolhas que fez.

discutir com: tome suas próprias decisões sem escutar conselhos de ninguém.

ser um(a): hora de crescer e se tornar adulto.

ENTERRAR 15-28-34-39-45-47

a si mesmo: você está soterrado de problemas causados pelos seus delitos.

alguém: seu desejo de morte do relacionamento com essa pessoa.

dinheiro: o fim da esperança.

sonhar com o ato de: invista os seus sentimentos reprimidos em imóveis.

ENTERRAR VIVO 16-19-29-34-36-42

alguém: você está dando adeus a um terrível infortúnio.

enterrar a si mesmo: você está procurando suas raízes embaixo de emoções antigas.

inimigos: você está enterrando uma experiência negativa.

observar antes de ser: o medo e a ansiedade de não confiar em Deus.

outros: se você lidar com o mundo, terá riqueza e influência.

ser: ao cometer um grande erro, você está para entregar a vantagem aos seus oponentes.

e conseguir sair: a crise acabou, renovação.
traidor: descubra tudo sobre seus amigos traiçoeiros.

ENTERRO 06-08-34-44-47-48
acompanhar amigo próximo a um cemitério: riqueza e prosperidade não substituem um amor perdido.
acompanhar cortejo: você está envolvido em uma mudança iminente.
pessoa desconhecida a um cemitério: sua mãe controla sua vida.
amigo: promoção no trabalho.
caixão e sua liteira: você ornamentará o caixão de uma pessoa amiga.
carregar o caixão durante um funeral: você fará algo tolo.
carro fúnebre transportando os mortos: preocupações desaparecerão com a derrota de um grande inimigo.
dirigir um: maiores responsabilidades levam a um tropeção.
na igreja: prepare-se; velhos hábitos custam a morrer.
chover durante um enterro: aqueles ausentes terão um destino desfavorável.
comparecer ao enterro de melhor amigo: apoie, mas não ponha fogo na situação.
da pessoa amada: uma virada profunda na estabilidade emocional.
de amigo: dificuldades nos negócios.
de inimigo: escândalo e práticas clandestinas.
de um parente: morte de amigo.
do irmão ou da irmã: dias prósperos pela frente.
do pai ou da mãe: você está esperando uma herança.
o seu: desprender-se do passado e aceitar o que ele ensinou a você.
vestido de preto: você está assumindo uma carga muito grande de responsabilidade.
cor preta em: notícia sinistra e desagradável chegará em breve.
deitado em um ataúde: ritos tristes realizados em circunstâncias sombrias.
encomendar seu próprio caixão: você se casará em breve.
estar a serviço de uma mulher de luto: vida de casado infeliz.
estar em capela mortuária: período difícil do qual você pode emergir vitorioso.
expressar condolências: doença.
receber: morte por meio da riqueza.
fazer sol durante um enterro: os negócios ensolarados serão benéficos financeiramente.
fazer sua própria pira funerária: você infringiu sua ética.
fazer um discurso em louvor de um morto em um funeral: sua hipocrisia derrotará você no final.
ir ao próprio enterro: sorte, felicidade, herança e um casamento espetacular.
ir com a família a um: família simpática se tornará amarga com a perda de amigo.
a pessoa amada: os inimigos invejam você.
ir com outros a: saúde boa.
mortalha cobrindo o corpo: falta de perseverança e pensamento coeso em relação a outros.
parente: você receberá uma herança.
rir em um funeral: seu passado alcançou você.
alguém: outros estão envolvidos demais na sua vida.
seu: você não está disposto a se desprender do passado.

ENTRADA 02-15-21-23-24-33
atravessar a entrada de um lugar reservado: você terá um futuro glorioso consigo mesmo.

público e ornamentado: sonhos de ensino superior serão realizados em seu benefício.

fazer uma grande entrada na sociedade: ao saber de uma morte, busque o nascimento de um conhecimento superior.

solene: o peso do mundo precisa ser distribuído.

ter negada a: alguém deseja manter você a distância.

por falta de fundos: inibições profundamente arraigadas estão impedindo seu progresso.

ENTRETENIMENTO 13-15-16-18-25-42

desfrutar bom: advertência para que você não imite a extravagância de um astro.

entreter um parente: mudança em uma situação complicada a favor de outra pessoa.

estar com outras pessoas em uma festa ou um espetáculo: você terá dinheiro em breve.

parentes: alegria sem lucros.

estar em uma boate: a decadência será gratuita durante anos; a última parcela do financiamento será mortal.

gostar da diversão: sofrimento causado pelo seu próprio descuido.

outros se divertindo: uma vida imprudente e uma moral dissoluta lançam grandes sombras sobre uma reputação.

sair antes que a diversão tenha acabado: você perderá uma ótima oportunidade.

sentir-se incomodado em uma festa ou um espetáculo: muita alegria e dinheiro pela frente.

você se divertindo: nada mais ofensivo que a alegria de outra pessoa quando você está exausto demais para continuar.

ENTREVISTA 03-17-33-47-53-54

dar: você está questionando seus motivos e atos.

entrevistar um artista ou apresentador: você tem dificuldade para ver as pessoas como elas realmente são.

político: prepare-se para um debate sobre sua rebeldia.

gaguejar durante uma: você está hesitante quanto a tomar decisões.

ser entrevistado: advertência do resultado de ser julgado por outros.

ENTULHO 03-09-16-20-24-27

jogar fora: recuperação de enfermidade durante a qual os negócios foram mal conduzidos.

lidar com: está prestes a fazer uma descoberta valiosa no lixo.

dos outros: você tem um inimigo secreto que se esconde por detrás de fachadas alheias.

remover entulho: você não deixou empecilhos para seu sucesso.

pilha de: a solução pode ser encontrada no arquivo rejeitado.

sonhar com: vai limpar a casa na expectativa de encontrar pessoa avarenta.

ENVELOPE 03-11-26-27-32-34

abrir e retirar o conteúdo: você está preocupado que o segredo seja revelado.

colocar uma carta em: descoberta de uma oportunidade perdida e que alguém a agarrou.

comprar: expectativa de um triste resultado depois que se deixou escapar a oportunidade.

enviar: você receberá uma notícia ruim, mas a depressão desaparecerá logo.

fechado: dificuldades que preocupam a sua tenacidade estão próximas.

fechar: você irá encontrar-se com o destinatário em um lugar obscuro.

rasgar para abri-lo: conte à pessoa a sua notícia nefasta antes que se torne pública.

receber com muitas cartas: decepção em cartas de amor; amor correspondido.

ENVERGONHADO 05-14-18-26-27-37

amigos: confie no seu bom-senso e na sua mente prática.

estar: quanto mais envergonhado você ficar, maior o seu sucesso.

filhos: você está agindo de forma muito antiquada.

membros da família: discussões com a sogra serão concluídas com vantagem.

pessoas: propostas têm que estar firmes e fundamentadas antes que você as apresente.

ENVERNIZAR 04-09-13-15-22-40

as portas de uma casa: a intolerância e a interferência mordaz vão pôr seu negócio em perigo.

o chão: hipocrisia, pois sua frugalidade e suas roupas básicas são as mesmas de seus superiores.

mobília: está disfarçando erros e transgressões.

sonhar com o ato de: sua aparência externa não vai enganar as pessoas.

ENVIO 06-10-19-38-43-51

de alimentos para os pobres: você receberá uma mensagem triste; torne-a alegre.

de carta ou pacote: você está divulgando seus desejos de forma agradável.

de mercadorias: você está apoiando a proliferação de riquezas.

de presente para pessoa amada: uma boa colheita deve ser repartida para que se repita.

de roupas em um pacote: sempre tem alguém que pode fazer uso daquilo que você quer jogar fora.

ENVIO PELO CORREIO 02-22-31-38-40-46

caixa de correio que não aceita sua carta: a resposta já é "NÃO!".

carta com um cheque: uma obrigação irritante terá de ser cumprida.

cartão postal: o mais simples dos sinais renova uma importante relação com o carteiro.

documentos: vai pagar caro por mercadoria indesejada.

itens de valor: vai gastar muito com coisas inúteis.

pacote: falsas esperanças guiam suas ações; autoconhecimento traz esperança.

ENXADA 05-07-29-40-46-51

comprar uma: você terá seu tempo e sua energia roubados, mas mesmo assim cumprirá sua missão.

crianças usando uma: os problemas irão embora tão rápido quanto chegaram.

outros: amigos lhe ajudarão financeiramente.

trabalhador: boa saúde e finanças instáveis.

sonhar com uma: amigos lhe ajudarão financeiramente.

ter uma: você tem um desejo tolo de reconhecimento pelo trabalho realizado.

usar uma: você deve se basear no seu próprio julgamento à medida que as responsabilidades forem aumentando.

EPILEPSIA 08-10-12-30-35-43

ser epiléptico: de repente você terá grande colheita após anos sem cultivar nada.

ter um ataque epiléptico: a ruptura violenta do material inconsciente.

filhos: você ficará com medo de que não será você que encontrará a solução.

outros: uma homenagem das suas faculdades mentais às tarefas desagradáveis do corpo.

parentes: a corrupção de suas preocupações e de seus cuidados; outras pessoas deverão lidar com eles.

EQUADOR 03-12-21-23-32-36

atravessar de navio a linha do: você será batizado novamente no navio.

não cruzar de propósito: uma ótima oportunidade ficou fora de alcance.

outros atravessando a linha do: sua indecisão a respeito de que rumo tomar dá vantagem aos inimigos.

sonhar com: você terá uma nova alegria na vida.

EQUIPAMENTO 04-07-11-18-27-32

comprar para a casa: você tem inveja da prosperidade do vizinho.

para uma loja: bons negócios pela frente.

comprar qualquer tipo de: você receberá dinheiro inesperado.

sonhar com: pobreza.

vender equipamento de trabalho: você receberá um presente valioso.

EREMITA 07-16-18-36-43-49

em roupas esfarrapadas: seus esforços cautelosos e egocêntricos não produzirão lucros.

ser: muita desgraça causada por amigos desleais; prossiga com a sua pesquisa, sozinho.

sonhar com: se você tivesse sido mais arrojado, teria ganhado mais.

tornar-se: sua falta de fé fez com que você se afastasse.

ERRANTE 12-24-45-46-50-52

preparar-se para viagem sem rumo: tome precauções para não cair na própria armadilha.

ser dono de um navio errante: está carregando a responsabilidade das sujeiras que ninguém quer assumir.

ser um pedinte: um amigo ausente está pensando em você.

vagabundo: suas ações nefastas lhe causarão vergonha pública.

um pedinte: receberá carta de amigo que você considera um fracasso material e moral.

ERRO 05-11-18-25-32-36

cometer ao fazer contas: o que você desejava não será realizado.

cometer um: feliz ajuste de dificuldades com tolos intrometidos.

marido e mulher: respire fundo e tenha um pouco de perdão antes de agir.

outros cometendo um: assegure-se de suas informações antes de agir e pague por isso honestamente.

sendo exposto: uma afirmação imprudente sobre um erro não reconhecido.

ter cometido um: evite presumir que você possivelmente errou e admita isso.

ERVA DANINHA 18-24-33-35-36-38

arrancar: destrua completamente os supérfluos antes de seguir em frente.

destruir: destruição de maus hábitos causa constrangimento no trabalho.

fumar: está acumulando desejos reprimidos.

queimar-se com urtigas: ficará contrariado com pessoa atormentada.

caminhar entre: perdeu sua utilidade e não obteve nada.

queimar: todos os seus pensamentos negativos foram eliminados.

sonhar com: vai passar por dificuldades para cumprir uma tarefa que implica grandes honras.

ERVAS 01-03-13-41-52-53

bálsamo feito de: expansão da família.

com suas flores: recursos abundantes de tratamento terapêutico.

comer ervas frescas: use uma solução natural; cuidado: cada folha tem um valor medicinal divergente.
cortar: você terá uma vida longa de aventuras prazerosas.
crescendo vigorosamente: satisfação na vida diária com recursos abundantes.
manjericão: doçura, gentileza e grande afeição.
poção feita de ervas: sua determinação conquistará uma vitória decisiva.
amarga: sua presença, a mordaz, se faz sentir.
doce: sacrifícios e compreensão trarão a pessoa amada de volta.
provar gengibre: sua paixão está depositada no lugar errado.
recolher: cure-se naturalmente; promova o seu sossego.

ERVILHAS 02-12-20-34-51-52
abrir uma lata de: vizinho falador quer ser convidado para jantar.
bombardeio de (brincadeira): vai desmontar seus impulsos e pedir desculpas por eles.
comer: saúde combalida e cada vez mais riquezas.
crianças: terão sucesso em atividades cotidianas.
cozinhar: sua vigorosa saúde vai se deparar com enfermidade contagiosa.
crescendo no jardim: ganhos financeiros por meio de rápidas reviravoltas.
doce de: prazeres delicados e uma partida.
mal cozidas: exercite a paciência em seus interesses.
nas vinhas: empreendimentos felizes à medida que você vai subindo a escada do sucesso.
plantar: realização de ambições com força física e mental em baixa.
secas: grandes lucros adquiridos de forma escusa.
sonhar com: vai encontrar aquela pessoa rara que pode lhe ajudar a ter boa saúde e vida longa.

ESBANJAR 08-09-19-22-25-51
outras pessoas esbanjando: sofrerá quando tudo tiver acabado, mas não será necessário repor.
outras pessoas esbanjando seu dinheiro: futuro infeliz por permitir que outros controlem sua vida.
sonhar que está esbanjando: passará por tormentos, a não ser que se aquiete e use o bom-senso.
sua fortuna: terá um futuro melhor se tentar se esforçar a viver no presente.

ESBOFETEAR 15-16-22-30-35-45
crianças: será tratado com injustiça por amigos.
homem esbofeteando uma mulher: o casamento vai durar para sempre.
mulher esbofeteando um homem: infidelidade de pessoa amada.
ser esbofeteado: você vai se encontrar em má companhia.
por um bom amigo: felicidade na família.
umas as outras: você é persistentemente insensível.
amigos: gozará de bons resultados em empreitadas.

ESCADA 05-14-15-22-30-44
cair da: sua própria inveja o tornará vítima de conspiração.
de madeira: seus erros e gestos descuidados estão pondo sua carreira em risco.
de pedra: você terá de ser um verdadeiro herói para impedir que outros fiquem com o crédito pelo seu trabalho.

descer de: decepções nos negócios e queda de status social.
com outros: averigue seu sócio; ele não contribui para a empreitada.
íngreme: esforço exagerado durante muito tempo pode causar problemas de saúde.
lavar uma: seus filhos serão importantes e gozarão de status.
muito alta: ganhará o merecido reconhecimento no trabalho e será rejeitado pela pessoa amada.
pequena: não está exercendo sua influência na hora devida.
sentir tontura em: revés prematuro para empreitada ainda no começo.
sonhar com ampla escadaria: riqueza e distinção à medida que você assimila a consciência de outros.
subir as escadas de casa: progresso na superação de obstáculos a suas ambições.
com outras pessoas: compartilhará suas conquistas com amigos leais.

ESCADA DE MÃO 01-17-25-27-28-50
bem alta: sua falta de lógica levará você à fama, mas por pouco.
cair de uma: sua arrogância causará o seu fracasso.
outra pessoa: seu amigo mais estável desapontará você.
carregar uma com você: você resgatará alguns medos íntimos que o assombram.
descer de uma: você está indo na direção errada ao lidar com decepções nos negócios.
escada marinheiro: as preocupações irão se amenizar, mas as honrarias não trarão serenidade.
erguer até uma janela: no caminho da prosperidade você encontrará uma pessoa carinhosa.
escada de uma fortaleza: uma ação judicial vantajosa protegerá o seu caminho arriscado contra adversários poderosos.
pular de uma: você conquistará uma boa posição e será largado pela pessoa amada.
quebrando enquanto você está subindo: retroceda e mude de rumo.
subir em uma: sua humildade trará felicidade e prosperidade incomuns.
com guarda-corpo: seu objetivo unidimensional está fazendo com que perca oportunidades.
de corda: ganhos entrelaçados com tantas condições, que o lucro é zero.
de mão: sua prosperidade inesperada pode ajudar você nos próximos seis passos ou degraus.
do tipo usado em porão ou sótão: agarre a oportunidade mais próxima para se elevar das suas origens humildes.
outras: você gostaria de alcançar uma posição de autoridade sobre amigos leais.
ter vertigem quando se está em uma: um acontecimento importante e benéfico em breve.

ESCADA ROLANTE 10-12-13-15-36-43
caminhar na: apoio dos outros acelerará a realização dos seus objetivos.
usar a: você quer o prêmio sem participar do jogo.
descer na: você precisa andar para trás a fim de rearranjar as suas prioridades.

ESCALAR 26-30-41-42-45-46
com dificuldade: resolva um problema, em vez de vários, por vez.

escada de mão, subir em uma: cada degrau precisa ser estabilizado antes do passo seguinte.
até a janela do andar de cima: você irá se beneficiar de forma desonesta dos segredos dos amigos.
facilmente: seu projeto está chegando ao fim; cuidado com o último degrau da escada.
montanha: conclua suas obrigações para conquistar a distinção máxima.
íngreme: novos pontos de vista são inclinados; a renovação espiritual é vertical.
montanha alpina: sua posição social está em ascensão; cresça nos outros aspectos.
ser incapaz de: você estabeleceu metas totalmente irreais.
sonhar com: você irá superar os obstáculos; sua prosperidade nos negócios.

ESCAMAS 03-06-13-37-38-45
limpar, de peixe: investigue até descobrir o plano para lhe fazer cair em descrédito.

ESCÂNDALO 06-09-13-25-40-43
estar envolvido em um: espere ser ofendido em um encontro social.
amigos: você vai subestimar o valor dos amigos ao agir com indiferença em relação à dor deles.
fazendeiros: você pode acabar destruindo os vizinhos para ter boa colheita.
inimigos: será falsamente acusado e alvo de fofocas.
fazer um: uma atitude tola comprometerá seu futuro.
ficar sabendo de um: outras pessoas estão tentando aumentar o prestígio à custa de sua confiança.
sonhar com: solucionar um problema lhe trará honra e triunfo.

ESCAPAR 05-11-14-22-24-30
de acidente ou ferimentos: uma decisão aparentemente infeliz se mostrará correta.
de animal furioso: sua falta de escrúpulos fará com que perca dinheiro.
de dificuldades: saia do abismo; ninguém precisa enfrentar aquele problema.
de se afogar: o sucesso precisa viajar por uma série de momentos inquietantes.
de um incêndio: seu vômito explosivo de repressões cria mais inimigos.
do confinamento: uma ascensão rápida no mundo comercial.
não conseguir: a doença está batendo à sua porta; recupere-se rapidamente e fuja.
outros escapando do perigo: você está fazendo progresso com problemas psicológicos profundamente arraigados.
parentes: ganhos financeiros se mostrarão temporários com o tumulto do qual você se evadiu.

ESCASSEZ 02-10-27-31-33-45
passar: triunfo sobre os inimigos quando você lhes ensina a serem seus amigos.
prolongada: reduza o consumo de comida pela metade e depois pela metade novamente.
ter abundância após a: você está buscando um líder natural.
outros: ressurgimento de uma antiga amizade que pode acabar se mostrando lucrativa.

ESCOLA 10-25-39-43-47-48
auxílio mútuo entre colegas de: você perderá amigos leais, mas ganhará outros.
comparecer a uma reunião: um recurso para o avanço de sua carreira.

construir uma: o aprendizado não acaba quando se sai da escola.

corrigir a gramática dos outros: você fará uma empreitada inteligente que se mostrará rentável.

ensinar: você precisará de suas poderosas forças de persuasão.

crianças se tornando professores: você tem negócios promissores e tempo para correr atrás deles.

conseguir boas notas na: você precisa de novos desafios intelectuais.

indo para a escola sozinho: expanda sua vida intelectual antes de incluir os outros.

desconhecida: uma surpresa lhe fará reestruturar suas opiniões.

dormitório de: você está ruminando vários planos para o futuro.

esquecer projetos de aula: medo de falhar que bloqueia novas tentativas.

estar em uma competição de ortografia: você vai competir dentro de seu próprio nível.

escrever errado: cuidado com falsos amigos que transformam a língua secundária em principal.

estar em uma sala de aula: a alma frequenta aulas em planos interiores.

estar na: aumento de lições de vida lhe trarão sucesso.

fazer dever de casa: você encara isso como trabalho penoso ou oportunidade?

corrigir o de outra pessoa: você será confrontado com as habilidades de outra pessoa.

formatura: tendo completado esta fase, procure um novo trabalho e faça uma hipoteca mais ambiciosa.

comparecer a: subida de nível social.

gastar dinheiro com: pessoas impetuosas lhe ajudam a tomar uma decisão adulta.

incêndio: não gaste demais por causa de uma mudança de sorte que se mostrará temporária.

ir ao jardim de infância: casamento precoce e filhos saudáveis.

ir para a: os negócios irão bem.

de dança: sua ética o torna inadequado para determinada posição.

de ensino fundamental: você frequenta aulas básicas no plano espiritual.

de ensino médio: você vai se beneficiar ao ouvir sugestões dos mais jovens.

de natação: precavenha-se contra o risco de roubo.

voltar para a: reencontro com velho amigo que viajou para longe.

ler uma cartilha: o aprendizado pode ser uma aventura feliz.

levar crianças à: você dará bom exemplo se estudar sua imprevisibilidade.

não conseguir abrir o armário da: acesso a equipamentos necessários.

notas: um título de honra que deve ser conquistado.

pais se tornando alunos: sua experiência de vida é um aprendizado inestimável.

professor que tem muitos e bons: você terá o respeito dos outros por curto período.

ruins: você se apaixonará por um deles.

ser um diretor: você discutirá e sofrerá abusos.

sonhar com: aceite seu destino com resignação e siga em frente.

sonhar com: você passará por humilhação relacionada a infelicidades do passado.

sua escola durante o ensino médio: procure qualidades em um companheiro.

noturna: um presente vai chegar dentro do prazo previsto, apesar da rota tortuosa.

ter uma boa base para: você tomará boas decisões sobre as quais poderá se desenvolver.
traje franjado: você alcançará seus objetivos em companhia agradável.

ESCOLHA 08-10-16-18-28-48
de empregados: divergências familiares não têm lugar no escritório.
muito rápida: desgaste com você mesmo causará esgotamento físico e nervoso, o que deixará você ainda mais para trás.
sonhar com: você terá uma doença que pode resultar em uma operação.

ESCONDER(-SE) 02-17-22-39-42-45
de agressor: você terá explicações para dar por causa dos seus atos excêntricos.
pequenas figuras ameaçadoras: medo de lidar com problemas pequenos torna impossível lidar com os grandes.
de outros: você tende a inibir o progresso em um relacionamento.
esconder dinheiro: preocupação com os efeitos nocivos da influência de outros.
mudar-se de lugar para lugar: perseguição aos seus pensamentos e a suas ideias.
parentes: aqueles que têm preconceito contra você o estão prejudicando.
ser encontrado no seu esconderijo: seus segredos não estão bem protegidos.
e morto: você está acusando os outros dos seus próprios preconceitos.

ESCORA 02-07-16-33-40-47
pessoas escorando algo: você tem ambições exageradas e fora da realidade.
usar uma, dentro de casa: não deixe de ajudar aos necessitados.

ESCORPIÃO 01-11-23-30-35-42
comendo lagartos: seu idealismo será picado pela consciência.
em uma gaiola: você vai sofrer perdas por causa das fofocas de falsos amigos.
matando o parceiro após o sexo: saia deste relacionamento.
ninho de: derrote os inimigos devolvendo o sarcasmo na mesma moeda.
ser mordido por: elimine um problema, e o negócio prosperará.
sonhar com: os danos causados pelo cinismo de seus inimigos começam na sua autoconfiança exagerada.
vários: inimigos espalham amargura pelas suas costas, que podem estar bem guardadas.

ESCORREGAR 03-15-16-22-36-40
amigos escorregando: você receberá notícias de um casamento.
crianças escorregando: elas crescerão normalmente e com saúde.
de um escorregador: o prazer é fugaz e viciante.
outros escorregando: ajude seus amigos quando eles caírem.
morro abaixo: sua obrigação é para consigo mesmo, e não para com sua cobiça.
sonhar que está escorregando: passará por disputas ridículas e incompatíveis com sua natureza.

ESCREVER 04-22-24-32-37-46
artigo para uma revista: trabalhos bem-sucedidos de importância literária.
completar originais de livro: precisa expandir suas ambições para a próxima tentativa.
não completar: tente o plano B; o bloqueio criativo de um escritor tem uma dimensão expandida: o próximo projeto.
que são devolvidos: as críticas podem ser entendidas como indisposição do crítico.

dedicatória com data: tragédia em seu círculo imediato.
indecifrável: continue a buscar orientação, mas não a de gente invejosa.
em letras maiúsculas: fique alerta contra pessoas tentando lhe persuadir a fazer o que querem.
em papel: será falsamente acusado de algo.
endereços: lembre-se dos amigos e espione os inimigos.
lembrete de conta a pagar: não terá sucesso em recolher dinheiro.
mais alguma coisa: renegue o contrato; você não está agradando aqueles que depois lhe acusarão falsamente.
memórias: sua desonra é indicação de um erro sério e iminente que vai ameaçar sua paz.
opiniões: consulte os amigos antes que eles interfiram onde você não quer.
um diário: dividendos vindos de ações que você julgava sem valor.
um informe: será acusado de difamação pela própria consciência.
uma carta: alguém lhe roubou e você quer vingança.
de amor, para companheiro: felicidade e união.
de negócios: precisa enviar uma carta há muito adiada expressando sua insatisfação.
para crianças: precisa dar dinheiro, ou ficará deprimido.
parentes: por engano, provará seu erro.
uma pauta: uma gafe na programação lhe enfraquece socialmente.
você: um aperto de mãos não vai se manter no tribunal.

ESCRITOR 03-12-14-44-46-52
agente literário sonhando: conduza o seu negócio; deixe os escritores escreverem o roteiro da vida deles.
lidar com: os bons tempos estão chegando.
ser: você tem a oportunidade de expressar suas diferentes facetas e ser ouvido.
sonhar com: você terá vigor mental e uma vida social de prestígio.

ESCRITÓRIO 09-14-21-23-37-44
abrir um: será insultado se não tiver trabalho suficiente para ficar até mais tarde.
colegas de trabalho no: cada um deles representa um problema específico para você.
controlar um escritório governamental: sofrerá humilhação no âmbito do alcance e discrição de seu serviço.
marcar novo compromisso em um: infelicidade na vida conjugal.
perder seu: seus recursos incluem a si mesmo; seus bens estão em sua mente.
proprietário lhe expulsando de seu: estima profissional não paga o aluguel.
ter um: a honestidade lhe trará prosperidade e assim poderá largar o emprego no escritório.
de agência de cobranças: será um desastre financeiro, a não ser que você seja um dos cobradores.
emprego em escritório de jornal: notícias desfavoráveis, a não ser que você escreva seu próprio boato.
trabalhar em um: proteja seu ambiente saudável.

ESCRITURA 22-23-27-31-42-44
assinar: o advogado que você escolheu faz com que você pareça um perdedor.
outros, para você: perda de afeição.
boa ação, realizar uma: você receberá uma gentileza pessoal inesperada.
já ter assinado uma: perda de dinheiro devido a uma ação na justiça desfavorável a você.
receber o pagamento de: você terá boa saúde até a morte.

ESCRIVANINHA 02-17-18-26-29-47

aberta: mantenha a boca firmemente fechada pelo tempo que for necessário.

de advogado: promoção no trabalho.

de contador: trabalho excessivo em assuntos científicos.

em casa: evite discussões inúteis e decisões precipitadas.

fechada: você passará por sofrimento emocional.

trabalhar em: liberação inesperada de problemas familiares maçantes.

várias: amigos resolverão um mistério para você.

ESCRIVÃO 04-17-21-28-29-33

dar entrada em um hotel: seu projeto original será assumido e finalizado por outras pessoas.

com nome falso: tomará parte de empreitadas irregulares que vão lhe criar desconforto.

de um cartório: você está em uma encruzilhada da vida; é você quem dirige o tráfego.

ir a um: tome decisões e não olhe para trás.

com pessoa amada: anúncio de casamento.

ser um: receberá proposta de casamento e ficará casado por longo tempo.

de tribunal: ficará sabendo de muitas mortes, mas nenhuma delas relacionada a você.

em uma eleição: felicidade e satisfação.

ESCULTOR(A) 13-19-30-35-42-43

posar para um: espere muitos favores das pessoas.

modelo nua: concretizará altas ambições se cuidar da própria vida.

mulher casada: será abandonada pelo marido.

virgem: vai se casar com um homem rico apaixonado por sua imagem.

visitar um: você receberá honras devido a seu projeto principal, considerado novo e excitante.

viúva: momento adequado para correr atrás do que deseja, mas não espere nada permanente.

ser simpático com um escultor: você atrairá amor, mas menos dinheiro.

sonhar com: haverá a tentação de ludibriar as pessoas para se enquadrarem em suas especificações.

ESCURIDÃO 03-04-12-16-20-23

andar na: falta de compreensão da função intuitiva.

armário escuro: use o seu medo das intenções ocultas de outra pessoa para impedir que eles as realizem.

aumentando repentinamente: ouça a mensagem e examine cuidadosamente o lugar onde está.

cair e se machucar na: medos não resolvidos causados por um esgotamento de energia.

caverna escura: use seu medo para determinar como derrotar seu atacante.

encontrar luz e segui-la: a lucidez fica cada vez mais fora de alcance.

estar em uma passagem escura: suas opções de irradiar luz sobre a situação são limitadas.

estar na: as inseguranças sobre as dificuldades pela frente fazem com que os problemas não sejam resolvidos.

filhos na: você sofre de uma doença obscura causada pelo medo do desconhecido.

pessoas na: uma situação emocionalmente perigosa precisa ser resolvida.

laboratório de fotografia: um mistério que preocupa você há bastante tempo será resolvido.

luz pequena: socorro para sua aflição está a caminho; acenda sua luz interior.

noite escura: você tem medo de viver plenamente, quando as partes do seu eu estão escuras.
perdido em uma iluminação muito sombria: explore a escuridão apenas com seus próprios recursos.
tatear o caminho até a luz: a passagem da escuridão intelectual à claridade.

ESCUTA 07-17-18-19-27-31
em amigos: dinheiro está para chegar.
fazer sem que ninguém saiba: você deveria ser punido e fugir da cidade.
outros escutando às escondidas um segredo: o dinheiro está vindo para você.
sonhar que faz: dilema de uma controvérsia dolorosa da qual você não consegue achar a saída.

ESCUTAR 05-13-23-33-45-57
alguém escutando você: não deixe que as pessoas tirem vantagem do seu domínio quanto a assuntos intrincados.
conselho de outros: você não está ouvindo a pobreza do apelo deles.
pessoas importantes: tenha cautela com o conselho dado; diga não aos seus impulsos doentios.
filhos escutando: você está exigindo demais do seu tempo e das suas emoções.
outras pessoas: você está fadado à decepção na imagem do amor.
pessoa amada escutando: você está frente a frente com problemas diferentes dos emocionais.
por trás de portas fechadas: intromissão nos assuntos dos outros traz críticas a você.

ESFINGE 01-05-10-17-28-45
encontrar uma: não há palavras para formular uma pergunta que não possui resposta.
fazer perguntas a uma: você está tentando responder perguntas que não têm resposta.
montando guarda: o que lhe impede de fazer amizade com as pessoas?
ser uma: grande sabedoria que você não ousa transmitir, pois será mal utilizada.

ESGOTO 08-10-16-21-27-46
chapinhar no: descarte pequenas irritações para eliminar toxinas.
escoando da água limpa: não se esqueça de confirmar a evidência antes de difamar alguém.
ser perseguido no: suas emoções estão esgotadas; hora de se regenerar.
ser tomado pelo fedor de um: você se esqueceu de levar o lixo para fora.
sonhar com: todo lixo pode ser reutilizado por alguém.

ESMERALDA 10-11-14-15-26-36
a pessoa amada já ter: seu amor será substituído por um pretendente mais rico.
comprar: desequilíbrio emocional causado por uma pessoa distante.
sonhar com: você passará por dificuldades acerca de uma herança.
ter: seu poder de consciência traz grande prosperidade.
vender a sua própria: rompimento com uma pessoa amada que não estava à altura das suas expectativas.

ESPAÇO 05-15-18-24-48-52
estar em um: jornada espiritual rumo a tudo que é desconhecido.
olhar para o: sua bússola interna está lhe reorientando.
ver um: mensageiros divinos apelam aos deuses em busca de confirmação.

ESPADA 04-23-33-35-36-45
amolar uma: segurança ao resolver as ameaças mais sutis na área financeira.
bater em desconhecido com: sucesso nas empreitadas.

ferir outra pessoa com: espere fidelidade à sua autoridade.
mulher sonhando que fere alguém com: ganhará muitos presentes.
grávida: dará à luz um menino.
quebrada: profunda falta de estímulo, achando que os obstáculos não podem ser ultrapassados.
risco de vida causado por: grandes benefícios caso mantenha o pé no chão.
sangrar por ferimento causado por: perda de sentidos.
ser ferido por: há grande perigo em lei precipitada.
na mão: sua defesa será menosprezada e descartada.
por um conhecido: será atendido por pessoa honrada.
ser um espadachim: sua excelência será ameaçada pela indiferença.
usar uma: terá um cargo de confiança pública.

ESPANCAR (ou sovar) 19-25-42-43-46-53
bater com força em bronze ou chumbo: bons dias pela frente.
milho: você confia demais nas pessoas.
ser espancado: bons tempos pela frente.
por amigos: as coisas darão errado no amor.

ESPARTILHO 05-24-39-41-46-50
comprar: sua mente vigorosa assusta aqueles que desejam controlá-la.
da esposa: seus esforços são em vão; haverá briga de qualquer forma.
da pessoa amada: assuntos financeiros podem causar um atraso nos planos.
de outras pessoas: com a menor provocação, a pessoa amada romperá o relacionamento.
desamarrar o seu: libertação de um relacionamento problemático.
perder: você conhecerá uma pessoa pela qual nutrirá grande interesse.
seu próprio: uma outra pessoa está se deleitando com aquilo que você desejava.
ter dificuldade em desamarrar: briga com pessoa amiga sem o menor motivo.

ESPECTRO 01-04-15-32-41-48
namorados sonhando com um: a pessoa que você ama não consegue lhe amar.
homens e mulheres de negócios: evite emprestar dinheiro ou conceder crédito.
pessoas casadas: não viaje; o destino está contra você.
pessoas solteiras: evite brigar com os amigos; a decepção o aguarda.
vestido de negro: evite a tentação de impressionar demais as pessoas.
branco: uma nova aventura pouco conveniente controlará sua sorte.

ESPELHO 11-20-25-36-42-46-47
embaçado: as distorções que você projeta para o mundo estão ali para serem vistas por você.
nítido: reflete a profundidade interior de alguém, descoberta por sua livre expressão.
olhar-se no espelho: o que parece realidade não é a verdade.
amante: a pessoa querida não é realmente fiel; nem o seu próprio comportamento excêntrico.
executivo: membros desleais de sua equipe corroem sua confiança.
homem: avalie a si mesmo para notar um erro antes que ele aconteça.
menina jovem: é tímida para trocar de namorado.
mulher: é admirada por homens que você nem conhece.
mulher casada: é infiel ao marido, ou logo será.
outros: alguém o está tornando consciente de seu casamento infeliz.

pessoa amada: está enganando a si mesmo com seu caráter instável.
seu marido: será tratado injustamente devido à notícia indesejada relacionada às ações dele.
viúva: descubra os motivos ocultos que correspondem àqueles egoístas.
quebrar um: morte inesperada de um parente causa atritos no círculo familiar.
rachado: tente ver a si mesmo como os outros o veem, com falhas e todo o resto.
sonhar com: está com medo de que seu autoconhecimento inclua traição a si mesmo.

ESPERANÇA 17-18-32-41-44-45
pelo êxito dos filhos: brigas com parentes a respeito de horizontes se abrindo para você.
perder a esperança: você defenderá seus interesses a qualquer custo.
ter: você tem um caráter forte para apoiar suas ações.
boas para a família: o seu nervosismo impedirá que você aja.
parente: você é facilmente influenciado, sem uma personalidade forte para monitorá-lo.

ESPERAR 03-09-12-22-29-31
pela chegada de pessoa amada: o medo da demora pode bloquear a aceitação de um plano importante.
por quem está atrasado: o sincronismo de uma relação depende dos dois.
pessoas esperando: crescimento em seu cargo.
pronto para entrar em ação: em segredo, um amigo lhe estimula a progredir.
alguém: pessoa de intenções questionáveis por perto.

ESPIÃO 06-22-25-34-36-46
lidar com um: sua desconfiança está virando complexo de perseguição.
reconhecer um: proteja-se de más influências e de olhos curiosos.
ser um: aventuras estão em seu caminho, quer queira, quer não.
em missão: confira suas teorias conspiratórias na entrada.
sonhar com: sua oferta de serviço será recusada.

ESPINHOS 05-09-24-26-40-41
furar o dedo em: aviso de problemas na vida sexual.
crianças: está se martirizando por excesso de cuidado com os filhos.
sonhar com: contentamento ao aceitar sua dor emocional.

ESPIRAL 10-12-27-30-37-42
para baixo: você se sente fora de controle e culpa os outros.
para cima: seu ego inflado está aceitando a autoria sozinho.
subir uma escada em espiral: suas voltas lhe conduzem a algum ponto.
descer: fuja desta situação agora!

ESPÍRITOS 04-17-28-30-40-53
Espírito Santo: se não pensar antes de falar, deverá suportar fatalidades.
falar com o espírito de um parente: guarde alguns talentos para si mesmo.
participar de uma sessão espírita: vai se arrepender de recusar proposta da qual desconfiou.
ser um espiritualista: será criticado e amaldiçoado por ser sensível demais.
com bons: algo está se aproveitando de sua consciência.
com espíritos da família: cuidado com pessoas que zombam de você; seus comentários são sérios.

ESPONJAS 10-15-27-31-43-45
apertar uma esponja seca: é improvável que ganhe no jogo.
molhada: pessoa amada terá admirador importante nas forças armadas.

pescador de: em breve receberá um bom dinheiro por trabalho benfeito.
sonhar que está colhendo: problemas financeiros sérios se não pedir aumento.
usar uma esponja para lavar: ansiedade extrema para que algo se cumpra.
sua filha solteira: pressa em casar com homem rico.

ESPORTE 15-17-26-31-35-48
aplicar penalidades: responsabilize primeiro quem instigou a ação.
receber punição: foi você quem começou a briga; acalme seu opositor.
beber de um troféu de ouro: você já passou pela maior dificuldade de sua vida.
de prata: homenagens nunca lhe bastarão.
levantar sobre a cabeça um: regozije do fato de ter feito por merecer.
ciclismo: passará por contratempos ao visitar local distante.
crianças fazendo: aguarde nova oportunidade de trabalho.
outros fazendo: infortúnio em questões amorosas.
contar os pontos: seu julgamento será contestado por uma pessoa que está de olho no seu emprego.
críquete: você se sente preso por regras alheias, mas vai escapar delas.
bola de: sua impaciência precisa ser contida a tempo.
taco de: ciúmes mesquinhos criam rivalidades por motivos irrelevantes.
de crianças: comece com o básico e depois passe para exercícios adultos.
demonstrar senso esportivo: você estará em uma empresa elegante, influente e seletiva.
estar em uma arena esportiva: pense com cuidado antes de tomar nova posição.
ganhar em: *insight* sobre como não apenas conduzir o jogo, mas ganhar.
fazer bungee-jump de uma ponte: confira todos os seus equipamentos antes de agir.
ser empurrado: você tem pavor de agir errado.
ganhar uma medalha: está no caminho certo; siga em frente com bastante consciência de seu objetivo.
hóquei: sucesso caso preste bastante atenção nos caminhos disparatados para chegar a seu objetivo.
impedimento (no futebol): problema causado devido ao fato de você se meter em questões alheias.
jogar em um time: todos os aspectos internos do eu devem se juntar para o jogo da vida.
jogar futebol: sua flexibilidade parece indiferença.
marcar pontos: é essencial ter coordenação; o momento requer persistência e habilidade.
jogar tênis contra parede: você é seu pior oponente.
bolas de: é certo o nascimento de criança desejada.
lançar dardo: uma amizade rompida pode ser reatada por meio de uma postura ética nos negócios.
participar das Olimpíadas: você superestima a importância de seu trabalho.
visitar o Monte Olimpo: você acredita que um poder superior não lhe permite escolha.
perder nos esportes: está na hora de tomar uma decisão que vem protelando há muito tempo.
praticar jiu-jitsu: uma armação cuidadosamente planejada está prestes a se desfazer.
seu time vencendo em algum esporte: solidão em meio à multidão.

vencer apesar dos obstáculos: uma posição melhor lhe será oferecida.
vibrar em evento esportivo: evite gastar dinheiro demais com supérfluos.

ESPOSA 04-19-25-29-35-37
acalmar a de outro: briga familiar violenta.
batendo no marido: casamento duradouro.
belamente vestida: a quem você está tentando impressionar?
controlar sua: está fazendo mal a uma pessoa inocente.
desposar uma mulher: a realização de seus desejos e de seu confinamento.
discutir com a sua: uma briga vai durar vários dias.
dona de casa: vai se casar com profissional que viaja sempre.
fazendo carinho no marido: as suspeitas dela são exageradas, tanto quanto sua resistência em dar o braço a torcer.
homem com sua bela: bons momentos no amor caso você consiga se desvencilhar da mãe dela.
em uma banheira: infortúnio no amor até você criar um lar.
casado com outra: súbita separação ou morte do marido.
homem sonhando que bate na: grande felicidade no casamento.
implicando com a: sua frívola esposa, que gosta tanto de se divertir, está refletindo seus gestos.
sendo traído pela: ela tem motivos para suspeitar de infidelidade; ele não.
nadando na piscina: um rival vai lhe roubar o afeto dela.
negligenciar sua: os eventos vão contra você.
sendo atormentada: sucesso rápido nos negócios, para seu prejuízo.
ser chamado por sua: ficará atormentado de tanto sofrer por seu amor.
sonhar com sua: deve controlar suas paixões e seus ciúmes; seja paciente e carinhoso.
que está nua: ela está lhe traindo.
tirando a roupa: você deve tomar um rumo e se comprometer com uma mulher.
tomando sol na praia: evite ameaças presentes trajadas de egoísmo.

ESQUECER 24-32-37-40-41-49
antepassados: a fonte de você se sentir abandonado é a rejeição das suas raízes.
de enviar uma carta: você teme receber uma notícia da qual se esqueceu.
esquecimento: seus negócios não irão melhorar se você suprimir a concorrência.
pagar uma conta: você se recusa a pagar por uma infância feliz que não teve.
pessoa querida: seus sentimentos de abandono vêm da sua infância.
ser esquecido: senso de ressentimento muito bem escondido em relação a você.
um encontro: você está decepcionando alguém no assunto amor.

ESQUELETO 01-02-06-19-45-47
de alguém conhecido: busque a essência do problema.
de ancestrais: pare de se definir pelos termos deles.
de animais: terá medo devido à exposição do que você fez de errado.
de mulher: você pode se desvencilhar de sua depressão.
de um homem: herdará um imóvel relacionado a um segredo.
ser perseguido por um: dores nas juntas causadas por enfermidade.

sonhar com um: sofrerá náusea devido a um medo penetrante.
ter um: detalhe bem seu caráter para que os outros vejam seu valor.

ESQUERDA 15-31-33-37-49-55
caminhar no lado da rua: enfrente o seu dia com a cabeça erguida, e as noites com os faróis acesos.
canhoto praticando boxe: acredite na possibilidade remota de que a surpresa de outro trimestre poderá alavancar os negócios.
comer com a colher na mão: controle o hábito e sente-se à esquerda.
dirigir um carro com volante do lado: o futuro está claro para você; ache onde está o seu.
escrever com a mão: você surpreenderá os outros com sua atenção e suas intenções.
manifesta características de canhoto: desenvolva o seu desenho artístico, mecânico, tridimensional e cinético.
praticar esgrima com a mão: você recorrerá a um talento vigoroso e cuidadoso para reagir com precisão e graça.
ser canhoto: a abordagem racional e intelectual amenizada pelo intuitivo e criativo.
trabalhar com a mão: combine as atividades dos lados direito e esquerdo do cérebro em um empreendimento lucrativo.

ESQUIAR 02-12-38-44-49-53
esquiar em pista de: não vão esperar que você se decida.
com namorado(a): desafios da vida sendo encarados juntos.
morro abaixo: chegará ao fundo e terá de ser levado novamente para cima.
participar de uma disputa de: você deixou ideias demais precisando de solidificação.
por entre as árvores: esteja alerta para todas as reviravoltas dos acontecimentos e evite crises de raiva.
saltar com: sua impaciência se tornou desespero; confie em sua força psicológica.

ESQUILO 21-23-35-41-49-55
acariciar um: o inverno trará medos sem aviso.
comendo: tome fôlego antes das refeições.
dar nozes a um: você em breve retornará à fé de seu pai.
escondendo nozes: faça um fundo de pensão durante a boa fase.
esquilos correndo um atrás do outro nas árvores: você está brincando de ser financeiramente responsável.
homem sonhando com: fará amor com a empregada.
crianças: surpreenderá um ladrão.
garota: será desleal com o namorado.
mulher: será flagrada fazendo algo errado.
matar um: fará alguns amigos que carecem de tato tanto quanto você.
ser mordido por um: a ovelha negra da família se casará por dinheiro.

ESTÁBULO 07-39-40-42-43-45
abrigo para: a paciência favorecerá sua sensibilidade.
chiqueiro: caráter fraco que chafurda tanto na miséria dos outros quanto na sua própria.
ficar em um: se você tem de perguntar o preço, não pode pagar.
iluminado pelo luar: felicidade no amor fora do casamento.
Jesus menino em um: o Deus que você busca nasceu em seu coração.
sonhar com: chance de fazer fortuna.

ESTACA 02-12-19-38-44-49

enfiar uma no chão: quanto mais fundo você cava, mais altas são suas aspirações.

no coração: várias gerações agradecerão por seu ato abnegado.

para armar uma barraca: começo de uma grande aventura.

ser queimado preso a uma: a criatividade é algo não ortodoxo por natureza.

outros queimando: você vai controlar um valentão.

ESTANDARTE 12-14-35-43-46-48

em um navio: você fará uma viagem no mar.

em uma casa: inimigos fracassam em fazer você desertar para o lado deles.

levantar em uma batalha: justifique seu ato, que foi ridicularizado.

receber: sua posição pessoal não é boa; o presente prometido não será dado.

tomar em uma batalha: dilemas dolorosos forçam você a tomar uma rota alternativa.

a de seus inimigos: o desafio foi lançado.

vermelho: ajuda recebida de amigos no exterior.

ESTÁTUA 14-18-30-32-36-47

adorar uma: sua relação se tornou inflexível.

de barro: o mínimo risco pode lhe tornar alvo de contra-ataques.

de bronze: tende a perder força de vontade devido aos mínimos desvios.

de mármore: um amor platônico lhe tortura o autocontrole.

ser uma: a perfeição pode enterrar a pessoa real.

de um homem nu: você está fora da realidade.

mulher: sua mensagem alcançou o mais intenso desejo.

de um santo: riqueza para alguém que você achou que lhe tinha pouco respeito.

ter uma: você se protege detrás de uma fachada rígida.

várias estátuas em museu: seu amor não é desejado, a não ser em seu trabalho.

ESTEIRA 21-34-35-36-40-47

de ioga: para ter novas aventuras, mantenha as ações que são sustentadas por algo anterior.

de palha: advertência para pobreza se você continuar gastando.

junto à porta: indica problema vindo de visitantes indesejados.

para exercícios: responsabilidade crescente sobre a qual você não tem controle algum.

tatame: estão confiando demais em suas habilidades.

trançada: seu planejamento cuidadoso trará prosperidade.

verde: aumento das circunstâncias que conspiram para lhe fazer mal.

ESTICAR 24-30-36-37-38-42

esticar algo após lavar: alguém está tentando lhe destruir.

não conseguir esticar algo: adiamento de sucesso.

outras pessoas esticando cordas ou cabos: outra pessoa recebeu o que você deseja.

sonhar com: fará o solo de um instrumento.

ESTILETE 07-12-17-29-31-48

enfiar um em alguém: você vai forçar seus hábitos a outra pessoa.

pontiagudo: não crie inimizade com quem não conhece bem.

ser ferido por um: muitas distrações acabam prejudicando sua atenção ao trabalho cotidiano.

ESTILINGUE 06-11-25-28-34-35

usar um: esteja preparado para se defender de um ataque.

contra um professor: encare os fatos: você não sabe de tudo.
outros: outra trapaça vai lhe destruir.

ESTÔMAGO 01-16-26-29-37-48
digestão: sua vida tem coisas demais a considerar.
dor de: será preciso uma mudança de dieta para resolver o problema.
indigestão: sua tentação é evitar a solução que está bloqueando.
sentir-se cheio e satisfeito: riquezas proporcionais à quantidade de comida ingerida.
demais: teve de absorver um evento desagradável.
ter problemas no: termine o primeiro projeto antes de começar o outro.

ESTOQUE 06-11-25-28-34-35
comprar estoques: sua obsessão por negócios fáceis lhe faz perder uma oportunidade de ouro.
vender produtos do: ficará sabendo da morte violenta de um inimigo.
distribuir produtos de um: pequenas discussões trarão nova dimensão a seu romance.
receber: será enganado por amigos que questionarão seu julgamento.
homem trabalhando no: alcançará seu objetivo de maneira lenta e segura.
lidar com: não será bem aceito na sociedade; recuse as condições que lhe oferecerem.
ser auxiliar de: uma transação simples com potencial de risco.
transferir o: irá se envolver em brigas públicas que tendem a acabar em processo judicial.

ESTRABISMO 07-09-15-21-40-48
homem sonhando que tem: chegou a hora de examinar sua vida detalhadamente.
mulher: no fim do ano estará casada.
sonhar com: você tem a afeição de quem ama.

ESTRADA 03-11-14-17-25-33
avenidas que se estendem na distância: o projeto se estenderá por décadas.
passear por uma: concentre-se no caminho escolhido.
cheia de carros: tem de encarar escolhas complexas que podem terminar todas no mesmo ponto.
descer uma, morro abaixo, com outras pessoas: pare o elevador e saia antes que ele chegue ao térreo.
morro acima: suas nobres aspirações podem ser alcançadas.
pessoa amada: novo relacionamento trazendo novos problemas e desilusão com a confiança depositada.
dirigir em uma tosca de cascalho: cuidado para não derrapar na crista da onda.
outras pessoas trabalhando em uma: novos empreendimentos trarão tristeza, perda de tempo e um pouco mais.
em bairro tosco: a vida que você escolheu está saindo do rumo desejado.
estreita e sinuosa: os obstáculos podem ser superados com comprometimento.
instável: vá de cabeça erguida ao estranho encontro.
ler uma placa em uma: mudar de direção trará aborrecimentos.
molhada e escorregadia: sua falta de equilíbrio interno lhe expõe à intempérie.
pavimentada com macadame: intenções honestas serão recompensadas.
pegar um desvio: simplifique, simplifique, simplifique, até ajeitar o rumo das coisas.
fazer um: sua inflexibilidade lhe impede de alcançar seu objetivo.
perder-se em uma: decisão errada ao não confrontar algo diretamente, o que acarretará perdas.

pista no interior: a tarefa pesada será um prêmio em si.
bloqueada: dilemas pessoais que vêm de grandes dificuldades financeiras.
encontrar alguém em uma estrada arborizada: sorte no amor se mantiver a discrição.
estreita: deve acomodar as pessoas com concessões e compromissos.
que volta para você mesmo: dê meia-volta e pegue outra rota.
reta: felicidade duradoura, mas limitada; não saia do caminho.
ampla: os relacionamentos estão progredindo lentamente.
que volta para você mesmo: mude a rota.
rodovia: a estrada está vazia e pronta para a corrida.
sem iluminação: suas perguntas equivocadas tornaram seus objetivos inalcançáveis.
sonhar com: terá boa saúde se decidir você mesmo o tratamento.
cheia de obstáculos: mudar de planos seria sinal de sabedoria.
ruim: novos empreendimentos trarão tristeza e prejuízo.
torta: seu projeto é vago e abrangente; não será possível conseguir nada.
viajar em uma: a segurança é um longo caminho a percorrer.
descendo um morro íngreme: faça a volta; a grama original era mais verde.
subindo: seus objetivos podem ser alcançados por meio de muitas viagens.
pela beira de um penhasco: é preciso repensar as finanças.

ESTRADA DE FERRO 04-24-32-41-45-50
caminhar no sentido errado da: você se colocou em uma encruzilhada.
colidindo: seus planos, como esquematizados, serão catastróficos.
cruzar: está em conflito com sua própria vida: quer escapar do desafio do sucesso.
esperar na estação: precisa de estímulo de mentor influente.
passar a noite em uma: um encontro de tempos atrás deixa um resíduo de culpa.
por um trem atrasado: dê-se tempo e use de atenção para assimilar os detalhes de um novo relacionamento.
estar em vagão ferroviário sozinho: samaritanos esquisitos lhe ajudarão.
com crianças: precisa trabalhar arduamente para criá-los em situação instável.
amigos: uma vida social saudável e ativa não elimina a possibilidade de delitos.
parentes: boas transações de negócios a partir de habilidosa manipulação de interesses.
estar sozinho em uma estação de: está se preparando para rápida ascensão nos negócios.
com amigos: momentos difíceis em relação a novo projeto até você estabelecer uma dinâmica.
parentes: recursos abundantes caso você abandone a situação atual.
ignorar sinais: siga com cautela em relação à nova proposta de trabalho.
inimigos que estão em um vagão: uma catástrofe pela frente, mas com reviravoltas favoráveis.
outras pessoas: seja cauteloso nos negócios, alguém tende a lhe decepcionar.
pular os trilhos: você é ambivalente em relação à proposta de mudar de direção.
ser forçado a caminhar sobre uma: a longa cadeia de tarefas que você está deixando para trás.

subterrânea: um obstáculo ao qual você deve prestar atenção.
trocando de câmbio: o bem, como esquematizado, não é o que você quer.
trocar de locomotiva: reavalie a liderança e considere fazer oposição.

ESTRANGEIRO 03-05-28-34-47-48
apaixonar-se por: medo do que é estranho em seu mundo.
casar-se com: você terá sorte nos assuntos do amor.
conhecer: algo que você não deseja enfrentar, entender ou reconhecer.
estar na companhia de: consciência do seu próprio preconceito racial.
não gostar de: empreendimentos não darão certo sem que você enfrente os medos que tem evitado.
ser: ser diferente é sua escolha.
indesejável: dificuldade em aceitar a vergonha e arrependimento de suas ações passadas.
perseguido por: você será elogiado pelo seu trabalho criativo.
ser apresentado a: uma parte mal interpretada da sua natureza deseja se expressar.
trocar de cidadania: seus limites foram invadidos.

ESTRANGULAR 26-31-32-37-43-45
ser estrangulado: precisa se livrar de um acordo de negócios duvidoso.
outros: o rápido sucesso de suas esperanças pode ser prejudicado com uma visita errada.
sonhar com estrangulamento: está reprimindo expressão que pode trazer satisfação à vida.
que estrangula alguém: seu desejo se realizará.

ESTRANHO 02-03-06-13-26-31
bater em crianças de: você tem tendências cruéis causadas pelos abusos em sua infância.
receber um: chegada de amigo traz de volta um velho opositor que lhe traiu.
ser abordado por: ponha a adversidade de lado e invista em futuro relacionamento.
ser perseguido por um estranho sinistro: uma parte de si que você sempre ignorou.
com uma arma: uma raiva que você nunca resolveu agora cobra seu preço.
ser um: você possui o material para transformar a si mesmo em alguém respeitável.
sonhar com: será lembrado por erro do passado pelo qual você nunca se responsabilizou.

ESTRELAS 05-07-15-30-38-45
atrás de nuvens: você pode perder a direção em um instante.
brilhando dentro de um quarto: perigo de morte para o chefe da família.
caindo do céu: desastre para aqueles que fecham os olhos à busca por sabedoria.
com cauda: vai abandonar a casa devido a incêndio.
em sua casa: você ganhará poder rapidamente.
em planetário: a expansão de seu negócio é acelerada.
com amigos: você não consegue rejeitar amigos indignos de confiança e começar vida nova.
estar em um: seu destino é uma vida solitária.
estrela cadente: você só precisa concentrar a atenção para atingir seus objetivos.
Estrela de Belém: pureza, condução em direção ao amor.
excepcionalmente brilhantes: perdas nos negócios se devem à cegueira dos outros, não sua.

mortiças: tudo dará errado; portanto, não deposite confiança nos outros.
ser guiado pela Estrela Polar: o aviso está sendo transmitido de maneira furtiva; aceite-o.
ter o caminho iluminado por uma estrela: escute um amigo para mapear a rota de sua ambição.
várias estrelas juntas: perigo de guerra e aparição de um salvador.
ver estrelas brilhantes: prosperidade e gratificação de cada desejo em sua agradável jornada.

ESTRUME 04-05-22-26-33-44
comprar: uma ideia em particular precisa ser fertilizada.
fertilizar solo com: a semente de uma ideia vai crescer em importância.
lidar com: solução apenas por meio de uma rota difícil; prossiga.
pisar em um monte de: seu odor vai repelir pessoas indesejadas.
remover com uma pá, um monte de: fofoca maliciosa e acusações caluniosas.
vender: afaste-se das más companhias.

ESTUDAR 09-10-27-28-41-44
companheiro(a) de estudo: suas esperanças de salvar o casamento se renovaram depois que ambos entraram em acordo.
crianças estudando: todos os desejos serão realizados caso você se abra para o lado divertido do aprendizado.
que não estudam: você vai abusar da confiança dos outros com falsos elogios.
matemática: vai descuidar de uma solução indefensável.
professor estudando: sua concentração obsessiva no próprio projeto lhe faz descuidar de outros planos.

ESTUPRO 08-20-40-44-47-51
estuprar alguém menor de idade: alguém está lhe processando injustamente.
sofrer: dispense os sentimentos de autodegradação para fazer jus à afronta vinda de fora.
amigos: você tem inveja do sucesso que eles fazem em sociedade e quer degradá-los.
maior de idade: críticas inconscientes devem ser guardadas para si mesmo.
ser violentado por uma mulher: grande sentimento de desonra e constrangimento.

ETIQUETA 18-20-31-34-35-40
não observar com estranhos as regras de: seu complexo de inferioridade piora suas chances.
observar as regras de: você receberá um mau acolhimento daquele a quem queria impressionar.

EUROPA 10-20-24-25-26-34
fazer uma viagem a um país europeu: você irá encontrar-se com conhecidos importantes e adquirir seus maneirismos.
com outras pessoas: um rival roubará o seu amado.
ser cidadão de país europeu: você ficará com uma fama desagradável.
deportado de: uma mudança no ambiente social.
para: perigo causado por um segredo.
ver país europeu em um mapa: promoção por meio da sua habilidade de enxergar além do seu emprego.
visitar vários países europeus: um aumento de negócios por meio de múltiplos contatos.
ter negócios com países europeus: fracasso dos inimigos.
voltar de país europeu: brigas acerca da sua inabilidade de enxergar qualidades além das suas próprias.

EVA 05-09-14-20-30-43

falar com: você é consciente espiritualmente, mas é excessivamente consciente de si mesmo.

homem sonhando com: um grande jantar de família; mantenha a opulência por perto.

moça sonhando em ser: pureza e simplicidade são alimento para a tentação.

rapaz falando com: encontre um novo emprego onde você saiba de quem é o dinheiro que começou a empresa.

ser: um novo começo no paraíso, onde você gostaria de permanecer.

ser e estar nua: você deseja superar seus amigos em esperteza provando que suas dúvidas são genuínas.

EVACUAR 05-10-14-27-38-40

evacuar o lugar de trabalho: você fará dinheiro no futuro.

outros evacuando a sua propriedade: você perderá dinheiro no jogo.

outros retirando sua mobília em pagamento de dívidas: morte de parente distante.

retirar os móveis e utensílios domésticos: tristeza pela frente.

uma casa: você receberá más notícias.

EVANESCER 16-20-30-31-32-38

amigos evanescentes: as dificuldades que algumas pessoas têm com você se originam de sua má vontade em compartilhar.

companheiro evanescendo: causará infelicidade com suas atitudes extremamente impulsivas.

membros da família evanescendo: fará bons negócios, apesar de pequenos problemas reterem os lucros.

posses: vida dura pela frente.

sonhar com algo evanescendo: rumores lhe irritarão e seu maior objetivo será acabar com eles.

EVAPORAR 21-22-26-39-42-43

coisas emanando vapor: você ficará pobre.

éter ou álcool evaporando: você terá uma vida longa.

odores desagradáveis se espalhando: decepção no amor.

perfume se espalhando: você está gostando de alguém com quem está se encontrando e de quem está recebendo um beijo.

vapor: você precisa confiar no seu bom-senso.

EXAME (ou teste) 01-03-08-15-22-26

fazer um teste: conjeturas intuitivas representam conhecimento bem guardando em seu cérebro.

teste oral: você é reservado, diplomático e pé no chão.

médico lhe examinando: analise todo o seu corpo e incuta saúde nele.

testar a fidelidade de companheiro: ciência de todas as forças que estabilizam seu amante.

outros testando sua fidelidade: você vai sofrer por insegurança onde menos espera.

testar maquinário: suas falsas esperanças sobre o amor de alguém vão se solidificar na realidade.

testar sua capacidade: descoberta de algo de valor que havia perdido: seu talento.

EXCEDENTE 03-06-26-28-39-48

comprar um: invista para evitar futuras privações.

de um fazendeiro: felicidade no futuro.

vender: habilidosa manipulação das coisas.

loja vendendo o: você vai aprimorar seu sentimento de posse ao economizar.

ter excedente de mercadoria: vai enganar os outros e provocar perdas futuras.

em casa: deve cultivar independência ao planejar e executar tarefas.

EXCITADO 04-19-25-30-43-48

de alegria: postergação do sucesso.

outros incitando você à raiva: você passará fome.

ser desagradavelmente provocado: realização com êxito dos planos.

ser incitado por outros: pobreza.

EXECUÇÃO 07-15-24-30-31-49

adiamento da: surgimento de novas provas no momento certo, o que irá ligar seus inimigos ao crime.

carrasco: catástrofe e desgraça para o inimigo interior.

preparando-se para matar alguém: desejo de eliminar alguém da sua vida.

com injeção letal: investigue todas as rotas de responsabilidade antes de investir.

da pessoa amada: você sofrerá por causa da sua própria insensatez, causando infortúnio a outros.

de pessoa culpada: triunfo sobre os inimigos em lugares incomuns.

de amigo: sucesso duvidoso dos empreendimentos; aquele amigo está perdido para você.

de inocente: a pessoa amada irá abandoná-lo por causa de sua saúde ruim.

do namorado: sua lealdade e fidelidade serão recompensadas.

estar presente à: você levará a melhor sobre seu adversário.

ser executado: outros depreciam você; mude esse elemento em sua vida.

ser um carrasco: morte de uma criancinha na família.

e não cumprir suas obrigações: você gostaria de se livrar de seus impulsos destrutivos.

sua própria: você precisa controlar suas paixões ou terá uma longa doença.

EXEMPLO 05-16-22-35-36-37

pessoas sendo bons: você terá sucesso nos negócios.

maus: você escreverá uma sentença de morte.

ser para os filhos: você obterá um cargo elevado.

sonhar com: você será um modelo na vida.

EXERCÍCIO 00-11-22-33-44-55

aeróbicos: existem benefícios no aumento da frequência cardíaca; faça exercícios.

correr na esteira: você está dando voltas, mas é de tédio, não de maturação.

exercitar-se com membros da família: prosperidade e alegria.

gostar de ginástica vigorosa: no final, você estará à altura das circunstâncias.

levantar pesos com facilidade: você está confrontando a tarefa com coragem.

com dificuldade: o peso do trabalho é hercúleo.

marido e mulher se exercitando: perseguição e traição.

outros se exercitando: recapitule sua condição e equilibre sua personalidade.

sentir-se cansado de tanto: cuidado com perdas monetárias.

sonhar com: você está se movendo em grande velocidade; deixe o seu intelecto de lado por um momento, faça um intervalo e brinque.

EXÉRCITO 03-04-23-35-44-46

coronel perdendo sua patente: intrigas sabotarão seus planos.

de seu país: esperança renovada depois de decisão dolorosa, mas necessária.

guarnição de tropas: expresse suas emoções em uma carta para casa.

pega desprevenida: o futuro começa agora; prepare-se.

lutando em um: traição e perseguição em sua família.

oficial do: cuidado com seu comportamento, outros podem se aborrecer.
rações do: seus erros de julgamento são pequenos, mas você exagera a importância deles.
ser convocado: trabalho mecânico, autodisciplina física.
ser soldado raso: uma experiência perturbadora, vergonhosa, mas, no final, divertida.
sonhar com: sonho causado por um acontecimento misterioso.
vários e de diferentes países: prosperidade e alegria.

EXÍLIO 12-15-17-18-31-42
estar em: descontentamento a respeito da política de negócios traz um antagonismo bastante hostil.
ser forçado a aceitar o: as acusações serão injustas, mas suas ações serão indefensáveis.
ser exilado: o fato de que você foi mal interpretado resultou em perdas sérias.
de seu lar: condições financeiras ruins.
outros: você precisa sacrificar o prazer para fazer uma viagem onde ganhará muito dinheiro.
por causa da culpa: você terá uma doença de pele durante muitos anos.
voltar do: amigos indignos trairão a sua confiança e terão os seus direitos usurpados.

EXPLORADOR 13-17-27-40-42-47
discutir um descobrimento com: uma mercadoria estranha irá se transformar em um grande lucro.
explorar: sucesso em águas não navegadas; medo no futuro.
participar de uma expedição: aventura no desconhecido; casamento.
ser: em breve você conhecerá muitas pessoas dignas de confiança.
sonhar com: amigos não compreendem seu senso de aventura.

EXPLOSÃO 13-15-17-20-44-48
acionar o detonador: você ativará uma depressão duradoura.
cercado pelas chamas após uma: seus direitos não são respeitados pelos seus amigos.
explodir um barril de pólvora: uma mudança radical e desconcertante deixa você perplexo.
ficar ferido em uma: uma aflição que vinha sendo tolerada passou dos limites.
implodir um prédio velho: não acabe com sua vida; reestruture suas finanças.
morto após uma: você escapará de perigo ileso e livre de obstáculos.
ofegante depois de um esforço demasiado: mude para ioga.
outros estarem em: não se expresse em termos duvidosos.
rosto coberto de cicatrizes por uma: durante algum tempo você será injustamente acusado.
sentar imóvel como uma estátua depois de um sonho: suas terminações nervosas estão em farrapos; libere emoção diariamente.
ser culpado de causar: os amigos perderão a confiança no seu temperamento explosivo.
sonhar com: os amigos desaprovarão suas ações irrequietas.
testemunhar: um acontecimento alarmante e inesperado ameaça você.

EXPOSIÇÃO 06-20-26-29-42-45
sonhar com: elogio bem-merecido pelas suas conquistas.
visitar uma: aumente seus poderes de concentração em perdas financeiras.
com a família: advertência de problemas.
com outros: sorte inesperada pela frente.

EXPRESSO 08-15-22-25-40-47
enviar carta: perigo causado por um segredo.
receber: amigos enganarão você.
viajar em ônibus: um inimigo está buscando sua ruína.
viajar em trem: cuidado para não ofender superiores.

EXTINGUIR 02-06-11-14-31-34
apagar um incêndio: acabe com o relacionamento antes que ele devore você.
na sua casa: você triunfará sobre as dificuldades.
apagar uma chama: você não terá dinheiro suficiente.
apagar uma luz: brigas sérias sobre o amor.
extinguir ação judicial: uma mulher perseguirá você.

EXTRAVAGANTE 10-23-26-36-37-42
ser: vergonha e arrependimento causado pelo escândalo do qual você é o centro.
esposa: você realizará suas grandes ambições.
marido: tenha cuidado nos negócios.
outros: lucros.

F

FÁBRICA 02-06-14-22-25-40
com chaminé fumegante: novos planos perturbarão sua paz.
comprar uma: você será abençoado.
estar em: uma vida carente de individualidade.
operários entrando em uma: atividades benéficas de diligência e produtividade.
pertencente a outros: você não está usando suas oportunidades para benefícios produtivos.
possuir uma: seus investimentos produzem pouco lucro sem sua perícia e energia.
prédio de: respeito da comunidade por ganhos financeiros conseguidos.
de cerâmica: um amigo visitará você.
de louça: você terá uma vida longa.
de papel: os negócios prosperarão.
de roupa de cama e mesa: tenha cautela nos empreendimentos.
de roupas: trabalho agradável e bons resultados em se fazer dinheiro.
de seda: os negócios irão de mal a pior.
de veludo: você receberá um convidado indesejável.
de vidro: não seja tão ambicioso quanto ao projeto arriscado.
fechado e abandonado de repente: essa fase da sua vida está vazia; siga em frente.
trabalhar em: uma situação tensa e agitada é parte de um bom emprego; corrigi-la é o seu trabalho.
vender: perda devido ao gerenciamento negligente e de mentalidade estreita.

FÁBULA 15-27-30-33-34-38
contar: uma homenagem romântica com tendência literária.
para os filhos: grande alegria.
escutar os outros contarem uma: hora de mudar e comportar-se.
ler: uma leitura mordaz enumerando todos os seus defeitos.

FACA 04-09-24-28-39-41
achar uma: fracasso nos negócios causado pela venda da sua alma.
afiada: ansiedade de separação dilacera seu coração e traz uma união infeliz.
canivete grande: seu ataque antecipado será acusado de hipócrita.

cega: você irá se esforçar demais a fim de ganhar o suficiente para colocar comida na mesa.
cortar-se com uma: você gostaria que seus medos mais profundos desvanecessem.
de açougueiro: agressão usada de forma positiva é a base da sobrevivência primitiva.
de cozinha: brigas com amigos a respeito de crianças desobedientes.
de mesa: um convite cordial, bem-intencionado e feito.
duas facas em posição de cruz: alguém será morto por causa dos seus atos desprezíveis.
enferrujada: descontentamento e aborrecimentos em casa causados por uma traição.
faca: você irá receber um convite para um grande jantar onde alguém tentará enganá-lo.
não acertando o alvo: você está realizando tortuosamente uma tarefa direta e simples.
procurar uma grande: mantenha-se à parte do desastre.
quebrada: seu temor precisa ser desbastado até a sua origem.
ser esfaqueado: prudência seria o caminho aconselhável.
ser esfaqueado nas costas: você é uma vítima de violência verbal.
ser ferido no pescoço por uma: os amigos insultarão você.
sua faca esfaqueando outra pessoa: você não tem muita noção do certo e do errado.
ter muitas: brigas com aqueles que estão criticando você severamente.
ter um canivete: discórdia leva à separação dos amantes.

FACULDADE 10-19-27-33-48-53
criança indo para: ela receberá as honrarias merecidas.
estar na faculdade: a posição que você merece.
homem sonhando em estar dentro de: você aprenderá algo que lhe faz falta.
mulher sonhando em estar dentro de: você terá a oportunidade de mostrar seus talentos.
república: por meio do empenho mental, os objetivos são alcançáveis.

FADA 12-13-19-20-36-48
elfo: você tem complexo de inferioridade.
escutar uma: orientação está disponível se você prestar atenção, mas você tem que consertar o problema.
filhos sonhando com: volte ao seu espírito natural e às forças da natureza.
gnomo: seu caso está em risco de ser descoberto.
país das: mantenha seu talento artístico para o seu benefício.
sonhar com: desejos alimentados há tempos se realizarão se você não incluir rivais para apoiá-lo.

FAISÃO 01-07-12-13-17-44
comer: continue a manter a boa digestão.
cozinhar: lentamente vai se dar conta de sua felicidade.
matar um: tentação abundante que lhe provoca e assombra.
segurar um, no dedo: lucro e alegria por causa de nova fonte de renda.
sonhar com um: prosperidade além das próprias esperanças.
ter um sentado no ombro: terá ótima saúde e aprenderá a rir.

FALAR 19-29-30-35-52-53
alto demais: seu maior obstáculo vem de suas próprias fofocas maldosas.

muito: será exposto a planos maliciosos que provocam a queda de alguém.
com mãe e pai: receberá o que pediu.
com seu superior: vai se tornar vítima e sofrer humilhação.
com sócio nos negócios: dúvidas prematuras abalarão a representação de seu plano.
com alguém que não responde: uma empreitada supostamente auspiciosa não dará em nada.
com inimigo: o constrangimento das discussões familiares do inimigo.
com um cachorro: perdas financeiras consideráveis e gastos futuros.
com um papagaio: você será uma vergonha para seus inimigos.
homem falando: será acusado de ajudar a separar amantes, e por causa de suas próprias crenças românticas.
mal de alguém: seu gênio difícil vem direto de seu inconsciente.
ouvir muito falatório ao seu redor: devolva a fofoca maliciosa a quem a instigou.
parentes falando com você: cuidado com problemas causados por sua impulsividade.
sonhar com o ato de: está sendo confrontado por obstáculos intransponíveis.

FALCÃO 02-03-19-24-34-49
sonhar com: sua prosperidade aumentará, mas os rivais serão muitos, e muitos também serão os falsos boatos.
sustentar sobre seu pulso: ladrões desonrarão você; permaneça firme.
pessoas sustentando sobre o pulso deles: você está cercado pelos inimigos que são invejosos e maliciosos em suas intenções.
voando: ascensão por meio de todos os níveis da consciência.

FALCÃO 02-04-08-11-16-53
atirar em: nenhum obstáculo será intransponível se você evitar suspeitas.
caçando um animal pequeno: lute com pessoas com o mesmo nível de inteligência que você.
matando um pardal: aviso sobre um período de depressão; não sucumba a ela.
vários: os inimigos estão conspirando contra você; suba mais.
morto: você questionará seus inimigos e acabará com as objeções deles a suas ações.
sobre poleiro ou lugar de repouso: conceda a liberdade, mas vigie de longe.
sonhar com: sua prosperidade aumentará graças a sua habilidade de ver a situação por inteiro.
vários juntos: seu protegido lhe dará um tiro na perna.
voando: o que foi perdido por causa da intriga pode ser recuperado por meio de cuidado diligente.
sobre você: pare de hesitar; distinga e processe a situação de uma grande altura.

FALÊNCIA 01-08-11-17-22-30
estar: a prosperidade do negócio requer cuidado extremo.
outros: seu negócio precisa da atenção imediata de outros.
ir à: você receberá a estima dos amigos e o sarcasmo dos inimigos.
ter que declarar: evite especular sobre o que podia ter sido.

FAMA 12-18-2032-38-42
filhos alcançando a: ascensão da obscuridade até as aspirações mais elevadas.
alguém mais: você se erguerá da obscuridade por meio do seu próprio trabalho.
marido: ele está apaixonado por uma outra mulher, em seu íntimo.

outros: outros usam as suas habilidades para conquistar fama para si.
ser famoso: perdas porque você foi atrás de uma ambição equivocada.
ter: você tratará com as autoridades por roubar os frutos da árvore de outra pessoa.

FAMÍLIA 16-20-27-31-40-41
a própria: seja cauteloso, não infeliz ou pessimista, em seus empreendimentos.
anunciar assuntos de: provável divórcio ou despedida.
pôr em ordem: grandes sacrifícios encherão cada alma com encorajamento atencioso.
despertando do sono: a intromissão nos assuntos dos outros causa problemas.
discutir com: sua diplomacia cheia de tato levará a um plano construtivo.
dos outros: o fracasso em manifestar o seu apreço pelos outros faz com que eles critiquem você.
envergonhada ou decepcionada: brigas com a sogra acerca da criação dos filhos.
feliz: realização de um sonho em relação a uma mudança não planejada e indesejada no seu ambiente.
membro idoso da: dinheiro pela frente, vindo daqueles aos quais você foi leal.
pobre: perturbação nos interesses nacionais faz com que o seu negócio não seja remunerativo.
alimentar: você tem autoconfiança o bastante para ampliar suas responsabilidades cívicas.
se recusa a aceitar: preocupações financeiras fazem com que as responsabilidades fiquem esmagadoras.
tendo convulsões: fracasso desanimador em assuntos financeiros que, fora disso, são favoráveis.
ter uma grande: tempos prósperos pela frente.
não ter: membros do sexo oposto estão enganando você.
pequena: um amigo está tentando ajudar.
rica: sua excessiva vaidade, vangloriando-se do seu sucesso, estimula a devastação sobre sua família.

FAMINTO 01-22-25-31-40-42
estar: rumores maliciosos impedem que você seja bem aceito.
filhos: você deseja ardentemente o reconhecimento de sua substância espiritual.
inimigos: a luta deles com você acabou de começar.
outros: um pedido de aceitação pelas suas conquistas para obter outras.
sentir dor de tanta fome: a falta de afeição faz com que você tenha fome.

FARDO 04-13-20-17-29-39
carregar: sua força lutará para ser independente de outras pessoas.
livrar-se de: favoritismo injusto a favor dos inimigos entristece você.
pessoas carregando: aguarde uma grande herança proveniente de um trabalho difícil.

FARINHA 02-05-10-25-42-43
comprar: você ganhará muito dinheiro.
cozinhar com: uma casa com alegria, abundância e conforto.
fazer doces e biscoitos: uma vida feliz pela frente.
moer: você compartilhará sua riqueza.
nas roupas: a trapaça de uma outra pessoa fará com que seu companheiro questione sua honra.
vender na feira: você fará especulações arriscadas em sua vida simples.

FARMÁCIA 14-21-28-30-32-37
entrar em uma drogaria: cuidado; sua saúde corre perigo.

estar doente e: recuperação possível após longa enfermidade.

ser farmacêutico: os negócios são desafiados pela incapacidade dos amigos.

sonhar com uma: seja cauteloso nos negócios.

FAROL 07-16-30-40-51-56

estar em um: claridade nesta advertência contra a aflição.

ir a um: uma mensagem urgente de que as boas graças mudaram de direção.

lampejando: conselho de pessoa amiga irá resguardar você de constrangimento.

sonhar com uma boia ou sinal luminoso: harmonia intermitente entre amigos declara publicamente os seus aborrecimentos.

observar: faça uma tentativa de reconciliação das brigas tumultuadas, oferecendo um refúgio seguro.

ver um em um mar tranquilo: insegurança a respeito de uma pessoa aparentemente benigna.

a sua luz brilhante: busque orientação espiritual para uma viagem próspera.

durante uma tempestade: comunicações decepcionantes ganharão novo ímpeto em terra firme.

voltar de um: um parente lhe dará orientação para atravessar águas cheias de recifes.

FAVOR 08-12-28-30-35-47

de amigo: você tem amigos íntegros e racionais que fazem o que precisa ser feito.

da pessoa amada: a influência de um inimigo sobre a sua felicidade doméstica se mostra insidiosa.

de parentes: presságio de brigas, que irão corromper futura cooperação.

fazer um favor a outros: uma perda de amizade se você espera algo em troca.

outros fazendo um favor a você: você receberá um elogio de alguém a quem respeita.

pedir: perda de posição social e confiança, que você precisa impulsionar violentamente para a frente.

FAZENDA 03-11-14-15-27-40

abrir trilhas em: benefícios do trabalho árduo em breve, na hora da colheita.

adubar um campo: aborrecimentos forçam você a alcançar o crescimento; já a sabedoria não é tão fácil.

alimentar animais com comida oriunda de um silo: dirigir-se ao balcão de um bar não significa beber tudo que há nele.

silo em chamas: você está evitando cumprir os prazos em seu detrimento.

ancinho: cultivo da personalidade.

caminhar em um prado fértil: características do aprendizado e desenvolvimento.

campo que ainda será colhido: trabalho árduo é igual a uma colheita abundante.

campo vazio: outros colheram sua safra.

com plantações secas: a pátria precisa que se plantem as sementes da sabedoria.

comprar uma: uma fazenda bem cuidada traz uma boa colheita para o fazendeiro.

contratar pessoas para trabalhar em: você receberá ajuda de pessoas com mais conhecimento sobre o assunto.

cortar cereais com foice: você está jogando insultos sem se preocupar com quem está magoando.

cultivar com enxada: você será competente na venda de fazenda e laticínios.

cultivo da terra: alegrias simples, o sal da terra e uma ótima saúde.

dificuldades com: brigas causadas pela vaidade impedindo o desenvolvimento do seu potencial.

ganhar dinheiro cultivando: sucesso por meio da cooperação com a Mãe Natureza.
perder: acontecimento fatídico irá frustrar ganhos altamente alardeados.
ser novo no negócio do: você tem uma vantagem que os outros não têm: um ponto de vista fresco.
desabitada: uma corrida aos bancos e perda de dinheiro.
dirigir um trator: você colherá exatamente o que plantou, nada mais.
em chamas: repressão do seu crescimento natural que vem de dentro de você.
estufa: você está nervoso e irritadiço em uma atmosfera excessivamente competitiva.
fazendeiro sonhando com o deus grego Baco: estimular o crescimento e os prazeres naturais.
fazer uma fazenda produzir totalmente sozinho: sucesso material para as suas necessidades simples.
forcado: uma tarefa demorada e pesada aumentará a prosperidade um pouquinho só.
medir o terreno: represente diligentemente as suas ânsias animais, agressivas e sensuais.
outros visitando a sua: rápida semeadura e colheita de negócios mútuos.
parentes trabalhando em: você fará uma viagem segura.
pertencente a outros: trabalho agradável, produção lucrativa e apoio dos vizinhos.
pessoa jovem trabalhando em: uma vida difícil para uma velhice tranquila.
possuir uma grande: seus objetivos estão plantados em terreno sólido e crescendo.
pequena: você realizará seus sonhos.
próspera: benefícios nos negócios, matrimônio e herança.
recolher os grãos deixados pela ceifeira: você está completando o processo de transição.
ser fazendeiro: você está bem instruído a respeito dos ritmos da vida e afinado com eles.
ser perseguido com um forcado: credores!
ser responsável por recolher os grãos deixados pela ceifeira: você está completando o processo de transição e estabelecendo os seus direitos.
vender: lucro oriundo de transações comerciais astutas.
animais para abate: não subestime o valor de seus talentos.
ver uma pessoa vestida como espantalho: ele não tem bons traços de caráter.
visitar: brigas desagradáveis com pessoas de mentalidade estreita.

FEBRE 15-20-23-29-40-47

amigos com: amigos enganarão você; volte para pegar seu prêmio.
filhos com: você maltratou alguém, causando febre temporária a uma pessoa que depende de você.
inimigos com: sua atitude mental impetuosa causa uma série de desarmonias.
muito alta: crise que levará a energia e vitalidade renovadas.
padecer de: você está desgastando os nervos ao deixar que preocupações fúteis o perturbem.
parentes com: amigos mentirão para você acerca dos ganhos financeiros deles.
ter: o inconsciente está lutando contra os medos reprimidos de que o relacionamento irá fracassar.

FECHADURA 03-23-29-38-45-58

aberta: momento adequado para cortejar.

abrir uma: advertência de perigo ao liberar as inibições.
possuir muitas: você precisa confrontar e lidar com os parentes avarentos.
abrindo uma fechadura: a expressão dos seus talentos é sua única garantia.
homem: você está flertando com várias mulheres e suspeita da sua companheira.
mulher: será infiel ao homem que a ama.
arrombar uma: você receberá insultos e desprezo na arena do amor e irá meter-se em encrencas com a lei.
encontrar a chave para uma: suas atitudes negativas ofendem os outros, deixando você sozinho com eles.
não conseguir: incapacidade de obter o que deseja; os portões do céu não têm fechaduras ou trancas.
ficar trancado do lado de fora: medo de perder sua posição na vida.
ter as chaves para uma: evite especulações até que você destrave suas habilidades.
um ferrolho: a sua resposta ao S.O.S. será uma recusa a ser enganado.
quebrado: uma ruptura da sua zona de conforto.

FECHAR 06-14-20-36-37-49
gavetas: finalize a organização de sua vida.
sonhar com fechamento: grande escândalo na vizinhança vai macular seu imóvel.
de escritório ou empresa: você já deveria ter feito planos para a velhice há muito tempo.
uma caixa: o conteúdo de sua vida ainda não precisa ser exposto.
uma caixa de joias: o ciúme na família não pode ser contido por restrições.
uma porta: você será fortemente considerado para um novo cargo, mas não para um cargo antigo.
na cara de alguém: quando uma porta se fecha, outra se abre.

FEIJÃO 05-11-29-31-36-38
colher: suas escolhas são corretas; evite que o contágio se espalhe.
comer: você contrairá uma doença contagiosa.
comprar: você será criticado e caluniado.
cozinhar: bons negócios, mas notícias ruins quanto ao amor.
cultivar: viva modestamente; doença e preocupações com os filhos à frente.
de-lima: recepção decepcionante de uma conquista sólida.
lentilha: garantia de um lar feliz.
pé de: deixe sua ambição alcançar o céu.
secar: decepção na habilidade de adquirir bens materiais.
ter: uma pessoa em quem confia se mostrará uma falsa amiga.

FEIO 08-18-34-44-50-54
outros que são: sua frieza e indiferença farão as pessoas reagirem com raiva.
ser: mal-entendidos tiram a atração de tudo.
crianças: brigas com companheiro por causa das responsabilidades de ambos.
não conseguir deixar de ser: está sendo observado por pessoa mal-intencionada devido a sua atratividade.
uma jovem sonhando que é: rompa o noivado; o amor deixa todos belos.

FELIZ 03-16-28-33-34-54
alegria crescente: maus empreendimentos correspondentes ao nível de felicidade.
amigos: amigo falso está por perto causando dor a um coração afetuoso.

dizer Aleluia: o clímax bem-sucedido de um caso de amor ardente.
empregados: atividades sociais agradáveis e companheiros compatíveis.
estar: a realização de seus sonhos não substitui a realização de suas ambições.
estar de bom humor: muitos amigos apreciam o seu respeito, espírito e sua liderança.
estar encantado: pessoas estão se esforçando para destruir você por estar desfrutando de muitos favores.
estar extremamente: use de cautela em especulação, já que você é tentado a seguir sua paixão.
filhos: rápida realização de suas esperanças; não é possível ser meticuloso demais com a moral.
marido e mulher: felicidade e sucesso; não há obstáculos em seus assuntos.
outros: rápida associação com estranhos que se tornarão amigos leais.
parentes: preocupação se afastará junto a sua conduta egoísta e inconveniente.
ser: dinheiro pela frente; tempos melhores se seguirão.

FENO 03-12-19-22-27-35
achar algo em um monte de: você está erguendo a base para um futuro próspero.
perder: você está sendo enganado quando oferece ajuda a alguém que você supõe estar em dificuldade.
brincando no celeiro: despreocupação e liberdade; o amor jovem não substitui nem o reconhecimento nem o lucro.
caindo de uma carroça: o triste fim de uma amizade ou relacionamento.
carroça cheia de: sua iniciativa produzirá grandes lucros.
campo de: prosperidade excepcional enquanto é abundante o rendimento do que você plantou.
carregar uma carroça com: você está trabalhando muito em troca de pouco dinheiro.
cheiro de: boa saúde reduzirá os efeitos de um pequeno acidente.
podre: você receberá dinheiro de uma fonte inesperada.
colher: um relacionamento com estranho influente irá se intensificar.
cortar: tire proveito da oportunidade.
deitado em um: os sabores simples equivalem a cuidados simples.
com a pessoa amada: você precisa confiar no próprio vigor para resistir ao feitiço de uma mulher má.
monte de: você prestará serviços a uma pessoa notável.
ter alergia: para manter sua saúde, precisa cuidar dela.

FERA 04-05-08-09-13-21
balbuciando: você sofrerá um grande desgosto.
bater em: prejuízo nos próprios negócios.
começando briga: amigos aborrecerão você.
correndo: você só terá interesse por prazeres materiais.
luta entre: é provável que você fique doente.
lutar com: sofrimento cruel, se você tentar ir além do seu cargo ou de sua posição social.
ossada de: transações comerciais ruins.
ser perseguido por: aborrecimento causado por inimigos.

FÉRIAS 04-05-31-34-44-46
estar de: cuidado com um casal de colegas de trabalho.
com a família: evento importante e benéfico a caminho.

amigos: cuidado, este amigo pode não ser verdadeiro.
marido e esposa: adiamento de realização de desejos.
outros, sem você: ganhos financeiros inesperados.
sair de: o projeto não conseguirá fazer você se soltar de opiniões estimadas.
com pessoa amada: seu empregador está trabalhando em excesso.
outros: desfrutará de capacidade cada vez maior de fazer dinheiro.
visitar local de veraneio nas: uma divertida sedução e um despertar lhe servirão de reprimenda.
voltar de: trabalhar demais não significa prosperidade.

FERIMENTO 01-21-24-38-39-44
amantes: terá sérias brigas.
companheiro: aviso de problemas.
idoso, no peito: infortúnio.
jovem: futuro esplêndido.
outras pessoas: vai quebrar os votos matrimoniais.
comprar gaze para enrolar no: sua vida está protegida.
grande quantidade de: deve ser prudente.
na embalagem: vai perdoar ou esquecer.
crianças: bons tempos chegando.
em uma queda: peça ajuda a um parente.
ferir-se: nova oportunidade de crescimento no trabalho.
em agressão: cuidado onde come.
em um acidente: diga à pessoa amada quando estiver magoado com ela.
mais um: cuidado extra ao dirigir.
por arma: fará dinheiro de sobra.
espada: más notícias.
punhal: boa amizade.
pus saindo de um: um acidente causará cicatrizes permanentes.

FERIMENTO 05-20-36-40-41-45
filhos tendo: os amigos olharão para você com respeito.
inimigos com: você não se sente preparado adequadamente para um cargo mais alto.
machucar outra pessoa: perigo pela frente se sua injustiça não for corrigida.
a si mesmo: você foi ferido pelas circunstâncias que poderia ter controlado.
machucar-se: riqueza se você aprender a atravessar a rua.
parentes com: libertação dos ataques preocupantes à sua reputação.
ser ferido por alguém: não deixe que uma maçã azeda destrua sua fé no amor.

FERMENTO 14-16-28-30-35-37
assar com: receberá dinheiro sob circunstâncias estranhas.
pão com: a fartura virá por meio do seu espírito criativo.
comprar: riqueza incomum que vem do menor investimento.
sonhar com: dinheiro economizado virá para você.

FERRAMENTAS 08-09-11-12-17-44
carregar: trabalhará cumprindo ordens, mas lutará sozinho contra seus medos.
comprar: bom aumento de rendimento devido a oportunidades de trabalho.
ganhar de presente: coisas agradáveis lhe serão feitas.
perder: hora de começar um novo projeto.
ferramentas de arte: o que você não quer ver?

ter ferramentas de carpinteiro: receberá proposta de uma mulher.
de mecânico: vai consertar, renovar e recomeçar a vida.
muitas: manifestação da riqueza de seu poder empírico.
vender a bom preço: oportunidade de ser promovido se controlar seu gênio.

FERREIRO 00-11-22-33-44-55
bigorna de metal: martele enquanto ainda está quente.
criar uma bigorna: desenvolva novos talentos em seu benefício.
falar com: as pessoas não têm fé na sua habilidade de forjar uma personalidade verdadeira.
ferrar um cavalo: obstáculos se o problema não for abordado corretamente.
forjar em uma bigorna: brigas sérias sobre assuntos do amor.
martelar em uma bigorna: uma herança inesperada de uma pessoa em dificuldades a qual você ajudou.
ser: em breve você perderá sua autoconfiança nas chamas da vida.
usar fogo para a fornalha: você usará sua criatividade como arma.
para fundir metal: afrouxe seus rígidos traços de personalidade.
para moldar o ferro: você se deparará com uma pessoa teimosa.
rubro: frustração com a imobilidade de outra pessoa.

FERRO 01-05-07-10-18-26
barras de: descoberta de habilidades perdidas em novos projetos.
cantoneiras feitas de: harmonia entre amigos, aflição entre inimigos.
cinzento: você precisa controlar sua grosseria impaciente; tanto o trabalho como o prazer são seu sustento.
comprar: progresso lento mas contínuo em direção à prosperidade.
cortar: comentários despeitados irão causar mais suspeita.
derretido: um acordo importante será realizado; um raio de esperança em uma perspectiva sombria.
em brasa: mau humor e críticas incessantes vindas até dos menores acontecimentos.
lâminas de: você precisará de força e boa vontade para as dificuldades pela frente.
martelar: suas perplexidades mentais e perdas materiais precisam ser toleradas até que haja uma solução.
preto: sua grande força física está sendo usada de forma errada.
roubar: você não conseguirá evitar uma responsabilidade onerosa ou uma obrigação desagradável.
ter anel de ferro ao redor do pescoço na execução por garrote: determinação não ajudará você agora.
criminoso: uma oposição enfática a suas opiniões afetará o seu destino.
outros: seja firme nas suas convicções; você está certo.
vender: o dinheiro virá facilmente; seus amigos terão má reputação.

FERROADA 02-05-17-22-30-44
ser ferido por ferroada venenosa: sentirá remorso por não acreditar em si mesmo.
ser ferroado: suas tendências autodestrutivas fazem você se afundar em si mesmo.
outros: a descoberta dos erros de um colega fará seu chefe prestar atenção em você.
por um inseto: será atacado por uma profunda depressão, e depois outro incômodo virá como resultado da cura.

sonhar com uma: sua perspicácia é saber o quanto e quando dizer as coisas.

FERRUGEM 12-26-27-32-35-45

objetos enferrujados: cuidado com perda causada por desatenção.
manejar: você negligencia a sensibilidade no sexo.
outras pessoas: esteja avisado: sua reputação corre riscos; falsos amigos controlam seus arredores.
sonhar com: os inimigos vão comemorar seu infortúnio.

FESTA 12-14-23-28-30-41

alguém se ferindo em uma: uso e abuso do prazer.
dar uma: incerteza e interesses flutuantes.
outros, para você: reveses inesperados no amor.
estar em uma festa de gala: vai garantir o lucro do prazer e um acúmulo de estresse.
com amigos: perda de colegas superficiais que não eram seus amigos de verdade.
pessoa amada: noivado saudável e animado.
seu parceiro: vai achar que você foi hostil para com outros convidados.
ficar tímido em uma: terá sorte em suas expectativas, pois você não nutre nenhuma.
ir a uma: bons tempos de harmonia e associações agradáveis.
frenética: os prazeres da vida passarão por você sem serem reconhecidos.
jantar: acordo entre amigos; relacionamento confuso com seu parceiro.
outras pessoas: cuidado com inimigos que se unem.
sem um parceiro: trégua pacífica em confusão familiar.
levar crianças a uma: as esperanças estão sumindo para você; passe o bastão para seus filhos.

FESTIM 03-19-22-26-28-31

dar um: dificuldades em um futuro próximo e muitas depois disso.
filhos: felicidade, você fez algo básico muito bem.
inimigos: a angústia está sendo preparada, com todo o esmero, em sua honra.
outros: alegria e contentamento.
parentes: você receberá boas notícias.
preparar um: uma outra pessoa está se deleitando com o que você desejou e trabalhou tão arduamente para conseguir.

FESTIVAL 15-19-30-31-34-49

estar com filhos em: aproveite a felicidade até que tenha que lidar com as realidades frias da vida.
inimigos: você sobreviverá a um estágio de insatisfação e impaciência.
outros: você não consegue expressar a alegria e o contentamento de seu lado espiritual.
parentes: você receberá boas notícias.
organizar um: uma outra pessoa está se deleitando com o que você desejou.

FEVEREIRO 02-07-08-10-31-45

filhos nascendo em: você terá sucesso na vida política.
nascer em: o preço da maturidade é uma maior responsabilidade.
sonhar com fevereiro durante o próprio mês: um mês favorável para os negócios.

FEZES 08-14-22-23-32-43

brincar com: uma busca infantil pelo prazer conduz o seu materialismo.

de animais: você terá grandes lucros com seu novo projeto ao usar o trabalho do antigo.
de qualquer tipo: um presente que você espera receber é altamente apreciado.
defecação: produção pelas entranhas da essência humana.
em fraldas de bebê: a sua autoexpressão básica flui sem refino.
evacuar: você sentirá alívio se ficar sentado imóvel.
manusear suas próprias: você foi em direção a um lastro emocional.
pisar em: assuntos deixados para trás não poderão ser resolvidos a seu favor.
outros: você está causando problemas involuntariamente ao não lidar com eles.
sentir-se sujo de: uma vergonha reprimida há muito tempo precisa arejar.
sonhar com: livre-se da repressão sexual; limpe tudo antes de se jogar fora.
ter diarreia: um fluxo incontrolável de pensamentos nefastos no momento errado.

FIANÇA 03-05-07-08-25-35
brigar com o meirinho: raiva com os seus próprios erros, não com as consequências.
não comparecer em juízo depois de sair sob: no esforço para alcançar uma posição melhor, você não pode perder mais nenhum passo.
não conceder: as condições atuais de vida vão melhorar.
pagar: problemas com o seu dinheiro e um velho amigo.
requerer: acidentes imprevistos causados por alianças desastrosas.

FIASCO 05-06-21-34-35-45
de filhos: empreendimentos financeiros ruins.
de outros: postergação do seu sucesso.
do marido: você não tem aptidão e qualificação para ocupar o seu cargo.
fracassar de forma ridícula: você realizará grandes ambições ao saldar suas dívidas.

FIEL 11-15-18-19-22-23
ser: apenas a fé em si mesmo levará ao êxito dos seus planos.
infiel: a cada oportunidade, um amigo se revelará desonesto e indigno da sua confiança.
ter filhos: os rivais terão os filhos deles em alta estima e os seus em baixa.
amigos: não exija que os outros tenham fé em você, em prejuízo deles.
parentes: a felicidade está garantida.
um companheiro: felicidade entre filhos e pais.

FÍGADO 04-06-07-20-44-57
comer fígado de animais sem chifres: herança virá após um longo período de descontentamento.
com: você absorveu o veneno de outros.
comer fígado de ganso: tome cuidado e terá uma boa saúde.
de vitelo com cebola: pessoas intrometidas e lamuriantes estão fazendo comentários maliciosos a seu respeito.
dos inimigos: vencer uma ação judicial não irá parar a desaprovação desgostosa do seu oponente.
comer muito: doença ocasionada pelo mau uso de remédios.
estragado: não se abranda a tristeza com bebida.
comprar: melhoria na saúde por meio de estímulo.
dar para os filhos comerem: denota a sua impressão ingênua de que a boa saúde é alcançada com facilidade.

FIGOS 26-28-32-38-39-49

comer: você está esbanjando a riqueza de suas faculdades intuitivas.

figueira: você fará uma viagem depois de uma discussão e isso terminará o relacionamento.

receber de presente: um amigo quer intensificar o relacionamento.

sonhar durante a época de figos: a semente do nascimento e a exuberância da vida.

quando não é época de figos: o ócio dá margem à esterilidade do amor não correspondido.

ter figos secos: hora para o segundo advento de sua saúde e riqueza de ser.

FILHA 05-09-13-14-15-22

adotiva: uma desgraça grave pela frente se você não limitar a sua generosidade.

brincando: os temores de que ela irá imitar as suas falhas estão apenas começando.

desobediente: incerteza acerca do futuro dela.

falar com uma: você ficará ainda mais triste ao transferir sua tristeza à sua filha.

mãe sonhando com sua única: a gravidez trará benefício inesperado.

pai ou mãe: prazer e harmonia em casa, com dignidade.

várias reunidas: a pessoa que você ama e deseja irá zombar das suas atenções e intenções.

FILHO 05-26-31-37-43-45

adotar um: seus filhos de sangue não vão gostar do filho adotivo.

dar à luz um filho sem estar grávida: retorno interno à juventude.

falar com seu: alcançará a felicidade ao permitir que ele cresça pelos próprios esforços.

pai sonhando com: imitação é a melhor forma de elogio.

salvar o seu do perigo: ele alcançará posto elevado.

sendo morto: infelicidade causada pelos pais e a eles retornando.

seus filhos aleijados: obstáculos à frente que podem aparecer de repente.

doentes: obstáculos pela frente; viva sua vida apesar deles.

sonhando com o pai: conselho que deve ser ouvido, mas a honra é só sua.

ter vários: recriação múltipla de todos os aspectos de seu eu.

FILHOS 14-15-30-39-51-52

alimentar filhos pequenos: você esqueceu a criança dentro do seu exterior adulto.

bonitos: sucesso se você expressar emoção e explorar todas as possibilidades.

chegada dos: aceite a responsabilidade por aquilo em que você não se empenhou.

circular com: procure adquirir as habilidades tão necessárias.

com devoção pelos pais: você está imitando-os em vez de criar sua própria vida.

comprar coisas para: compre aquela roupa que você precisa tanto.

derrubados enquanto brincam: uma rivalidade infantil reativada em um novo ambiente.

desajeitados: o constrangimento daqueles que buscam e pedem para aprender.

desilusão dos: vivencie admiração, espanto e curiosidade em não saber algo.

difíceis: envolva os seus filhos na educação deles.

doentes: feridas emocionais precisam ser curadas.

em desgraça: você quer uma outra chance de realizar seus desejos.

estarem vivos: dias felizes pela frente para desenvolver o seu potencial.
falar com os próprios: seu trauma naquela idade precisa ser expresso.
forte: durante maior parte da adolescência, nada parece certo.
gemendo: cuidado quando lidar com aqueles que cuidam de crianças.
mancha na roupas dos: melancolia sobre como os outros veem você.
matar: a destruição de grandes ideais causada pelos seus maus atos.
pessoas matando: você está sendo enganado.
negligenciar: você começou projetos que precisam da sua atenção.
preocupação com: você escapou do perigo atual.
prodígio: você está cansado da companhia atual.
receber desculpas dos: seu relacionamento tem futuro.
retraídos: seu egoísmo reage imaturamente a situações simples.
sonhar com: uma mulher ficará grávida em breve.
vários: você terá abundância na vida.

FILHOTE 05-06-41-43-45-49
comprar um: terá muita felicidade com amigos verdadeiros.
muitos: você não tende a ficar íntimo das pessoas.
sonhar com um: será convidado para festa divertida com amigos simpáticos e fofos.
ter um: dará dinheiro facilmente para caridade e por amor.

FILME 03-04-22-25-36-42
alugar um DVD: precisa capturar uma cena em particular.
fora de foco: lide com o fracasso para materializar satisfatoriamente.
bonito: outras pessoas querem guiá-lo; os obstáculos devem ser só seus.
desagradável: será culpado por ações tolas e despreocupadas.
em câmara lenta: sua ansiedade não é pelo que está acontecendo, mas pelo que não está.
escrever um roteiro: deve mudar sua carreira para escrever criativamente.
estar diante da tela: enfrente aqueles que escondem segredos de você.
ir ao cinema sozinho: não está sabendo sobre uma calúnia.
com a pessoa amada: a beleza está nos olhos de quem vê e na alma de quem é amado.
com amigos: não confie nas aparências; um inimigo está buscando sua ruína.
onde alguém é perseguido por um monstro: dê um abraço no Bambi.
participar de um: precisa causar um impacto mais forte.
alguém que você conhece: o trabalho atual não será permanente.
sonhar com: convites frívolos de pessoas bonitas e excessivamente solícitas.

FILME PLÁSTICO 18-22-29-41-42-49
comprar: volte no tempo para predizer uma viagem ao exterior em um futuro próximo.
cortado ou emendado: você tem perspectivas seguras e inatacáveis.
ter: novos projetos são de importância extrema para a sua causa.
usar: tome cuidado com comentários maliciosos àqueles que respeitam você.
outros: muita discussão sobre você e sua interpretação da vida.

FIM 04-08-09-10-18-29
assistir ao fim de uma peça: uma situação difícil precisa de solução.

do mundo: conflito emocional extremo.
dos outros: recuperação da derrota de atitudes ultrapassadas.
ouvir o final de alguma coisa: você está altamente motivado a assumir um novo projeto.

FIOS 08-14-24-34-37-46
de aço: terá de lutar contra oposição causada pela autoria de negócio próspero.
de algodão: suas discussões com um amante a respeito de assuntos racionais são irracionais.
de arame: será apresentado a artistas, e eles terão a benevolência de compartilhar de sua criatividade.
de lã: sairá bem de uma dificuldade exaustiva.
de ouro: vai procurar pela verdade na tapeçaria que é sua vida.
de prata: o encontro de sentimentos delicados.
de seda: fofoca sem fundamento perpetrada por pessoa que guarda raiva antiga.
desatados: um amigo indiscreto trará seu segredo a público.
desperdiçar: descoberta de segredo poderá lhe ajudar a se recuperar de um episódio psicótico.
emaranhados: um mistério é resolvido e trará certo lucro.
quebrados: amigos infiéis lhe causam perdas; fortaleça os laços com pessoas que demonstram comprometimento.
sendo fiado: fortuna feita por meio de economia e sobriedade.

FITAS (faixas) 05-09-15-29-31-36
atar: fará uma boa troca de algo com seu rival em nome do amor da pessoa que você namora.
comprar muitas: alguém está dividindo seus bônus e prazeres sociais.
manusear: grande satisfação nos toques finais de seu sucesso.
desatar: a pessoa amada está vivendo a vida loucamente, mantenha distância.
medir: complicação judicial por conta de sua despreocupação.
sonhar com: a sinceridade em questões afetivas não é necessariamente recíproca.
tremulando: abra-se para novas amizades do sexo oposto.
usar: boas-novas imprevistas na vida afetiva.
parente: ignora as contradições da inesperada prosperidade.

FIVELA 08-11-18-20-32-36
comprar: você está satisfazendo um desejo por convites.
elegante: negócios abundantes em esplêndido caos.
homem abrindo a de uma mulher: logo haverá casamento.
mulher com uma aberta: problemas e dificuldades pela frente.
quebrada: um inimigo está buscando sua destruição.

FLANELA 04-10-24-27-35-42
envolver algo em: você praticou o mal.
sonhar com: as esperanças estão temporariamente se desfazendo.
terno de: você terá acontecimentos desagradáveis pela frente.
usar roupa de baixo feita de: doença.

FLAUTA 03-05-09-10-27-31
ouvir uma sendo tocada: você fará uma viagem para visitar um parente que está no exército.
sonhar com: dinheiro virá facilmente por meio de situações embaraçosas.

ter um pífaro: você será chamado para uma tarefa honrosa como parte de uma promoção no trabalho.
outros: outros atacarão seu caráter; a sua honra leal permanecerá intacta.
tocar: a harmonia da alma com os seus sentimentos.
filhos: a expressão do espírito sobre todas as suas faculdades.
outros: dificuldades causadas por filho em um futuro imediato.

FLECHA 02-13-18-19-33-38

acertar mosca com: poder para estabelecer seus objetivos e a capacidade de levá-los a cabo.
aljava cheia de: concentre-se no seu desempenho no trabalho e receberá um aumento.
arco: honrar o Deus em nós.
e flecha: aproveite o fracasso de outra pessoa para terminar suas tarefas.
pôr corda no: com um esforço contínuo você conseguirá.
atingir o alvo com: um curso sem desvios, uma chegada rápida, uma vitória clara.
atirar em legítima defesa: verificação pendente, você é o alvo.
errar o alvo: espere dificuldades e infortúnio por causa de uma pessoa da qual você não suspeita.
ferimento causado por: seus nervos estão à flor da pele.
jogar: a vingança nunca desfaz a injustiça.
muitas: mensagens poderosas e com propósito são destinadas a você.
ter: amigos assistem você perder dinheiro.
partindo o alvo em dois: você alienará uma pessoa amiga.
perder: dificuldades causadas pelo descuido.
quebrada: fracasso nos negócios.
quebrar: atual fracasso no amor é parcialmente culpa sua.
saraivada: oposição vinda de várias fontes.
ser arqueiro: você não está habilitado para cumprir suas tarefas.
casado: o perigo está próximo, desgraça se seguirá.
e atingir o alvo: infidelidade até que encontre a pessoa certa.
ser atingido: tenha forças para redirecionar seu desempenho de volta à sua origem.
ser atingido pelo cupido: você se apaixonará.
solteiro: o noivado está próximo.
sonhar com: a sedução que planejou trará infelicidade no amor.

FLERTAR 03-05-13-19-30-34

com pessoa divorciada: você realizará suas ambições, a curto prazo.
moça solteira: ela será perseguida pelo homem errado.
homem: ele será enganado; ela não tem dinheiro.
mulher casada: cuidado com a traição.
homem: um bom momento para namorar alguém.
viúva: lucros.
viúvo: cometerá atos tolos.
outros flertando com você: vangloriar-se atrai rancor.

FLORES 10-16-19-40-41-43

amarelas: grandes dificuldades.
amarílis: orgulho; um caso de amor transformará você de dentro para fora.
artificiais: você está espantado com o preço exorbitante dos serviços prestados.

áster: você receberá uma carta que aguarda há muito tempo; seja sincero até o final.

begônia: você receberá críticas pela sua ostentação, e não pelos seus pensamentos sombrios.

botão de: um relacionamento amoroso está germinando; seja paciente.

segurar em suas mãos: seu caso de amor se tornará sinistro.

botão-de-ouro: lembranças alegres e preciosas da infância.

brancas: pequenas dificuldades.

bulbo: a revelação das camadas de trabalho árduo, já que a planta não é mais capaz de cuidar de si mesma.

buquê de campainhas: muitos têm inveja da sua constância no amor.

buquê de lírios-tigrinos: você receberá um convite para uma série de festas chatas e imbecis.

camélia: a delicadeza é tranquilizante; a excelência despretensiosa é intensa, mas a alegria é de pouca duração.

canteiros de: permita uma exposição cautelosa de seus talentos; o sucesso virá em breve.

cheirar uma passiflora: você precisa controlar seu sacrifício e sofrimento para herdar uma fortuna.

clematite: sua beleza mental sugere pobreza antes que você conquiste prestígio; metas grandiosas.

codesso ou laburno: seu comportamento tem um brilho amarelo vivo de beleza melancólica.

colher: grande benefício oriundo de uma amizade firme.

colher prímulas: uma pequena mostra da inconstância em seu relacionamento florescente.

colher uma primavera: uma graça vitoriosa e séria antes da batalha.

começando a murchar: dê fim a um relacionamento que está em impasse.

cortar: emoções artificiais não causam impressão, nem são duradouras.

cultivar narcisos no jardim: seu cavalheirismo será altamente estimado.

dálias em um vaso: a instabilidade nos assuntos financeiros acalmará.

dar buquê de açafrão: não abuse da ingenuidade e da pureza; o júbilo ruidoso não é o mesmo que o contentamento juvenil.

dar cravo-de-defunto a outros: o pesar não consegue impedir que você compartilhe seu lado simples.

receber um buquê de: você incorrerá em dívidas quando gastar dinheiro inesperado.

dar de presente: você tem que controlar as suas emoções.

de cor rosa: muitas lembrancinhas de festas e boa comida.

de vizinho: mentes vulgares desejam influenciar o seu fracasso.

deitado em um campo de urze: prazeres simples um após o outro, durante a vida toda.

dentro de casa: sua doce disposição irá tirar o máximo de vantagem de cada oportunidade.

depósito do florista cheio de: busque um oráculo para orientação nos assuntos do amor.

destroçar plantas que produzem: você é a fonte da sua própria destruição.

destruição de: espere respeito por estar no lugar errado no momento certo.

em época: grande decepção pela frente.

em estufa: um negócio vantajoso depende de forças externas.

enfeitar-se: seu relacionamento está se tornando mais intenso.
entregar: alguém precisa que você explique suas intenções.
filhos com alergia a: você será afetado por erupções cutâneas.
pólen no ar: seus sonhos têm que ser fertilizados para se tornarem realidade.
flores de lótus: você terá sorte ao arriscar-se com um romance frenético.
fora de época: seus sonhos irão se realizar.
forsítia amarela na grama: a felicidade visitará arredores luxuosos.
fragrância agradável de: a pessoa amada ficará impressionada com seu bom gosto.
desagradável: seu reconhecimento será formalizado, apesar das calúnias.
fragrância de espirradeira branca: um casamento feliz.
fragrantes: festividades dos jovens; é melhor que conselhos sedutores fiquem despercebidos.
fúcsia: você precisa de um novo professor; já aprendeu tudo o que podia do último.
gardênia: abraço ardente de aromas inebriantes.
genciana: prazeres da vida estão em contato com o natural; os seus são injustos.
gerânios: uma pessoa querida irá visitar você e ficará por um bom tempo.
gladíolos: a demissão de outra pessoa irá lhe proporcionar mais responsabilidade e remuneração.
heliotrópio: devoção silenciosa de um amor sensato está garantida no futuro.
ipomeia: uma ascensão elegante, despreocupada e cheia de energia para o céu.
íris: paz e abundância com parceiro fiel.
jardim cheio de: você terá um ponto fraco no corpo.
jogar fora: você terá brigas violentas causadas pela sua própria falta de cuidado.
junquilho: você receberá uma ardente carta de amor.
juntar: boas relações com a família do futuro parceiro.
juntar tulipas: você receberá um pedido de casamento.
receber: uma amizade recorrente que começa onde parou, não importa quanto tempo atrás.
lavanda seca entre roupas de cama e mesa: aventuras excitantes cercadas de prazer.
madressilva em flor: você irá se mudar para uma casa alegre e terá uma vida com novos vizinhos.
malva-rosa: a felicidade é fertilizada até mesmo no seu estado de pobreza atual.
mortas: arrependimento pelo sonho não realizado.
murchas: muitos pretendentes, todos atrás da coisa errada.
nenúfares: um conhecido fará com que seus sonhos fiquem fora de alcance.
colocá-los em um vaso: sua pureza de coração ganhará a confiança de outros.
penugem de dente-de-leão sendo carregada pelo vento: hora de fertilizar e arrancar as ervas do solo; preste atenção às profecias dele.
peônias: um pretendente incômodo; ansiedade causada por admirador secreto.
petúnia na lapela: uma vida emocional abatida.
plantas florescendo: um novo relacionamento com aquilo que está latente dentro de você.

receber buquê de: você incorrerá em débitos.
receber buquê de azaleia: seu plano prosperará se você usar de comedimento.
comprar e plantar: aguarde comunicação de pessoa amiga há muito perdida.
receber de presente: você tem um admirador leal no amor por você.
de um lugar distante: você será herdeiro de uma fortuna.
moça sonhando com: ela terá muitos pretendentes.
regar: cuide da sua beleza.
rosas: felicidade oriunda de um prazer requintado que não é efêmero.
selvagens: uma aventura com a beleza descontraída da natureza.
sentir o cheiro de: é melhor que conselhos sedutores sejam ignorados.
perfume de flores vindo do jardim: perda de amigos.
sentir o cheiro de acácia: você precisa controlar suas paixões com amor recatado.
sentir o cheiro de um aromático pilriteiro: com rapidez de discernimento você traz harmonia entre amigos.
sob céu cinzento: trabalho árduo com pequena remuneração; a tristeza cobre você como se fosse uma manta.
sonhar com: as esperanças serão flores de pouca duração; considere este um bom momento para se dedicar ao namoro.
suas próprias: perigo por causa de um segredo.
ter aquileia: sua insensatez juvenil impede o seu progresso.
ter flores roxas: perda de seu imóvel.
ter grinalda ou um festão: você saltará sobre as barreiras com êxito.
todos os tipos de árvores em flor: você está se deleitando em muita recreação.
tojo amarelo: sorte e prosperidade.
usar uma magnólia nas roupas: você perderá o seu coração para uma pessoa do sul.
vara-de-ouro: use de precaução ao intrometer-se na vida de outras pessoas; dê apenas encorajamento.
vermelhas: dissolução da família.

FLORESTA 09-10-26-27-39-40

a beira de uma: um caso de amor arriscado acabou; você encontrou um refúgio confortável.
circundar uma: evitar sua sombra ainda assim traz más notícias.
com árvores extraordinariamente altas: emoções não trabalhadas precisam ser arejadas.
densa: sua fé inabalável atrairá pessoas solidárias.
estar sozinho em: atividades sociais não substituem um relacionamento.
com outros: amigos trairão você, quebrando uma promessa solene.
com parentes: atenção para sintomas físicos que são hereditários.
ficar perdido em: o projeto tem êxito quando você acha o seu caminho para fora da escuridão.
guarda florestal: saudade de casa quando você está nas mãos da Mãe Natureza.
incêndio florestal: espere um comportamento selvagem de pessoas que normalmente são civilizadas.
passear por: uma mensagem complicada e perturbadora traz à memória uma injustiça do passado.
perambular por uma: tantas experiências, tão pouco tempo.

FOCA 01-02-19-26-34-45

extrair o óleo de: se você tiver que destruir outros para vencer, então não é vitória.

indo para a praia: você logo engravidará.
matar uma: último recurso após tarefa de trabalho impossível.
mergulhando: abundância não significa extravagância indiscriminada.
pegar uma: inimigos secretos trabalham contra você.
pele de: dinheiro que vem por meio da agressão dolorosa e nervosa.
pequena, em aquário: segurança.
sonhar com: você é levado por ambições anormais, mas nunca conseguirá realizá-las.

FOFOCAR 05-11-41-42-45-47
contar a outras pessoas: você fará uma mudança importante em breve.
fofocas contadas por amigos: tome cuidado com a mentira, e confie em poucas pessoas.
fofocas contadas por outros: infelicidade nos negócios.
inimigos fofocando a seu respeito: você sofrerá por causa da sua insensatez.
amigos: sua confiança está sendo traída.
parentes: brigas em família.
ser objeto de fofoca: surpresas agradáveis aguardam você.
sobre coisas que ouviu dizer: infelicidade em casa.
sobre os outros: você está passando por uma ansiedade irritante.

FOGÃO 07-10-19-38-48-49
a carvão: espere uma proposta de emprego por parte de um velho amigo.
a gás: sua vigorosa energia melhora a saúde.
a querosene: mudanças para melhor se você o mantém aceso.
cheio de carvão em brasa no forno: prosperidade de consequências estranhamente favoráveis.
com as bocas queimadas: o lar, como você o conhecia, acabou.
elétrico: a incerteza de determinada situação está se desfazendo.
queimar madeira no forno: a solução virá com ajuda de várias fontes.
queimar-se em um: aceite a verdade tomando por base fontes confiáveis e siga em frente.
sem fogo: se seu sócio não sair, é melhor sair você.

FOGO 05-15-16-28-43-48
acender: uma faísca vinda do outro lado do aposento irá começar o fogo de um relacionamento.
alarme falso de incêndio: ansiedade quanto a uma cólera anormal.
apagado: depois de um descanso, seus vizinhos irão ajudar você a reconstruir.
ardendo dentro de você: sua obsessão precisa se tornar realidade para se extinguir.
ardendo intensamente: arrependimento nostálgico de erros do passado e o estado das coisas no presente.
artificial: ele seca a água; excessos do seu inconsciente.
barco espargindo água sobre um incêndio: distúrbios nervosos precisam de remédios naturais.
bombeiro: uma festa de solteiro exclusiva daqueles capazes de lidar com desejos ardentes.
salvando uma mulher: uma situação muito singular para o amor desabrochar.
caindo do céu: desolação de ideias ambiciosas demais; renascimento e renovação.
caindo sobre alguém: transmutação da influência de sua energia interna ou seu espírito.

chamas intensas: apague a malícia antes que ela tome a frente.
cinzas: última chance para a solução ou fim de um relacionamento.
dançar ao redor de uma fogueira: do passado vem o alívio para as suas emoções e angústias.
desconhecer que um incêndio está acontecendo: não superestime sua importância.
em um fogão: gravidez.
desligar: uma doença que se desenvolve lentamente será revelada.
estar em um incêndio: seus planos irão amadurecer até o triunfo se impulso for alimentado constantemente.
morrer: enfrente a raiva com a compaixão.
parentes: em breve você terá febre alta causada por várias paixões.
queimar-se: o negócio está prejudicado, mas uma sorte imprevista ajudará você a resistir.
extinguir completamente: desaprovação do ponto de vista de outra pessoa.
atirando água nele: desfaça-se do velho e construa o novo.
urinando: uma rejeição da mensagem; práticas enganadoras farão com que perca uma ação judicial.
fogueira: você tem estima por aqueles impedindo que a verdade seja revelada.
atirando livros em uma: rebelião contra o ensino de princípios ou contra os princípios de ensino.
estar em frente a uma ardendo intensamente: vitória quando você levar invulnerabilidade a qualquer situação.
grande incêndio: uma expressão egoísta das energias que dão a vida.
sem fumaça: mantenha suas emoções intensas guardadas.
soltando muita fumaça: seu ego está obscurecendo sua perspicácia.
incêndio causado por uma faísca elétrica: cuidado com seus inimigos ocultos.
incêndio no mato: a destruição de um espírito liberto cria a destruição nas suas próprias barreiras.
sob controle: pecados são purificados em harmonia com a sua natureza inata.
incêndio sem vítimas: confusão no trabalho será resolvida sem o seu envolvimento.
jogar lenha no: seus esforços excedem de longe os seus lucros.
medo de: compromisso é um palavrão quando levamos em consideração sua intensa provação psicológica.
muita fumaça: as pessoas ao seu redor estão ocultando seus motivos.
mas sem chamas: você ficará decepcionado com as intenções delas.
pôr fogo em alguma coisa: você se deixará seduzir em uma luta fútil contra o destino.
prova de: teste da energia instintiva e mental para se ganhar pureza espiritual e iniciação.
queimando sem fumaça: você precisa de ajuda para apagar seu incêndio emocional.
retirar algo do fogo com a mão: sua vulnerabilidade não consegue superar obstáculos.

FOGOS DE ARTIFÍCIO 09-27-28-34-36-43
assistir à queima de: você sofrerá tornando-se o centro da atenção.
com os filhos: sua energia está dispersada na sua descendência.
parentes: uma comemoração familiar por um trabalho bem-feito.

bombinha: uma irritação, interessante mas fatal, de uma decisão insensata.
sonhar com: um duro despertar para o fato de que seus sócios são vigaristas.

FOGUETE 17-21-26-28-30-32
construir um: deve ter estrutura mais sólida para desenvolver o negócio.
decolando: suas ideias precisam de uma análise de mercado mais robusta.
explodindo: expansão da família, figurativa e monetariamente.
inimigos sendo mortos por um: ouvirá falsas notícias de união feliz.
muitos: triunfo sobre inimigos em sucesso de curta duração.
observar a partida de um: vantagem advinda de fonte improvável.

FOLE 04-11-21-23-29-33
emprestar: bons resultados na luta contra a pobreza.
muitos: um relato falso poderá ser desmentido pela perseverança.
sonhar com: amigos ausentes desejam ver você.
usar para estimular o fogo: você se deparará com um conhecimento oculto poderoso.
não: energias desperdiçadas sob impulsos mal direcionados.

FOLHADO 10-14-24-30-39-40
assar: insatisfação com seu desempenho no trabalho.
biscoitos: descobrirá o segredo de muitas horas felizes com amigos.
caprichado: vai se deparar com as contradições das próprias atitudes.
torta: sofrimento devido à sua incapacidade de deixar o passado para trás.
comer: bons resultados nos negócios se não perder compromissos importantes.
com amêndoas: terá suas ações justificadas.
homem sonhando com: vai se apaixonar por uma adolescente.
comprar: descobrirá algo impressionante sobre a pessoa que namora.
molhar, no café: sua própria tolice comprometerá um trabalho agradável.
sonhar com, de loja: você gosta de compartilhar coisas boas e fica desapontado por seu companheiro não fazer o mesmo.
torta: cuidado para não gastar dinheiro com algo que você pode fazer por si mesmo.
usar bastante manteiga no: grande satisfação em pequenas doses.
vender: vai se desligar dolorosamente de uma pessoa que não lhe corresponde o sentimento.

FOLHAGEM 02-03-04-11-12-47
caída: doença perigosa.
comer folhas fervidas: discórdia na família.
figueira: as pessoas têm inveja de você.
marrom: brigas e noivados rompidos.
morta: os empreendimentos não terão sucesso.
parreira: você perderá a calma.
seca: doença.
ter coroa de folhas: grandes honras.
verde: prazeres reservados para você.

FOLHAS 08-09-10-22-31-49
árvore coberta de: evento importante e muito benéfico está para acontecer.
caindo no outono: você terá uma doença perigosa; a cura se origina em um espírito elevado.
cobrindo o solo: doença, advertência de futuros problemas de saúde.
colher: dinheiro chegando de um maravilhoso acúmulo de negócios.

de videira: você tende a perder a paciência diante das pequenas dificuldades.
em um caule com frutas: crescimento emocional e intelectual em um casamento feliz.
flores em meio a: duas pessoas estão muito felizes juntas.
murchas: você toma decisões baseando-se em informações antigas; suas emoções se decidem por um amor antigo.
secas: as pessoas são maliciosas em relação a suas relações familiares harmoniosas.
usadas como tempero: você gosta de comer demais; comida substitui o amor.
vento soprando: Deus está conduzindo sua vida.

FOME 02-10-33-38-43-49

sonhar que está com: vai adquirir riqueza ao ter coragem em momento de necessidade.
sonhar que passa fome: muitas riquezas no seu caminho.
sonhar que passa fome e depois come: corte despesas, invista com moderação e inteligência.
ter fome por vários dias: é duro progredir sem apoio inteligente.

FONTE 03-33-34-40-43-47

cheia de água em um jardim: uma mudança na vida em breve.
dentro de um prédio sagrado: a pessoa amada deixará você.
em parque público: você tem um amigo leal.
nascente de água: acontecimentos importantes e muito benéficos pela frente.

FONTE D'ÁGUA 01-02-10-39-48-53

beber de nascente pura: grande fortuna virá mais tarde; o afeto já está disponível.
jorrando água: riqueza, honra e dignidade.
seca: pobreza e doença.
um dia agradável na: suas ideias novas e estimulantes serão insultadas por um idiota.
usar uma fonte artificial como parte da mobília: você não é materialista e se sai bem com pouco.

FORCA 01-09-15-20-33-49

cadafalso: reprovação definitiva da sua ação ou do seu pensamento.
levantar: mudanças inesperadas, mas construtivas, retardam a execução de medidas de emergência.
ser enforcado: linchado por um homem que as suas ações enfureceram.
alguém que você conhece: aprenda a passar sem um vício antes que ele seja descoberto.
outra pessoa: seu adversário irá se render em breve; vitória em todas as esferas.
parente: você será perseguido se o seu pequeno crime for revelado.
sonhar com: uma mudança importante será necessária da sua parte para que você alcance a felicidade.
ter que morrer na: muito sofrimento até que você obtenha um cargo ilustre.

FORÇA 14-21-25-35-42-45

forçar outros a satisfazer os seus desejos: você deixa que outros o dominem.
abrir um cofre: você comprará um cofre antiquado.
policial: você deve supervisionar o seu contador.
usar contra prisioneiro: desespero.
outros: suas esperanças serão realizadas.
usar de grande força para conseguir algo: críticas de acordo com as quais a sua natureza não consegue agir.

FORMIGAS 17-23-25-28-48-49
aladas: descuido no trabalho.
antena de: sua habilidade de transmitir e receber energia precisa de ajuste.
comida de: trabalho duro garantirá alegria.
estar em um formigueiro: o lugar de trabalho está repleto de conformidade.
levar mordida: espere energia renovada no trabalho.
na casa: são exemplos de vida comunitária bem-sucedida.
longa fileira de: perda da individualidade por uma causa mais importante que você.
no seu corpo: arrisque-se mais nos negócios.
pisar em um formigueiro: sua ambição provocou animosidade em colegas de trabalho.
sonhar com tamanduá: você irá à bancarrota para fugir de aborrecimentos triviais.
comendo formigas aladas: fracasso em cumprir suas obrigações causará perda de imóvel.
minhocas: tome medidas radicais para se livrar de amigos falsos.
subindo em uma árvore: nova oferta de trabalho causará aborrecimentos.
trabalhando: aborrecimentos fúteis afastarão você de seu progresso.

FORNALHA 26-27-29-31-36-44
acender: problemas causados pelos seus filhos, que desejam superar você.
outra pessoa: seus empregados não são leais; você escolheu os incapazes para isso.
alto-forno ensurdecedor: uma rápida ascensão está inclinada de maneira tão intrincada, digna apenas de movimentos laterais.
apagar: sua energia emocional é restringida pela sua lógica.
com fogo apagado: sua potência física perdeu calor; o trabalho, mesmo com ajuda, será em vão.
ardendo: apresente sua nova ideia, mas mantenha o controle da patente dela.

FORNO 01-05-17-23-34-37
apagar um: será útil para alguém se conseguir esquecer discussões do passado.
assar algo em um: seus interesses estarão em um período de paralisação, mas depois algo de recompensador acontecerá.
comida queimando no: você está seguindo por caminhos errados.
de tijolos: grande lucro em negócio no qual você empregou técnicas à moda antiga.
fazer comida em um: os negócios vão melhorar ligeiramente.
por muito tempo em um: sucesso no amor por meio de adulação.
mulher sonhando com um quente: será muito amada.
sendo aceso: abundância de comida como símbolo de amor.
muito quente por fora: será promovido em sua comunidade.
superaquecido: os amigos lhe tentam a seguir para suas terras distantes.

FORQUILHA 01-08-17-30-41-43
de cadafalso: está sendo influenciado por pessoa mais velha.
dois animais unidos por: trabalho em equipe com perfeita noção de tempo.
fechar roupas com uma: tente desenvolver sua própria personalidade.
levar no ombro para carregar dois baldes: punição e escravidão.

FORTE (fortaleza) 11-18-22-26-42-45
bloqueio de: fome entre os limites, se você erigir muros contra a vida.

cercado de minas: um medo irritante do perigo por trás da fachada.
comandar um: responsabilidades crescentes com um salário à altura.
destruído: uma lembrança do passado é a fonte da sua falta de autoestima.
em construção: o tempo é crucial para dominar o estado de fatiga.
estar em: evite a hostilidade de rivais, mas não as necessidades da vida.
com outras pessoas: você perdoará alguém em desgraça da mesma forma que perdoou a si mesmo.
ser homenageado ao entrar em: seu egocentrismo obstrui relacionamentos.
sonhar com: proteja-se de problemas e perdas reservados para você.
viver em uma fortaleza: você está protegido enquanto permanecer em casa; é isso que você quer?
não conseguir abrir a fechadura de: você está deliberadamente erigindo muros contra a vida.
olhar para fora de: você está se aventurando muito além da área de máxima proteção a fim de curar-se construtivamente.
sitiada: estado de espírito elevado e otimismo de que a cavalaria virá.

FÓSFOROS 04-07-15-33-45-46
brincar com: brincadeiras com as paixões dos outros podem rebater mal em você.
comprar uma caixa de: seu amor criará uma vida doméstica feliz para você.
sonhar com: seus esforços trarão riquezas, se você conseguir manter os planos em segredo.
ter em casa: falta de sorte no amor o levará a fazer um sacrifício doloroso.
ter uma caixa no bolso: ganhos financeiros estão à mão; agarre a oportunidade.

FÓSSEIS 15-25-28-29-32-42
desenterrar do solo: você receberá a notícia da doença de alguém.
muitos atributos dos: um mistério será resolvido.
possuir fósseis: você encontrará um velho amigo.
ser chamado de fóssil: acorde, sua preguiça pode lhe custar o emprego.

FOSSO 04-16-20-23-30-38
cair em um: sua indiferença e frieza no relacionamento atrairão desconforto, e não amor.
e se machucar: o caráter que você cultiva lhe retornará como um bumerangue.
caminhar e cair dentro de um: colega ambicioso vai cooperar para seu fracasso.
descer em um profundo: os negócios vão dar para trás por causa dos riscos que você corre, e de sua irreverência.
raso: reveses na vida amorosa causados por suas tramoias infelizes.
machucar-se em um: sente-se impotente frente aos problemas.
muitas pessoas sendo mortas em um: os inimigos tentarão destruir você e qualquer um que lhe apoie.
outras pessoas em um: será difícil, mas não impossível, reverter um fracasso nos negócios.
ser forçado a descer a um: vai arriscar a prosperidade e a saúde para encontrar a saída.

FOTOGRAFIA 11-20-27-40-44-46
de pessoa querida enforcada: sua conduta tem sido indecente.
despedaçar uma: esteja avisado que você é a causa indiscutível de seus infortúnios.
de pessoa morta: escute seu coração, não a decepção de seus olhos.
outra pessoa tirando sua: seu rosto bloqueia sua visão do mundo.

que não revela da maneira certa: não está vendo claramente e não está sendo objeto de lealdade total.
receber ou dar a própria: compartilhe sua autoanálise com a pessoa certa.
revelar uma, no escuro: espere para ver o que acontece antes de se comprometer.
sonhar com a própria: concentre-se em seu senso de direção.
de outra pessoa: dignidade e distinção quando você perceber que a imagem é sua.
de pessoa desconhecida: na hora e no tempo certos você encontrará a imagem de seu sonho.
ter um estúdio de: realidade, não na hora certa, apenas em sua imaginação.
tirar, dos filhos: dinheiro chegando de fonte fraudulenta; proteja-os primeiro.
de amigos: você engana os amigos ao deixar de perceber seus objetivos e insultá-los a cada passo.
de outras pessoas: um rival vai roubar a afeição da pessoa amada.
de pessoa morta: reveja assuntos que achou que estivessem resolvidos.
velha: memórias de velhos amigos que deram para trás na vida.

FRACASSO 09-19-31-32-38-41
inimigos fracassados: você terá um problema muscular.
marido fracassado: sua falta de bom-senso torna você inapto para ocupar seu cargo.
parentes fracassados: reviravolta com a rápida recuperação e lições a serem aprendidas.
pessoas fracassadas: o adiamento do êxito causado por notícias desestimulantes de agora.
ser um: você realizará seus maiores sonhos não usando de excesso de perfeccionismo, mas sim de senso comum.

FRACO 07-17-22-27-30-48
ser: conseguirá recuperar suas forças e realizar seus desejos com ajuda dos outros.
amigos: não pode ganhar bem se transfere seus poderes para os outros.
companheiro: ambições prejudicadas devido à sua incapacidade de reconhecer o próprio potencial.
crianças: não aceite que lhes falte autoestima nem potencial.

FRÁGIL 01-05-15-16-29-39
quebrar algo: as esperanças não serão realizadas.
enviar: felicidade.
receber um presente: você tomará decisões para transformar sua beleza em conhecimento.
quebrado: sua vulnerabilidade foi violada por um amigo dedicado.

FRAMBOESAS 22-35-36-43-48-54
colher: os amigos estão lhe escondendo algo; acredite em suas visões.
comer, pretas: uma pequena deslealdade faz romper relacionamentos.
vermelhas: procure os amigos que são o sal da terra.
comprar: vai se decepcionar, pois elas nunca são tão boas quanto as que foram tiradas do pé.
fazer geleia de: o amor será ativo e bom provedor.

FRANCÊS 07-09-13-18-28-45
casar-se com: você precisa controlar as paixões para desfrutar a exuberância.
uma francesa: você terá muita roupa, inclusive de cama e mesa.
divorciar-se de um: você irá para a cadeia.
falar francês: sucesso nos assuntos do amor.

ir à França: seu futuro é incerto.
e visitar as atrações turísticas: suas decisões são sábias; seja firme a respeito delas.
ser: você está indeciso nos negócios.
ser de nacionalidade francesa: perigo causado por um segredo.
ser membro do clube jacobino: abundância de amor.

FRANGO 09-25-28-35-38-50
alimentar pintinho: pare de se fazer de mártir e mantenha a sua autoconfiança.
cacarejando: um suicídio repentino nas redondezas começou um boato malicioso inventado.
carne de: você terá sucesso no empreendimento que está considerando.
com os seus pintinhos: seus atos causaram desgosto a alguém.
comer: seus esforços no trabalho serão recompensados; seus esforços em casa fracassarão.
comer pintinho: você enxerga melancolia onde existe diversão.
cozinhar: você fará muito dinheiro a partir de uma oportunidade que julgava perdida.
criticado ou dominado pela esposa, sonhar com ser: cuidado para não ser provocado a ponto de perder o controle.
depenar: busque uma compensação maior pelo seu trabalho.
galinheiro: muitas preocupações triviais beneficiam você no final.
matar: o lucro que você obteve ao tirar vantagem da covardia de outra pessoa perseguirá você.
matar pintinho: você está acusando uma pessoa inocente.
ouvir cacarejarem ao amanhecer: aviso de que é preciso cuidado para não ser dominado pela esposa.
ao fim da tarde: grande perigo se você não exercer o poder submisso.
ao meio-dia: brigas entre parentes; não deixe que eles tirem vantagem de você.
perseguir: pare com essas noites de sexo sem compromisso e concentre-se em uma só pessoa para amar.
vários: você demonstra preocupação com o alto custo da sua acomodação excessiva à vida doméstica.
pintinhos: uma família significa que vocês apoiam um ao outro.
pondo ovos: dinheiro ou um filho inesperado.
pronto para pôr ovos: promete a realização de desejos antigos.
sentado nos: alegria por causa do conforto na vida atual.
sonhar com: a possessividade excessiva renderá ganhos financeiros.
vários: bons amigos estão por perto.
piando: não desperdice tempo em conversa fiada.

FRASCO 10-16-27-36-44-45
beber vinho de: problemas causados por excesso de bebida.
outros: cuidado com os boatos.
cheio de água: você ficará rico.
possuir: diversão.
quebrar: perdas.
sonhar com: você irá ignorar os amigos.
vazio: decepção no amor por causa de sua estreiteza de espírito.

FRAUDE 07-12-15-16-26-40
cometer: suas mentiras serão reveladas; a sua indulgência em prazeres irá corromper você.
outras pessoas: troque amigo muito confiante por um pouco de dinheiro e muita vingança.

pegar alguém no ato de fraudar: os boatos a seu respeito se tornaram desagradáveis.

ser fraudado: uma grande traição irá expor seus inimigos e conquistar respeito para você.

por outros: os inimigos tentarão em vão causar a perda da sua reputação; você irá perdê-la por si mesmo.

por parentes: falsidade no amor; você não perderá a sua capacidade de dar e sentir amor.

FREIRA 05-07-11-19-21-30

abade com: você é inteligente, orgulhoso e ambicioso, escondendo-se detrás de um manto de segredo.

cantando: sua grande inteligência lhe fez atrair para si um companheiro inteligente.

convento: grande tranquilidade para resolver seus problemas.

homem sonhando com uma: seus desejos materiais sobrepujam sua espiritualidade.

inimigos, com sua: perigo de doença contagiosa.

meninas com tendência à vida monástica: pessoas invejosas fazem você se separar da pessoa amada.

saindo de sua casa: mantenha seus muitos inimigos por perto.

várias, com seus amigos: você irá a um funeral.

FRIO 10-14-21-34-39-47

coisas na geladeira: você receberá uma informação falsa por causa da falta de comunicação.

mãos: aquisição de benefício duvidoso.

outros: você está dolorosamente insensível aos outros.

pés: você está ficando fora de controle.

sem casaco: você precisa tentar recuperar as coisas roubadas.

sentir: você receberá recompensa por ter um bom coração.

FRITAR 03-21-26-27-31-47

batatas: esqueça os boatos maliciosos; alguém novo gostará muito de você.

frango: você terá uma vida longa.

ovos: esqueça suas reservas; tire um tempo longe da pessoa amada.

peixe: você está arriscando seu futuro.

salgadinhos para uma festa: seu entusiasmo se transformará em uma briga lamentável.

sonhar com: cuidarão de você na velhice.

FRONTÃO 01-14-24-34-44-46

casa com muitos: cada frontão conta uma aventura.

da casa dos outros: sinal de problemas.

da janela da sua casa: descobrimento de objetos de valor perdidos.

de janela: levará a bons negócios.

sonhar com: você receberá bons conselhos.

FRONTEIRA 24-30-31-42-46-49

avião voa sobre uma fronteira internacional: aborde o problema do ponto de vista do seu oponente.

barco atravessa uma fronteira internacional: abra suas portas, abrace outras pessoas.

e o seu visto é negado: você precisa fazer aquela aparição pública.

e você esqueceu o passaporte: você não assimilou seu propósito e, por isso, não sabe para aonde ir.

cruzar a: exija desafios que estimulem seu intelecto.

estar na: você sabe se adaptar a várias situações muito bem.

funcionários da polícia federal permitindo que você cruze a: aprenda um novo idioma.

não: seu lado sentimental está frustrando seu progresso.

FROTA 10-12-18-27-37-42
ancorada: contentamento hoje, preocupações para outro dia.
da marinha: você receberá uma carta de uma pessoa amada confirmando boatos de guerras no estrangeiro.
em manobras: você vencerá qualquer batalha pela discórdia.
em um desfile: você está sendo enganado.
estrangeira: você receberá uma visita indesejada.
da marinha mercante: muita agitação no ramo da importação.

FRUTAS 16-19-21-32-43-45
ameixas secas: obstáculos e provações que se afastarão em pouco tempo.
comer: bloqueio criativo desfeito.
amoras: uma decepção amarga; você consolará outros e não receberá consolo algum.
colher: a experiência ganha apoiará mudanças positivas para o relacionamento.
do chão: você perceberá os frutos e rendimentos de esforços desfavoráveis.
selvagens: sucesso rápido, uma perda ainda mais rápida, e tentativas desesperadas para recuperar o equilíbrio.
comer: um amor gostoso, um presente próspero e um futuro incerto.
ainda verdes: os planos são prematuros; sua saúde sofrerá.
azedas: estimule de dentro para determinar que ações precipitadas obstruíram do lado de fora.
doces: período altamente criativo.
podres: a pessoa amada satisfaz você.
secas: você perdeu sua chance.
selvagens: uma lamentável especulação estragará planos cuidadosos, dando oportunidade a fontes menores.
sortidas: uma discussão será resolvida em seu benefício.
comer manga: atrasos e obstáculos irritantes impedem seu projeto.
comer um abacate: você receberá amor de muitas pessoas, mas amará apenas uma.
comer uma ameixa de damasco: problemas causados por falsos companheiros.
comprar: infortúnio nos assuntos do amor.
passas de Corinto: uma proposta surpreendente para sua futura carreira.
descascar: você precisa escapar de uma situação difícil.
em exibição em um mercado: transações atrairão o seu negócio.
fatiar abacaxi: você receberá um convite social de valor duvidoso.
comer: uma overdose nutricional com a qual você pode viver por mais tempo.
fazer compotas de: êxitos práticos recentes indicam muitas vendas com lucro pequeno.
fazer geleia de laranja: até mesmo a experiência mais amarga pode vir a ser doce.
e comer sozinho: proteja o trabalho feito por amor entre amigos falsos.
fazer geleia de: aceite o convite para a festa dos vizinhos.
fora de época: brigas e coisas desagradáveis para enfrentar.
frutas vermelhas: você está usufruindo de atividades sociais de natureza alegre.
melão cantalupo: advertência para que tenha cuidado com sua dieta, ou terá doença estomacal.

mirtilos: uma doença leve causada pelo manejo pouco higiênico da sua comida.

oferecer uma cesta de: você teme a rejeição da pessoa amada; você colherá o que plantou.

toranja ou grapefruit: você está sendo atraído em direções demasiadas para que possa garantir êxito em qualquer uma delas.

vender: você está fazendo esforço demais para conseguir favores, para vender no ponto certo de maturação.

FUGA ROMÂNTICA 03-06-16-24-26-29

amigos em: uma viagem sentimental é melhor quando deixada para a mente.

filhos em: uma cabeça nas nuvens não consegue ver a realidade.

pessoa casada: você não está apto a assumir a sua posição com os seus assuntos em desordem.

e amante: seu casamento perdeu seu compromisso de honrar e obedecer.

pessoa solteira em: seu amado ocupa um lugar no seu coração que ele não está disposto a satisfazer.

uma jovem em: você está agindo como alguém que você não é; perda de reputação a seguir.

FUGIR 05-20-25-34-42-45

ajudar amigos a: o ato generoso que você realizou movido pela compaixão se voltará contra você.

dos inimigos: o perigo desaparecerá com o tempo.

alguém fugindo: sócios poderão irritar você e fazer com que mostre seu mau gênio.

amigos: você espera favores demais dos outros.

outros: os amigos enganarão você.

FUMAR 07-08-16-42-43-45

amigos fumando: desfrutará de novas amizades auspiciosas.

charutos: você está declarando seus direitos em vão para espezinhar os outros.

com um narguilé: concretização de casos de amor desejados apenas na mente.

tabaco na água: muitas mulheres estarão atrás de você; nenhuma delas lhe terá.

crianças fumando: a sorte sorri para quem sonha, mas uma criança sofrerá devido a estado físico delicado.

em áreas de não fumantes: despreze os pedidos daqueles que só estão por perto devido a seus ganhos financeiros.

outras pessoas fumando: alguém que você respeita muito está agindo mal.

sonhar com fumaça: lágrimas e desorientação em relação a que direção tomar.

muito turva: ataques hostis lhe atrapalham a percepção.

saindo de chaminé: reputação manchada devido a maquinações de amigo exaltado demais.

ser abafado por: está sobrecarregado pela confusão; esclareça as coisas.

subindo: você encontrará abrigo em outro lugar.

branca: sua paz é temporária.

densa e penetrante: não há escapatória de uma desilusão nem da profundidade de sua decepção.

você fumando: insatisfação com seu atual sucesso.

FUNCIONÁRIO PÚBLICO 34-42-35-45-44-48

brigando com: assuntos legais não poderão ser evitados se desafiá-los.

lidar com: problemas preocupantes pela frente em uma luta de poder.

pagar tributos a: você pagará a taxa máxima.
ser: seu direito a alguma ilusão de controle.

FURACÃO 05-07-08-25-34-40
devastação causada por: um passo errado será desastroso; um mistério ainda precisa ser resolvido.
estar em: nada evitará esta confusão.
no olho de: crise iminente do sistema de crenças resolvido com conselho de amigos.
o rugir e o vento assustador de: você terá pensamentos tortuosos para evitar o fracasso.
perder propriedade em: você evitará problemas nos negócios por pura sorte.

FURÃO 05-15-16-26-37-41
caçando coelhos: procure as emoções negadas em seu inconsciente.
ratos: você terá aflições emocionais.
sonhar com: cuidado com uma indiscrição que pode ferir os sentimentos de outra pessoa.
usar um furão para caçar: você tem uma mente vigorosa.

FÚRIA 02-04-10-20-40-43
marido furioso: o desespero pela perda da futura esposa não vai lhe ajudar em nada agora.
esposa: um futuro melhor a aguarda caso se divorcie do marido infiel.
mulher: sua inocência será provada, mas isso não será vantagem para sua posição.
outras pessoas: assuntos de negócios caem na rotina, repetem-se automaticamente, definham e fracassam.
pessoa amada: você foi esnobado por uma namorada e precisa se vingar na mesma moeda.
tentar acalmar pessoa furiosa: seu comportamento precisa ser reexaminado.
ter um ataque de: se você não se controlar, vai acabar se machucando.
com amigos: preocupações com a saúde já estão na sua cabeça.
com pessoa amada: decepção causada pela frivolidade da pessoa amada; você não está sabendo de nada.
homem: amor passageiro que só pode dar em desprazer.
parentes: infelicidade familiar causada por pessoa amada.

FURIOSO 09-11-31-35-39-47
duas pessoas muito amadas: alegria e felicidade duradoura.
filhos: seus vizinhos não gostam de você.
homem: infelicidade nos assuntos do amor.
mulher: ciúme da pessoa amada.
outros: as pessoas odeiam você.
ser uma pessoa: você será compatível.
excepcionalmente: as pessoas estão espalhando rumores contra você.

FUTEBOL 08-23-24-32-46-48
assistir a um jogo de futebol: prováveis preocupações de amizades muito rápidas.
campo de: o sucesso exige as jogadas certas.
jogar futebol: bons negócios.
filhos: uma pessoa amiga está tentando ajudar.
marido: triunfo sobre os inimigos.
participar da defesa: previna-se contra homens inescrupulosos.
vencer uma partida: o futuro está garantido.
não fazer ponto em: alguém não passou a bola para você.
outros fazendo ponto em: uma pessoa amiga se recusará a fazer parte do time.

FUTURO 03-05-20-23-26-40
filhos: em defesa contra o seu comportamento adolescente reprimido como adulto.
seu próprio: apazigue velhas brigas, reviva perdas e deixe que essas experiências sirvam de base sobre a qual você construirá.
não sendo bom: uma avaliação dos prejuízos causados por um esbanjamento tóxico danoso.

G

GABAR-SE 03-07-16-28-30-52
você está se gabando: seu ato impulsivo causará constrangimento aos amigos.
aos seus competidores: você está decidido a vencer, mesmo que desonestamente.

GADO 13-18-28-29-30-31
bezerro bebendo: objeto desejado será difícil de obter.
bezerros correndo: você precisa entrar em pânico para manter sua carreira lucrativa.
brigando: alegria na família.
conduzir: você precisará trabalhar muito para o seu futuro.
de corte: problemas pela frente nos negócios.
de outras cores: uma pessoa leal da sociedade irá adorar você.
gordo pastando: você terá um ano proveitoso em alegre companhia.
magro: você precisará de provisões.
morrendo em incêndio no curral: fraqueza e imobilidade de afeições.
muito: prosperidade de acordo com o número de cabeças.
muitos: você perderá seu amado por não responder às investidas dele.
ordenhar: você vai ganhar dinheiro.
rebanho de: você está entrando em um contrato que lhe trará respeito.
concentrando-se: uma fortuna proveniente de vendas futuras.
ser seguido por: corrija seus hábitos.
ter um rebanho muito magro: você terá pouquíssimo dinheiro devido a desperdícios na juventude.

GAFANHOTO 08-13-19-34-36-37
matar: chegada de uma pessoa cujas indiscrições surpreenderão e desconcertarão você.
outros: aguarde a chegada de um ladrão vestido impecavelmente.
no seu próprio jardim: mau agouro para os doentes; com calma, redirecione o seu medo.
sonhar com: você gozará de um período de sucesso imaginário e depois complexidades desconcertantes.

GAGUEJAR 01-02-06-19-27-45
outras pessoas gaguejando: novos interesses trarão felicidade.
sonhar que gagueja: você tem muita determinação na mente, mas não sabe se expressar.
amigos: cuidado com eles, pois vão lhe sugerir fazer algo errado.
crianças: terão boa posição no futuro.

GAITA 02-10-27-33-45-55
comprar: uma melhoria vivaz nas suas condições de sustento.
ouvir: uma grande briga a respeito da pessoa amada pela frente.
tocar: você receberá uma companhia boa e inesperada.
outros: brigas de família a respeito da doença do pai.

GAITA DE FOLES 13-23-27-29-35-48
pertence a outros: perpetuação das preocupações matrimoniais se você não conseguir vencer a tristeza.

ter: dar apoio e liderar as tropas.
tocar: você é muito amado em épocas de aflição.
outros: você receberá proposta de casamento.

GALANTE 02-07-24-31-32-38
homem sendo galante com uma moça solteira: inconsistência no amor.
com uma viúva: bons resultados nos negócios.
mulher casada sendo galante com um homem: sorte nos negócios.
ser com uma dama: satisfação e boa saúde.
ser um dândi: sua falta de preocupação com a aparência criou uma situação ruim para você.

GALERIA 10-15-20-24-28-44
cair de tribuna ou varanda: brigas em família.
comercial: sorte nos negócios.
estar em: uma perseguição agradável levará você a um crescendo de lucros.
pinturas: uma velha e desejada amizade será renovada.
sonhar com: um falso amigo está tentando prejudicar você.

GALGO 03-07-16-21-45-47
participando de uma corrida: você ganhará nas corridas; uma herança de apostadores desconhecidos.
pertencente a outros: você ganhará na loteria.
possuir: você está caminhando em cima de um muro estreito com o risco de um colapso repentino da sua prosperidade.
sonhar com: você vencerá os inimigos e os tornará seus amigos.

GALHOS 12-16-25-41-44-45
cortar das árvores: uma pequena divergência.
queimando: um novo interesse surgirá logo que o velho tenha sido eliminado.
secos: seus traços negativos da personalidade com os quais você lidou com sucesso.
verdes: suas experiências de vida não acabaram.
ramos de louro: você receberá homenagem.
ramos de oliveira: faça paz com os inimigos.
reunidos: uma operação.
secos: o passado assombra você.
verdes: você completará seu projeto com sucesso.
ser machucado por: um acidente.
uma árvore com galhos mortos: um amigo tenta secretamente ajudar você.
muito férteis: você receberá uma herança inesperada.
murchos: convalescença de uma doença.
secos: você fossilizou uma situação que já não pode mais existir.
uma árvore com um quebrado: infortúnio causado por uma pessoa ausente.
verdes: seu trabalho apenas começou.

GALO 01-09-14-21-39-49
botando ovos: sorte na loteria; qualquer outra coisa é impossível.
brigando: você terá discussões que levarão à separação.
morto: busca agressiva pelo poder não vai mais receber advertências.
na casa: você se casará e isso é uma advertência.
ouvir o canto do: sua grande prosperidade se deverá ao seu excesso de confiança masculina.
enquanto você está dormindo: você está se esforçando demais em tarefas pelas quais provavelmente não receberá agradecimentos.

GAMÃO 02-17-21-29-32-44

jogado por outros: triunfo lamentável sobre os inimigos leva à tensão em uma amizade.

jogar: ganhos financeiros, mas seus negócios ainda não estão consolidados.

perder uma partida: perda esperada nos negócios por causa de aliança com o adversário errado.

vencer partida de: você receberá uma herança que será duramente contestada.

GAMBÁ 08-13-16-19-29-37

homem sonhando com vários gambás: amará uma jovem que lhe trairá.

mulher: será enganada por aquele que lhe virará as costas.

matar um: passará por inesperada experiência de pós-morte.

pessoa solteira sonhando com: você é uma pessoa perspicaz que trairá os outros de propósito.

GANCHO 06-16-19-29-34-38

libertando-se de: o sucesso irá trazer-lhe tristeza.

obsessão ou atração por alguma coisa: suas más decisões são melhores do que outros fazendo-as por você.

pegar coisas com: você irá se contorcer até que domine muitas coisas.

pescar um peixe: cresce a paixão secreta por uma pessoa que você conhece há muito tempo.

ter: a origem de um gesto generoso surpreenderá você.

usar: você está obstinado com projetos sem valor.

para escalar montanhas: alguém próximo a você está preocupado com seu nobre comportamento.

GANGORRA 06-15-23-25-39-43

crianças brincando em: muitos altos e baixos prazerosos em seu futuro.

e se machucar: sua relação com uma delas é unilateral.

lidar com uma: casos amorosos inesperados que não durarão muito.

quebrar uma: você receberá um visitante inesperado de importância e proeminência equivalentes.

GANGRENA 03-11-13-30-43-46

própria perna sendo amputada por causa de: sua desvantagem força você a superar os limites anteriores.

de outra pessoa: amigos desleais falam mal de você a outros; ainda assim, quando eles precisarem, você os apoiará.

ter: dependentes agarrados a você só desejam sugá-lo ainda mais.

outros na família: você escolheu recompensar o altruísmo.

GANSO 02-06-23-33-40-48

comer: cuidado com sua dieta.

comprar: as pessoas estão achando que você é bobo.

depenar: herança.

engordar: todo o seu trabalho resultará em lucro.

ficar arrepiada como penas de: seus segredos estão deixando você doente.

grande e gordo: propostas muito férteis produzem grandes lucros.

grasnando: ouça cuidadosamente os boatos a seu respeito, mas não reaja.

gritando: evite a companhia de pessoas unidimensionais.

macho: seu peso deveria ser proporcional à sua altura.

matar: aumento de dinheiro.

nadando: a prosperidade está aumentando.

selvagem: seus amigos esqueceram você.

sonhar com: fertilidade abundante.

vigiar um bando de: amigo do qual você gosta muito abandonará você.

voando: faça uma viagem grande.

GANSOS 14-23-30-35-41-46

comer recheado: prosperidade com ovos de ouro.

outros: você terá grande alegria.

depenar: seus amigos esquecem você na sua miséria; voltarão com a sua herança.

grasnando: uma morte dentro do círculo familiar melhorará as suas condições atuais.

nadando: sua riqueza diminuirá com atos tolos e aumentará com atos sensatos.

selvagens: infortúnio no mar se você não tiver cautela; os pertences deixados em casa serão vendidos em um leilão.

voando: você fará uma longa viagem com amigos; uma busca agradável mas infrutífera.

GARAGEM 22-30-31-37-40-48

cheia de carros: uma pessoa mais velha irá transpor dificuldades para você.

colocar o carro na: o dinheiro virá fácil para você durante toda a vida, se você for buscá-lo.

em chamas: trabalho agradável e boas notícias.

sonhar com: os negócios melhorarão em um futuro próximo.

vazia: ou o marido ou a mulher está traindo o outro.

velha e em mau estado de conservação: você só vencerá se cooperar com os outros.

GARÇOM 04-07-13-14-16-20

em uma taberna: você é seguro demais.

garçonete: receberá notícia falsa de que está criando problemas na família.

em uma taberna: a fofoca será alimentada, mas você pode cortá-la pela raiz.

muitos garçons servindo as pessoas: recebe ajuda desonesta e faz dinheiro por meio do sacrifício dos outros.

um banquete: será agradavelmente entretido por um amigo.

ser servido por um: vai se tornar um inválido dependente de enfermeiras.

trabalhar como: suas opiniões estão sendo desconsideradas; tome mais cuidado ao apresentá-las.

GARFOS 01-15-22-23-38-47

apunhalar com: cuidado com o desejo de alguém de enganar você.

outra pessoa: uma pessoa está explorando você vergonhosamente; deixe o seu cargo.

bifurcação na estrada, uma: tome o caminho que você e apenas você resolveu que ia tomar.

comer com: a felicidade fica garantida após uma batalha.

convidados: a reconciliação com um inimigo é impossível.

cozinhar com: investigue a raiz dos parasitas que estão causando grandes brigas na família.

deixar cair seu: solucione o conflito que está distraindo você do seu objetivo.

receber de presente: você está fadado à decepção.

sonhar com: investigue a raiz das grandes brigas na família.

GARGANTA 21-22-30-32-40-43

cortar sua: os problemas causados por outros não são nada perto daqueles causados por você.

de alguém: uma indiscrição involuntária fará a pessoa atingida cortar necessidades.

de criança: sua imaginação é dolorosamente inflamada.

ter problemas na: seu metabolismo está em estado de inatividade.

dificuldade de engolir: gostos muito caros sem fundos que os sustentem.

dor de: suas palavras devem expressar a verdade.
pressão na: a verdade dói, mas deve ser expressa antes que o pessimismo se instale.

GARRAFA 05-08-25-37-41-45
cheia: prosperidade nos negócios e conquista no amor.
derramar o conteúdo de: espere preocupações domésticas.
gargalo: você está se espremendo com um esquema muito limitado.
levada pelo mar até a praia: Deus lhe deu a resposta.
quebrando: não é uma boa ideia pedir ajuda financeira agora.
várias: um convite para uma festa levará a acordos favoráveis.
vazia: infortúnio por você ter se exposto a muita infelicidade.

GARRAS 02-14-19-27-28-43
defender-se usando: amigos leais tomam conta de você.
ser arranhado por: um inimigo triunfará sobre você.
de animal que sai correndo: vitória sobre inimigos que sofrerão perdas.
de pássaro que sai voando: está sendo observado por alguém com más intenções.
outros sendo: um amigo está lhe ajudando em segredo.

GÁS 14-17-21-24-26-29
asfixiado por: cuidado com a traição das suas próprias intenções.
bico de gás que parece uma tora usada em uma lareira: uma reunião alegre de esperanças artificiais.
cheiro de benzeno: fique calmo e não acenda nenhum fogo até que encontre a origem tóxica.
comprar gasolina: você precisa de férias das suas opiniões desfavoráveis dos outros.
de petróleo: risco de problemas em família e fonte de energia.
ficar sem gasolina: energia sexual baixa e uma competência que luta com dificuldades.
fogão a acender o gás: compromisso lento e contínuo com o progresso.
máscara de: os credores encontrarão você atrás do seu disfarce.
medidor de: não assuma o recebimento da conta de outra pessoa.
outros comprando gasolina: expressão das emoções sob pressão.
posto de gasolina: recarregue suas baterias, calibre seus pneus.
sentir o cheiro de gás: atenha-se ao seu próprio negócio e chame a companhia de gás.
sonhar com: pensamentos danosos introduzem o mal disfarçado de espiritualidade.
vender gasolina: um sucesso rápido nos negócios levando a disputas entre parceiros de negócios.

GASTAR 06-14-20-36-37-49
com a família: felicidade doméstica se tudo for igualmente compartilhado.
com caridade: as coisas ficarão melhores durante um bom tempo, até a próxima necessidade surgir.
com entretenimento: discutirá com amigos sobre o que lhe faz mais feliz.
com os filhos ou crianças: servirá a uma pessoa ingrata.
com viagem: indulgência excessiva com frivolidades diminui a qualidade interna da vida.
de maneira imprudente: tenha cuidado e economize por um curto período.

homem gastando com outras mulheres: abandonará a casa por causa de um rápido caso amoroso.
na farra: desejo de possuir o que não merece.

GASTRÔNOMO 05-07-12-28-35-47
comer comidas em gelatina de carne: um convite para um jantar à antiga.
desfrutar de comida requintada: você precisa controlar suas emoções.
gourmet: você tem um amigo leal.
outros sendo apreciadores de iguarias finas: os bons tempos estão chegando.
ser: pratique comedimento na sua dieta e sexo seguro.
ser gourmet: a pessoa amada abandonará você.

GATO 01-17-23-39-44-53
à noite: pensamentos desagradáveis incontroláveis.
angorá: traição por parte de alguém que sinceramente inveja você.
branco: você oculta sua grande afeição por alguém; isso será fonte de grande tristeza.
macho: artifícios engenhosos nas suas frequentes trocas de parceiros sexuais.
marrom ou cinzento: uma pessoa na qual confia está enganando você.
preto: doença causada pelo rancor está próxima.
selvagem: você brigará com os vizinhos acerca do animal de estimação deles; evite complicações.
tricolor: você vê desonestidade onde não há nenhuma.
bater em: você passará a andar em má companhia que prejudica a si mesma.
brigando com um cachorro: brigas com vizinhos acerca de quem causou o incêndio.
brincar com: seus inimigos visitarão você em casa.
comendo a própria comida: uma amiga calunia você, causando divórcio e problemas legais.
comendo ratos: você receberá de volta o dinheiro emprestado.
conhecido: você precisa de autodefesa psíquica.
dar à luz: o divórcio está próximo, seja você casado ou não.
com a mãe: infelicidade no casamento devido à desatenção com a pessoa amada.
filhotes se machucando: seu pensamento maligno se manifesta nos inocentes.
não se machucando: você sairá do perigo presente com sua sensualidade intacta.
recém-nascidos: você conseguirá superar grandes obstáculos se não for enganado por mentirosos.
defender-se de: sua reputação será roubada.
dormindo: amigos ingênuos espalham boatos irritantes.
espancado: traição de quem acusa os outros por seus próprios pensamentos desagradáveis.
furioso: discussões com a pessoa amada vai afastá-la.
garra de: você sofrerá além de sua óbvia indiscrição.
grávida: um arrombador roubará você.
homem sonhando: um passo em falso acabará com seu relacionamento.
muitos gatos e cachorros: perda de lucros em um negócio.
nascimento de: um conhecimento repentino do inconsciente mal compreendido anteriormente.
no telhado: você precisará de astúcia para ter sucesso.

sem rabo: discorde acerca da reação de seu filho ao ataque de outro.
ser: sua ânsia por independência é sensata.
ser arranhado por: alguém está buscando sua ruína; cause incômodo a eles.
siamês: você conseguirá um emprego modesto usando metade do esforço.
um par de: você nunca conseguirá conquistar a prosperidade do segredo deles.
sofrer ataque de: afugentar os inimigos os leva a atitudes desesperadas.
vários: a pessoa amada é infiel a você com um deles.

GAVETAS 20-25-30-33-35-41
aberta: momento ideal para colocar em ordem o seu caos interior.
abrir: o dinheiro que você emprestou está para ser devolvido.
trancada: os perigos rondam a esquina, mas você não pode confrontá-los.
homem sonhando com as dele: ele deseja esquecer a vergonha e a dor, que ainda estão bem próximas.
mulher sonhando com as dela: ela será infiel ao homem que a ama.
não conseguir abrir uma trancada: você tem uma personalidade complicada e introvertida.

GEADA 12-20-22-23-24-28
cristais de gelo derretendo no sol: seu comportamento pode enganar os amigos; as indiscrições do passado não.
cristais de gelo nas vidraças: uma experiência enobrecedora de dependência emocional.
danificando suas plantas: você fechou as portas para suas emoções.
intensa: permaneça no seu cargo já que está impedido de assumir qualquer outro.
paisagem coberta pela: pare de chorar o inexecutável; os prazeres eram masoquistas.
sonhar com: suas energias estão imobilizadas demais para viajar para o exterior.
ter ulceração no nariz, nas orelhas e nos dedos causada pelo frio: um mal-entendido exilará você onde poderá permanecer em paz.
sonhar com: seus desejos põem sua saúde em perigo e qualquer possibilidade de amor em risco.

GELATINA 04-08-14-20-30-35
comer: um relacionamento leal de longo tempo na vida familiar.
fazer: muitos amigos charmosos apresentarão você à pessoa que será o seu futuro cônjuge.
receber: aceite o convite para uma festa na vizinhança.
ter: garantia de uma vida longa logo que passe a infelicidade atual em família.

GELEIRA 18-19-27-38-40-49
estar sozinho no topo de: os adversários se foram; lide com a sua própria adversidade.
com a pessoa amada: separação iminente; faça uma viagem ao norte.
na base de uma: suas emoções reprimidas precisam ter vazão.
movendo-se: sua frieza está se partindo; fique acessível às possibilidades.

GELO 08-14-24-25-43-48
cair no: um leve solavanco no seu progresso é um fator importante o bastante para acabar com uma negociação.

dentro do: adversário secreto está boicotando seus esforços.
caminhar com outros sobre o: desperdice tempo e dinheiro em uma curta aventura.
correr no: agitação, esperando trapaça no amor.
cristais de gelo na janela: suas lindas emoções não são correspondidas.
derretendo: emoções congeladas anteriormente e reprimidas tomam forma.
deslizar no: a ameaça de um novo desastre, excitante e veloz.
flutuando em águas claras: sua felicidade está cercada de olhos invejosos.
iceberg: não fique com medo; é tudo parte do seu inconsciente.
muitos tipos de: grande prosperidade nos negócios congela; nenhum movimento, nem para cima nem para baixo, é possível.
navio quebra: se você se esforçar, triunfará.
no refrigerador: desconforto quando faz um pouco de calor.
penetrar através do: uma associação que tem como base os mesmos princípios.
sincelos suspensos dos beirais dos telhados*: as aflições irão se derreter logo, deixando novas sensações.
derretendo e pingando: sua vida está fora do seu controle e sob controle da Mãe Natureza.
sonhado por empresário: incapacidade de abrir caminho por meio dos obstáculos nos negócios.
fazendeiro: fazer uma colheita eficiente é seu trabalho; o clima é o trabalho de Deus.

*Pingentes de gelo suspensos das árvores (*N. do T.*)

jovens: perigo ameaçador se os impulsos inaceitáveis não forem controlados.
mercadores: você está assumindo riscos para melhorar os negócios.
militares: promoção ou morte na linha de frente.
moças: você não consegue lidar adequadamente com as emoções e acalmar os ânimos.
operários: se sentem na obrigação de seguir líderes que não podem ajudá-los.
tempestade de: aqueles em dificuldade tentarão prejudicar o seu esforço criativo.

GÊMEOS 03-22-31-32-37-41
doentes: é preciso meditar diariamente.
homem sonhando que a esposa tem: mudança de ambiente traz equilíbrio.
mulher sonhando que tem: vai verbalizar pensamentos e medos.
ter: acabe com o conflito de ideias e com as decisões que os causam.
cavalos: sairá bem de ameaça presente.
do mesmo sexo: mantenha um estado de equilíbrio mental em relação à sua enorme responsabilidade.
diferente: dignidade e distinção, um de cada.

GEMER 03-06-10-11-34-47
gemidos: alguém investigará o seu trabalho com minuciosidade excessiva.
ouvir os filhos: você terá uma vida longa com a volta agradável e frequente dos filhos.
inimigos: existe uma pessoa que é sua amiga leal e que não consegue parar o flagelo dos inimigos.
parentes gemendo: um sonho não realizado se tornou indesejado, e um sonho novo se realiza.

GENERAL 01-08-22-24-39-40
amigo sendo promovido a: patrocínio de uma autoridade indica o seu nível de energia.
marchando em um desfile: use de cautela em seus empreendimentos; um incentivo ao crescimento.
no comando da artilharia: sua arrogância se tornou perigosa.
no exército: exija obediência de si mesmo; mobilize a sua vontade.
ser da Marinha ou do Exército: honrarias por ter realizado uma tarefa clandestina.

GENGIVAS 03-21-28-40-42-45
filhos com dor e sensibilidade nas: você receberá hóspede inesperado.
inflamadas: resultados desfavoráveis nos negócios.
suas próprias: discórdia na família.
tratadas por um dentista: morte de uma pessoa amiga.

GEOGRAFIA 24-27-30-42-45-46
comprar um livro de: as preocupações atuais são desnecessárias; uma viagem ao exterior é iminente.
estudar: tenha muito cuidado com os assuntos do dia a dia; que você não leve a cabo as explorações da sua mente.
filhos: você terá pequenas dores causadas pela descontinuidade e defasagem de tempo.
livro de: alguém recusará o seu amor.
ser professor de geografia: você encontrará a sua presença dominante em outros territórios.

GIGANTE 05-08-09-25-30-31
com um gigante, estar: cuidado em quem confia, pois pode estar fazendo tempestade em copo d'água.
conhecer: seu medo se tornou grande demais para você controlar.
gigante monstruoso: mate a fera em troca de um êxito pessoal inesperado.
matar: você tem que se conciliar com seu complexo de inferioridade.
ser: um caso insignificante se torna um obstáculo imenso.

GIM 01-02-09-14-45-47
beber: você terá uma vida curta.
com amigos: você tem amigos falsos.
com uma pessoa muito querida: prazeres efêmeros.
comprar: você terá muitas mudanças na vida.
dar de presente: favores falsos.
quebrar uma garrafa de: uma pessoa amiga visitará você.
receber de presente: brigas em família.
servir: você tem amigos falsos.

GINÁSTICA 10-14-16-26-29-35
ao ar livre: viagem inesperada ampliará seus horizontes.
balançando no trapézio: trate de preparar-se de forma inteligente e incisiva antes de tomar decisões.
barra fixa: sua coragem será contestada em face do perigo.
fazer em uma academia: relacionamento duradouro e fiel com a pessoa amada.
filhos fazendo: você conquistará uma posição de respeito na sociedade.
moça fazendo cambalhotas pousando primeiro com as mãos no chão: você é cautelosa com o seu comportamento na frente dos homens.
rapaz: mantenha o foco na tarefa pela frente.
parentes fazendo: experiência holística do corpo e da emoção.
ser dono de uma academia de: cuidar de um negócio conquistará para você uma posição respeitada na sociedade.

GIRASSOL 03-09-18-26-33-49
alto: um pouco de informalidade faria bem à sua falta de modos.
colher um: não apresse as coisas, pois acabará caindo no ridículo.
comer sementes de: conquistará uma pessoa que está subindo de posição e lhe conquistará também.
voltando-se para o sol: preocupações pela frente quando encontrar aqueles que lhe derrotaram.

GIZ 07-14-15-46-48-49
comprar: você terá uma vida longa se conseguir manter as mãos limpas.
escrever em um quadro-negro: azar em ter sido pego fazendo uma travessura de criança.
manusear: você se casará em breve com pessoa de classe mais alta.
pintar o rosto com: você está conspirando para o amor, posição e dinheiro.

GLADIADOR 01-11-14-16-17-40
em combate: você terá muito dinheiro.
vários: mudança de ambiente.
estar em festival de gladiadores: em breve acontecerá algo que acarretará infelicidade.
sendo morto: infelicidade.

GLOBO 09-14-19-23-24-41
caindo no chão: seus projetos lucrativos resultarão em fracasso.
fazer uma viagem ao redor do mundo: um êxito estático, mesmo que êxito, ainda assim é estático.
outros: seus amigos estão rodopiando fora de controle.
feito de vidro: sua ambivalência levará a uma crise; tome uma decisão.
metal: com coragem, você enfrentará qualquer desafio.
pessoa que viaja pelo globo o tempo todo: cuidado com a imprevisibilidade da Dona Sorte.
sonhar com: uma ampla viagem e aventura em um universo ideal.
ter um em suas mãos: sua natureza, simetria e proporção completas.
uma das mãos: você está correndo os riscos necessários para administrar seu trabalho.
terrestre: divisões mostrando os aspectos da natureza.

GOLA 18-19-28-34-35-39
alta: constrangimento com honrarias que você não mereceu ou conquistou.
apertada: restrições sobre sentimentos limitam o relacionamento.
branca no vestido usado por uma mulher: prosperidade em um relacionamento confinador.
colarinho: lucros em especulações que acabaram de ser completadas.
colocar uma nova: exibir restrições significa que você tem controle sobre seu destino.
feminina de pele: você tem controle da afeição de um homem; use-o bem.
ter suja: mostra inconstância por parte da pessoa amada.

GOLFE 05-09-11-25-26-44
fazer um bom jogo: chance de erro de cálculo não precisa ser divulgada.
ganhar um campeonato de: acontecimento importante e muito benéfico pela frente.
jogar: a habilidade exige um estudo cuidadoso da forma.
com amigos: muita alegria.
gastar muito tempo: vitórias efêmeras desviam a atenção necessária para longe dos negócios.
jogar em um campo de: você deseja ser identificado com uma riqueza que não consegue conquistar.

com outros: você não está apto a preencher o seu cargo, o que desencorajará esperanças de promoção.
inimigos: advertência de um engano que deixa suas ações expostas ao sensacionalismo.
outros com melhor pontuação que você: um olhar agressivo humilhará você.
ter carregador de tacos: passagem espiritual para o coração do jogo pela dor da não participação.
ter pontuação ruim: humilhação em ser objeto de escárnio.

GOLFO 05-06-12-17-18-24
chegar ao porto: felicidade sem lucro.
estar em barco em um: você irá superar problemas, se der carinho e atenção a outros.
estar em um: apenas o tempo bem empregado com a pessoa amada impedirá a partida dela.
outros em: triste separação de alguém que você ama.
sonhar com: separação, afastamento da vida que está levando.

GOLPEAR 04-06-15-24-51-53
alguém: a situação atual irá piorar, a menos que você fique acima dela.
pessoas golpeando umas as outras: a vergonha irá abater-se sobre os seus registros de pequenos gastos.
filhos: serão promovidos independentemente de você.
ser golpeado por bandido: mudanças em relacionamentos pessoais causadas por uma injustiça imaginária.
amigo: reconciliação depois de uma briga a respeito da sua sensibilidade excessiva.
inimigos: o ambiente ao seu redor mudou, o que trará melhora a uma situação particular.
outros: prosperidade vem de pessoa amiga.
pessoa louca: você terá o amor da pessoa que ama.

GOLPES 24-31-33-42-4-45
crianças golpeando uma a outra: promoção.
golpear pessoas: boa sorte por meio da benevolência de uma pessoa amiga.
recebido por você: reconciliação depois de uma discussão que você provocou.
por inimigos: uma mudança de ambiente trará respeito novo.

GOMA DE MASCAR 03-06-11-12-32-49
balas e dropes de: volta de amigo de infância.
mastigar: alguém será fiel a você, mas não sua namorada.
outros: pode ser que você tenha motivo para lamentar seus atos.
ter: sinais de atrasos em assuntos financeiros; cuidado ou ficará atolado.

GÔNDOLA 03-09-11-16-21-44
estar em uma com seu companheiro: bons momentos pela frente.
com um amante: o amor não durará muito.
outros em uma: você passará a lua de mel na Europa.
sonhar com: vida feliz, mas sem romance.

GONGO 02-03-08-22-27-34
de navio: evite brincar com problemas no seu emprego atual; volte ao anterior.
ouvir: um acontecimento excitante acontecerá em família.
ter na própria casa: trabalho agradável e boas notícias, o que fará a perda ainda mais incômoda.

GORDURA 04-14-17-18-42-43
comer comidas que engordam: redirecione a sua fome para se purificar de erros e doenças.

cozinhar com gordura ou óleo: tendência de gastar demasiado em empreendimentos comerciais.

banha de porco: você está em companhia de morais duvidosas e éticas questionáveis.

filhos ficando gordos: os resultados das suas ações esquecidas estão sendo infligidas em seus filhos.

homem sonhando que está ficando gordo: ênfase exagerada em valores materiais.

moça: você se casará com opulência.

mulher: você será abandonada pela pessoa amada.

muito: incapacidade de harmonizar seus desejos sensuais com suas ambições.

mulher casada: perda de liberdade iminente.

manchas de gordura nas roupas: você está permitindo que sua cobiça contamine suas opiniões.

outras mulheres sendo gordas: atividades desonestas e perigosas estão ocultas na ociosidade.

parentes gordos: você teme que os outros o considerem repugnante, que é como você os considera.

pessoas gordas: adiamento de seu sucesso enquanto os outros se deleitam com o deles.

GORJEIO 10-15-17-33-35-36

ouvir, de pássaros: felicidade no amor.

de cantores famosos: preste atenção na letra antes de se deixar levar pela melodia.

de crianças: não se deixe ameaçar pelas pessoas.

ouvir muitos gorjeios: discórdia entre pessoas casadas.

GORJETA 24-31-33-37-39-44

dar: alguém está tentando confrontar sua arrogância e seu autoritarismo.

escondido: não adianta se rebelar; só você pode mudar a própria atitude.

receber: não será muito bem recebido por alguém que quer lhe prejudicar.

repartir entre o povo: fará fortuna desonestamente.

viver de: não pode forçar os filhos a terem os traços de personalidade que você escolhe.

GOTA 15-21-25-29-31-42

pessoa idosa com: você terá infortúnio nos negócios.

pessoa jovem com: você está em risco de exaurir a sua saúde prematuramente.

ter em uma articulação: aflição devido a perdas financeiras causadas por um parente.

durante muito tempo: você precisa evitar esforço excessivo devido à fraqueza.

ter nas mãos: em breve você terá uma doença causada pelos boatos tóxicos que está espalhando.

nos pés: tentar se afastar dos problemas só fará com que eles continuem por perto.

GOVERNO 11-16-18-42-46-48

buscar a ajuda dos: você receberá insultos e contrairá dívidas.

buscar ajuda das autoridades governamentais: você contrairá dívidas.

encontrar-se com o governador: em breve você comprará um carro novo.

entrar para uma embaixada: responsabilidade para se representar respeitavelmente.

homem influente no governo: você será perseguido.

perder um cargo no: em breve você vivenciará altos e baixos.

perseguido pelas autoridades governamentais: promoção no trabalho.

pessoas com um cargo importante: honra e dignidade.

receber oferta de um cargo no: bons tempos pela frente.
ser chamado diante das autoridades: elas lhe dirão algo que já sabe.
outros: perigo causado por um segredo.
perseguido pelas: progresso na carreira, mas não neste emprego.
ser emissário: tragédia de influência mundial iminente.
ser sancionado ou ratificado: infidelidade.
inimigo: a desgraça pública deles; a sua alegria e prosperidade.
ter um cargo no: as forças internas que regem sua saúde.
outros: problemas pela frente.

GRAÇA 10-13-15-25-35-49
dar graças antes de uma refeição: você recuperará sua saúde completamente.
pedir perdão para um prisioneiro: riqueza.
pedir uma graça a Deus: você terá mudanças importantes na vida.
receber uma: você terá bons lucros.

GRALHA 12-22-31-43-44-49
capturar: seu futuro está repleto de conflito.
grande bando de: planeje uma reunião de família antes que seja tarde.
grasnando: ruína iminente devido à perda da hipoteca.
ouvir o grasnado de: conflito acerca de quem causou a doença dos filhos.
sonhado por homem: colheita pobre.
moça: se precipitará para ficar noiva à frente do amor.
mulher: morte prematura do marido dela.
sonhar com: prenúncio de decepção.
voando: é possível que outros consigam persuadir você a juntar-se ao empreendimento deles, mesmo contrariando seu bom-senso.
por cima da sua cabeça: sob influência de pessoa mentirosa e maquinadora.

GRAMA 01-10-17-20-23-34
andar na: você não terá de se preocupar mais com parentes.
borrifar a sua: confie no seu bom-senso quanto ao limite de seus investimentos em uma ideia.
cachorro dormindo na: dinheiro iminente de uma fonte latente.
cortar a sua própria: você receberá visitante inesperado.
outros cortando a deles: falso amigo está por perto.
dos outros: o sucesso será adiado.
filhos brincando na: você receberá convidado indesejável; compre-lhes um cachorrinho.
homem cortando a: vida doméstica bem-sucedida e compromissos sociais divertidos.
mulher cortando a: o homem mandará na casa até que projetos antigos deem frutos.
precisando ser cortada: haverá cortes no seu local de trabalho.
verde: em um encontro inesperado, você reconquistará um amor perdido.

GRAMPOS DE CABELO 21-25-30-34-45-52
comprar: vida de casado calma e frutífera.
encontrar o de uma rival: você fará tolices.
homem observando mulher manuseando: você visitará um novo lugar de entretenimento.
usar para destrancar uma porta: um amigo está observando você.

GRANDE 03-09-26-27-43-47
receber visita de pessoas: sua hospitalidade não satisfará as expectativas delas.

ser: querer manter o seu peso não é poder.
gordo e alto: você tem uma impressão do que o sexo oposto pensa de você e está emocionalmente comprometido com ela.
grande falador perto das mulheres: suas palavras poderosas em emoções não têm efeito sobre as suas inadequações.

GRANIZO 02-07-12-41-42-54
caindo: uma concentração de ataques contínuos e tensos sobre você.
longe: separação de fonte de apoio financeiro pela frente.
colheita sendo arruinada por uma tempestade de: plante sementes em outro empreendimento; este não terá sucesso.
ser pego em uma tempestade de: uma discussão com alguém revela vingança emocional.
em um carro durante: seu caso será exposto alto e claramente.
outros: ofereça a um amigo um refúgio para o frio.

GRANJA 18-21-40-41-42-47
comprar uma: deve suportar infelicidade por um tempo curto.
participar de um: reunião como motivo de muita celebração.
ter uma: alegria e prosperidade em seu círculo social do teatro e cinema.
trabalhar em uma: um casamento ocorrerá em breve.
vender uma: vai ganhar publicidade por repetir fofoca sem provas.

GRÃOS 17-29-30-32-42-45
alimentar os animais com: prosperidade resultante de uma colheita opulenta.
armazenar a palha de: você terá uma mente vigorosa cheia de ideias úteis.
carregar ao celeiro sacos de: visita de parente será uma situação muito instável.
celeiro cheio: abundância pela frente.
vazio: você está inseguro a respeito de um problema que acabará sendo temporário.
colher: ótima saúde durante algum tempo.
milho miúdo: ótimos grãos em seu trabalho.
comprar: processo problemático até o lucro emocional.
espigas de milho, trigo, centeio e outros: você terá recursos abundantes.
pegando fogo: desastre sério pela frente na medida em que os planos não tiverem êxito, mas as coisas importantes terão.
semear um terreno com: bom casamento e bons negócios.
plantas eretas em: você receberá muito dinheiro.
separar a palha do: faça apenas as coisas importantes.
vender uma grande quantidade de: lucros continuarão.
pequena: problemas pela frente.

GRATIDÃO 06-10-21-26-41-43
outros expressando gratidão a você: coisas notáveis acontecerão com a pessoa amada.
receber dos filhos: você terá uma vida longa.
ser grato a alguém: acontecimentos surpreendentes pela frente.

GRAVATA 08-13-26-36-38-41
apertada: você se sente forçado a parecer inofensivo.
cortar sua: está perdendo a virilidade por causa de um estilo de vida decadente.

dar o laço em uma: vai se recuperar do reumatismo se contiver a agressividade.
dificuldade em colocar a: um relacionamento que deve ser desfeito.
frouxa: já fez seu estágio e agora está no controle.
manchada: não deixe de aceitar a promoção que está a caminho.
muitas: alguma liberdade será perdida em breve, e nisto só lhe restará uma opção.
ter uma: terá dor de garganta até afrouxá-la.
tirar a: perda de emprego; você está travado demais para fazer seu trabalho.
usar uma: luxo, grandeza e prosperidade inesperada lhe virão.
vender uma: alguém terá de tomar conta de seus negócios.

GRÁVIDA 05-13-15-20-28-36
estar: sua criatividade está fazendo você se mexer.
feto sozinho no útero: o nascimento de uma ideia cuja semente tem sido longamente aguardada.
homem sonhando que a esposa está: ela dará à luz um menino.
mulher casada sonhando que está: resolva seus problemas conjugais antes de ter filhos.
moça: não se case por enquanto, do contrário será um desastre.
solteira: encrencas e ofensas relacionadas a um escândalo.
viúva: vai se casar muito em breve e terá mais filhos.
mulher sonhando que tem um menino: parto tranquilo com pouco sofrimento.
rapaz sonhando que a namorada fica: consciência pesada.
viúvo sonhando com uma mulher: terá de lutar arduamente por um bom tempo.
menina: prazeres mundanos seguidos por estranhamentos e mal-entendidos.

GRÉCIA 04-06-18-24-28-32
grego casando-se com estrangeira: boatos vindos de mulheres tornam a comunicação impossível.
ir à: sua proposta será criticada em termos técnicos, discutida em termos práticos e utilizada.
pessoa de outra nacionalidade casando-se com grego: humilhação por não conseguir estar à altura de expectativas antigas.
ser grego: intelecto sob a influência das emoções.
viajar pela: conheça nativos desagradavelmente rudes e pomposamente refinados.

GRELHA 03-15-19-28-45-47
cozinhar peixe na grelha do fogão: doença seguida de morte.
carne: você terá liberdade novamente.
de churrasco: você terá o amor de uma pessoa rica.
quebrar uma: preocupações pela frente.
sonhar com: infelicidade com muitos conhecidos divertidos e nenhum amigo de verdade.

GREVE 10-16-20-43-45-50
encerrar uma: será acusado por algo que não fez.
organizar uma: ajudará pessoas que precisam de dinheiro.
ser um fura-greve: uma pessoa desconhecida está apaixonada por você.
ser o líder de uma greve: uma posição que você nunca quis lhe será roubada.
serem prejudicados financeiramente por uma: você terá um frágil senso de dignidade.

GRINALDA 09-24-30-32-40-42

colocar uma, na cabeça de alguém: terá o respeito das pessoas.

em uma tumba: a esperança de seu futuro está em sua cabeça.

de crepe: ficará doente e não terá dinheiro para pagar o tratamento.

de ouro: será protegido por gente influente.

lindas flores em uma: altas esperanças e respeito merecido.

ser coroado com uma: culpa inconsciente por falta de compaixão.

sonhar com: encarar a vida com desprezo e não vivê-la acaba despertando hostilidade.

GRITAR 11-14-15-16-24-34

companheiros gritando um com o outro: uma apresentação vai alterar seus planos.

ouvir crianças gritando: muitas brigas familiares devido a questões menores.

gritos abomináveis: as preocupações passarão.

barulhentos: terá paz e dinheiro.

outras pessoas: conflitos seguidos por paz.

pessoas uivando: terá dificuldades em sanar os ressentimentos na família.

você gritando: cuidado para não agir de maneira indevida nos negócios.

GRITOS 07-08-23-25-28-47

acalmar alguém que está aos: ímpeto violento contra a autodestruição de alguém.

crianças: seus erros serão vingados nelas.

gritar um pedido de ajuda: você descobrirá um plano para destruir seus infames casos amorosos.

outros: um inimigo está tentando destruí-lo usando outras pessoas.

parentes: brigas e bate-bocas referentes à revelação de um "podre" familiar.

sonhar com: você vai se juntar a forças sociais para a melhoria destas.

GROSELHAS 03-04-14-27-33-46

colher: você será ridicularizado em público por algo que não fez.

comer: você está fadado a ter uma companheira com ânimo para o combate.

comprar: a paciência ajudará você a evitar a solidão e os problemas.

fazer geleia de: evite rivais.

torta: a pessoa amada deixará você.

juntar: brilhantes perspectivas de negócios.

ter: você receberá um convite inesperado.

GUARDA 04-09-12-15-29-47

de um parque: você tem um bom coração, mas não pode ficar esperando por uma ajuda inútil.

estar de guarda contra o perigo: evite linguagem vulgar durante confrontos.

golpear: seu comportamento está sendo ilógico.

guardião: críticas vindas de todos os lados não são nada construtivas.

de uma pessoa jovem: você precisa proteger os desprotegidos contra a possibilidade de roubo de recursos.

levando um prisioneiro embora: amigos insultarão você.

matar: pressões sociais estão sendo demais para o seu espírito embrionário.

presidencial: fortifique sua honra contra adulação pomposa e persuasão pungente.

ser guarda noturno: grande tristeza pela frente.

ser levado embora por: você terá prosperidade garantida.

ser segurança: medo de perder respeito ou posição social.

ser vigia noturno: o medo pela sua propriedade faz parte de cada um dos movimentos dele.
sentir que precisa de um: alguém está impedindo você de executar determinadas tarefas.

GUARDA-CHUVA 07-09-13-33-35-59
abrir um: preservar-se de certas experiências tolhe seu crescimento.
carregar um: ficará irritado por confusões e reveses.
aberto sobre a cabeça: alguém virá lhe ajudar.
com aro quebrado: problemas financeiros vão destruir a confiança em si mesmo e a dos outros em você.
consertar muitos: tribulações mesquinhas testarão sua paciência até lhe subirem à cabeça.
vários: alguém virá lhe ajudar a restaurar sua confiança em si mesmo.
emprestar um: será magoado por falsos amigos e haverá um completo estranhamento.
fechar um: você já protegeu demais suas emoções; deixe-as correr livremente.
outras pessoas com: não vai conseguir dar conta de empreitada que começou.
pegar emprestado: proteja suas emoções do aguaceiro.
pingando: você desconfia que colega de trabalho próximo esteja divulgando segredos da empresa.
pôr para secar um molhado: sua desconfiança dos outros diminuirá sua reputação.
ter um: será protegido das tempestades da vida.
aberto dentro de casa: você tem mente aberta, é prático e se adapta facilmente.
virado pelo avesso pelo vento: terá uma reunião agradável com uma alegre confidente.

GUARDA-ROUPA 03-06-16-18-23-26
acrescentar roupas ao: desilusão ao ser chamado para defender uma causa indigna.
distribuir roupas de um: uma surpresa lhe aguarda quando você reciclar.
ter um grande: você sabe bem o que quer e caminha a passos largos para conseguir.
bagunçado: as pessoas suspeitam de você.
pequeno: vai conhecer pessoa bastante influente à qual influenciará com palavras e não com roupas.
vasculhar o próprio: finge ser rico.
ver roupas velhas dentro de um: terá fortuna à custa de sua comunidade.

GUARDA-ROUPA 06-10-23-25-36-48
aberto: sua vida está exposta demais para se invejar.
cesto grande vazio: você terá uma briga de ciúmes com a pessoa amada.
comprar um vestido feito de crepe cipreste: ascensão na posição financeira.
doar um a uma instituição de caridade: as pessoas estão rindo de você.
esquecer de vestir: você se sente mal equipado para enfrentar os problemas.
esqueletos no: você está assustando as pessoas ao revelar aspectos seus desconhecidos anteriormente.
fazer a bainha: você conquistará respeito pela conclusão de uma tarefa digna de crédito.
fechado: apenas você pode pôr sua vida pessoal em ordem.
frente única: você se casará com um antigo companheiro de brincadeiras.

mulher vestindo frente única: você irá superar obstáculos.
alguém tirando as alças da sua: um admirador discutirá com você.
vermelha: haverá tristeza em sua vida.
pendurar as próprias roupas: você precisa controlar o seu projeto a cada passo do caminho.
de visitas: quando fizer mudanças, faça-as em seu próprio ambiente.
dos filhos: evite rivais.
roupa de cama e mesa em: compartilhe a felicidade em sua casa.
roupas penduradas em: elas não ajudam você lá; saia de casa e use-as.
ter dinheiro em: você desperdiçou seu talento ao usá-lo apenas para seu prazer.
trocar de roupa: você receberá uma grande avaliação de danos.
usar roupas informais em ocasiões formais: sua falta de inibição prejudica sua reputação.
formais em situações informais: você é cheio de cerimônia.
vestido de branco: perda de uma amizade.
vestido de gala: dignidade e mérito.
amarelo: aviso de problemas.
branco: alegria no amor.
prata: a felicidade está assegurada.
preto: acontecimentos infelizes em um futuro próximo.
vestido impecavelmente: senso de inferioridade cega você.
vestido informalmente: dê atenção a estranhos, mas confirme as alegações deles com uma fonte confiável.

GUARDA-SOL 14-17-24-37-43-45
aberto: a prosperidade advinda de cavalheiro conhecido vem misturada a suas fraudes.
para se proteger do sol: uma boa soma será em breve depositada em sua conta bancária.
abrir um, dentro de casa: questões amorosas ficarão abaladas por causa de falsas acusações.
belamente colorido: seu amor lhe desagradará com palavras impensadas.
emprestar um: ficará magoado com a ingratidão dos amigos a quem ajudou.
pegar emprestado: mal-entendido com um amigo por causa da lealdade de um com o outro.

GUERRA 01-05-23-36-47-49
acabar com hostilidades contra você: a paz deve ser justa para ser duradoura.
armas químicas usadas em: o fim das hostilidades se aproxima.
conquista de uma: espere excesso de favores por parte de outros.
documentos de: expanda seu local de trabalho para conter a verdade.
entrar em guerra contra alguém: a perseguição contra você vai acabar.
estar em: risco de doença.
prisioneiro: seu oponente venceu, mude de campo de batalha.
fazer um armistício: ninguém ganha nas conversações de paz.
mobilizar-se para a: a paz será anunciada em breve.
ser resgatado de uma: terá muita força, que será bastante apreciada.
observar uma: infortúnio.
perder uma: perda de papéis importantes justificando suas ações.
ser preso em uma: quebre o molde preparado pelos outros.
sua cidade arruinada pela: torne públicas suas suspeitas.
tentar salvar a si mesmo e a outros em uma: busque assistência jurídica agora.
vencer uma: felicidade se você reabilitar seu inimigo.

GUIA 08-14-16-32-36-49
guiar pessoas: vá atrás daquilo que apenas você pode fazer e registre a patente.
roteiro para turistas: os princípios que lhe dão estrutura social.
ser: confie nos princípios que guiam você.
ser guiado: preste atenção à sugestão de um amigo.

GUINCHO 02-03-08-22-27-34
carregando um navio: fará dinheiro de sobra por meio de especulação.
fazendeiro usando um: pessoa falsa em sua esfera de ação.
você mesmo usando: o controle de sua vida às vezes precisa ser manipulado artificialmente.
levantando algo pesado: será protegido por executivos.
maquinário por uma janela: há pessoas invejosas ao seu redor, mas só você pode viver sua vida.
quebrado: sua fortuna está garantida, mas será adiada.

GULA 11-15-19-22-25-41
ser glutão: você sente que corre o risco de ficar pobre se não consumir tudo o que está à vista.
filhos: você perderá todos os seus imóveis a não ser que se torne apto para sua tarefa.
outros: o sucesso não traz amigos sinceros com princípios altruístas.
parentes: não espere nenhum dinheiro de uma pessoa de posses.
sonhar com: você está gastando energia injustificada em uma influência eminente que trata você muito mal.

GURU 07-12-14-18-27-47
conhecer ou encontrar-se com: confie na orientação oferecida por uma alma sábia.
consultar: negócios tranquilos com mentores avaros quanto a conselhos.
em um retiro espiritual: você está assistindo sua vida de um plano mais alto.
ser: poder para direcionar todas as facetas do seu eu interior a fim de alcançar seu destino.
ter uma ligação com: modifique seus objetivos perdoando a si mesmo.

HÁBITOS 02-16-22-32-41-51
de outras pessoas: você terá dificuldades sociais se os seus hábitos não voltarem ao normal.
de parentes: você será humilhado por uma situação desconfortável.
de uma freira: quem você é se manifesta por meio de todas as camadas, e o que você é permanece firme.
especial: você será bem recebido onde quer que vá.
ter maus: um empreendimento no qual você está envolvido está chegando ao fim.
bons: progresso lento e contínuo na carreira.

HADOQUE (peixe) 13-20-24-28-41-48
comer: harmonia entre os amigos; ruptura no casamento.
comprar: você terá domínio sobre vários assuntos.
cozinhar: você tem mais amigos do que pensa.
pescar: sua própria estupidez coloca você em perigo.

HALLOWEEN 18-21-23-25-43-53
criar travessuras no: você fará intriga contra pessoas inocentes e será pego.

estar sem fantasia: finja ser e desempenhe o papel de quem você gostaria de ser.
grande azar no: influência crescente nos círculos sociais.
vestir fantasias no: você não reconhece os seus medos e desejos íntimos.

HALO 05-12-19-32-43-46
rodeando algo: grande tristeza com a morte de alguém do seu círculo.
sua cabeça: sua busca contínua pela perfeição traz tristeza.
sonhar com: problemas atuais se originam da atitude de quem se julga um santo.
ver o halo lunar: traga influência externa para dentro do seu lar.
solar: progresso rápido de suas esperanças nos negócios.

HANSENÍASE (lepra) 07-17-29-47-57-59
filhos tendo: você terá culpa e remorsos sem fim pelo sofrimento de uma criança.
homem sonhando que tem: você está desperdiçando seus talentos e suas habilidades denegrindo-os.
mulher: você receberá ajuda de um homem rico, amaldiçoando a indiferença do homem a quem ama.
inimigos com: infortúnio nos assuntos domésticos não se compara ao desânimo dos outros.
outros com: está em seu poder superar as preocupações.
parentes com: você desperdiçará lucros para cuidar da agonia de outra pessoa.
tornar-se portador: o seu eu verdadeiro está oculto por trás dos seus erros.
ver: seu lixo emocional separa você das pessoas ao seu redor.
a si mesmo como: as pessoas ao seu redor não o/a aceitam.

HARÉM 11-17-21-40-41-53
estar em: transtornos na vida amorosa levam a um amor inconsistente.
ser estrangeira em: acuse os outros do que você está querendo fazer.
ser eunuco em: você está reprimindo suas emoções para apartar-se do amor.
ser o guarda do: você está desperdiçando seus talentos em prazeres vulgares.
ser outra mulher em: seus prazeres fundamentais são o assunto cativante das fofocas.
sonhar com: você é propenso à vida suntuosa às custas do casamento de outra pessoa.
viver em: o abuso dos prazeres que pode acabar desastrosamente.

HARMONIA 02-16-40-46-49-53
estar em: alegria e contentamento.
outros: um amigo está lhe ajudando em segredo.
ouvir harmonia musical: alegria, horas agradáveis.
ter harmonia em família: mudança no ambiente.

HARPA 07-16-23-24-32-49
quebrada: desassociação da pessoa amada.
tocada em um concerto: o ressurgimento da vida espiritual de um amigo leal.
tocar: não sobrecarregue seus nervos com amigos descrentes.
filha: ela não terá um casamento feliz por depositar a confiança no lugar errado.
inimigos: prazeres caros oriundos de um obséquio de importância considerável.
outros: verão um caso normal como etéreo.

HELICÓPTERO 18-22-29-33-42-46
aterrissar em: você é uma pessoa especial com talentos únicos; use-os.
fazer passeio de: você se tornou leviano com seus gastos; pare imediatamente.
outra pessoa voando de: os concorrentes estão fazendo você perder negócios.
ser piloto de: você está no controle da sua vida, como nunca antes.

HEMATOMAS 07-17-23-26-33-41
ficar com: você trabalhará arduamente pelo que deseja, mas ficará contente com isso.
parentes com: problemas pela frente.
pessoas com hematomas no corpo: cuidado com os inimigos.
rosto: uma temporada de arrogância mesquinha.

HERA 01-16-20-23-39-42
crescendo: atenção com um noivado rompido azedando seu casamento.
em árvores: amigos dependentes lhe causam pesar; amores, escândalo.
em uma casa: você está buscando um amor constantemente fiel, mas você mesmo é inconstante.
de um amigo: você terá uma saúde vigorosa e respeito entre aqueles em quem confia.
espalhando-se: o medo faz com que você se agarre à primeira pessoa que aparece.
ter em um vaso de plantas na casa: felicidade é garantida com seu crescimento continuado.

HERANÇA 07-16-17-29-30-38
esbanjar: você se preocupa com sua capacidade de lidar com dinheiro.
receber: morte na família causará conflitos.
não: você perderá uma quantia considerável por causa dos seus atos ansiosos.
uma pequena: sofrimento, até que você a aceite como investimento para começar seu próprio negócio.
ser cortado da: você ficará na miséria, o que irá lhe mostrar do que você é feito.

HERMAFRODITA 04-07-15-16-32-41
o filho de Hermes e Afrodite em um corpo: os companheiros serão provocadores.
outros sendo: você cometerá atos tolos, causando sofrimento.
ser: você precisa se comportar com mais ponderação na companhia do sexo oposto.
ter órgãos reprodutivos tanto masculinos como femininos: você terá muitas emoções repugnantes.
viajar em brigue hermafrodita (navio de dois mastros): você fará uma longa viagem com todas as suas partes.

HERÓI 04-07-12-40-50-53
parente tornando-se: cuidado com o perigo em toda a parte.
saltando: verifique primeiro, a autoconfiança presta atenção às advertências.
ser: você é mais bem-sucedido do que pensa.
com os outros vaiando você: novo aliado decepcionará você.
heroína: imite as características que você admira.
sonhar com: a pessoa que está lhe tratando com frieza mudará de opinião.
que você admira: ouça o conselho quando lhe for apresentado; aja baseado no conselho do seu coração.
vaiar um: você não está sendo sincero a respeito da sua inveja.

HERPES 05-20-14-32-40-43
estar debilitado por: você deve expressar sua dor.
sofrer de: passará por perda pessoal.

HINOS RELIGIOSOS 10-11-12-16-31-37

cantar: planos exigirão a sua coragem e bravura.

na igreja: seus assuntos irão se transformar em uma jornada.

ouvir outras pessoas cantando: uma ocupação construtiva dentro da comunidade.

estrangeiros: alegria com a recuperação depois de uma doença.

sendo cantados por amigos: boas perspectivas de negócios por meio da cooperação mútua.

HIPNOTISMO 07-13-14-20-35-37

estar sob a influência de outra pessoa: enfrente o desastre com a determinação para sobreviver.

hipnotizar outras pessoas: sua influência sutil triunfará sobre os inimigos.

outras pessoas sob hipnose: sua confusão irá se esclarecer; continue pagando suas dívidas.

sonhar que foi hipnotizado: sua confiança será traída; o pecado não pode mais ser escondido.

HIPÓCRITA 08-10-16-20-21-23

apaixonado: com sua reputação destruída, as chances no amor diminuem muito.

perceber que você é hipócrita: você perderá sua garantia nos negócios graças à sua própria fraude.

ser: falso amigo está enganando você ao se precipitar.

ter negócios com pessoa: você será debilitado e exposto à vista de seus inimigos.

HIPOGLOSSO (peixe) 01-22-38-43-52-56

comer: boa sorte para alguém em quem você tem confiança excessiva.

comprar em uma peixaria: você será generoso com os amigos, mas o companheiro será indolente.

cozinhar: gravidez em um futuro próximo, ou uma fraqueza toda sua.

pegar: você prejudicará alguém ao expor um segredo.

receber de alguém: você tornará realidade grandes sonhos e reputação sinistra ao falar algo que não devia.

HIPOTECA 11-15-16-33-44-49

dar em: crise financeira em seus negócios causa muitas noites insones.

fazer uma: terá dinheiro suficiente para pagar todas as suas dívidas.

outros: a má sorte em seus negócios tem sido encoberta, o que é ainda mais constrangedor.

outros pagando a você: tem fundos suficientes para cobrir dívidas.

pagar uma: um fardo pesado está aborrecendo você; sua lealdade será recompensada.

HISTERIA 07-17-18-34-40-45

crianças histéricas: não se permita ser dominado por uma pessoa muito próxima a você.

parentes histéricos: seja firme para que possa alcançar o sucesso.

ter: não se deixe compelir a nada, mas ouça conselhos.

turba em estado de histeria: calamidades nacionais são alimentadas pela amargura de alguns fracassos na vida deles.

HISTÓRIA 01-09-12-20-23-36

consultar um livro sobre história antiga: sua prosperidade acontece à custa de outros.

contar uma: seus esforços devem ser construídos paulatinamente para chegar ao clímax.

escrever uma: discussões em família sobre quem primeiro reconheceu seu brilhantismo.

ler um livro de: prepare-se para ir à bancarrota de não saber antes que possa aprender.

moderna: não acredite nas mentiras contadas por outra pessoa.

ler uma: os desejos não serão realizados por meio de críticas injustas levadas ao pé da letra.

ouvir uma: tem muito trabalho pela frente.

de um amigo: você ficará impressionado ao ver como pensam de forma parecida.

de um artista: está fadado à decepção por um compromisso subitamente cancelado.

passado: grandes honrarias, se você aprender bom-senso com o estudo do passado.

ser professor de: pesquisa intensiva leva a uma análise abrangente da desordem.

vender uma para uma revista: cuidado para não se deixar seduzir pela desordem; seja preciso.

HOMEM 04-05-07-17-47-49

alto: riqueza ilimitada; está mirando um alvo alto demais.

baixo: tem uma natureza de senso comum adaptável.

bonito: grande satisfação e alegria devido a ricas posses e à riqueza dada.

Caim, sonhar com: reconstitua seus passos, depois trace um caminho diferente.

com filho dele: não há como não imitar sua riqueza interna.

conquista de um rico: evite rivais e jogue para valer.

convite de um cavalheiro: o jeito cortês dele poderá ser transmitido a você.

encontrando um: esqueça a inferioridade e a inveja; enfrente sua admiração.

de aparência horrível: não pode ser seu amigo.

deus grego Baco, sonhar com: estão venerando os talentos equivocados em você.

esnobe e orgulhoso: alguém que ama você secretamente não vai sucumbir aos seus maus-tratos.

falando com um proeminente: abundância de possibilidades a serem exploradas.

ouvindo discurso de: desonra em discurso porque o público não consegue ouvi-lo racionalmente.

forte: cuidado para não ser enganado por seu companheiro.

chutando areia em seus olhos: objetivos têm sido frustrados pela competição.

gordo: desventuras por venerar o ídolo errado.

homem sonhando com homem desconhecido: melhora nos negócios, glória e honra.

jovem: o contraste de idades causa desconforto a outras pessoas, não a você.

sendo cumprimentado por uma menina: sua prosperidade não deve tirar vantagem dos sentimentos de um colega.

sendo amoroso: cuidado com os relacionamentos; mantenha-se platônico.

ser abordado por um: será ridicularizado por outras pessoas por excesso de trabalho mental.

ser carregado por um: terá dias de ansiedade devido a doença e dependência.

HONRA 01-09-10-26-35-41

dar sua palavra de: tenha cautela em assuntos legais.

defender a sua: emoções intensas em apoio ao seu direito de uma vida.

homenagear uma pessoa famosa: um conhecido de pouca importância estima você mais do que pensa.
outros lhe mostrando respeito: a falsidade deles aumenta pequenas disputas durante a adversidade.
perder: sua confusa depressão deveria ser analisada profissionalmente.
para outros: consequências infelizes vêm na sequência do seu mau gerenciamento de assuntos éticos.
receber honrarias: cuidado com falsas promessas; celebre as verdadeiras.
receber uma honraria: a simplicidade original não possui respeito por ações honradas.
outros: perderão o dinheiro investido em suas contas sem valor.

HORA 02-10-12-21-29-42
ampulheta: o tempo para salvar o seu relacionamento está se esgotando.
com toda a areia na parte de baixo: concentre-se no que conseguiu.
bater o cartão de ponto: será tentado por um estranho de conversa envolvente.
chegar na hora certa: cuidado com falsos alarmes que ameaçam seu estilo de vida excêntrico.
conferir a hora: seu conceito autocentrado de tempo não dá certo.
perguntar as horas a alguém: uma agitação em sua vida amorosa trará resultados pessimistas.
relógio batendo as horas: espere até a última batida para tomar decisões importantes.
relógio cuco dizendo as horas: riqueza inesperada por causa da sua audácia.
última hora: ansiedade antes do encerramento de um prazo.
ver as horas em um relógio na rua: para a estabilidade da sua vida, faça doações à caridade.
de pulso: você perderá uma pessoa amiga por causa da sua incapacidade de chegar no horário.

HORTELÃ 12-19-24-32-36-38
comer: conseguirá seu objetivo por meio de uma herança que você não sabia que tinha.
dar a outras pessoas: os amigos vão lhe ajudar se for preciso.
a crianças: certifique-se que seus planos sejam bem-intencionados antes de começar.
ganhar, de outras pessoas: um agradável final para a noite.
sonhar com: você tem orgulho dos filhos, e eles de você.

HÓSPEDES 01-09-14-43-45-47
bem-vindos: você está no começo de um projeto importante e fascinante; os inimigos cortejarão você.
cruzando a soleira da sua porta: aceite esta responsabilidade indesejada para tornar os negócios harmônicos.
indesejados: infelicidade nos relacionamentos amorosos que você não deseja enfrentar.
muitos: você perderá seu bom-senso sob os artifícios de uma mulher sedutora.
outros com: parte do seu eu interior será exposto para atender pedidos especiais.
ser: aventura em um novo local em solo estrangeiro.
ter: acontecimento importante e muito benéfico pela frente.

HOSPITAL 03-15-24-26-38-41
andando em círculos em um hospital: você está procurando alguém perdido em melancolia e depressão.
atado a uma cama em um hospital: relacionamentos familiares fortes.

cirurgia sendo realizada: suas más condutas são conhecidas de todos, embora não sejam mencionadas.
em outra pessoa: perda de amigo em uma tragédia.
cirurgião operando: uma profissão é sempre confusa; uma obra de arte leva tempo.
usando uma lanceta: os amigos estão evitando você por motivos inexplicados.
comer em um bandejão de hospital: não é a comida, mas o ambiente que causa indigestão.
cuidar de alguém em um hospital: você está manifestando para outra pessoa uma parte aprisionada de você.
até a cura: e tendo sucesso.
deixar um hospital completamente recuperado: uma pessoa que é grande amiga está livrando você de uma tarefa difícil.
encerrado em um equipamento de ressonância magnética: você está sendo excepcionalmente determinado em melhorar sua saúde.
estar em um: será encontrada a solução de um problema que existe há muito tempo.
em uma tenda de oxigênio: as pessoas leais estão cuidando de você.
filhos: fome de amor no futuro das pessoas tem que ser satisfeita.
inimigos: miséria sem a investida para o lado competitivo.
muito doente: as notícias serão difíceis de aguentar; da forma que está planejado agora, o projeto irá fracassar.
outra pessoa: desgraça para a comunidade inteira.
para visitar uma pessoa amiga: você precisa explicar uma conduta imprópria a alguém fora da família.
parentes: alguém demonstrará grande consideração por você.
psiquiátrico: conflito entre intuição e ações precisa ser resolvido.
religioso: suas imperfeições precisam de orações cuidadosas.
objeto de chumbo sobre o seu peito em um hospital: a situação está oprimindo você, limitando sua recuperação.
preso em um hospital: obtenha uma segunda opinião e você irá melhorar.
pulmão de aço: você foi acometido de preocupações que apenas esforços gigantescos resolverão.
ser levado em uma maca: discussão sobre assuntos importantes que fazem parte dos seus sonhos.
levar: você precisa do talento deles, e eles precisam das habilidades de gerenciamento.
ser paciente em: os obstáculos são muito altos para se transpor sozinho.
sonhar com: a desgraça é sua neste momento.
tratado por uma pessoa religiosa em um hospital: Deus ajudará você.

HÓSTIA 01-08-13-17-32-34
comungar: está aceitando responsabilidades que não lhe cabem.
receber de um padre: sente-se desconfortável nas atuais circunstâncias.

HOTEL 09-21-22-28-29-32
estar em um hotel com a pessoa amada: seu caso deveria continuar em segredo.
estar só em uma suíte: desacordos em família serão desencorajados por ideias antiquadas.
fazer do hotel o seu lar: experiências muito agradáveis com novos amigos.
ir a uma festa em uma suíte: os outros terão grande respeito por você.
morar em: sua vida de despreocupada custará mais do que você imagina.

muito sofisticado: você fará uma longa jornada que não está disponível para todos.
pernoitar em: você está esbanjando sua renda.
possuir: um esforço pessoal intenso levou ao sucesso.
sonhar com: fuja da sua situação atual erguendo-se por cima dela.
trabalhar em: você encontrará um cargo mais lucrativo e uma chance melhor em outro lugar.

HUMOR 14-15-17-24-29-46
estar de bom humor: desacordos e infelicidade se você não puder rir de seus próprios atos.
namorado(a): você fará uma longa viagem em um barco lento.
estar de mau humor: amigos falsos estão por perto esperando que você se leve demais a sério.
chefe: você receberá um convite para jantar e uma proposta favorável.
marido ou esposa: rumores tolos estão sendo estimulados pelos seus ataques ao parceiro.
namorado(a): você conhecerá alguém que ama você até mesmo na pior das circunstâncias.

I

IATE 06-13-23-28-30-33
a toda velocidade: grande alegria para os propensos ao prazer.
a todo vapor: visita agradável a um belo lugar.
encalhado: os negócios lhe causarão angústia e decepção em relação aos amigos.
estar em um: realização das próprias ambições.
navegando em mar bravo: confie que seus talentos lhe trarão fortuna.
tranquilo: otimismo que seus esforços sejam incrementados por meio de contatos influentes.
ser dono de um: não dependa de mais ninguém para financiá-lo.
sonhar com um: seus contatos lhe trarão boa sorte.

IDIOTA 02-09-11-16-17-46
criança: terá um lugar proeminente na vida com sua inteligência especial.
muitos: você está dando uma importância exagerada a coisas de pouco valor.
ser: você está a caminho de receber um cargo no governo.
sonhar com: prosperidade inesperada espera que você lide com sofrimento.

ÍDOLO 02-07-28-29-39-41
estrela de cinema: você está para enfrentar grande desaprovação e descontentamento.
idolatrar um santo: você receberá um aumento de salário por causa do seu domínio sobre si mesmo.
seus filhos: você precisa esconder suas expectativas; eles irão esmagá-las.
uma imagem: distorções mentais sérias levam à má sorte.
imitar: sua personalidade misteriosa é ciumenta e azarada.
pessoa ou coisa acima de suspeita ou crítica: o ciúme surgirá entre você e amigos afetuosos.
ser idolatrado por outros: divergência com um parceiro de negócios preocupa você.
sonhar com: as intenções são cometer injustiças contra outra pessoa.
super-homem: mau humor e melancolia por não ser capaz de revelar sua verdadeira identidade.

IDOSO 04-11-23-32-36-37

ser homem: você será desafiado a provar sua competência, honra e superioridade.

homem sonhando com seu namoro com uma mulher idosa: bons empreendimentos nos negócios.

ser mulher: independência de qualquer problema.

em uma festa: boa reputação familiar.

mulher sonhando com seu namoro com um homem idoso: o amor dela será fiel.

que faz parte de um clube de: ciúme dos amigos.

IGNORANTE 01-12-33-37-41-47

alguém incapaz de ler ou escrever: você assumirá uma responsabilidade extra no trabalho.

filhos: revelação do segredo que você preferiria esconder.

lidar com pessoas: você terá que provar sua identidade no tribunal.

ser: o sucesso irá coroar seus esforços se você reconhecer sua ignorância.

IGREJA 15-17-22-27-41-49

altar: você precisa aspirar a uma espiritualidade fundamental para toda vida.

blasfemar em: você realiza um protesto violento em vez de uma ação prática.

cantar no coro: uma visita surpresa de um velho amigo revela a deslealdade da pessoa amada.

cometer sacrilégio: você passará por muitas desgraças.

corredor central ou lateral de uma: dificuldades e infortúnios assediarão você.

de uma paróquia: não existem nuvens no seu futuro.

decorada: você receberá uma herança de alimento espiritual se expiar seus pecados.

desmoronando: você tem um sentimento profundo de arrependimento por ter perdido a fé em Deus.

Dia do Juízo Final: você se resignou a pagar seus pecados e receber o mérito pela sua conduta.

diácono: suas ações serão muito criticadas.

durante a missa: sua abordagem é hesitante por medo de receber um "não".

entrar em: o fato de você estar tentando corrigir e compensar erros passados será recebido com bondade.

estar com padre na: você sente culpa e vergonha por desobedecer regras importantes.

estar no pátio de: um senso do que é essencial à vida e à morte.

falar com vigário de: as pessoas causarão angústia.

falar na: os amigos têm inveja do seu relacionamento com as forças da vida.

filhos indo à comunhão: a orientação será recebida por meio da intuição.

ir à comunhão: você receberá muitas bênçãos.

ir no batismo do filho: todas as suas esperanças e seus desejos se realizarão.

do filho de amigo: contentamento com a nova vida.

ser padrinho ou madrinha em batismo: seja firme e aproveite uma oportunidade favorável.

juntar-se ao Exército da Salvação: um despertar rigoroso para sua família.

ler o manual de catecismo: atividades em uma posição lucrativa.

observar o Sabá: você participará do ritual.

e divertir-se ruidosamente durante: você zombará da verdade da sua vida.

outros no pátio de: ciclos de vida e crescimento, reprodução e interdependência.
ouvir cântico litúrgico na: suas preces estão sendo ouvidas no seu trabalho bem planejado.
ouvir discussão na: conflito entre a vida diária e os valores espirituais.
ouvir um coro: uma falta de tolerância uns pelos outros leva às trevas.
pendurar um crucifixo: você se envolverá em problemas pelos quais acusará outros.
prédio da: Deus ama você, ame-o também.
vários: a alegria está enterrada muito fundo, embaixo de suas ambições materiais.
pregar o catecismo: excelência do seu futuro cargo.
receber instrução oral de catecismo: você pode aceitar críticas por trás de uma promoção.
rezar ao Salvador: desejos serão realizados no futuro.
Salvador realizando desejos: suas preces foram ouvidas e você receberá a cura espiritual.
rezar em: você se manterá longe do mau caminho se cooperar com a família.
rezar para um crucifixo: você receberá altas honras.
Sagrada Comunhão: você fará uma amizade para o resto da vida.
sendo construída: você irá passar por dificuldades enquanto permanecer fiel aos seus pensamentos mais profundos.
sentado na: você irá mudar de hábitos, com o poder das forças espirituais.
ser acusado de heresia: você irá impor-se e ganhará respeito nos assuntos da comunidade.

ILHA 03-06-10-12-15-32
abandonada: você precisa de um intervalo do estresse da sua vida agitada.
altamente populosa: você precisa lutar sozinho pela fama na vida.
coberta com vegetação: viagem agradável, negócios lucrativos e prestígio.
escapar de: você precisa de paz e solidão para resolver os problemas.
estar só em uma ilha: sua fortaleza pioneira está sendo sufocada por uma solidão esmagadora.
com a família: você gostaria de se concentrar no seu sistema de apoio.
outros: rápida recuperação depois de uma doença.
parentes: sua consciência não está limpa a respeito da sua aventura excitante e perigosa.
ir embora de: você gostaria de deixar o isolamento e lidar com uma situação real.
parentes em: você precisa lutar para livrar-se de aproveitadores desagradáveis.

ÍMÃ 01-21-26-39-47-49
atrair objetos para você com um: sua ambição está incomodando outras pessoas.
homem sonhando que está usando um: perda de uma vida honrada relacionada a uma mulher.
mulher: a riqueza será dela por meio de jogos de poder, que precisam continuar para serem vencidos.
ser atraído por um: seu coração está fazendo acrobacias em cima de outro.
sonhar com: segurança nos negócios se você não for precipitado com contatos importantes.
usar um: inclinação elevada em seus assuntos por vir.

atrair profissionais, para o trabalho: exerça controle; convença alguém a se curvar à sua vontade.

IMAGEM 08-20-32-39-43-45

de pessoa morta: conte com a morte de um parente, física e emocionalmente.

de parentes: adie decisões importantes a respeito de negócios não resolvidos, oficiais e particulares.

de santo: um ato impróprio inapagável, realizado precipitadamente, causará anos de arrependimento.

de seus filhos: muitas tentativas para fazê-los à sua imagem darão em nada.

sonhar com: evite julgar os outros, mesmo se suas ações estão acima da crítica.

várias imagens bonitas: amizade está definhando com decepções e fracassos em todos os níveis.

IMÓVEL 11-14-25-40-43-44

de outra pessoa: sua herança decepcionante será um devotado parceiro de casamento.

ser convidado em uma mansão: você receberá favores de parentes distantes.

ser proprietário de: sua preocupação consigo mesmo é autodestrutiva.

ter: você precisa enfrentar a realidade e desfrutar a sua.

vender: sua rede será um provedor pobre e uma dúzia de filhos despojados emocionalmente.

IMPACIENTE 06-19-20-21-37-45

amigos: você acha que uma outra pessoa merece ser refreada.

filhos: uma carta contendo dinheiro de alguém com quem você contava que fosse pagar.

outros: você irá se safar, mas será punido por Deus.

ser: você atingirá seus objetivos lenta mas certamente; contudo, nunca rápido o bastante para você.

com empresários: você não se sente livre para entregar-se a esquemas criativos.

IMPERADOR 01-15-17-19-20-44

amante na corte de: uma pessoa de autoridade apoia você; os lacaios dele não.

ser: suas ambições não são realistas; sua busca pelo poder é.

imperatriz: perda de seu amado para ganhar um império e muito orgulho e preconceito.

casado com uma: a felicidade está garantida mesmo com a disparidade de riqueza.

ser apresentado diante de: com a perda da dignidade, você fará uma longa viagem.

ser casada com: você perderá sua reputação.

IMPORTADOR 15-25-31-35-40-43

mercadoria comum: você terá vergonha de ações; supere seus inimigos para levá-los ao caminho certo.

outros sendo importadores: você entrará na posse de objetos valiosos de propriedade duvidosa.

ser importador de animais exóticos: você desfrutará de muito dinheiro; outros disputarão as suas conquistas.

ser: seja diligente no seu próprio trabalho para assegurar seus empreendimentos.

IMPOSTO 02-21-23-31-41-47

preencher declaração de imposto de renda: descontentamento e presságio de prejuízo significativo.

receber devolução de: mudança positiva só para você, não para os avarentos com quem se relaciona.

roubar nos cálculos do: cuidado com perdas ainda maiores; peça ajuda aos amigos.
ser cobrador de: terá de se pressionar demais para sentir orgulho de si mesmo.
sonhar com impostos ou taxas: terá de passar por grande sacrifício para cobrir a obrigação de outra pessoa.
não ter condições de pagar: está impondo um fardo desnecessário a você mesmo.
pagar: vai ultrapassar os próprios limites para prestar serviço a um amigo.

IMPRENSA 08-13-14-31-36-39
ser um membro do Quarto Poder: guarde a língua e escreva com responsabilidade.

IMPRENSA MARROM 03-12-21-34-45-46
divulgando o fim de seu casamento: grande felicidade iminente.
ofendendo seus filhos: uma revelação familiar está nos planos.
sua carreira: fará mudança inesperada na vida profissional.
você: espere por um preço com bônus.
ser exposto pela: os inimigos tentam lhe destruir.
aparecer na: receberá uma promoção.

IMPRIMIR 10-14-17-26-29-42
cartões de visita: a paciência não lhe será vantajosa.
dirigir uma tipografia: passará por experiências a partir de oportunidades alheias.
documentos oficiais: cairá em descrédito do público por recitar palavras alheias.
jornais: darão ouvidos às suas bem informadas opiniões.
livros: conte com seu vigor e acredite em sua criatividade.
mandar imprimir algo: um pronunciamento.
seu papel timbrado: problemas judiciais relacionados à herança de seu nome.
reimprimir livros: seu futuro está seguro se você continuar se lembrando do passado.
observar o processo de impressão: cuidado com amigos perigosos.
ser um tipógrafo: deve exercer extrema economia durante o declínio da empresa.
tipógrafos, outras pessoas que são: passará necessidade devido a segredos de família.
ver uma prova de impressão: cuidado com as fofocas, ignore-as e escreva seu texto.

INATIVO 01-25-30-38-41-45
inativo tendo propriedades: você não conseguirá realizar seus projetos.
ser inativo e incapaz de se mover: você é que está criando os obstáculos.
homem: tristeza pela frente no amor.
mulher: você não terá um namorado ou marido que consiga se manter em um emprego.
outros: você levará uma vida preocupada, se deixar que os problemas de todos sejam seus.

INCANDESCÊNCIA 02-13-15-17-34-42
cena luminosa: melhoria na prosperidade a partir da expressão da sua luz interior.
sentir calor depois de se exercitar: triunfo sobre os inimigos.
sentir o calor da paixão: uma parte de você está passando adiante orientação espiritual direta.

sentir um grande fogo: uma forma real simbolizando a qualidade da alma.
ter expressão de excitamento no rosto: uma mudança na vida em breve.

INCÊNDIO CRIMINOSO 07-15-18-26-47-48
atirar um galho em chamas sobre uma casa: você compensará erros passados salvando uma vida.
cometido em casa alheia: realização de uma ambição imerecida.
em casa, com chamas claras: bom emprego.
escuras: ruína financeira se você se associar com mulheres de pouca moral.
pequenas: ignore homens sem passado acessível.
em terra: a destruição é necessária para abrir espaço para o novo.
no mar: você terá sucesso em alguns negócios e tropeçará em outros.
ver incendiário: servindo de mensageiro, você perderá sua reputação.

INCENSO 04-05-06-30-41-42
mirra: experiências extraordinárias a partir do contato com um novo círculo social.
não é inflamável: você está cercado de elogios falsos e deslealdade.
outros queimando: você receberá um pedido de casamento.
queimar incenso antes da chegada da pessoa amada: aventuras agradáveis com a pessoa amada.
queimar incenso na igreja: abaixar seus padrões não trará êxito antecipado.
em sua própria casa: você precisa explicar algo que irá constrangê-lo.
sonhar com: suas esperanças podem ser postas em prática.

INDECENTE 17-25-29-31-32-35
amigos: você contrairá dívidas com financeiras.
ir para a cadeia por ser: leve uma vida voltada estritamente para o sucesso dos negócios.
mulher: você será enganada por vários namorados.
ser: você será colocado no seu lugar quando tentar conseguir uma indenização.

ÍNDIA 02-07-08-11-32-38
estar na: um grande desastre se você não mantiver os dois pés na realidade.
esticar borracha: você expandirá os negócios para além do que consegue fazer bem.
ir à: você sofrerá emocionalmente; na volta, a felicidade está garantida.
nativo da: você fará uma jornada mística de união espiritual.
parentes hindus: você receberá uma mensagem de uma mulher inamistosa.
ser hindu: ideias místicas não garantem lucros.
viajar para a Índia com a pessoa amada: você está nas mãos de pessoas enganadoras.

ÍNDOLE 11-17-30-31-32-40
ter boa: aliviar a dor alheia vai lhe trazer calma, simplicidade e paz.
companheiro que tem: seja capaz de ter vida longa, deixando a dor para trás.
ter má: você desconta seus distúrbios, suas ansiedades e seus complexos nas outras pessoas.
companheiro que tem: as pessoas ao redor estão tentando destruir a felicidade.

parentes que têm: está na toca dos leões destruindo a vida de alguém; rindo da dor alheia.

INFERNO 17-20-22-39-41-44

deleitar-se com prazeres peculiares no: os pecados contra a Vontade Universal precisam ser remidos.

divertir-se com Hades no: o pior tipo de sofrimento e tormento no futuro.

lidar com: no momento em que você renuncia o poder emocional, não há escapatória.

estar no: o sofrimento continuará até que você escolha o caminho certo.

fugindo do: um sofrimento negado se espalha como gangrena.

ouvir pessoas gemendo no: seu processo de purificação começou.

sonhar com: sucumbir à tentação lhe trouxe uma descrição completa da vida.

voltar do: o ódio destruiu sua esperança e criou seu próprio inferno.

INFIDELIDADE 03-09-19-23-35-39

ser infiel: alguém está se aproveitando da sua confiança.

homem sonhando que está sendo infiel à esposa: dois errados não fazem um certo.

moça infiel ao namorado: receberá convite de pessoa importante.

mulher, ao marido: você não tem certeza de quem é o pai de seu filho.

pessoas sendo mutuamente infiéis: receberá dinheiro de homem desonesto.

rapaz infiel à namorada: dúvidas e desconfianças sem razão provocam incertezas.

INFLAÇÃO 26-29-30-34-37-49

economia em época de: invista seu dinheiro com sabedoria ou irá perdê-lo.

iminente: sua ética e sua moral precisam de uma revolução.

incapaz de comprar comida durante a: crise profunda de tédio; você sabe que já ganhou o bastante.

quando uma situação infla: você será acusado de atos que não cometeu.

INFLUENTE 07-20-24-26-31-33

adquirir uma posição influente: você casará com uma mulher bonita e rica.

outras pessoas sendo influentes: conte com solicitude em relação a você pelo dignitário.

lidar com: você será informado sobre sua demissão.

ser: uma pessoa inferior ofenderá você em uma ocasião solene.

INGLÊS 02-21-23-26-28-32

ir à Inglaterra: os credores pressionarão para serem pagos.

viver na: os sonhos não serão realizados, a não ser que você examine a situação de todos os lados.

muitas pessoas inglesas: falsos amigos por perto; a diplomacia e o tato resolverão o problema.

sonhar com: um amigo tem motivos ocultos na cabeça.

ter caso de amor com uma pessoa inglesa: você terá uma doença desconhecida.

INGRATIDÃO 01-05-13-18-25-31

crianças ingratas: ganhará prêmio em dinheiro.

familiares: deve confiar em seu bom-senso.

parentes: será visitado por alguém que lhe pedirá um favor.

pessoas: algo está lhe pesando a consciência.

INICIAÇÃO 03-40-46-48-49-50

conduzir: uma amizade sólida baseada na lealdade e honra.

participar de: uma nova carreira está se abrindo para você.

passar por: você está evoluindo em direção a um novo nível espiritual com a ajuda de adeptos.

INIMIGO 01-12-21-24-37-41

causar a queda de: complicações físicas estão confusas demais para serem superadas.

conquistar um: sucesso nos negócios pode ser alcançado usando-se cautela extrema.

encontrar-se com: evite a falsidade pensando apenas em prosperidade.

estar em companhia de alguém que você não gosta: erros devido a ações mal planejadas.

falar com: cuidado nos negócios, até que você entenda seus próprios motivos.

lutar contra: o inimigo revela medo de você em um encontro decisivo.

matar: suas intenções estão em discussão; seu processo é desfavorável.

odiar um: proteja sua prosperidade da malícia de outro.

ser levado embora por um: uma força hostil desnorteará você.

vencer: uma ação judicial criará experiências lamentáveis.

INSANO 04-17-28-41-42-47

amigos: um longo relacionamento será debilitado.

cometer algo: grandes disputas em praticamente, todos os aspectos da sua vida.

mulher divorciada com comportamento: você dará à luz uma criança cujo sofrimento fará você se sentir culpada.

homem: irá divorciar-se da mulher, que será deixada em uma situação muito ruim.

jovem solteira: o filho dela irá se tornar proeminente e negará qualquer ligação com você.

moça: uma reunião insustentável com parentes hostis.

mulher: ela ficará viúva e receberá a promoção do seu marido.

outros que são: seus planos perfeitamente simples acabarão sendo impossíveis de terminar.

parentes: você terá que enfrentar uma doença durante uma longa vida.

ser: um final triste para o conceito recém-imaginado.

e ser curado: melhoras drásticas das suas perspectivas de saúde.

INSETOS 01-07-18-22-30-35

aranhas: rumores vazios e irritantes.

baratas: seu trabalho está contaminado com seus motivos indesejáveis.

matar: se você reprime o seu inconsciente, a sobrevivência é temporária.

carrapato: o menor dos problemas não resolvidos se torna uma mordida infeccionada.

gafanhotos: uma dependência, irascível e incomum, de outras pessoas.

grilo esfregando suas asas anteriores: pressentimento desagradável se transforma em melancolia.

em casa: sorte, se você não capturá-lo.

joaninha: sorte com a sua família.

suja: ouro e prata em abundância.

libélula: sua tranquilidade se distrai facilmente na hora de lidar com problemas de verdade.

matar insetos dentro da sua própria casa: a culpa atormenta você.

com veneno: um mistério será resolvido.
fora: lucros.
mosca: você está perdendo a calma por motivos insignificantes.
matar com um mata-moscas em forma de raquete: aborrecimentos durante pequenos problemas e irritações de pele.
papel mata-moscas: você terá que se defender no tribunal por repetir rumores.
mosquitos: examine o projeto cuidadosamente antes de investir.
fervilhando ao seu redor: divergência com vizinho irritante.
matar com veneno: um amigo está tentando ajudar você em segredo.
pousados em outras pessoas: pontadas de escrúpulos são reveladas nos olhos dos outros.
ser picado por um grande: o insignificante se torna significante.
ter insetos na sua própria casa: tenha consideração com a família.
vaga-lume: sua conduta será muito criticada.

INSÍGNIA 04-09-10-12-15-47
dar uma a um policial: reunião da família na profissão.
inimigos usando: traição e deslealdade para você, honra para eles.
receber: as possibilidades de subir de posição são infinitas.
recebida por outros: você será alertado sobre problemas em grande número.
sonhar com: estão pensando em você para uma promoção; é assim que você se vê?

INSTRUMENTOS 12-21-22-29-39-42
cirúrgicos: você sofrerá, obtendo ajuda quando mais precisar dela.
usar: conte com discórdia na família.
médicos: advertência de uma situação perigosa criada pela sua própria família.
náuticos: peça ajuda para lidar com os efeitos dos seus erros.
sonhando com: você irá se casar bem.
vários outros tipos de instrumentos: grande reunião familiar.

INSULTADO 19-25-30-35-37-44
insultar os inimigos: você irá se expor a uma grande calamidade que fará com que perca um amigo.
amigos: sua insensatez é uma doença que ameaça suas comunicações complementares.
outra pessoa: falta de coragem de colocá-la no seu devido lugar.
você: sua frágil autoestima precisa de apoio; resolva o problema dos amigos desonestos.
mas não se ressentir: tome cuidado com a traição do parceiro; o amor não é o bastante.
por inimigos: uma situação grave está envolvendo você; mude de profissão.
amigos: dificuldades pela frente quando amigos se recusam a apoiar sua reputação.
outros: uma época de tristeza está vindo enquanto você cultiva e defende seus prazeres ilícitos.
parentes: explosões emocionais afastarão você da família.
receber um insulto: uma grande revolta mudará o ambiente que cerca você.
de amigos: você receberá críticas daqueles de quem mais gosta.
de parentes: eles estão incluindo você nas transgressões e fraudes que eles mesmo cometem.

INTERNET 03-08-22-23-35-40

ataque de vírus: você se empenhou excessivamente para pessoas erradas.

desconectar a: faça esforço para se comunicar com seu chefe.

funcionamento estranho: verifique a distorção no seu ponto de vista.

aparecimento: você precisa desacelerar e reorganizar sua forma de pensar.

receber e-mail: um novo relacionamento sexual aguarda você.

INTESTINOS 08-11-21-24-31-37

comer o intestino de animais: vença seus arqui-inimigos espalhando cancro nas tropas deles.

sentir dor no próprio: você está tentando digerir o seu infortúnio no amor com esforço excessivo.

filhos: extinção da sua dependência total de um dos pais.

inimigos: negócios desfavoráveis, a não ser que você aja com compaixão e arrependimento.

pessoa amada: você precisa renunciar ao prazer para permitir uma leve esperança de realização.

sonhar com: desgraça, um poço de desespero, relutância em terminar o trabalho.

tênia: uma pequena herança está suspensa por causa de ou depende totalmente de algo que não está certo.

ter diarreia em público: sua depressão precisa de reformulação a fim de que você limpe sua imagem.

ter parte do intestino removida: a doença persistirá até que você vá ver o médico.

de outra pessoa: o tormento forçará você a assumir o controle total.

dos filhos: você está fadado à decepção no desenvolvimento de seu filho.

INTIMAÇÃO 04-14-30-38-40-49

aceitar uma: sua força de caráter dispersará qualquer difamação.

receber uma: críticas negativas e escândalos atormentarão sua mente agitada.

expedir uma: infelicidade no amor pode ser redirecionada pelo entusiasmo.

recusar uma: sofrerá humilhação devido ao comportamento imprevisível de parceiro(a).

INTIMIDAÇÃO 11-30-33-38-44-52

filhos sofrendo: a hostilidade vem da sua infância e pertence a você mesmo.

intimidar outros: você tem uma raiva profundamente arraigada devido à rejeição.

outros sofrendo: você quer espalhar informações danosas sobre o caráter de outra pessoa.

ser intimidado: os sonhos não irão parar até que a fonte de raiva seja descoberta.

por várias figuras pequenas: você quer possuir qualidades de muitas pessoas.

uma figura gigante: zangado com uma esmagadora autoridade exterior.

INTRIGA 02-06-19-22-33-37

estar intrigado com jogo: um vício letal compete com um inimigo ainda mais letal.

a ciência: você terá dificuldade para provar que vale a pena testar suas teorias.

a loteria: traição, dissociação da realidade.

uma pessoa convencida: arrogância ridícula de pensamentos destrutivos e perigosos.

homem casado intrigado com uma mulher: relacionamento breve cria ramificações.
mulher casada intrigada com um homem: muitos rumores sobre os seus negócios, em seu prejuízo.
instigar: suas suspeitas são completamente infundadas.
outros intrigados: você causa sofrimento e angústia com as suas fofocas fora de propósito.
pessoas solteiras intrigadas com o sexo oposto: desespero.

INUNDAÇÃO 04-07-11-26-39-44

assistir a uma grande: você será tragado pelas emoções incontroladas de outras pessoas.
causando devastação: deixe a amargura de lado e busque uma terra espiritual mais alta.
chuvas pesadas causando uma: uma intensa liberação de emoção.
grande: você será abandonado pela pessoa amada quando tiver sérios problemas financeiros.
inundando uma casa e arruinando a mobília: doença temporária será substituída pelo amor.
com você fora de sua casa: você não vem conseguindo expressar suas emoções.
outros em uma: pedidos e súplicas incômodos.
parentes em: eles passaram a se comportar com agressividade.
plantações arruinadas por uma: você tem a habilidade de estar no controle de seus sentimentos; use esse controle.
de chuva: uma intensa liberação de emoções.
outros em uma: casos de amor neste momento são desastrosos.
ruína causada por: você é influenciado por sentimentos passageiros em vez de um propósito interior.
salvar-se durante uma: a única pessoa que é realmente sua amiga leal está esperançosa e mantém você à tona.
ser engolido pela água que sobe: dominado por uma tristeza intensa, fora de controle.
ser vítima de: você irá se retirar silenciosamente para dentro de si mesmo.
em sua casa: uma pessoa amiga está tentando ajudar você em segredo.
terra: as preocupações desaparecerão se você parar de exaurir suas finanças.
tentar passar à frente de: suas ansiedades devem ser enfrentadas.
tsunamis inundando uma cidade: você está em perigo de perder a cabeça por amante ardiloso.

INVADIR 07-08-19-36-40-45

animais invadindo os limites de sua propriedade: está permitindo que uma série de enfermidades se intrometam em seus poderes criativos.
inimigos invadindo sua propriedade: danos inevitáveis podem ser resolvidos por meios legais.
ser flagrado invadindo alguma propriedade: está impondo sua expressão própria nos diretos dos outros.
ser impedido de ultrapassar determinado ponto: atração por pessoa casada.
ultrapassar sinal vermelho: a prosperidade chegará em breve para você se esconder atrás dela.

INVÁLIDO 01-02-04-10-11-14

cuidar de uma pessoa inválida: você receberá apoio financeiro de uma fonte anônima.
filhos: desacelere em face das dificuldades esperadas ao impingir suas expectativas.

inimigos inválidos: ignore o desagrado das pessoas que estão interferindo com seu interesse.
pelo resto da vida: em breve você receberá dinheiro.
recuperar-se da invalidez: adiamento do êxito até que seus próprios negócios estejam bem.
ser: pessoa amada não é forte o bastante e obstrui a sua liberdade intelectual.
vida de uma pessoa inválida: você sente que seu desespero incapacitou seu desempenho.

INVASOR 01-10-16-23-32-43
entrando em uma casa de noite: você tem ciúmes de que seu pai tenha o amor de sua mãe.
na sua casa: cuidado com traição quando sua virtude e seu caráter forem solicitados.
pegar em flagrante: você sente culpa por um amor roubado.
e entregar à polícia: você quer uma recompensa por atacar o bom nome de outra pessoa.
roubando coisas valiosas: tenha muito cuidado para ter um alto lucro nos investimentos.
roubando dinheiro de um colega de trabalho: você inveja o cargo dele e despreza o seu.
ser: lide com estranhos com extremo cuidado.
sonhar com: você quer roubar algo que pode comprar abertamente.

INVEJADO 15-18-23-28-29-34
invejar outras pessoas: o temperamento irascível considera os amigos inimigos, e os inimigos, alimento para a ambição.
pelos amigos: sua mente vigorosa é respeitada por sua condescendência liberal com os outros.
pelos inimigos: você está sendo observado por uma pessoa de intenções maléficas.
por outras pessoas: você terá dificuldade para resistir aos esforços de outras pessoas para satisfazer os seus desejos.
por parentes: força de caráter reduzirá tensões das pessoas competindo pela sua atenção.

INVENTOR 15-17-18-20-23-29
filhos se tornando: você receberá o que mais deseja.
outros sendo inventores: você será bem recompensado por meio dos projetos deles.
ser: boa reputação em qualquer trabalho exclusivo no qual esteja envolvido.

INVERNO 15-21-29-31-41-49
fazendeiro sonhando com rigoroso: a boa colheita se repetirá anualmente.
navegadores: a crise não atingirá o estágio do desembolso.
ficar doente durante o: parentes se ressentem de sua falta de envolvimento emocional.
inteiro: faça artesanatos para embelezar sua casa.
passar um quente: problemas de saúde e perspectivas de trabalho sombrias não lhe deixarão.
suave: está se metendo em assuntos alheios porque nada acontece em sua vida.
severo: ameaça de invalidez.

IOGA 21-26-28-29-36-46
meditação: um membro da família está precisando de ajuda.
um iogue: deve voltar sua atenção para questões espirituais.

IRMÃ 05-14-15-22-30-31

casar com a: fofocas por parte de gente da sociedade; sua falta de cerimônia provoca o assunto.

discutir com uma: desgraça familiar.

insultando uma a outra: cuidado com doença causada por desgosto.

separar-se de sua: desenvolva sua própria vida e não a que ela espera que você tenha.

várias: fortuna na comunhão de espírito pode se transformar em fofocas maldosas.

IRMÃO 09-25-27-38-43-52

brigar com: grande fortuna proveniente da ovelha negra da família.

casando-se: brigas de família por causa do seu ato de coragem.

casar com o cunhado: seus parentes estão tirando vantagem de você.

flertar com o cunhado: indulgências materiais colocam sua reputação em risco.

homem sonhando com o seu: discussões pela frente.

morte de: seus inimigos serão destruídos.

mulher sonhando com seu: muita alegria doméstica.

ter vários cunhados: ganhos financeiros.

IRRITADO 09-15-18-31-33-49

estar: as pessoas que você respeita irão ajudá-lo a alcançar seus objetivos.

com a atitude de outros: infidelidade.

em relação a você: terá sofrimento e tristeza oriundos de amigos no exterior.

o sucesso de outro: você perderá colega de trabalho leal e influente.

parentes: você não levará os planos a cabo.

J

JABUTICABA 10-15-22-28-40-44

colher: as atividades sociais e a felicidade doméstica de uma confortável casa de campo.

comer: meios abundantes.

comprar geleia de: você fará amizade com uma mente velha, mas vigorosa.

vinho de: você limpará a sujeira do casamento de um amor não correspondido.

JACARÉ 05-21-26-36-46-48

confrontar: seu comportamento irracional é causado por seus medos inconscientes.

lutar contra: uma discussão com pessoa amiga muito chegada é um uso errado do seu poder verbal.

ser atacado: inimigos irão atormentar e ridicularizar você.

ter bolsa de couro de: seja cauteloso com cada passo, tenha cuidado com novas operações arriscadas.

ter sapatos de couro de: não tenha medo em nenhum momento.

vários: inimigos cercam você com suas forças inconscientes.

JACINTO 07-13-34-39-42-49

cheirar: uma separação de partir o coração irá se mostrar positiva no final.

ganhar: convidados inesperados se tornam indesejáveis rapidamente.

inimigos usando: infortúnio daqueles que buscam destruir você.

murcho: suas grandes expectativas de uma pessoa amiga serão frustradas

nas roupas: você terá um casamento duradouro.

sonhar com: seu marido fiel irá melhorar suas finanças.

JADE 02-05-17-25-27-41

colar de: o casamento durará para sempre, de uma existência a outra.

comprar: lucros por meio do sucesso intelectual.

ter ornamentos de jade nas orelhas: você receberá notícias inesperadas de visitantes estrangeiros.

usar: prosperidade para todos que estiverem ao alcance visual do seu jade.

outros usando ornamentos de: você só irá se beneficiar se tirar vantagem do sonho de outra pessoa.

verde: empreendimento árduo exige análise intensa.

vender: você contribuirá financeiramente para um fundo de assistência social.

JANEIRO 08-16-17-21-31-32

nascido no mês de: a fria realidade será enfrentada com instintos implacáveis de sobrevivência.

filhos nascido no mês de: eles gostarão de esportes, serão rudes com as outras pessoas e encorajadores em relação a perspectivas.

sonhar com janeiro em outros meses: outros não compreenderão a sua insistência no sucesso.

sonhar com janeiro no mês de janeiro: lucros entre empreendimentos temporários.

JANELA 10-19-26-34-48-49

aberta: o sucesso virá, e uma saúde excelente.

atirar coisas pela: avanço de posição por meio de percepção interna.

com vidro quebrando: notícias tristes das quais você não quer saber nem enfrentar na justiça.

fechada: será desertado pelos amigos.

ficar atrás de uma: absorva a atmosfera ao seu redor e fique quieto.

fogo saindo de uma: promessa de vida longa.

mudar o vidro de uma: está mudando sua perspectiva da vida para um enfoque mais romântico.

limpar: sua felicidade corre perigo por causa de seus exageros.

muito grande: excelente fase nos negócios.

na fachada de casa: disputa entre irmãos chega às vias de fato.

nos fundos de sua casa: disputas entre irmãs tomam rumo maligno.

olhar através de uma janela de teto: horizonte mais claro é presságio de rápida recuperação.

olhar por uma: mude sua orientação para atrair mais luz.

pular de uma: desejo de encontrar algum canal para seus impulsos sem pôr a saúde em risco.

pular uma: você lança mão de meios desleais para ganhar uma posição de destaque.

quebrada: cuidado com roubo por parte de amigos, e com anuência desleal de pessoas que você ama.

quebrar o vidro de uma: problemas pela frente; prepare sua resposta.

sair pela janela para a escada de incêndio: vai falir devido a intrigas.

trancada: uma determinada negação da visão.

ver algo através de uma: vitória sobre inimigos ao deixar que destruam a si mesmos.

ver pessoas se beijando diante de uma: um pássaro de estimação será vítima de sua tolice.

JANGADA 01-20-23-25-50-54

comprar uma: vai se mudar para um país distante.

muito grande e longa: viajará até que sua indolência se transforme em ação.

navegar em uma: outras pessoas viajaram, você procurará ficar sossegado em casa.

família: viagens incertas para expandir seu círculo de relacionamentos íntimos.
outras pessoas: ouvirá falsas promessas.
salvando sua vida: você tem estrutura sólida; anime-se quanto ao futuro.

JANTAR 04-10-14-24-30-48
com um grupo grande: a decisão deveria ser conjunta, ou cortesias agradáveis azedarão.
comer o: advertência de problemas por causa de briga com amigos.
em restaurante: sossegue e deixe outra pessoa servir você desta vez.
ir a um jantar para dois com uma pessoa de alta classe: promoção no trabalho.
outros dando um: um amigo leal não substitui o amor de mãe.
receber amigos para: vitória sobre os inimigos graças a trabalho de equipe.
receber parentes para: você precisa se controlar e aceitar a hospitalidade, já que ela é bem intencionada.
sobre a pia: outros estão planejando roubá-lo, apesar do pouco que você tem.
Última Ceia: o amor apoiará você durante os momentos de tristeza e preocupação.

JARDIM 03-14-29-31-33-37
arruinado pelo tempo: período de confusão sem tempo para prazeres fúteis.
insetos: você está se comportando de forma irracional e irritante; redirecione a sua energia.
bagunçado e sujo: você abrirá falência da sua alma.
bem cuidado: negócios vantajosos bem gerenciados serão produtivos.
bonito: o crescimento de ideias perenes e emoções habituais.
caminhar em: seu trabalho é a realização de seus sonhos de decoro e ar de contentamento.
cercado: você está em estado de negação, pois não consegue aceitar a vulnerabilidade dos seus sentimentos verdadeiros.
cheio de árvores: velho conhecido precisa de seu apoio e ajuda.
coberto de ervas daninhas e com grama alta demais: você extirpará o remorso pelo que não conseguiu fazer.
com lindas flores: matrimônio iminente; cultivar uma vida leva tempo.
cuidar de: você está aumentando a segurança por meio de uma vida positiva e construtiva.
de amigo: sua vida social é organizada demais, não deixando nenhum tempo para momentos de fraqueza.
de parente: sucesso apesar das dificuldades atuais; na hora do aperto, o sangue é o seu único apoio.
descuidado: assuntos espirituais precisam ser fertilizados; nada se desenvolve sem amor.
do Éden: momento indicado para se empenhar na busca de um relacionamento; momento desfavorável para consumar esse relacionamento.
do vizinho: você terá prosperidade e aumento na família.
fazer adubo orgânico: suas energias podem ser amoldadas, regurgitadas e reutilizadas.
improdutivo: você tem intenções sérias para que seu projeto tenha êxito.
plantar sementes: ideias alimentadas com uma atitude controlada e bem planejada crescerão.
regar flores em: você espera favores demais dos outros.
trabalhar a terra com uma pá: você desenterrará substâncias indesejáveis; livre-se das que não puder alterar.

trabalhar no: uma boa colheita de atividades agradáveis são os frutos do seu trabalho.
com uma picareta: você ainda não começou a cavar fundo o bastante.

JARDINEIRO 20-35-37-41-45-48
de alguém: você está se comunicando em um nível profundo com um amigo em dificuldades.
não cuidar de um jardim: remova material deteriorado e detritos para facilitar o crescimento.
podar árvores: remova o crescimento indesejado para permitir que o que você deseja aconteça.
ser: você está tendo problemas com alguém que ama.
ser jardineiro do próprio jardim: como você cultiva ou negligencia as possibilidades em sua vida.
sonhar com: as atividades atuais tornarão você rico em breve.

JARRO 05-14-24-29-40-42
atirar um, longe: terá novo amor com um problema no pé.
cheio: fidelidade a uma carreira fora de moda.
vazio: a infidelidade lhe cerca; um amigo tenta lhe ajudar em segredo.
de cerâmica: perderá dinheiro devido a seu desleixo.
quebrar um: atividades sociais de natureza feliz serão atormentadas pela amargura.

JASMIM 03-11-14-21-34-42
comer do: pontadas incessantes de solidão fazem com que você brigue consigo mesmo.
jasmim em flor: você realizará grandes sonhos e ganhará o que mais deseja.
ter um buquê de: saúde, riqueza e paz de espírito.
viúva sonhando com: irá se casar em um ano.
moça sonhando com: receberá um pedido de casamento em breve.

JAULA 12-16-18-21-24-47
animais em: triunfo sobre os inimigos é temporário, mas somente se estiverem presos.
animais selvagens em uma jaula: risco de prisão se os seus impulsos receberem muita liberdade de ação.
dois pássaros na gaiola: assuntos do amor trarão riqueza, mas um casamento limitante.
estar em: restrições sociais questionam sua moralidade.
forçar e fugir de: a ética da infância apoia sua fuga de situação traumática.
gaiola cheia de pássaros: você está encerrado em suas próprias inibições.
libertar alguém de: desejo de ajudar aquela pessoa a sair de apuros.
três pássaros na gaiola: o noivado será rompido por causa do seu comportamento antissocial.
um pássaro na gaiola: situação questionável se tornará positiva.
vazia: um membro da família fugirá de casa para casar-se; tome o caminho mais fácil para longe da hostilidade entre famílias.

JAVALI 04-08-14-18-25-45
em uma reunião: uma outra pessoa minará o seu projeto.
na floresta: encontre a fonte da hostilidade ao seu redor.
no zoológico: um segredo será revelado em breve, mas será contido.
matar: promoção.
perto do rebanho: sua confiança em uma outra pessoa será destruída.
perseguido por: esforços infrutíferos para ficar longe da pessoa amada.

JAZIGO 09-10-16-19-21-30

abrir um: dificuldade em convencer os outros de que sua conduta teve a intenção de fazê-los pensar.

cheio: está bloqueando seus talentos por medo de se expor.

em sarcófago: busca por sentido e não conseguir lhe deixou deprimido.

sonhar com: rompa claramente com os perigos do passado antes de se dedicar a novas empreitadas.

vazio: veja com outros olhos uma rejeição do passado.

JEJUAR 01-06-28-29-38-47

comer enquanto jejua: suas emoções precisam ser estimuladas.

conforme a sua religião: sua felicidade está assegurada.

jejum forçado: negação e falta de amor próprio destroem a energia física.

ler livros de receita enquanto jejua: sua personalidade decidida tem uma vívida imaginação.

membros da família jejuando com você: instintos hereditários resultam em boa saúde.

sonhar com: purificação de caráter com a eliminação da cobiça e dos impulsos não compatíveis com a realidade.

JERUSALÉM 08-19-21-26-29-31

estar em: dignidade e controle no centro do seu universo.

ir a: você fará uma longa viagem para ficar com um parente.

muitas pessoas prestando culto em: os filhos serão prósperos.

rezar em: você terá o respeito da sociedade e o ódio da sua família.

sonhar com: você terá experiências amargas sofrendo uma injustiça e o tormento da solidão.

JESUS CRISTO 06-17-27-29-32-35

falar com: você receberá o consolo de esperança plena para o futuro.

orar a: você irá se tornar uma celebridade e servirá de inspiração para os outros.

agradecer a: você fará caridade para pessoas necessitadas.

sonhar com: paz de espírito e satisfação.

JOELHOS 02-17-26-40-42-44

cair de: o último recurso contra o rápido desaparecimento de uma fortuna causado por você.

com covinhas: ligação com um estrangeiro não persuadirá você ao casamento.

de animais: trabalho árduo aguarda você.

dobrados: uma longa doença causou uma dor constante e uma miséria terrível.

recuperando-se de um corte no joelho: prosperidade e alegria.

seu próprio joelho muito ferido: você sofrerá humilhação dos seus sonhos ardentes.

levemente: no fim, os negócios acabarão correndo bem.

ter os para dentro: fizeram você de bode expiatório pelo azar de outra pessoa.

outra pessoa: as críticas de outra pessoa visam você, mas não acertam o alvo.

ter um joelho deslocado: as coisas irão piorar antes de melhorar.

tremendo: a reparação dos pecados exige ajoelhar-se diante de Deus.

um joelho enfaixado: tenha calma durante uma viagem longa.

um joelho inchado: você está cercado de conselhos inúteis.

JOGO DE AZAR 06-08-25-26-27-47

aceitar uma aposta: seus pensamentos estão confusos.

fazer uma: você não tem certeza do que está fazendo.
ganhar uma: aja com cautela e a sorte irá lhe sorrir.
perder uma: você irá adquirir riqueza de forma desonrosa.
bacará: uma série de situações angustiantes, algumas muito sérias.
bookmaker ou corretor de apostas: cuidado com pessoa amiga gananciosa cujos conselhos são egoístas.
enganado em: você está frente a frente com obstáculos insuperáveis.
fazer uma aposta: não confie na sua opinião se comparada com a dos profissionais.
filhos brincando com jogos de azar de criança: sorte nos seus assuntos, mas egoísmo para as outras pessoas.
ganhar na loteria: os inimigos estão distraindo você com esperanças falsas.
jogador de: negócios desviarão a sua atenção para uma direção ilegal.
jogar caça-níqueis: você está fadado ao desapontamento.
jogar com amigo e estar ganhando: perda de uma pessoa amada para as obsessões dele.
perdendo: outra pessoa tenta tirar dinheiro de você por meio de uma transação ardilosa.
jogar com cartas: você está pondo seu prestígio em risco.
dados: orientação, não o rolar dos dados, é a sua meta.
peças de xadrez: você está perdendo seu tempo; a própria vida é o jogo mais desafiador.
peças do jogo de damas: você sente que não consegue fazer suas próprias escolhas, exceto quando elas são limitadas.
jogar em máquina de fliperama: você está tentado a lutar com o inimigo.
jogar em um cassino: as pessoas envolvidas não são nem um pouco mais claras que você.
jogar na roda da fortuna: você está apostando contra possibilidades calculadas, mas esmagadoras.
jogar na roleta: seu estilo de vida descuidado resulta em vãs esperanças.
ganhar na: você provará sua inocência aos outros.
mesa de: você vai brigar com uma pessoa amiga.
perder na: você receberá dinheiro de uma pessoa idosa.
pessoas apostando na: você está tentado a lutar com um inimigo.
jogar vinte e um: não sucumba à tentação de perder a calma.
jogo de dados: você usará meios imorais para obter dinheiro.
manusear fichas: você colherá dinheiro em breve; esteja preparado para o poder dele.
jogar com: você ganhará uma aposta, mas o sucesso dos negócios será adiado.
fazer uma aposta: não deixe que as opiniões dos outros influenciem você.
outros roubando em um jogo: você está pondo sua vida em risco.
perder em: você ficará livre das dores de viver além das suas posses.
perder uma aposta: os atos influenciados pela sua fraqueza imaginária enfraquecem você.
sonhar com: artifícios imorais serão usados para extorquir dinheiro de você.
ter perdido: os inimigos estão tentando desviar sua atenção dos crimes deles.
ter sido enganado em um: use de cautela ao se envolver em novos negócios.

vender: você está se iludindo de que alguém o ama.
verificar números: seu apetite produzirá inimigos.

JOGOS 02-10-12-30-37-44
acertar no centro do alvo: ajuste das ações aos seus ideais.
não acertar: você terá rivais nos relacionamentos.
apostar no resultado de um: você está envolvido em um assunto incerto e arriscado.
outros: cuidado em quem confia.
completar: as especulações se realizam.
composição acróstica em verso: não tome decisões precipitadas.
filhos jogando: suas ilusões deixarão você muito infeliz.
amarelinha: prazeres simples proporcionam horas de entretenimento.
vendados: você está sendo enganado.
goleiro: você terá uma vida agradável e refinada, espiritualmente e financeiramente.
jogar bingo: não aposte muito na precisão do seu sonho.
jogar com bolas de bilhar: relações instáveis com o sexo oposto.
jogar damas: você será traído pela pessoa amada.
e vencer: você terá êxito com um plano cujo ponto de partida se tornará questionável.
jogar dardos: você deseja muito realizar um pensamento pernicioso.
não alcançar o centro do alvo: sucesso nunca imaginado seguido de fracasso.
jogar dominó: você terá um pequeno triunfo em uma competição de grande escala.
com a pessoa amada: infelicidade no amor.
perder enquanto: irão lhe oferecer um artigo inútil que você se recusará a comprar.
ganhar: a felicidade está garantida.
jogar jogos em geral: divergências acirradas com aqueles próximos a você.
jogo de malha: avanço em termos financeiros.
perder: você está levando a melhor sobre seus inimigos.
ganhar enquanto: infortúnio nos negócios; os sonhos não se tornarão verdade.
outros: as preocupações desaparecerão.
por uma grande margem: divergências com os mais velhos.
perder em um jogo de cribbage: decisões importantes precisam ser tomadas para se evitar problemas.
assistir a um: pedirão o seu conselho.
ganhar um: você escapará do perigo atual.
perder um jogo de uíste: você brigará com os amigos.
vencer: você receberá um cargo melhor.
assistir a outros: mudança no ambiente.
quebra-cabeça: o fim de um compromisso que, no final, ainda poderá ser restaurado.
sorteio, comprar um bilhete para um: nem sempre você pode prever os resultados dos seus atos.

JOIAS 11-14-15-17-26-39
abotoaduras: uma questão de cortesia e formalidade para demonstrar respeito pela sua posição.
admirar: você vivenciará a extravagância apaziguada pela sua mente racional.
anel de ouro: o salário ou os lucros serão justos, mas não satisfatórios.

bijuteria: não mostre seus sentimentos abertamente.
receber: a pessoa amada é vaidosa e volúvel.
comprar um amuleto que afasta o mal: descubra o obstrutor e confronte-o.
receber: um preço será pago no final por meio do alto cargo de uma pessoa amiga.
usar: no final, sua vulnerabilidade será revelada.
vender a alguém: livre-se do conflito de interesses.
comprar: você está se adornando para atrair atenção.
comprar um anel de ferro: você não receberá uma recompensa justa.
dar de presente: indicação de que você alimenta sentimentos preciosos pela pessoa presenteada.
receber: admirador tem muito mais sentimentos que você; o patrimônio dele ameaçará você.
dar de presente âmbar: obstáculos entre você e as pessoas que ama.
estar usando ágata: cuidado quando for chamado para arbitrar brigas.
genuína: uma data precisa ser estabelecida visando a conclusão dos seus planos.
falsa: você receberá uma oferta oportuna para adicionar prestígio ao seu trabalho.
granadas: a fertilidade de trabalhos substanciais por que compensam pouco.
herdadas: preste atenção à sua alma, com os riscos relativos ao seu cargo e ambições satisfeitas.
imitação de diamante: não peça referências a não ser que tenha certeza que serão boas.
perder: sua capacidade de agir é refreada por aqueles que lisonjeiam e enganam você.
de presente: relacionamento com a pessoa que presenteou terminou, em seu detrimento.
platina: sua tensão estragou seus esforços.
perder um anel de: você irá se desculpar com o amor dos seus sonhos por não ser perfeito(a).
quebrar um medalhão: seu parceiro irá se tornar uma pessoa volúvel e indecisa, trazendo instabilidade para o lar.
perder: muito esforço se põe em seu caminho quando você se apaixona por um estranho.
receber da família: união precoce com a alma gêmea e prole numerosa.
receber: decepção intensa pelo valor real do dinheiro.
relógio de pulso: atividade social entre pessoas com interesse pela comunidade.
roubar: você corre o risco de cometer um ato vergonhoso.
ser joalheiro: você irá enganar os amigos e negociar com os inimigos.
desonesto: você receberá uma oferta oportuna para adicionar prestígio ao seu trabalho.
honesto: uma data precisa ser estabelecida visando à conclusão dos seus planos.
ter: a abundância traz uma ameaça contínua de que um dia será roubada.
turquesa, sonhar com: cura natural.
usar: você sofrerá por causa da inveja e dos seus atos imprudentes.
de outra pessoa: você foi iludido pelas aparências e enganado pelos amigos.
vender: você responderá por pequenos pecados que tem mantido escondidos.

JÓQUEI 03-05-15-23-25-38

cuecas: traduza instintos e vitalidade diretamente em vitória.

sem etiqueta: você receberá um chamado para ajudar um estranho; faça-o.

jovem fascinada com um: pedido de casamento vindo de um pretendente da alta-roda; status.

mulher sonhando com um em plena velocidade: proposta imprevista vinda de uma fonte inesperada.

perdendo uma corrida: pare de ir na onda dos outros e comece seu próprio projeto.

ganhando: você passará em um concurso público com ótimos resultados.

ser: regule cada movimento para obter o que deseja.

JORNADA 26-30-33-37-38-41

continuar uma: você realizará seus planos e lucrará durante uma jornada desagradável.

a pé o tempo todo: trabalho árduo pela frente; lucros agradáveis oriundos da jornada.

com uma espada na bainha: você irá se casar em breve.

desagradável: crescimento ou pouco caso, dependendo da sua percepção.

em uma estrada rústica e acidentada: tudo irá acabar bem, mais rápido que o exigido.

a cavalo: você irá superar obstáculos desagradáveis com o seu poder ativo.

fazer uma viagem em um navio a vapor: as companhias são mais agradáveis do que nunca.

avião: brigas em família.

inimigos em uma: fracasso dos inimigos; enterre-os antes que o ameacem novamente.

longa: distúrbio nervoso que exige consulta com médico.

não conseguir atingir um objetivo durante uma: modifique aquilo que você pode mudar e prossiga.

outra pessoa: levará muito tempo para que as dificuldades nos negócios sejam solucionadas.

parentes em uma: você incorrerá em dívidas por trivialidades fúteis e inúteis.

planejar uma viagem, mas não ir: concentre energias em uma coisa que você faz bem e prossiga.

tempestade durante uma viagem: esperanças insatisfeitas e frustradas sabotam sua saúde.

JORNAL 02-14-19-22-35-36

comprar revista: aliviará as próprias preocupações ao saber das preocupações de outros.

comprar um jornal diário: ficará sabendo de fofoca sobre um grande amor.

de domingo: prazer momentâneo de pessoa influente.

de um amigo em obituário: vai receber tarefas mais confortáveis para dar cabo.

de um inimigo: notícias de mudança de endereço para o sul.

jogar fora um: afronta à vista; amor de um estrangeiro de bem longe.

ler um: sente-se à vontade para se envolver com a comunidade.

entre as linhas de um: está procurando uma verdade não escrita.

obituário em: a morte de um ídolo lhe faz lembrar que a sua está próxima.

outros, para você: estão lhe dizendo inverdades.

semanal: avanço nos negócios por meio da análise cautelosa da competição.
ser editor de um: você sente que conquista mais a cada dia.
vender: a base do trabalho de sua vida.
ver seu nome em uma manchete: vá se esconder, faça uma viagem longa para se afastar da vizinhança.

JORRAR 04-05-11-18-39-48
água jorrando da pia: infelicidade na família.
canos transportando água: você cairá na miséria.
dar descarga: cuidado com boatos maldosos.
limpar o boiler por meio de água sob pressão: a prosperidade virá um pouco tarde demais.

JUIZ (juíza) 01-08-10-14-19-27
apresentando os resultados de um inquérito: sua vida amorosa mudará para melhor.
ser decidido a seu favor: prosperidade quando você assume nova responsabilidade.
ser decidido contra você: sócio irá trair você.
de paz: tempos difíceis para a pessoa que deu o fora em você.
martelo do juiz: uma má escolha será corrigida se você se mantiver firme no seu rumo.
sentenciando você a ficar internado em um centro de correção de menores: não se deixe abater pelos obstáculos em cada esquina.
ser: não confie sem evidência comprobatória.
durante julgamento: não aceite, sem questionar, sua própria opinião.
e tomando decisões: você está sendo lembrado da sua responsabilidade para com a sociedade.
ser absolvido por um: você está buscando o bom-senso como justificativa por atos criminosos.
considerado culpado: sua alta posição social busca castigo por pequenos delitos.
convocado por um: criticado por ser rebelde e fútil por aquele que não é.
receber a pena de um: condenado pela espontaneidade que outro não se permite.
sonhar com um magistrado: você gostaria que o progresso nos seus negócios não fosse ignorado.
estar diante de: o problema, como decidido, precisa ser reavaliado.
um juiz a seu favor: é preciso que seu juízo seja convocado por uma fonte estimada.

JUIZ 06-20-21-23-24-29
de tribunal: batalha entre suas ideias e valores e os impostos pela comunidade.
ignorar o: será injustiçado; a quem você tem de evitar para impedir que isso aconteça?
protestar contra o: quem quer lhe derrubar?
ser um: você tem poder para mudar sua posição na vida.
esportivo: você é egocêntrico demais para ter uma casa feliz e saudável.

JULGAMENTO 01-11-17-35-41-44
estar em um: um admirador merece sua atenção, não sua crítica ferina.
perder em um: seu adversário tem mais a perder do que você.
ganhar: você conhece a verdade, haja de acordo com ela.
processar alguém em um: a certeza absoluta de que sua verdade vencerá no final.

ser julgado: vai desfrutar de segurança para a vida toda se conseguir sair de si mesmo para enxergar a verdade.
acusado justamente: aceite a responsabilidade por seus atos e peça desculpas agora!
injustamente: está desfrutando de muita paixão e pouca compaixão.
amigos: morte de conhecido.
inimigos: você é um indivíduo teimoso que luta por seus direitos.
parentes: vai jogar bem na loteria.
por questões de negócios: vai testemunhar uma injustiça contra alguém.
ser condenado por seus erros: sua consciência não está tranquila.
mulher: receberá más notícias.

JULHO 01-09-12-18-23-43
sonhar com o mês de julho durante o próprio mês: você encontrará o seu destino no serviço postal.
sonhar com o mês de julho durante outros meses: use de cautela nos negócios na medida em que outros podem ter uma opinião diferente da sua.
ter nascido em: recuperação emocional de trauma com a rápida realização de seus sonhos.
filhos: você terá boa remuneração durante o período que precisar de dinheiro para completar sua casa.

JUNHO 04-10-14-18-40-43
sonhar com junho durante o próprio mês: você terá uma boa receita com a promoção no trabalho.
sonhar com junho durante outros meses: tristeza e perda causadas pela seca e pela inundação.
ter nascido em: você precisa confiar no seu bom-senso para tirar algum proveito.
filhos: você realizará os seus maiores sonhos em todos os empreendimentos.

JURAMENTO 01-11-13-32-33-39
marido ou esposa fazendo o juramento matrimonial: a prosperidade é um investimento para seu futuro.
sonhar que faz um: você vai ganhar um bom cargo se estiver aberto para tal.
executivos: um revés vai lhe causar problemas emocionais.
inimigos: sofrerá humilhação e indecisão; falta confiança em si mesmo.
outros: receberá notícias de pessoa inocente que está sofrendo.
parentes: complicações e aborrecimentos envolvendo familiares próximos.

JÚRI 01-19-29-31-34-39
absolvido por um: mantenha a calma, o excesso de excitação terá efeito contrário ao desejado.
dando o veredicto: medo de depender de tribunais para tomar decisões acertadas.
jurados sentados no tribunal: examine as provas, convença com tato e chegue ao seu veredito.
sendo formado: você superará dificuldades e se tornará sócio.
ser convocado para fazer parte de um: seus empregados estimam muito você.

JUVENTUDE 09-14-17-29-32-42
ficar jovem outra vez: eventos benéficos e muito importantes a caminho.
pessoa de idade sonhando com: está lembrando de um aspecto da vida de quando era mais jovem.
mulher: terá marido dedicado.
ser: mudança positiva que durará o tempo de seu otimismo.

K

KILT (saiote escocês) 11-23-30-33-38-42

montanhês da Escócia usando um: ao receber notícias do exterior, você comprará malas para uma viagem.

usar um: um caso de amor tumultuado.

homem: você está lidando com alguém que é transparente em termos de caráter.

mulher: amigo antigo e de confiança irá voltar a encher a sua vida de alegria.

L

LÃ 07-12-17-27-41-47

comprar: prosperidade e sucesso.

roupas de: perda de amigo

de carneiro: tende a lisonjear para disfarçar sua tendência à teimosia.

de ovelha: você é uma pessoa gentil e fácil de lidar.

fazer malha de lã crua: sofrerá por ser alérgico às ideias dos outros.

tecido de: terá renda confortável.

ter pacotes de: sucesso na vida doméstica e profissional, e terá influência na comunidade.

vender: terá vida confortável.

roupas de: grande infelicidade.

LÁBIOS 07-28-37-45-48-52

bonitos: você terá o domínio sobre a harmonia de muitos.

comprimidos um contra o outro: você está deixando que o ódio de outra pessoa o prejudique.

de um estranho: você terá de resolver uma interrupção de ligação.

doloridos, feridos ou inflamados: pobreza, a não ser que você leia os lábios de uma outra pessoa.

dos filhos: o sucesso será adiado por meio de um crescimento demorado da harmonia e de fartura.

finos: aborrecimento por você ser uma pessoa correta, perfeita e impossível de se acompanhar.

grossos: casamento infeliz causado por atos de amor insensíveis.

homem beijando uma mulher: a sensualidade se expressa de forma familiar.

mulher beijando um homem: derrota em uma briga que seria normalmente para chamar a atenção dele.

pálidos: você não conquistará o amor negando a si mesmo.

repulsivos: o fracasso dos inimigos por meio da própria inveja deles.

seus próprios: seus pensamentos mais básicos e sensuais são exibidos.

LABIRINTO 08-14-19-35-42-50

cercado por um: a solução está onde você nunca esperaria que estivesse.

confundir-se em um: você foi apanhado em um jogo paralelo; retroceda.

de arbustos: eterno esconde-esconde em assuntos simples encarados indiretamente.

encontrar a saída do: suas dificuldades serão resolvidas com alegria.

não conseguir encontrar a saída: cuidado com o controle de amigos falsos.

estar em um: recue até ver o quadro inteiro.

lutando com feras selvagens em um: os inimigos alimentam seus adversários famintos com palavras de rancor.

lugar parecido com um: siga o progresso do caos até a consciência.

LABORATÓRIO 21-25-39-50-54-59
estar em um: dados empíricos precisam apoiar os seus atos.
fazer experiências em um: seu enorme esforço é desperdiçado em empreendimentos infrutíferos.
laboratório científico: grande perigo com líquidos combinados e emoções díspares.
passar tempo demais em um: você elucidará um mistério antigo quando ninguém mais estiver interessado nele.
trabalhar em um: você superou seus sentimentos, suas crenças e seus medos.

LAÇO 01-19-23-32-33-38
ao redor do pescoço: um processo judicial ameaça expor sua culpa.
armadilha para animais feita com laços: é bom saber que a armadilha está preparada.
ser enforcado por uma corda enlaçada: ansiedade e medo de ser perseguido.
outros: seu ódio e sua raiva têm relação com seu estado de saúde.
ter um: use de moderação contra seus obstáculos e em competições.

LADRÃO 01-19-27-36-43-47
batedor de carteira: não gaste suas energias com pessoas negligentes.
matar um: passará por infortúnio e precisará ser bastante econômico no dia a dia.
pegar um: será reembolsado pelos danos e garantirá a segurança financeira.
entrando em sua casa: negócios excepcionalmente bons pela frente.
prender um: sua espirituosidade autocentrada lhe fará dar um passo em falso.
ser um: você vai supervalorizar sua importância no negócio e roubar para tornar justa a divisão de lucros.
ser flagrado ao roubar: sua raiva não tem justificativa.
sonhar com ladrões: ao seu inimigo parecerá que você correu enorme risco, mas para você não terá sido nada.
roubando alguém: encara com ceticismo a ideia de usucapião.
ser roubado por um: é desconfiança o que você carrega dentro de si?

LAGARTO 13-15-19-32-34-48
amigos que têm artigos feitos de pele de: traição vinda de pessoas em quem você confiou.
em uma gaiola ou jaula: hostilidades secretas levam você a explorar a injustiça.
matar um: você recuperará a fortuna e a reputação perdidas por meio de encontros desagradáveis.
ter uma bolsa de pele de: você obterá dinheiro por meio de um pequeno de delito.
cinto: casamento durará até a morte ou até que o desgosto tenha morrido.
sapatos: você será muito saudável, mas aja com cautela.

LAGO 05-17-30-35-41-49
a remo: sucesso nos negócios se você não der um passo em falso.
andar de barco à vela em um: conflitos domésticos pela frente, sem amigos que pensam como você.
chuva caindo sobre um: no final você superará as preocupações com paciência.
de águas agitada: você terá de retirar, com um balde, os problemas dos outros do seu barco.
serenas: você será largado pela pessoa amada, o que permitirá que encontre o seu verdadeiro amor.
grande: período difícil pela frente em sua vida; recomponha-se e enfrente o difícil caminho.

lagoa: preocupação e frustração causadas por inteligência mal orientada.
límpido: seus recursos emocionais tomarão parte de cada empreendimento em direção ao sucesso.
muito agitado: a fonte das suas preocupações está situada no seu íntimo, o monstro interior.
pescar em um: promoção no trabalho e na estima de outra pessoa.
turvo: problemas nos negócios que, quando remexidos, pioram.

LAGOA 11-15-16-18-29-40
barrenta: brigas em casa, regozijo entre sócios.
calma: grande afeto entre pessoas que estão se paquerando.
cheia de peixes mortos: em breve entrará em bancarrota.
vivos: abundância e riqueza por ser o principal orador da turnê.
estar em uma: antes de se envolver, confira os motivos básicos.
em uma limpa: prosperidade e amizade duradoura por meio de sua graça e beleza.

LAGOSTA 09-12-18-33-36-50
comer: seus relacionamentos amorosos serão destruídos por seu excesso de intimidade em lugares públicos.
amigos: você só tem um amigo leal; os outros se associam muito facilmente em troca de prazeres sensuais.
filhos: riqueza na família; grandes favores de amigos influentes.
inimigos: os oponentes estão empenhados em arruinar você com insultos ardilosos.
parentes: outros aceitam a posição proeminente; você comandará seus subordinados.
sonhar com uma: felicidade doméstica por meio do pagamento de uma dívida muito antiga.

LÁGRIMAS 10-12-16-20-27-37
chorar: simpatia só é construtiva se acompanhada da verdade.
crianças derramando: despertar da consciência dentro em muito pouco.
adolescentes: liberação de frustração contra a qual você nada pôde fazer 12 anos atrás.
marido: uma raiva contida impedirá a felicidade no casamento.
parentes: em breve passará por altos e baixos por causa de assuntos alheios.
pessoa amada: será consolado após purificação emocional.
sonhar com: contrariedades lhe farão despertar para sua verdade e assim defendê-la.

LAMA 12-14-17-33-34-38
brincar na: quebre suas negativas em unidades simples e solúveis.
caminhar na: uma resolução dolorosamente lenta relacionada a distúrbios na família.
ficar preso na: fique quieto, faça seu plano e lute para executá-lo.
trabalhar na: transforme seu trabalho num sem-fim de oportunidades.
na roupa: sua reputação está sendo atacada, abalando sua saúde.
outros: você está cercado por pessoas de moral questionável.
nas ruas: avanço dentro de sua própria posição, ajuste a novas circunstâncias.
tirar da própria roupa: escapará de uma intriga caluniosa e da conspiração de inimigos.

tomar banho de: chafurde em seus segredos sujos e limpe-os.

LÂMINA 02-29-32-33-35-44

comprar uma: será perseguido por conduta questionável antes que a coisa seja divulgada.

cortar-se com uma: deve controlar suas emoções conflitantes.

matar alguém com uma: eventos desagradáveis devem ser combatidos.

a si mesmo: sua calma interna e seu contentamento não estão em equilíbrio com o mundo exterior.

quebrada: dor oculta que denota uma falha em acordo vindouro; corrija-a ou caia fora.

reta: sua forma precisa de executar o trabalho pode estar ultrapassada.

amolar uma: você vê a adversidade em seus primeiros esboços.

sonhar com uma: encontrará perigo em confusão com pessoa amada.

usar uma: aviso de briga a caminho se você não confrontar os sinais.

cega: a confusão e o mau gênio da pessoa amada podem ser corrigidos por você.

elétrica: coisas fáceis de fazer podem dar errado por falta de atenção.

LÂMPADA (ou lampião) 10-25-35-45-48-49

acender: você terá de justificar sua independência a qualquer preço.

acender uma lâmpada: uma amizade casual está se intensificando.

acesos: a paixão irá se transformar em frieza em um estalar de dedos.

apagados: o negócio empacará se você seguir não escutando conselhos.

apoiar-se em um poste: você está inebriado por tentar expandir o círculo familiar.

quebrado: uma briga séria com vizinho a respeito das suas conexões independentes.

muitas lâmpadas: seu caminho de vida será iluminado por mentores brilhantes.

nas casas de outras pessoas: advertência de que é preciso conhecimento espiritual para resolver os problemas deles.

que brilha muito: alegres revelações de caminhos para o sucesso em pequeno empreendimento.

quebrar: sua indiferença prejudicará suas esperanças.

ser apagando: você gostaria que tivesse visto a luz da serenidade no amor.

que brilha muito pouco: você trabalhará muito e enfrentará dificuldades levando a cabo suas próprias ideias.

LÂMPADA DE GÁS 16-19-40-42-43-45

acender: você escapa de ameaças ao furtivamente fazer com que os inimigos derrotem a si mesmos.

apagando de repente: o negócio atingirá um ponto morto; tragédia pela frente.

apagar a chama: seus próprios pensamentos negativos estão destruindo você.

baixa: seus interesses sofrerão por causa de um azar muito grande.

decorativa: as pessoas estão mentindo para você sobre a fonte do auxílio financeiro delas.

pertencente a outros: bons relacionamentos amorosos e felicidade doméstica.

fuligem de: um erro forçado poderá controlar a verdade.

já acesa: paixão e perda de esperança no amor.

LANÇA 01-07-08-16-19-37
perfurar um peixe com uma: receberá uma herança para sua grande insatisfação.
lanceiro: rápida sucessão de grandes obstáculos.
sonhar com: você se vinga ao ser ferido por outras pessoas.
agarrar uma: você é antes um agressor simbólico do que de fato.
lançar: outros iniciarão uma batalha que será executada por sua força de vontade.
usar uma lança para pegar peixe: concentre sua mente poderosa contra distrações.

LANTERNA 02-14-15-21-48-51
apagando lentamente: cuidado com cilada ao fazer um desvio desfavorável.
apagando sozinhos: sua compreensão da situação de uma outra pessoa, na melhor das hipóteses, está distorcida.
apagar: intenções esperançosas farão um desvio desfavorável.
balançar uma: você está em perigo grave causado por mulheres astutas e maquinadoras.
chama bonita dentro de: com discernimento você mostrará quem você é.
de sinalização: você terá uma posição de importância e responsabilidade.
fraca: uma perturbação doméstica quanto a ajudar alguém que prejudicará a sua família.
lanterna mágica: você passará por separação e ressurgimento em uma vida nova.
sendo apagada: você terá dificuldade com a lei e não conseguirá destaque.

LÁPIS 22-26-29-33-35-37
apagar algo escrito a: amigo próximo sofrerá de amnésia e lhe esquecerá.
apontar: suas contas estão em ordem; sua coluna está ereta.
comprar: o sucesso de seu negócio é prejudicado pela falta de compromisso de seu parceiro.
crianças usando: vão gozar de boa saúde e compreender o básico.
dar: vai se separar da pessoa para quem os presenteia.
escrever com um sem ponta: você não tem consciência da má impressão que causa.
ganhar: cuidado com a pessoa que lhe dá os lápis.
quebrar a ponta: injustiça trivial que pode terminar em um acidente destrutivo.
sonhar com: está sob a influência de segredos românticos que lhe foram confiados há muito tempo.

LAR 03-06-37-47-50-54
alguém tentando arrombar sua casa: pessoas com inveja do seu sucesso procuram destruir você.
derrubando sua porta: você tem inimigos; fique atento.
sacudindo suas janelas: seu caminho para o sucesso está sendo obstruído.
amigos visitando seu lar: infelicidade.
anjo entrando no seu: você está desistindo de suas opiniões obstinadas em troca de vantagens superficiais.
assentar mosaico: o lucro não é compensação suficiente; você está complicando demais uma tarefa simples.
caber em uma casa pequena: prosperidade, especialmente para os apaixonados, se você resolver um problema de cada vez.

casa sem piso: seus alicerces sólidos foram reduzidos.
deteriorado: dedique mais tempo a você mesmo.
colocar papel de parede: você está buscando esconder indiscrições recentes.
construir uma casa: posição elevada sem felicidade proveniente de uma herança sem motivo.
cupins em uma casa: você está fisicamente exausto e disperso demais na vida pessoal.
de outra pessoa: uma ação relativa a divergências sobre propriedade pela frente.
dispor ou organizar coisas em casa: os sonhos não irão se realizar; o tempo irá preencher o vazio.
dona de casa com a casa desarrumada: antigo pretendente tentará afastar você do lar.
entrar em uma casa estranha: novos empreendimentos em negócios desordenados.
entrar na casa dos seus sonhos em um dia de sol: a felicidade está próxima; compre imóveis.
estar sentado no alpendre: sua vida está fora de controle; aperte as rédeas.
observando os outros: os amigos virão em sua ajuda.
ficar com saudades de casa: seu passado, visto com excesso de otimismo, arruinará seu futuro.
sair de casa: seu arrependimento pelo que deixou para trás pode ser usado em seu benefício.
para sempre: você está no patamar de uma paixão ardente e fanática.
voltar: sua recusa de prolongar uma viagem causará arrependimento por uma oportunidade perdida.
ficar trancado do lado de fora da sua casa: evite correr riscos desnecessários; você está pronto para seguir em frente.
grande incêndio destruindo uma casa: os amigos estão sendo desagradáveis; substitua-os por desconhecidos agradáveis.
com fumaça escura: mistério pela frente, se você seguir a sua cabeça, e não o coração.
incêndio no seu lar: siga a sua cabeça, não o coração.
de outra pessoa: um amigo precisa de conselhos.
ir para o andar de cima em uma casa: tanto a dependência quanto a independência são encontradas aqui.
morar em uma choça: não é muita coisa, mas é sua.
outros vindo a sua casa: você terá bastante consolo se buscar sua alma gêmea.
sem convite: tristeza e lágrimas na medida em que o seu espaço pessoal é tomado.
paredes desmoronando em uma casa: você está fisicamente exausto e precisa descansar.
perder a própria casa: tenha mais cuidado com assuntos financeiros.
quebrar um objeto em casa: vida doméstica frustrante por causa de alguém de fora.
quinquilharias em casa: sorte se você quebrar o conjunto.
receber uma casa de presente: volta aos sonhos de infância que precisam ser manifestados.
sem cozinha: você está preparando uma intriga e acrescentando temperos.
sem quarto de dormir: você gostaria que o sexo com o parceiro acabasse e que ele buscasse outra pessoa.

banheiro: a limpeza é inútil em um ambiente contaminado.
sem sala de estar: ligação emocional em um círculo familiar feliz.
ser expulso de um abrigo: sua coragem é tudo o que lhe sobrou.
ser proibido de entrar na sua casa: cuidado com planos e seus planejadores.
seu lar localizado em uma zona de guerra: uma invasão extrema do seu espaço pessoal.
seu próprio lar perdido em inundação: desacelere e dedique algum tempo para sentir o aroma das rosas.
sótão da casa de outra pessoa: obstáculos indescritíveis confrontarão sua consciência espiritual.
ter prosperidade no seu lar: trabalho agradável e notícia boa fazem com que o prejuízo seja ainda mais irritante.
térreo da própria casa: sua força interna diária e base para a vida em comum.
teto ruindo na sua casa: falta de apoio; se você perdeu a sua ligação espiritual, medite.
uma casa estremecendo: perda pequena de dinheiro; perda grande de conforto.
velho e em más condições: estão contando mentiras sobre sua família; um parente morrerá.
visitar uma casa velha: você terá motivo para se alegrar com a visita de amigos desorientados.

LARANJA 08-09-18-21-29-33

comer uma: cada segmento de sua vida precisa de atenção por igual.
nectarina: uma mulher hipócrita vai lhe causar uma calamidade.
comprar: decepção no amor como consequência de você não alimentar a relação.
descascar uma: a paz virá com o delicioso sabor da indulgência.
estar da cor de uma: seu fígado está em péssimas condições; pense nas máculas causadas por seu estilo de vida negligente.
fazer compota de: as impurezas vão embora.
tecidos: o poder purificador do fogo.
ter roupas: pequenos ganhos financeiros, mas causando uma impressão e tanto.
pegar flores de laranjeira: equilíbrio entre intuição e intelecto.
fazer uma coroa de: rendimento lento e progressivo permitirá uma vida estável e emocionalmente próspera.
usar: sua virgindade está em segurança até você ter um romance do qual não vai esquecer nem se arrepender.
sonhar com uma laranjeira: derramará lágrimas pela beleza de suas flores.
com frutos maduros: abundância de vitalidade física e espiritual.
plantar: fará viagem malsucedida até o desabrochar do fruto do conhecimento.
tangerinas, descascar: uma morte lhe fará cuidar mais da saúde.
vender: perda em empreitada de risco.

LAREIRA 01-07-08-16-20-47

bonito adorno de: cuidado com a traição.
relógio depositado em uma: cuidado em quem confia.
carvão apagado: grande decepção pela frente se você se queimar.
apagar: estão espalhando boatos a seu respeito.
jogar fora: sucesso nos negócios de um nível medíocre.

outros: você está desperdiçando tempo com coisas fúteis.
cinzas: perda devido à falta de cuidado.
na própria: perda de dinheiro.
dentro da: controle as observações provocadoras se quiser ir para a frente nos seus assuntos.
estar sentado sozinho perto de: felicidade no amor.
com outras pessoas: os amigos estão enganando você.
família: você terá uma vida longa.
noivo: você se casará em breve.
fogo ardendo em: reunião de família.
fumaça saindo de: seus problemas familiares serão expostos.
perseguir um ladrão com um atiçador de brasas: uma ação geniosa precisará ser justificada.
um par de cães de: uma grande promoção, para o seu desgosto.
vazia: algo irá se perder.

LATA 15-17-22-23-28-31
abrir: um rival conquistará a afeição da pessoa que você ama.
atirar em: você fará uma longa viagem em breve.
beber de: riso e música de uma fonte que não é você.
comida enlatada: sua preguiça impede o seu progresso, não o seu chefe.
e comer: você está satisfeito com companhias medíocres, pontos de vista e ideias antiquados.
fora do prazo de validade: você não encontrará o amor verdadeiro se continuar agarrado a um antigo amor.
comprar várias de suco: evite os inimigos.
jogar fora uma vazia: uma grande desgraça pela frente.
muitas: você receberá boas notícias.

LATÃO 04-06-15-24-37-39
comprar: vai melhorar sua situação financeira.
polir objetos de: vai aceitar amigos falsos como se fossem sinceros.
sonhar com latoeiro: não se meta nos assuntos de seus amigos, senão terá de explicar seus atos.
consertando chaleiras e panelas: conseguirá desmentir as difamações que espalharam sobre você.
sem conseguir consertar: terá mente vigorosa.
trabalhar com: não empreste dinheiro tão facilmente.
vender: teste os amigos antes de confiar neles.

LATÃO 13-26-30-35-36-48
castiçais de: uma emoção nativa polida para mostrar-lhe a luz.
comprar: uma promoção pela frente.
insígnia de: seus atos ambiciosos serão amplamente recompensados.
instrumentos musicais de sopro: você pode se gabar, mas particularmente conte com o fracasso.
sem brilho: será necessário polimento para utilizar sua personalidade forte e determinada.
ser caldeireiro: você terá muitos problemas.
sonhar com: a rápida ascensão em sua profissão requer atenção dobrada aos sócios.
ter algo feito de: um amigo causa tristeza.
vender: você está sendo enganado e teme sua ruína.

LATICÍNIOS 19-28-31-41-44-47
comer creme de leite: não seja egoísta com as suas vantagens, nem torne públicas as suas indiscrições.

comer queijo cottage: um assunto irritante pode ser redirecionado para oferecer benefícios a você.

comprar produtos de uma fábrica de: você nunca alcançará a altura da sua ambição.

fábrica de: vida nauseantemente agradável, cheia de benefícios emocionais.

ser alérgico a: uma afronta chocante à sua segurança contra as tentações oferecidas em um casamento.

trabalhar em uma fábrica de: você será cortejado por pessoas sem compromisso ou virtude, que querem o que você possui.

LATIM 02-18-21-38-39-44

aprender: você espera encontrar um emprego novo e lucrativo.

filhos aprendendo: você terá um caráter capaz de sustentar suas opiniões.

falar: advertência de fracasso em comunicar pensamentos merecedores de atenção.

ler em: vitória em assuntos de grande interesse, que são normalmente evitados.

LAVANDERIA 01-09-32-36-56-57

lavanderia pública: você verá uma pessoa morta desconhecida cuja mácula repousa em você.

lavar roupa à mão: surpreendentemente você ficará feliz na companhia de pessoas.

lavar roupa embaixo de uma fonte: nítida advertência contra rumores locais venenosos.

da pessoa amada: você cancelará o casamento quando conhecer viajante com interesses em comum.

lavar sua própria roupa: alguém prestará serviço à sua saúde física.

lavar sua roupa em uma: você fica fazendo papel de superior e de ofendido; acabe com isso.

pendurar a roupa para secar: problemas expostos não têm poder.

restabelecer relacionamentos através da roupa para lavar: uma velha amizade é conquistada através do emprego da sua saúde.

roupa lavada pendurada: momento de expor suas forças psicológicas e concertar o erro.

roupa suja: dúvidas no relacionamento, com problemas sabotando você.

LAVAR 13-17-18-20-23-28

artigos de cama e mesa: você sente que está dormindo com o inimigo.

as mãos na água fria: contentamento, um silêncio purificador.

quente: as pessoas lhe culpam por seu sucesso.

barba ou cabelo: tristeza interrompida por euforia fugaz.

comida: talvez precise guardar seu orgulho no bolso para impedir que alguém lhe contamine o caráter.

em água limpa: desfrutará de muitos prazeres na vida, com poucos reveses.

máquina de: você está no caminho certo para melhorar como pessoa.

o corpo: sofrerá julgamento injusto devido à conduta imoral.

os pés: ansiedade em relação a onde você esteve.

pratos: os amigos vão lhe visitar em sua casa durante uma discussão.

seu rosto: uma relação desejada está no horizonte.

uma janela: um serviço será prestado por pessoa desconhecida.

LAVRAR 04-09-23-24-33-34

arado quebrado: você não consegue superar seus bloqueios psicológicos; mude de direção.

com um trator: vai fazer dinheiro com imóveis.

carroça puxada por cavalos: o caminho mais rápido é vantajoso, mas nem sempre é o mais bem-sucedido.

fazendeiro lavrando a terra: projeto de campo dará lucros.

jovens: trabalho árduo e honesto compensará sua juventude desperdiçada.

um campo: trabalho duro pela frente, e com retornos esplêndidos.

LEÃO 03-10-24-29-44-52

acorrentado: uma inimiga poderosa, a tentação, foi subjugada.

brincar com uma leoa: contato físico poderoso confrontará o sucesso e vencerá.

cabeça de: sua bravura fará de você uma pessoa importante; o intelecto irá solidificar essa posição.

cortar a juba do: seu sucesso depende de sua habilidade de sabotar a oposição.

em uma jaula: os inimigos não conseguirão ferir você quando confrontados com os seus grandes poderes cognitivos.

esqueleto de: em breve você terá dinheiro que antes estava inacessível.

filhote de: você terá uma amizade valiosa que precisa de sua liderança.

matar um: muitas mudanças irão finalmente possibilitar que você conquiste a vitória por meio do seu magnetismo pessoal.

morrendo: morte de uma pessoa importante conhecida por uma raiva agressiva.

ouvir o rugido de um: você passará por aflição graças a seus próprios instintos cruéis.

preso: você frustrará as tentativas dos seus inimigos de decodificar seus planos.

ser atacado por uma leoa: somente os filhotes dela merecem uma afronta tão perigosa.

brincando com um: contato físico, coragem e persistência glorificados.

com os filhotes: você não pode se permitir um minuto de distração de seus deveres.

morrendo enquanto dá à luz: sua ascensão ameaça sua habilidade de reprodução.

ser perseguido por: um ataque iminente; utilize a cautela e proteja os seus flancos.

sonhar com um: dignidade futura com a atual força de caráter e grande determinação.

surpreender um: cuidado com falsos amigos no seu empenho rumo ao poder.

ter medo de: a perseguição que você está sofrendo na mão de seus inimigos será bloqueada por uma forte liderança.

triunfar sobre um: seu oponente não saberá o que o atingiu.

zangado: força ousada e ferocidade não conseguem acalmar o ciúme.

LEBRES 08-10-21-27-41-53

atirar em: um amigo está deixando você; medidas extremas se fazem necessárias para impedir a partida.

caçar ou perseguir: você está pronto para uma aventura; proteja seus objetos de valor.

correndo: não espalhe rumores; o dano que causam aumenta com cada narração.

cozinhar: ambiente agradável na mesa de jantar; preocupe-se com os parentes.
no quintal: um grande relacionamento com amigo prolífico e naturalmente franco.
várias em fuga: empreendimentos muito bons de modo misterioso.

LEI 05-16-21-30-38-49

acobertar um fugitivo: a polícia não está atrás de você; empreenda sua própria aventura.
algum bem sendo apreendido ou sequestrado: você tentará desapropriar os bens de outra pessoa a seu favor.
fiador: logo você estará livre das responsabilidades que foi obrigado a assumir.
participar de um linchamento: fim da liberdade; o que você fez retornará a você.
assistir a um: tragédia entre os seus colegas de trabalho, profissão ou associação que você não tomou nenhuma atitude para impedir.
ser fugitivo da justiça: confronto violento familiar.
ser inocente: você é uma pessoa impetuosa cujas opiniões são distorcidas nas mentes de outras pessoas.
saber que você não é: você será exposto em um momento e em uma posição cruciais.
ser oficial da lei: você terá obstáculos para ultrapassar, não necessariamente um objetivo.
meirinho ou oficial de justiça: resolva seus negócios inacabados; o veneno da opinião pública.

LEILÃO 05-10-26-46-49-50

de antiguidades: seu lance é baixo demais para ser competitivo; você está resistindo às mudanças.
de arte: você está sendo acusado falsamente por inimigo que deseja obter vantagens.
de gado: um aumento de salário e posição por causa de seu plano inteligente.
fazer lances em: você não conseguirá levar o projeto a cabo sem ajuda.
ninguém quer seus itens: outros não valorizam suas ideias e opiniões.
perder por causa de um lance mais alto: você tem uma tarefa a cumprir, mas estão lhe negando materiais de qualidade, ao que se seguirá o rápido desgaste.

LEITE 05-25-32-37-38-46

azedando: permitiu que sua mente vigorosa se dedicasse a disputas menores.
de burro: profunda nutrição interna tem sido reservada para seu uso exclusivo.
de cabra: sua ingênua imaturidade leva a comportamento infantil e embaraçoso, mas divertido.
derramar: uma leve desavença em casa relacionada a suas constantes reclamações.
maltar: seu sucesso está assegurado.
mulher casada tendo muito: ficará grávida novamente.
carregar um balde cheio de: boas-novas a respeito de um nascimento.
um balde vazio: será atormentada por desigualdades triviais, esquecendo o quadro inteiro.
dando a outros: terá uma vida de caridade numa profissão assistencial.
mulher idosa tendo: grande riqueza garantirá viagem segura ao viajante.
mulher jovem tirando leite de vaca: bens estão sendo mantidos por irmão invejoso e ciumento.

mulher vendendo: grandes lucros para empresários altamente estimados.
recipiente grande com: sorte inesperada vinda de um amigo querido.
ter grande quantidade: bens e apoio afetivo serão negados a você.
teta vazia: sua energia não é suficiente para concluir projeto com sucesso.
tirar da vaca: paz e muitas viagens agradáveis estão próximas.
obter muito: aproveite as simplicidades da vida; prosperidade em envolvimentos amorosos.
vender: vencerá continuando independente da persuasão de outros.
grande quantidade de: colheita abundante e prosperidade para o fazendeiro.

LEME 01-12-26-34-38-44
navio oscilando sem: evite viajar com inimigos que se fazem de amigos.
perder um, no mar: grande lucro para piratas e caçadores de fortuna.
novo: espere a visita de um amigo querido com aviso que você precisa ouvir faz muito tempo.
quebrado: negócios complicados por causa de má especulação.
sonhar com um: você tem autoconfiança, mas sofre de indecisão e falta de rumo.

LENÇO 06-15-22-27-28-53
bordado: você tem propensão à vaidade com pouca concorrência.
colocar ao redor do pescoço: você será amado por pessoas que aumentarão sua renda.
comprar: cuidado com novos flertes e que os novos relacionamentos não manchem os antigos.
dar de presente: você chorará durante muito tempo por causa da sua corrupção por forças sedutoras.
receber: você permitirá os comentários degradantes de outra pessoa cujo objetivo é forçar você a participar de comportamento fora do padrão.
de linho: você terá um caso interessante, embora não passional.
de seda: você é presunçoso na sua crença de que sua personalidade magnética disseminará alegria.
enxugar o suor com: você tem pela frente problemas com solução.
perder: um noivado rompido pelas maquinações de admirador com ciúmes.
rasgado: problemas graves entre amantes; você deveria chamar um conselheiro para arbitrar.
usar para assoar o nariz: você sofrerá ultraje pela sua inabilidade de apresentar seu caso corretamente.

LENÇÓIS 03-13-17-27-39-40
de cores claras: chegada de convidados inesperados; esteja preparado.
dormir em lençóis decorados: uma promoção satisfaz sua necessidade de justa recompensa.
brancos e puros: você terá poucos motivos para se preocupar, como nunca antes.
sujos: confesse tudo pedindo desculpas por sua atual intolerância e amargura.
escapar pela janela com: uma empreitada rapidamente consumada pela qual se pagará ao longo do tempo.
estar enrolado em: muitos corações estão envolvidos em seus assuntos.
lavar: não funciona deixar outros fazerem o trabalho.

LENTE DE AUMENTO 03-33-34-38-43-46
comprar uma: descoberta de itens perdidos que não são tão valiosos quanto você alegava.

ler com: pode ler nas entrelinhas, mas ainda assim são palavras suas.
sonhar com: cuidado para não ampliar seus negócios além do mercado.
usar uma: um pequeno incidente terá um enorme significado.

LEOPARDO 08-20-22-24-33-41
correndo: um empreendimento promissor faz com que um colega estimulante conquiste seu respeito.
em uma jaula: os inimigos buscam causar dano, mas falham.
acorrentado: você receberá uma surpresa de um inimigo.
esqueleto de: você perderá quase tudo antes que possa começar o seu caminho para o sucesso.
filhote de: contentamento e felicidade.
lutando: uma interação divertida em forma de debate entusiasmado se torna violenta com um lance errado.
matar um: você terá muitas mudanças, mas finalmente uma vitória, da qual você terá vergonha.
morrendo: morte de uma pessoa importante.
ouvir rugido: você será vítima de desgosto, xingamento e difamação, mas sobreviverá.
sonhar com um: vitória sobre os inimigos resultará em uma viagem de negócios ao exterior.
surpreender um: a certeza que você possui é enganosa pelo fato de não incluir todas as ameaças.
ter medo de: os inimigos perseguirão você.
ser atacado por: sucesso por meio de uma série de tentativas cansativas.
vencer um: evite os caminhos dos rivais, para atingir seus objetivos.

LEQUE 06-24-28-40-47-48
cartas de fãs, receber: a pessoa amada está desaparecendo de sua vida.
dança do: o ciúme leva ao ridículo injustificado.
moça solteira se abanando: você fará conhecidos proveitosos.
moça sonhando que está sendo abanada: uma forma antiquada de se sonhar acordado.
mulher perdendo o: uma pessoa amiga bem próxima irá se exilar na falta de autoconfiança.
comprando um: inserção repentina de energia no seu interesse em outro homem.
pessoas com: você está afastando forças maléficas abanando a sua chama.
rival com: a competição está impregnada de força vital; rivalidade saudável dá trabalho.
ter: notícia de natureza agradável pela frente.

LER 15-27-33-34-45-49
crianças ou filhos lendo: vai desfrutar da amizade de muitos apenas em palavras.
em voz alta: será notado por mentor influente.
fazer crianças lerem: contanto que seja um livro que aguce o interesse por outros.
hieróglifos: sua mais nova descoberta lhe trará notoriedade.
livros científicos: encontrará pessoa extremamente inteligente e sua conexão com a realidade.
mas não entender: vai brilhar em empreitada que parece difícil para muitos, mas não para você.
poesia: superará obstáculos com o uso de frases inspiradoras.

revistas em quadrinhos: está comprometido com o trabalho árduo; uma sinopse de tesouros para leituras profundas.
um diário: sucesso em todas as suas empreitadas.
um livro: palavras faladas possuem nuances efêmeras; já as plagiadas contam apenas consigo mesmas.

LESTE 01-14-30-37-43-44
estar no: um renascimento do seu lado místico.
pessoas no: ações irracionais podem trazer resultados importantes.
sonhar como: você está para ser mandado em uma longa viagem ao seu eu imortal.
voltar do: você terá ganhos financeiros.

LIBERAÇÃO 01-16-20-25-26-32
liberar alguém de um contrato: vai sair de casa sob falsas acusações.
ser liberado de uma empreitada de negócios: você não está cumprindo seus compromissos.
da prisão: será bem aceito em sociedade por sua amabilidade.
de um contrato: o amor errado vai acabar, abrindo espaço para o certo.
de um matrimônio: alegria inesperada devido à sua disposição generosa e cordata.

LICENÇA 06-10-17-31-35-51
obter uma: você terá de defender seu nome de um ataque malévolo.
outros recebendo uma: permita-se deixar as brigas incessantes para outros.
tendo o seu pedido recusado: escolha entre as opções que estão seguramente dentro das suas capacidades.
requerer uma: novas oportunidades para ganhar dinheiro em um empreendimento questionável.
ter uma concedida: um contrato é uma autorização para mover uma ação judicial.

LIGAS 07-08-25-30-39-49
afrouxando: uma moral condenável precisa se deparar com a sua desaprovação.
caindo: você está caminhando sobre gelo fino que ameaça partir-se.
mulher entregando as sua a um homem: uma prova de fidelidade eterna em todas as adversidades.
perdendo-se e sendo devolvidas: seu futuro irá se manter nas pesquisas de opinião.
alguém recolhendo do chão: você terá um amigo leal no meio da traição de muitos.
não: você realizará grandes sonhos em relação a um amante, mas terá poucas expectativas no amor.
perder: você terá um amante com ciúmes que encontrará informações suspeitas em todos os lugares.
remover as da sua noiva: você não pode mais correr riscos tolos.

LILASES 06-26-35-39-50-52
colher: a fragrância de um amor brotando; a humildade da inexperiência.
murchos: sua paixão extasiada surgirá gradualmente, exceto por um brilho nos olhos.
receber de presente: você não liga para as aparências, mas deveria.
sonhar com: a sua necessidade presunçosa por afeto impede qualquer tentativa sincera de amar você.
ter aroma de: você receberá um presente de uma pessoa amiga.

LIMÃO-GALEGO 04-44-46-49-54-59
beber suco de: dinheiro iminente ressuscitará seus planos.

cal em pó, manusear: as pessoas testarão os seus sentimentos; uma situação debilitará você.
comprar: promoção limitará você ao cargo que receber.
espremer: uma esquisitice cruzará o seu caminho; fuja.
grande pilha de: em breve você receberá uma pequena propriedade que neste momento não tem nenhum valor.
usar cal no trabalho: atenção com aqueles que não irão se beneficiar.

LIMÕES 03-16-27-33-51-58
beber limonada: frivolidade superficial leva a problemas temporários na saúde emocional.
fazer: substitua amigos que não apoiam você por aqueles que conhecem o significado de um S.O.S.
quente: melhora na saúde e respeito entre os amigos.
beber suco de: boa saúde, limpeza, cura, uma voz clara e uma mente ávida.
comer limão: disparidades em documentos oficiais causarão problemas.
doce: você não está tendo cuidado com a saúde.
espremer: livre-se daqueles que se aproveitam de você.
fazer remédio de lima: você está sendo obrigado a aguentar uma experiência amarga.
flor de limoeiro: você fará uma viagem ao exterior para encontrar fidelidade no amor.
limoeiro: você está censurando outra pessoa por uma acusação sem provas.
maduros: você irá se apaixonar e se tornar impopular entre seus colegas de trabalho.
não amadurecidos: frivolidade antes que você conquiste a alegria da realização.
sugar ou sorver sumo de um limão: suas brigas com o parceiro persistem.

LIMPAR 12-16-26-34-40-50
acúmulo tóxico: uma lembrança que você deseja exorcizar.
banheiro: seus pensamentos são claríssimos.
com amônia: uma dolorosa solução para a adversidade.
com um pano de pó: sua vitalidade interior colocará você numa posição boa.
molhado: remova as manchas do seu caráter.
vassoura: enfrente as emoções que você tem escondido e faça um começo novo e honesto.
do tipo feiticeira: você está exagerando os seus problemas.
comprar amônia: você irá se irritar por causa de outro acidente.
dreno: você obstruiu; ligações espirituais frágeis.
esfregão novo e limpo: progresso em novo empreendimento por meio de ideias frescas.
sujo: não estimule rumores maliciosos repetindo-os.
esfregar: lembrança de um pecado terrível está afligindo você.
filhos limpando: você conseguirá vencer os inimigos.
legumes e verduras: o poder curativo que emerge de dentro de você.
limpar-se: você está obstruído com atitudes insalubres.
mancha: você é uma dona de casa boa e bem alimentada, mas sua melancolia frustra cada movimento.
mancha difícil: um instinto irresistível não quer ser apagado.
máquina de lavar: sua vida é muito repetitiva.

sonhar com: constrangimento e brigas por causa de sujeira do passado.
usar amônia: brigas com amigos sobre o fato de que você bebe demais.
usar desinfetante: purificar o medo e a culpa.

LIMPEZA 01-02-10-39-48-53
geral: todos os aspectos do passado se resolvem e abrem caminho para o novo.

LIMUSINE 09-16-20-32-34-41
andar de: você está sendo conduzido com extrema habilidade; a forma com que pagou por isso irá se reverter para você.
divertir-se em uma: o controle está nas mãos da pessoa que estiver pagando a conta.
ser chofer de: você está abrindo caminho por meio de lutas de poder e imposições territoriais.

LINGERIE 03-04-09-38-42-43
lavar: ascensão social e um grande enxoval.
tirar: morte do amor nos espasmos da paixão.
usar: compartilhe suas necessidades sexuais com a pessoa amada.
aparecendo de dentro ou através da roupa: na sua vida noturna você terá companhias que gostam de aventura.
calcinhas: um novo amor atiça o seu interesse.
cinta ou corpete: um período de comedimento sexual.
inimigos: você irá se empenhar por dinheiro em vez da honra.
roupa de baixo sexy do estilo baby-doll: você ouvirá rumores a seu respeito ou daqueles *voyeurs*.
sutiã: cautela com conversa afiada durante situações íntimas.
uma jovem sonhando com: a vaidade, sendo uma fachada externa, não acarreta mudanças internas.

LÍNGUA (idioma) 07-12-20-34-51-52
falar em um idioma estrangeiro: você está confuso demais para ser compreendido.
em seu próprio idioma: abra caminho por meio das suas inibições para expor seus pontos de vista.
ouvir os outros: uma reviravolta desfavorável transformará você em vítima das circunstâncias.
precisar de intérprete e logo encontrar um: será que a mensagem foi compreensível?
ser intérprete: você não está explicando suas ideias com coerência.
uma estrangeira: em vez de aborrecimento, consiga ajuda dos seus sonhos.
filhos: você deveria ser modesto com seus investimentos.

LÍNGUA (órgão) 03-05-11-15-16-37
afiada: nunca se ouve a verdade vindo da voz dos outros.
crianças mostrando a: sua inteligência as defenderá de um boato maligno.
fazer careta com a língua: nunca se sabe quando as pessoas estão falando sério.
homem sonhando com língua grande: será capaz de se disciplinar usando o bom-senso.
mulher: uma calúnia prejudicará sua reputação.
morder a: você é uma pessoa romântica que não consegue se livrar da própria vida.
muito comprida: cure seu problema de nervos ou será vítima de falsas acusações.

pessoas mostrando a língua uma para a outra: sua fofoca vai voltar para lhe assombrar.
queimar a: uma calúnia lhe prejudicará severamente.
sonhar com: será vítima de seus próprios atos indiscretos.
suja: seu comportamento é mal interpretado e induz a falsas acusações.

LINHA (ou fio) 10-21-29-30-37-43
comprar: um presente de amizade recente deve permanecer em segredo.
homem sonhando com: conseguirá sucesso com a revelação de seu talento único.
mulher: vai dar força ao marido por meio de parcimônia e paz, não com exigências obstinadas.
pessoa não casada: você demonstra indiferença quando devia ser gentil.
desenrolar: o caso de seu inimigo será facilmente destruído se você não o revelar agora.
enrolado: sua obstinação é autodestrutiva; permita-se fazer as coisas de outro jeito.
enrolar: você pode sair facilmente da armadilha.

LINHA DE TIRO 10-17-18-22-32-46
atirar em: vai se manter ocupado e gozar de felicidade.
estar com outras pessoas em uma: as perseguições serão rejeitadas: há pouca ou quase nenhuma evidência.

LINHO 27-36-37-51-58-59
colocar roupa de cama limpa: muita alegria pela frente; aceite isso.
outros: você herdará dinheiro tingido com tristeza e culpa.
enxaguar roupa de cama: mudança de local com roupas novas traz uma nova percepção.
fibra de linho: você terá êxito com poucos recursos em todos os seus empreendimentos.
fiando: você terá uma vida longa de trabalho e empreendimentos prósperos.
guardanapos de: você receberá visita de uma pessoa importante socialmente.
receber de presente: você receberá um convite que aguarda há tempo.
pendurada para secar, roupa de cama: fim dos seus problemas quando você entregar o poder ao sol e ao vento.
roupa de cama manchada: infortúnio nos relacionamentos amorosos cujos começos delicados não suportam manchas.
ter um cesto de roupa de cama suja vazio: você terá uma briga de ciúmes com a pessoa amada.
cheio: vergonha e tristeza na disseminação de alegria e lucros.
retirar a roupa de cama para lavá-las: você se deparará com um trabalho que aprecia; o seu término afetará você.
trocar roupas de: você superará dificuldades no emprego com o trabalho em casa.
dos filhos: eles sentirão bondade pois são inocentes

LÍQUIDO 03-05-23-26-28-41
estar encharcado: perigo de febre para você ou alguém próximo.
pessoas encharcadas: aguarde muitos favores de outras pessoas.
fazer alguém beber: falso amigo por perto.
forçar alguém a beber: você pode confiar em um bom amigo.

LÍRIOS 12-15-31-40-47-59
comprar: seu distanciamento desencoraja a ajuda dos outros.

cultivar: um casamento repentino acontecerá e seguirá de maneira saudável.
de maio: o aroma da esperança deveria durar muito tempo.
jogar fora: atos impensados causarão sua desgraça.
murchando: você demonstrou uma grandeza tola e será punido com uma mistura de tristeza e felicidade.
receber um buquê de presente: superficialidade elegante entre temperamentos frágeis.
ser época de: pureza e modéstia fortalecerão sua atitude mental em relação a suas origens.
  estarem fora de época: mau uso do poder por meio de vãs aspirações.
vender: você precisa depender de seus próprios esforços para transformar paz em felicidade.

LISONJEAR 08-17-27-35-38-41
amigos se vangloriando: passarão por muitos altos e baixos por terem se vangloriado sobre a sua amizade.
noivo se vangloriando: vangloriar-se da própria riqueza atrai rancor.
outros se vangloriando: você será enganado pelo comportamento espalhafatoso deles.
parceiro ou parceira se vangloriando: ostentar seus talentos é inútil sem ação.
ser adulado por outros: a atenção deles é falsa e fingida.

LIVRO-RAZÃO 02-08-17-23-27-55
algarismos em um: descoberta de dinheiro perdido por meio de um padrão tortuoso de erro de cálculo.
calcular o saldo em um: descobrimento de seus próprios erros, listados e classificados, cometidos durante a vida.
encontrar erros em um: as finanças penarão graças à negligência.
escrever em um: você lucrará ao combinar negócios com prazer.
livro-caixa: você tem um problema difícil de resolver e um alvo em movimento constante com o qual lidar.

LIVROS 01-12-21-32-34-48
acumular muitos: medo de fracasso intelectual.
  papéis: cuidado com a especulação.
caindo aos pedaços: inquietude quanto às ideias apresentadas.
colecionar revistas em quadrinhos: veja apenas o lado bonito da vida; esqueça as calamidades.
comprar: a notícia será bem merecida.
comprar estante para: você perderá seu emprego para uma pessoa com mais instrução.
  cheia: seu plano de vida, seu propósito, seu conhecimento estão se acumulando.
  estante vazia: você será vítima de trabalho negligente e descuidado.
  semi-vazia: com sua personalidade ruim, você acaba conversando apenas com livros.
consultar índice remissivo de: você está tentando entender melhor o sexo oposto.
de orações: consolo por meio do misticismo que precisa de cultivo.
  levar com você: você está tentando manter o demônio longe.
em casa: a sabedoria cria a felicidade.
em uma biblioteca: uma experiência inesperada para resolver problemas complicados com um livro.
emprestar: você está dando demais sem receber nada em troca.
encadernar: algo oculto será encontrado.
escolar introdutório: boas notícias, se você evitar o mal em qualquer formato.

levar com você: harmonia com os jovens.
escrever: sua vida precisa ser reescrita.
falar com vendedor de: você conhecerá um intelecto equivalente.
imprimir seu próprio: o mercado pode ser apenas você.
ler: você perderá amigos, mas ganhará outros melhores.
de ciências: aquele que vislumbra as maravilhas do universo e não se sente feliz está dormindo.
de estudo: você está criando sua própria prosperidade.
de mistério: você receberá consolo de amigos.
policiais: você levará uma vida calma se ficar longe do mal.
religiosos: felicidade nos caminhos que você não seguiu.
ler revistas em quadrinhos: um senso de humor que deve ser encarado com um pouco de desconfiança.
marcador de página: é em seu próprio benefício não faltar ao seu compromisso.
perdido: procure informações ocultas.
pesquisar assunto em enciclopédia: você sonha em ser um escritor de sucesso.
publicar: boatos desagradáveis espalhados por pessoas invejosas.
uma crítica: é difícil reconhecer o sucesso de outra pessoa.
sobre conhecimento proibido: você não permitirá acesso aos seus segredos.
vender estante de livro: problemas financeiros nos negócios.
visitar uma loja de: ambições literárias atrapalharão sua carreira.

LIXO 01-27-34-42-47-48
cair para dentro do: reavalie suas opiniões; fertilizante é lixo podre.
sobre: honre as suas dolorosas emoções do passado; cada uma delas é uma semente para um futuro brilhante.
caminhão de: ações passadas são empurradas de volta para você para livrar-se de você.
entulho: separe o que é bagagem emocional e o que é reciclável.
estar cercado de: livre-se de irritação arraigada, a sua própria mesquinhez.
levantar uma lata de: você está recebendo ajuda na ação de se livrar do excesso.
sendo despejado sobre você: uma outra pessoa, ordinária e desprezível, está causando problemas a você.

LOBO 04-08-35-44-45-48
adestrado: será beijado com frequência; seu amor é mal colocado.
cabeça de um: honra e um sucesso obscuro iminentes.
capturar um: dinheiro em abundância.
com filhote: decepção e fim de um amor.
correndo: guia majestoso para a fonte de sua sabedoria sagrada.
dois lobos brincando juntos: tem amigos falsos que ficam esperando você baixar a guardar.
matar um: lidará com inimigos inteligentes e traiçoeiros.
matilha de lobos lhe seguindo: você joga bem com seus esquemas brilhantes.
morto: confronto com obstáculos intransponíveis.
ser atacado por: inimigos secretos tentam lhe destruir.
estar com medo de um: tem tanto medo de ser roubado, que acabará sendo.
ser perseguido por: amigos lhe salvam de escândalo.
vários lobos: funcionários estão abusando de sua confiança.

LONTRA 06-14-19-45-46-48
capturar uma: boa sorte se parar de tentar controlar os outros.
comendo peixe: amigo ausente aparecerá em breve pedindo dinheiro.
muitas: será perseguido por muitas dívidas e entretido por vários companheiros.
sonhar com uma: falsos amigos podem lhe magoar, mas não alcançam seu espírito.

LOTE 11-19-21-31-33-38
de terra: a correspondência tem um ponto principal: locação, locação, locação.
comprar: você precisa aprimorar a singularidade de seu ser.
vender: você não quer expor seu plano, pelo menos não este.
ter um no cemitério: se a pessoa é preparada, a crise não vem antes da hora.

LOTERIA 14-23-28-36-41-43
amantes com um bilhete: uma associação infeliz está fora de controle.
escolher números para jogar na: esperanças pretensiosas de que seu parceiro ganhará.
jogar na: pequenos riscos causados por suas próprias ilusões se multiplicam com o tempo.
jogar na: você vai estar em companhia desagradável.
ganhar na: está apenas começando um período negro que não durará muito.
jogo lotérico: você está sendo exposto ao ridículo por amigos desleais.
números de cabeça para baixo: noivado ou sociedade com pessoa indigna.
sorteio: as chances de ser feliz e se assentar não estão a seu favor.
ter bilhetes lotéricos: seu otimismo não trará sorte.
ter interesse em um jogo lotérico: obstáculos desconhecidos impedem seu romance.

LOUCO 01-09-11-13-31-37
ficar: terá inteligência, um negócio seguro e saúde.
homem sonhando que é: seu amor que o impulsiona profundamente está arruinando sua reputação.
menina nova: vai se casar em breve se evitar amigos instáveis e descuidados.
mulher: terá um filho que se tornará famoso por causa de ações extravagantes.
matando um cachorro: uma má ação do passado vai assombrá-lo.
numa camisa de força: seus nervos estão em frangalhos, sua mente está em pedaços.
pessoa delirando: suas ações têm causado humilhação injustificada.
pessoa na rua se comportando como: os outros fazem fofocas hostis a pessoas que você não conhece.
ser insano: resolverá adversidade, por meio de mudanças na vida, para a felicidade presente.

LOURO 11-16-20-22-30-37
colher: os tolos o colhem para se enaltecer; os homens fiéis o recebem de uma amada.
folhas de: felicidade por receber homenagem pela vitória ao obter sua prosperidade.
loureiro: prazer, sucesso e fama permanentes conquistados de forma íntegra.
ramo de louro como sinal de paz: promoção no trabalho para um cargo bem superior.
receber: você ganhará dinheiro de parentes e um presente inesperado de uma pessoa amiga.

sentir o perfume de: você está em risco de perder algo valioso em um momento fugaz.
de um loureiro: você cairá em tentação para participar de empreendimentos onde não há nada a se ganhar.
usar uma coroa de: sua atenção ardente alimenta sua ambição.

LUA 01-20-26-36-37-43
ao entardecer: morte de pessoa proeminente que está pronta para conhecer seu criador.
brilhando muito: seu desejo de contato emocional vai se transformar em relacionamento.
cheia: prazer intenso por estar cumprindo destino que vale a pena.
com nuvens se dissipando: nenhum desencorajamento de outras pessoas pode interromper você agora.
crescente: esclareça a confusão mental e termine projetos existentes.
em eclipse: espere reveses em assuntos e a oportunidade de criar uma iniciativa melhor.
efeito escuro: uma doença contagiosa vai destruir sua sociedade; doença do cérebro ou dos olhos.
encoberta por nuvens: interrupção de confortos da vida com um triste peso sobre você.
ir para a: seus desejos parecem impossíveis, mas estão longe de ser improváveis.
meia lua: uma viagem ao exterior se você parar de reclamar com seu chefe.
obscurecida por nuvens: insatisfação com posição é injustificada.
minguante: qualquer projeto iniciado terá circunstâncias perigosas.
movendo-se na direção do sol: repentina melhora em questões de dinheiro devido a fontes misteriosas.
nova: uma situação é propícia para você conceituar seu plano e começar.
raios de: está sendo muito facilmente manipulado e levado a problemas emocionais.
reflexo na água: vai se apaixonar pela energia feminina.
ser iluminado pela: receberá grandes favores de uma mulher.
vermelha como sangue: conflito, uma batalha envolvendo todos.

LUA DE MEL 02-09-14-23-25-43
estar na própria: um toque de ilegalidade é o meio com que você obtém seus ganhos materiais abundantes.
filhos viajando em: felicidade sem lucro; fluxo imediato de êxtase no casamento.
amigos: decepção com a estabilidade financeira da pessoa amada.
parentes: você fará uma pequena viagem a um lugar remoto para resolver assuntos com Deus.
viajar em: prosperidade no trabalho e satisfação no casamento.

LUCRO 11-18-19-28-30-46
negócios de sucesso: uma grande tragédia pela frente.
no ramo imobiliário: você receberá boa alimentação durante toda a vida.
ótimos: sua falta de preocupação com sua aparência deixou você em uma situação ruim.
por meio de uma vantagem desleal: recuperação de uma doença.
ter ótimos: infortúnio nos assuntos do amor.
com o jogo: você terá bons amigos.
pela desonestidade: vergonha e tristeza.

LUSTRE (luminária) 06-12-35-36-48-51

com velas: a prosperidade traz responsabilidade aflitiva para os não prósperos.

em igreja: você irá para a prisão pelo mau uso dos fundos de outro.

sobre mesa com velas: seus caprichos destroem qualquer estabilidade em um relacionamento.

esferas de vidro: riqueza por várias gerações refletida em sua luz interior.

LUTA 07-10-11-17-34-40

assistir à: não se contamine com a falta de dignidade de outros.

estar em uma: sua luta consigo mesmo levará a uma paz pouco propícia.

pessoas em: você tem muita liberdade de ação para melhorar seus projetos.

lutar com um animal selvagem: você sente conflito com uma parte selvagem e irascível de si mesmo.

lutar para se salvar: você será vítima da calúnia que impôs a outro.

participar de: você ganhará riqueza honrada, apesar das ações judiciais que o ameaçam.

em um campo de batalha: ódio e inveja tornam a vida difícil quando lutam entre si.

ser derrotado em: você não tem poder para lutar contra a oposição ao seu caso de amor.

testemunhar: sua presunção regurgitará em você mesmo.

vencer: uma conciliação consigo mesmo superará seu senso de falta de merecimento.

LUTA ROMANA 09-12-14-19-27-40

com crianças: fortuna inesperada.

amigos: vai subir de posição.

devedores: receberá assistência.

loucos: morte.

outras pessoas, contra loucos: mude de esporte.

ovelhas: trabalho árduo, laborioso e contínuo pela frente.

cobras: o grave direito dos inimigos de criar a própria punição.

feras: vai escapar de algum perigo ao fazer amizade quando confrontado.

pessoas muitos fortes: fraqueza e doença não durarão muito.

perder na: um colega está tentando lhe prejudicar fazendo secar sua fonte.

prisioneiros: consiga liberação da equipe para que alguém cuide de você.

profissional: inimigos serão punidos, mas você não pode ser conhecido como quem os puniu.

sonhar com partida de: disputas por causa de problema difícil.

ganhar: deixe seu oponente com alguma dignidade.

perder: fuja de controvérsias e contenha-se.

LUTO 14-20-31-38-40-44

estar de luto pelos pais: um casamento antecipado que você planeja.

cônjuge: tristeza emocional revisitada abre caminho para tempos melhores.

parentes: convite para uma dança produzirá uma companhia agradável.

usar roupa preta: prenúncio do surgimento de uma força criativa – você.

LUVAS 04-25-29-32-47-48

comprar: você não fará amigos enquanto se esconder por trás da cautela.

deixar cair uma: um relacionamento potencial deveria ser tratado com diplomacia extrema.

encontrar um par de: não se atreva a sujar suas mãos naquele projeto.
ficando sujas: você está se protegendo contra negócios suspeitos.
jogar em alguém: um toque de veludo resolve a questão até que a maciez se desgaste.
levar nas mãos: honrarias, prazer e prosperidade; inclinação econômica, mas não mercenária.
muito grandes: você assumiu mais do que consegue gerenciar com sucesso.
pequenas: sua insatisfação está restringindo você a uma escada em caracol.
perder as próprias: frustrações forçarão você a buscar refúgio dentro de si mesmo.
receber de presente: as boas maneiras levarão você longe; receptibilidade e acessibilidade.
ser fabricante de: seu problema de comunicação não é adequado para uma pessoa de cargo tão alto.
usar: você está escondendo seu punho de ferro.
criança: você precisa lidar com a situação vergonhosa cuidadosamente.
novas: promoção e distinção social.
outros: assuntos estão sendo concluídos, mas não os seus.
rasgadas: melancolia e insatisfação.
velhas: você será traído e sofrerá uma perda.
vestir: incomunicabilidade e isolamento; você evita contato íntimo.
que cobrem separadamente o polegar e os quatro dedos: às vezes a agressão se torna necessária; acrescente um pouco de brincadeira para abrandá-la.

LUXO 08-10-28-38-39-42
estar em um ambiente luxuoso: você sofrerá humilhação por causa de prejuízos.
exibir suas coisas: seu ego fará muitos inimigos.
receber um: não deixe que brigas em família interfiram no seu progresso.
vida familiar: brigas domésticas a respeito de ciúme têm como base sua falta de amor por si mesmo.
luxúria no amor: durante a sua fraqueza temporária, rival conquistará o afeto da pessoa amada.
perder sua vida luxuosa: perda de dinheiro com dívidas não saldadas de coisas que você comprou a crédito.
viver no: infortúnio ao se nadar em indolência.

LUZ 03-14-22-45-50-56
acender uma lâmpada: trazer ordem ao caos é a sua jornada espiritual.
apagar: você receberá uma notícia ruim de uma pessoa amiga que está longe.
acesa: o caminho certo será revelado a você.
ao longe: um retorno seguro de uma longa viagem onde os fundos disseminados plantam o futuro.
apagando-se: perigo nas relações amorosas quando nos encontramos com os "ex".
atravessando um prisma: transmita sua energia, um chacra por vez.
brilhante: um assunto óbvio demais jogará luz sobre a situação.
casa iluminada: você descartará a miséria e a aflição, que deveriam ser desvalorizadas.

corredores: você receberá sua recompensa quando um problema desconcertante for solucionado.
do inimigo: fique alerta às atividades traiçoeiras nas sombras.
desligar a: advertência de uma pequena operação que comprova que a pessoa amada traiu você.
fraca ou opaca: você terá uma doença que irá impor obstáculos à sua habilidade de seguir em frente.
ligar a: sucesso nos negócios por meio de uma superabundância de novas ideias.
oculta: o que não é visto não pode ser compreendido.
quente, incandescente: compreensão e sabedoria no conforto da alma.
raio de: sua autoconfiança é estimulada por um mentor no trabalho.
decompondo-se nas cores do espectro: você se abriu para as cores, para a disponibilidade e o significado delas.
vindo de um navio ao longe: aguarde a chegada de uma pessoa importante em breve.

MAÇÃ SILVESTRE 19-24-41-43-48-53
comer: você será ferido e ficará infeliz.
comprar: lucro em porções pequenas.
macieira: espalhar sua dor só prejudica você mais ainda.
ter: você será feliz nos assuntos do amor se deixar que as expectativas sejam o que puderem ser.

MACACOS 01-13-23-26-41-43
alimentar um: traição de um amigo em quem você confiava, por meio de uma fofoca difamatória.
conversando: será incentivado por bajuladores a avançar em seus interesses.
crianças sonhando: aproveite suas tendências animais enquanto pode.
dançando: está cercado de mentiras instintivas e fraudes.
em uma jaula: alguém que você encontrará vai deixá-lo constrangido; desvio suspeito é real.
rosto de: cuidado com amigos superficiais e enganosos que o elogiam para favorecer os interesses deles.
sonhar com: atividades sociais enfatizando seus maus hábitos encontram oponentes traiçoeiros.
subindo em algo: adversários hostis são espertos o suficiente não apenas para vencer, mas para buscar sua ruína.

MACARRÃO 06-11-15-16-26-37
comendo: nunca ficará com fome ou rico; pequenas perdas serão substituídas por pequenos ganhos.
comprando: será convidado para um animado show de música e dança.
cozinhando: a perseverança no trabalho pode não trazer alegria, mas garantirá a comida na mesa.
fazendo: vai se apaixonar por um estranho tão jovem quanto você.
sonhar com: você tende a ser um parasita perguntador.

MAÇÃS 07-09-10-24-43-45
colher da árvore de outra pessoa: o amor que você almeja não pertence a você.
comer maçã dourada: ganhos sábios no autoconhecimento.
azeda: a fonte da controvérsia é você.
bichadas: frustração com o esquecimento da pessoa amada.
doce: um meio bom e um fim favorável, graças a sua abertura a novas ideias.

molho de maçã: mudança vem para melhor.
podre: você terá dificuldade para conceber uma criança.
vermelha: siga em frente sem medo, rumo a um novo amor.
dar para uma mulher: que negatividade e ruína fizeram você cair na tentação?
flor de macieira: você é vítima de feitiços enganosos.
macieira em um pomar: você está cercado de amigos.
em época de colheita: você finalmente poderá fruir dos planos de negócios a longo prazo.
florida: oportunidades nos negócios abundam.
muito madura: seu objetivo está mais alto que o resultado possível.
ter: tempo para tornar reais grandes ganhos com os planos existentes.

MACHADINHA 06-13-32-42-45-50
enferrujada: pessoas desobedientes prejudicam sua habilidade de trabalhar.
inimigos com: remedeie sua situação com inimigo mais vulnerável fazendo dessa pessoa um aliado.
amigo com: você estará em perigo causado por uma fonte misteriosa.
pessoas com: aviso de que a sua vida está em perigo.
possuir: não é impossível se reconciliar com os inimigos.

MACHADO 11-14-25-26-31-34
afiado: sua influência se baseia em credenciais precárias.
enferrujado: seus atos irrefletidos fazem com que você brigue com as pessoas.
girar no ar: ameaçar seu chefe resulta em promoção.
homem sonhando: rompimento de um relacionamento por meio de uma batalha.
levantar um afiado: alguém que é ameaçado por você vai reagir.
coberto de sangue: você será acusado pelos erros de outra pessoa.
mulher sonhando: amante rico terá fim.
possuir: o perigo é evitado graças à sua bravura.
quebrado: perda de prosperidade por causa do fim de uma grande amizade.
rachando lenha: suas emoções estão divididas.
trabalhar com: você não é mais um espectador inocente, mas o perpetrador.
outro: seus atos causaram rancor.

MACONHA 03-11-12-31-37-44
comprar: uma doença séria não detectada causará atos dolorosos e desagradáveis.
fumar sozinho: vai antever coisas inatingíveis e missões não empreendidas.
cigarro de: compromisso logo.
com alguém do sexo oposto: a segurança no amor dura tanto quanto a euforia, não mais que isso.
preso por: seu amor por diversão irá importuná-lo mais do que qualquer outra coisa.
sentir cheiro de: terá muita proteção.
ser viciado em: adiamento de tudo enquanto a vida passa por você.

MADEIRA 02-07-15-19-29-30
comprar: está passando necessidade porque seus esforços não são recompensados.
cortar troncos de árvores: infelicidade e aflição.
caídos: a felicidade está garantida.
com machadinha: não é preciso trabalhar mais, e sim trabalhar melhor para reagir ao escândalo.

dar uma topada em uma tora de: pessoas vulgares ousam lhe insultar.
entalhar um pedaço de: você deseja compartilhar seus talentos.
farpas de: reforce as defesas contra uma briga amarga entre parentes.
tirar: perderá um documento delicado e confidencial.
lenha: fartura de recursos.
carregar: será ofendido por amigo.
graveto de: saudade de casa.
rachar: convença seu parceiro a agir com sensatez.
marrom-avermelhada: ternura maternal
peça reta de: dinheiro chegando.
seca: conquistará o sucesso por meio do trabalho árduo.
ser cortado por uma rebarba de: afaste-se de pessoas desagradáveis.
ser lenhador: os esforços não resultarão em muito lucro.
em madeireira: seus projetos terão sucesso.
serragem de: proteja-se contra um escândalo
verde: vida e primavera.

MADEIRA PROCESSADA 07-09-19-21-26-34
cedro: força incorruptível.
comprar: você precisará de dinheiro para seus assuntos domésticos turbulentos.
juntar: uma boa amizade e perspectivas crescentes de negócios.
possuir um depósito de madeira: não permita que outros conduzam você; cometa seus próprios erros inevitáveis.
aplainar tábuas: uma pessoa teimosa precisa ser colocada no seu devido lugar.
serrar: morte na família causa disputa entre os sobreviventes.
quebrar estacas: um truque insensato fez com que você subisse alto demais para suas condições físicas.
sândalo: não hesite em aspirar o aroma e sentir a maciez.
viga de: você terá um fardo para carregar.

MADRASTA 01-09-12-18-33-54
desgostar de: brigas de família por causa da malícia de uma imaginação fértil.
discutir com: perseguição por ficar zombando dela.
ser uma: tende a contrair uma doença impossível de ser diagnosticada.
boa: você não precisa de outra mãe, mas gosta do que ela faz por você.

MÃE 02-11-15-18-28-32
a sua chorando: não pode deixar que problemas perdurem após sua infância.
abraçar a sua: espere boa sorte e apoio em casa.
acariciando filhos: precisa de conforto e proteção em dias angustiados de doença.
ansiosamente vigiando um filho: você está excessivamente envolvido na má sorte de outra pessoa.
bater na sua: uma catástrofe está por vir; precisa se voltar para herança por segurança emocional.
demonstrando admiração por você: paz e tranquilidade com lembranças prazerosas.
discussão com: será preciso paciência e desculpas para dominar a animosidade.
já morta: perigo para propriedade e para você pessoalmente.
e falando com ela: está seguindo o caminho errado e precisa corrigir a direção.
e louca: seus negócios estão em perigo; peça ajuda apenas à família.

saudável: uma reunião de família serve para lhe orientar; haverá cuidados.
madrasta: flexibilidade e adaptabilidade à comédia da situação.
matar a sua: morte inevitável na família; controle sua ansiedade até isso acontecer.
segurando-o junto ao peito: homens inseguros sexualmente podem se relacionar com mais facilidade.
sentar no colo da sua: está se escondendo da responsabilidade de pôr fim a um desentendimento com ela.
sogra: um ambiente de discussão precipitado por você.
sonhar com sua: precisa de alguém que lhe diga que tudo ficará bem.
ver sua mãe que está longe: voltará a proteger, amar e educar seus filhos.
viver com sua: uma segurança cheia de compromissos e funções limitadas.

MÁGICA 01-07-11-14-32-43
discutir: perda de um amigo que se recusa terminantemente a iluminar seus pensamentos.
fazer: suas qualidades básicas podem se tornar preciosas.
fazer aparecer: negociações dependem de habilidade, e não de fatos sólidos.
fazer uma poção: a simulação do que não é real.
beber uma: ganhará coragem e apoio do seu destino.
fazer outra pessoa beber: você vê como uma fonte inesperada de notícias desfavoráveis.
feiticeiro: você está tirando vantagem de outras pessoas graças a uma desilusão.
lançar um feitiço: cuidado ao confiar em alguém que o influencia.
ser envolvido por acontecimentos imprevisíveis: progresso em empreendimentos se tornará evidente.
ser um alquimista: transforme atitudes humanas para o espírito.
ser um mago: prosperidade na família por meio da sua intervenção.
sonhar com: uma mudança acontecerá em sua vida quando você agir em nome de seus interesses no plano sobrenatural.
usar: cuidado com o que você não compreende.

MÁGICO 05-14-23-38-40-44
realizar truques: um acontecimento inesperado não será tudo que parecia que ia ser.
ser um: você superestima sua postura social; a mágica é uma forma mais elevada da natureza, e não você.
e realizando truques: um mistério será resolvido com provas erradas.
outros: acreditar nos outros não o ajudará a avançar em sua posição.

MAGRO(A) 15-35-40-43-46-53
ganhar peso: aumento de ganho material não pode equivaler a engordar.
sentir-se: sua reserva interna está secando.
ser: seus sonhos estão subnutridos; deixe que eles "respirem" um pouco.
muito: sua saúde está comprometida por sua negação de si mesmo.
outros: o sucesso aumenta nas mãos da ruína alheia.
ver a si mesmo emagrecendo: sua ações afastam os outros ao lhes esgotar as reservas.

MAIO 06-16-24-32-33-35
dia 1º, Dia Internacional do Trabalho: trabalhará duro na vida e será abençoado por isso.
flores nascendo em: a decepção é afastada com um leve sopro.
nascer em: tarefas serão bem-sucedidas por meio da sua obstinação.

crianças: terão uma longa vida de prazeres que você obstinadamente apoiará.

sonhar com o mês de maio em outros meses: perdas financeiras decorrentes da incapacidade das coisas começarem a acontecer.

sonhar com o mês de, no próprio mês de: não desanime; todas as flores vão se abrir.

MAL 04-10-17-22-23-44

afugentar espíritos malignos: um horror enigmático mistificará você.

espíritos malignos causando tristeza: suas ambições lhe serão roubadas; tente uma nova carreira.

arruinando a felicidade: você dominará muitos assuntos.

ser levado por pessoa má: terrível tragédia pela frente.

MAL-EDUCADO 02-25-31-33-46-47

amigos: controle o seu gênio com aqueles que atormentam você além da tolerância.

estar no meio de pessoas: êxito nos negócios encorajará aqueles que preferem sua ruína.

pessoas: o constrangimento de um acidente causado por outros ameaça você.

ser: não deixe os outros atacarem sua conduta e reputação.

MALA 23-32-38-41-47

comprar uma: exposição de um segredo que não pode escapar.

de couro: será chamado a comparecer a encontro em lugar distante.

fazer a: um cansativo fofoqueiro lhe acompanhará em viagem; prepare o tampão de ouvidos.

ganhar de presente: uma oferta tentadora.

mala de um carro: segredo que você insiste em guardar.

tirar do armário: você está pronto para sair deste relacionamento.

MALDADE 02-09-20-24-25-39

ser desonrado: grande escândalo, tristeza e acontecimentos infelizes num futuro próximo.

ser malvado: sérias mudanças e graves decepções.

ser vítima de: fará mal a outros que são ameaçados pelo perigo que você causou.

crianças: chegada de amigo acontecerá muito bem.

marido: vai abusar da confiança de alguém quando adiar uma viagem.

outros: você sofrerá e passará por aborrecimento graças à traição em assuntos de família deles.

MALDIÇÃO 22-27-40-41-46-51

amaldiçoar: você está negando sua raiva; os outros irão expressar a deles.

amigos amaldiçoando você: se você mudar de abordagem, seus inimigos fracassarão.

outros tomando o nome de Deus em vão: dificuldades são superadas.

ouvir outros amaldiçoando você: um complicado caso de amor pela frente.

ouvir uma: as dificuldades foram superadas com grande dificuldade.

ser amaldiçoado: os desejos dos seus medos íntimos irão se realizar.

usar o nome de Deus para amaldiçoar: você terá prosperidade manchada pelo mal.

MALFEITOR 10-13-24-26-32-43

chantageando você: você sofrerá humilhação e exposição ao escárnio público.

ser: deslealdade daqueles em quem você confiou.
sonhar com: você será roubado por alguém que lhe atrairá da virtude para a obrigação.
ter negócios com: a pessoa que você julgava desonesta é honesta e leal.

MALTRATAR 01-13-23-38-42-53
alguém verbalmente: seu complexo de inferioridade piora o problema.
outra pessoa: você perderá dinheiro por agir segundo o desejo de outra pessoa.
ser maltratado(a): é mau negócio provocar alguém.
pelos amigos: recuse-se a obedecer àquele que acredita ser seu superior, e você não.
pelos filhos: sua hostilidade retorna para você.
pelos pais: rumores falsos podem conter um elemento de verdade.
verbalmente: você se aborrecerá devido à falta de atenção.
seus filhos: você está desperdiçando energia forçando os outros a cumprirem suas ordens.

MANCADA 19-22-23-25-30-32
dar: perspectiva desoladora para os apaixonados.
parentes dando: os bons tempos estão vindo.
pessoa dando: entendimento entre amigos.
sonhar com: você terá sucesso inesperado em novo empreendimento.

MANCAR 07-11-21-42-45-52
não conseguir viajar por estar mancando: negócios favoráveis estão sendo manipulados de longe.
ter de descansar por estar mancando: trabalho árduo e pequenas falhas interrompem o progresso.
você mancando: o uso errado que você fez dos fundos irá desonrá-lo, depreciando o seu prestígio.
inimigos: tenha cautela em todos os seus negócios de forma que não cause ofensa quando essa não for a intenção.
parentes: refreie-se de especulações até que elas venham a você.

MANDADO DE BUSCA 02-08-13-30-34-43
o motivo de um: a culpa não é mais só sua.
para outros: ganho financeiro.
receber um: você não será capaz de satisfazer suas ambições.
ser considerado inocente: suspeita destrutiva, por mais ponderada que seja.

MANDALA 01-03-10-11-13-38
concentrando sua mente em uma: reflexo de mudanças positivas a serem vividas.
criando uma multicolorida: a autorrealização pode restaurar a cura, a harmonia e a ordem.
rosácea em janela de catedral: siga a jornada de sua psique.

MANDÍBULA 01-15-26-32-38-44
de um parente: ganhos financeiros pela frente.
deformados: use de cautela, já que alguém espalhou uma grave mentira a seu respeito.
estar nas mandíbulas de um animal grande: dificuldades causadas por má vontade entre parceiros.
frouxo: mal-estar espiritual causado por um conselho ruim.
lábios e maxilar inferior bonitos: mudanças para melhor nos seus negócios.
machucar os maxilares: divergências com a pessoa amada irão se mostrar humilhantes.

recuperar-se de ferimento nos: você superou as dificuldades iniciais; lide com o rancor dos amigos.
uma mandíbula sólida: você irá superar aborrecimentos e dificuldades com determinação.

MANHÃ 03-12-16-21-27-44
chegando: novos começos farão bastante dinheiro.
chuvosa: terá muitas vantagens na vida.
com neblina: confie em sua criatividade e vitalidade.
nublada: um grande benefício decorrente de sua energia jovem.
uma bela: seu destino é protegido por deuses.

MANICURE 13-26-30-31-33-36
fazer as mãos: terá de reduzir as despesas.
mãos bem tratadas: logo conseguirá se destacar em sua ambição.
mulher: vai se casar com um homem muito mais velho.
ser manicure: será solicitado a cumprir despesas prioritárias.
sonhar com: terá de agir para reduzir suas despesas.

MANSÃO 06-08-11-14-16-36
demolir uma: alguém vai tirar alguma coisa de você à força.
estar em uma: alguém vai se apaixonar por você como você é.
outros: está cercado de pessoas invejosas.
incêndio em: é tolice assumir um status que não se tem.
ter uma: prazer de curta duração e pessoas não sendo gratas a você.
majestosa: será importunado por pessoas com inveja de sua viagem.
ter uma numa cidade: vai gastar muito dinheiro.
ver a distância: avanço quando chegar à porta da mansão.
viver em uma: tristeza porque a própria casa não é imponente.

MANTEIGA 01-06-13-20-36-40
bater: a prosperidade acompanhará você.
em sua própria casa: você está se cercando de carinho.
comer: boa saúde graças à mais pura alimentação.
comprar: você terá uma mudança para melhor.
cozinhar com: você terá sorte nos negócios.
fresca: tudo está equilibrado, mas instantaneamente suscetível a uma queda.
fritar com: você terá novo admirador.
homem solteiro sonhando com manteiga sendo batida: lisonjas falsas não conseguirão um casamento feliz para você.
jovem mulher: ela terá um marido ativo e frugal.
rançosa: uma intriga está por trás das calúnias a seu respeito.
sendo batida: você tem um trabalho manual difícil pela frente.
ter muita: boa sorte pela frente.
vender: evite especulações financeiras; os lucros serão pequenos.

MANTIMENTOS 02-12-17-21-36-46
comer: você precisa de amor e terá que pagar para obtê-lo.
comprar: seu estado de espírito calmo levará a uma vida sossegada.
outros: um projeto no qual está envolvido terá bons resultados no fim.
parentes comendo: aborrecimento e discórdia na família.
prateleiras cheias de: suas iniciativas têm boa chance de sucesso.

MÃOS 05-08-09-13-17-38

amputadas: morte de inimigo; perda de uma parte expressiva de si mesmo.

apertar as: unidade e totalidade de propósito; o líder natural liderará.

aperto de: comece um projeto novo e um outro, no momento que você confiar plenamente no seu sócio.

firme e amigável: sua atitude equilibrada forçará os outros a desistir de seus argumentos.

fraco e úmido: você carece de entusiasmo e é recebido com pouco calor.

tão forte que você sente dor: você está sob pressão para aceitar a coisa errada.

artríticas: alívio de preocupações financeiras; relacionamentos não terão impedimentos.

beijar uma: uma forma elegante de expressar uma eloquência que as palavras não podem.

ser beijada: você será persuadido a ações que alimentarão os fofoqueiros.

cortar o seu polegar: impeça o seu negócio de esbanjar dinheiro.

dar pancadas com os nós dos dedos: suas afeições não foram requisitadas.

de filhos sendo decepadas: filhos fugirão de casa para casar, e você comemorará o acontecimento com festejos.

de um homem: você foi longe demais na sua tentativa de pontuar e será penalizado.

de uma mulher: você cobiçará o marido de outra, consequentemente incitando o seu à fuga.

mãos de um relógio: rápido avanço de seus assuntos; você está preparado?

mãos feias e malformadas: você se sente restringido de agir em seu próprio interesse.

na frente de seus olhos: tolere os erros de outra pessoa como faria com os seus.

perder a direita: notícia perturbadora vinda de longe traz dificuldade em compartilhar com os outros.

esquerda: a doença da sua mãe impede que você receba um benefício.

pessoas solteiras sonhando com suas: irão amar e serão amadas com uma atenção sincera.

queimar as mãos: sócio nos negócios procura restringir você.

retorcendo-se: assunto preocupante precisa ser trabalhado.

sacudir as mãos durante um aperto: exigências ultrajantes lhe causam sofrimento.

soprar para aquecê-las: uma depressão breve obscurece sua agilidade no trabalho.

suas próprias: perfeita harmonia entre marido e mulher.

amarradas: qualquer chance de expressão criativa foi negada.

fortes: resultado favorável se você finalizar o acordo agora.

lavando: você está restringindo o crescimento ao descartar aspectos de si mesmo antes de examiná-los.

limpas: você superará problemas com a determinação de amigos honestos.

palmas: o padrão da sua vida foi exposto; você só precisa buscá-lo dentro de você.

queimando: você não consegue realizar uma tarefa, a qual se mostrará vergonhosa e inútil.

sendo cortadas: você contrairá dívidas fora do seu controle; pare o fluxo.

sujas: a sentença por negócios desonestos é o trabalho árduo.

ter grandes: seu jeito autoritário força as pessoas à fraude.

amarradas: um parente está em dificuldade; você não pode salvá-lo.
cheias: outros sobrecarregam você com as tarefas deles para escapar da repreensão por não as terem realizado.
frias: você não conseguirá comunicar a riqueza das suas verdadeiras intenções.
inchadas: a inveja dos outros está forçando você a defender uma decisão correta.
pequenas: outros terão sucesso naquilo que você foi incapaz de tentar.
sangrentas: você é culpado pelo que fez e pelo que pensa em fazer.
sangue nas: brigas em família a respeito de coisas malfeitas.
uma bolha na mão: sua indecisão impede suas ações.
trabalhar com a esquerda: contrariedade levando à criação artística.
direita: você está gastando energia sem permitir o reabastecimento.
usar soco inglês: assuma o controle daqueles que desejam manipular sua vida.

MAPA 03-07-10-11-27-39
atlas, comprar um: a ideia de uma longa viagem ao exterior está surgindo em sua cabeça.
consultar um: terá dinheiro suficiente para uma aventura planejada.
sonhar com: atividades sociais levam a uma mudança de residência, que se adéqua melhor a suas necessidades.
colorido: casamento com cruzamento de laços étnicos e raciais.
comprar um: haverá uma longa viagem mais à frente.
consultar um: procurando mudanças em novos empregos, experiências e horizontes.
incapaz de localizar lugar em: está querendo abandonar o presente e ir para um lugar melhor.
estudar um: a jornada de sua vida passada e futura trará experiências de crescimento.

MAQUIAGEM 06-11-23-29-34-47
artista maquiando você: está tentando convencer o público de que você não é você.
rímel: está evitando enfrentar os fatos.
comprando: uma mudança em sua aparência vai beneficiá-lo.
comprar pó facial: gastará dinheiro de maneira extravagante.
batom: desejo frívolo e inútil de atrair atenção.
blush: dará às crianças uma educação melhor.
mulher arrogante e convencida se maquiando: risco de buraco aberto por queimadura em suas roupas.
mulher bonita usando: algo escondido revelará sua culpa.
simples: depois dos 50, nem mesmo uma cirurgia plástica pode esconder a verdade dita pelo seu rosto.
mulher exageradamente maquiada: está preparando sua melhor cara, que não é suficientemente verdadeira.
mulher sonhando que está usando: desconforto para se revelar para o mundo.
homem maquiando uma mulher: perda de autoridade na comunidade.
que rouba de outra pessoa: você inveja a beleza dela, e não seu valor interno.
pondo blush nas bochechas: um assunto de saúde está sendo encoberto.
usar batom: traição e amizade baseadas em falsos valores.

MÁQUINA 04-05-15-26-34-41

alugar qualquer tipo de: seja prático e eficiente em termos de custos com seus recursos.

automática: deve dar atenção a detalhes para uma mudança para melhor.

comprar: um investimento que será pago ao longo do tempo.

consertar peça de: dignidade e distinção decorrerão de cuidados com todos à sua volta.

descontrolada: hora de reduzir o ritmo e reexaminar sua vida.

dirigir uma escavadeira: todos os seus problemas removidos diante de você.

funcionando: continuidade de uma vida ativa e suave.

a vapor: riqueza e felicidade decorrentes de combustível limpo e eficiente.

lidar com: recebimento de recompensa por resolver questões complicadas.

inadequada para o trabalho: uma proteção está lhe prejudicando; retome seu processo de pensamento.

outros: sua incapacidade de terminar coisas arruinará uma amizade.

mecânico usando: luta inútil para manter amor valerá a pena no final.

ociosa: pise no freio ou aumente a potência de seu motor.

operador que não consegue colocar máquina para funcionar: há uma dificuldade física que não pode ser aliviada de maneira prática.

parando: nova oportunidade profissional em breve.

pessoas demolindo: é preciso consertar sua imagem autoritária.

que não funcionará corretamente: dificuldade de retomada de comunicação emocional; você está num impasse.

quebrando: sabotar seu empregado provocará uma colisão desastrosa.

ser ferido por uma: fracasso em seu objetivo, mas obterá bons proveitos por apoiar seu patrão.

ter medo de: novas aventuras, mas continua a viver a rotina de uma vida correta.

usada de maneira incorreta: soluções inadequadas criam novos problemas.

vender: prosperidade; espere mudança em seus planos futuros.

MAR 06-08-13-26-29-38

atracar em uma lagoa: você quer privacidade para encarar seus medos.

azul: os negócios fluem bem.

banhar-se no: sua honra serve de apoio para seus prazeres indiscriminados, por enquanto.

homens e mulheres: alegrias matrimoniais sem honra nem lucro.

cair no: volte ao começo e se reorganize.

acordar no: o amor de uma mulher trará ruína e desonra.

e se agarrar a um pedaço de madeira: você conseguirá seus objetivos com trabalho pesado.

cavalgar um cavalo marinho: tomará parte em uma caravana turística.

emergir no: está na hora de você participar em vez de controlar.

mar aberto, com pequenas ondas: tranquilidade que vem antes da destruição completa de sua carreira.

escuro: pequeno lucro vindo de uma vida saturada, tóxica e infrutífera.

estar à deriva no: perda de controle do rumo de sua vida.

com pessoa amada: ganhar segurança no trabalho leva tempo.

sem vento: vida solitária devido à sua tendência à reserva e ao egocentrismo.

gaivota voando sobre o: liberdade para sobrepujar perigos da maneira mais segura.

muitas, em formação: corajoso desafio de sua parte em relação a problema dentro de uma empresa.
pairando sobre o: escolha seu sistema de crenças e se atenha a ele.
garota sonhando com mar revolto: angústia profunda por causa de má-fé.
nadar em um mar de águas quentes: uma sabedoria que dispensa palavras logo será sua.
ondas grandes no: você receberá ajuda inesperada quando achar que menos precisa.
pessoa solitária sonhando com: uma vida sem amor é uma vida não vivida.
sair do: um revigorante começo de empreitada com visão clara da missão pela frente.
ser jogado à força no: não é possível chegar a um acordo.
ser sugado para o fundo do: uma experiência de consciência cósmica.
sobrepujado por ondas: seus bens se tornam mais valiosos mais rapidamente do que você consegue administrar.
viagem por um mar muito revolto: negócios que ameaçam se desfazer.
durante tufão: adversidade que não pode ser amainada nem contida, apenas suportada.
marido e mulher: grande e duradouro amor em prazeres materiais de puro refinamento.
tranquilo: amor dedicado na família que o apoiará em qualquer empreendimento.

MARCHAR 06-16-18-45-46-47
a passos rápidos: uma sorte inesperada levará a um avanço nos negócios.
com bandeiras: define uma tradição antiga.
com soldados: sua ambição de participar de um time pode estar em muitos lugares.
na companhia de mulheres: deve estudar todas as opções com cautela antes de decidir.
sozinho: pegue seu ritmo e trabalhe nele: sua honestidade deve estar acima de suspeitas.

MARCO 07-13-28-37-38-41
colocando um: pode superar obstáculos com a coragem de suas convicções.
vários marcos: romperá com limitações do passado para alcançar o seu novo eu.
sonhar com: inimigo secreto o acompanhará numa viagem ao exterior.

MARÇO 04-15-22-25-29-44
nascer em: a cada fim, haverá um começo.
sonhar com o mês, durante o mês: expectativas se elevam e depois são frustradas para elevar as suas.
crianças: deve considerar todas as aspirações antes de decidir à altura.
durante outros meses: disputará favores de uma pessoa à qual foi recentemente apresentado.

MARÉ 02-05-27-40-46-49
baixa: a vida está estagnando; preparese para construir ao encarar e lidar com a situação turva.
ir contra a: tome a decisão agora para evitar preocupações posteriores.
maremoto: está sob o peso emocional de toda sua herança.
alta: tire vantagem imediata da primeira oportunidade oferecida.
seguir com a maré: em breve acontecerão eventos favoráveis para aumentar sua prosperidade.

MARFIM 12-15-17-33-36-41

comprar: você tem um amigo de verdade que confia na sua honestidade e capacidade.

dar de presente: aceite a oferta de parente rico e a amizade vinculada a ela.

possuir: seu talento literário lhe dará mais prazer do que dinheiro.

vender: o dinheiro virá facilmente durante a vida; use-o com compaixão.

MARGARIDAS 02-24-27-38-40-41

amarela: um rival retorcerá o coração da pessoa amada.

em um jardim: sucesso é colaborar com aqueles que compartilham seus sentimentos.

campo: um dom que você nunca esperava ter.

vaso em casa: salvação da perda da inocência.

encontrar defeitos em: grande alegria no amor, não importa para onde ele leve.

MARIA 05-10-16-35-42-44

a mãe de Jesus: terá sorte em negócios com sua própria luz a guiá-lo.

esposa: honra sem proveito; bênçãos todos os dias.

mulher chamada: uma grande sorte está por vir.

ter uma filha chamada: você precisa contar com seu próprio vigor para protegê-la do frio.

mãe: muita alegria em sua família.

pessoa amada: receberá de alguém um grande favor pelo qual nenhum retorno é pedido.

MARIDO 00-11-22-33-44-55

acariciando esposa: você irá se casar bem em um ano.

apaixonado por outra: prepare-se para o pior cuidando das suas necessidades.

batendo na esposa: com o seu comportamento, você está se deixando expor a críticas.

casar pela segunda vez: mau trato; os pontos fracos do primeiro casamento estão manchando o segundo.

criticando a esposa: coisas sobre as quais não se tem nenhum controle acontecem; seja indulgente com ela.

divorciando-se da esposa: se você puder abrandar a amargura, uma reconciliação será possível.

gostando de alguém mais: compatibilidade imediata impossível por causa de bagagem emocional.

mulher criticando o seu: as circunstâncias melhorarão depois de uma visita ao médico.

negligenciando a esposa: você não está sendo sustentada pelo seu marido.

outras pessoas flertando com o seu: vocês viverão juntos toda a sua vida, mesmo assim ele busca prazer em outros lugares.

perder o: acontecimentos importantes e muito benéficos pela frente.

querer divorciar-se do: você precisa controlar suas emoções até que a harmonia seja restabelecida.

sonhado por solteira: você não está pronto para assumir compromisso com o casamento; ou ninguém assumirá compromisso com você.

ter bom: um relacionamento significativo irá evoluir e durar.

tranquilizar seu: você terá uma grande briga de família.

verificar se o marido está bem ou o que está fazendo: inadequado para a posição de uma pessoa casada leal.

MARINHA 07-09-25-29-33-39

alistar-se na: um empreendimento bem-sucedido levará à ruína.

batalha naval: não aceite o peso do fardo alheio, ao menos não todos eles.
cair na água durante: vida longa e cada vez mais auspiciosa.
perder uma: um grande serviço lhe será prestado por um parente.
estar na: ficará enjoado no mar, mas o sexo oposto lhe ama em terra firme.
rapazes: viagem para terra distante com pessoa gentil com quem fez amizade recentemente.
libertar-se da: muitas batalhas e amigos insinceros.
marido que sonha estar na: precisa de autodisciplina; sua esposa está lhe traindo.
esposa/marido: desentendimentos graças a ideias ofensivas de que você vai cometer adultério; você vence a discussão.
navegar em pequena embarcação: passará longas horas estudando e viajará muito para estudar navegação.
uma grande: as mulheres vão se afastar devido a seu humor instável.
oficial subalterno: defesas obscuras devem ser encaradas para obter seu objetivo.
ser um oficial de navegação problemas aos montes que precisam de muita vigilância para serem resolvidos.

MARINHEIRO 04-07-09-10-23-26
caindo no mar: queda hierárquica devido à especulação.
homem que sonha ser um: faça as pazes com suas emoções e lide com elas.
mulher: desejo extremamente ansioso de admiração longínqua.
ser um: inquietude e mudanças causarão a perda da pessoa amada.
sonhar com: fará uma viagem perigosa que acabará se provando uma excitante aventura.
sonhar com o deus grego Baco: você vai recuperar sua vitalidade latente e ganhar uma promoção.
vários marinheiros: infortúnio; você vai afundar com o capitão.

MARIONETES 11-21-26-32-40-46
manipuladas por um mestre: você quer uma pessoa importante que lhe guie e proteja.
manipulando suas cordas: sente-se impotente em sua inferioridade; desprenda-se das cordas.
manipular: terá uma discussão em família por causa de suas fortes capacidades organizacionais.
pessoa importante sonhando com: terá a ajuda fiel necessária para felicidade futura.
ser uma: você se dá bem com as pessoas que namora porque se põe em primeiro lugar.
sonhar com: não consegue controlar satisfatoriamente a eficiência de seus funcionários.

MARISCOS 02-07-33-35-40-44
colher: prazeres efêmeros em uma sessão espírita.
comer moluscos: experiência incomum com conhecidos invejosos.
comer vieiras: manobra em direção a um lar tranquilo e bem mobiliado.
lagostim: ao se deparar com tramoias, recue, reorganize-se e parta para o combate.
limpar um marisco: você irá à bancarrota se falsificar os livros de contabilidade.
muitos, vivos: você está em ambiente protegido; está abrigado e alimentado.
ameijoa: más notícias vindas de longe abrem caminho para um desenvolvimento romântico em casa.
duro: mudança de casa vai melhorar sua vida.

juntar: você receberá uma carta triste, para profundo embaraço de sua família.
mole: a paixão se apagou de seus casos amorosos.
mortos: você é subitamente arremessado à realidade.
um molusco: acontecimentos misteriosos pedem sua atenção; não acredite no que ouve.
sonhar com conchas: extravagância conquistada por vitória no campo.

MARMELO 10-27-29-30-36-47
colher: seu investimento no relacionamento foi em vão.
comer: herdará dinheiro sem ter experiência nem talento para lidar com ele.
cozinhar: será perseguido por mulher de má fama.
fazer geleia de: investimento caro para retorno medíocre.
marmeleiro em flor: as tentações de uma prosperidade não merecida e que não implica prosperidade.
balançar: sua insistência na perfeição lhe sufoca as emoções.
carregado de frutas: prazer delicado e simples.

MÁRMORE 01-18-19-25-37-49
arranhando-se em: a afeição por lembranças da infância iluminará sua vida.
brincar de bola de gude: seu comportamento é imaturo e desafia todos os códigos sociais.
coluna de: seu sucesso substancial é ameaçado por sua inflexibilidade.
comprar: irá ao funeral de uma pessoa fria.
escultura de: amizades não são escolhidas, e sim esculpidas delicadamente.
pedreira de: suas fantasias vão se concretizar; um amor do passado nunca foi perdido.
polir: está investindo para receber uma herança.
ter em sua casa coisas de: está correndo riscos que serão compensados.

MARRETA 27-34-40-42-44-54
alguém usando uma: opressão por meio de mobilidade física.
sonhar com: crueldade em si perpetrada em outros.

MARTELO 15-16-19-31-35-51
martelar furiosamente: refreie sua raiva antes de agir.
em madeira: sua irritabilidade trabalha a favor dos rivais.
outros: condição financeira melhorará no futuro.
ouvir muitas pessoas: apenas porque a ideia foi mencionada, isso não a torna sua ou verdadeira.
outros segurando: outros tentarão influenciar você à força.
som de um martelo sendo usado: fracasso em se chegar a um acordo causa inúmeras interrupções e reveses.
ter martelo nas suas mãos: poder para transformar sonhos em inovações.

MÁRTIR 17-22-24-29-35-48
ser um: seu sacrifício generoso e honesto não será apreciado; nem uma anorexia.
avidamente: seu altruísmo decisivo será recompensado com provação pública.
transformar alguém em: o retrocesso deles tentará oprimir você.
crianças: a mesquinharia vai exagerar os danos bem além da proporção.
outros fazerem de você um: sua determinação o impedirá de fracassar em seus projetos.

pessoas inocentes: fará grandes sacrifícios por causas nobres.

MÁSCARA 03-06-11-37-39-45

seu rosto ser uma máscara rígida: uma pessoa falsa o protege do ridículo e do escárnio.

sonhar com: analise os motivos de seus amigos para descobrir o seu.

usar uma: erros e defeitos escondidos por trás de seu cinismo.

alguém: cuidado com vizinhos de duas caras e secretamente invejosos.

inimigos: brinca traiçoeiramente com a atração superficial de outros.

outros: será ferido por falsa sinceridade e inveja.

MASCOTE 03-07-12-30-33-45

em um navio: acontecimentos importantes e muito benéficos estão por vir.

sonhar com: uma notícia inesperada mudará suas perspectivas para o futuro.

ter um: vai se livrar bem de um perigo presente.

no próprio carro: briga séria com o motorista sobre estar sob a bandeira errada.

MASMORRA 04-10-19-21-30-38

escapar de: você tem amigos leais que, com uma indiscrição intencional, libertarão você.

estar em: visita de parentes ricos que criticam sua situação.

outros: você tem inimigos cujo desejo é que as pessoas honradas não aceitem você.

não conseguir escapar de: complicações causarão prejuízos graças ao seu juízo equivocado.

MASSACRE 20-22-27-38-39-40

massacrar outros: raiva extrema por sentimentos de outros, relacionada ao que você não tem.

muitas pessoas morrendo em um: mantenha-se competindo no campo do jogo, não no campo de batalha.

ouvir falar de: gaste dinheiro com o dentista para evitar ranger os dentes.

ser massacrado: danos em questões próprias causados por pessoas que você tem considerado mal.

MASSAGEM 01-04-06-08-46-47

massagear alguém: a situação precisa ser manipulada por alguém com a expressão certa.

uma pessoa doente: sintomas não tratados levarão a problemas de saúde.

receber uma num lugar público: sua imagem pública precisa se livrar de uma mácula.

sonhar com: deixe sua tensão emocional sobre a mesa; você será treinado para lidar com isso.

MASSAS 03-05-09-21-31-50

apresentação elaborada de um prato de: você está tentando tirar leite de pedra.

comer: está se enchendo de projetos insípidos com problemas intermitentes.

cozinhar: seu estômago deseja conforto.

MASTIGAR 05-20-22-23-27-39

até que a sua mandíbula doa: sua vontade pura persuadirá os outros da sua interpretação dos acontecimentos.

crianças mastigando: divida os assuntos para absorver todos os itens.

goma de mascar: para compreender uma lição é preciso refletir sobre ela.

outros mastigando: você terá paz de espírito se perceber a situação toda.

roer unhas: você está lidando com um problema que nunca foi seu.

sonhar com: você terá que examinar suas próprias faltas para tirar uma mostra das faltas de outra pessoa.

MASTRO (de festas populares) 02-06-25-30-47-49

alto: faça com que os entrelaçamentos sejam padronizados com um objetivo definido.

coberto de flores: alegria sem lucro, beleza em cada olhar, esperando para ser manifestada.

dançar em torno de: a festa de debutante da menina comum.

muitos, numa área aberta: terá um amante brigão e mal-humorado quando estiver esperando harmonia.

MASTRO 07-12-13-21-22-30

de um navio: fará uma viagem importante concedendo prazer por um objetivo maior.

sem vela: suas aventuras estão em suspenso devido à falta de equipamento apropriado.

muito alto: seu orgulho não se curvará a ninguém; esteja à altura dele.

subir em um: sua maestria é uma enorme realização.

marinheiros: viverá muito tempo feliz.

MATAR 08-10-19-26-28-39

alguém matando: a sua morte para o sonhador, por meio da sua própria raiva.

alguém querendo matar você: ele/ela quer a sua vida, mas não quer trabalhar para consegui-la.

e depois comer um animal: grandes lucros, pois você ganhou a força de vida deles.

em autodefesa matar uma fera: vitória e posição alta.

homem de negócios: você está nutrindo suspeita e ciúme injustificados.

inimigo: sinal de problemas, se você se mudar de casa.

outros matando um ao outro: você receberá críticas por conduta maldosa.

pássaros ou abelhas: apavorado, você testemunhará um grande prejuízo nos negócios.

ser morto: você é uma pessoa ingênua, impressionável e irresponsável.

filhos: você está renunciando ao seu comportamento infantil.

um dos pais: seus comentários desagradáveis arruinarão o seu relacionamento para sempre.

uma pessoa amiga: você está destruindo sua capacidade de se relacionar.

uma pessoa indefesa: células morrem para permitir o crescimento de novas.

uma serpente: afastamento do incentivo e do entusiasmo pela vida.

MATEMÁTICA 01-05-17-24-32-43

aritmética: problemas podem ser difíceis, mas podem ser resolvidos.

estar no momento da solução: terá sucesso em todas as suas iniciativas, eternamente.

fórmula: uma lição difícil precisa ser aprendida.

multiplicação: uma pessoa conhecida causará danos à sua reputação.

resolver uma equação: você está passando por cima de um erro simples que desvaloriza toda a sua atitude.

não conseguir resolvê-la: há pouca esperança de realizar seus planos; reavalie o valor que eles têm para você.

somar números: dificuldades pessoais precisam ser vencidas.

trabalhar com decimais: uma mensagem que você desconsiderou é recebida com felicidade.

usar um ábaco: o sucesso financeiro está nos detalhes meticulosos.

zero: terá uma pequena infelicidade se passar nesse teste.

dobro: será enganado por um amigo.

três: terá grande riqueza.

MATO 02-18-19-20-28-48

crescido: você espera favores demais dos outros quando na verdade só você pode construir sua vida.

desabitado: guarde seus velhos amigos para novas aventuras.

habitado apenas por feras: todo mundo, por mais ameaçador que seja, possui um papel em sua vida.

sonhar com: terá ocasião festiva em casa.

MATRIMÔNIO 04-10-11-15-21-25

anunciar o seu: atritos causados por ressentimentos em relação a inimigos continuarão.

casar contra a própria vontade: período animado e movimentado de responsabilidades excessivas.

casar-se: melancolia para os convidados com amores não correspondidos.

com uma virgem: frigidez e falta de simpatia de seu companheiro.

companheiro sendo subitamente grotesco: questione se essa é a escolha certa para você.

dinheiro para: seu nervosismo e sua irritação não são maneiras de evitar perdas financeiras.

filha distante casando-se: bons tempos se aproximam; liberdade com responsabilidade.

dama de honra com cesto de flores: terá um futuro feliz com os cuidados e a consideração da família.

dama de honra: não aceitará nada além da verdade.

irmã: grande perigo inesperado de séria confusão de incesto.

infidelidade: você acusa a si mesmo de ser infiel a uma ideia.

jovem sendo uma noiva infeliz em: inimigos buscam sua queda acrescentando fardos.

lua de mel: ânsia por atividades futuras.

marido e mulher reafirmando seus votos: felicidade garantida até a morte.

mulher sonhando que se casa com homem velho: está cansada e estressada com problemas à frente.

outros anunciando os seus casamentos: notícia desagradável vinda de pessoas ausentes.

parentes anunciando: recuperação imediata em relação a excesso de compromisso.

secreto: um romance decepcionante lhe deixa num estado de incerteza e confusão.

segundo: casamento íntimo de aspectos pessoais antes desajustados.

com um homem mais novo: enfrentando uma delicada percepção mental que precisa de reestruturação.

ser dama de honra numa cerimônia: vai se casar em breve se estiver sinceramente feliz pela noiva.

crianças: você nutre um entusiasmo ingênuo por um novo projeto.

noiva ou noivo: grande perda financeira afetando padrão de vida e saúde.

solteiro depois de ter anulado: você tem uma personalidade forte, que se destaca.

viúvo sonhando com: algumas coisas não podem ser substituídas.

MAUSOLÉU 02-03-07-16-30-42

ser sepultado em um: relaxe e pare de se preocupar com ações narcisistas.

outros: morte de um rival; problema com um amigo proeminente.

sonhar com: atenções que não são saudáveis nem sinceras a relações ricas devido a uma herança.

visitar um: coração que sofre há muito tempo com a lembrança de alguém que morreu.

MEDALHA 07-17-21-23-25-44

civil sendo condecorado com cruz de malta: sorte e prosperidade.

ser presenteado com: terá boa sorte por mérito tornada amarga por amigos leais.

ganhar uma: você receberá honras pelo uso de seu talento.

receber Cruz da Vitória: conseguirá avançar por seu próprio mérito.

sonhar com: vai sair de um perigo com distinção graças ao que você tem realizado.

usar: tenha confiança em seu potencial, pois seus detratores não podem impedi-lo.

outra pessoa: perigo de revelação de inveja injustificada.

pessoas do exército e da marinha: preserve sua energia e inteligência para batalhas de verdade.

MEDICAMENTO 21-30-33-36-48-49

amargo: o sucesso não deriva de julgar mal aqueles que o atrapalhavam.

aplicar antisséptico: suas intenções negativas precisam de nova cicatrização.

colocar remédio na água: avanço de posição.

dar remédio a crianças: se elas gostam do gosto, a doença vai passar.

amigos: seus conselhos trarão harmonia entre amigos.

parentes: cuidado com todos os seus relacionamentos, para não causar decepções.

doença: alguém que exerce poder sobre você está lhe causando desconforto.

em hospital: sinais de início de uma reclamação física.

enfermeira contando gotas: logo receberá pequena soma de dinheiro deixada para você.

outros: não continue procurando pequenos valores monetários sem registrar os efeitos.

injeção: cuidado com o que você ingere.

inoculação: limpeza do terreno para que nasçam novas flores.

passar remédio no peito: os problemas não são sérios, fortalecerão sua relação.

recusar-se a tomar: mau humor e irritabilidade.

tomar morfina: enfrente a tarefa desagradável e faça-o com iniciativa.

tomar: o mecanismo de cura de seu corpo foi ativado.

amargo: tentará ferir alguém que confia em você.

com prazer: uma orientação para cura vai acabar com os problemas.

saboroso: o cheque não vai chegar pelo correio; você parece ridículo esperando isso.

tomar um comprimido: esquivar-se nunca resolve nem livra você de uma questão.

frasco de: o gosto amargo em sua boca deve levar a otimismo.

overdose de: sua autoindulgência é autodestrutiva.

para dormir: os sonhos são a janela da alma, não a feche.

para gripe: perdeu a pessoa amada por incerteza e indecisão.

tomar uma vacina: cuide de sua saúde.

MÉDICO 06-07-20-21-26-45

chamar um, para as crianças: peça conselhos a uma pessoa de autoridade.

para si mesmo: o remédio está dentro da sua alma.

parentes: recuperação rápida de indisposições imaginárias.

outras pessoas chamando o: período adequado para galanteios.

para você: seu corpo tem os recursos para se curar sozinho.
ser um: cure-se e honre sua alma antes de ameaçar outras pessoas.
sonhar com um: tenha autocontrole em sua busca por respostas.
visitando pacientes: grande prosperidade que faz subir na escala social.

MÉDICO 06-09-22-32-35-40
chamar um para seus filhos: cada força curativa do seu ser está mobilizada.
para amigos: ver os outros em apuros faz surgir sua natureza altruísta.
para parentes: recuperação rápida do medo de doença ou morte.
para si mesmo: desimpeça sua percepção plena da função do seu corpo.
encontrar-se com um socialmente: melhores perspectivas de negócios, mas as contas médicas serão excêntricas.
ir ao: você gostaria de conhecer uma pessoa forte para amar.
outros chamando: problemas pela frente quando você não confia em sua própria opinião.
precisar de: empreendimentos imprudentes terão um final lamentável.
ser: você depende do seu eu superior para curar-se.
tornar-se: alívio de dor da qual se sofre inconscientemente.
visitando pacientes: você sofre de benevolência excessiva; você precisa de uma gentil autoridade que cura por dentro.

MEDIR 02-11-24-32-34-48
a própria casa: você pode perder mais do que poupa.
a temperatura: é hipersensível ao seu ambiente e egoísta ao conservá-lo para você.
ingredientes de culinária: seja delicado com o equilíbrio dos elementos de sua vida.
o Áureo: fique como um Deus que "conta" o universo.
qualquer coisa: a falta de atenção é prejudicial a seus interesses.
roupas: só você pode apoiar o ser o que você é, para que tudo se realize.
tamanho de seu corpo: tende à superficialidade quando suas defesas expõem sua fragilidade.
tecido: sua presunção encobre sua insensibilidade em relação a si mesmo.

MEDITAÇÃO 10-18-19-21-37-46
em transe: você não fundamentou sua percepção com conhecimento empírico.
estar em: receberá sabedoria vinda de estados de consciência expandidos.
sair de: está sempre em algum nível de harmonia; cada nível precisa ter sua vez.
sonhar com: purificação e limpeza de todos os sistemas de crença para abrir você a conhecimentos maiores.

MÉDIUM 09-14-30-45-50-54
lendo sua sorte: escute conselhos de todas as fontes e então decida como agirá.
ser clarividente: seja qual for sua suspeita, deve ser verdade.
possuído por um poder mediúnico: mudança de ocupação vai irritar novos colegas de trabalho.
solicitar os serviços de um: está desesperado para receber conselhos sensatos em relação a rixas de familiares.

MEDO 11-14-16-33-34-38
de alguma coisa: alguém cuidará de você quando os planos caírem por terra.

continuar: você não desenvolveu a habilidade de lidar com a causa.
de retaliação: uma forma de autopunição antes que o verdadeiro castigo seja dado.
não saber a razão do: uma pessoa em quem confia agora não é de confiança.
superar seu: você revela seus medos e lida com eles.
outros: o passado tem que ser esclarecido e corrigido para que haja paz de espírito.
ter grande: você é uma pessoa de coragem extraordinária; tome a decisão.

MEIA COMPRIDA 07-08-15-16-42-43
calçar: honrarias e lucro a partir de trabalho conseguido com ajuda de amigos.
e rasgá-la: você não tem direito a lucrar com o mal que faz aos outros.
com buraco: será chamado a defender seus atos.
de algodão: suas ideias lhe dão prazer, mas não podem ser realizadas.
de cores leves: tristeza.
de lã: fartura.
de seda: será tentado buscar a atenção de determinado homem.
de tricô: encontrará oposição em seu romance atual.
escura: a satisfação será sua única recompensa.
perder uma: seu amante busca outros horizontes e não se importa com você.
remendada: alívio temporário em casa.
usar: venderá o corpo e a alma em troca de dinheiro.

MEIO-DIA 01-20-21-22-27-35
comer uma refeição ao: não deixe de viajar para um ambiente diferente.
encontrar alguém ao: a facilidade na cozinha será fonte de pesadas discussões.
sonhar com o: você usa da cobiça para controlar seu apetite anormal.
sonhar com o meio-dia em qualquer outro horário: você pode pegar pneumonia em meio ao sofrimento de sua missão.

MEIO-FIO 10-15-20-38-39-43
de rua: você precisa completar sua tarefa atual apressadamente.
de uma casa: alguém está tentando prejudicar você.
na beira de um lago: você se divertirá muito.
na beira de um rio: uma pessoa de fora está interferindo nos negócios.

MEL 09-23-28-31-40-42
comer: falta de autoconhecimento irá negar-lhe o doce sabor do sucesso.
dedos pegajosos de: alguns do seu grupo são tão lentos e cautelosos que são inoportunos.
favos de: sua vulnerabilidade ameaça sua honestidade em assuntos da comunidade ou associação.
fazer no quintal: a pessoa amada é gentil, afetuosa e atenciosa; respeite isso.
receber: suas boas condições físicas lhe propiciam mais independência e boa saúde.

MELANCOLIA 09-12-14-21-29-44
encontrar-se em estado de: realizará ambições elevadas e terá felicidade tranquila.
outros: separação de pessoas amadas diminui sua renda.
pessoas casadas: vida doméstica agradável com negócios turbulentos.
uma jovem: decepção com envolvimento que você considerava divino.

estar triste consigo mesmo: constante reflexão sobre uma tragédia nacional.

MELÃO 07-12-16-23-27-44

comer: esperanças de consistência no amor são vãs.

comprar um: você está pronto, finalmente, para um compromisso amoroso.

cultivar: seus julgamentos rápidos impedem uma análise inteligente.

melancia, dar uma: receberá um presente de uma pessoa desconhecida.

pessoa doente sonhando que come: com tratamento apropriado, você irá se recuperar.

sonhar com: não menospreze uma amizade verdadeira, ou a perderá.

ter: uma disputa antiga pode ser resolvida agora.

MELODIA 6-22-27-30-31-37

cantar uma: incidentes agradáveis de visão romântica.

ouvir outros: casamento certo e feliz para eles, o que você pode objetivar.

ouvir uma desagradável: novos amigos influentes e agradáveis irão atendê-lo.

tocar uma: envolvimentos vão prosperar com amizades duradouras e queridas.

MELRO 00-11-22-33-44-55

cantando, sonhado por mulher: ela terá dois maridos.

homem: ele terá duas esposas, a sua mãe e a mulher com quem casou.

pessoa solteira: ela logo ficará noiva do seu lado negro.

sonhar com: a morte é necessária para a sobrevivência da nova vegetação.

MENDIGO 09-17-19-32-45-48

ajudar: você irá superar uma situação embaraçosa.

amigos mendigando: insatisfação com o ambiente atual.

apenas um mendigo: você receberá ajuda inesperada assim que o escândalo se mostrar um erro.

com deficiência física: você se sente inadequado nas suas discussões em família.

conhecido: você receberá ajuda de uma pessoa muito amiga.

dar dinheiro a: ele expressa o pensamento que você teme.

entrando na casa: problemas seguem uma visita inesperada.

idoso: faça economia ou perderá uma propriedade.

inimigos mendigando: você escapará de perigo atual.

muitos: suas fraquezas precisam de apoio, mas o gerenciamento está fraco.

na rua: fique onde seus inimigos não consigam ver você.

outros mendigando por você: você não está admitindo suas necessidades.

ser: você precisa de desafio intelectual para impedir que seja um sovina egoísta.

e mendigar: os negócios estão prosperando; não corra riscos desnecessários.

ser abordado na rua por um: você está escondendo dificuldades de si mesmo.

e recusar-lhe auxílio: seus atos são prejudiciais à sua posição social.

sonhar com: um período de tristeza depois da revelação de fato vergonhoso.

MENINO 08-10-12-27-36-42

aleijado: problemas à frente.

arranjando um emprego em uma loja: tristeza.

brigando: uma boa decisão não pode ser tomada sem conhecimento do assunto.

coroinha: você é muito impulsivo e volúvel.
doente: há obstáculos pela frente.
escola para: exposição a uma visão mais ampla.
escoteiro: você exagerou no preparo para suas reuniões.
participando de uma cerimônia: algo próximo do seu coração surgirá vitorioso.
novo: logo se casará.
namorando: precisa manter a casa mais arrumada.
pulando: você reunirá dinheiro.
que morre: pais causam infelicidade.
salvar do perigo: você ficará famoso.
ter um: uma mulher ficará grávida em breve.
trabalhando em uma loja: bons negócios pela frente.
ver um escoteiro: não deixe que os outros distraiam você dos seus objetivos.

MENSAGEM 02-04-05-11-46-47
enviar uma: perceba circunstâncias desagradáveis na vida.
receber uma: pondere o problema em seus pensamentos antes de reagir.
de parentes: um acontecimento importante e bastante benéfico acompanha os pequenos.
uma pessoa querida: uma grande catástrofe à frente pode ser evitada desafiando sua fonte.
sonhar com: transmitir uma verdade de modo que possamos entendê-la.

MENTIR 05-22-25-34-41-45
deitar-se: no seu momento mais vulnerável a sua integridade está sendo investigada.
filhos mentindo para os pais: a amizade em questão prejudicará as duas partes.
marido ou esposa mentindo um para o outro: você sofrerá por causa da confusão de sustentar uma mentira.
outros mentindo para você: se você não resolver uma diferença de opinião, será enganado pelos amigos.
para uma pessoa amiga: seu ódio escondido por uma pessoa que não recebeu a palavra de Deus.
ser desonesto: um documento pertinente prova que seus atos incomuns foram de grande benefício.
família: infortúnio em relacionamentos amorosos devido a suas mentiras.
outros: você está nas garras de pessoas enganadoras; tome uma atitude!

MENTIRAS 02-15-20-24-48-53
filhos mentindo para os pais: você sofrerá um ferimento acidental por causa da culpa.
marido ou esposa mentindo um para o outro: você pagará muito caro pela sua insensatez.
outros mentindo para você: ciúmes absurdos confrontados e explicados nunca são apaziguados.
sonhar com o ato de mentir: você terá uma vida longa com um fardo nos ombros.
a outros: você fará inimigos ao fracassar em um empreendimento importante.
a você: você levantará fundos à própria custa para o prazer dos outros.
em juízo: você terá problemas causados por sua má conduta.
para proteger uma pessoa amiga: você resguardará os amigos da vergonha e do constrangimento e ganhará a lealdade deles.

MERCADO 05-08-17-22-41-47

comprar algo em um: no momento, a balança comercial está instável, na melhor das hipóteses.

estar em um: seu valor está em quem você é, e não no que tem.

pequeno: enfermidade passageira decorrente de traição iminente.

fazer compras em um: cultive alguém que conheceu recentemente convidando-o para almoçar.

ir a um mercado de peixes: você possui um alto grau de flexibilidade que o levará a uma posição proeminente.

de carnes: receberá honras por manter a imaginação fresca.

de gourmets: seus gostos delicados estão sendo sobrecarregados.

passear vagarosamente em um: sua mente aberta lhe permite criar amizades duradouras.

vazio: sente-se incapaz emocionalmente, mas logo se apaixonará.

MERGULHAR 05-09-18-34-36-48

com tubo de respiração: você está explorando camadas mais profundas da sua alma.

em um lago calmo: a busca promissora exige humildade; encontre-a no fundo.

embaixo d'água: leve em consideração os objetivos da outra pessoa antes de arrastá-los na lama.

filhos mergulhando: um final favorável à provação.

membros da família mergulhando: empreendimento de negócios será arriscado; os assuntos do amor, ilícitos.

outros mergulhando: advertência de problemas se você não se atirar ao trabalho.

paraquedismo: as atuais condições dos negócios exigem que você assuma riscos.

sino de mergulho: queda abrupta das ações, que subirão de novo lentamente.

sonhar com: perda de reputação, a não ser que você mude sua forma de agir.

MÉRITO 05-16-20-28-35-37

receber: terá de responder publicamente por má ação.

alguém receber sem merecer: sofrerá um forte desgosto; deixe que seja retificado.

crianças: está à mercê delas; dê a elas o que precisam.

receber por realização: trabalho difícil com rendimento razoável.

MESA 01-09-12-34-38-39

com tampo de mármore: está começando período de novas sensações e parcerias.

de biblioteca: promoção por meio de autoiniciativa e estudo caseiro.

estar sentado com crianças à: sorte, prosperidade e circunstâncias confortáveis.

com convidados de casamento: felicidade garantida.

com parentes: muito a dizer, nenhuma chance de falar.

de cartas: virá a oportunidade de fazer dinheiro.

de convenção: mal-entendidos e fortes desentendimentos.

redonda: todos os convidados têm igual direito a opinar; escute uma conversa nova e estimulante.

na sala da diretoria: seu assento reflete sua posição na estrutura do poder.

quebrada: prazer que trará infelicidade e pobreza.

sentar com a família à: felicidade na vida de casado; período de boa convivência pela frente.

sonhar com mesa posta para o jantar: você trabalha duro para a indulgência do paladar de outros.
um banquete: determine uma data de início para o projeto; uma nova equipe está chegando.
vazia: a família lhe deserda e lhe dá as costas.

MESQUITA 03-12-17-29-44-48
de Omar, em Jerusalém: vai se livrar bem de perigo atual.
escondida: cuidado com pessoas ignorantes, e ainda mais com aquelas que se escondem por trás da ignorância.
rezar em uma: muitos amigos fiéis renovarão seu interesse por sua religião.
sonhar com: a ignorância impede você de acreditar firmemente em sua fé.

METAIS 05-08-22-23-39-41
comprar: concentre seu esforço na sensibilidade pessoal de sua humanidade.
fazer grandes sinos: não se preocupe com a conversa fiada de pessoas que não podem agir.
irritado com barulho de: evite aqueles que tiram vantagem de você.
ver: evite se aproximar demais de falsos amigos.
fundição de: receberá compensação por economizar nas despesas.
fundidos: uma grande transformação está acontecendo; faça parte dela.
lidar com rádio: o dinheiro vai queimar um buraco na palma de sua mão.
martelar metais em uma bigorna: perderá dinheiro no jogo; invista em suas chances.
moldar: ganhos decorrentes de trabalho paciente; dê um passo de cada vez.
trabalhar em um objeto em uma: não terá sucesso forçando uma questão.
outro: bons tempos pela frente com parceiros.
pepita de metais preciosos: você se impressiona com a riqueza que existe nos outros, assim como a que está dentro de você.
várias pepitas de metais diferentes: força de caráter dura, mas maleável.
ser um soldador: cuidado com a opressão de seus superiores em seus assuntos de negócios.
urânio: as ideias que você está considerando são explosivas.
usar metais comuns: procure a função em vez da forma.
alumínio: não se deve usar uma coisa, quando outra é solicitada.
bronze: suas paixões guerreiras estão prontas para saquear.
estátua: busque o ideal, e não a realidade.
platina: da escuridão surge uma chance de demonstrar seu trabalho e seu valor.
vender: enfrenta obstáculos insuperáveis.

METAMORFOSE 05-11-21-28-37-43
animais se transformando em seres humanos: para ganhar um lugar na sociedade, mude seus instintos de defesa.
insetos em: progressão natural de uma ordem universal.
plantas em: oh, vida de abelha; polens demais para colher.
seres humanos se transformando em animais: vai melhorar sua posição atual retificando antigas ofensas.

METEORO 05-12-31-33-34-38
caindo no seu jardim: um presente foi posto sobre você.
correndo pelo céu: desejos solidificados por um curto período.

METRO 02-07-09-10-14-32
ler um: você permite que suas emoções fluam livres demais.
não conseguir: conselhos precisam pelo menos ser escutados.
usar um: você fala muito sem pensar.

MEXILHÃO 04-11-18-28-31-36
abrir um: a traição é um segredo muito bem guardado.
cavar buscando: você está tirando vantagem da riqueza merecida de outra pessoa.
colher: vive uma vida tranquila de abundância suficiente.
comer: popularidade e estatura dentro de seu círculo social.
comprar, em lata: vai mudar para uma posição melhor.
numa peixaria: alguém lhe fará uma proposta.
cozinhar: falha de inimigos.
dar a outras pessoas: vai escapar bem de um perigo atual.
fechar um: você está vulnerável à exposição de seus desejos eróticos.
incapaz de abrir: mantendo o controle no meio do caos.
vários em um balde: não pare na primeira tentativa; verbalize repetidamente.

MIÇANGAS 13-28-31-32-46-48
achar: você será importunado durante uma pequena viagem.
comprar: pessoas em posição elevada lhe darão atenção.
contar: alegria e contentamento imaculados.
enfiar em um fio: você receberá favores de uma pessoa rica.
espalhando-se: perda de reputação entre seus conhecidos.
vender: a quantia de dinheiro surpreenderá você.

MICROSCÓPIO 17-20-25-26-35-41
sonhar com: boas intenções precisam ser postas em ação com a concordância total da pessoa.
usando um: um mistério não existe para ser resolvido, mas para mostrar a vida em perspectiva.
em química: dignidade será obtida com a eliminação de seu pessimismo.
joalheiro: recursos abundantes, se você conseguir discernir o verdadeiro valor das coisas.
médico: você irá se recuperar de uma doença, apesar de desconfiar dos métodos.

MIGALHAS DE PÃO 01-25-35-37-43
alimentar pássaros com: tentação pela frente.
cozinhar com farinha de rosca: você precisa confiar no seu bom-senso.
limpar da mesa: grande alegria quando você receber uma oferta inesperada para viajar.
pássaros comendo: você ganhará presentes valiosos se assumir responsabilidades adicionais.

MILAGRES 10-16-20-22-36-49
acreditar em: quando não resta nada para causar recuperação de uma doença.
outros falando sobre presenciar um: enfrente obstáculos insuperáveis com confiança.
sonhar com: acontecimentos inesperados vão chocá-lo durante um tempo, então acredite.
testemunhar um: permita a intervenção divina em sua consciência.

MILHO 04-08-11-18-33-43
campo com grandes espigas de: você irá regozijar-se com a prosperidade de uma pessoa amiga.

com pequena produção de: conte com problemas em assuntos do amor.
depois que as espigas foram removidas: um excesso de experiências mundanas disponíveis para colheita.
colher: seus investimentos são seguros, mas têm que ser cultivados.
comer: sustento e energia em momentos de provação.
comer canjica de: dias lentos e tediosos que precisam de tempero.
comer prato feito de: crie obstáculos para transformar em desafios tarefas chatas e fáceis.
cultivar: sua elegância suave consegue balançar com os ventos da ação.
moer: você está nesta vida pelo tempo que durar.
pendões de: promoção.
pés, ter calos nos: inimigos estão se empenhando para enfraquecer você.
livrar-se de: um legado de uma fonte desconhecida.
plantar: o sucesso estará assegurado se os outros fizerem ofertas bem altas.
tirar a palha do: o nível de sucesso irá variar, mas seu prazer deveria ser constante.

MILIONÁRIO 02-14-16-18-22-24
devolver dinheiro a um: não deixe que as pessoas o enganem ou pare de enganar os outros.
sonhar com: não aja a conselho de outra pessoa sem uma segunda ou terceira opinião.
receber dinheiro de um: você ficará exausto com trabalho árduo.
favor: felicidade de curta duração por ser enganado.

MILITAR 01-05-13-14-21-25
assistindo a um desfile: prepare-se para um perigo em um futuro imediato.
cavalaria: afeição não correspondida será seu destino.
cumprindo obrigação: questões de controle que você quer cumprir.
encontrar com um major: será convidado a cumprir um dever militar.
estar de licença: alívio em relação a obrigações prementes.
estar na companhia de um oficial do exército: será respeitado na vizinhança.
oficial de alta patente: amigos serão uma vantagem, mas sem remuneração.
mulher sonhando com oficial: o romance supera a sorte prática.
refeitório: a preparação para um acontecimento especial não inclui um cardápio.
sendo desarmado: dignidade em meio ao desastre, e à vergonha.
inimigos: terá dificuldades financeiras por longo tempo.
ladrões: o índice de reincidência prova que logo eles estarão roubando novamente.
ser um voluntário: desperdiçará sua vida em uma batalha de diferenças.
sonhar com: logo estará nas forças armadas; ajuste sua reação a elas.
veterano: amizades duradouras transcendem qualquer período de descontentamento.
ferido: precisa romper alguns obstáculos antes que a vida possa voltar ao normal.

MINA 03-04-11-25-39-47
cavar no intuito de encontrar uma: seu prato está cheio demais; aprenda a dizer não.
descer em uma: acredite apenas em amigos confiáveis; perigos ocultos aguardam por você.
em campo: perigos potenciais em cada passo.
entrar em uma: a verdade está lá no fundo de você; entre com cautela.

escavar uma: resolva problemas que possuem raízes profundas para que expectativas não promissoras se tornem claras.
estar preso em uma: cuidado constante ao lidar com estranhos.
com teto desabando: está exagerando em todos os aspectos de sua vida.
sem aquecimento: examine sua dieta; faça mudanças positivas.
sem ar: você perdeu sua conexão espiritual; reze.
sendo inundada por água: preocupe-se com pensamentos indiscretos e ações beligerantes.
fechar uma: um fim catastrófico para o amor e a capacidade de sustentá-lo no futuro.
poço fundo em uma: está desesperado para ganhar dinheiro; existem maneiras mais seguras.
possuir uma: promessa de trabalho futuro será frustrada por problema imprevisto.
sair de uma: sua espiritualidade amadureceu o suficiente para ser exposta.
ser um mineiro: perigo de outros se intrometerem em suas oportunidades.
sonhar com: extraia o que há de valioso no terreno interno de seu subconsciente.
ter uma grande mina de carvão: um plano racional para um trabalho arriscado inclui o pior cenário.
de ferro: manter incertezas é particularmente prejudicial.
de ouro: use sua capacidade analítica para evitar futuros erros.

MINGAU 04-07-16-17-24-28
comer: você vai desfrutar seu dinheiro, mas não sua visita ao dentista.
cozinhar: sorte variável, dependendo dos ingredientes acrescentados.
dar mingau a crianças: será convidado para acompanhar uma viagem escolar.
de cereais cozidos: o entusiasmo para aproveitar bons tempos está por vir.

MINHOCAS 01-16-22-23-24-41
área cheia de: você pegará uma doença contagiosa.
sonhar com: inimigos secretos estão fazendo todo o possível para causar desgraça.
ter no corpo: não ignore a contribuição dos outros para a sua prosperidade.
usar como isca: você foi atrás das suas ambições sem o menor escrúpulo.
vindo à superfície após a chuva: humilhação causada por amigos.

MINUETO 01-24-35-41-49
dançar com sua mulher: brincadeiras inocentes fazem parte da felicidade doméstica.
pessoa querida: perigo em questões afetivas, fazendo com que você não se comprometa muito em breve.
um amigo: ações apropriadas e sinceras por parte de suas companhias.
um homem bonito: os convites se multiplicam a cada acontecimento.
sonhar com: perspectivas sociais aumentam a cada passo.

MIOSÓTIS 28-29-34-37-42-44
dar de lembrança: acontecimento importante e benéfico pela frente.
receber um buquê de: amigo fiel ama você, apesar da sua desatenção.
de presente: grande benefício no amor se você perdoar.
sonhar com: muitos amam e se lembram de você.
ter: o descuido de alguém do passado ainda está com você.

MIRAGEM 06-12-21-22-40-45
executivo sonhando com: sua equipe não está enfrentando as tarefas com honestidade.
amante: a pessoa amada não é fiel; enfrente isso e siga em frente.
homem: seja esperto em iniciativas de negócios; má sorte é muito facilmente obtida.
menina jovem: é aconselhável mudar de namorado.
mulher: amigos estão lhe enganando; não deixe que isso a impeça de ter sucesso.

MIRTILO 09-17-24-31-32-39
colher ramos de: gratificação de desejos, sorte e prosperidade.
de tecido ou papel: primeiro, paciência; depois, proveito.
em flor: terá os prazeres que desejava.
secos: sua conduta errada impedirá mais sorte.

MISSA 06-07-09-13-17-25
assistir a uma: bom sinal de futuro bem-estar de sua família.
sozinho: sua consciência não está limpa e você tentará culpar outra pessoa.
toda semana: receberá o que deseja, porque suas ações são guiadas pelo espírito.
outros em uma: combaterá falsidade e trará dignidade e distinção para sua vida.
padre rezando: será liberado do trabalho para atender pessoas com problemas temporários.
sonhar com elementos relacionados à: um amigo íntimo que tem sido infiel voltará com boa-fé.

MISSIONÁRIO 20-24-33-34-37-40
convertido a: dê dez por cento de volta em gratidão pelo que você recebeu.
ir para bem longe com um: falhará em empreendimento local.
ser um: cuidado excessivo ao tentar influenciar outros.
sonhar com: mudança para um trabalho mais interessante por pouco ou nenhum pagamento.
trabalhar com um: infelicidade devido à deserção de princípios empresariais no trabalho.

MISTÉRIO 02-18-22-26-28-41
ouvir falar de um: seus amigos leais vão endireitar seu dilema.
sendo explicado: preocupação excessiva com assunto importante fora de seu controle.
sonhar com: acontecerá algo que o deixará intrigado.
ter amigos misteriosos: sofrerá devido à própria estupidez.
ser instigado por um determinado assunto: será perseguido e importunado por pessoas estranhas.

MISTURA 01-09-18-21-30-35
fazer uma: uma receita de sucesso une pensamento intuitivo, racional e emocional.
de maneira agitada: sua infância teve situações explosivas.
mas com firmeza: moderação é a chave para a paz, aceitação para a prosperidade.
mistura étnica: não corra riscos em uma estrada lotada.
bruxas fazendo: resolva contradições internas; um grande negócio sem nenhuma ameaça de desgraça financeira.

MITOLOGIA 05-10-23-34-39-40
ser imortal: felicidade em família.
ser perseguido por uma criatura mitológica: desencoraja sua atual atitude diante da vida.

ser um personagem mitológico: terá a sorte de amar alguém que expande seus horizontes.
centauro: você é um exibicionista que integrou as energias física e espiritual.
ser seguido por um: seu objetivo é furor bruto, sexual.
minotauro: um instinto perigoso se esconde no fundo de seu ser.
viver eternamente: valida sua crença na eternidade.

MÓ 09-14-22-23-46-48
máquina de afiar: encontre o cerne do problema, contenha a energia e construa a partir dela.
sonhar com: luta até que mesmo o menor problema seja resolvido.
usar: a sorte sorrirá para seus esforços; lucros mínimos, mas honestos.
filhos: vida de grande atividade com sucesso financeiro.
outros: perda da amizade de várias pessoas e conquista de companheiro merecedor.

MOÇA 00-11-22-33-44-55
beijar várias: perspectivas encorajadoras e muitas alegrias.
chorando: você terá um problema financeiro grave; relaxe e brinque um pouco.
com um homem de barba: você se casará com a pessoa que ama mantendo-se firme contra todos os pretendentes.
falar com: mantenha controle sobre suas ações.
feia: suas atenções românticas serão rejeitadas.
gentil: sexualidade feminina amadurecendo.
homem sonhando em ser: ele desempenhará papel de mulher no palco.
inteligente: prosperidade e excelentes perspectivas para o futuro.
jovem e amorosa: você casará com a pessoa errada.
moça jovem sonhando que está em um asilo de idosos ou instituição mental: ela enfrentará um obstáculo imprevisto.
moça solteira sonhando em derrotar ou bater em um homem: sucesso no amor.
na janela: grandes brigas acerca de gastos inesperados.
homem solteiro: novas conquistas na frente romântica.
pessoa casada sonhando em beijar uma: problemas em casa.
que tem uma pequena barba: matrimônio próximo entre pessoas incompatíveis.
recebendo atenção de um homem: ele está revelando seus sentimentos a respeito dela claramente.
receber notícias surpreendentes de uma moça: uma resposta há muito esperada chegará.
salvar uma jovem do perigo: possibilidades latentes em sua própria natureza serão muito apreciadas.
ser excepcionalmente bonita: aumento da realização romântica.

MOCHILA 02-03-22-24-47-49
carregar: use o conteúdo com sabedoria para progredir.
de soldados: dificuldades pela frente durante um período curto, mas apenas na companhia de amigos.
inclinar-se para a frente ao: delegue algumas responsabilidades.
sonhar com: um inimigo está empenhado em arruinar você, mas não consegue derrubar sua estrutura de apoio.
velha e surrada: cada vinco representa uma lembrança distinta.

MODA 12-13-21-37-38-49
assistir a um desfile de: você terá uma vida longa.

estar fora de: dê mais atenção à sua própria vida, pois assim os outros também o farão.
estudar: perigo causado por um segredo.
manequins em uma vitrine: brigas em família.
pessoas em desfile de: tome cuidado com a traição.
levar a família a um: postergamento do sucesso.
vestir alta costura: você será o centro das atenções em atividades sociais.

MOEDAS 07-18-20-31-34-39
colecionar: um acontecimento fora do comum está seguindo você.
contar: você terá muito lucro.
dar a outros: outros tomarão seu dinheiro.
de cobre: doença causada pelas camadas de corrosão em sua consciência.
de níquel: bom trabalho será sua fortuna.
de ouro nas mãos: você poderá ver as Sete Maravilhas do Mundo.
de prata: rivalidade e controvérsia na família.
sonhado por uma jovem: seu amado romperá com ela.
encontrar: sorte nos assuntos domésticos.
escapando entre seus dedos: você está aperfeiçoando uma habilidade frívola e inútil.
estrangeiras: uma pessoa estranha desempenhará um papel fundamental.
gastar: seus planos poderão fracassar.
juntar todos os tipos de: notícias inesperadas.
ver: ascensão nos seus próprios negócios.
roubar moedas: afazeres bem feitos.
sonhar com: grandes lucros.

MOER 09-12-14-37-38-45
café: problemas em casa.
grãos: mude os seus hábitos ou pessoas irritadas rejeitarão você.
máquina de: você irá especular descontroladamente e perderá seus bens.
milho: sorte.
pedras coloridas: você obtém grande prazer de coisas simples.
pigmentos: discórdia na família.
pimenta: uma notícia preocupante de doença e tristeza.

MOFO 01-07-21-23-24-28
aspecto de: ganhos financeiros estão chegando.
fungos na comida: doença insidiosa por trás de sua saúde.
pão mofado: herança de um amigo chegando a você.
comida: poupe seu dinheiro; com seus hábitos descuidados, você não o manterá por muito tempo.
no queijo: o tempo de estagnação acabou; aja.

MOINHO 08-09-16-18-24-40
com roda d'água: inesperadamente receberá dinheiro que lhe é devido.
girando: você precisa se dedicar mais para alcançar um salário maior.
sem girar: o projeto encontrou um obstáculo; suas questões amorosas estão estagnadas.
sendo quebrado: velhas feridas em sua amizade voltarão a se abrir.
de madeira: desintegração de elementos básicos para construir novos.
de moagem de grãos: tristeza e vergonha por falsas crenças em si mesmo.
de pedra, em torno de seu pescoço: antigas convicções estão sufocando você; cuidado com negócios atuais.
de serra: cuidado com compromissos que não pode cumprir.
de vento: será bastante enganado; projeto lhe trará respeito e promoção.
novo: dividendos com investimentos há muito tempo esquecidos.

ser moleiro: trabalho duro pela frente.
mulher sonhando com: vai se casar com homem mais pobre do que ela imaginava.
usando um: cuide mais de suas relações.
têxtil: produção de conforto por meio de economia e empreendimento criativo.
velho: vencerá inimigos com sua perseverança.

MOINHO DE VENTO 04-10-24-27-35-42
mudando de direção: está cercado por pessoas indignas de confiança, mas deve tomar suas próprias decisões.
muito alto: ficará contente e receberá grande fortuna.
operar um: terá alguns ganhos moderados.
parado: receberá herança de parente rico.
pessoa casada sonhando com um: infidelidade entre os cônjuges.
pessoas enamoradas: desfrutará de muita felicidade.
pessoas não casadas: em breve casarão.

MOLDE 01-05-08-16-23-36
comprar um: as preocupações serão superadas pela definição de um plano de salvação.
encomendar um: juntará dinheiro.
fazer um: pequeno aborrecimento relativo a uma série de ações radicais, as suas.
sonhar com: brigas familiares podem se mostrar tão perigosas quanto impossíveis de evitar.

MOLHO 06-14-16-27-32-40
branco: você conta com a imaginação para superar dificuldades.
colocar na comida: seu orgulho não será satisfeito com coisas básicas.
comer tártaro: você tende a ser malicioso em suas respostas jocosas e amargas.
curry: as pragas da realidade serão suavizadas pelo tempo.
marrom: você vai convidar amigos vindos de lugar frio para jantar batatas com carne.
passar uma tigela de carne: você negligenciará uma oportunidade de ficar famoso.
outros: sucesso financeiro por meio de aposta em novas empreitadas.
preparar: perda de saúde.
picante: não acredite em sua primeira reação; prepare-se para a quinta.
preparar molho de cogumelo: você receberá favores de uma pessoa importante.
pronto: você adora boa comida.
usar uma panela de: o futuro de suas finanças estará garantido se você gastar dentro de seu poder aquisitivo.
verde: você sofrerá de indigestão.

MONGE 03-07-08-24-31-37
conversar com um: está buscando orientação espiritual.
encontrar vários: terá uma dor menor e uma redução da tristeza.
praticando celibato: integre suas energias antes de tentar compartilhá-las.
querer se tornar um: precisa controlar suas paixões e voltá-las para um uso maior.
ser um: sofrerá, por meio de disciplinas espirituais e ascetismo, para descobrir sabedoria interna.
sonhar com: você está usando sua energia sexual para expandir sua inteligência.
vários: viagem que se mostrará desagradável.

MONSTRO 03-12-18-30-34-44
enfrentar um: você está enfrentando alguns aspectos feios e assustadores de si mesmo.
ser perseguido por um: sua tristeza e seu pessimismo impressionam aqueles que você encontra.

atacado: está deprimido com a incapacidade de concluir o projeto que iniciou.
sonhar com: o sucesso é seu, se redirecionar seu ódio para objetivos construtivos.
em terra firme: reduza o medo a proporções aceitáveis escrevendo uma descrição dele.
marinho: espere má sorte emocional para partes dominadas de sua natureza.
sendo morto: vire-se e enfrente o inimigo.

MONTANHA 02-10-22-24-31-33
alta: vai lutar para reavaliar uma grande decisão.
cair de uma: ruína de uma pessoa proeminente atingirá sua reputação.
coberta de neve: não se comprometa com um trabalho sem ter certeza de que conseguirá realizá-lo.
com neve no topo: viu o futuro; agora, cumpra-o.
descer uma: colherá os benefícios de sua timidez e de sua cautela.
muito alta: chegará ao auge de sua carreira.
pequena: você fará uma viagem curta enquanto deixa de lado questões insuperáveis.
preso nas montanhas: pare para respirar antes de subir.
subir por uma trilha: a grama realmente é mais verde do outro lado?
subir uma: dificuldade não é obstáculo; não haverá impedimentos em seu caminho.
o monte Everest: não há nada que você não possa fazer, inclusive apagar sua melancolia.
ver fogo no alto de uma: uma grande catástrofe só torna o desafio mais interessante.
ver uma a distância: há um longo caminho pela frente e muitos reveses.

MONUMENTO 08-10-15-28-29-34
de uma pessoa proeminente em um cemitério: descoberta de valores, honra e grande fama perdidos.
epitáfio em: por dignidade e distinção, você descansa na sombra de outra pessoa.
túmulos de soldados em: não está querendo fazer o trabalho para sustentar seu estilo de vida.
feito para você: sua arrogância será ridicularizada.
pedra com inscrição: sua inflexibilidade e sua recusa a se adaptar estão gravadas em pedra.
visitar uma lápide de alguém que você conhece: erradique sua atitude em relação a uma pessoa.
com a pessoa amada: mate aquelas qualidades em você e adquira outras de relações passadas.
com outros: reconsidere sua atitude para caridade.

MORAL 7-12-21-31-37-47
questionar a moral de amigos: pegue seus amigos e veja-os como reflexos de si mesmo.
a sua própria: mantenha seus padrões altos, nos bons e maus momentos, na saúde e na doença.
saindo com pessoas de moral fraca: avanços trazem muitas oportunidades; escolha bem.

MORANGOS 03-06-26-28-39-48
brotando: terá perspicácia para avaliar, mas não terá amor.
colher morangos silvestres: um caso amoroso proibido lhe renderá novos amigos.
com creme: falta-lhe objetividade para lidar com uma questão.

comer: grande alergia no amor e segurança nos negócios.
fazer geleia de: afeição inesperada por velho amigo.
torta de: um caso amoroso se transformará em relação séria.
torta de: um remédio amargo ficará mais doce.

MORCEGOS 05-06-08-20-21-38
brancos: uma pessoa doente não se recuperará.
cinzentos: busque amigos menos volúveis.
de cabeça para cima: suas dívidas serão pagas; peça um recibo.
muitos: se você seguir seus instintos cegamente, as coisas ruins se multiplicarão.
pendurados no teto: vá em direção oposta.
pretos: briga e desastre financeiro aguardam você quando sua consciência ficar alerta.

MORDER 00-11-22-33-44-55
morder a língua: você perdeu a consideração pelos outros e dos outros.
morder alguém: você será constrangido pelas suas próprias mentiras.
ser mordido por um animal: a verdade é uma solução frustrante para o amor.
por um homem: cuidado com as brigas baseadas em informações erradas.
por um inseto: você se sente atacado por uma concorrência ansiosa.
por uma mulher: uma pessoa ciumenta está ameaçando aqueles perto de você.
várias vezes: você está sendo difamado por todos os lados.
sonhar com uma mordida: você está para sofrer uma perda por causa da sua falta de diplomacia.

MORINGA 01-14-19-30-31-41
beber de uma: muita saúde e força para atravessar a próxima fase.
água: um mistério mostrará otimismo e empreendimentos novos e desafiadores.
desagradável: encontre prazeres em todos os círculos, e desgosto em alguns também.
já quebrada: uma conversa irada sobre sorte e azar.
quebrar uma: você receberá uma tarefa ingrata que envolve muito trabalho.
ter uma: prejuízo por causa da doença e fracasso de outra pessoa.

MORRER 07-09-11-22-24-32
amigos: você triunfará sobre os inimigos.
beijar uma pessoa que está morrendo: você está tão desgostoso que acha que deveria morrer.
filhos: o sonhador gostaria de morrer no lugar do seu filho.
pais: você gostaria de ter para você toda a afeição da pessoa que não morreu.
parentes: valor emocional da ansiedade da separação está depreciado.
ser abandonado por alguém morrendo: você está atenuando a intensidade da tristeza quando acordado.
sonhar com: uma morte prematura faz o mártir; em uma morte tardia todos os seus pecados morrem antes de você.
você está morrendo: seu renascimento espiritual não se manifestará sem sua atenção.
outros: planos recentes estão fadados à decepção.

MORRO 06-24-31-48-51-55
alcançar o topo de: você terá que lutar contra a inveja; outras lutas serão mais fáceis.

encontrar excursionista no: mude de direção e siga um rumo que ofereça rejuvenescimento físico e mental.
em uma trilha: seja paciente, o progresso lento e firme revitaliza você a cada passo.
escalar: você ganhará confiança quando puder sobrepujar seu destino com a chegada da sorte.
com parentes: lucros com renda fixa e satisfação.
outros: o caminho para o inalcançável começa com um amigo leal.
ter dificuldades em: você enfraquece depois de uma queda, interna ou externa, e precisa superar isso.
vários: você terá lucros fáceis e uma oportunidade para participar de novas aventuras.

MORTE 01-07-35-40-45-46
acidental: um elemento vital escapa para se juntar com o esperma do novo e criar coisas mais complexas.
alguém voltando à vida depois da: a morte de algo velho leva à produção de algo novo.
anunciar uma: a experiência existente se organiza, tornando reais novas possibilidades.
continuar usando um relógio que não funciona mais: os últimos momentos chegarão antes que você esteja pronto.
de adulto com quem você mantinha uma relação mais íntima: reative as qualidades que faltam em você e que você admira.
não: livre-se dos vestígios das qualidades que você possui e de que não gosta.
de menina ou um menino: não caia no desespero; reescreva e reapresente seu projeto.
de mulher grávida: você será liberado de vínculos manipulados e desagradáveis.
de várias pessoas: colapso social que leva ao progresso social.
deterioração após a: uma fase ruim destrói antes que a totalidade possa ser criada.
dia do Juízo Final: alguém não irá parar por nada para obter os seus bens materiais e emocionais.
estar a caminho da sua: esta fase da sua vida acabou; uma herança transformará a sua vida.
estar com criminoso antes da execução: qualidades inatas irão se expressar.
estar com parente moribundo: você deseja prantear a perda de alguém que você secretamente espera que morra.
o anjo da: um grande fardo é retirado das suas costas.
ouvir uma marcha fúnebre ser tocada: boa sorte para a pessoa que é importante para você.
por você: você está espalhando sua tensão e agitação vingativa.
militares: feridas mortais transformadas em renovação.
por decapitação: a mente acha que o corpo a traiu.
querer a: você terá boa-saúde, a não ser que deseje a morte acidental de alguém.
sentença de: a necessidade de reativar o ciclo de mudança e explorar trilhas difíceis.

MORTO 05-06-09-19-32-47
ajudar a colocar um cadáver em uma sepultura: sua prosperidade será violentamente arrancada de você.
amigo morto: a substituição de um relacionamento existente por outro pior devido às idiossincrasias dele.

animal de estimação morto: seja voluntário na SUIPA ou adote um bichinho de estimação no Centro de Controle de Zoonoses.

arrependimento com a morte de uma pessoa: você está de posse da poderosa força de vontade de uma pessoa que morreu, que você preferiria que ela tivesse tido.

beijar um cadáver: uma expressão espontânea de um lar feliz.

cadáveres: acontecerá um casamento; um processo de divórcio começará.

carta cujo destinatário não foi encontrado e que não pôde ser devolvida ao remetente: uma oportunidade foi perdida por causa do seu desleixo.

esposa morta: uma abundância simples e tranquila torna a pobreza ostentosa intolerável.

estar deitado em um caixão aberto: indigestão e uma exposição ao frio talvez causem dano permanente.

estar em companhia de um morto: você está nutrindo um desejo de morrer para se juntar aos seus amigos.

estar morto: derrame lágrimas de tristeza profunda pela morte de alguém a quem você pediu ajuda.

vivo à custa de outros: você terá pouco dinheiro para garantir o sucesso do projeto.

estranho morto: você lidou bem com uma difícil separação.

falar com os mortos: você está pedindo as acomodações recomendadas como sendo as melhores.

inimigo morto: um processo de luto por uma batalha na qual você combateu bem.

lutar com os mortos: você está lutando com um contrato, justificadamente, pois ele tem falhas em seu prejuízo.

marido morto: o processo de luto da viúva está completo; uma oportunidade para uma nova vida.

medo com a morte de uma pessoa: o anúncio da morte de um amigo é altamente exagerado.

morrer após ser dado como morto: desacelere suas ambições ou sua saúde sofrerá.

parente morto: conserte as cercas familiares, não importa o quão malcuidadas estejam.

falar com um: notícias trazidas por parente vivo preparando para a transição.

opor-se a exigências a fim de se proteger de um: não fuja de lutas ambiciosas, jamais.

peixes mortos boiando na água: sua vida perderá vitalidade e chegará ao ponto de uma rotina monótona de negócios com estranhos.

pensar em uma pessoa idosa que está morta agora: a perspectiva da morte mais atraente que inquietante.

doentio: uma doença desesperadora e, por enquanto, sem tratamento, causará um rombo nas suas finanças.

famosa: o que não pode mais ser obtido tem que ser recriado.

saudável: você está descobrindo coisas as quais preferia que continuassem ocultas para os outros.

perto de uma praia: sua falta de atenção aos seus negócios depreciará o valor deles.

pessoa morta desconhecida: perda de espíritos afins que ajudariam a explorar muito além do seu destino.

pessoa morta que na verdade está viva: derrota em assuntos legais, se eles não forem resolvidos imediatamente.

e não fala: a pessoa que antes apoiava suas ações está ameaçando você agora.

pessoa morta que sempre é amada: você se sente protegido, mas essa segurança, se contestada, se mostrará falsa.

adverte você: preste atenção na mensagem; consequências desastrosas poderão ser evitadas.

amaldiçoa você: peça desculpas e aceite o perdão e corte as relações com essa pessoa.

ameaça você: incentive-a a seguir na direção da luz e despeça-se dela.

aparece como um anjo: você concluiu o seu luto e aceitou a morte dessa pessoa.

critica você: perda de uma pessoa sem a qual você não poderá viver no futuro.

elogia você: reinvista emocionalmente em sua vida e nos amigos ausentes.

instiga-o a morrer: você consegue lidar com a perda deles, não com a sua.

pede a você que siga com a sua vida: vocês acabarão se encontrando.

quer que vingue a morte dela: cuidado com a influência dos acusados, seja o mau ou o bom.

renasce: uma conclusão pacífica do luto acompanhada de boa saúde.

se agarra a você: uma doença fatal da qual sua recuperação lenta trará vigor.

prazer com a morte de uma pessoa: você consegue se despedir de novo.

presentear uma pessoa morta: seu medo de explorar a escuridão desapareceu; você está novamente jovem e vigoroso.

receber consolo de uma pessoa morta: ofereça compaixão a um vizinho quando esse pedir ajuda.

receber presente de um morto: recuperação lenta da destruição de uma fase anterior da sua vida.

sentir raiva de uma pessoa morta: livre-se das características dessa pessoa.

de uma pessoa amiga: em seu estado nervoso e agitado, você se afastou dos amigos.

sonhar com: recupere a parte de você da qual desistiu quando essa pessoa morreu.

tocar uma pessoa morta: você está sobrecarregado de desamparo e tristeza por causa do azar daqueles próximos a você.

tristeza com a morte de uma pessoa: peça desculpas pelo seu comportamento pessimista; diga o que pensa e perdoe.

ver pessoa morta: a mensagem espiritualmente viva guiará você.

boiando no mar ou rio: a transformação para alcançar o seu destino está completa.

MOSCAS 01-17-29-36-37-39

armadilhas pega-moscas: o confronto com situações difíceis e capciosas afastará assuntos mais importantes.

em cachorro ou gato: faz parte.

em volta de comida: uma grande preocupação com a postergação do êxito.

matar: você não consegue evitar situações desagradáveis.

muitas moscas irritantes: boatos insuportáveis vindos de parceiros irritantes.

na boca: problemas inevitáveis com a impertinência.

na pessoa amada: você se insinuará engenhosamente na vida da pessoa amada.

pegar: pare o boato antes que ele o abale.

ser picado por uma mutuca: desgraça e sofrimento pela frente.
por uma vespa: você será atormentado pelos invejosos, a quem acabou de aterrorizar.
sonhar com: amigos que não conseguem manter as doenças deles para si mesmos irritarão você.
vaga-lume na escuridão: você será reembolsado mais tarde.

MOSQUITOS 05-16-31-33-35-46
matar: você minará a iniciativa de um oponente, assim como ele minou a sua.
mordida de: uma irritação pode espalhar doenças se você coçar.
ser mordido por um: restrinja a visita de pessoas com quem não tem amizade à sua casa.
voando em volta de sua cabeça: sua generosidade está sendo explorada.

MOSTARDA 07-10-11-20-41-49
comprar: cuidado com amigos que tomam decisões apressadas que o fazem sofrer.
cozinhar mostarda em pó: advertência para má sorte.
comer: vai se arrepender profundamente de repetir confidências a novo interesse afetivo.
em uma mesa: terá discussões e disputas para dar mais sabor à conversa.

MOSTEIRO 10-12-22-36-43-45
completamente enfeitado: será forçado a ir a julgamento por sua herança.
construir um: vai suportar muitas aflições e desvios irados para seguir sua visão.
converter-se em um: depois de um voto de silêncio, logo cometerá outro pecado.
entrar em um: libere todas as emoções reprimidas para obter tranquilidade interna.
estar em um: proteja-se de problema externos devido aos males internos que eles causam.
estar sentado em um: mudança de questionamentos depois de ser acusado de fraude por seus superiores.
falar com outras pessoas em um: um grande erro de julgamento; o único conhecedor deve ser Deus.
ocupar um: livre de ansiedade, navegando suavemente nos negócios.
rezar em um: paz abundante num silêncio além do desespero.
ser um abade: paixões devem ser acalmadas com força silenciosa significativa.
com mau comportamento: amigos têm pena de seu ódio por si mesmo, sua autoimagem ruim e suas negativas.
desejo de ser um: perda da confiança de amigos por renunciar ao mundo.
encontrando um: recuperação de doença que tem causado dor e sofrimento.
túmulos em um: toda a substância de sua vida deve ser digna de um terreno tão sagrado.

MOSTRAR 06-15-24-32-27-42
ações zelosas: todos os seus desejos se realizarão com os riscos que você corre.
da própria figura: as pessoas não conseguem ver a inteligência por trás de sua beleza.
de caráter infantil: você deve retomar antigas crenças.
de objetos pessoais: orgulho atrai os invejosos.
de si mesmo: você é vaidoso demais para se esconder, mas tem medo de se expor.
os dentes: você terá uma disputa entre integridade pessoal e poder.

MOTIM 03-10-15-22-33-39
assistir a um: cautela em assuntos de negócios.
controlar um: avanço dentro de sua própria posição.
participar de um: será importunado por suas convicções e condenado por suas importunações.
outros: amigos vão parar de lhe perturbar.
ser ferido em um: encontre a fonte de infidelidade e aqueles que querem lhe fazer mal.
sonhar com: cuidado com amigos falsos que o acusam de enganador.

MOTOCICLETA 03-15-19-23-41-44
comprar uma: a notoriedade é sua, bem merecida.
correr em uma: você tem dúvidas sobre um novo conhecido sem qualquer justificativa.
dirigir uma: sinta-se no controle de sua vida e em contato com o universo.
envolver-se em um acidente de: grandes obstáculos à sua situação financeira estável.
mulher dirigindo uma: aparências expandem um pequeno confronto para sérias consequências.
numa corrida: vai se livrar de uma situação desagradável com ajuda de partes incomuns.
vender uma: todos os investimentos melhorarão novamente para compensar suas perdas.
ver uma em alta velocidade: terá sucesso onde outros temem pisar.

MOTOR 07-12-15-23-24-32
à gasolina: um acontecimento importante e muito benéfico.
a toda velocidade: seu projeto está a pleno vapor em direção à linha de chegada.
a vapor: o dinheiro virá facilmente durante toda a sua vida.
impulsionado por: você dá ênfase demais às coisas erradas.
liberando: pratique antes de confrontar o problema.
conduzir uma locomotiva: sua ambição será controlada habilmente.
em movimento: espere dificuldades em um futuro próximo.
quebrado: cuidado com a deslealdade.
ser engenheiro: uma viagem desagradável que está destinada ao sucesso.
sonhar com: você precisará passar por adversidades na busca de seu objetivo.
ter dificuldade para acionar: erija sua motivação e sua equipe.

MÓVEIS 07-16-17-23-27-30
bonitos: trabalho produtivo em objetos sólidos traz um bem-estar inocente.
comuns: você será uma pessoa da classe trabalhadora.
de bordo: relações e reuniões agradáveis com os parentes.
de ébano: você levará a cabo sua intuição por meio do trabalho diligente.
de mogno: você herdará os imóveis de um parente distante.
mobiliário de estilo jacobita: você usufruirá de uma vida tranquila.
moça de negócios sonhando em ter móveis fortes e pesados: ela ganhará o pão de cada dia.
mulher rica que tem bons: ela fará algo tolo.
pessoa comum sonhando com bons: o método que você escolheu para definir você.
poltrona: quem quer que a utilize exercita com frequência sua língua difamadora.
preferido: notícias encorajadoras quanto à praticabilidade do plano.
quebrar: brigas em casa.

quebrar mesa de mármore: mudar de ideia sobre um assunto complicado trará sorte.

ter uma grande arca: você ampliará em excesso o seu crédito a fim de adquirir tesouros imerecidos.

cheia: as possibilidades são infinitas; escolha uma de cada vez.

pequena: você quer muito pouco da vida e irá consegui-lo.

vazia: você está tão ocupado ocultando ideias que não consegue nutri-las.

MOVER 10-18-21-24-30-46

mudar de uma casa para outra: os nervos serão acalmados por uma boa saúde.

apartamento: está deixando a solidão por problemas.

cidade: uma mudança de atitude vai assegurar sua felicidade.

loja: obstáculos nos negócios estão aumentando em complexidade com a elevação de sua posição.

móveis: atividades sociais de natureza feliz; uma grande mudança para melhor.

outros: está sendo enganado pelos melhores amigos.

ser impedido de se mover: a inibição impede a necessidade de ir adiante.

MUDAR 04-05-07-13-29-41

de ideia a respeito de amigo: um mal-entendido já dura muito tempo.

condições de vida: danos às condições atuais.

durante uma crise: você precisa encarregar-se do que os outros estão fazendo.

por impulso: você receberá recompensa por mostrar justiça.

protelar uma mudança: seu fracasso impediu que seu projeto fosse terminado.

ser substituído: você não está habilitado para preencher seu papel na vida.

à força: um amigo desonesto substituirá e erradicará você.

MULA 10-18-31-34-35-41

estar montado sobre uma: ficará confuso, e depois perturbado, com a estupidez mental de outros.

fêmea: um negócio vai melhorar depois que você se livrar de esforços desperdiçados.

ser chutado por uma: sua tola malícia será chutada profissionalmente.

sonhar com: cuidado com doença causada por sua teimosia.

ter uma: decepção em um casamento inseguro.

usar uma para puxar uma carroça: benefícios chegarão depois de briga com amigos.

MULETAS 23-29-32-35-41-44

andar com: somente a autossuficiência levará você em frente.

conseguir andar sem: você receberá muito dinheiro de obra de caridade.

jogar fora: você será autossuficiente em uma situação difícil.

usar: você é muito dependente e moralmente aleijado.

outros: você alcançará tudo com o que sonhou por meio do seu trabalho, somente o seu.

ver: cuidado com pessoas que estão incapacitando você.

MULHER 14-25-33-34-36-40

amamentando um bebê: será ludibriada por pessoa amiga e de confiança, e ajudada por pessoa inimiga.

amorosa: você exige demais com sua confiança e decisão.

batendo em seu pretendente: grande triunfo no amor.

bela e nua: simboliza seus sentimentos e suas emoções sobre ela.

casada, sonhando que está grávida: sua inveja destrói qualquer chance de relacionamento.
assando algo: eventos aziagos por vir.
dando à luz um peixe: criança muito inteligente.
esbofeteando um homem no rosto: confiança total no marido.
grávida, sonhando que tem o bebê: grande sucesso no amor.
não estando: felicidade.
usando avental: passará por altos e baixos.
casando com um solteirão: uma mulher rica gostaria de casar com você.
conquista de uma bela: deve confiar em seu bom-senso.
dançando: doença.
dando-lhe as costas: oposição no amor por parte de alguém por quem você nutre intenso desejo.
de cabelos negros: sua inveja destruirá qualquer chance de relacionamento.
brancos: dignidade e distinção.
castanhos: sedução sem sucesso.
lindos e louros: desfrutará de uma vida feliz.
ruivos: reconheça o gênio que tem e dê um jeito.
deitada em uma cama: segurança.
desconhecida: vai entreter uma visita indesejada.
desejando ter filhos: inimizade por parte das pessoas.
divorciada, dando à luz um bebê: vai herdar um grande legado.
escutar a voz de uma: mudança definitiva de residência.
ficando careca: casos amorosos difíceis.
flertando com um homem: esta mulher está competindo com você.
sua: a pessoa amada está tendo um caso com seu melhor amigo.
forte: especulação em aposta pouco valorizada.
homem que está com uma: os passatempos serão cordatos depois que os mal-entendidos forem esclarecidos.
homem sonhando com bela: insinceridade e amargura por ele não ter lhe abordado.
com cabelos muito longos: sua mulher é adúltera.
cometendo adultério com uma: a mágoa jamais se cura, e nem a necessidade de vingança.
conversando com ele: grande fofoca.
de má-fama: sério desastre por causa de pessoa inescrupulosa que quer acabar com sua reputação.
morta: em breve será amado por mulher rica.
tendo bebê: prosperidade.
jogando: algo lhe será negado.
má-reputação, de: sofrerá humilhação.
não casada, usando avental: em breve ficará noiva.
sonhando que está grávida: confusão e injúria devido a escândalo.
com pequena barba: perda no jogo.
de Baco, deus grego: receberá proposta de casamento.
nua: reconheça o objeto de sua paixão e aja.
receber os serviços de uma: terá má reputação.
rindo: cuidado com um confidente que vai soltar a língua.
sendo abordada: a inveja destrói sua honra.
sonhando que é homem: nascimento de filho que traz honra à família.
Baco, deus grego: está preocupada com as aparências.
belo: o amor não vai durar muito.
Caim: as pessoas lhe terão em alta conta.

morto: será abandonada.
que se divorcia do marido: vai se casar com homem muito rico.
sonhar com: sua parte mais emocional, intuitiva e irracional.
tomando a iniciativa com um homem: ciúme.
traseiro de uma: em breve vai superar as dificuldades.
uma mulher abordada por outra: será humilhada.
várias, na maternidade: muita felicidade.

MULTIDÃO 15-25-26-34-41-42
amigos na: você tem que gritar para ser ouvido no seu círculo social atual.
esconder-se em: você deseja esconder suas ações da opinião pública.
estar em: destaque-se a fim de ser promovido.
estar sozinho em uma: você se isola ao preferir tomar decisões sozinho.
inimigos na: temor de ser pisoteado por pessoas invejosas.
ser atacado por: você considera a opinião pública ameaçadora.
ser perseguido por uma sem controle: alguém que você conhece está provocando a tensão.
sonhar com: muitas pessoas estão consumindo seu tempo e sua energia.

MÚMIAS 05-11-13-15-25-47
bem preservadas: tenha confiança em sua capacidade de crescer.
embalsamar: perigo se o amor não tiver permissão para se mover.
sonhar com: mudança na vida decorrente de fofoca questionando seu passado encoberto.
ver uma múmia na companhia da pessoa amada: quer preservar o amado naquele exato minuto.

MUNDO 05-17-21-38-41-47
discutir a situação do: será amolado por inimigos.
fim do: parte de seu passado está sendo removida.
mapa mundi: satisfação e tranquilidade são as metas.
que vai mal: será enganado por alguém próximo.
virando de ponta-cabeça: tudo vai se desenrolar a seu favor.

MURO 05-06-07-20-28-36
caindo: momento sério em sua vida.
cair de um: declare independência de seu parceiro.
caminhar sobre o: negocie um acordo para ajudar ambos os lados.
mulher sonhando que: sua felicidade conjugal é potencialmente adversa para sua saúde.
cercado por fosso: se consegue acreditar, consegue ser.
construir um: tendência a ser muito avarento e se prender a medos e papéis rígidos.
de pedra: não diga "sim" quando quer dizer "não".
ficar no alto do: você construiu sua posição na vida.
ser bloqueado por: recue; é esta a direção que você quer?
subir em um: apesar dos obstáculos, você sabe o que fazer.
enfeitado com folhas de carvalho: exerça cautela nos negócios.
enfeitar: sua conta bancária precisa passar por auditoria.
pular um: vai concretizar as próprias ambições se não mudar de emprego no meio dos projetos.
sendo aumentado: seja o que for que você esteja negando, suas recusas só dão força ao que você quer repelir.

construído alto: terá ganhos de proporções industriais se persuadir os outros a pensarem como você.

derrubado: conclua as pendências antes de começar algo novo.

subir em um: vai superar obstáculos financeiros.

usando uma escada: transcenda as discussões sem sentido e fique alegre.

ter um, em frente à própria casa: discussões confusas e sem sentido; é preciso chegar a um acordo.

MÚSCULO 01-18-21-26-27-42

crianças com músculos doloridos: a excitação com o desafio deve ser abrandada com firme progresso.

dores no corpo: suas aventuras diabólicas deixam um estigma que continuará a ser sentido.

sentir dor no pescoço: sua façanha desonrosa está presa a uma lembrança forte.

ser incapaz de mover um braço: você está muito moído.

uma perna: sofrerá por causa da própria estupidez; a dor retorna muito depois do ato.

torcer um: será recrutado para concorrer a cargo político.

MUSEU 03-06-12-13-29-41

ficar preso em um: seu depósito mental de acontecimentos passados está em desordem.

sonhar com: uma descoberta de valores perdidos provará ser importante para futura carreira.

visitar um museu sozinho: seu tédio é autoinduzido e autorresolvido.

com a família: está se empenhando demais para formar um time com os atletas errados.

com a pessoa amada: seu amor não é correspondido da mesma maneira pela pessoa amada.

MUSGO 11-13-14-31-36-49

em planta: alguém está atraído por você e não vai largá-lo.

flores criando: escreva com cautela; sele e envie sua carta de amor cuidadosamente.

ver musgo em: tome cuidado com sua correspondência e devolva tudo que pegou emprestado.

ter: sua falta de objetivo esconde seu medo do fracasso.

MÚSICA 17-22-28-29-41-49

acompanhado por: uma música misteriosa é alimento para sua alma.

brandir uma batuta: uma pessoa querida pensa com maldade sobre os prazeres que você espera.

brincar com uma pessoa querida ouvindo caixa de música: frivolidade.

sua canção favorita: mudança de vizinhança.

cantar sem se lembrar da letra: só o Super-Homem se move na velocidade da luz.

com uma voz fraca: o impossível se torna possível com treinamento.

baixo: uma incoerência nos negócios causada por mentira.

contralto: está sempre no lugar certo; sabe e aceita isso.

soprano: somente com a prática se alcança uma nota alta.

tenor: ser surpreendente não é necessariamente o caminho para a felicidade.

num recital: confie apenas em algumas poucas pessoas que o apoiam.

ou da música a ser executada: seja a causa – não o efeito!

compor uma balada: nível de relaxamento permite aceitação de puro prazer.
cantar: sua sociabilidade e seu comportamento expansivo estão abrindo seus horizontes.
ouvir: está interagindo suas emoções com as de outra pessoa.
comprar: ficará desconfortável quando for obrigado a enfrentar a realidade.
deslizar o tubo de um trombone: controle a fofoca sobre você; faça-se ouvir.
várias pessoas tocando ao mesmo tempo: todos querem sua atenção – permaneça firme!
escrever: seus segredos serão revelados em cada tema da trilha sonora.
ouvir boa música, num teatro: consolação por má-sorte.
numa casa de espetáculos, sozinho: recuperação perspicaz e secreta de um velho adversário.
ouvir discos em um aparelho de som: está vivendo um romance unilateral obsessivo.
em outros dispositivos: uma descoberta recebida de longe.
ouvir música grosseira e desagradável: tensão entre amigos, atrito em família.
estridente: deixe os outros expressarem sua raiva, mas não reaja a isso.
jazz: a alegria vai lhe custar mais do que você pode pagar.
melodiosa, em um concerto: espere grandes prazeres na vida.
ópera, e cantando: um relacionamento que vai fortalecer sua vida.
ouvir um realejo: assuma o controle do projeto em vizinhanças não familiares.
participar de uma banda: diferentes facetas do eu tocando em harmonia.
pedir bis: vai colher benefícios do trabalho duro repetidamente.
perda de instrumento: uma redução de controle onde antes você mantinha influência.
voz: vai ficar muito desconfortável quando for obrigado a enfrentar a realidade em sua vida.
sendo um músico: uma mudança para outro distrito; um confronto com a pessoa amada.
tocar acordeão: tristeza em meio à alegria; silêncio em meio à dança.
alaúde: vizinhanças auspiciosas atraem atenção exclusiva e amor eterno.
bandolim desafinado: um romance curto e intempestivo se tornará um casamento feliz.
fagote: está desperdiçando energia em causas remotas.
flautim: um amigo íntimo deve seguir seu conselho.
lira: alegria hipnótica em um encontro simples e romântico.
ficando desafinada: uma ameaça contraditória à sua vida emocional.
romper uma corda enquanto: suas más intenções não podem avançar.
o instrumento errado: precisa acompanhar o ritmo de seu próprio percussionista.
realejo: um alegre festival.
saltério: os maiores desejos são exaltados em ciúmes insignificantes.
saxofone: vai tomar posse de outro território abertamente e rir.
viola de gamba: sua personalidade profundamente estabelecida é calma e contida.
violino: tentar enganar só serve para tornar os rivais mais competitivos.
xilofone: rivais estão tocando num tom diferente e fazendo sucesso.

N

NABOS 09-10-20-34-55-56

brancos: complicações na vida amorosa.

colher: combine seus investimentos.

comer: a saúde começará a melhorar quando você ficar com uma boa aparência.

comprar: não há fundamento para suas esperanças enquanto seus amigos não lhe acompanharem.

cozinhar: melhora de saúde.

cultivar: suas questionáveis esperanças lhe transformarão em um homem que venceu pelos próprios esforços.

NADAR 03-08-22-37-42-49

até a praia: trabalho duro pela frente, e ao lado de alguém que você acabou de conhecer.

de costas: grande discussão por você rever os lucros da empreitada.

dificuldade para boiar: esteja pronto para problemas súbitos.

e alcançar seu objetivo: terá sucesso em tudo.

em água barrenta: seu caminho está sitiado por muitos obstáculos e mortificação.

em mar aberto: prosperidade entre pessoas recém-conhecidas.

em piscina vazia: nova proposta de negócios dará um trabalho considerável por pouca recompensa.

em rio: correrá perigo em futuro próximo.

emaranhado em algas: um mercenário incorrigível será persuasivo, mas você sabe que é errado.

encontrar um salva-vidas: encontrará um companheiro afável que sabe o que é ter honra.

flutuar em piscina: dê valor ao descanso; permita-se sentir segurança.

debaixo d'água: alusão ao processo de nascimento.

sonhar com o ato de: manter-se flutuando vai depender da força de seu caráter.

NARCISO 05-07-30-39-41-42

admirando-se no espelho: tende a viver longo tempo de maneira ansiosa e compulsiva.

colher: terá sorte se a flor não ficar em casa.

cultivar dentro de casa: a felicidade não está garantida, nem pode ser contida em um vaso.

dar narcisos (flores) aos outros: cuidado com excesso de autoconfiança e autoestima.

ganhar um buquê de narcisos: vai se apaixonar por homem rico e ganhará uma fortuna com seu charme.

NARCÓTICOS 03-22-29-35-36-42

experimentar heroína: será desprezado por alguém cuja opinião você valoriza muito.

ser viciado em: um aviso: tudo pode se transformar em droga.

outros que são: reduza a quantidade de ajuda que você extrai do sonho.

sonhar com: preserve sua capacidade de cumprir o que promete.

usar drogas: fraqueza moral na hora de encarar as dificuldades do dia a dia.

uma overdose: está se esforçando demais para possuir uma pessoa.

NARIZ 08-23-25-35-36-38

assoar seu: os credores ficarão aliviados com seus pagamentos.

beliscar o próprio: a situação é boa demais para ser verdade, e não é mesmo.

de outros: não é possível fabricar emoções.
outra pessoa levando beliscão no nariz: cuidado para não exibir suas riquezas.
de criança: ter uma amizade é uma dádiva, especialmente a de uma criança.
de um amigo: adultério; encontra oposição.
de um inimigo: cuidado com a exposição de sua vida pessoal.
de uma bela mulher: aumento na família.
de uma jovem: terá muitos amigos a quem dará ótimos presentes.
escorrendo sem parar e incontrolavelmente: você foi abençoado com criatividade e imaginação férteis.
espirrar: será em breve iluminado por uma saudação.
bebê: terá dor de estômago sem seriedade.
crianças: cuidado com infecção nos filhos.
machucar o: cuidado com reações adversas ao meter o nariz onde não é chamado.
mergulhar de cabeça: experiência intensa e passional com alguém do sexo oposto.
muco saindo do: pessoas inamistosas estão esperando que você se desculpe por sua espalhafatosa intromissão.
não ter: sua curiosidade sufocante foi massacrada.
sangrando: vai se desiludir por ser objeto de ódio dos outros.
ter nariz bonito: você é admirado por seu bom caráter e por sua natureza simpática.
aquilino: você não está cumprindo suas promessas.
arrebitado: pessoas inamistosas estão esperando que você se desculpe por sua espalhafatosa intromissão.
comprido: as pessoas odeiam a influência que você exerce, mas adoram sua personalidade.
congelado: você não desenvolve o bastante seus grandes poderes de imaginação.
cortado: fofoca entre amigos dificultando a vida amorosa.
curvo: infidelidade por parte de uma mulher.
feio: cuidado com alguma maldade que estão lhe fazendo.
grande: cuidado com investimentos, especulações e empréstimos de dinheiro.
grande demais: guarde silêncio com os outros, até mesmo da verdade.
pequeno: sua vida será suficiente, nada além.
sangrando: sinal inequívoco de que você tem mais amigos do que pensa.

NATAL 07-08-17-21-28-40
árvore de: depois de uma longa espera, o anjo iluminará sua vida.
com os enfeites já retirados: um vazio seguido pela clareza da mensagem.
estar em festa de: você é prudente demais com suas relações com novos amigos.
ir à igreja no: você receberá a bênção de Deus e dará amor.
ir a uma ceia de: relacionamento pleno com aqueles que você ama.
receber presente de: você terá uma reunião agradável com os amigos.
rena puxando um trenó: prestígio na comunidade.
muitas: um investimento que você achava inútil subirá de valor.

reunião familiar durante o: dar e receber consciência espiritual.
sair para cantar cânticos de: depois dos seus ganhos financeiros, sua situação se tornou precária.
sonhar com: os assuntos de família serão alegres e haverá vagas para novos membros.
vários: cuidado com a pessoa que lhe deu os presentes.

NATUREZA 11-17-30-31-32-40
sonhar com a: uma expressão de instintos básicos pela frente – liberdade e restauração.

NAUFRAGAR 12-17-24-34-38-43
abandonar navio: em breve as coisas vão piorar.
mas chegar a terra firme: bons ganhos financeiros, mas perda de seu bom nome.
bater em pedras e: a doença interromperá seu progresso.
com a família: apoio mútuo ajudará a todos.
afundar no mar: sua reputação está sendo afetada por ansiedades devido a falhas morais dos outros.
com a pessoa amada: uma grande catástrofe que será vivida a dois, fortalecendo a relação.
ser salvo após naufrágio: sua saúde precisa dos cuidados de um especialista.
estar em uma jangada após: você precisa suportar problemas antes de realizar desejos.
peças quebradas de um navio após: uma vida deve incluir várias coisas para dar certo.
perder a vida em: chegada de amigo inesperado para aliviar a pressão sobre você.
outros: cuidado com os rivais que você criou.

NAUFRÁGIO 10-24-28-32-34-35
devido à negligência de outros: você não sabe escolher em quem confiar.
em chão maleável: conclusões afobadas sinalizando reveses e tempos difíceis.
em monte de feno: você vai divergir dos caprichos por prazer de outras pessoas.
escapar de um: considere a disposição correta dos prazeres egoístas.
na lama: a ruína está a caminho; cairá em desgraça.
seguido de afogamento no mar: grandes lucros serão desnecessariamente perdidos.
ser salvo de um: boas empreitadas profissionais.

NAVIO 04-08-11-13-25-44
afundar: você terá de fazer mais do que manter a cabeça fora d'água para salvar seu bom nome.
após uma colisão: boas empreitadas no futuro se mudar de parceiros.
amarrar uma embarcação: agora é hora de ter coragem, e não medo.
castelo de popa de um: você atrasará o desenvolvimento de uma equipe da qual gostaria de fazer parte.
construir o modelo de um: você casará com a pessoa amada dentro de um ano.
dois navios indo em direções opostas: um problema que você não pode resolver, mas outro que talvez possa.
em uma batalha: o senso de segurança lhe permite ser mais produtivo.
embarcar em um marinheiro mercante: a suprema fuga produtiva.
marinheiros militares: os inimigos devem ser derrotados a qualquer preço.
tropas da marinha: fracasso de inimigos em suas mãos capazes.

embarcar em um: peça desculpas a quem prejudicou, e depois vá embora e veja quem não acredita em você.
errado: sua direção está sendo influenciada pela pessoa errada.
encouraçado em batalha: disputas desastrosas com parentes.
entrar a bordo de um, com todos os familiares próximos: você tende a buscar a segurança de seu rebanho.
estar à deriva: o barco só vai parar de balançar se você aceitar sua responsabilidade.
estar em um submarino: você se escondeu da realidade por tempo demais.
amarelo: a alegria está noventa por cento debaixo d'água.
e atirar um torpedo: um plano secreto de trabalho se torna realidade.
estar em uma cabine: cada aspecto de sua vida tem seu compartimento específico.
estar na ponta de um: velejar pelo mar é uma jornada solitária e introspectiva.
estar no convés de um: você contribuirá com uma descoberta valiosa para a humanidade.
com pessoa do sexo oposto: tentação temporária deve ser superada para receber amor duradouro.
durante clima calmo: infelicidade e inferioridade lhe aguardam.
tempestuoso: uma aventura produtiva será digna de elogios e riquezas.
estivador carregando um: uma oferta de trabalho que você deve aceitar dentro de um mês.
fragata: uma aventura perigosa é facilitada ao se saber o rumo certo.
lastro quebrado: amigos não confiáveis quando você se dá bem.
cheio: se você for confiável, seu parceiro também será.
lixar: aviso de problema iminente.
navio de guerra: divergência em assuntos políticos lhe convoca a lutar.
o gongo de um: evite brincar com problemas no trabalho atual; volte ao anterior.
passar por um estreito em um: você vai obter aquilo que sequer ousou esperar.
popa de um: você será enganado por pessoa amada quando se der o desastre.
prisioneiro sonhando com um: seu estratagema será revelado e manchará sua reputação.
amantes, atracando: o casamento não acontecerá; você deve se basear em sua própria energia.
quilha: notícias de um amante no mar cuja solidão equivale a sua.
danificada: você perdeu o senso de proporção das coisas.
quintal, construir veleiros no: honraria em relação ao seu estilo de vida atual.
consertar um, no: passará por contratempos financeiros dos quais poderá ser salvo.
sereia na proa de: sedução selvagem que leva ao infortúnio do sedutor.
trabalhar em um: terá dinheiro na velhice se mantiver suas tramas escondidas.
viajar em um, com colegas de trabalho: muito boa fortuna entre os companheiros.
zarpando: ansiedade de se separar devido a uma mudança necessária.
com todas as velas aprumadas: você receberá boas-novas inesperadas para apoiar suas aventuras.

NEBLINA 16-14-15-17-35-40
dissipando-se: problemas serão passageiros; o resultado será favorável.

estar em meio a neblina com a pessoa amada: um de vocês não está falando toda a verdade.
ser envolvido por: infelicidade é o estado causado por seu dilema.
sonhar com: dinheiro que está prestes a chegar exigirá muita paciência e habilidade para ser obtido.

NEGATIVOS 01-14-26-29-32-33
comprar: preste atenção às sutilezas do contrato e aceite todas.
de algo: grande dissolução enquanto sua negação faz por refutar qualquer tomada de posição.
fotográficos: você tem a capacidade de ver e evitar o perigo; não hesite.
imprimir a partir de: está cercado por pessoas que lhe adoram; lembre-se sempre disso.
queimar: você bebe demais para esquecer o lado negativo e acaba perdendo o positivo.
revelar: sua decepção com a vida conjugal ficará evidente em suas fotos de close.

NEGÓCIOS 06-10-12-15-42-48
adversidade nos negócios: você realizará os seus sonhos, mas não escapará de boatos antagônicos sobre sua conduta.
checar cálculos: aflição mental e ações ilegais causadas por descuido, e não de propósito.
começar um bom: você precisa lutar por bons resultados a cada ameaça que te afeta dolorosamente.
demissão de outros: você está fadado à decepção se não acreditar que isso pode acontecer a você.
empresário sonhando com a aposentadoria: seu aumento é o prelúdio de uma promoção indesejada.
estar insolvente: sua diligência e iniciativa não permitirão que você fracasse.
fazer: todos os seus recursos foram tomados para criar algo que outra pessoa precisa.
fazer preparativos para: o infortúnio não é para ser mal-interpretado, mas remodelado para o futuro.
fazer um inventário: a abundância logo será sua.
ganhar dinheiro nos: você receberá dinheiro de um amigo sem o conhecimento dele.
lidar com homem de: melhore seu suporte emocional; a franqueza dele pode machucar você.
namorar homem de: seu namorado será honesto e econômico, mas haverá discórdia nas transações de vocês.
participar de simpósio de: irão pedir-lhe para arbitrar um conflito.
perder dinheiro nos: você perderá a paciência com um boato mentiroso.
perder o próprio: você será humilhado em um ambiente insalubre e sombrio.
pessoas de negócios chegando: você receberá cumprimentos de um homem astuto; não os aceite.
progredir para tornar-se seu próprio chefe: ao promover seus próprios interesses, o sucesso é certo.
no cargo atual: cuidado com amigos invejosos; rivais podem cometer uma injustiça contra você.
receber cumprimentos pelos: você terá bons lucros, mas irá superestimar sua contribuição.
um bônus: você escapará por pouco da censura pública por uma acusação infundada.
grande: suas inseguranças fazem com que você finja superioridade.

responder como diretor: mantenha a boca fechada em caso de provocação.

ser abordado por um homem de: resultados em projetos por mediação de um homem influente.

ser abordado repentinamente por uma pessoa de: promessa de lucro para outro; centavos para você.

ser atacado por uma pessoa de negócios: alguém será trapaceado, e você lucrará com isso.

ser demitido: suas ilusões sobre seu valor para a companhia se desvaneceram.

ser diretor: escolha a qualidade certa de liderança para levar seus negócios para a frente.

ser homem de: planos para seu próprio negócio; uma reunião importante muito próxima.

ser uma pessoa trabalhadora: cada esforço feito trará responsabilidades adicionais.

ter habilidade executiva: tome decisões bem pensadas, e então se arrisque.

ter negócio comunitário: em breve você será levado à justiça por causa de um caso amoroso problemático.

ter parceiro(a) antagonista: você não conseguirá cumprir obrigações de forma saudável.

ter sócio: você tem tendência a discutir, mas isso limpa o ar de suspeitas injustificadas.

ter uma indústria: você terá dificuldades financeiras com o nosso período de descanso e relaxamento.

trabalhar numa linha de montagem: você terá sucesso e trará um parceiro consigo.

NETUNO 01-13-18-25-26-32

sonhar com: a ponte entre seu consciente e seu inconsciente.

NEVE 01-16-26-37-48-49

ar revigorante e cintilante após a queda de: a objetividade prevalece após você se cegar com a verdade.

botas andando com dificuldade sobre a: uma reviravolta física de arrepiar, com possibilidades de crescimento.

caindo em clima quente: você admitirá que pessoas a quem despreza lhe são inferiores.

durante o inverno: não deixe de colher todas as suas riquezas.

outras estações: você é um fazendeiro diligente.

cavar na: é melhor discutir em silêncio com aqueles que lhe controlam.

comer: você abandonou seu lugar de origem.

crianças brincando na: você passará um longo tempo sem precisar ir ao médico.

derretendo: corra antes que a ideia desapareça.

dirigir pela: causará pesar com sua distância emocional.

à noite ou ao alvorecer: uma resposta satisfatória ao seu pedido não merece seu entusiasmo.

grandes flocos de: suas dúvidas e dificuldades estão sendo atenuadas.

homem de negócios sonhando com neve caindo fora de época: dificuldades nos negócios.

comerciante: negócios fracos.

fazendeiro: colheita abundante.

militar: planos de batalha falharão, pois são desproporcionais aos riscos que se apresentam.

homem esquiando na: aumente seu alcance e puxe seu parceiro consigo.

lavar-se com: alívio da dor e um prazer inesperado.

montanhas nevadas: pensamentos velados de indescritível beleza.

muito funda, na rua: as pessoas estão falando com falsidade; seja discreto ao repetir o que dizem.
nevada forte e repentina: prosperidade no momento, imprevisibilidade para sempre.
neve acumulada na cidade: resolva o problema ou perca todos os ganhos conquistados.
pegadas na: está entrando em período de conflito interno e indecisão.
ser surpreendido por uma tempestade de: o(a) companheiro(a) está tendo um caso.
tempestade de: o calor dos braços de seu amante lhe sustentará.

NEVOEIRO 03-09-22-28-30-34
buzina soando: uma ordem provendo um alívio imediato, uma outra carecendo de clareza.
cercado por um espesso e amarelado por causa da poluição: postergue decisões quando você não tiver dados suficientes.
denso: indicadores vagos do rumo que tem que ser seguido protelam o seu negócio.
dissipando-se: sua intuição perturba seu julgamento.
e o sol aparecendo: sua personalidade introvertida e misteriosa precisa arejar.
perdido em: não ignore a empatia gratificante oferecida.
próximo ao solo se movendo em direção ao céu: preocupações na família exigirão paciência e tato para serem superadas.
surgir de um: você não consegue mais esconder suas intenções.
viajar em um: suspeitas confusas desnorteiam você.
espesso: tenha extremo cuidado para não permitir que sua confusão obscureça seu propósito.

NHOQUE 20-21-30-39-40-43
comer: a realização dos sonhos virá de fontes aparentemente inocentes e inócuas.
pessoas comendo: sucesso em todos os assuntos.
fazer: a sorte mudará com cinco períodos de abundância.
de batatas: uma surpresa agradável o aguarda.

NINFA 03-06-07-15-22-28
bela, com um véu: deve agir de modo apropriado para evitar críticas.
dançando e se afastando de você: seus desejos apaixonados lhe farão descobrir companhias amigáveis.
nas nuvens: perigo de morte rondando sua felicidade.

NINHO 02-08-11-36-38-41
cheio: a boa sorte de muitas crianças felizes lhe retornará.
com ovos quebrados: uma ânsia inconsciente foi suprimida.
com apenas um único filhote: poucos lucros, pois a expansão dos negócios tem um custo.
com filhotes mortos: sua honra deve ser tão alerta e vigilante quanto sua mensagem.
de cigarras: prosperidade nas maravilhas do silêncio.
de cobras: influências ocultas trazendo desonra.
de crocodilos: os amigos estão fazendo fofocas pelas suas costas.
de escorpiões: grande insatisfação que provoca atitudes evasivas e um período de vinganças lamentáveis.

de pombos: seu mau humor provém de sua incapacidade de perceber suas tendências instintivas.
encontrar um de pássaros: casamento à vista, e com financiamento da casa própria.
vazio: fim de assunto; vontade de ir para casa, seja onde for.

NINHO 10-13-24-35-37-42
animal comendo um: mudança no ambiente em breve.
destruir: um familiar cometerá um ato ultrajante.
destruir pássaros em: uma insensatez da juventude continuará a causar aflição.
encontrar vários pássaros em: uma tarefa prestes a acontecer requer precaução.
filhotes saindo de: você receberá uma boa notícia.
ovos de pássaro em: um ótimo noivado resulta em um enorme dote.
quebrado: perda de equilíbrio.
um pássaro em: você receberá um pacote com um presente.
vários: felicidade na família.
vazio: fim de um relacionamento.

NOBREZA 07-11-13-14-20-22
agir com: sua vaidade é indecente; a ambição é sua mestra.
estar em meio a nobres: grande honra se você baixar o tom de sua arrogância.
membro da realeza segurando um cetro: estará precisando de liderança, uma qualidade ainda em desenvolvimento.
em uma coroação: extrema infelicidade até você se decidir.
moça sonhando que um aristocrata se apaixona por ela: vai se casar com um homem pobre de quem você tem medo.
participar de uma justa com alguém da: lutar como um cavaleiro não dá mais certo; você está lutando com bravura.
procurar por um nobre durante um torneio de justa: você tem grande capacidade de se blindar, como se espera neste esporte.
pertencer a uma família de: sua amabilidade social só vai lhe angariar ressentimentos.
sentar-se em um trono: perda de amigo valoroso por causa de sua rápida ascensão ao sucesso.
descer de um: perda de ligação com a realidade.
ser abordado por mulher da: seu sucesso espiritual e financeiro está no aperto de mão desta mulher.
ser designado duque ou conde: a pobreza ao seu redor não lhe afeta.
nobre: responsabilidade de defender e sustentar seu castelo.
ser esnobado por um aristocrata: vai subir de posição social em relação aos companheiros.
ser um barão: tende a ser orgulhoso; as pessoas vão lhe destituir de seu orgulho.
estar na companhia de um: respeito e distinção não se ganham por osmose.
ser um cavaleiro: seus amigos são suas armas; você está lutando com bravura.
com armadura completa: documentos de família valiosos revelarão sua vantagem.
ser um marquês: você espera que alguém faça suas conquistas por você.
ser um monarca: é preciso confrontar a fonte da rebelião em sua casa.
ter ancestrais nobres: até onde se sabe, prosperidade e respeito só podem ser transmitidos.
ter delírios de fazer parte da família real: será criticado por sua pretensão.

em um trono: tranquilidade e serenidade em relação à sua capacidade de lidar com desastres.
vestir um manto: será reprovado por não cumprir uma tarefa; lealdade a seu parceiro.
títulos de realeza conferidos a familiares: subida na escala social.
por herança: pode perder sua prosperidade antes de ganhá-la.

NOGUEIRA 04-14-22-24-29-43
sonhar com: um feitiço de limpeza vai desfazer a pasmaceira nos negócios.

NOITE 01-07-12-14-17-24
entrar em lugar escuro: perderá no jogo para alguém que lhe magoou no passado.
estar com amigos em noite escura: evento fascinante leva à descoberta de si mesmo.
crianças: uma grande satisfação de suas esperanças será realizada pelos filhos.
inimigos: sua falta de clareza permite que outros controlem seus pensamentos.
estar no escuro: está sob a pesada influência de pessoa maléfica.
em casa: dificuldades inesperadas na vida íntima.
ser iluminado pelas estrelas: sua direção é determinada; as decisões devem ser precisas e de longo alcance.
sonhar com a noite: período de crises, segredos sendo revelados.

NOIVA 24-26-30-35-42-47
amigas são damas de honra: você se sente o máximo com o relacionamento de vocês e a falta de relacionamento delas.
não: você sente que não é atraente sexualmente.
várias: sua contribuição para a festa é mínima.
beijar uma: você quer começar de novo e ter mais sucesso desta vez.
homem abraçando uma: renovação do caso de amor é uma coisa tola.
moça jovem sendo: pode ser que você usufrua de uma grande herança, merecida há bastante tempo.
insatisfeita com seu vestido de noiva: casar-se para sair de casa não é uma solução.
satisfeita: você está pronta para criar uma vida nova e independente.
sem noivo: as chances são melhores sem ele.
ser beijado por uma: isto ativa sua esfera intuitiva interior.
ser dama de honra: desejo de deixar o lar com a segurança da sua família.

NOIVADO 02-21-32-33-36-41
amigos noivando: você realizará grandes ambições.
de alta classe: seus parâmetros para um relacionamento impedem você de ter um.
devolver um anel de: uma mudança na vida demorará anos para acontecer.
usar: grande alegria.
outros: você será um aborrecimento para seus amigos.
parentes: a felicidade deles está garantida na chatice que é a vida deles.
estar prometido em casamento, sem: você terá problemas com a pessoa amada.
festejar um: casais em todos os lugares estão tornando você mais solitário.
ficar noivo: espere problemas na família.
noivos fortes e bonitos: desonestidade.
quietos ou simples: o futuro será bom.
parentes noivando: brigas na família.

pessoas que romperam: comprometa-se antes que seja tarde.
rompido: você pode ter que passar por decepções.

NOIVO 04-17-19-20-24-44
da filha: uma discussão será superada em breve.
de outra pessoa: você terá uma mente vigorosa.
não conseguindo encontrar o anel de casamento: má-conduta será criticada pelo seu gerente.
ser: dinheiro de uma fonte obscura ajudará você.
nervoso durante a cerimônia: uma decisão importante diante de você.
seu próprio: você terá uma experiência triste se continuar neste relacionamento.
ter um bonito: maior consciência da união masculina do corpo, da mente e do espírito.

NOME 10-23-26-28-38-40
chamar a pessoa amada pelo: será visitado por alguém que gosta de você.
alguém: corra atrás de notícias importantes para aliviar seu fardo.
crianças: vão se tornar pessoas importantes.
escutar alguém chamando seu: sua extrema irritabilidade é a principal razão de sua dificuldade em dar certo.
outras pessoas lhe chamando pelo nome completo: receberá a visita de alguém com quem havia perdido o contato.
pessoa casada sonhando que ouve alguém lhe chamar pelo: divórcio em breve.
pessoa solteira: terá de explicar à família sua conduta duvidosa.
ser chamado pelo nome errado: você não consegue se identificar com seu verdadeiro eu.
várias pessoas: será insultado por sua incapacidade de reconhecer as pessoas.
seu próprio nome sendo escrito: junto com o reconhecimento vem a responsabilidade.
usar outro: medo de expor um aspecto de seu passado que pode ser mal-interpretado.
outras pessoas: concentre-se na concessão que está diante de você.

NORTE 14-18-27-35-36-38
a parte norte do mundo: viagem para o sul.
casa virada para o: ganhará bastante dinheiro.
esquimó em trenó puxado por cães indo para o: seu pedido de empréstimo será negado.
encontrar: será recebido com indiferença em situação na qual você queria se dar bem.
estar em lugares ao norte: as lutas serão bem-sucedidas e no final trarão uma lufada de ar fresco.
pássaros ou aviões voando para o: descoberta de um tesouro que todos procuram.
ser um ianque: cumprirá sua missão com honra.
viajar para o norte: herança de pura água clara.

NÓS 08-13-26-35-45-51
atar: em breve você conhecerá a pessoa que será uma amiga de verdade.
barbante com muitos: você teceu uma teia confusa de infidelidade; não deixe que reclamações arrastem você para ela.
desatando uns: não deixe nenhum assunto do passado vir a público, nem qualquer flerte atual sem repreensão.

frouxos: você vem ignorando relacionamentos valiosos em troca de independência.
desatar: você escapará de um perigo se não aceitar andar a cavalo.
fazer: um ritmo e um fluxo, uma torção e uma volta e um invólucro ao redor da sua loucura.
inimigos: você terá motivo para ansiedade, mas não para assuntos fúteis.
marinheiros nas cordas de um navio: você sente controle sobre seus pensamentos e suas ações.
parentes: limitações dos nossos valores tradicionais diante da modernidade.
feitos por outros: a história deles é revelada nos nós que eles escolhem.

NOSSA SENHORA 05-14-21-25-32-41
entrar na igreja e descobrir que algumas imagens desapareceram: proteja-se da desonra com amor.
estátua de: receberá amor de um filho querido e talentoso.
conversando com: não deixe sua arrogância arruiná-lo.
imagem de: fim das lágrimas; bênçãos, luz e beleza.
sonhar com: energia abundante vinda do princípio divino da Mãe mística.

NOTÍCIAS 18-23-28-29-37-39
comunicar: segurança nos negócios se você se ativer aos seus.
más: deve contar com o próprio vigor para cuidar de problemas imprevistos.
dar boas: grande curiosidade que não é desencaminhada pelas aparências.
más: vai perder um parente por não seguir o conselho de uma pessoa da família.
escritas em papel: sua fraude será detectada e destruirá sua reputação.
ouvir boas: sua perseverança compensou.
de crianças: adie qualquer viagem em grupo.
ouvir más: a hostilidade para com você está supurando em lugares que você não alcança.
de crianças: deve evitar a raiva e mudar de direção.
ser entrevistado por um repórter: perseguição e irritações triviais.

NOVELO DE BARBANTE 14-15-22-28-39-47
enrolar um: seu projeto será bem-sucedido.

NOVEMBRO 02-06-13-15-29-30
nascer em: terá ganhos financeiros enquanto o jogo externo se torna limitado.
crianças: alta posição no mundo científico.
sonhar com novembro durante o próprio mês: será mais feliz ao ar livre.
sonhar com o mês de novembro em outros meses: o dinheiro virá fácil; guarde-o.

NOVO 08-11-13-15-24-32
dar coisas novas aos outros: terá raiva por causa de notícias vindas de fora.
outros com roupas novas: não se deixe desencaminhar por mudanças superficiais nas condições deles.
receber algo: satisfação no trabalho, caso se abstenha de empreitadas arriscadas.
ter coisas novas: os planos não deram o resultado desejado.
roupas, chapéus ou sapatos novos: grandes lucros virão com alegria.

NOZES 04-07-17-26-29-30
comer: as expectativas fracassarão amargamente.

comprar: satisfação nos negócios após deixar o passado para trás, superando arrependimentos e se curando.
cultivar: constrangimento nos negócios quando perceberem sua má-vontade.
fazer torta de: seu estratagema intelectual trará riquezas.
biscoitos de: descobrirá um tesouro em cada parada.
juntar: ganhos financeiros significativos estão garantidos.
nogueira: a prosperidade ronda sua saúde.
sentar-se à sombra de uma: segurança e paz de sobra.
subir em uma: descubra a congestão e reconstrua sua saúde.
quebrar: terá mente inquieta até aparecer a primeira oportunidade.

NUDEZ 06-09-11-21-26-34
atravessar um palco nu: sua falta de liberdade está lhe levando a extremos.
bela jovem: é arrogância achar que sua mera presença exerce tamanho controle.
caminhar pelas ruas nu: o que lhe fez perder o equilíbrio e cair?
contar pessoas nuas: cuidado com quem você encontra por acaso; prazeres ilícitos custam caro.
correr nu: retorno à infância; perda de ambição e inibição.
de uma bela mulher: as pessoas o veem com olhos mais generosos do que você mesmo.
feia: sofrerá humilhação por sua indulgência em prazeres ilícitos.
uma bela mulher totalmente nua: altas ambições lhe causam estresse excessivo, pois são inatingíveis.
dormir com pessoa nua: grande comoção e revés no relacionamento.
mulher nua longe de casa: alguém quer lhe prejudicar manchando sua reputação.
estar nu na escola: seus talentos serão revelados; concentre-se em seus conhecimentos ao usá-los.
em público: já descobriram quem você realmente é; agora aceite.
piscina: desejo de se expor, mas ainda está se escondendo em seu inconsciente.
na banheira de casa, mas sendo visto: uma mulher lhe impõe sua presença, como você a ela.
na praia: será traído por namorado que lhe trata como uma entre várias conquistas.
na rua: você tem insegurança sobre sua capacidade sexual; está se agarrando a instintos pouco louváveis.
no aeroporto: confira sua mala; carregue pouco; você se basta.
no trabalho: seus defeitos foram expostos; defenda-se com suas qualidades.
fazer striptease: liberdade pessoal é viver sem restrições morais.
homem sonhando que está nu: um desenhista quer causar sua desgraça pública.
mulher: é vulnerável à maneira como os outros lhe veem, mas eles nem se importam com a maneira como você os vê.
pessoa amada platonicamente: os sentimentos que você expôs mudaram.
pessoas casadas nuas: dinheiro e complexo de inferioridade de sobra, e mutuamente descontados.
esposa: os parentes andam falando que você não está de acordo com o padrão da família.
homens e mulheres juntos: estão se expondo a merecidas críticas.

parentes: haverá uma disputa para decidir qual é a melhor estratégia, a sua ou a dele.

reação pública a sua: você está preocupado com os outros quando o que está em jogo é seu próprio bem-estar.

as pessoas ficam horrorizadas: está procurando a morte para nela se esconder, mas só está conseguindo se esquivar.

ignoram-lhe: está nervoso por se comunicar com pessoas que oferecem roupas e abrigo.

rindo de você: sente-se constrangido ao ser descoberto; descubra primeiro.

sem esconder nada: seja igualmente direto, alerta e sábio em suas decisões.

sua reação à nudez em público: horror de se expor da forma mais primitiva.

esconder-se: está sendo despido de toda a sua artificialidade; a honestidade pode ser algo encantador.

procurar por roupas: você não consegue viver sem estorvos e inibições.

sentir orgulho: impossível retornar à inocência infantil; aconselha-se guardar segredo do que sente no fundo da alma.

NÚMEROS 06-10-22-34-38-40

1: ambição e paixão, comunicação, versatilidade e razão – examine suas ideias e então as comunique.

2: fim definitivo de romance, diligência, cuidado e perfeccionismo – você é impopular com pessoas menos meticulosas.

3: fascínio por religião, diplomacia, sensibilidade, mas também indecisão – tome sua decisão e se posicione com cautela.

4: terá grande poder, determinação, força, paixão e ciúme excessivo – bom equilíbrio emocional.

5: felicidade conjugal, estudo do conhecimento – membro otimista da justiça.

6: perfeição no trabalho, emoção sensual direcionada à estabilidade – relacionamento duradouro, cerimônia de casamento.

7: será eficiente e dinâmico na vida; expressão sem tato de emoções não compartilhadas por pessoas menos dadas a aventuras.

8: conservação completa de propriedade.

9: aflição e felicidade.

10: felicidade em futuro próximo.

11: batalha judicial.

12: terá o melhor de tudo.

13: tratará das coisas com ódio.

14: sofrerá perdas por causa de outros.

15: disposição misericordiosa.

16: felicidade e amor.

17: desonra e vergonha.

18: vai se acostumar à fadiga.

19: infelicidade.

20: será rígido e severo.

21: tudo vai sair como planejado.

22: descobrirá o segredo de um mistério científico.

23: vingança.

24: receberá uma doutrina rudimentar.

25: nascimento de criança inteligente.

26: os negócios serão muito proveitosos.

27: será firme e terá boa-mente.

28: receberá amor e afeição.

29: comparecerá a um casamento.

30: vai se tornar uma celebridade.

31: você possui qualidades ativas de poder.

32: pureza de projeto e expressão.

33: se for homem, seja honesto; se for mulher, sofrerá aborto.

34: amor pela glória.

35: harmonia na família e boa saúde.

36: um gênio vai nascer.

37: afeição entre pessoas amadas.

38: terá desejo excessivo por ganhos.
39: você tem inveja dos outros.
40: o número de dias que você precisa para recarregar seu corpo.
41: perda do bom nome.
42: viagem curta e desventurada.
43: comparecerá a ritual em igreja.
44: vai se tornar uma pessoa influente.
45: perda de virgindade.
46: terá grande poder de produção.
47: vida longa e feliz.
48: irá ao tribunal para ser julgado.
49: será objeto de afeição de pessoa do sexo oposto.
50: vocês perdoarão um ao outro.
60: ficará viúva.
70: será apresentado a pessoa importante.
71: adoração da natureza.
75: mudança de temperatura no mundo.
77: receberá favor de um amigo.
80: número de dias para se dar a volta ao mundo.
81: em breve se tornará viciado em drogas.
90: ficará cego em futuro próximo.
100: receberá um favor divino.
120: ganhará um cargo no governo.
121: será elogiado pela comunidade.
200: o perigo está na hesitação.
215: a calamidade se aproxima.
300: vai se tornar filósofo.
313: bênçãos a caminho.
350: o que você esperava acontecerá em breve.
360: mudança de residência.
365: os astros estão a seu favor.
400: fará longa viagem.
490: ouvirá o sermão de um padre.
500: vencerá uma eleição.
600: fará tudo perfeitamente.
666: os inimigos estão armando alguma coisa contra você.
700: terá força e poder.
800: será chefe de Estado.
900: a fome está bem próxima.
1000: receberá clemência.
1095: ficará deprimido devido à solidão.
1360: ficará irritado.
1390: será perseguido em breve.
algarismos arábicos: dignidade em sua complexidade e empatia.
conferir: seu apetite vai lhe angariar inimigos se você for o dono da cozinha.
contar: condições de negócios ainda não acertadas exigem ação imediata e decisiva.
outras pessoas contando: estará no comando de suas coisas.
sem achar o número certo: será ludibriado por sua própria incompetência.
sonhar com estatísticas e lembrar dos: se apostar só um pouquinho, vai ganhar.

NUVENS 01-03-09-10-12-14

afastando-se: esclareça assuntos obscuros.
baixando: um aguaceiro emocional devido a um gerenciamento ruim.
bonitas e brancas: você não estará livre de problemas quando o céu estiver claro.
chuvarada vinda das: doença causará dias difíceis pela frente.
cinzentas: você se sente ofuscado por alguém.
dissipando-se: sua atitude desagradável é que não deixa os problemas desaparecerem.
estar em cima das: abra caminho por meio de suas ilusões.
iluminadas pelas estrelas: a consciência sobre a centelha não durará muito.
negríssimas: já era hora de você perceber que alguém está decepcionando você.
raios rompendo das: uma decepção inesperada irritará você.

sol encoberto pelas: seu forte senso de dever é prático.
lua: paciência e perseverança ajudarão você a tomar os problemas de surpresa.
tempestuosas e escuras: o fato de que você se tornou avarento trará tristeza.

OÁSIS 03-14-20-25-38-39
à meia-noite em um: você precisa de férias cheias de sonhos e sucesso em seus novos e incomuns planos.
descobrir um: questões emocionais precisam de atenção imediata.
ao caminhar por um deserto: sua nova empreitada se transformará em um verdadeiro fenômeno.
estar com outros em um: precisa de alívio após sofrimento intenso na esfera amorosa.
sair de um oásis montado em um camelo: com apoio contínuo, você vai acabar se dando bem.
em um jipe: você depende da técnica para conseguir terminar o que tem de fazer.
sonhar com: vai ser bem nutrido de um perigo atual.

OBEDIENTE 14-15-21-24-33-35
outros sendo obedientes a você: você vai controlar riquezas e exercer vasta influência sobre ex-inimigo.
ser: teme que as autoridades diminuam o conceito que fazem de você.
aos outros: terá uma carreira corriqueira, com mínimo envolvimento e ação.
crianças: preocupa-se que elas percam a ambição.
mulher: você nutre sentimentos profundos e genuínos por seu parceiro.
ser obediente para ajudar a si mesmo: grandes ganhos nos negócios se você questionar as ordens com inteligência.
uma jovem: um admirador está seriamente atraído por você.

OBELISCO 02-13-26-32-34-41
estar no topo de um: tenha orgulho de suas compras, mantenha-as bem.
sonhar com um pilar de quatro lados: vai se mudar para um ambiente melhor, mas haverá atraso.
vários: você busca riquezas além de sua capacidade.
ver um: nem toda a sabedoria do mundo pode prever a consequência das emoções.

OBESIDADE 04-08-16-30-31-36
espelhos lhe fazendo parecer obeso: tire essa imagem maléfica de sua mente.
olhar para si mesmo em um espelho: há camadas de proteção lhe impedindo de encarar seus erros.
não conseguir olhar para: desesperança contra poder e autoridade.
na balança: extrema indulgência, medo e negação estão pesando muito.
explodir de: medo de danos físicos caso você não preencha suas emoções.
ser barrigudo: você se agarra a sua riqueza por medo que ela lhe seja tomada.
outros: são estes os exemplos morais que você deseja seguir?

OBJETO HERDADO 04-10-25-31-46-53
guardar: você sofrerá humilhação por causa do erro social de outra pessoa.
possuir: estabeleça dignidade na sua parceria ou agremiação.

receber propriedade de herança: você perderá a riqueza atual e ganhará responsabilidade.

OBRIGAÇÃO 04-07-25-35-36-39

amigo com obrigações para com você: você tem amigos poderosos que lhe ajudarão.

outros: estão lhe enganando com promessas de homenagens.

parentes: vai tirar longas férias à custa deles.

cumprir: aviso de problemas; trabalho duro pela frente.

parentes: dignidade e distinção para eles, não para você.

OBSERVAR 06-09-19-29-33-36

a mão de alguém: infidelidade é uma prioridade que deveria ser deixada de lado em sua nova reorganização.

uma pessoa de quem você não gosta: a lua trará chuva e você não vai precisar se preocupar com a carreira.

de uma janela ao alto: as pessoas estão lhe espiando; retorne o favor.

ficar de olho: você tem medo de participar e ficar com toda a culpa.

os outros: você é um *voyeur* que depende dos outros para ter prazer.

extravasando uma vontade reprimida: você vê a vida de fora.

pessoas com os cabelos flutuando na água: será contratado por um inimigo; guarde sua surpresa para si.

OBSTÁCULO 13-23-24-30-31-40

colocar um obstáculo no caminho de outros: será confrontado por violação de privacidade.

contornar um: as crenças foram consideradas em seu devido tempo; aja de acordo com elas.

encontrar um: estar frente a frente não impossibilita uma negociação bem-sucedida.

exaltar-se por causa de um: receberá o desafio de uma oportunidade excitante.

no percurso: você não consegue lidar com os dias tendo noites tão confusas.

OCEANO 17-25-29-31-44-47

calmo: atribulações na vida conjugal, com novidades excitantes a cada momento.

estar em um barquinho em mar aberto: seu forte senso ético lhe dá estabilidade.

afundando no: com o fim da proteção, você percebe que consegue flutuar sozinho.

revolto: problemas com inimigos que lhe faltam com o respeito.

nadar no: as condições do mar são as mesmas de sua vida emocional.

ondas fustigantes: as negociações só lhe favorecerão quando você retomar a calma.

participar de pesca em alto-mar: está procurando a maior das armadilhas em sua vida turbulenta.

revolto: enfrentará algumas dificuldades, mas terá o apoio de seu companheiro.

sonhar com: está acolhendo ansiedades emocionais por aquilo que não consegue enxergar racionalmente.

viajar pelo: você está evitando um adversário irritante e perturbado.

ÓCULOS 03-05-19-20-27-35

comprar: sua recusa em enxergar a verdade causará o seu fracasso.

consertar: um acordo inesperado em uma disputa duradoura trará uma recompensa.

de inimigos: obstáculos impedem o seu progresso, mas você se sairá bem nas atuais dificuldades.

de sol: você está com medo de expor suas intenções para amigos para os quais não liga mais.

dos filhos: corrija a visão distorcida de outra pessoa sobre a situação.

monóculo: seus próprios erros determinarão o seu futuro; você precisa de um nova receita do oftalmologista.

de lente escura: cuidado com motivos ocultos quando você está otimista e autoconfiante.

dos outros: você precisa confiar em seu bom-senso para não perder uma boa-oportunidade.

perder: intrigas e mentiras cercam você; cuidado com emoções fortes que possam induzir você ao erro.

protetores de aviação: sua intrepidez impede que você recuse maus conselhos.

quebrar: sorte inesperada e o fim de um relacionamento amoroso.

usar: você chegará a um acordo e terá um cargo médio e honesto.

de outra pessoa: você está sendo forçado a ocultar sua visão interior.

ver o mundo através de óculos cor-de-rosa: a realidade inclui tudo.

OCUPAÇÃO 14-15-16-35-36-38

detestar sua: será preciso derramar lágrimas para passar de um nível a outro.

fazer um bom dinheiro com sua: brigas de família por você não passar tempo suficiente com eles.

subemprego: tome cuidado com amigos invejosos.

ÓDIO 16-29-30-33-44-55

detestar outros: cuidado para não prejudicá-los inconscientemente.

alguns de seus parentes: a tristeza de outros pode ser bloqueada dos seus assuntos domésticos.

inimigos: você ganhará uma ação na justiça logo que reconhecer a fraude deles.

detestar uma pessoa em particular: boa sorte para aquele com quem você se importa.

livrar-se do: os inimigos difamarão você, mas são eles que têm má-fama.

maldade sem motivo: dificuldade poderia ser evitada pela precaução e pelo cuidado.

por parte dos amigos: trabalhar de forma impetuosa produz resultados desleixados.

ser odiado por outros: a fonte do ódio está em você.

ODOR 21-22-30-31-40-42

corpo malcheiroso: será culpado de atos imprudentes.

mãos: sofrerá por conta de seus próprios atos descuidados.

pés: cuidado para não ser preso.

fragrante: felicidade com pessoa amada.

agradável: vai se destacar em tudo.

desagradável: aflição.

muito forte: você está dando emprego a pessoas indignas de confiança.

repulsivo: a desconfiança de pessoa que você deseja conquistar lhe causa aflição.

sentir cheiro ruim em uma casa: trabalho duro pela frente.

recinto público: é necessário mudar para melhor.

OESTE 03-11-19-39-40-47

partir sozinho na direção: explore suas possibilidades, pois estão todas em estado subconsciente.

com a família: união de luz e sombra criada pela maternidade.

sonhar com a parte oeste do mundo: aventura agressiva para civilizar o mundo deles.

viajar na direção: exploração para construir seu sonho.

OFENSA 07-18-29-32-35-42

cometer uma, em público: um inimigo lhe irritou o suficiente para você cair em ruína.

dar motivos para uma: fale com pressa e seja castigado para sempre.

ofender pessoa pública: sofrerá humilhações ao perder um aliado.

alguém ofendendo uma mulher: brigas de família que vão gerar inimigos.

ser ofendido: as pessoas estão lhe criticando injustamente.

ser ofendido por parentes: confronto com obstáculos intransponíveis.

homem sendo ofendido por outro: ressente-se do comportamento de outros, mas não se sente capaz de retaliar.

mulher sendo ofendida por outra: será levada a assumir uma tarefa por falar o que lhe passa pela cabeça.

OFERTA 05-08-12-19-31-46

alguém lhe fazendo uma boa: desejo de passar uma borracha em tudo e voltar à virtude.

fazer uma, por serviços: deve trabalhar duro para resistir à tentação.

oferecer algo à igreja: está em situação constrangedora com personalidades importantes; você não pode dar mais do que já dá.

a um homem: sofrimento emocional após sucumbir a tentação.

a uma instituição pública: dinheiro a caminho, mas você precisa dar o dízimo primeiro.

a uma mulher: vão esperar que você pague mais do que o cheque.

receber uma: aguarde melhoria literal de posição.

OFICIAL 06-13-16-31-37-40

receber ordens de: seu ressentimento não lhe deixa enxergar que precisa obedecer a ordens.

ser um: triunfo absoluto em todas as questões.

entre outros: garantirá o sucesso em suas questões, para seu prejuízo.

ser designado: você merece dignidade e respeito, mas não está disposto a fazer por merecer.

ser dispensado como: cuidado para não exagerar no comando da situação.

sonhar com: precipitação não resulta em transações comerciais favoráveis.

OFTALMOLOGISTA 08-15-16-18-39-45

comprar óculos de um: tentativa de esconder a idade por vergonha.

usar: está vivendo de forma extravagante; aproveite todas as oportunidades de publicidade.

ir ao: está se deparando com uma situação séria ao encarar primeiro as consequências.

levar o filho ao: você está executando um esforço extra para garantir a segurança da família.

ser um: o dinheiro lhe vem fácil.

vender óculos: está preocupado com a possibilidade de perder o emprego por causa de seu serviço ruim.

OGRO 05-10-14-17-29-42

comendo seres humanos: o obstáculo entre você e seu amor é sua necessidade de aprovação.

matar um: seus amigos invejosos não são tão críticos quanto você.

sonhar com este monstro gigante: cuidado com dificuldades para obter crédito para seu trabalho.

ÓLEO 04-07-10-20-36-42-46

artistas e pintores usando: grande receita ao assumir um lado mais sofisticado e astuto de sua personalidade.

cavar um poço de: lucro vindo de sua pretensiosa ambição.

comprar linóleo: apreensão injustificada.

cobrir os móveis com: atrasos futuros impedirão que você desfrute do que ganhou.

usar toalha de mesa de: traição que causa sofrimento.

de bronzear: você é incompatível com a vida de seus atuais amigos.

derramar: algo está lhe escapando.

empreiteiros usando: brigas com parceiros podem chegar ao uso de violência.

extrair cru: *você* tem profundos recursos dentro de si.

farto campo petrolífero: receberá elogio por um acordo complicado e evasivo.

fritar comida em: grandes benefícios para sua saúde.

lubrificar com: terá uma atitude prepotente por causa de sua próspera colheita.

negociações com petróleo, fazer: prosperidade ao azeitar problemas causados por inimigos.

acender uma lamparina a: não repita uma besteira que pode causar perdas irreparáveis.

derramar: um companheiro explorador partirá quando você passar por uma mudança de consciência.

lata de querosene: uma pessoa desagradável se mostrará útil.

refinar: não há qualquer mérito em suas suspeitas.

usar óleo de linhaça: explorar atritos trará lucro.

vegetal: seu exibicionismo chamará a atenção de seu chefe.

usar roupa impermeável: atraso de uma semana no pagamento de despesas.

vender: reconhecimento que sua ação é necessária, apesar de persistente resistência.

OLHAR 06-07-13-15-17-41

ansiar por alguma coisa: suas esperanças, que dependem de um passo apenas, se dirigirem para o lado errado.

diretamente nos olhos de um homem: o verdadeiro sucesso assume uma melhoria para todas as classes.

mulher: se ela não piscar, é o momento certo para cortejar.

em um espelho: mais do que você teria pensado que pudesse ou quisesse ver.

fitar com um olhar vago: sua bússola interna está reorientando você.

fitar uma pessoa de soslaio: pensamentos e mentiras estão refletidos nos seus olhos.

morro abaixo: suas ambições interferem e acabam com o seu desejo indócil de amor.

de uma janela: não vá muito longe em seus planos, ou aja, se não puder entrar pela porta da frente.

para uma casa: sorte pela frente.

o céu: prossiga com os planos com toda a confiança de que o divino está guiando você.

um monumento: provações têm de ser superadas para se obter esta pedra valiosa.

uma janela: você precisa controlar suas emoções e deixar que os resultados sejam retribuídos.

uma montanha: trabalho árduo pela frente, como também as alturas cobertas de neve.

OLHOS 07-14-15-22-37-38

admirar os olhos de sua mulher: você não é fiel à sua mulher, enquanto um rival tem olhos só para ela.

marido: você pode estar grávida.

adquirir óculos para curar a miopia: dê uma olhada de perto nas coisas.

outros: mude o seu foco em relação a uma situação negligenciada.

azuis: sua inveja está levando você da distração à depressão.

bem abertos: percepção intelectual mudará seu rumo.

castanho-claro: você precisa envolver todos os lados no seu argumento a fim de ganhar a iluminação verdadeira.

castanhos: um romance decepciona você com falsidade e uma quebra deliberada de fé.

cílios nas pálpebras: um segredo revelado virá em seu prejuízo.

muito expressivos: brigas repetidas e sem propósito destruirão a confiança.

pequenos: mesmo com sua riqueza considerável, você é ingênuo e infantil.

cinzentos: sua fraqueza tende a atrair a bajulação.

com oftalmologista: uma mudança de ponto de vista poderia mudar sua profissão.

de filhos: lucros.

estar preocupado com seus: as trepidações da consciência se expandindo.

dos filhos: alguém está trabalhando em segredo contra você.

fechados: você está evitando a intimidade com uma situação familiar séria.

filhos com miopia: o problema não pode ser resolvido sem se saber os fatos mais importantes e seus efeitos.

grandes: você tem uma visão muito vasta; explore-a.

lindos: cuidado com emoções fortes que possam induzir você ao erro.

muitos: você está preocupado que os outros tenham reparado em você.

negros: você precisa fazer um exame de vista.

olhando para você: um admirador secreto – Deus.

olho de vidro: você perdeu a capacidade de enxergar claramente, embora possa ver tudo.

pequenos: medo inconsciente de que você perderá seu poder sexual.

perda de visão no olho esquerdo: você não está ciente da imagem que mostra para os outros.

direito: você se recusa a aceitar a realidade acerca de si.

piscando: a diplomacia e o tato são vitais para realizar qualquer intenção.

"quem tem um olho": você tem uma grande intuição; faça uso dela.

risonhos: uma cena muito divertida que você terá que compensar.

severos: você está tateando na escuridão da ignorância cega.

sobrancelhas espessas: ganhos financeiros por meio de métodos maliciosos.

finas e muito claras: discussões caracterizadas pela inveja quando se instigam aqueles que não gostam de louras.

rareando: você tentará inutilmente separar-se de um bajulador.

tapa-olho: procure um cargo mais estimulante, como o de aventureiro extravagante e audaz que vemos em filmes de capa e espada.

ter hipermetropia: a resposta está bem na frente da sua sabedoria.

ter miopia: uma pessoa com intenções maliciosas está de olho em você.

ter uma visão boa: você tem a clareza do conhecimento espiritual.
perder sua: recusa em aceitar a realidade da sua culpa.
terceiro: você está buscando a sabedoria transcendente, mas não conseguirá se concentrar em um estratagema.
verdes: fortuna inesperada de outra pessoa por meio da sua perceptividade.
vermelhos: uma doença causada pelo esforço extremo para se alcançar um nível aceitável de realizações.
vesgos: sua visão da realidade está distorcida para equilibrar seu conhecimento.

OLMO 11-19-20-28-31-36
doente: aborrecimentos pequenos, mas constantes.
estar embaixo de: use de prudência em atividades sociais.
outros: fadado ao desapontamento.
parentes: a responsabilidade exige resistência.
sonhar com: rápida realização de seus sonhos.

OMBROS 01-07-08-16-19-37
apoiar sua cabeça nos ombros de alguém: você precisa de alívio para seus apuros.
alguém, no seu: um apelo por apoio deve ser atendido.
e chorar: escolha bem com qual amigo vai contar.
belos e nus: uma explicação pode evitar um revés em questões do coração.
de criança: você receberá correspondência com boas-novas.
de outros: você deve contar com seu próprio vigor e não deixar que os outros se apoiem em você.
grandes e musculosos: você gozará de excelente saúde para controlar a própria vida.
ossudos: doença advinda de sobrecarga causada pelas enfermidades de outros.
pesados: você está carregando um peso que deveria voltar para os ombros de outros.
prisioneiro sonhando que tem ombros largos: você continuará na prisão.

ONDAS 10-14-21-40-46-48
altas batendo na praia: espere resistência e encare o perigo dentro de sua comunidade.
emborcando um barco: será traído por amigos devido a sua própria falta de bom-senso.
na praia: está absorvendo energia para dentro de si com objetivo de se renovar.
quebrando contra as rochas: a amizade vai durar pouco; enfrente o próximo problema.
na proa de um navio: abundância de dinheiro vinda do acúmulo de sabedoria.
surfar: é motivado por emoções potentes.

ÔNIBUS 07-10-12-22-24-49
atrasado demais para fazer sua baldeação: travessuras dos amigos causarão separação.
crianças perdendo o ônibus escolar: é hora de os filhos deixarem o lar.
indo muito rápido: sua determinação levará a lucros fantásticos.
para fazer uma curva: suas finanças estão dispersas demais.
inimigos tomando um: haverá um acidente.
micro-ônibus: irão lhe pedir que leve um visitante para conhecer a cidade.
motorista não conseguindo achar o caminho: hora de assumir seu próprio desenvolvimento criativo.

muitas pessoas viajando em um mesmo: obstáculos no seu caminho para a prosperidade.
passageiro perturbando o motorista: para ter sucesso no emprego, você precisa perseverar.
perder um: medo de dormir demais enquanto se esconde da vida.
sonhar com: seguir um caminho acompanhado.
viajar em: caminho impessoal e relativamente seguro que está sob controle coletivo.
com a esposa ou parente: doença na família.
na rota errada: ação coletiva de acordo com as pesquisas.
com os filhos: sua ambição inclui sua família virtuosa.
indo na direção errada: você se recusa a concordar com o que os outros dizem.
sozinho: você se isola com os seus pontos de vista datados.

ÓPERA 03-04-18-19-30-43
assistir a uma, bufa: sofre rejeição nos negócios, mas logo tudo se torna motivo de riso.
dramática: riqueza concreta sem fazer muito barulho, discretamente.
melodramática: você é supersticioso demais para reconhecer as coisas como elas são.
toda a temporada de: você precisa descansar de seus confrontos com as questões domésticas.
binóculos de: alguém está lhe observando de longe.
escutar uma grandiosa: um amigo fará drama da própria desatenção.
opereta: está desconectado de seu ambiente.
espiar com binóculos de: não deixe de investigar bem as aparências.
estar na: todos ficam sabendo da confusão e do tumulto em sua vida profissional.
com pessoas teatrais: será tentado a enganar um inocente.
estar nos bastidores de um teatro de: seu desejo de viajar é interrompido pela traição de amigos.
ir à: desordem familiar devido ao seu jeito independente.

OPERAÇÃO 01-04-13-16-41-43
assistir a uma: seu caráter é fraco demais para se deixar guiar pela verdade.
bem-sucedida: um ajustamento de organização pode maquiar sua verdade.
de fígado: seu estilo de vida decadente está debaixo dos holofotes.
executar uma: grande recompensa por sua paciência e habilidade.
no cérebro: suas ideias carregam obstáculos inerentes; solucione-os antes de apresentar seu plano.
transplante de coração: você é uma pessoa generosa e solícita que agora precisa de cuidados.
fazer uma incisão: sua eficiência será questionada pelas autoridades.
outro médico ajudando em uma: está constantemente voltado para os olhos do público.
enfermeira: resultado positivo de situação demorada e difícil de lidar.
preparar-se para ser submetido a uma: questões profundas precisam ser reveladas, reorganizadas, limpas e curadas.
submeter-se a uma: uma pessoa de sua confiança vai tirar vantagem de você.

ÓPIO 10-11-17-21-32-38
encorajar os amigos a usar: preocupações pela frente que causam problemas com parceiro.

fumar, em um gabinete: você está se iludindo ao achar que tem direito à decadência.
prescrever: seus métodos dissimulados vão lhe fazer passar por humilhação.
ser traficante de: terá riquezas, mas não poderá gastá-las.
sonhar com: você negligencia seus interesses com pensamentos confusos que não levam a nada.
usar: cairá em desgraça na sociedade por causa de sua associação com criminosos.
com outras pessoas: acontecerão mudanças em sua moral defeituosa e inconstância jovial.
vender: você está ignorando as responsabilidades que não pretende assumir.

OPONENTE 03-08-12-19-21-32
lutar com o: está perdido se não aplicar construtivamente suas ideias.
disputar com vários: oposição e contendas acabam com a continuidade.
sonhar com um: ganhará dos rivais com força de caráter e determinação.

OPOSIÇÃO 03-10-28-31-38-51
a atitudes de inimigos: só faz você ficar tão feio quanto eles.
a pontos de vista políticos: vai se engajar em atividades que lhe deixarão desacreditado em seus justos méritos.
alegar inocência: está procurando abastança, mas não consegue achar.
fazendo protestos judiciais: receberá um convite para jantar.
outras pessoas protestando contra você: você vai se enganar ao avaliar a integridade de determinada pessoa.

ORÁCULO 10-21-33-36-39-40
consultar um: evento inesperado e desconcertante lhe fez mudar de rumo.
prever infelicidade: o pior já passou, recomponha-se.
felicidade: está amarrado a situações que sugam sua energia.
ser um profeta: você sabe qual é seu futuro e tem medo.

ORDEM 19-22-31-32-43-46
colocar as coisas em: há muitas pessoas interessadas em seu futuro.
fora de: descobrirá falsidade.
transmitir: será grato por serviço prestado
obedecer: será seriamente injustiçado.
receber: não pode aceitar aquilo que os outros acham que precisa escutar.
usar uma, militar, ou medalhas: reveses em suas esperanças.

ORELHAS 01-08-14-16-28-42
algo pesado pendurado nas: seu eu interior tem que lutar na vida.
apalpar as próprias: notícia surpreendente pelo correio se transformará em lucro.
com a sensação de entupimento: problemas com parceiro(a) agindo desagradavelmente com você.
com acúmulo de cera: rompimento com uma pessoa amiga que decepcionou você.
cortar fora as: um surto de expressão criativa sem vazão.
corte nas: grande decepção causada por amigo.
esbofetear as de alguém: expresse sua raiva de forma construtiva.
furar as: você não tem prestado atenção aos sussurros da sua consciência.
limpar as suas: sua desconfiança é justificada; um amigo decepcionou você.
muitas: os boatos são a seu respeito; não preste atenção.
pôr a mão em concha em volta para escutar: suas ações deveriam ser guiadas pelo bom-senso.

puxar as de outra pessoa: o engano deles é a causa de suas aflições.
sendo puxadas: dê atenção às críticas e aos conselhos, e faça uma pausa.
tapas nas: você está lutando com a equipe errada; as conversas que anda tendo não são suas.
ter grandes: sua inteligência está passando à frente da sua sensatez.
compridas: humilhação pública e tristeza.
pequenas: amizade com pessoa de posses.
problemas com os próprios ouvidos: um novo projeto oriundo de uma fonte inesperada que você não levou em conta.
sensação de entupimento no ouvido: você não está disposto a escutar problemas domésticos.
tímpano perfurado: defenda-se com os punhos; a paz é obtida com palavras.

ÓRFÃO 07-09-21-35-41-44
adotar um: felicidade pela concretização de seu projeto
criança que fica órfã: receberá um legado de infelicidade e falta de sorte.
ser um: pode chorar; para ser amado é preciso saber dar amor.
pobre: seu medo de ser abandonado é absolutamente destrutivo.
sonhar com: receberá dividendos de um estranho e terá dívidas em sociedade.
vários, em orfanato: mudança de ambiente permeada por desolação.

ÓRGÃO 01-05-10-18-24-26
comprar um: estará em breve lamentando pelas divergências com um amigo.
de igreja: os amigos estão tentando lhe ajudar.
de pessoas doentes: desespero pela perda de paredes por negligência sua.
ouvir: está sendo cortejado com honras pessoais.
marcha fúnebre: sua posição na vida já está esquematizada.
música de: chegada desagradável de parentes barulhentos.
pedais de um: com sua personalidade digna e prática, você chega direto ao ponto.
realejo: enfermidade em local bonito e não familiar.
outras pessoas: será convidado para o casamento de um amigo.
ouvir o som de um: um festival divertido no qual você trabalhou bastante.
tocar um: após muito tempo de esforço virá uma ocasião feliz, mas solene.
remover um, do corpo: perda de pessoa muito amada.
ter órgãos fracos: descobrirá que uma pessoa está lhe enganando.
doente: morte de pai ou mãe lhe deixará arrasado.
grandes demais: nascimento de menino com deformidade.
saudáveis: esperança renovada em romance desgastado.
tocar um: sempre será o assistente, nunca o chefe.
em casa: chegada de rendimento inesperado.
na igreja: herança por planos feitos antes de reavaliações.

ÓRGÃOS SEXUAIS 03-11-20-33-42-45
dor no útero: você não tem direito legal ao imóvel que procura.
remover o: fará um bom dinheiro, mas não conseguirá crédito.
em boas condições: não há fim para suas capacidades.
expor os: perigo de perder a potência de modo totalmente exposto.

homem com doença nos: a pobreza é punição insuficiente para um crime.
mulher: aviso de problemas de concepção até o nascimento do filho virtuoso.
mulher cujos ovários são retirados: morte de um membro da família.
ser estéril: você é generoso demais com quem ama; deve adotar uma criança para si.

ORGIA 04-11-17-35-36-44
ceder a desejos de devassidão: desordem na família e na sociedade
fazer parte de uma: suas ações se tornaram notórias.
na frente dos outros: não consegue aceitar o horror que um antigo amigo tomou de você.
observar outros em uma: a inveja lhe faz descer muito de nível.

ORGULHO 03-12-21-29-32-35
lhe sendo prejudicial: as pessoas estão fazendo comentários sobre sua ambição egoísta.
outras pessoas que têm: você sofre complexo de perseguição enquanto aguarda o sucesso dos outros.
que lhe impede de se humilhar: seus relacionamentos são superficiais.
ter, em si: você ignora as pessoas, e com isso acaba criando inimigos.

ORIENTE 01-06-12-17-20-28
pessoas orientais: felicidade romântica que não vai durar muito.
estar entre: boa chance de se casar.
países: pequena decepção no desenvolvimento de seus interesses.
ser um oriental: você tem as bênçãos do mundo.
sonhar com o: pensamentos estranhos que você precisa ouvir.
viajar ao: não coloque muita fé nas promessas que as pessoas lhe fazem, mas aceite-as.
voltar do: está prestes a dar passos importantes para alterar seu estilo de vida.
com outra pessoa: fique avisado: a tentação tem suas consequências.

ORLA 02-07-16-33-40-47
ancorar na: alguém lhe dará a ajuda necessária.
barco chegando à: receberá um presente caro e inesperado.
caminhar no calçadão: herança esperada e longamente adiada.
estar na: conclave interno entre o seu eu consciente e o inconsciente.
amigos: a disposição de seu moral; Deus lhe proverá.
parentes: será capaz de evitar perigos caso não haja inércia ou preguiça.
ir para a beira-mar: pessoa distante lhe causará raiva súbita.
maré alta: você vai conseguir os elogios merecidos.
baixa: você fará fortuna com tratamento do lixo.
surfar e ser atingido pelas ondas: você será culpado por ações tolas.
afastar-se das ondas: ter sucesso, por menor que seja, encoraja a ter ainda mais sucesso.

ORNAMENTOS 12-14-20-33-45-47
ao estilo grego: outra pessoa está desfrutando aquilo que você desejou.
estar enfeitado: mudança de ambiente não implica comportamento extravagante.
baratos e deselegantes: você se preocupa com coisas triviais, por isso é ignorado.
dar a outros: sua extravagância está despertando desconfiança quanto a suas intenções.

de flores: terá prazer e prosperidade em visão e perfume.
em folha ou lâmina: a tentação lhe virá; compartilhe-a.
igreja: seu espírito benevolente se renova a cada semana.
perder um adorno ou enfeite: sua vida floresceu mas agora está em decadência.
polidos e lustrosos: sofrerá devido à sua própria tolice.
usar: uma mudança há muito contemplada será aprovada.

ORQUESTRA 11-16-20-21-46-48
assistir a um concerto com a família: ganhos modestos pela frente; encorajamento para o futuro.
conduzir uma, de um palanque: está envolvido em situação da qual não consegue se desvencilhar.
cair do: está soltando foguetes antes da hora.
vazia: está entusiasmado demais com uma conquista que desvirtuará.
conduzir uma: suas viagens e intensa dedicação ao trabalho desencorajam um relacionamento.
que acompanha um balé: vai pagar o preço por superestimar seu próprio valor.
de jazz: nenhum músculo permanecerá sem exercício.
ouvir uma, tocando a distância: seu companheiro vai brilhar com sua luz.
tocar em uma: agora todos os aspectos de sua vida podem estar em harmonia.
tocar uma abertura: vai ganhar pontos com o novo trabalho e com os novos amigos.
os címbalos: muito barulho por nada.
um instrumento afinado em uma: obstáculos que antes eram impossíveis de ultrapassar agora podem ser superados.

ORQUÍDEA 02-07-10-17-18-33
comprar uma: recursos abundantes com ajuda de amigos leais
dar uma, a uma mulher casada: noivado breve.
moça solteira recebendo uma de presente: compromisso imediato.
sonhar com: elogios têm de ter base substancial; o aluguel ainda precisa ser pago.
ter: será acusado de extravagância por causa de algo espontâneo.

OSSOS 15-18-28-33-40-46
artrite nas articulações: suas atitudes e crenças rígidas se satisfazem no silêncio.
inflamando-se: elimine batatas, tomates, pimentões e berinjela da sua dieta.
atirar a um cachorro: desperdício e futilidade resultarão em dor.
cavar em busca de: desarme seu oponente ajudando-o.
de uma pessoa morta: muitos problemas por causa da ausência de amigos.
esconder: você se agarra demais a velhas atitudes que não são essenciais ao seu futuro.
mastigar: seu emprego está em perigo por causa da sua apatia.
procurar: peça apoio para resolver problemas com o sexo oposto.
quebrar: uma herança será recebida, causando discórdia na família.
roer: a ansiedade é autoinduzida.
saindo para fora da carne: não acredite naqueles que douram a verdade.
sonhar com muitos: não force as coisas; espere pelo menos uma semana antes de completá-las.
ter dor nas juntas: depois de uma briga, você ganhará o afeto de uma pessoa amada.

transplante de medula óssea: apesar da sua ajuda, alguém sentirá apenas ingratidão.

úmero: mudança repentina e engraçada de sorte.

OSTRAS 12-23-31-37-39-41

abrir uma: rica vida emocional se esconde por detrás de sua modéstia e discrição.

colher: fará muito dinheiro armazenando uma tristeza incomum.

comer: trabalho duro para convencer a família da legitimidade de seu trabalho.

amigos comendo: terá riquezas, saúde excelente e amigos confiáveis.

comprar: pessoa recém-conhecida se apaixonará por você

dar de presente talheres para comer ostras: é necessário coragem para se dar bem na vida.

em um mercado: a saúde vem se deteriorando gradativamente.

fora da concha: sua desconfiança e seu ressentimento denigrem a pessoa que você namora.

com pérola: revele sua verdadeira essência para chegar a uma solução.

pegar ovos de crustáceos: cuidado com amigos invejosos.

comer: vencerá os inimigos pela perseverança.

mulher jovem: um homem influente vai se declarar a você.

viúva: fique alerta contra homens bonitos que se apaixonam por você.

OURO 12-15-18-39-45-49

cavar buscando: fortuna inesperada virá pelos seus próprios esforços.

cobrir com uma fina camada de: você receberá grandes honrarias; cada empreendimento trará sucesso.

comprar roupas douradas: você deseja expor seus dons intelectuais.

artigos dourados: um amor profundo e duradouro, um futuro lisonjeiro.

comprar uma barra de: você está escondendo um segredo por medo de revelar a vergonha.

contar ouro: você está tentando enganar os amigos.

cor do: fará negócios com pessoas distantes.

dançar ao redor do bezerro de ouro: sua superficialidade nega suas qualidades interiores.

derreter: alguém está fazendo mal a você.

descobrir uma mina de: uma grande fortuna pela frente.

minerar: você é pessoa avarenta e mercenária.

pertencente a outros: os amigos estão enganando você.

encontrar: sua habilidade superior lhe dá uma vantagem no jogo de conquistar riqueza.

enterrar um caldeirão de: você irá se vingar por algo insignificante.

fazer anéis de: o amor será concedido divinamente a você.

imitação de: você será muito rico superficialmente e perderá a chance de honrarias verdadeiras.

jogar fora: amigos convencerão você a emprestar-lhes dinheiro.

lidar com ouro em um empreendimento: você não tem sorte no jogo.

materiais de qualquer tipo na cor dourada: abundância pela frente.

mistura de ouro e prata: você sofrerá grande perda.

perder: problemas financeiros revelarão um amor profundo e duradouro.

permutar: aja discretamente com a informação que oferece.

roubar: você está tentando chegar na frente usando somente a força.
ter algo que parece: seus castelos estão construídos sobre fundações frágeis.
trabalhar com: apresentar a verdade à mente não permite usurpar os direitos dos outros.
trabalhar como dourador: um grande horror penetrará na sua privacidade.
outros dourando: amigos têm motivos ocultos para manter a oportunidade longe de você.
usar roupas bordadas com: os outros têm você em alta estima.
cobertas com renda dourada: grande respeito.
velocino de: proteção divina.

OUTONO 16-21-22-24-45-50
estar durante: colheita de frutos de fontes inesperadas.
sonhar com: você abandonará seu ambiente normal.
na primavera: influências hostis nas proximidades.
no inverno: o amor por alguém está morrendo.
no verão: muitos altos e baixos.

OUTUBRO 01-11-21-40-47-28
nascer em: prosperidade e abundância.
crianças: alcançará alta posição em uma universidade.
sonhar com o mês de outubro durante o próprio mês: lucro e sucesso.
durante outros meses: sofrerá infelicidade.
sonhar durante o mês de: desfrutará dos resultados do trabalho duro.

OVELHA 02-1832-44-45-53
beber leite de: você será molestado sem razão aparente.
comprar: bons ganhos em especulação no mercado imobiliário.
contar: convites evasivos e obstáculos transitórios lhe distraem.
ouvir o balido de uma ovelha: com boa publicidade, seu negócio prosperará.
de várias ovelhas: tenha paciência com a dor e ela desaparecerá.
ovelhas lutando: sua complacência vai lhe enfraquecer; desafie seus detratores.
perder: você será abandonado se concordar rápido demais.
rebanho de: sua manipulação para se destacar na multidão lhe custará caro.
respingar leite de ovelha na própria boca: você está deixando outros abastecerem seu alimento.
sacrificial, no altar: resolva desafios sem se fazer de mártir.
ser a ovelha negra da família: a tentação vai terminar com sua vida.
sonhar com carneiro: sua positividade é opressora.
sonhar com uma ovelha fêmea: uma família grande e prosperidade a caminho.
muitas ovelhas juntas: riqueza e abundância, caso você economize e planeje para a velhice.
lutando entre si: trabalho duro sem objetivo promove discórdia.
ordenhar: recursos abundantes lhe são oferecidos no presente.
ter um rebanho de ótima qualidade: você é obediente demais.
tosquiar: sucesso por meio de planos bem-concebidos de outros.
vender: suas táticas arruinarão um inimigo e salvarão sua reputação.
ver cordeiros: trabalho diligente será considerado tolo, trazendo abundância moderada.

OVOS 01-06-25-34-38-41
bater: uma especulação atrairá uma proposta de negócios.

cascas quebradas: seu núcleo básico foi rachado.
cascas vazias de: planos financeiros são ambiciosos demais.
com gema dupla: descoberta de objetos valiosos perdidos e herança de parentes distantes.
comer: prediz um relacionamento permanente estigmatizado pela libertinagem.
cozidos até ficarem duros: você tem grande respeito pela dedicação da justiça em permitir o amor no mundo.
comer ovo pochê: você exibirá riqueza de origem questionável.
comprar: infidelidade da pessoa amada.
cozinhar: você receberá notícias favoráveis.
crus: você conseguirá uma quantidade substancial de dinheiro.
de cores diferentes: não ponha todos os ovos na mesma cesta.
de peixe: você está desperdiçando tempo com aqueles que parecem ser mais influentes do que realmente são.
decorados: resposta criativa ao fato de ser obrigado a ficar em casa por causa do tempo.
fazer folheado com: todos os empreendimentos serão executados; todas as especulações serão lucrativas.
fazer ovo pochê: cuidado com o que fala.
fazer uma bagunça com: você está mostrando desaprovação dos vícios e ações de outra pessoa.
frescos em um ninho: lucros de um novo empreendimento se você for à fonte.
galinhas pondo: enriquecida corretamente, sua essência criativa é incessante.
muitos quebrados: tendências latentes a casos de amor múltiplos atravessam seu medo do amor.
ninho de: dinheiro inesperado; faça bom uso dele.
podres: deixe a degradação e comece seu processo interior de renascimento.
que foram jogados em você: você sofrerá ataque vindo do seu lado.
quebrar para uma omelete: um sacrifício para se chegar até a verdade.
achatada e compacta: você será manipulado a beijar alguém; pare ali mesmo.
leve e fofa: uma fuga repentina em direção à felicidade.
tomar gemada: o estabelecimento da paz de seu espírito orgulhoso dentro do lar.
vermelhos: alguém ameaçará você.

P

PÃ 06-14-19-23-32-39
sonhar com: estão gozando de você por levar a vida a sério demais.

PÁ 18-19-26-30-35-44
comprar uma: alternativas abundantes e promissoras abaixo da superfície.
enferrujada: seu tato e sua precaução beneficiarão seu delicado estado físico.
ferir um inimigo com: culpa por atos insensatos.
matar um inimigo com: terá vida longa com amizades honestas e sólidas.
pendurada ao seu lado: fique em lugares mais populares quando estiver sozinho.
sonhar com: nova perspectiva de júbilo lhe aguarda.
usar uma: o que você enterra pode ser o que deseja ocultar.

operários: tempos difíceis precedem dias melhores.

PACOTE 13-18-21-36-38-41

abrir um: sua sorte será afetada por seu conteúdo.

carregar um: receberá apoio de alguém que considerava um antagonista

colocar etiqueta em: conflitos de curta duração pela frente; aguarde uma surpresa.

grande: o relacionamento atual é satisfatório em termos materiais, mas não em termos emocionais.

pequeno: terá de lidar com problemas causados por suas reações negativas as atitudes dos outros.

enviar um: as atitudes das crianças dividirão as opiniões o bastante para se tornarem discutíveis.

preparar um: casamento que durará para sempre, se você tomar um cuidado infinito.

receber um: alguém que lhe ama muito está sofrendo.

de crianças ou filhos: lucros de fonte inesperada e relacionados a suas opiniões precisas.

vazio: primeiro o dever, depois a recompensa.

recusar-se a aceitar um: negue-se firmemente a participar de atitudes alheias.

PADARIA 03-13-18-30-39-48

amassar massa: você será humilhado publicamente até que sua criação seja concluída.

assar no forno: suas ideias foram transformadas em formas agradáveis.

mãe benta: você receberá uma pequena herança e a gastará na casa.

panetone no Natal: um *pot-pourri* de pensamentos doces é assado ao ponto da perfeição.

pão: cuidado para não perder a habilidade de se importar com a família.

comer uma bomba: você encontrará uma velha paixão e se entregará a reminiscências.

croissants: um começo delicado na sua penosa batalha com sua casa.

desejo de comer bolo: uma paixão de curto prazo por açúcar.

fazer calda de chocolate: desejo de vingança contra aqueles que frustram suas ambições.

fazer pão de mel: melhora na posição social da família por meio de filhos.

fazer rosquinhas: economize na poupança para uma longa viagem pelo mundo.

padeiro: transforma o físico em uma sabedoria que você consegue digerir.

na: alguém se tornará rico à sua custa.

trabalhando em uma: o imprevisível excita o mundano.

sonhar com: você ficará rico persistindo e evitando ciladas.

sonhar com um forno de: suas finanças crescerão se você usar a temperatura certa.

ter uma: vença seus inimigos alimentando os egos deles.

usar rolo de pastel: quanto mais fina a massa, mais leve o ânimo.

jogar: mentes criativas precisam fazer uso de sua raiva nos projetos.

PADRASTO 06-11-25-28-34-35

desgostar de: está abusando da confiança de pessoa extrovertida.

discutir com: sua personalidade decidida está perseguindo a individualidade emergente de outra pessoa.

ser um: está tentando exercer controle total e usar de toda sua energia.

bom: discussões de família farão com que se distraia e cometa erros.

PADRE 04-06-11-23-31-40

a bordo de um navio: você precisa passar por tempo ruim e naufrágio para se mexer.

confessar pecados a um: está levantando suspeitas de pessoas que lidam com assuntos perigosos.

conversar com um: terá posição de importância e orgulho em suas conquistas.

entrevista com um: em breve estará enrascado por pedir mais do que lhe é justamente devido.

família que vai visitar um: é preciso algum tipo de aconselhamento para os conflitos familiares.

mulher sonhando que se confessa a um: não vai casar com a pessoa amada.

jovem: vai romper o noivado pela razão errada.

na rua: humilhação causada por publicidade não merecida.

receber conselhos de um: muitos tomam conta de seus lucros; nem todos são amigos.

sonhar com um: a herança está bem perto, trazendo consigo solidão e problemas.

usando uma sobrepeliz: está sendo observado por pessoa mal-intencionada.

PAGÃOS 06-16-20-24-27-30

estar entre: retorno aos valores e sentimentos típicos do lar.

falar a palavra referindo-se a uma pessoa de outra fé: que você seja julgado assim.

ir para país selvagem em meio a: você usufruirá de uma vida feliz em casa.

sacerdote indo para o meio de: dignidade e fama no centro de inícios sagrados.

PAGAR 03-14-16-29-32-42

conta devida: miséria e pobreza devido ao seu estilo de vida exorbitante.

conta não devida: levará a culpa por decidir com pressa e inconsequência.

ter de fazer pagamentos: seus superiores não lhe ajudam, mas os superiores deles, sim.

uma dívida: ganhos financeiros se você pagar dívida antiga.

por outra pessoa: está tirando a chance de eles encararem as próprias responsabilidades.

outros, a você: um passo em falso e você perde tudo.

PÁGINAS 03-14-30-38-47-48

pôr em ordem: impaciência devido à extensão do trabalho requerido; a paciência tem seu propósito.

PAI 05-28-35-46-48-49

de outros: você se beneficiará do apoio do grupo e de mentores com conselhos sábios.

falar com o seu: necessidade de perdão e orientação em ambos os lados.

homenageando você: você só será aceito se apresentar conselhos não solicitados.

morto: uma catástrofe de consciência sobre as qualidades de proteção que você tem que ter agora.

o próprio pai: existe segurança e proteção no conselho dos mais velhos.

pobre: medo de que você tenha envergonhado a família.

ser: uma posição responsável e respeitável para criar e sustentar vida.

seu pai falecendo: a fé em você está diminuindo; você precisa dela para ter sucesso.

vivo do parceiro: viva à altura do pai responsável que você queria ter tido.

morto: seu entusiasmo tende a passar logo.

o seu próprio: aceite o conselho do bom-senso com uma pitada de desconfiança.

de outra pessoa: será difícil escapar dos problemas que se aproximam.

PAÍS ESTRANGEIRO 04-26-29-31-34-46

estar sozinho em: você está buscando uma parte de seu legado para mudar sua vida.

com uma dama: você cometerá atos tolos.

a pessoa amada: sorte e prosperidade.

outros: você terá novos empreendimentos comerciais.

um homem: você precisa controlar suas emoções.

ir a: *déjà vu*; uma volta momentânea a uma vida passada, vivida no presente.

PAIS 15-19-33-41-43-44

abraçar um dos: atém-se à ética deles, apesar da pressão dos amigos.

acompanhar: trocou de papel com o pai ou a mãe.

batendo nos filhos: negócios excepcionalmente bons se você usar de bom-senso no planejamento.

cometer parricídio: em sua maturidade você já não dependerá mais deles.

de outros: um bônus em forma de apoio paternal ou maternal que vem da esquerda.

estar acompanhado pelos: sucesso em nova empreitada.

nervosos: dificuldade para instilar os princípios deles em seus filhos.

nus: grande desentendimento familiar que traz mudança positiva.

paternidade questionável: grandes brigas de família; suas ideias gerarão inimigos.

sonhar com os, após sua morte: conclusão.

visitando-o: o rumo negativo dos negócios conduzirá a uma vida tranquila.

PALÁCIO 02-05-06-08-43-45

destruir um: seu comportamento tirânico e dominador será seu desastre.

entrar em um: cuidado com inimigos que desejam lhe intimidar.

morar em um: as pessoas lhe consideram muito, especialmente um namorado rico e mais velho.

muitos palácios: grandes negócios imobiliários trarão inveja e competição.

sendo destruído: fardo pesado advindo de fracasso em ligação amorosa.

sonhar com: prazeres de curta duração, desconforto por muito tempo.

ter o seu próprio: sua superioridade não cresce quando você denigre as pessoas.

PALANQUE 11-15-17-24-29-38

assistir a um desfile de um: triunfo em relacionamento turbulento com pessoa vaidosa e convencida.

atuar em um: aceite conselhos para sair de situação difícil.

estar em um: fique de olho em pessoa conhecida que não se tornará amante.

fazer discurso político em um: evite julgamentos severos sobre expediências passageiras.

sonhar com um: vai se casar com quem você menos esperava que lhe pusesse em um pedestal.

PALAVRAS CRUZADAS 10-11-17-20-27-28

em verso: não tome decisões apressadas.

estar solucionando: temores desnecessários atormentam sua indecisão.

não terminar: falta uma palavra no seu argumento.

pessoas terminando: a pessoa amada romperá com você.

terminar: as especulações se realizam.

PALCO 24-31-34-40-47-50

aplicar maquiagem em artistas de teatro: fraude com a melhor das intenções: entreter.

atuar em um: você está preocupado com a impressão que causa aos outros.
construir um: sofrerá pela perda de parentes.
estar em um teste para teatro: ensaio para uma entrevista.
estar no: decepção em projetos começam pela exposição precoce.
e ser empurrado pela coxia: terá uma dor no coração por causa de oportunidade perdida.
e sussurrar o texto para ator que esqueceu a fala: você não tem certeza de suas palavras, ações ou de seus êxitos.
sentar em um camarote perto do: você sofre de uma inveja terrível por querer ser o centro das atenções.
sonhar com o chão do palco: você tem procurado os prazeres do amor de graça.
sonhar com um palco: você se destacará em eventos memoráveis.

PALESTRA 07-26-39-41-50-56
dar uma: se você não controlar sua língua, ficará decepcionado.
de cunho político: sua vaidade cria rivais.
longa em público: você irá se envolver em uma questão judicial.
dar uma cansativa ou reprovadora: você conseguirá um emprego no serviço público.
ler ou interpretar mal as suas anotações durante uma: fale com cuidado ou fique quieto.
ouvir uma em praça pública: é decepcionante quando um discurso é irrefletido.
palestrar para crianças: suas ações irão se revelar insensatas quando as críticas implodirem.
repreendido por um superior, ser: a novidade de se aprender algo substantivo.

PALETÓ 15-19-20-30-32-36
escuro, usar um paletó: enfermidade caso você não se mantenha afastado do perigo.
paletó de garçom: uma sugestão séria está sendo dada; aceite-a.
paletó de um traje a rigor: você receberá um convite para uma festa elegante com brindes caros.
paletó esporte ou social fino: lucros vindos da solidariedade de colegas atletas.
roupão: infidelidade em um lar feliz graças a amigos dissidentes.
paletó velho e puído: você está esgotado demais emocionalmente para a próxima festa.
tirar o paletó: você está se expondo a olhos dardejantes.
usar fraque: você precisa atualizar a sua imagem com um toque de classe.
vestir a manga errada do paletó: a informação deixa você perplexo, por não ser verdade.

PALHA 04-22-33-35-36-45
chapéu de: sua sociabilidade interfere no progresso de sua investigação sobre o próprio valor.
comprar: deve trabalhar duro para superar problemas.
cortar: terá uma dor remanescente de situação constrangedora.
no estábulo: o pesado fardo de uma missão múltipla.
quebrada: ruptura de contrato.
queimando: você irá a uma grande festividade e deixará vítima em uma situação fora de controle.
vender: prosperidade e segurança em seu negócio.

PALHAÇO 11-18-20-23-33-48
atuando: você está vendo as coisas superficialmente e, por isso, as considera ruins.
conhecer ou encontrar-se com: sua astúcia e sagacidade são mal endereçadas.
estar com: problemas causados pelo ridículo, a não ser que você aprenda a rir de si mesmo.
vestido como: você se esforça demais para fazer com que as outras pessoas sejam como você.
fazendo amor com uma mulher: você tem muitos amigos hipócritas.
ferindo-se: medo do ridículo na frente de sócios irritados.

PALITO DE DENTE 01-21-13-15-28-35
comprar: um inimigo vigia suas ações.
jogar fora: levará vida limpa.
outros usando: você expressa sua raiva indiscretamente para pessoas indecentes.
sonhar com: gestos inconsequentes causarão estrago.
usar escova: precisa limpar a mente de pensamentos rancorosos.

PALMA 03-13-17-21-30-44
beijar a de uma mulher: amizade e pedido de favor que ela talvez não queira fazer.
da mão: herança de parente distante que você não recebeu.
de uma criança: sua capacidade divina de amar com pureza traz paz ao seu lar.
da mão, com uma história de vida: sua história, e a forma como suas ações afetaram o futuro.
no Domingo de Ramos: terá uma discussão acalorada com um amigo.
segurar a palma da mão de uma mulher casada: alcançará a imortalidade por meio dos filhos.
que não é casada: será objeto de desconfiança, a não ser que ela case logo.
sentir perfume vindo de uma: a atração é mútua e você deve seguir em frente.
submeter-se a uma leitura da mão: você vai encorajar pessoas desalmadas a buscar abundância e sucesso.
com linhas fortes e definidas: satisfaça todas as suas ambições.
finas e delicadas: sua sensibilidade é admirável, mas não é se preocupando que você vai ganhar a vida.

PALMEIRA 01-05-12-19-30-48
cortar ramos de uma: renascimento após muita tristeza causada pela morte de uma pessoa.
amigos debaixo de uma: gozará de fama e especulará com sucesso.
homens de negócios sonhando com uma: abrirá uma brecha em um muro ilusório de grande sucesso.
moças: atrairá pretendentes e se casará em breve.
mulher: suas crianças serão bênçãos e você as criará em meio à fartura.
profissionais: você vai desabrochar na profissão se tirar férias com regularidade.
plantada em vaso dentro de casa: traga sua atitude profissional positiva para dentro de casa.
subir em uma: sem equipamentos sofisticados o fracasso é certo.
várias: em breve ganhará posição de responsabilidade e destaque.

PANELA 04-11-22-24-25-31
com o conteúdo fervendo silenciosamente: suas emoções precisam de tempo para si mesmas.
comprar novas: devoção a um novo caminho fará descartar tudo que é velho.
jogo completo de: deve saber separar o joio do trigo.

cozinhar comida em uma grande: cuidado com seus planos, e guarde-os para si.
de aço inoxidável: melhoria na saúde em breve.
de alumínio: sua saúde está sob ameaça.
encher de comida: vai de um lado para outro, frequentemente procurando por algo que deixou para trás.
fazer uma de cerâmica: o nível básico da vida que você deseja viver.
jogar fora panelas velhas: as pessoas lhe respeitam pelas razões erradas.
mulher que sonha com uma: bebê a caminho.
no fogão: terá bons lucros na área comercial.
queimar uma de cobre: você não percebe, mas mostra falta de consideração pelas ansiedades dos outros.
queimar-se com uma: perda de pessoa muito amada.
transbordando: exagero de algo bom leva à estagnação.

PANELA 06-14-19-23-32-39
comprar uma: boa hora para cortejar alguém.
cozinhar em uma: será objeto de devoção de alguém e brincará com sua honestidade.
de aço: uma decisão precisa ser tomada imediatamente.
de ferro: perda inútil de força e energia.
preparar comida em uma frigideira: sua negligência põe outras pessoas em risco.
queimar comida em uma: você está a ponto de se rebelar frente às impossibilidades.
várias: perda de dinheiro por causa de breve infelicidade.
outras pessoas que possuem uma: atraso no recebimento de dinheiro.

PANFLETO 01-03-14-23-24-43
ler: uma curiosidade mórbida daqueles dos quais você discorda.
político: sua raiva interior briga com o mundo.
religioso: você está fazendo julgamentos apressados sem bom aconselhamento e reflexão sábia.

PANO DE PRATO 09-11-16-23-28-37
áspero: pessoa desconhecida lhe dará bons conselhos.
comum: você terá uma discussão pequena e sem importância.
jogar fora: cuidado com problemas do coração.
lavar: desejo de lavar as feridas causadas por empreendimentos nos negócios.
lavar com: você receberá notícias boas e importantes.

PANQUECAS 18-21-22-34-42-47
comer: persevere nas empreitadas atuais até encontrar seu pretendente de olhos escuros.
outras pessoas: colega de trabalho causará problemas, mas o projeto resistirá ao teste.
cozinhar: receberá convidados inesperados, ambos ardorosos pretendentes.
fazer: uma reviravolta nos interesses à medida que os dois lados amadurecem.
outras pessoas: encontrará um jeito de resolver as dificuldades por meio de pequenas iniciativas.
queimando: fracasso nos negócios por causa de superexposição e controle limitado.

PÂNTANO 02-18-31-36-40-45
caminhar em um: é preciso cuidar de um problema difícil, e não lamentá-lo.

outros afundando em: promessas precisam ter substância para se acreditar nelas.
preso em um: sua atitude positiva atrairá animosidade; cumpra as obrigações de qualquer modo.
sair de um: a situação não tem esperança se você permite que sua percepção mental a considere assim.
para um terreno firme: ficar repleto de dores emocionais fortalece você.
sonhar com: arruinará uma amizade constante durante uma doença longa.
ter um terreno pantanoso: as tentações no amor serão abundantes, mas poucas durarão.

PANTERA 15-24-28-29-33-46
agonizante: morte de pessoa importante cujos atributos você deseja para si.
atada a correntes: visita de apoio por parte de um colega de trabalho que você considerava hostil.
atracar-se com uma: uma brincadeira inocente terminará em cruel sofrimento.
correndo: a beleza em ritmo ardilosamente cinematográfico é poesia em movimento.
enjaulada: os inimigos fracassam ao tentar lhe ferir.
esqueleto de uma: seus lucros serão reduzidos ao mínimo.
filhote: vizinha fofoqueira e inoportuna lhe fará mal se você permitir.
lutar com uma: emoções fortes que trazem um desafio para sua maturidade.
matar uma: muitas mudanças, mas com vitória no final, e ganhando um bom dinheiro.
ouvir o rosnado de uma: sofrerá muito mais com o medo do que com as ameaças em si.
ter medo de uma: será perseguido por sua sexualidade perturbada e inapropriada.
ser atacado por uma: intrigas e fraudes estarão na sua sombra.
triunfar sobre: você difama os rivais sem se colocar como vítima deles.

PÃO 21-31-32-38-42-52
carregar vários: um pedido recente será concedido.
comer broas de milho: uma jogada arriscada remunera muito bem.
comer: você receberá ajuda de amigos distantes que estão de visita.
branco: tire bom proveito da sua sensibilidade e fragilidade.
escuro: alegria com o apoio dado por conhecidos.
preto: prejuízos nos negócios por causa da dura realidade.
comer pão integral: todos os nutrientes básicos que precisamos para sobreviver em um ambiente inóspito.
comprar: outros compartilharão o sucesso deles com você.
dormido: dificuldades domésticas encontrarão solução na concessão de um pedido antigo.
duro: bem-estar físico para toda sua família, mas não para você.
fazer: adicione os ingredientes necessários para uma alimentação completa.
homens amassando massa de: você precisa da moça em sua mente.
mastigar pão rústico: não deixe que os outros façam você perder a paciência.
migalhas de: este alimento essencial é uma pista para a solução de um problema que já está se arrastando há algum tempo.
observar os outros comendo: sua inveja envolveu você em uma discussão.

oferecer a outros: envolvimento em um contexto social mais amplo num futuro próximo.
recém-assado: riqueza e honrarias serão suas se você mantiver relações estáveis.
vários: período de tranquilidade e ausência de medo está acabando.

PÃO-DURO 01-06-30-39-47-48
acumulando mais dinheiro: vários problemas serão resolvidos sem conhecimento do parceiro.
contando dinheiro perto de seu cofre: herança não chegará a você no último codicilo.
olhando com deleite seu dinheiro: a maneira como o dinheiro é obtido fala muito.
ser: você exagerou quanto a sua importância e está inadequado para ocupar sua posição.
com crianças: transformará pessoas em mártires.
mulher: tirar de homens e não dar nada em troca não é uma atitude educada.

PAPA 06-09-20-25-26-36
cercado por cardeais: suas iniciativas batem de frente com a classe dominante.
conversar com o: dê uma olhada no espelho antes de criticar os outros.
morte de um: o sucesso será adiado até você chorar seu infortúnio.
receber sua bênção: será perdoado por pessoa amada.
visitar o: baseie-se no seu próprio vigor para encontrar a verdade universal, mas não se satisfaça com isso.

PAPAGAIO 01-02-11-12-14-32
crianças falando com um: você gozará da confiança dos amigos se souber o que eles estão dizendo.
falando com você: as palavras zombeteiras do papagaio se tornarão realidade, mas não são suas palavras.
gostar da tagarelice de um: a bajulação vinda de pessoa falsa consiste na opinião que ela tem de si.
moça sonhando com um: informe-se sobre a família de seu noivo e defenda a sua de difamações.
pondo um ovo: crescimento da família.
que fala muito pouco: situação de trabalho difícil e instável pela frente.
sonhar com um: você espera favores demais dos outros.
tagarelando demais: suas fofocas vão lhe voltar como um bumerangue, e você não vai reconhecer isso.
muitos: evite encontros com mulheres competitivas.

PAPÉIS 13-19-28-36-46-47
branco: inocência.
vazio: as possibilidades que estão sendo trabalhadas carecem de fundos.
coloridos: os inimigos estragam o sacrifício que você fez pelos outros.
com algo escrito: você gosta de discutir consigo mesmo antes de apresentar suas ideias.
de má qualidade: receberá notícias desagradáveis de um amigo.
dobrados: pequena decepção não deve lhe impedir de continuar a ser sincero e verdadeiro.
higiênico: solução bem empregada para pequeno contratempo.
impresso: boa-fé no sistema não indica que este seja infalível.
limpos: escapará com mínima perda financeira.
não utilizados de outras pessoas: está sob influência negativa, pessoa crítica e tática.

páginas de um livro: sua sede de conhecimento lhe ajudará a levar a cabo seus contratos.
papel-jornal: escolha um item que seja necessário.
pedaços de: seus atos serão desafiados.
perder: se você leu direito nas entrelinhas, não deve assinar os papéis.
enviar: nomeação para novo cargo no qual você será o mensageiro dos prejuízos.
rasgado: o erro está em suas atitudes; reconheça isso e siga em frente.
sendo produzidos: terá um bom emprego em seu campo de trabalho.
simples: uma decisão obscura será decisiva para o resultado.
sujos: suas ações serão questionáveis; sua perda, mais significativa.

PAPOULAS 28-32-34-26-39-41
campo de: dinheiro vindo de fontes ilegais causará grandes estragos para muita gente.
colher: briga com pessoa amada.
comer sementes de: está se forçando a ultrapassar os próprios talentos.
dar: viagem prazerosa e breve.
sonhar com: terá filhos inteligentes que serão sentimentais, verdadeiros encantos.
ter em casa: mudança para melhor em seus interesses.
várias outras cores de: vai adquirir riquezas em futuro próximo.
vermelhas: suas superstições ditam suas paixões.

PAR 04-09-16-20-40-47
ter par de animais: deve encontrar seu par antes que possa escalar a rampa de segurança.
brincos: um amigo vai contar seus segredos aos outros se você perder um brinco.
gêmeos: um racha em sua personalidade lhe transforma em duas pessoas dentro do mesmo corpo.
qualquer coisa em: não está certo quanto aos planos de casamento; não os faça.
sapatos: desavenças em assuntos familiares.
tesouras: fofocas sobre a vida pessoal dos outros vão se virar contra quem as propagou.

PARAQUEDAS 05-13-31-32-35-42
em uma mochila: decida-se após reconsiderar todas as ligações cautelosamente.
pessoas que morrem ao pular de: desmoralização de inimigos que pretendiam pôr sua saúde em risco.
pular de: otimismo em seus talentos traz tristeza na família.
muitas pessoas: crescimento em todos os ramos da família.
sonhar com um, caindo: cuidado para não exagerar na autoconfiança.
que não abre: uma pessoa amada criticará o mau funcionamento de seu equipamento.

PARAFUSO 10-12-19-38-42-47
outros: faça os outros cumprirem a parte deles, cumpra a sua e vá embora.
perder um: um elemento de sua vida será anulado.
solto: encontre a pessoa que descumpriu o acordo e a faça pagar por isso.
sonhar com: seu trabalho criativo combina com seus talentos.
trabalhar em tornilho: uma oportunidade para se igualar a alguém.

PARAÍSO 02-13-27-30-32-41
claro: realização do sonho escapista de grandeza e glória.
escuro: um projeto novo e mais complicado, mas bem melhor.

enluarado: lucros, compreensão e amor são revelados enquanto você ascende socialmente.
estar no: você está confuso; case-se imediatamente.
rodeando a terra: seu reencontro revelará perdas; busque a harmonia e prossiga.
sem sol: restabelecimento após uma doença; você fechou aquela torneira emocional.
estrelas: você receberá más notícias; reagrupe seu apoio emocional.
subir ao: sucesso tarde demais para possibilitar uma família completa.
subir usando uma longa escada de mão: suas conquistas estão naquele degrau da escada.
não conseguir: você irá se deparar com perdas e discussões acaloradas e veementes.
ver com a pessoa amada: prosperidade, êxtase e contentamento.
obscurecido pelas nuvens: você não consegue se beneficiar plenamente do seu trabalho árduo; a felicidade está sempre à frente.
sem nuvens: o esclarecimento trará consolo e amor para você; agarre-se a ele.

PARAÍSO 03-09-13-14-15-27
estar no: perdoe aqueles que erraram com você e reconheça as pessoas que o apoiaram.
inimigos: eles destruirão sua ilusão de jardim do Éden, mas tente realizar outra vez aquele projeto.
fazendeiro sonhando com o: atitudes racionais e cuidadosas trazem colheita abundante.
jovens moças: a vida não lhe trará o que é esperado dela.
homens sendo expulsos do: rompimento na família devido à falta de apoio.
mulher: infelicidade por causa de potencial de felicidade espiritual e material.
ir ao: haverá súbita mudança na união familiar.
não ser desejado no: finanças não lhe trarão felicidade a longo prazo.

PARALÍTICO 04-07-15-18-26-33
crianças ficando paralíticas: escute pacientemente os desejos delas, mas reaja aos poucos.
inimigos: perdas financeiras causando doenças na alma.
marido ou esposa: perderão a afeição um pelo outro e se separarão.
parentes: a morte de um inimigo trazendo amarga decepção por causa de sua herança.
do lado esquerdo: você precisa se dedicar ao seu lado emocional e intuitivo da maneira justa.
ficar paralítico: desonra autoinfligida por causa de sua incapacidade de controlar a situação.
outras pessoas que são ou estão: você está paralisado entre duas forças opostas.
tornar-se: as discussões familiares chegaram a um ponto de paralisação.

PARAPEITO 04-07-15-18-26-33
ajoelhar-se em um: perigo que brota da melancolia e do tédio.
cair de um: as dificuldades serão superadas quando você se esforçar para encarar a inveja de um parceiro.
debruçar-se sobre um: encontro com alguém de quem você temia sofrer rejeição.
outras pessoas em um: saia da apatia que impôs a si mesmo e volte a tomar parte do projeto.

PARDAL 18-19-26-30-35-44
bando de: período de trabalho excessivo e frugalidade resulta em fartura.

em ninho: você precisa de apoio e proteção.
espantar pardais: seus vizinhos cobiçam o que você tem e lhe culpam por não terem o mesmo.
gorjeando: trabalho duro pela frente, mas entre amigos.
matar um: indicação de inimizade secreta que uma pessoa nutre por você.
muitos pardais: fofoca medonha que lhe resultará em bolso vazio e filhos antipáticos e impopulares.

PARENTES 09-16-21-25-30-33
chegada de vários: perda nos negócios por causa da exposição de seus intentos malignos.
de idade: morte na família trazendo decepção em seus interesses.
discutir com: o relacionamento de diferentes aspectos de sua herança.
loucos: ganhará muitos presentes caros.
preocupar-se com a conduta dos: embates com a autoestima abundante de uma pessoa.
sentir rejeição por parte dos: livre-se de conceitos desgastados e desordenados.
ser contradito por: má-sorte oriunda de discussões em família.

PARIS 07-1029-37-40-41
em busca de moda: será excessivamente extravagante e se decepcionará com o que vai ganhar.
estar sozinho em: satisfação por estar em ponto distante do passado para curar o passado e o presente.
com um namorado em: irritação por causa de deslocamento vai trazer discussões e estragar sua viagem.
ir a: está sendo observado por pessoas que querem sua liberdade.
morar em: vai frequentar a faculdade de belas artes e morar na margem norte do rio Sena.
visitar: você tende a se divertir um pouco além da conta.

PARLAMENTO 33-37-38-41-45-48
ser membro do: melhora de cargo após encontro com membro influente.
funcionário do: relacionamento muito valoroso ajudará a desenvolver as perspectivas de sua carreira.
sonhar com um, durante sessão: será traído devido a sua reputação de caluniador.
visitar um: disputas relativas a rixas antigas terminarão em aperto de mão.

PARQUE 14-23-25-26-33-47
caminhar em um belo: aumente as horas de lazer com a família.
crianças brincando no: está fazendo alianças inquebráveis.
estar sentado em um, sozinho: o crescimento financeiro não satisfará suas ambições.
com a pessoa amada: inimigos devem ser punidos por interferir em seus assuntos.
guardador de um: tem a paz de espírito de estar de olho em muita gente.
nacional: você queimou a ponte de opções para as escolhas de carreira.
passear por um desleixado: reveses profissionais causarão uma grande reestruturação em seu trabalho.
perder-se em um: convocação para julgamento controverso pondo em risco sua carreira.

PARTEIRA 14-17-27-28-33-46
ajudar uma: brigará com seu marido por causa de dinheiro.
médico trabalhando com uma: sofrerá por seus hábitos dispendiosos.
ser uma: escapar por pouco de um incidente inesperado é um ganho seu.

sonhar com: descoberta de uma doença secreta que poderia ter colocado você à beira da morte.
ver uma: busque alívio de sua consciência e da aflição causada por outros.

PARTIR 08-17-18-27-32-43
com outras pessoas: uma sugestão interessante resolverá suas dificuldades financeiras.
decidir data de partida: as ambições são elevadas; ponha-se a trabalhar.
outros partindo contra a vontade: visitas surpresas de velhos conhecidos.
para lugar de entretenimento: risco de perder propriedade.
pessoas queridas partindo: os problemas estão sendo remediados pouco a pouco e para sempre.
sonhar com: você por pouco evitará um acontecimento infeliz enquanto realiza aspirações legítimas.

PARTO 09-21-24-37-41-45
ajudar em parto cesariana: sua evolução exigirá ajuda.
de gêmeos ou trigêmeos: ansiedade a respeito do efeito que um bebê causará em um relacionamento.
normal: alegria e prosperidade esperam seu novo eu.
de criança morta: os projetos atuais fracassarão quando alguém interpretar mal seus motivos.
anunciar um nascimento: cuide do futuro de seus bens queridos.
assistir a um animal dar à luz: comece uma nova fase com resultados positivos.
bebê grotesco: você teme monstro ou bebê deficiente.
colocar a vida de uma mulher grávida em perigo: adapte-se à sua mente calma e racional.
controle de natalidade: você tem ambições muito altas e não parará por nada até alcançá-las.
cortar o cordão umbilical: seus filhos estão prontos para deixar o ninho.
dar à luz: promoção por meio de troca de emprego criará grandes oportunidades.
de parente próximo: ansiedade da separação de uma pessoa amada.
difícil: problemas sérios serão resolvidos a seu favor.
embrião: uma nova ideia está surgindo em você.
estar em trabalho de: seus planos estão incompletos; você tem tendência a ser impaciente.
exigir seus direitos inatos: habilidades inatas presentes no nascimento foram utilizadas.
fácil: alívio de longa preocupação.
homem sonhando com: ele perderá a afeição da esposa por causa da sua incapacidade de desempenho.
solteiro: perda de reputação e abandono pela pessoa amada.
mulher casada sonhando com: nenhuma outra realização ou conquista se iguala a dar à luz.
nascimento de um bebê: o nascimento de uma pessoa não pode ajudar, exceto quando representa a morte de outra.
gêmeos: conforto quando a vida parece esmagadora.
seu: você tem resistência considerável à dor e ao sofrimento.
nascimento ocorrendo: um processo doloroso resultará em prosperidade e abundância.
pai recebendo notícias do nascimento enquanto está fora: lembranças infantis reais do nascimento.

prematuro: ambições coroadas com sucesso acadêmico.
ser natimorto: certas aspirações deveriam ser abandonadas.
sonhar com embrião: regressão a níveis anteriores de consciência.
ter aborto espontâneo: com medo justificado de que seu eu inclua sua traição.
ter filhos: deseje filhos independentes que tomem suas próprias decisões importantes.
ter trigêmeos: sua decisão é sólida, justa e sábia; prossiga com seus planos.
de sexos diferentes: dignidade, alegria e prazer seguirão a dor.
do mesmo sexo: inimigos estão conspirando contra você com boatos injustificáveis.
voltar ao útero: o crescimento está ocorrendo muito lentamente; possibilite exposição.

PÁSCOA 08-14-17-25-26-42
comemorar o Carnaval: um documento declarando sua independência será jogado para você.
comer ovos de: suas paixões não contidas podem levar à gravidez.
dar: você irá se entregar a um amor respeitoso.
esconder: a sua honestidade está em questão.
procurando: o amor em todos os lugares errados.
receber: uma pessoa ama você, mas você não pode corresponder.
estar em uma parada: a tentação virá.
pessoas em uma parada: perigo causado por um segredo.
outros comemorando sem você: tempos bons pela frente.
passar com outras pessoas: dias ruins pela frente.
renunciar a algo durante a Quaresma: você vencerá facilmente obstáculos intransponíveis.
Sexta-feira Santa: sua paciência e seu carinho serão recompensados.
ter uma feliz: reuniões sociais agradáveis.

PASSAGEIRO 03-06-24-35-45-48
chegando: conte que outras pessoas resolvam suas coisas.
em um barco: não há período que não tenha seus problemas.
avião: traição vinda de pessoas de quem você depende.
partindo: terá oportunidade de adquirir imóvel com a perda de alguém.
ser um: passe a liderança para outra pessoa da família.
crianças: discórdia familiar causado por confiança depositada na pessoa errada; descubra quem.

PASSAGEM 07-14-15-24-33-38
estar com outras pessoas em uma: progresso lento, firme e obstinado no trabalho.
ler uma, da Bíblia: será cativado por uma boa pessoa.
de um dicionário: é suscetível a súbitos reveses de temperamento.
de um livro: terá amigo constante com quem não poderá guardar segredos.
passar por outra pessoa na rua: seu egocentrismo eliminou todas as amizades.
profunda e escura: persistência, fé e crença de que o objetivo lá se encontra.
cair dentro de uma: relaxe por um momento e experimente a ausência do medo real.
encontrar algo em uma longa: vai superar a transição por meio de grande dificuldade.

estreita: não quer se envolver nos negócios dos outros.

PASSAPORTE 01-08-15-22-35-52

perder seu: sua falta de credibilidade lhe bloqueia.

requisitar novo: a decisão de se mudar é só sua.

sem validade: você não está pronto para tomar a decisão necessária para a mudança.

sonhar com um: seu inconsciente está lhe dando permissão para viajar.

ter um estrangeiro: restrição por parte de gente que você não conhece.

PASSAR ROUPA 09-11-14-21-28-41

mancha de ferrugem: fim do amor quando a tentação vem a você.

manchar roupa de cama com: doença séria devido a medidas preventivas mal-empregadas.

passar coisas de seda: explore com delicadeza os efeitos dos seus lances antes de prosseguir.

passar roupa de cama e mesa: mantenha-se livre de quaisquer vínculos, se quiser mudar para melhor.

passar roupas de homem: um lar confortável, e um amor e um salário maiores.

passar roupas engomadas: problemas leves que não são solucionados se tornam amassados permanentes.

passar vestidos: você irá se livrar de fardos aos quais já tinha se resignado.

sonhar com: você terá problemas por causa de rival.

PÁSSAROS 11-21-28-29-40-42

à noite: felicidade duradoura de liberdade espiritual.

andando como um pato: você concluirá seus negócios satisfatoriamente.

em terra: assuntos incertos terminarão bem.

ferido: perseguido pelo inimigo.

andar como um pinguim: você está vestindo uma roupa pomposa demais para a ocasião.

arara saltitando na gaiola: qualquer desculpa para evitar uma conferência enfadonha.

asas de: a liberdade pode ser o que deseja, mas não da pessoa que tem o controle.

quebradas: você perdeu o equilíbrio.

aves marinhas: liberdade intelectual se você abandonar a situação atual.

bando de: você será parte dos que foram ouvidos.

beija-flor: um voo rápido por negócios em vários lugares.

brigando: você mudará de emprego.

cabeça de: mudança dentro do seu próprio cargo.

capturar: casamento imediato para pessoa solteira.

capturar um gaio azul: casamento imediato.

com uma linda plumagem: você terá como parceiro uma pessoa rica e amorosa.

comestíveis: forme uma corporação.

dormindo: um dado importante passou desapercebido.

em aviário: um alerta para que você pare de fugir do trabalho para eventos sociais.

ema ou um casuar no seu quintal: você conhecerá um tolo com propostas tolas.

engaiolar: seu negócio não ficará à altura de suas metas ambiciosas.

fênix se erguendo das cinzas: renascimento espiritual.

em um galho: uma avaliação para colocar outros em seus lugares.

voando: livre da insatisfação com uma pessoa que cuida de você.

ferido: tristeza profunda causada pelo mau comportamento dos filhos.
flaminga: viagem para longe, uma chance para acontecimentos excitantes.
flamingo: viagem distante, aventuras surpreendentes.
garças: sua carreira se moverá mais rapidamente, com mais ganhos que perdas.
grou voando: um acontecimento importante alterará os planos mais bem-elaborados.
andando em água rasa: você negociará construtivamente para liberar a energia interior.
matar um por esporte: desgraça.
matar um verdilhão comum: você se deparará com obstáculos insuperáveis.
matar uma joaninha: cuidado com o adiamento de empreendimentos.
migrando: visite a casa onde morou quando criança, preste a devida homenagem e então liberte-se dos laços materiais.
muitos: grande reunião familiar e vitória em uma ação judicial.
mulher solteira sonhando: casará com um homem rico mesmo que não queira.
mulher vendo pássaros com plumagem brilhante: veja a si mesma ou a seu marido renascer.
observar garrinchas ou corruíras: assegure-se de que seus planos têm uma boa base.
escutar cantando: mantenha sua alegria para você.
outros sonhando com uma joaninha: adiamento de felicidade em assuntos de amor.
ouvir cacarejo de manhã cedo: alerta de que atenção é necessária.
de noite: grande perigo ronda você.
no meio-dia: brigas entre parentes.
ouvir o canto de: grande alegria aguarda você ao ser perdoado por delitos do passado.
muitos: você será chamado para realizar tarefas importantes e complexas.
pelicano: impeça um inimigo antes que ele estabeleça uma base segura.
pegar um: um pescador com a rede cheia convidará você para jantar.
pés de: você tem amigos fiéis que não compreendem você.
pessoas pobres sonhando com: melhore suas condições com uma pessoa que cuida de você.
jovem solteira sonhando com lindos: você é amada, mas não controla seu destino.
pessoas ricas sonhando: reviravolta em relação à sorte nos negócios, com você dependendo do dinheiro de outra pessoa.
predadores: seus inimigos estão em posição para atacar.
sabiá: o espírito está no limbo decidindo que vida viver a seguir.
saíra: uma festinha agradável onde você conhecerá muitas pessoas importantes.
selvagens: você será oprimido por pessoas com exigências obscuras.
ser bicado: mantenha suas opiniões para si mesmo.
ser um papa-figos: você progredirá nos negócios.
ter um pardal: atenha-se ao seu trabalho e aos seus empreendimentos.
tordo-dos-remédios cantando de noite: um longo período de satisfação tranquila.
trocando as penas: tratamento desumano daqueles com um padrão financeiro inferior ao seu.

urubu sobrevoando: um escândalo incomum tornará você vulnerável à perda.
voando embora: atitudes destrutivas foram esclarecidas; a solução está a seu alcance.
ver: você está tentando fugir das obrigações que considera impossíveis de cumprir.
durante negociações: um inimigo lesará você exigindo uma decisão judicial a favor dele.
ver um bico: expresse suas soluções; você precisa de algum tipo de alívio.
voando: sua alma será salva por uma onda de prosperidade.
embora: liberdade para aspirar à grandeza.
voar como um: qualquer tentativa de fazer o impossível se deparará com o provável.

PASSOS 13-27-33-36-42-43
seguir: você limitou suas ambições a uma meia-vida.

PASTA DE EXECUTIVO 08-11-41-42-43-48
abrir: alguém lhe confia um segredo.
encontrar: fracasso em todos os assuntos.
perder: você fará negócios bons.
ter: você terá o benefício da riqueza por um período curto de tempo.
cheia de documentos: você descuidará de alguns de seus próprios negócios.
sem documento algum: bons resultados nos empreendimentos.

PASTAGEM 10-17-18-22-32-46
sonhar com uma grande: será visitado por pessoas de fala mansa.
trabalhar em uma: infelicidade.

PASTOR DE ANIMAIS 07-23-25-33-35-55
cujo rebanho se espalha: grandes ganhos lhes serão tirados pouco a pouco.
fazendeiro sonhando com um: precisa de apoio externo com base em sua colheita excepcionalmente farta.
levar rebanho de ovelhas ao pasto: você é espiritualmente nutrido o bastante para nutrir os outros.
por uma floresta: você encontrará coisas valiosas se cavar no matagal.
longe de seu rebanho: breve infortúnio conduzindo a uma vida longa e saudável.
muito jovem: prosperidade e boa reputação que custarão anos de pequenos reveses para se desenvolver.
perder parte do rebanho: sua preocupação com assuntos pessoais lhe faz negligenciar o trabalho.
vários pastores reunindo rebanhos: honra de curta duração em sua rota para o sucesso.
observar: bons ganhos pela frente se você se levar a sério.
vivendo em uma floresta: lucro devido a um segredo bem mantido e bem cultivado.

PASTOR DE IGREJA 09-11-15-24-28-31
aconselhar como um: as pessoas precisam aprender por si mesmas.
aconselhar-se com um: aumento de posses.
conversar com um: deve cuidar melhor de seus assuntos pessoais.
dando conselhos: amigos verdadeiros consideram bastante seus conselhos.
de roupa preta: perigo de lidar com assuntos profundos sem conselhos sábios.
fora de uma igreja: resolva dívidas pendentes com a sociedade antes de entrar.
na companhia de mulher: frivolidade financeira por parte dela, preocupação social por parte dele.

pregando: sua promoção será invejada e criticada como usurpação dos direitos de outra pessoa.
ser um: deve reconhecer um erro anterior para resolver o problema.
sonhar com um: deve prestar mais atenção nos seus investimentos em imóveis.

PATENTE 18-23-34-39-47-49
obter uma: calcule bem antes de seguir em frente com um projeto.
recusarem-lhe uma: a razão tem seus limites; só a intuição é capaz de criar.
registrar uma: aja agora, senão as pessoas vão lhe perturbar.

PATINAR 02-11-12-14-19-36
assistir a outros patinando no gelo: combine técnica e arte.
assistir a outras pessoas patinando: está fora demais da ação para causar algum efeito.
calçada abaixo: seu talento ainda está subdesenvolvido.
cambaleante sobre patins: saltar sem perícia leva ao desastre.
competição de patinação no gelo: um confronto audacioso mostra o seu valor.
comprar patins: o sucesso depende do senso correto de tempo e oportunidade, e do tratamento dado aos oponentes.
em competição: entre no jogo ou outros tomarão seu lugar.
em rinque de patinação: negócio arriscado requer apoio especializado.
frear no gelo enquanto patina: ao ignorar um mau conselho, você alcançará seu objetivo.
machucar-se enquanto patina no gelo: sua indiferença prejudica a todos à sua volta.
patinação artística no gelo: um relacionamento artístico com destreza exige uma disciplina sem par.

PATINS 02-10-19-33-38-43
andar de: desaprovação, mude de rota.
cair ao andar de: será chamado para contribuir para os desprivilegiados.
crianças andando de: sorte e prosperidade para aqueles que deixam os invejosos para trás.
outros andando de: você pode estar ligado perifericamente a algum escândalo.
parentes: uma oportunidade de deixar sua marca.
patinação de velocidade: acelere seus planos ambiciosos.
patins in-line: aperte o passo; você encontrará oposição a sua euforia.
sonhar com: sua ansiedade e seus nervos estão lhe dando um descanso.

PATOS -1-17-29-31-34-38
andando: estão para começar as festividades do melhor aproveitamento dos seus talentos.
assado: a riqueza abandonou sua carteira; os inimigos vêm se intrometendo nos seus assuntos.
comer: sua família deveria largar o desnecessário.
caçar: você tem a inteligência para refletir a respeito do que se encontra abaixo da superfície d'água.
comer: você tem muita honra e prosperidade pelas quais agradecer; utilize-os com parcimônia.
matar: haverá uma tragédia na sua viagem pelo mar; sorte em jornadas curtas.
nadando: perigo desfavorável ao seu negócio será afastado.
pegar: você está correndo quando um passo direto bastaria.

muitos: boatos maliciosos dos seus amigos não impedirão o seu encontro para jantar.
selvagens mortos: não esqueça quem são seus amigos e inimigos.
ser atacado por patos selvagens: o empregador terá dificuldades nos negócios.
voando: em sua sabedoria, você causará o fracasso dos inimigos.

PAVÃO 01-13-14-35-46-48
com a cauda aberta em leque: sua arrogância não lhe cai bem.
fazendeiro sonhando com: terá boa colheita de suas conquistas.
homem circundando um: haverá problemas se você desenterrar o passado.
mulher: o orgulho e o preconceito das riquezas.
mulher bonita: está enfatizando as qualidades de outros para subir de posição.
morto: seu orgulho causará o fracasso de seus planos.
ouvir um gorjeando: não se deixe seduzir para andar na companhia dos maiorais.
pegar um: acabará sendo motivo de risada se ficar exibindo suas ambições por aí.
sonhar com um: sua vaidade será frustrada pela beleza de outra pessoa.
com belas plumas: alegria sem lucro para seu espírito orgulhoso.

PAZ 07-12-21-29-30-37
fazer as pazes: espere por briga no futuro.
com amigos: apenas a verdade permite a aceitação.
companheiros: aumento de afeição pelas crianças, e raiva e irritabilidade mútua.
namorados: só quando a animosidade real for exposta.
ficar em paz: o sacrifício supremo de esperanças irrealizáveis.
ter: terá uma briga por causa de suas dúvidas e acusações desconfiadas.

PEÇA 01-05-08-12-24-38
ir assistir a uma: realização fugaz de seu desejo mais acalentado.
amigos: terá a companhia de pessoa amiga e afável que quer mais do que amizade.
com a família: você não pode voltar para casa novamente, mas uma representação disso seria aceitável.
outras pessoas: será cobrado por credores resolutos.

PECADO 14-18-30-32-36-47
arrepender-se de: a ruína se repete mais uma vez.
avareza: você perderá alguém a quem muito valoriza.
cometer um: cuidado com perigos terríveis por perto.
amigos: seus muitos desejos lhe farão mal; é isso que você quer?
crianças: dias de melancolia pela frente devido a memórias que não se apagam.
membros da família: fará longa viagem de ida e volta ao purgatório.
gula: você só sobreviverá se mudar seus hábitos.
inveja: cuidado, ou perderá o que tem.
ira: perdoe quem lhe fez mal.
luxúria: aquilo que você tem também lhe possui.
preguiça: seja aquele que faz acontecer em vez de aquele a quem as coisas acontecem.
vaidade: cuidado, pois lhe enxergarão por entre a névoa.

PECHINCHA 19-21-25-30-31-45
dividir: você se livrará de um inimigo, mas não dos pequenos aborrecimentos por parte dos amigos.

ser enganado e privado de: sua própria casa será roubada.
sonhar com: confie somente em suas próprias opiniões.
ter feito: promoção à vista.
outros: você terá que se levantar um pouco mais cedo.

PECUARISTA DE GADO 09-27-29-30-33-42
ser um: você conseguirá seus objetivos lentamente e com segurança.
ter negócios com um: será aceito na sociedade, mas suas condições serão corruptas.

PEDESTRE 04-15-23-24-42-52
caindo: um dos integrantes do casal está traindo, qual deles está com você?
chocar-se com um: confronto com obstáculos intransponíveis na pessoa de um pedestre.
muitos: terá sucesso ao lidar com uma série de ataques.
sendo ferido: prosperidade nos negócios trará constrangimento aos seus interesses.
ser: está satisfeito com as condições modestas e com as opiniões dos conhecidos.
ser um: está em busca de prazeres compatíveis com uma saúde harmoniosa.
sonhar com: vencerá os inimigos com perseverança e os enfraquecerá com seu charme indulgente.
vindo em sua direção: ao comparecer a um funeral, terá uma tarefa desagradável a cumprir.

PEDRAS 01-03-04-07-11-23
atirar na água: o tédio de buscar a perfeição.
caminhar sobre: terá de sofrer um pouco.
gravadas: sua inflexibilidade limita as ações positivas.
jogar: certifique-se de que suas ações não causem efeitos colaterais.
lápide de: respeito e reconhecimento por um gesto de muito tempo atrás.
magneto: atração de oportunidades favoráveis.
preciosas: sua generosidade foi mal recebida.
quartzo branco: está seguro demais em relação a possibilidades futuras de negócios.
brutas: você precisa extrair as farpas de seus pensamentos.
rosa: aflições repentinas causam confrontos em relação de longa data.
sonhar com: discussões exaltadas e abastecimento exaustivo por causa de um projeto sólido.

PEDRAS PRECIOSAS 01-05-17-29-35-38
colocar ao redor do pescoço: um acontecimento inexplicável encantará você.
comprar: o centro intocável de sua alma foi atingido por outra pessoa.
comprar ametista: você será abandonado depois que a pessoa amada descobrir contentamento em capricho intelectual.
água-marinha: você tem a afeição de amigo jovem.
hematita: você amará um amigo e ganhará um melhor ainda.
lápis-lazúli: sensatez, vitalidade física.
falsa: boatos maliciosos estão circulando a seu respeito.
opala: purificação pela sobrevivência ao perigo.
parentes tendo: doença na família.
perder: sorte inesperada.
receber de presente: perigo em virtude de um segredo está causando sua depressão.
usar: você se sente confortável com sua importância ao doador.

amarela: tire proveito de uma oportunidade multidimensional.
azul: uma mensagem inesperada e cheia de esperança.
outras: descobrimento, durante a colheita, de objetos de valor perdidos.
roxa: você está repleto de paz.
vermelha: um romance da maneira que você o concebe.
vender: decepção no amor faz com que você se livre de todos os presentes; infortúnio em todos os assuntos.
vender zircão: sua amizade está depositada no lugar errado; eles serão ingratos.

PEDREIRA 05-12-14-30-32-45
cair em uma: sofrerá muito nas mãos de amigos não confiáveis.
e sair: descobrirá a verdade nua e crua e terá de conviver com ela.
não conseguir sair: aguarde sérios problemas, mas você está respeitando o julgamento errado.
inimigos com uma pedra: desfrutará de sucesso nos negócios após cuidadosa poupança.
jogar uma pedra em uma: alto nível de disposição para um esforço que protege sua energia.
outras pessoas: ganhará com dificuldade uma quantia módica de sorte e felicidade.
vender pedras de uma: será escravo do preconceito, e assim boicotará a construção da pirâmide.

PEDREIRO 03-06-07-17-19-39
empregar vários: perda, devido à doença, de pessoas que dependem de você.
maçom, ser: será mal compreendido; tirará proveito de subsequente estranhamento.
outros membros fraternos: será cercado de proteção contra os males da vida.
tornar-se um: terá amigos novos e leais até a morte.
ser um: advertência para problemas causados por sua impaciência.
sonhar com: destaque no emprego resultará em mais qualidade com menos horas de trabalho.
trabalhando: será culpado por ações tolas em outros lugares, não com tijolos e cimento.
trabalhar como um: construa sua vida somente com suas especificações.
vários construindo uma casa: a dignidade crescerá dentro da família.

PEGADAS 06-09-19-22-28-41
de animais: ambição não realizada, e com toda razão.
crianças: você superará as dificuldades.
outros: um amigo está tentando ajudar você em segredo.
um homem: use de cautela com sua personalidade austera e inflexível.
uma mulher: um êxito rápido em uma vitória difícil mas importante.
na sua frente: siga o caminho mostrado a você.
suas próprias: aprecie o processo positivo e o que você ganhou.

PEIXE 18-21-30-39-45-48
alimentando-se de águas-vivas: o apoio que você espera se dispersará com as pessoas indecisas.
anchovas: você está sofrendo com as lembranças do primeiro amor.
bacalhau: você terá uma visita inesperada.
carpa: sua chance de ganhar um concurso.
cavalinha: prazeres caros causam brigas e sofrimento.
comer atum: sua mente alegre e independente precisa mediar coisas de caráter duvidoso.

em lata: timidez extrema interrompida por explosões de ultraje.
comer fervido: a entrega espiritual à vontade de Deus.
comer frito: você achará uma joia de pouco valor entre os ossos.
comer sushi: você precisará de alimento espiritual cru.
comprar lula: uma decisão importante tem de ser feita às pressas.
cozinhar: liberação de um trabalho detestável para que você possa buscar seus próprios talentos empreendedores.
de coloração vermelha: você anda à procura de elogios.
em água rasa: uma boa reputação e amizades duradouras contaminarão você.
em um aquário: você está limitado pela sua incapacidade de expressar emoções.
movimentando-se rapidamente de um lado para o outro: hora de você deixar seu emprego ou cargo atual.
espinhas de: sobreviva ao estado emocional e racionalize-o continuamente.
história do peixe grande que escapou: tentar sair de um triângulo amoroso emaranhado é inútil.
incubando seus ovos: você terá dificuldade em levar a gravidez a termo.
isca: um chamariz não substitui fatos sólidos.
lúcio pequeno: problemas com um amante em quem você nunca deveria ter confiado.
martim-pescador voando sobre a água: recuperação de dinheiro perdido devido a esforço consciencioso.
mercado de: você conseguirá uma posição ilustre entre os ricos e poderosos.
mortos em uma loja: a influência que alimenta e sustenta precisa de sua vitalidade para se movimentar.
em um riacho: uma desgraça distante ecoou em suas águas.
muitas cores: briga com parceiro pela frente.
nadando livremente: busque e traga à luz a sua compreensão espiritual.
nascimento de: a riqueza ou o sustento da sua vida interior e inconsciente.
pescar peixe-espada com anzol e caniço: uma batalha elegante; a nobreza da captura.
comer: você lucrará ao trocar de fonte.
ganhar: amigos sinceros elogiarão você.
salgados e secos: você tem que lutar para evitar as aflições.
salmão: alegre-se, e seu conflito emocional poderá ser resolvido.
ser atacado por barracuda: você precisa mudar de ambiente para ter êxito.
ser engolido por: períodos de introversão tremenda e assustadora na loucura.
sereia: um amante, sob falsos pretextos, enganará você.
vários: sua presença de espírito de jogar na loteria irá ajudá-lo a superar os tempos difíceis.
voador: você viaja a lugares estranhos com experiências ainda mais estranhas.
vários: você desfrutará de prazeres muito caros.

PEIXES-DOURADOS 00-11-22-33-44-55
comprar: casamento na família.
crianças brincando com: contentamento.
moça sonhando com: ela se casará com um homem rico e gentil.
mortos: decepções pela frente.
mulher casada sonhando com: abaixe as persianas para evitar os espreitadores.

ter em um aquário redondo em sua própria casa: lucros.

PELE 05-07-15-30-38-45

amarelada: problemas em lidar com a sua depressão e com a dos outros.

com cicatriz: dor emocional não curada se torna problema de saúde.

comprar pele de animal: gentileza partindo de quem você menos espera.

casaco de: logo ficará rico e terá que se defender continuamente.

de tigre: descobrirá quem são seus inimigos antes que eles continuem.

tingida: terá uma surpresa desagradável com o rumo das coisas.

contrair doença de: acontecimentos inexplicáveis para os quais você precisa encontrar explicação.

livrar-se de: problema que deixaram crescer sem solução se torna sério.

enrugada: após os 50 anos, seu rosto não lhe permitirá mais esconder quem você é.

escamada por eczema: você agiu sem considerar os outros.

lavar a própria: morte de alguém que você conhece, mas preferia não ter conhecido.

queimada de sol: trairá os amigos com sua persistência obsessiva.

tirar a própria: mudança do antigo estilo de vida.

ter acne: sua vilania está aparente.

tirar uma: fará cair em desgraça o orgulho familiar do qual tanto se vangloria.

trocar de (como cobras e outros animais): você sabe da necessidade de expor seu eu verdadeiro, repetidamente.

usar para confeccionar tambor ou pandeiro: receberá boas-novas por meio de uma única mensagem.

PELE DE ANIMAL 04-15-16-23-24-32

de coelho: muitos filhos reconhecerão o seu mérito.

de guaxinim: você voltará para conseguir um título acadêmico melhor.

estar coberto de: manter-se recluso garantirá sua saúde.

estola de um sacerdote: um fantasma irá assustá-lo e você terá remorsos na consciência.

possuir: você está desperdiçando tempo em aventuras arriscadas.

receber de presente: faça-se acessível para um certo tipo de casamento.

ter um casaco de: proteção dos ventos frios da miséria.

gambá: um homem se apaixonará por você.

marta-zibelina: sua ética não está sendo devidamente apreciada.

raposa: traição dos amigos que têm inveja do seu sucesso.

velho e gasto: você foi selecionado para honrarias por ideias sensatas.

vison: as pessoas estão sendo falsas com você; você está sendo maléfico com elas.

usar uma estola de: você está tentando ocultar atos maliciosos.

vender uma estola de: alguém está tentando prejudicar você.

PELE DE MARTA 06-25-28-31-33-46

comprar um casaco de pele de: advertência de que seu marido a está enganando com um comportamento inescrupuloso.

outros: está nas garras de pessoas enganadoras; recuse-se a receber ordem delas.

parentes: meios abundantes para evitar trabalhar horas a mais e ficar exausto.

receber, de presente: popularidade crescente entre aqueles com os quais está associado.
vender: terá um novo marido que a tratará melhor.
vestir: está pronto para enfrentar todos aqueles que divergem de sua opinião.
chapéu: um rival tomará as afeições da pessoa querida.

PELTRE 03-07-10-28-34-37
comprar utensílios feitos de: sócio econômico cuja independência lhe salvará a prosperidade.
sonhar com coisas feitas de diferentes metais: contentamento na companhia de pessoas mais velhas.
ter: terá dinheiro, mas não prosperidade; circunstâncias de contenção, mas não de necessidade.
usar pratos e potes de: superará os elementos que perturbam sua digestão.

PENAS 05-13-21-33-35-45
azuis-claras: realização dos seus sonhos de ser socialmente popular.
brancas: a acusação se mostrará falsa.
chapéu com penas usado por você: você ganhará aprovação, mas seus métodos serão desprezíveis.
pelas filhas: reconhecimento público por um talento bem desenvolvido, especialmente se for uma pena branca.
pelos amigos: você será atormentado pela incapacidade de fazer amigos honestos e duradouros.
por parentes: ganhos inesperados.
por pessoas: a vaidade traz a infelicidade; ainda assim suas aspirações são atingíveis.
cinzentas: orgulho falso limitará sua jornada pela vida apenas a você.
colecionar: suas esperanças vãs de dinheiro são inúteis.
de águia: acesso aos céus para a realização de suas ambições.
de avestruz: transações comerciais favoráveis se você mantiver a cabeça erguida.
de escrever: um pedido de desculpas, devido a você, traz melhoria nos assuntos financeiros.
estar coberto de: satisfação egocêntrica de ascensão ao poder.
marrons: sua prosperidade foi reduzida por aborrecimentos fúteis e amores não correspondidos.
negras: sofrimento e postergação de lucros serão suportados com autoconfiança.
perder as penas na muda: não aja como se duvidasse; uma nova oportunidade será oferecida pela manhã.
pessoas usando no chapéu: rápida realização de suas esperanças de um trabalho bem feito.
um feixe de: altas honrarias irão coroar você.
travesseiro de: negócios favoráveis relacionados com o orgulho e a carteira.
vermelhas: atritos irritantes com os colegas de trabalhos.

PÊNDULO 05-15-34-38-40-42
parado: vida longa e saudável com muitas esperanças que dão frutos.
pôr um para funcionar: fará longa viagem com guia confiável e resoluto.
sobre o consolo da lareira: o equilíbrio de sua vida está sendo constantemente desafiado.
sonhar com um inativo: receberá mensagem inesperada de fonte confiável.

PENEIRAR 20-23-26-35-36-43
farinha: você estava certo em negligenciar o projeto, pois ele não tinha futuro.

filtrar algo: você será julgado por suas ações.
molho cozido: você fará amizade com um artista de palco.
outros: doença para quem usar o coador ou peneira, caso estes não estejam totalmente limpos.
usar um coador ou uma peneira: sua extravagância se tornará sofrimento.

PENHASCO 06-08-12-13-25-32
descer de: queda de uma conquista intensa a um vácuo de atividade.
empurrar alguém de um: sensação inconsciente de dificuldade está causando sua indecisão.
escalar: você irá se aventurar em território inexplorado para concluir seus negócios.
em direção ao chão: perigos ocultos causarão derrota ao menor tropeço.
estar acompanhado em: medo de decepcionar alguém; você está voltando ao controle.
estar no topo de: enfrente o seu medo de não ser capaz de atingir um objetivo.
na beira de: quaisquer riscos nos negócios causarão uma mudança radical.
pular de: os problemas têm solução; a dificuldade está dentro de você.

PENHOR 07-14-24-40-42-50
ir a uma casa de: receberá ajuda inesperada.
receber dinheiro de uma: seu futuro e seus problemas estão em boas mãos.
levar peças para penhora: você não planeja as coisas direito.
resgatar: sucesso súbito e sem precedentes.
ser penhorista: você faz escambo com as emoções dos outros.
que não lhe devolve suas coisas: pessoa amada e infiel vai requisitar sua ajuda.
renovar o penhor com o: indiscrição de companheiro lhe causando problemas.
visitar um: liberte-se dos assuntos alheios.

PENSÃO 04-06-16-20-24-28
morar em uma hospedaria: é preocupante seu desânimo geral para com seus problemas.
receber uma: será chamado a pagar velhas dívidas.
outras pessoas: cuidado com suas decisões envolvendo a família.
parentes: fará investimento em ações que favorecerá a todos.
ser recusado em uma: você está em segurança emocional na companhia de um amigo leal.

PENSÃO ALIMENTÍCIA 23-30-33-42-43-49
dever: nenhum dinheiro do mundo vai compensar o(a) esposo(a) pela sua falta de compromisso.
pagar: culpa por se imaginar cometendo adultério.
receber: a responsabilidade cabe a você.
recusar-se a pagar: você roubou a fidelidade a qual seu(sua) parceiro(a) tinha direito.

PENTE 08-17-23-29-42-46
com dente faltando: alguns pontos precisam ser esclarecidos.
comprar: descuidar de seus próprios assuntos leva a uma mudança de endereço inesperada.
fazer penteado em um cabeleireiro: autopreservação.
mulher rica fazendo penteado em um cabeleireiro: grande sorte ou riqueza pela frente.

pentear os cabelos de um menino: as amizades são sólidas e garantidas.
compridos: sua nova amizade irá durar, que é o que você deseja.
crespos: você está emotivo e impressionável e quer as coisas do seu jeito.
de uma menina: bom relacionamento com alguém que você ama.
pentear-se: a sua vaidade é contraproducente; organize-a.
perder: o seu amor por alguém não é tão forte quanto foi um dia.
pessoas fazendo penteado em cabeleireiro: perda por intermédio de alguém de confiança.
pessoas penteando o próprio cabelo: você tem uma natureza generosa e atenciosa.
pessoas tomam o seu emprestado: dificuldades causadas por uma amizade tensa.
quebrado: desavença grave em família.
tomar emprestado o de outra pessoa: perda de dinheiro, a não ser que um assunto sério seja resolvido.
usar: os negócios estão confusos; ponha-os em ordem.

PEPINOS 05-08-14-19-21-47
comer: uma amizade será traída em um amor violento.
comprar: você se recupera de uma doença e volta a ter boa saúde graças à sua constituição de ferro.
cultivar: boa saúde se você se cercar de pessoas prósperas e felizes.
usar para fazer uma salada: evite gastar dinheiro em coisas tolas.

PEQUENA NOBREZA 11-13-20-33-36-47
estar com: uma mudança na vida em breve.
moça do campo sonhando com: ela trabalhará em uma cidade grande em breve.
mulher: ela irá casar-se com um nobre estrangeiro.
ser cortejado por mulheres de alta classe: tristeza e maldades.

PERAS 04-16-19-20-42-52
colher: divertimentos se tornam lucrativos; piquenique em um cenário lucrativo.
pereira em flor: dignidade; as perspectivas são boas, se você for simpático e compreensivo.
comer: longevidade após um ou dois escândalos.
crianças: seu marido lhe será sempre fiel.
maduras: o relacionamento com o parceiro será válido e duradouro.
parentes: marido e esposa serão sempre fiéis.

PERCEVEJOS 13-17-26-33-45-47
esmagar e aparecer sangue: doença grave bem escondida.
água: você terá um acidente não fatal.
muitos: morte de um parente proporciona lugar para você se mudar.
no colchão: pessoa amiga provocará você.
na roupa de cama: prosperidade além dos sonhos mais loucos.
sofrer picada: muita riqueza e posses.
sonhar com: você se aborrecerá em um relacionamento.

PERDA 08-14-19-26-36-47
perder amigos: aumente o seu círculo de amigos se socializando mais.
emprego: esforce-se para falar com colegas de trabalho.
parentes: você não tem recebido apoio de pessoas importantes para você.
pessoa amada sofrendo com sua morte: derrube a barreira da comunicação.
separar-se dos filhos: colapso na comunicação leva ao fracasso.
sofrer com a morte da pessoa amada: decepção em planos de larga escala.

PERDÃO 01-12-30-31-40-45

pedir, a Deus: você receberá a punição adequada para seu crime.

pedir, por uma ofensa: da primeira vez é perdoável, da segunda é repreensível, da terceira é caso de prisão.

criminoso: sua inocência vai ficar provada no final, para seu benefício.

namorado: a confiança perdida é algo que leva anos para se reconstruir, quando se reconstrói.

seus filhos: a capacidade de aprender com os erros é a estrutura do crescimento.

perdoar crianças: vai entrar em desespero após perdoar, pois repetirão a ofensa.

a outros: mágoa profunda causada por um segredo, mas não guarde este rancor.

marido e esposa, um ao outro: a humilhação se dissipa com a ratificação dos votos.

ser perdoado por outros: desconforto causado pela mudança de atitude para com você.

por um padre: você terá mente ativa que precisará de direção e objetivos.

PERDER 05-19-20-39-40-48

a casa: pare, entre e encontre o seu eu.

a esposa: mudanças benéficas iminentes se a deixar ir.

a namorada: você sofrerá por causa da sua estupidez.

a voz: você está se perdendo em rumores maliciosos.

mulher perdendo seu anel de casamento: você intensificará seu casamento pela expressão de arrependimento.

o marido: a tentação virá a você para deixá-lo primeiro.

perder o namorado: o que é que você amava em si mesma que a presença dele trouxe à tona?

perder uma aposta: sua arrogância e presunção são extremamente ofensivas.

perder-se: não há como escapar: você terá de fazer aquela apresentação.

não conseguir correr: hora de assumir a responsabilidade pela sua vida.

não saber o caminho: você atrairá atenção quando for forçado a perguntar o caminho.

ninguém querendo ajudar: encontre a pessoa amada e peça desculpas.

no escuro: vá com a correnteza; use seus outros sentidos.

roupas: esteja disposto a se desfazer do último bem que lhe resta, mas agarre-o se alguém aparecer para levá-lo.

seu próprio carro: sua mobilidade foi retardada, mas não incapacitada.

cachorro: o amor inquestionável da adoração.

sua reputação: você não tem para onde correr; descanse um pouco, faça um exame da situação e recomece de forma diferente.

um filho ou uma filha: não existe um terror maior do que a perda da sua criação.

um jogo: você está estimulando hábitos ruins ao se permitir ser vítima de esquemas.

uma discussão: uma viagem de negócios onde você precisa defender sua opinião.

PERDIZ 10-17-20-28-32-35

aterrissando: reivindique seu caminho para o sucesso, mas respalde-o com dignidade.

em uma pereira: uma comemoração será estragada por uma atitude decepcionante.

matar uma: recursos abundantes se você se livrar de parceiro invejoso.

muitas: vai alcançar seus objetivos com trabalho árduo e senso de humor.
sonhar com um: vários pequenos problemas com mulheres incapazes de sentir gratidão.
voando para longe: futuro promissor de honras merecidas.

PEREGRINO 03-04-13-20-30-43
dar dinheiro a: concretização de acalentado desejo; futuro otimista.
migrando para novos destinos: melhoria de condições de trabalho.
reunião de: os desejos serão satisfeitos se você confiar na pessoa amada.
ser um: você é independente demais para manter seu cargo no trabalho sem um embate.
peregrinação: com fé você pode atravessar o deserto; sem ela, você acaba frito.
com uma mulher: a harmonia das intenções mútuas.
sonhar com um: receba bem a todos que baterem à sua porta.

PERFUME 03-04-20-24-25-26
comprar, barato: terá colheita medíocre.
caro: vai precisar de um pouco de senso de humor para se dar bem na sociedade.
dar de presente: grande lucro com a proposta de um homem mais velho.
ganhar: receberá forte apoio de pessoa desconhecida que possui grande patrimônio líquido.
derramar: perda de algo que lhe dá prazer.
frasco vazio: seu caso de amor está nas últimas; não há aroma de prazer que o salve.
cheio: vai desfrutar de muita frivolidade caso se permita isso.
quebrar um: desastre para as esperanças mais acalentadas; muita precipitação dos desejos sensuais.
homem colocando perfume em mulher: adultério em excitante corrida de carro.
homem preferindo um especial: um amigo seduzirá sua esposa.
mulher: está traindo no amor; não deixe rastros olfativos.
não ter: os amigos vão abusar de sua confiança e corromper sua imagem.
perder: vai casar às pressas e se arrepender lentamente.
roubar: um rival pode lhe roubar a pessoa amada.
sachê perfumado em suas roupas: mulher terna e maternal, disposta não a julgar, mas a entender.
sentir cheiro de: precisará de senso de humor para crescer na sociedade.
de homem: cuidado com pessoas à procura de amor e sua ligação com eles.
em crianças ou filhos: eles estão fazendo algo prematuro para sua maturidade.
nos outros: a revelação de um segredo lhe fará perder um amigo.
em uma igreja: bênçãos divinas sobre você, mas não as confunda com prazeres seculares.
um caro: só vai parar com a prostituição para conseguir o homem rico que deseja.
usar: sua falsa perfeição é menos que superficial.
de outra pessoa: você tem forte ligação com essa pessoa.

PERGUNTA 10-11-13-25-35-39
aceitar resposta para uma: aviso de problemas se você continuar perguntando.
alguém fazendo perguntas sobre você: não responda a perguntas capciosas e parciais.
fazer, aos filhos ou crianças: sua posição é de confiança e implica um peso enorme.

amigos: sua integridade é muito admirada e procurada.
esposa: generosidade que não esconde a ameaça ao seu relacionamento.
marido: saber demais só faz entrar em conflito com o cerne da questão.
parentes: só vai superar invejas mesquinhas se questionar a si mesmo.
recusar-se a responder a uma: sua franqueza vai lhe colocar em apuros piores do que aqueles cuja culpa você carrega.
responder corretamente uma: no começo do relacionamento, tudo irá bem.
incorretamente: fará qualquer coisa para guardar seu direito à privacidade.
ser intrometido: não se desespere por dentro quando seu trabalho for supervisionado de perto.
outras pessoas perguntando sobre você: pobreza por causa de deserção.
parentes: não interfira nos assuntos dos outros; só seu chefe interfere nos seus.

PERIGO 03-08-11-17-27-28
enfrentar: aguarde o sucesso, um risco pequeno de cada vez.
estar em: destrua o velho para construir aspectos novos de si mesmo.
estar em risco: você irá se defrontar com uma emergência que ninguém poderia ter previsto.
evitar: moderação no meio do caos primordial.
iminente: olhe antes de saltar e salte de qualquer forma.
imobilizado pelo: um salário alto pode não justificar ter um emprego que você odeia.
outros resgatando você do: reordenação psíquica na ausência de monstros.
pessoa amada em: arriscar a vida desmedidamente se mostrará perigoso.
pessoa casada em: mágoas causadas pelo ciúme romperão um noivado.
resgatar alguém do: surgimento do eu ao ocorrer o renascimento espiritual.
tentar salvar a si mesmo do: com sua prudência, você lucrará muito.
e conseguir: uma parte de si mesmo está irradiando alegria sob a luz da iluminação espiritual.
e fracassar: a noite escura da sua alma; tenha cautela.

PERITO 01-02-03-13-28-48
falar com: boatos tolos estão sendo espalhados a seu respeito.
receber conselho de: você será humilhado.
ser: você terá uma boa colheita.
forense: você está removendo a parte podre para revelar a verdade.
sonhar com: o intelecto que tem todas as respostas.

PERJÚRIO 13-17-20-30-33-36
cometer: suas ações sem ética lhe trarão infortúnio.
marido ou esposa, um para o outro: a tempestade que enfrenta agora foi criada por você mesmo.
outras pessoas: sacrifique uma amizade para evitar um desastre.
contra você: a solução correta pode ser ilegal.
ter cometido: adiamento de coisas de trabalho.

PERMISSÃO 01-17-19-40-41-43
obter uma: prosperidade por ser uma pessoa sociável.
pedir: em breve passarão as dores de um projeto complicado.
autorização: será promovido além de suas capacidades.
conceder: você conteve sua virulência atrás de servilismo.

ter uma recusada: atraso em seus interesses por causa de seus caros erros.

PERNAS 02-19-26-33-50-58

bem torneadas: você ganhará um concurso e retomará o controle.
contundir as próprias: autopunição por dificuldades financeiras.
correr sobre pernas saudáveis: não fuja, ande em direção ao que quer.
de pau: você se rebaixará diante dos amigos.
feridas: você perdeu a dignidade por causa de dificuldades financeiras.
finas: você será ridicularizado pela pobreza da sua alma.
homem com pernas arqueadas: reexamine o seu comportamento atual e os efeitos dele.
homem sonhando com pernas bonitas: atos absurdos em relação ao objeto de sua fantasia.
incapazes de correr: uma inflexibilidade interior em relação a resolver problemas exteriores.
inchadas: prejuízo.
mancando: você está andando em círculos, sentindo-se como um aleijado emocional.
mulher casada sonhando que tem bonitas: você fará uma longa viagem de iniciativas sociais.
mulheres marchando com pernas bonitas: você tem problemas demais em um excesso de relacionamentos.
perder uma das: mude de rumo, de volta à solução dos seus problemas.
quebrar uma das: você receberá críticas e desgosto por um trabalho malfeito.
sendo amputadas: enfrente a responsabilidade diretamente, apesar de não realizar suas ambições.

PERNAS DE PAU 08-13-16-19-29-37

comprar: não ofenda seus sócios com sua prepotência.
outros usando: terá um bom futuro após errar uma vez.
usar: você está cheio de orgulho e acaba desencaminhando a discussão.
ver: notícias agradáveis sobre seus filhos.

PÉROLAS 02-04-28-39-40-50

arrebentar um colar de: tristeza e panorama pesaroso por causa de mal-entendido.
colher do mar: está sem um centavo e incapaz de tirar vantagem das oportunidades.
comprar: terá sucesso em nova empreitada.
dar de presente: desejo de relacionamento profundo foi frustrado.
perder um conjunto de: não vai conseguir fazer novas amizades no trabalho.
receber: não aceite se o sentimento não for recíproco.
encontrar: terá sucesso com trabalho árduo; não o jogue na cara de quem não conseguiu.
fazer um colar de: solidão e desânimo causados por traição.
muitas: infelicidade e lágrimas por causa de problemas financeiros insignificantes.
restaurar um colar de, arrebentado: renascimento espiritual; não se comprometa a nada menos que isto.
sonhar com: profundidade serena que evoluiu, passando de infelicidade à nobre beleza.
usar: todas as deformidades emocionais precisam ser restauradas para se ter saúde.

PERSEGUIDO 04-12-16-25-26-54

perseguir outras pessoas: você quer aquilo que as pessoas acreditam ser o direito delas, não o seu.

ser: o perseguidor quer ter a consciência limpa que você possui.
mulheres: felicidade, se ela for sua escolhida.
pela lei: espere ganhos significativos no futuro.
por um homem: vire-se e verá quem está falando mal de você.
por uma figura obscura: você deve encarar seus dragões e combatê-los.
outras pessoas: resolva aquele problema com os impostos.

PERU 01-11-13-17-35-37
assar um: perderá quem mais importa com sua inconsequência e infidelidade.
comer um: discordância com associação comunitária.
comprar um: pode esperar, algo bom lhe acontecerá.
cortar carne de: querelas devido a um procedimento comum, mas insensato.
depenar um: terá uma crise nervosa.
fazer sanduíches de: será visitado por gente esfomeada.
matar um: sua imaginação vívida leva à infidelidade.
sonhar com um: colheita abundante para o fazendeiro.

PERUCA 02-18-20-32-41-46
homem usando uma clara: várias mulheres lhe rejeitam, e seu parceiro lhe é injusto.
escura: será amado pelas melhores mulheres que lhe induzem a realizar mudança da qual se arrependerá.
mulher loura usando: terá muitos admiradores de seu idealismo, mas não de você mesma.
branca: vai se casar com homem rico e bem mais velho.
castanha: vai exagerar na sexualidade para se casar com homem pobre.
preta: deve dar um jeito em sua ingenuidade e falta de bom-senso.
usar uma: você se sente insignificante sem sua bengala: seu comportamento excêntrico.
outras pessoas: procure os motivos em aparições do passado; influências malignas lhe estão sendo projetadas.

PÉS 01-22-24-27-32-36
amputados: ninguém consegue vencer com brutalidade.
artríticos: você está se deleitando em prazeres que fazem com que envelheça mais rápido.
banhar em água quente: controle-se para empreender um novo projeto com entusiasmo.
fria: você não está preparado para ir adiante quando problemas se insinuam na sua família.
banhar em uma bacia: sua cobiça aumenta sua ansiedade e precisa de cura.
no mar: vergonha e arrependimento trazem muita aflição.
no rio: os sentimentos básicos sobre os quais seu amor descansa serão perturbados.
beijar os de outra pessoa: você é uma pessoa de fala mansa com as mulheres; mude sua conduta.
bolha nos: você não tem a autoconfiança para encontrar a fonte de sua irritação.
estourando: o problema no trabalho não é físico.
casco: investigue estranhos e observe os amigos com intenções maléficas em relação a você.
coçados por outras pessoas: não dê atenção aos inimigos.
coçando: mova-se; você conhece a rota.

cortar calos dos: lute para se manter estável na estrada comum da vida.
outros: você terá amigo fiel.
cortar os: você está se aborrecendo com bagatelas enquanto a ânsia pela vida passa por você.
dedos dos: um pequeno ajuste equilibrará seu centro.
espasmos nos: você está viajando astralmente.
deformados: boatos perturbadores distorcem a verdade sobre uma doença hereditária na família.
descalços: relaxe, levante a cabeça e ria; você está de castigo.
muitos: a concorrência tornou seu emprego atual inseguro; mantenha os pés no chão.
dos filhos: você nunca quis dependência, mas acabou precisando dela.
estreitos: você nunca deve afastar-se do seu caminho.
fazer na manicure: as fundações de seus princípios e ressentimentos serão contestadas.
lavar seus: um desvio terapêutico limpará uma consciência pesada.
de outra pessoa: arrepender-se de ações condenáveis do passado não concede vantagem a outros.
no mar: outras pessoas estão mistificadas com suas ações.
machucar seus: problemas humilhantes tendem a acontecer durante um desafio inesperado aos seus valores.
medir a distância em: alegria e bom humor pela frente.
mover os: você está tentando escapar de suas responsabilidades; primeiro descubra quais são elas.
não poder ver os: você não consegue ver o final da jornada.
queimar seus: você chegou perto demais de um incêndio emocional.
sujos: sua consciência está implorando para você contar a verdade.
ter calcanhar ferido: o que você deixa de fora de uma proposta é tão importante quanto o que ficou dentro.
dor no calcanhar: você está sendo oprimido por uma pessoa desprezível e vil.
saltos dos sapatos gastos, ter os: uma antiga amizade precisa de cuidado.
ter joanete: humilhação será causada por brigas de família a respeito de controle.
amigos: você ficará frente a frente com obstáculos intransponíveis.
e a inflamação estar passando: alívio com a volta daquele que viaja a pé; você terá um novo fã.
ter uns grandes: a humildade e a rusticidade da qual sua vida é feita está à mostra.
aleijados: você não consegue seguir até o primeiro degrau e permitir que outros recebam.
fraturados: obstáculos virão de inimigos inesperados.
pequenos: as preocupações serão superadas, uma de cada vez.
quebrados: você está liberando energia demais sem se reabastecer.

PESADO 13-14-19-21-35-43
amigos carregando coisas: um desempenho deficiente nos negócios, mesmo com o uso de prudência.
outros: você receberá dinheiro inesperado; delegue aquela responsabilidade.
trabalhadores: retire os pesos e permita que outros cortejem você.
carregar algo: nascimentos na família; o seu fardo será criá-los.
filhos levando pilhas de livros: distinção e ombros caídos.

objetos: riqueza assumirá um tom sombrio.
ser espremido embaixo de carga: não se deixe dominar pelos amigos.

PESAR 01-06-09-11-16-37
a si mesmo: terá atitude vantajosa que se mostrará muito cara.
carne: atitude construtiva.
coisas grandes: superará objeções à sua posição atual; você vai ficar.
comida: uma oportunidade se mostrará vantajosa para seus negócios.
grãos: está sendo subsidiado e apoiado por uma força poderosa: Deus.
metais preciosos: suas extravagâncias são provocadas por sua vívida imaginação.
pacotes: tende a ser muito preconceituoso; de qualquer forma, envie as cestas básicas.

PESCAR 09-12-29-35-39-47
arpoar um peixe: crescente capacidade de ganhar dinheiro aumenta o tamanho da casa.
com anzol e caniço: sua engenhosidade é necessária para que você realize suas ambições.
com redes: você fará negócios com uma mulher astuta.
dizer aos outros que vai: eles ficarão falando da sua vida.
em canal: você realizará seus maiores sonhos.
em mar aberto: você estará sozinho e irritado com uma notícia interessante.
em rio: a favor da corrente, as ideias podem ser postas em ação agora.
em tanque: você precisa confiar no seu bom-senso.
equipamento de pescaria: você descobrirá objetos de valor perdidos no seu anzol.
espetar um peixe com um tridente: você será amado sinceramente em corpo, mente e espírito.
extrair pedra de um peixe: você fará qualquer coisa por um elogio.
inimigos pescando: seus esforços para obter riqueza serão reprimidos a cada passo.
isca: você está manipulando outra pessoa para iniciar o plano que você deseja.
colocar em um anzol: você gostará daqueles envolvidos em uma disputa de família em seu benefício.
outros retirando: decepção com o conselho que você recebeu.
linguado: seu projeto mudará de direção.
e jogá-lo de volta: o dinheiro virá a você de outra forma.
em suas mãos: você está desperdiçando seus talentos.
pequeno: ruína proporcional ao tamanho do peixe.
mas não pegar: os inimigos expõem sua saúde ao perigo.
no mar: fique vigilante à traição no horizonte.
pegar um peixe: êxito em alguma coisa começada recentemente.
e ele escapa: você encontrará algo que perdeu.
pérolas: você se deleita com detalhes além da sua compreensão.
pescador: é preciso esclarecimento para suas emoções utilizadas adequadamente.
em companhia de um: uma sorte inesperada levará anos para ser absorvida.
muitos: grande prosperidade pela frente.
ser um: as emoções não estão sendo utilizadas adequadamente.

ser peixeiro: você pode contar com a confiança e o apoio de todos para seu novo empreendimento.
descarregando peixe: você não pode corrigir um erro sem maiores sacrifícios.
pesando peixe em uma balança: você tem muito pouca iniciativa e entedia as pessoas no trabalho.
vara de: sua solução segue uma rota sinuosa; continue pescando.
jogar no chão: uma pessoa próxima está enganando você; busque sua própria mentira interior.
lançar a linha: alguém de longe tem atração por você.

PESCOÇO 10-11-17-20-22-37
amarrado pelo: será escravizado por sua incapacidade de enxergar sua liberdade.
carinhos no: a estabilidade no casamento depende de sua capacidade de dividir.
após cobri-lo com xale ou manto: está escondendo as marcas de um interlúdio amoroso.
comprido e fino: alguém está tentando acabar com sua carreira com conversas venenosas.
de crianças: terá orgulho da inteligência delas, mas suspeitas quanto ao uso que dela farão.
dor no: medo de ser pego em missão secreta fora de seu controle.
dos outros: está apaixonado demais para enxergar com quem se envolveu.
enfaixado: está varrendo suas ações para debaixo do tapete por medo de ser condenado.
excepcionalmente grande: você vai se sentir desconfortável com as homenagens recebidas.
comprido: avanço social se você conseguir manter a cabeça por cima das nuvens.
inchado: não se exponha a reprimendas.
infectado: receberá notícias da morte de uma ideia que você criou e deixou que outros desenvolvessem.
muito frágil: seus assuntos sofrem atrasos por causa de sua atitude indiferente.
o seu próprio: amigos falsos lhe cercam; será que você saberá deixar entrar os verdadeiros?
machucar o: sua sofisticação intelectual abriu as portas de seu lar a questionamentos.
pequeno: encontrará oposição e perderá dinheiro em processo.
sufocado: você é uma pessoa positiva; corra o risco de dizer o que pensa.
tenso: sua rigidez complicará seus negócios.
ver um com três cabeças: ver, ouvir e falar coisas negativas mantém o mal sempre ao seu lado.

PESO 12-15-16-29-44-48
do ouro: sua imaginação é excessivamente vívida.
da prata: tem o apoio de alguém poderoso.
de parentes: realização de suas ambições, apesar da falsidade da família.
de seu companheiro: preocupações com dinheiro; saia de seu emprego atual, a despeito de qualquer receio.
dos grãos: prosperidade duradoura.
ganhar: o dinheiro virá fácil durante um período próspero.
levantar peso: vai impor um fardo à vida de alguém, só para torná-lo dependente.
companheiro: ganhos financeiros lhe serão favoráveis.

crianças: reunião de família onde eles começam a se importar com você.
outros: você lamenta levar mais fardos do que deu origem.
levantar peso por esporte: vai superar problemas e ser dono de um grande negócio.
perder: crise no relacionamento com parceiro.
sonhar com o próprio: sua preocupação causará ansiedade, que por sua vez debilitará o físico.
das crianças: concretização imediata de suas esperanças de subordiná-las para seu próprio interesse.

PÊSSEGOS 16-20-25-35-41-49
comer, na estação do ano propícia: satisfação, deleitosa paz.
em uma árvore: prometida conquista de esperanças acalentadas.
fora da: o revigorante retorno de um amor do passado que volta a azedar.
muitas árvores cheias de: imortalidade.
pegar, da árvore: a não ser que corrija sua injustiça, muitos sofrerão.
balançar: sua impulsividade lhe traz soluções semiamadurecidas.
maduros: suas emoções amadureceram o bastante para serem confiáveis.
podres: confira as referências sutis para evitar enfermidade em casa.

PESSOA AMADA 16-19-20-22-34-37
abraçar pessoa amada no passado: receberá um presente seguido por um telefonema.
acalmar a pessoa amada: a penitência relacionada a um malefício acidental se revelará um enorme prazer.
enamorados se acarinhando: receberá notícias terríveis que só poderão ser aplacadas por outras pessoas.
tomar banho de mar com: a felicidade vai desaparecer e virá a separação.

PESSOAS 04-17-24-41-43-44
acalmar pessoas nervosas: a verdade não funciona com os ânimos exaltados.
carregar o fardo de outras: espere por generosa herança, mas não conte com isso.
consolar outras: terá sorte no amor.
coro de: a opinião pública não é manipulada, nem corretamente calculada pelas pesquisas.
esbarrar em: acontecerá um matrimônio harmonioso.
grande grupo de: dignidade e liderança tranquila conseguem extrair o melhor de pessoas vis.
lidar com: prenda-se a seus princípios; não deixe seu chefe lhe maltratar.
proteção de: tem certeza que não está na verdade protegendo sua humildade?
ordenar a outras que fiquem calmas: será amado e ridicularizado, mas gravemente necessário.
prestar atenção em assuntos das outras: a tentação virá; espere por lucros e os exija.
receber a visita de grandes: tamanho não implica ameaça, nem vitória.
sendo desajeitadas: você está projetando sua raiva rápido demais; mantenha-a sob controle.
ter compaixão por pessoas pobres: não incluiu o insulto mais devastador: a pena.
tirar vantagem de outras: a prosperidade deve ser fruto de seu esforço.
ver muitas e contá-las: para satisfazer suas ambições, você precisa controlar as massas.

PESTE 09-13-21-32-41-47
muitas pestes: boa sorte se evitar as atitudes venenosas de certas pessoas.
nos outros: seu horror por si mesmo se reflete nos outros.

sonhar com: vai receber muito ouro e prata, mas mesmo assim não terá autoestima.
ter alguma praga ou peste no corpo: não seja severo demais com quem erra; não desconte neles sua insegurança.

PIADAS 06-15-19-20-23-29
à custa dos outros: isso não é engraçado.
contar uma: você precisa parar com sua obsessão pelo trabalho.
muito engraçada: você sofrerá em troca da capacidade de trazer riso aos cansados.
obscena: a transgressão irá se juntar com a folia.
ouvir e rir: você será obrigado a receber uma visita indesejável.
filhos contando: você precisa voltar para onde não era motivo de riso.
ouvir uma boa: grande tristeza relacionada com a decepção causada por um colega de trabalho em quem você confiava.

PIANO 09-11-16-23-28-37
comprar: seus gastos vão além da sua renda; escolha suas prioridades.
escutar som vindo de um: tarefa problemática que requer mais prática.
pedais de um: uma afetação impositiva e insincera de falsa febre.
ser um afinador de: vai deixar sua marca e as pessoas vão ouvir.
desafinado: desacelere; visite sua casa de preces.
desafinado: procure outro emprego antes de perder o atual.
ter um: você deve esquecer seus sentimentos pela pessoa que namora e que lhe é indiferente.
tocar o: disputas por causa de frivolidades; marque posição.
crianças: disputas entre parentes por causa das qualidades das crianças.
de cauda: sua ambição fanática impossibilita a apreciação da música.
vender um: solidão e decepção de uma família sem coração.

PICADO 01-04-05-08-13-40
outros sendo: cuidado para não cair em desgraça pública.
ser, por uma agulha: está sofrendo de sono interrompido por medo de que ele signifique morte.
espinho: interpretação errada de eventos perturbadores causando perda da posição atual.
sonhar que pica a si mesmo: um presente será dado com muito amor.

PICHE 06-18-32-36-46-48
comprar: cuidado para não se enganar com pessoa que se vale de sua auto-condenação.
ficar coberto por piche e penas (tipo de punição da Europa feudal): seu sucesso será minimizado e sua própria existência, ridicularizada.
e fugir correndo da cidade: pessoas que insistem em não reconhecer seu prestígio.
operários aplicando: será traído e não receberá o crédito que lhe é devido.
sonhar com: uma fofoca causará grande tormento, pois não haverá como saber a verdade.
usado para tapar rachaduras na base de navios: você desonrou a própria dignidade.
usar: tenha grande cuidado ao escolher as companhias.

PICLES 08-10-15-18-19-39
comer: sua vida será marcada pela falta de ambição.
comer pepinos em conserva: abstenha-se de qualquer bebida alcoólica.
comprar: perda financeira causada por senso de princípios maldirecionado.

dar a outras pessoas: sua saúde e sua conta bancária agradecem.
ganhar de outras pessoas: falsos amigos lhe farão passar por experiência ruim.
fazer: a tentação no amor lhe virá; ignore-a.
jogar fora: seus problemas terminarão se você abrir mão de seu namorado para outra.

PIEDADE 08-13-25-32-41-42
pedir: lucro razoável e interlúdio romântico tornado permanente.
ser objeto de: sente-se humilhado pelas oportunidades atraentes que lhe são oferecidas.
por parte dos amigos: avidez leva a aceitar empreitadas de risco.
ter, dos amigos: você tem uma capacidade incomum de decisão e autoconfiança; use-a.
parentes: espere decepção ao dividir sua casa com parentes.
pessoas doentes: você está aumentando o fardo dessas pessoas com sua atitude negativa.
pessoas pobres: as coisas estão confusas, lide com sua própria pobreza.

PIER 04-21-26-31-34-45
estar sozinho em um: alcançará tamanhas alturas que a atual boa fase parecerá pobreza.
com outros: está em busca constante de feedback por aquilo que pensa que sabe.
marinheiros: está buscando alívio para sua inquietude.
operários: está só recebendo sem dar nada.
outras pessoas: preste atenção para que, em todos os seus assuntos, você traga a felicidade à pessoa certa
pescar de um: compromisso sem esperança que é mera fantasia.

PILOTO 02-11-22-26-31-47
batendo, mas sem ninguém se ferir: seu pensamento rápido será escolhido para grandes homenagens.
e todos morrem: os problemas virão de longe.
danificando um navio: sua irritabilidade e seu nervosismo bloqueiam os benefícios do estímulo.
dirigindo uma nave: benefícios monetários se você navegar para casa; morte em caso contrário.
que não sabe levantar voo: está determinado a passar no teste da complacência.
mulheres sonhando que estão apaixonadas por um: casamento precoce em desenvolvimento.
pilotar um avião: vai concretizar seus desejos quando cuidar de suas responsabilidades.
ser um: você é o mestre em seus casos de amor, o que lhe deixa confiante e à vontade.
ser um ás do volante: sua confiança excessiva em si mesmo lhe deixa cego para decepções amorosas.
sonhar com um ás do volante: contenha sua impaciência, senão outra pessoa vai acabar desfrutando de suas vitórias.

PÍLULAS 03-10-17-25-34-39
comprar: cuidado para não se tornar psicologicamente dependente de negócios de risco.
dar a crianças: para igualar o nível da relação, encoraje-as e transmita-lhes confiança.
outras pessoas: seus preconceitos serão alvo de severas críticas.
parentes: transforme lições do passado em doce satisfação.
frasco com muitas: será indeciso e tímido em uma viagem ao exterior.

tomar uma: pequeno aborrecimento antes de cura emocional.
muitas por dia: a amargura aumenta mais e mais a cada tentativa de varrê-la para debaixo do tapete.
você tomando uma: importantes responsabilidades lhe são confiadas.

PIMENTA 04-22-24-32-37-46
branca: uma situação inocente se tornará um desastre.
cheirar e espirrar: talentos dentro da família permitem que as finanças sejam encaradas com otimismo.
comer: notícias vão apimentar sua vida de um jeito que você dispensaria.
comprar: as pessoas estão murmurando coisas ruins sobre você.
queimar a língua com: fofoca fútil vai prejudicar seu sistema digestivo
salpicar na comida: uma ligação amorosa estável pode se mostrar contraproducente.
sonhar com: satisfaz-se com tão pouca comida que perde a oportunidade de uma refeição digna de *gourmet*.
triturar: receberá más notícias referentes a uma apropriação indébita de fundos.

PINCEL 03-04-17-21-38-49
comprar um novo: você receberá dinheiro de uma dívida antiga.
escova de cabelo, uma: são necessários sacrifícios para que o relacionamento prossiga.
fabricante de: uma linha de trabalho mista será designada para você.
loja de: o início de um período de grande criatividade.
pintar com: sua criatividade é aventureira; o objeto da sua arte precisa ser esclarecido.
pequeno: ignore comentários estúpidos; explique o seu ponto de vista.
ter um velho: você possui uma generosidade ingênua e um coração aberto demais.
usar: você está cercado de pessoas simples que não põem de lado os verdadeiros problemas.

PINTAR 02-16-20-25-34-46
agradável, uma: falsidade vinda de alguém em quem você confiava.
comprar tinta: não deixe a distração lhe impedir de obter todos os detalhes.
em aquarela: sua situação é incerta; nosso orgulho é permanente.
em óleo: use o poder de perseverança de seus talentos artísticos e expressão criativa.
com uma paleta de muitas cores: você acabou de começar a mostrar seus talentos.
em uma moldura: você sente as limitações de seu falso orgulho.
ganhar uma, de presente: concretização imediata de suas esperanças.
natureza morta: você é admirado por sua capacidade de enxergar a verdade.
terminar de pintar uma casa: cura para aflição na vida doméstica.
um vagão: você volta a tomar as rédeas de sua carreira.
uma marinha: os outros consideram voltar-se para dentro de si mesmo uma forma de depressão.
uma paisagem: fará boas aquisições para trazer paz a si mesmo.
usando tinta preta: a saúde se tornará uma preocupação prioritária.
branca: está escondendo a culpa para cobrir as ameaças que você precisa ouvir.
tintas coloridas: você não foi honesto com um amigo.

PINTARROXO 07-12-13-14-24-25
alimentar um: nova oportunidade se apresenta todos os dias, aproveite.

cantando: grande felicidade no ápice da emoção.
catando minhocas na terra: construirá a casa de seus sonhos.
descansando: vai se tornar douto e educado em sociedade.
em um gramado: estão espalhando uma fofoca maliciosa sobre você.
fazendo ninho: infelicidade doméstica até você ter atitude mais construtiva.
matar um: infelicidade para todos os envolvidos.
vários voando: receberá algo que desejou há muito tempo.

PINTOR 11-18-31-35-40-43
coberto de tinta: as pessoas estenderão suas mágoas a você.
outras pessoas que são pintores: encontrará pessoas que lhe farão muito bem.
ser um: seu emprego está no estágio vital do sucesso ou da estagnação.
subindo uma escada: cada passo traz elementos favoráveis e desfavoráveis e, no final, o sucesso.
descendo: infelicidade no amor por falta de comunicação plena.
sujo de fuligem: está na dianteira de um bombardeio de desgraças.
ter uma loja de material para pintores: recursos fartos por meio de compromisso muito desejado.
trabalhando: a ansiedade é tão constante quanto o progresso.
muitos: as preocupações serão afastadas com o apoio dos outros.

PINTURA 11-19-25-34-36-37
coleção de pinturas antigas: receberá herança de parente distante.
hostilidade advinda de falso orgulho.
comprar uma: sofrerá perda por causa de especulação.
de mulher nua: vexame em público, mas felicidade na vida amorosa.
homem nu: vitórias fugazes, recompensas de longo prazo.
na parede: homenagem advinda de plano inventado por algum superior desconhecido.
parente pendurando: ficará infeliz com a vaidade imprudente das pessoas.
outras pessoas que possuem: os inimigos se esforçam para destruí-lo.
pintar um autorretrato: seu enaltecimento de si mesmo não lhe rende prestígio.
ter uma coleção de: vai sofrer ingratidão de uma pessoa que você ama.
tirar da parede: sua inveja é exacerbada por uma lembrança constante.
vender: você se arrepende de uma transação trivial em projeto grandioso.

PIOLHOS 05-07-21-27-29-50
encontrar no cabelo: desonra no grupo a que pertence; a fonte não sabe que é cúmplice.
encontrar piolhos nas próprias roupas: notícia agradável traz dinheiro e a consequente responsabilidade.
no corpo: um indivíduo inescrupuloso tentará você com uma aliança desonesta.
matar no corpo: você estará cercado de bajuladores, cada um testado quanto ao seu valor, e descartado.
muitos: agitação emocional causada por profundas inseguranças.
nos outros: elimine a grande decepção causada por aproveitadores.

PIPA 09-12-20-21-28-32
fazer uma: você arriscará tudo com a especulação e acabará fracassando.
para a pessoa amada: sua sina é a decepção, se está esperando amor por isso.
voando tranquilamente na brisa: espere sucesso, mas trabalhe além da sua capacidade.

alto: grande alegria e extravagância; liberdade para voar a novas alturas.
baixo: você não emprega o bom-senso no uso de seus recursos limitados.

PIQUENIQUE 06-09-22-32-35-40

fazer um, com os filhos ou crianças: os planos levarão anos para darem resultado.
amigos: resultados dúbios em questões amorosas se for atacado por insetos.
parentes: realizará altas ambições e as compartilhará.
feliz: falsos amigos estão fofocando sobre você.
ir a um: profundo desfrute de sorte, lazer e prosperidade.
outras pessoas fazendo um: tendem a buscar o prazer sensual.

PIRÂMIDES 03-17-21-23-28-49

descansar no alto de uma: vai passar por privações e dependerá dos parentes e das pessoas próximas.
parcialmente nas sombras: tem bastante sangue frio ao encarar obstáculos intransponíveis.
pessoa casada sonhando com: alcançará alta posição com sua autoconfiança renovada.
mulher jovem: escolha infeliz do primeiro marido, mas o segundo é excepcional.
viúva: outro casamento está garantido após extensa jornada.
sonhar com: a alma age enquanto você dorme, perturbando sua serenidade para criar a paz.
ver, com parentes: abundância e prosperidade conduzidos por uma única vontade.

PIRATA 01-18-21-22-34-40

muitos: seu caso de amor chegou a um ponto muito baixo; retire-se antes da exposição.
ser prejudicado por piratas: você será culpado por acidente de motocicleta.
ser um: viagem e ganhos financeiros.
vítima de um: colega de trabalho desonesto lhe prejudicará caso você permita.
sonhar com um: cuidado com amigos de ideias arriscadas e de efeitos colaterais negativos.

PISCINA 14-17-23-32-34-38

cheia de água: perdoará seus inimigos.
com bem pouca: evite especular com ações.
em um jardim: a prosperidade está a caminho; o amor está ao seu lado.

PISO 29-31-33-35-38-47

andar de cima: seu terceiro olho não se deixa influenciar com facilidade.
andar do meio: verifique aquele ruído áspero no peito.
assentar um ladrilho: aliança que irá lhe trazer um lucro ativo.
assoalho de madeira: a solidariedade é recíproca.
consertar o assoalho: você tem uma constituição delicada por ter sido tão pisado.
dormir no chão: você fará uma viagem que sempre quis fazer.
estar sentado no assoalho: você está aguardando ansiosamente a chegada de velho conhecido.
lavar o assoalho: você tem um estado de espírito despreocupado.
levantar-se do chão: sofrimento por ter sido subjugado pela gravidade da vida material.
primeiro andar: deixe de fora da dieta as comidas pelas quais anseia.
sujo: você se sente moralmente rebaixado.
térreo: faça uma caminhada de manhã, antes do trabalho.

varrer seu assoalho: garanta que as fundações assentadas estejam nítidas em seus empreendimentos.

PISTA DE CORRIDA 04-07-15-48-49-52

estar em uma: está fechando contratos irracionais e instáveis.

ferir-se em uma: visitará alguém que está em uma hospedaria e desfruta de conforto com pouco dinheiro.

inimigos em uma: outras pessoas desejam seus objetivos, mas não sabem trabalhar por eles.

amigos: a morte de um sucesso arduamente batalhado; nascimento da especulação.

muitas pessoas: companhias agradáveis, mas perigo de perdas; a realidade passa zunindo.

parentes: reveses esperados em trégua espontânea de uma luta.

personalidades importantes: trabalho árduo pela frente após uma série de infortúnios.

seu cavalo perdendo a corrida: você tem muitos inimigos que ainda serão amigos se você perder.

vencendo: terá muitos concorrentes; encarregue-se deles com inteligência, um de cada vez.

seu jóquei perdendo a corrida: você vai se irritar com um aliado por ser autoconfiante demais.

ganhando: um rival vai ganhar o afeto da pessoa que você ama, envolvendo-se com ela no sentido carnal.

PISTOLA 07-09-15-18-34-42

atirar com uma: veja bem quem é o inimigo antes de atirar.

e acertar o alvo: veja bem se este é o alvo certo.

outras pessoas: ficará sabendo de estratégias para lhe arruinar; mire nelas.

errar o alvo: sua animosidade produz brigas e discussões que realimentam a agressão.

levar uma: será detestado por pessoas que gritarão de raiva na sua cara.

amigos: ficará irritado com acusações baseadas em meros falatórios.

inimigos: será preciso pedir desculpas por perder a cabeça.

ser um guarda e: embates com traição e provocação.

ouvir o tiro de uma: sua própria defesa está em jogo; verbalize-a.

ter muitas: recuperação da saúde após longa enfermidade.

PLACA DE ESTRADA 07-08-14-17-32-55

bater em uma: você tem inimigos dentro de casa que querem seu fracasso.

colar algo em uma: a afronta que lhe fizeram não foi defendida.

colocar uma nova: você derrotará aqueles que tentam lhe fazer mal.

destruir uma: você constrangeu muito mais aos outros do que a si mesmo.

ler uma: você trabalhará muito sem lucro.

pintar uma: você tem um amigo leal que releva suas falhas.

ser atingido por: estão espalhando fofocas cruéis sobre você.

ver uma, mas não prestar atenção: uma corporação será dissolvida; sua licença será revogada.

em branco: ou você entra na casa nova, ou segue em frente com sua vida.

PLAINA 08-09-22-29-41-42

usar uma, de carpinteiro: a vida será encurtada, mas sua ambição será coroada.

carpinteiro: seu esbanjamento de dinheiro lhe forçará a buscar um trabalho melhor.

outras pessoas: seus esforços serão recompensados com sucesso nos negócios.

PLANETA 12-14-16-24-26-32
caindo: está trabalhando em vão para conseguir realizar um desejo.
dourado: sua obstinação deu origem ao atual período de dificuldades com malícias.
negro: suas mudanças mal-aconselhadas interromperam o progresso.
o próprio horóscopo: vida longa e prosperidade em idade avançada com o conhecimento do universo.
das crianças: nova expansão de criatividade.
sonhar com: evite ser tão supersticioso; desfrute de paz e descanso.

PLANÍCIE 14-22-24-26-36-42
árida: infelicidade e estresse ao longe.
frutífera: terá uma vida de prazer e tranquilidade.
vasta e aberta: escute os sons de mensagens distantes e de seu mensageiro.
coberta de grama: passará o resto de seus dias em relativo conforto.
crianças em uma: fará viagem agradável com consciência pesada
vida em uma pradaria: luta de sua consciência contra a natureza.

PLANTAS 08-17-21-22-40-42
arbusto: encontre seu caminho em meio à confusão por meio de análise lógica, e não de fracassos empíricos.
caminhar por entre urtigas: o controle de seu pessimismo está na cabeça de outra pessoa.
com namorado: não deixe que um vilão se coloque entre vocês.
cardos: antagonismo devido a várias enfermidades na família causando grande comoção.
crescendo em uma estufa: suas opiniões atraíram discussões acaloradas e sem sentido.
em um jardim: mudanças malrecebidas serão, em geral, para melhor.
muitas: deve arrancar os mal-entendidos pela raiz para que suas ideias possam florescer.
paquisandra: seu espaço é continuamente invadido por uma pessoa autoritária e agressiva.
para fazer remédios: a infelicidade desaparecerá; seus interesses prosperarão.
plantar: desenvolvimentos inesperados vão alterar os planos.
regar: as crianças crescerão e serão muito inteligentes.
samambaia: seu futuro continua crescendo em direções disparatadas.
transferir velhas: forte ambição de arrancar pela raiz partes censuráveis de si mesmo.

PLANTAS VENENOSAS 06-12-13-15-25-29
pomada de beladona: está alcançando a harmonia entre tóxico e não tóxico.
comer o fruto desta planta letal: você guarda um antagonismo contundente pelo motivo errado.
comer raiz de mandrágora: medo de ser castrado pelos venenos de sua mente.
sonhar com esta planta: é preciso se livrar dos espasmos para que a saúde melhore.
vegetais venenosos: aliviará sua artrite se os eliminar de sua dieta.

PLATÔ 09-11-14-15-23-34
estouro da boiada ao lado de um: conquista profissional não planejada.

fazer dieta e chegar a um: você precisa de tempo para descansar antes de executar o resto do plano.
parar no topo de um: aceite cada detalhe de sua vida futura.

PNEU 08-12-13-18-36-44
consertar: é preciso consertar a relação com companheiro.
estourando: sofrerá acidente leve e irritante, e será ridicularizado por seus colegas de trabalho.
esvaziar: providenciará medidas de segurança que evitarão um acidente.
marca de: sua rota foi atrasada por opiniões conflitantes.
trocar: precisa pagar uma dívida que você pensava ter sido cancelada.
vazio: massageie essas coxas e caminhe todos os dias.

PÓ 05-06-10-19-20-38
barril de pólvora, guardar um: a seriedade com que você aceita sua responsabilidade depende de sua validade.
comprar talco para uso medicinal: a oposição a seu casamento se dá por parte de alguém cujas ambições perderam lugar.
de arroz: será extravagante ao gastar dinheiro, e mesquinho ao usá-lo.
corpo da pessoa amada: a pessoa amada ficará farta de seu sentimento de posse.
derramar: esconder seus atos só os enche de culpa.
pólvora: o resíduo de suas ações permanece em seus dedos.
encher um cartucho com: miséria.
salpicar no próprio rosto: vaidade e desprezo ocultos; os outros só veem seu charme.
usar, no corpo: terá muitos namorados e os confundirá.
no rosto: seja sincero e se abra para ter um amor duradouro.

POBREZA 03-08-10-26-32-37
indigentes, crianças grandes e pobres: você tem um apetite anormal para aplacar sua fome.
aleijados: seja seletivo na escolha de suas companhias; é preciso sinceridade.
outras pessoas: fará um serviço em benefício de outros.
parentes: vergonha e tristeza chegarão antes do novo amanhecer.
nas condições mais abjetas: prosperidade inesperadamente agradável.
ser pobre: arriscará sua reputação por prazer não merecido.
e muito doente: terá muitas dívidas a pagar antes de alcançar jubilosas alturas.

POÇO 06-15-23-27-38-41
água suja em um: a situação vai azedar e lhe fazer perder dinheiro.
artesiano: entrada modesta, mas constante, de dinheiro.
cair em um: problemas à vista para você; uma decisão vital é necessária.
cavar um: qual seria a maneira de expor suas ardentes emoções aprisionadas?
cheio de água limpa: suas esperanças atrairão sorte e prosperidade.
dar de beber água de poço para animais: os planos dos inimigos farão frente aos seus.
outras pessoas: grande fortuna será desperdiçada em energias mal-aplicadas.
jogar alguém em um: elementos fortes conduzindo sua rota.
seco: alguns estragos no futuro devido a questões antigas, não por causa das novas e arriscadas.
ter um, no quintal: se dividir com estranhos, terá sua abundância roubada.

tirar água de um: sucesso e lucro com planos plenamente realizados.
transbordando: oportunidade de avanço nos negócios.

POÇO DOS DESEJOS 04-28-37-41-47-48
fazer um pedido em um: fortuna para aqueles que o alimentam.
jogar moedas no: escolha cuidadosamente os amigos; escute as críticas com atenção.
roubar dinheiro de um: nenhuma possibilidade de sorte no futuro próximo.
sonhar com um: dois admiradores que buscam sua companhia estão em desacordo.

PODADEIRA 06-12-18-24-25-45
comprar: vida longa cheia de necessidades e pouco luxo.
usar: prosperidade se você vender o resultado da poda.
de prisioneiro: você sofre constrangimento por tentativa de correção, destruindo todo o respeito por si mesmo.
em animais: você está compartilhando seus instintos de sobrevivência.
para cortar o próprio cabelo: você pouco respeita e usa talentos profissionais.

PODER 10-13-18-24-31-40
ser poderoso: quanto maior a expectativa, maior a perda.
subindo à cabeça: você está dominado pelo próprio poder.
ter, em sua posição: sua predominância deve caber em suas capacidades.
dar: ficará doente, mas se recuperará.
destituir advogado de: terá problemas de dinheiro; não confie na ajuda de estranhos.
receber: vai depositar confiança em alguém que ocupa posição inferior.
tirar vantagem de seu: expresse suas intenções, explique seus motivos e vá em frente.
usar do poder para ferir as pessoas: sua desgraça é proporcional ao tempo que você leva para senti-la.

POEIRA 04-08-09-10-21-37
espanar livros e enfeites: dias felizes pela frente se você simplificar sua vida.
espanar mobília em uma casa: ideias sem sentimentos secaram completamente; procure uma paixão mais fresca.
lata de lixo: você sente que sua integridade moral foi inútil.
ocultar a sua: você será corrompido pela proximidade com transações ilegais de outra pessoa.
soprar e remover: sua natureza interior manda boas notícias.
tirar das roupas guardadas e torná-las usáveis novamente: bons negócios se você lidar com o mal-estar.
usar um espanador: você está tentando ocultar a maldade; empregue meios sensatos.

POESIA 05-20-23-24-36-41
escrever: as soluções virão em pacotes rigidamente cadenciados.
humorística: rir de suas próprias ações é o primeiro passo para a liberdade.
profundamente séria: sua paixão pelas palavras precisa ser canalizada.
ler: estude as nuances antes de aceitar o acordo.
em voz alta: a cadência de suas palavras tem significado adicional.
satírica: você esconde seus intricados raciocínios por trás de uma atitude refratária.
ser poeta: terá vida difícil pela frente, e uma bela mente.

POLICIAL 03-13-17-22-28-36

algemando uma pessoa presa: você é um protetor do justo em detrimento do injusto.

chamar o: sua situação doméstica acabou em violência.

estar com: o desejo de usar suas ideias originais será realizado.

uma policial: um objeto de crítica e fofoca em seu relacionamento com a pessoa amada.

incitando um cão a lhe atacar: vão esperar que você concorde com regras que considera erradas.

lutando corpo a corpo com pedestre imprudente: você terá uma discussão séria a respeito de uma infração leve.

matar um: não enfraqueça sua causa ao levantar propositalmente opiniões conflitantes.

mulher: você reage de maneira exageradamente emotiva à sua culpa.

pessoas em companhia de: uma boa notícia está a caminho se você voltar à realidade e recobrar o juízo.

prendendo você: discutirá em voz alta com parentes por causa de um segredo de família.

outras pessoas: você acha que seus parceiros no negócio estão roubando nos lucros.

seus amigos: a afeição deles lhe ajudará a retomar a confiança.

seguindo seu rastro: sua ofensa não desaparecerá sem um pedido de desculpas.

sentir-se perseguido por um: você se desviou de seu caminho moral, mas lucrará temporariamente.

ser: problemas causados por se intrometer nos assuntos dos outros.

ser interrogado por: as pessoas erradas estão perguntando sobre seu crédito na praça.

ser preso por um: sua ética está sendo questionada, não suas atitudes.

com razão: sentimento de culpa por romper com seu código moral.

injustamente: um aliado determinado vencerá qualquer rival.

ser um macerador: vai superar a sensação de se sentir diminuído por explosão de raiva de um amigo.

sonhar com um: visão de confirmação que inspira a crença em si mesmo.

sonhar com uma delegacia: aflição por não conseguir honrar os compromissos.

ser interrogado em uma: forçará uma aliança que seu sócio interpretará errado.

com amigos: desejo de meter o nariz nos assuntos alheios não traz felicidade.

testemunhar para um: sua evidência pode se voltar contra você.

usando um cassetete como arma: alguém lhe detesta devido à sua sorte e lealdade.

POLÍTICO 35-40-42-43-46-49

afiliar-se a um partido: discuta suas convicções, depois troque de partido.

outra pessoa: mudança para melhor está a caminho.

fanático: resolva o conflito dentro de si mesmo antes que desconte em outras pessoas.

homem: hora de tomar conta de sua vida.

ser visto em companhia de um: desgraça para si mesmo por causa das palavras impensadas de outros.

liderar uma campanha política: sua oposição é inútil sem programas de mudança.

POLOS 01-19-20-22-25-34

isolamento no frio: seu projeto favorito será tirado dos planos de negócios.

armazenamento no frio: recusa obstinada a conceder suas emoções congeladas.
viajar de trenó para um dos: concretização de ambições além de seus sonhos mais loucos.

POLUIÇÃO 09-15-18-31-33-49
chuva ácida: má decisão de negócios retorna para lhe assombrar.
fumaça e neblina de poluição no ar: mudança no trabalho é necessária.
no chão: livre-se totalmente do mal ou ele retornará.
água: examine seus pensamentos antes de se expor.

POMADA 13-26-27-29-33-40
comprar: seu caminho conduzirá a uma boa saúde.
sonhar com: será ofendido, mas o ofensor pedirá desculpas.
usar: leve enfermidade a caminho se você não aliviar a dor alheia.
em uma ferida: não pode culpar ninguém a não ser a si mesmo por sua incapacidade de se curar.
em namorado: com seu servilismo você lisonjeia um adversário em potencial.
outras pessoas: com suas ações impensadas, abandonará seus amigos.

POMAR 03-09-16-24-34-42
caminhar em um: todos os desejos serão realizados plenamente.
colher várias frutas de um: sua sorte vai melhorar à medida que for superando os problemas, pouco a pouco.
estar em um: não faça preferências entre dois bons amigos.
com crianças: você adora o luxo, mas não quer trabalhar por ele.
sem frutas: nunca realizará desejos que não merece.

POMBAS 11-12-15-22-24-27
alimentar: siga o conselho que recebeu; os amantes irão se reconciliar.
arrulhando: faça as pazes com alguém que está morrendo.
brancas: colheitas abundantes e a reconciliação de amigos leais.
em par: paz, inocência e salvação espiritual.
em um pombal: uma longa fila de visitantes à sua feliz casa.
mulher sonhando com: assuntos favoráveis em casa.
no telhado: satisfaça-se com o parceiro (a) que você tem, apesar do tom de tristeza.
representando o Espírito Santo: paz e amor.
trazendo uma carta: um mal-entendido será sanado.
voando: novos contatos são importantes para alcançar o seu potencial.

POMBOS 10-12-19-24-36-45
aterrissando em um peitoril: seus casos amorosos favoráveis estão à vista de todos.
brancos: o consolo de uma paz evanescente.
caminhando no chão: notícias importantes vindas de longe prevendo que não vale a pena especular.
cinzentos: sua devoção será objeto de reprovação.
dois brigando: você permitiu que seus desejos baixos e humilhantes lhe dominassem.
marrons e brancos: os negócios vão de vento em popa e você parece estar contente.
muitos: você está comprometido com trabalhos de caridade; não apoie causas irrelevantes.

poleiro: casamento iminente de lealdades indivisíveis.
pombo-gravatinha: terá muitos namorados; divirta-se com todos.
voando: amplie sua busca por pessoas que têm ideias semelhantes às suas.

PONCHE 05-09-11-19-44-53
beber: notícias desagradáveis que despedaçam seus sonhos e suas esperanças.
fazer um: alegria de duração curta, ressaca de longa duração.
oferecer um, a alguém: sua má reputação será exposta por você mesmo.

PÔNEI 05-19-33-36-39-42
alimentar um, com a mão: será beijado por uma mulher.
crianças brincando com um: será seduzido por uma mulher.
montando em um: será liberado de falsas acusações.
recém-nascido: terá uma mulher que lhe amará muito.

PONTE 04-21-36-38-45-47
abre no centro: sua intuição criativa não consegue atrair a atenção do seu intelecto.
andar de bicicleta em uma ponte suspensa: alta velocidade em direção ao sucesso.
atravessar uma passarela: você ficou com poucas saídas.
atravessar uma velha a pé: repare o seu relacionamento ou ele se romperá.
muito longa: seu futuro é uma grande aventura.
cair ao caminhar sobre: a ligação foi perdida, mude os planos.
cair de: ambições excedem habilidades e possibilidades.
coberta: um iminente encontro emocional, surpreendentemente agradável.
cruzar: deixe uma ocupação e envolva-se em outra.
curva: problemas financeiros sérios.
danificada: cuidado com seus planos novos, mas leve-os a cabo agora.
em reparos: repare o relacionamento e envolva-se mais uma vez.
de madeira: você não tem força de vontade.
deslizar pelos cabos de ponte suspensa: você receberá recompensa pelos esforços audaciosos.
enquanto ela balança: uma *avant-première* da travessia da vida para a morte.
dirigir sobre uma: planos presentes deveriam ser abandonados.
em chamas: você perdeu alguns amigos que se voltaram contra você.
estar no meio de: você está equilibrando emoções e ações.
homem cruzando rodovia: mudanças na sua residência, da adolescência à idade adulta.
instável: uma necessidade de repensar os planos futuros se torna evidente.
muitas: escolha sua base de vida e conecte-se com ela.
mulher cruzando rodovia: atividades sociais de natureza alegre serão bem-vindas no outro lado.
passar sobre uma estrada elevada: o trabalho será de natureza artística.
não pavimentada: você receberá uma carta com dinheiro.
pessoa solteira cruzando rodovia: mudança de uma fase da vida para outra.
pessoas cruzando rodovias: atrasos nos seus negócios, do estado de conflito à solução.
quebrada: o projeto não tem os meios para ter sucesso.
sendo construída: complete seus planos dentro de estrutura rígida.

subir nas torres de ponte suspensa: você está no alto do seu poder, agora é só descida.
vermelha: perigo à frente.
viaduto passando sobre uma rodovia: sua imaginação fértil complica a jornada da vida.

PONTE LEVADIÇA 01-06-11-16-19-32
aberta: você perdoará os inimigos, mas eles não perdoarão você.
fechada: você realizará seus maiores sonhos e se afastará dos amigos.
sendo baixada: projetos bem mais favoráveis pela frente.
sendo erguida: os projetos desaparecerão lentamente durante o processo.

PÔQUER 02-03-24-31-33-38
gritar pôquer (ao superar a aposta anterior no jogo): não terá um relacionamento decente este ano.
homem sonhando que joga: conseguir realizar quase todos os desejos parece uma recordação amarga.
mulher casada: está traindo o marido.
mulher solteira: deve guardar cuidadosamente sua virtude e escolher a oportunidade com sabedoria.
jogar: tem bom gosto, e má sorte para conquistá-lo.
com amigos: perda total em seus interesses pode ser recuperada com uma só mão.
pessoas trapaceiras: ganhos financeiros ao constranger as pessoas por suas inadequações.
e esconder a mão: você vê um inimigo em qualquer cenho franzido.
pessoas desconhecidas: está fadado a se decepcionar com pessoas emotivas e impressionáveis.
tirar a sorte grande: aposte no cavalo escuro.

PORÃO 08-14-21-30-32-39
água infiltrando-se para dentro de um: restabeleça sua base de crédito.
alicerces desmoronando: obtenha novas referências quanto ao seu nível de abertura ou repressão.
casa desabou para dentro de: muito azar que você comprou a mobília primeiro.
entrar em um: você se beneficiará de vários anos de uma vida moderada.
preso em um: seus sentimentos mais profundos imploram para serem compreendidos.
trabalhar em: sua paciência pagará dividendos.
ver um: circulação ruim no pé é sinal de gota.

PORCO-ESPINHO 06-11-12-14-17-21
comer a carne de um: questão profissional delicada.
matar um: pessoa de temperamento irritável já não o influencia mais.
mulher grávida sonhando com um: seu marido recusará a paternidade de seu filho.
ser furado por um espinho de: será desmoralizado na imprensa.
sonhar com um: você está ciente de que é uma pessoa mesquinha, materialista e defensiva?
vários: os inimigos estão tentando prejudicá-lo.

PORCOS 04-07-21-37-39-48
comer porco assado: tome precauções contra um rival.
costelas tostadas: a essência do problema é camuflada como se fosse uma opulência festiva.
comprar: você é diligente em sua cobiça.
em um chiqueiro: casa alegre, prole satisfeita e alimento de sobra.

muitos: receberá dinheiro após a morte de um parente, depois que outras pessoas tiverem recebido sua parte.
porca: um nascimento, e renascimento, para a sorte.
porco-do-mato: alguém lhe faz oposição intensa por debaixo dos panos.
selvagens: um amigo vai tentar lhe ferir, mas terá poucas chances de conseguir.
sendo bem-alimentados: prosperidade para cumprir o compromisso de cordialidade.
magros: as crianças causarão aborrecimentos triviais por causa de sujeira e indulgência excessiva.
sonhar com: sendo egoísta, o que você ganhou de bom vai desaparecer e não poderá mais ser investido para fazer mais dinheiro.
vender: seus amigos ficarão com raiva de você por seu apoio a uma empreitada falida.

PORTA 05-13-17-33-44-49
aberta e você entrando: relacionamento longo, emocional e satisfatório.
abrindo: um aviso para você manter a boca fechada na frente de colega no trabalho.
à força: cuidado com suas tendências violentas enquanto impede o criminoso de fugir.
a sua própria: você ganhará uma outra chance de ter êxito.
de outra pessoa: novas oportunidades de jornada para além do banal.
atravessar: o assunto irá se resolver, apesar da interferência.
atravessar o patamar: a parte difícil acabou; agora, ao trabalho.
batendo: eventos desagradáveis iminentes não podem ser evitados.
casa com várias: você perderá o seu dinheiro por causa de fofocas difamatórias.
chocar-se contra: você estará ciente do horror de uma pessoa amiga, mas o medo impedirá que a ajude.
dar ordens a porteiro: você será criticado pelo que não conseguiu perceber durante sua vigia.
de trás, usada como entrada por amigos: você deve usar de cautela para evitar fofocas imaginativas.
arrombada por ladrões: os inimigos caluniam você com ofensas imperdoáveis e que não têm relação com você.
pela pessoa amada como saída: uma repressão de expressão; a oportunidade não está mais disponível.
por parentes: sua tentativa em vão de evitar discussões em família a respeito de críticas.
por você: mudanças importantes causadas por tentativas sem sucesso de lucro.
de uma cidade: o populacho se recusa a abrir a porta para você, mostrando desaprovação de suas ideias.
derrubar: métodos comuns conduzirão você a uma oportunidade.
destrancar uma: o seu futuro está realmente protegido?
dobradiça enferrujada: assuntos sociais difíceis.
rangendo: crueldade mental e física será cometida contra você.
em chamas: seu conselho infeliz pôs a vida de pessoa amiga em perigo.
entrar furtivamente por meio de uma: para que haja um caso, é preciso dois amantes dispostos.
entrar na própria casa: os amigos arruinarão sua harmonia com parceiro(a).
fechada: faça um esforço com os seus vizinhos.
fechando: você está isolando uma pessoa de sua vida.

ficar preso em uma giratória: três pessoas estão impedindo você de usar seus recursos.
maçaneta: um novo negócio galgará firmemente a trilha do sucesso.
portal: a conexão com a sua prosperidade está próxima.
portal brilhante: sua transformação teve sucesso.
quebrada: uma pessoa que vive bem longe irá lhe mandar notícias sobre um emprego.
ser carregada através da soleira: alguém está esperando grandes coisas de você.
ser impedido de entrar por: manifeste-se a respeito do tratamento de uma pessoa amiga.
ser incapaz de fugir de: grande mudança de direção antes que seja tarde.
ser porteiro: você será obediente e dedicado à proteção de sua família.
ser trancado com ferrolhos: conhecer os segredos deles é um fardo para você.
tentar abrir ferrolhos: um novo começo será feito em outro lugar.
fechados e quebrados: você tem uma tendência à ganância e ao egoísmo.
tocar a campainha: você tem uma visão clara do desenrolar do seu futuro.
trancada: substitua sua conduta desfavorável por ações positivas.
trancar com ferrolho: sua credulidade vem causando frustração para você.
trancar pessoas com ferrolhos: as ações de outras pessoas ofenderão você.

PORTÃO 04-05-07-16-19-40
aberto: outros acolhem as suas visitas com prazer e oferecem oportunidades.
abrir: tempo de seguir em frente.
dos outros: oportunidades para você participar em projetos de outras pessoas.
fechado: você está angustiado por dificuldades que só serão aliviadas se você subir na cerca.
outros estando perto do seu: amigos falsos levam uma vida social animada; evite-os.
passar através de um: choque ao receber más notícias.
quebrado: seus empreendimentos preferidos não conseguirão pagar a si mesmos.
sonhar com: você está muito apaixonado e gostaria de controlar esse sentimento.
trancar: vários negócios não podem mais ser ignorados.

PORTO 06-13-23-29-35-46
atravessar o quebra-mar em direção a um: deve aguentar a culpa.
com marinheiros: alguém guarda raiva não declarada por você.
belo: será enganado.
bloquear um: será confundido com o inimigo.
cair de um píer: hora de examinar o trabalho do seu contador em seu nome.
chegar a um porto estrangeiro: felicidade no amor.
desembarcar em um: conclusão bem-sucedida de sua empreitada favorita.
distante: um santuário em uma jornada sem fim.
em um lago ou rio: fará longa viagem.
embarcação chegando a um: morte de convidado em sua casa.
estar com outras pessoas em um: receberá notícias de longe.
estar em um píer que se alarga até virar um porto: uma viagem almejada finalmente terá lugar.
estar no ancoradouro de um lago: você fará uma viagem ao lugar errado e não deixará que isso o afete.

mar: você descobrirá um segredo e cumprirá sua obrigação com êxito.
oceano: um lugar seguro onde você pode reconhecer o terreno e se reorganizar.
estar só a bordo de um navio: oportunidades financeiras possibilitarão uma viagem ao exterior.
com a pessoa amada: falsidades serão expostas; segurança naquele tumulto emocional.
marinheiros desembarcando em um: problemas no casamento.
no mar: descoberta de um segredo.
porto com navios: seu empreendimento possui fundações sólidas; navegue para continuar crescendo.
sem: nenhum descanso para os cansados; nenhum lugar para se repor energia.

PÔSTER 03-09-20-25-30-36
desenhar: discutirá por causa de uma conta de comida quando há assuntos muito mais importantes em jogo.
fazer um: você e seu oponente passam a concordar em relação ao assunto em questão.
na parede de outra pessoa: deseje a realização, sua e dos outros.
nome e rosto em um: seus atos irascíveis foram notados.
pendurar um: uma enfermidade depois de acusações relativas ao conteúdo do pôster.
ser fotografado para um: você é um exibicionista que não vê outra forma de se destacar.

POTE 07-10-15-35-41-45
abrir: você descobrirá um segredo que alimentará suas emoções.
fechar: você está encobrindo lições que tem que aprender antes de se aventurar no mundo real.
ter: você está fadado à decepção.
alimento em: você terá que guardar um segredo.

POUPANÇA 02-14-22-32-34-42
crianças: segredo familiar será revelado, deixando pouca herança.
impedir o outro time de fazer pontos: sorte inesperada e merecida de proporções inimagináveis.
pôr dinheiro na: você surpreenderá seus inimigos com suas amizades.
poupar dinheiro: você tem uma mente mutável e uma conta bancária flexível.
salvar a vida de crianças: sua poupança lhe permitirá comprar uma casa.
salvar alguém de se afogar: você lidará com gente honesta.
de se suicidar: desgraça pública por se colocar à frente das necessidades básicas dos outros.
transgressões: reconciliação com inimigos.

POUSADA 18-19-21-26-41-47
bonita: você será atormentado pelo excesso de trabalho para manter sua vida cômoda e bem tratada.
descansar em: você possui grande coragem; tome cuidado onde você faz uso dela.
em más condições: você está buscando um êxito impossível.
encontrar amigo em uma: satisfação com a promoção no trabalho.
estar em: sofrimento causado por aqueles que estão saindo pela porta.
festa realizada em: sofrimento oriundo de um grande fracasso nos negócios que você causou.
ser cliente regular de: seu parceiro partirá com outra pessoa.
gerente de, ser: você empreenderá negócios que não terão lucro.

agindo de forma imoral: você não sabe se defender da maldade.
brigar com: brigas inúteis sobre divergências mínimas.
não pagar ao: rival conquistará o afeto da pessoa amada; os rumores prejudicarão o prestígio.

PRAÇA 17-21-30-35-36-52
cheia: o aumento de energia requer uma atividade correspondente.
vazia: você perdeu a vontade de se comunicar com os outros.

PRAGA 04-10-23-27-34-37
alguém que possa acabar com a: desejos realizados por meio de compromisso sincero.
amigos morrendo por causa de: fim do sofrimento e da dor.
pessoas: maus negócios que terminam em desgosto total.
pessoas se recuperando de: você mostra falta de concentração e de consistência no trabalho.
ratos causadores de praga sendo mortos: você ultrapassará facilmente qualquer obstáculo que lhe ponham no caminho.
ser mordido por uma: faça um *check-up* imediatamente.
ter uma: um casamento com pessoa rica se confundirá com instabilidade mental.
outras pessoas: descoberta de dinheiro por sorte caso você não perca o controle de si mesmo.

PRAIA 15-17-33-38-445-53
achar lixo: aproveite a oportunidade que outros rejeitaram.
manchas de combustível na água: você tem uma atitude saudável sobre o sexo.
andar na areia: você está trilhando o caminho entre a genialidade e a insanidade.
bronzear-se: os negócios melhorarão quando você souber de um amigo esquecido há muito tempo.
mas não entrar na água: você está confinado, afastando-se de todos ao seu redor.
em uma baía: a manifestação da união ou acasalamento.
estar nu em uma: você se reorganizou e está pronto para novas aventuras.

PRATA 02-24-31-34-40-47
bandeja de prata com cartão de visita: convite formal para situação elegante.
chapear com: você deve ter mais coragem.
comprar coisas de: você precisa refletir sobre o efeito que causa nas pessoas.
contar: invista em empreitada que produza dinheiro de maneira honrada.
dar presentes de: você é materialista demais e vazio de preocupações espirituais.
ganhar presentes de: aniversários são comemorações de resistência.
herdar: ambição não satisfeita para se igualar aos ancestrais.
juntar: sua mesquinharia dá o que pensar para aqueles a quem você quer impressionar.
lidar com: será prejudicado em questões de negócios.
lua de: suas afeições são puras e desenfreadas.
polir a prataria: pontos de vista irritantes de parentes darão o tom de sua visita anual.
sonhar com dinheiro de: você é pressionado a completar ações compulsórias.

ter grande quantidade de prataria valiosa: você escapará de perigo se for cuidadoso, e não ganancioso.
ter moedas de um real e cinquenta centavos: avanço na posição atual.
vinte e cinco e dez centavos: perda da atual posição.
trocar moedas de: você receberá a visita de um amigo calmo cujos modos educados lhe perturbarão.
encontrar: prosperidade com grande responsabilidade cívica.
usar um vestido prateado: você terá sucesso em tudo caso se mantenha calmo.
vender coisas de: promoção que será indefinidamente postergada.

PRATELEIRA 07-25-27-40-45-54
colocar livros em: em breve você sofrerá um acidente que pode ser evitado.
artigos de cama e mesa: sua consciência não está tranquila; você não é virgem, e sim um amante experiente.
chapéus: questões de negócios estão bem confusas; você conseguirá seu objetivo por meio de trabalho árduo.
gêneros alimentícios: disputas de família na hora de cozinhar.
panelas: inevitável perda de dinheiro.
sapatos: a morte de um membro da família na cama de outro.
travesseiros e cobertores: você será enganado por quem ama, e avisado por quem não ama.
vários: haverá oposição aos seus desejos; é besteira defendê-los.

PRATOS 04-06-16-20-24-28
comprar louça de porcelana: expansão do amor tranquilo e pacífico da família.
por pessoas solteiras vistas juntas: o casamento delas é iminente.
elefante em uma loja de cristais: problemas de família são causados por você.
largar em uma balança: você está negando a necessidade de equilibrar sua alimentação.
lascar louça esmaltada: agitação emocional trará muito dinheiro.
prato vazio: sua habilidade para delegar está deixando sua escrivaninha vazia.
cheio até a borda: o mundo é sua ostra suculenta.
semi-vazio: você não está sendo razoável exigindo que fique cheio pela metade.
quebrar: intrusos estão causando os seus problemas domésticos.
pessoas quebrando: você precisa controlar as paixões que incita nos outros.
quebrar louça: você está substituindo o antigo pelo novo, com generosidade e entusiasmo.
sua própria louça: ganhos financeiros oriundos de um lugar distante.
fina: aspirações emocionais são demasiadamente ambiciosas; as sociais não.
sujos: insegurança entre membros da família devido a mudanças inesperadas.

PRAZER 08-14-22-31-32-40
sentir euforia: ilusão fugaz exposta à dura luz da realidade.
ter: outra pessoa está desfrutando do que você esperava vencer.
crianças: trabalho adequado e boas-novas de um velho parceiro.
pessoa amada: a frivolidade é desanimadora em sua decadência.

PRECIPÍCIO 02-07-11-19-34-42
afastar-se de um: superará todas as perdas e calamidades.

cair de um, e morrer: está prestes a cair em descrédito.
e sobreviver: suas viagens astrais foram bem concluídas.
mulher sonhando com: dará à luz filho que não é do marido.
outras pessoas: mude de planos para evitar grande ultraje e risco.
erguer os olhos do alto de um: as pessoas estão rindo de sua inatividade externa.
sonhar com um: sua busca interna de sentido em seus aborrecimentos lhe está deixando exausto.

PREFEITURA 14-18-20-31-32-35
buscar ajuda da: presságio de problemas legais com autoridades públicas.
casar-se em um órgão público: resultados desagradáveis ao se fazer as coisas com pressa.
fazer negócios na: seus empreendimentos em andamento permitem liberdade na vida.
ir à: vitória sobre a discriminação ao se submeter à autoridade.
sonhar com: você realizará seus desejos lentamente, mas com certeza em uma atmosfera cheia de vida.
tornar-se prefeito: responsabilidades cívicas serão cumpridas ao se fazer parte de um júri.
trabalhar na: a atividade desafiadora está preocupando você.

PREGADOR 07-12-17-21-27-40
confessar-se com um: você perdeu o rumo da ética e precisa de ajuda para sair do atoleiro.
escutar um sermão de um: pense profundamente até aprender o significado do sermão.
a um pregador: é difícil ouvir bons conselhos, e mais difícil ainda ouvir baboseiras ególatras.
de outra cidade: aborrecimento ao descobrir as falhas dos outros.
pregando no púlpito: não siga ordens de quem tem segundas intenções.
ser um: passará por muitos altos e baixos, mas os planos não vão se concretizar.

PREGOS 12-17-24-27-29-41
comprar: ninguém duvida de sua fama de nervoso e irritadiço.
de cobre: tristeza relacionada a suas preocupações; deixe-as de lado por enquanto.
pregos de carpinteiro: você precisa concluir tarefas estafantes; não as torne mais difíceis do que são.
martelar na parede: a verdade aparecerá; conte tudo antes disso.
pregar ferradura: ficará preocupado com más notícias, mas dará a volta por cima.
de aço: a solução será revelada em um detalhe ínfimo e sua aplicação prática será o toque final.
de ferro: a solução virá com pesquisa sólida e exaustiva.
vender: sua análise concisa ajudará a unir partes divergentes a encontrar uma solução comum.

PREGUIÇA 17-26-35-47-55-57
casal preguiçoso: suas indiscrições inadvertidas acabarão em casamento de oponentes.
ser preguiçoso: problemas para aqueles próximos a você se não permitir que eles lhe ajudem.
empregados: o negócio passará por dificuldades por causa da falta de atenção com os detalhes.
esposa: dignidade e distinção não impedirão suas dificuldades familiares.

filhos: vão se casar com pessoas ricas que criticarão você pela sua preguiça.
marido: um estranho está tramando contra você ao esquivar-se de trabalhar.
outros: você está sendo competitivo em excesso quanto a questões secundárias.

PRENSA 08-13-14-31-36-39
de azeitonas: não confie nos amigos.
de cera: está agarrando qualquer prazer ainda não experimentado.
imprimir em uma: desordem pública por causa de rumores escritos com palavras feias.
imprimir papel-moeda: comerá o pão que o diabo amassou e terá ideias improdutivas.
ser dono de uma: conflitos causados por herança e pelas responsabilidades que ela implica.
trabalhar com uma: sua atuação merece louvores.

PRESENTE 12-20-23-27-42-46
dar um: dê uma olhada longa e de perto nas muitas pessoas que admiram você.
a parentes: uma pessoa da qual você não gostava se mostrará amiga leal.
receber: no seu envolvimento com o trabalho você se descuidou de si mesmo.
de uma filha: você receberá um pedido de casamento que está ansioso para aceitar.
a pessoa amada: seja generoso com a afeição e consciente da ingratidão de outras pessoas.
parentes: em breve você encontrará uma posição favorável no seio da família.
um filho: aflição causada pela oposição dele ao pequeno valor.
uma mulher: depressão e transtorno não desaparecerão.
uma pessoa importante: você precisa de reconhecimento e elogios.
doces: leve seu namorado para jantar.
receber um presente de: tenha tanto prazer dando como tem recebendo.
parentes: você é um idealista com muitas ilusões; tem tendência a atos precipitados que se voltam contra você.
vários presentes: precaução com a pessoa que se precavê de você.

PRESIDENTE 02-12-17-20-24-32
perder o cargo de: está sendo complacente e se deixando persuadir a cooperar com alguma fraude.
ser: quanto maiores as homenagens no sonho, menos consciência você terá do próprio valor.
e sofrer impeachment: traição dos amigos, mas a sua traição será maior ainda.
eleito: receberá uma bênção de Deus.
reeleito: você terá chance de corrigir os erros passados.

PRESSA 05-07-08-12-22-47
amigos com: você terá uma vida longa se ajudar seus amigos agradecidos.
estar com: risco de um acidente que você pode evitar com uma ação rápida.
filhos com: acontecimento importante e muito benéfico pela frente.
inimigos com: você está fadado à decepção por causa do seu egoísmo.
ir a algum lugar com muita: você é uma pessoa muito despreocupada.

PRESUNTO 02-21-37-40-52-54
assar: uma situação difícil irá mostrar-se positiva no final.

comer: gula sensual e uma vitória nos negócios.
comprar: dívidas contraídas não constroem riqueza.
defumar: muito para ser compartilhado de ano para ano.
fatiar: toda a oposição utilizada traiçoeiramente contra você se juntará.
ferver: lucro pequeno, mas doce, do empreendimento e da perseverança de outros.
servir a outros: brigas em família serão atenuadas se você compartilhar sua hospitalidade.

PRETO 00-11-22-33-44-55
animais: transformação de impulsos inconscientes.
sombra de maquiagem: aspectos reprimidos de sua personalidade implorando por atenção.
terra: habilidade interna que você desconhece é rica em possibilidades.
ver tudo: o desconhecimento daquilo que você rejeitou devido ao medo causará obstruções em sua vida.
vestir roupas: depressão causada por diferenças de opinião.

PRIMATAS 10-15-17-28-42-43
chimpanzé: sua inteligência enganará você.
em uma árvore: você pegará uma doença se seguir na direção errada.
dançando: você dará alguns passos complicados para ter sucesso no ramo imobiliário.
enjaulados: existe uma oposição maliciosa ao seu amor.
filhote: você tem um amor instintivo puramente físico.
imitando outros: cuidado ao expor falsidade de amigos.
pessoas pobres sonhando com: dedique-se com empenho e use inteligência para ter um bom retorno financeiro.
pessoas ricas sonhando com: cuidado com o causador de problemas no seu círculo de amigos.

PRIMAVERA 01-02-10-39-48-53
sonhar com: será notícia com seus esforços criativos.
durante o inverno: um casamento acontecerá em breve.

PRIMOS 13-21-42-44-48-49
estar na companhia de: aflição acerca da inabilidade de desfrutar a conversa.
de todos os: perigo inesperado no amor que você achava que era compartilhado.
sonhar com: parentes pedirão sua ajuda; diga-lhes para cuidarem dos seus problemas sozinhos.
vários: infortúnio nos assuntos do amor com pessoas íntimas.

PRÍNCIPE 06-17-21-34-35-39
associar-se a um: seu companheiro não será capaz de satisfazer suas expectativas.
conhecer uma princesa: esplendor com intrigas, honras e a dissolução da decadência.
um príncipe: idealizar um romance lhe impede de ver o que realmente importa.
matar um: você não é capaz de encarar dificuldades profissionais.
morar com uma princesa: perigo de morte se você correr atrás do que deseja.
conversar com uma: sua arrogância afasta uma mulher prestativa.
ver: será bastante arrogante com amigos que conhecem seu verdadeiro eu.

pedir permissão para ter audiência com um: você quer a igreja para mostrar seu valor.
sonhar com um: cuidado com pessoas que invejam um presente que você recebeu.

PRISÃO 02-13-18-19-33-38
outros prendendo você: você comprometeu os princípios morais deles.
outros presos: cuidado para não se arriscar até que esteja posicionado.
e soltos: sucesso inesperado com nova compreensão do positivo.
prender outros: você condena o comportamento deles, o que impede sua motivação.
ser preso: tristeza causada por atividades obstruídas, seguida pela felicidade de ter consciência.

PRISÃO 07-11-12-14-31-32
ambiente cercado por arame farpado: enganos de consequências irreversíveis.
cair na armadilha de uma: grande desgraça lhe virá por causa de contenção contra a vontade.
estar em uma: está deprimido por ser forçado a prestar contas de suas atitudes.
estar em uma cela: seu padrão de comportamento precisa ser revisto.
escapar de uma: você sente que as restrições são injustificadas; seus vícios dominam o casal.
olhar de janelas com grades: que escrúpulos bloqueiam sua ação?
vazia: prefere que lhe deixem em paz no que diz respeito a disputas de amor.
ganhar liberdade condicional: você conhece o lado sinistro da vida e não tem medo de contar.
outras pessoas: escravizar a si mesmo é um vício; sucesso mesmo assim.
janelas com grades: as pessoas impedem qualquer nova ação até você rever suas antigas atitudes.
outras pessoas que estão em uma: precisa obter ajuda de vários amigos.
permanecer em uma: triunfo sobre uma parte restritiva de sua personalidade.
portão de ferro: precisa da ajuda de vários amigos para estimular sua criatividade.
prisioneiro se soltando: eventos inesperados vazarão.
refeitório de uma: comida nunca será o bastante para alimentar sua fome.
sair de uma: punição por prosperidade efêmera já foi o suficiente.
ser libertado da: recuse a oferta atual.
tentar escapar por um túnel: sua culpa é uma jornada; percorra-a.
visitar outra pessoa em uma: seus feitos debilitaram a amizade.

PRISÃO DE VENTRE 03-15-26-30-35-40
estar com: o veneno da vida está grudado em você.
estar paralisado por: reter a sua autoexpressão limita a sua autoestima.
sonhar com: você está armazenando as nozes das suas ideias e experiências para seu uso apenas.
tomar um laxante para a sua: uma pessoa que antes era sovina tratará você generosamente.

PROCISSÃO 01-13-24-30-31-36
assistir a uma: crescimento de posição; esperança de ganhos mercenários.
namorados assistindo a uma: felicidade se eles quiserem ficar apenas na plateia.
padres em: cuidado com falsos amigos que o estimulam a ceder a tentações.
pessoa casada sonhando com uma: casamento duradouro terá imperfeições.

pessoa solteira que está em uma: você quer ser o rei Midas, nem que seja por uma semana.
pessoas felizes em: você está procurando chamar a atenção com suas pegadinhas criativas.
religiosa: correrá risco de falir; será necessário pompa e circunstância para impedir que isso aconteça.

PROCURA 03-06-23-29-36-45
pela casa: você será avisado de um inimigo maldoso que sabota seus esforços.
no bolso do marido: sua ação será justificada pelo que encontrará.
por objetos pessoais perdidos: cuidado com os ladrões dentro de sua mente.
policiais procurando sua casa para investigar: é preciso ter a consciência tranquila.
por objeto perdido: a desonra familiar pode ser retificada.
por algo: não é possível se recuperar de infidelidade.
por outros: falatório sobre o que você deseja para sua vida.

PROFESSOR 02-03-13-22-35-43
apenas para mulheres: prazeres materiais não interferirão em sua espiritualidade.
homens: deve reconstruir a prosperidade espiritual dilapidada.
contratar um: faça sua missão se misturar ao divertimento.
dar aulas: as paixões despertam quando você está receptivo.
à noite: será convidado a comparecer em ocasião solene de alguma força punitiva.
na escola: amor proibido com autoridade presente acaba em desgosto físico e mental.
de crianças pequenas: será chamado a dar uma contribuição para caridade.
falar com um: evite dar lição de moral nos outros e peça orientação a alguém do meio judiciário.
lecionando: primazia no campo dos empreendimentos.
professora: eventos importantes e altamente benéficos pela frente.
ser: chance de construir o caráter desde a base, no seu tempo.
de ensino médio: o crescimento é um processo, não um evento instantâneo.
de língua estrangeira: escute os dois lados da história, julgue como gostaria de ser julgado.
ter alguém lhe ensinando: a raiva devido a um motivo irrelevante vai bloquear sua capacidade de aprender.
tornar-se: seu primeiro aluno é você mesmo, bem como seu melhor professor.

PROFETA 04-14-16-20-26-38
fazer profecias: vai se envolver em coisas perigosas e misteriosas.
outras pessoas profetizando para você: baseie-se em seu bom-senso e no sonho inspirador que teve.
ser um: se você não souber o que quer, não poderá conseguir.
sonhar com um: não conte com falsas promessas dos outros; faça as suas.

PROMESSA 04-08-19-30-40-42
aceitar uma: cuidado para não esperar dos outros algo que você mesmo não pode oferecer.
fazer uma: ficará desiludido com o retorno financeiro.
não cumprir uma: constrangimento contínuo por causa de sua extravagância desmedida.

receber uma: mantenha seus conceitos próprios e terá a estima dos demais.
de matrimônio: conseguirá realizar seus desejos; empreitadas bem-sucedidas.
recusar uma: é preciso coragem para defender as próprias emoções ou a falta delas.

PROMONTÓRIO 17-22-23-36-37-39
estar no alto de um: competição acirrada por ganhos financeiros que estão lhe mordendo os calcanhares.
inimigos: você está chamando a atenção de pessoas que não se deixam deter por nada nem ninguém.
outras pessoas: eventos fora de série muito em breve.
ver um, a distância: vai se decepcionar com falsas acusações de conduta irregular.

PROMOTOR 35-40-42-43-46-49
estar na presença de: você terá autorrespeito.
policial trazê-lo diante de: satisfação e contentamento moral.
ser acusado por: você se apaixonará, terá alegria e prazer.
sonhar com: preocupações inesperadas.

PROMOTOR PÚBLICO 16-21-24-35-39-48
discutir com um: as acusações deixam cicatrizes mesmo depois de ser provada a inocência.
indo contra seus inimigos: impulso indevido de ganhar respeito à custa dos outros.
outras pessoas sendo processadas por: os negócios vão entrar em declínio até você clarear sua consciência.
ser um: você tem muitos amigos que apoiam suas atitudes.
sonhar com: está sendo levado a achar, erroneamente, que seu senso moral teria valor.

PROPOSTA DE CASAMENTO 12-13-14-23-28-39
aceitar uma: será atormentado por dúvidas; erros de julgamento causarão raiva interna.
fazer uma: será convidado para jantar e pagará a conta.
outras pessoas: brigas de família; você tem a solução.
parentes: terá velhice tranquila, mas tendo de lidar com vizinhos muito, muito barulhentos.
receber uma: a idade pode ser enganadora, até o dia em que ela lhe alcança.
recusar uma: curiosidade não satisfeita é uma carga difícil de aguentar.
sua, sendo recusada: vai apostar todos os seus recursos de maneira equivocada.

PROPRIEDADE RURAL 11-19-20-21-30-40
comprar: não pode constituir a base da fortuna sem ter nenhum capital.
dispor de sua: você não planeja bem as coisas; a tristeza tomará o lugar de suas maiores esperanças.
assentamento: terá autoestima e grandes projetos comandando fortunas.
ganhar de presente: viverá condições favoráveis à prosperidade.
dar: terá família grande que desejará manter como amigos.
potencial comprador de: você é um sonhador cujos castelos serão construídos ao menos em sua mente.
ter um grande imóvel: o prazer de ter uma fortuna merecida.
herdar um: o porta-voz das notícias melancólicas estará de luto.
ter uma comunidade em sua: vai sacrificar os próprios prazeres pelo conforto dos outros.
ter uma empresa em sua: não fracassará por causa de um aumento no aluguel.

vender: rápida desvalorização de seu importante plano.
no interior: desgraça oriunda das reclamações imprudentes, mas no final você sairá no lucro.

PRÓSTATA 09-14-18-23-41-47
outros sofrendo com problemas na: você pode aliviar as divergências entre parceiros.
passar por cirurgia na: estragos futuros em seu negócio.
parentes: vai descobrir um segredo e guardá-lo.
sentir dor na: você fará promessas insensatas.

PROSTITUTA 01-06-10-19-22-34
abraçar uma: você vai espezinhar suas emoções desnecessariamente.
dançando: você voltará à pessoa amada, e com comprometimento total.
grávida: vai enganar seu noivo ao dizer que é pura.
mentir com uma: segurança não é item portátil.
morta: pessoa famosa se apaixonará por você.
muitas: honras e bênçãos por parte daqueles que trabalham pelos oprimidos.
muito gentil: receberá relatórios negativos em relação a suas atividades dinâmicas.
ouvir uma prostituta falar sem que ela perceba: não é porque você não vê que não existe.
prostituto: você faz grande sucesso com o sexo oposto e com o próprio.
que pensa que é homem: dará à luz um garoto.
receber uma, em sua casa: as pessoas vão lhe condenar sem provas.
robusta, nua: boas esperanças após breve enfermidade e medicação pesada.
ser uma: você é tão tosca e insensível com os outros quanto é consigo mesma.
visitar uma: problemas na vida doméstica, devido aos quais você se tornou objeto de desprezo dos moralistas.

PROTETOR DE ORELHA 02-08-23-41-47-48
comprar um: infidelidade por parte de alguém de sua confiança.
ter um belo: não terá nenhum relacionamento além deste.
usar um: promete uma vida livre de mudanças contínuas.
outros: fique de olho em fofocas maldosas.

PROTOCOLO 32-36-37-40-41-43
fazer as coisas de acordo com o: desastre completo e revelação de seus juízos errados do passado.
contra as regras do: as pessoas estão fofocando sobre você; siga a rota menos usada.
lidar com documentos protocolares: faça planos para um dia chuvoso, roteando cada passo.
livro de: receberá promessa de matrimônio com regras inclusas.

PROVA 01-06-07-08-40-49
atrasado demais para fazer a: volte para trás e procure se preparar para o projeto.
esquecer de que tinha aula ou: um desafio inesperado se apresenta.
faltando material para a realização da: você está enfrentando uma situação para a qual não se preparou.
faltar à: se você não souber como lidar com desafios; estude.
fazer uma: você teme ser incapaz para ocupar o seu cargo.

fiscal não querendo começar a: você está mal-equipado para a área que escolheu.

inscrição para a: enfrente o problema que você tem, começando do início.

ler os livros errados para: você teme parecer tolo, como no primário.

medo de não passar na: você está perturbado pelo fato de ter desperdiçado tempo quando poderia ter se preparado para a vida.

muito difícil: você precisa pensar com mais seriedade antes de agir.

não conseguir achar local de realização da: você sente a pressão quanto ao seu desempenho.

não conseguir terminar a: você tem autocontrole e disciplina demais, o que não deixa espaço para o aprendizado.

não passar na: confiança excessiva causa o fracasso; você passará.

não reconhecer a matéria da: você lamenta não ter terminado o curso.

nervoso durante a: você é uma pessoa consciente e bem equilibrada.

nunca lê os livros para a: você não sabe como lidar com um desafio.

oral: o comportamento agressivo de um sócio tem que ser dissipado em silêncio.

ficar sem voz na hora da: você tem orgulho demais das suas ambições, mas lhe faltam realizações.

passar na: leve novos projetos para frente com uma autoconfiança renovada.

filhos: você tem dificuldade para manter a casa em ordem enquanto realiza grandes ambições.

outros: se você conseguir passar no teste, não está fadado à decepção.

responder todas as questões corretamente em: você precisa de autoconfiança para resolver esse problema com empregos.

não: seu chefe precisa conhecer sua versão da verdade.

PROVER 25-35-42-44-46-51

coisas para os negócios: ficará desiludido pelo significado de sua contribuição.

para a família: será compensado com salário pelo trabalho realizado.

para os filhos: ganhará bens quando eles colaborarem para seu investimento com os próprios ganhos.

recursos para caridade: para ter boas receitas e lucros é preciso fazer sua parte.

PROVISÕES 03-06-12-23-31-34

comprar: você é discreto em escolher uma pessoa para namorar dentre muitas.

outras pessoas: novo conhecido vai se transformar em amizade duradoura.

dar, a outras pessoas: você já tem o suficiente para poder compartilhar.

muitas, sendo estocadas: mantenha sua mente acima da frivolidade material; você terá vida longa e boa.

ter fome e não conseguir comprar: os objetivos não foram materializados, mas é possível ganhá-los.

ter, de sobra: ambientes prósperos não são necessariamente seus.

PROVOCAR 10-12-31-40-43-49

outros lhe provocando: será deserdado pela esposa.

ser provocado por crianças: desejos secretos serão descobertos, e as vidas destas crianças serão redirecionadas.

por amigos: sua perspicácia ofende seus inimigos e solidifica a lealdade de seus amigos.

por parentes: no final você os superará com folga.
um cachorro: terá dificuldade de explicar as próprias ações.
outras pessoas: verá uma mulher nua.

PSICOLOGIA 01-18-24-45-51-53
ir a um terapeuta: uma pessoa lhe deixa seguir seu próprio caminho por meio das lições que a vida dá.
perder consulta com um: você quer controle total para se descobrir e planejar sua vida.
retomar: vai adquirir talentos que atribui aos outros.
ser cleptomaníaco: as pessoas que veem o mal em você trazem a maldade dentro de si mesmas.
ser psicólogo/psiquiatra: você é seu melhor conselheiro; perceba por si mesmo.
sofrer de hidrofobia: os inimigos vão lhe atingir ao prejudicar seus amigos.
desordem de múltipla personalidade: há aspectos de sua personalidade que precisam de intercomunicação.
outras pessoas: será traído por uma pessoa em quem você confia implicitamente após trocar ideias sobre o modo como você explora a si mesmo.
sofrer perda de memória: às vezes é sábio esquecer.
amnésia: descobrirá uma mensagem truncada em relação a uma oferta lucrativa de trabalho.
submeter-se a tratamento com: faça uma ponte entre o interno e o externo.
ter alucinações: não vê as coisas como são na realidade por medo de ter de mudá-las.
enfermidade nervosa: todos os sonhos são criativamente loucos; você vai descobrir um tesouro.
outras pessoas: não cometa perjúrio ao testemunhar a favor de um amigo.
ter complexo de inferioridade: tende a ser apreensivo; proteja as laterais.
transporte seguindo em outra direção: aborde a terapia do ponto de vista da raiva alheia.
ver um maníaco: será acusado de se apropriar de pertences alheios.

PUB 01-08-14-25-39-44
beber em um: falta de cuidado nos negócios traz um inimigo no trabalho.
estar com amigos em um: você tem sentimentos não correspondidos por alguém.
homem de negócios sonhando que está em um: o perigo está ao virar a esquina, mas não com seus colegas.
fazendeiro: está desperdiçando um tempo precioso com colheitas ruins e ignorando as boas.
namorados: fraude por parte de pessoa que ama, na qual confia e que deixou de se importar com o futuro.
pessoas casadas: muitos elogios falsos, mentiras e decepções caindo fartamente sobre você.
parentes em um: será convidado a visitar a casa de um amigo.
ser dono de um: vai trabalhar duro para se recuperar das perdas.

PUDIM 08-23-34-41-46-51
comer: fará dinheiro, mas terá decepções amorosas.
crianças: melhoria financeira na família.
em um banquete: vida confortável e próspera, mas monótona.
comprar: estão espalhando uma fofoca terrível sobre você.
cozinhar: indulgência em sede insaciável por lucros.

dar um, de presente: prodigalidade negligente e sem substância.
ganhar, de presente: bons retornos de fonte da qual você não esperava nada.

PUGILISMO 03-07-21-23-35-38
estar em uma luta profissional: boa comida e aumento no salário dentro de um mês.
perder uma luta: perderá no jogo e brigará com a namorada.
ser um pugilista: humilhação e miséria se você lutar fora do ringue.
vencer uma luta: você não tem controle de si mesmo.

PULAR 05-06-15-25-29-30
dar um pulo: você é muito inconsequente nos assuntos do amor; para que eles sejam sérios, é preciso que você também seja.
alto: você irá se defrontar com seus desafios e levará a melhor.
sobre uma vala: inimigo está buscando sua ruína opondo-se às suas especulações negligentes.
barreira: um progresso despretensioso e constante não conquistará o seu amor.
não conseguir completar o salto: a vida irá se tornar quase intolerável com questões desagradáveis.
no ar: perda do cargo atual para que você ganhe um outro bem melhor.
canguru: atividades sociais agradáveis por meio dos seus empreendimentos.
em um precipício: um negócio ruim e uma grande decepção.
fazer polichinelos: faça uma reavaliação de si mesmo com olhos honestos e reconquiste seus amigos.
na água: você sofrerá perseguição por tentar melhorar sua posição.
na presença de outras pessoas: você perderá uma ação devido à sua inatividade e suas atividades pouco importantes.
outras pessoas: com perseverança você vencerá os inimigos.

PULGAS 03-14-18-20-25
matar: você irá se deparar com obstáculos para energias que desejam vingança.
muitas: a mente salta rápido demais para alcançar seus objetivos.
mulher sonhando com: infelicidade se você se vingar de um amor incompatível.
nos filhos: você receberá um convidado indesejável.
pegar: uma preocupação acabou; mais aborrecimentos banais pela frente.
pulando: pense antes de se lançar aos negócios.
ser picado por: pessoas maçantes e negativas incomodam você com coisas mesquinhas.

PULMÃO 14-17-25-34-36-40
cuspir muco proveniente do: você passará por grandes perdas a fim de abrir caminho para o ar fresco.
não poder respirar: você perdeu sua ligação com Deus no seu coração.
ter pneumoconiose: você perderá o emprego.
congestionado: sua conduta afeta sua saúde profundamente.
de fumante: converse com um médico de sua preferência.
muito saudável: você será convocado para executar uma tarefa árdua.
ter um ferimento no: perda em casa.
ter um removido: decepções com a perda de saúde e de bens.

PÚLPITO 07-10-15-28-31-44

estar em um: a capacidade de liderar atrai a raiva de invejosos.

fazer um sermão em um: trabalho pela frente para usar sua influência.

amigos: a verdade, como você a vê, não está com eles.

belo padre: aja de acordo com o conselho dado.

sonhar com um: você cairá nas graças das pessoas.

PULSEIRA 03-08-16-20-29-46

achar: a propriedade adquirida causa confusão quanto às intenções do perdedor.

lindamente adornada: existe a possibilidade de riqueza para você.

moça jovem sonhando com a perda de: preocupação e aborrecimento.

perder: um relacionamento acabará em breve.

receber: novo relacionamento com uma pessoa do sexo oposto.

receber presente de um amigo: um casamento antecipado e feliz.

tornozeleira: haverá um escândalo.

usar: cuidado com o ciúme.

linda: você está gastando mais do que recebe.

usar uma de ouro: sorte em assuntos financeiros inesperados.

PUNHOS 14-30-31-38-41-45

abrir o punho cerrado de alguém: suas forças removerão obstáculos.

atingir alguém com os seus: você desfrutará de uma longa amizade.

cerrado em frente do seu rosto: uma emboscada de uma pessoa a quem você considerava amiga.

contra outra pessoa: você devora a publicidade e a fama, procurando alcançar o senso de si mesmo.

filhos dando pancadas com: a arrogância egoísta da insegurança.

impulsionar: uma tensão agressiva pode ser liberada em pequenas doses.

outros lutando com os: haverá um retardamento nos negócios.

usar os seus: melhor não expressar a agressão e a cólera.

PUNIÇÃO 03-05-19-42-44-49

corte que traz uma punição: humilhação, mas grande necessidade de fazer justiça às transgressões.

outras pessoas: está sendo enganado com as notícias de pessoas ausentes.

pela família: não se vence os inimigos sem se envolver.

por outras pessoas: problemas pela frente com colega de trabalho que não participa ativamente.

executar a punição de infratores: ciúme injustificável.

infligir a si mesmo: a autopunição é mais forte que o crime.

punir outra pessoa: terá marido ou esposa temperamental.

filhos ou crianças: fará amizade duradoura se tirar aquele merecido dia de folga.

ridicularizado, ser: débito há muito perdoado será cobrado.

ser punido: prazer inesperado que chega em breve, ao mesmo tempo que problemas financeiros humilhantes.

PURGATÓRIO 07-19-22-37-42-43

ancestrais no: sonhos acordados nada saudáveis de um cérebro doentio e obstruído.

outras pessoas: recursos abundantes são temporários, e as ambições não têm veracidade.

parentes: boa sorte para alguém de quem você gosta, e graças à generosidade de outra pessoa.

ser enviado ao: fará longa viagem para reconhecer a própria dignidade.
sonhar com o: é onde você gostaria que acabassem aqueles de quem discorda.

PÚRPURA 02-04-17-33-37-50
decorar o quarto em tons de: a humildade lhe cai melhor que a ostentação.
dirigir um carro de cor: jornada alegre por uma transformação.
usar roupas da cor: agir de modo monárquico vai angariar má vontade das pessoas para com você.
magnificente: você desenvolve enorme autoconfiança ao se preparar em excesso.
robes da cor: você tem autoridade legal para seguir em frente.

PUXAR 15-27-36-39-46-53
deixar que alguém lhe puxe: você perdeu uma fase de seu processo de amadurecimento.
uma carroça: consiga as coisas por seus próprios esforços e leve outras pessoas junto.
esforçar-se para puxar uma: você quer que os outros trabalhem por você.
outras pessoas: lidere o time, nem que seja para lucrar com a experiência.
você empurrar alguém: mude para a direção que você escolheu, mesmo que tenha de caminhar sozinho.

QUADRADOS 17-21-30-35-36-52
medo de caminhar por entre as fendas da calçada: caminhe com ousadia na sólida calçada que lhe conduz às oportunidades.
fendas no chão: confiança e segurança.
quadrados de tabuleiro de xadrez: felicidade em todas as empreitadas; você terá de optar por algumas.
usar saia com vários quadrados coloridos: contrairá dívidas ao esbanjar dinheiro.

QUADRILHA 10-12-14-18-19-52
estar em: falta de iniciativa causada por submissão a um poder mais forte.
ser ameaçado por: agitação e um período catastrófico pela frente, se você aceitar intimidação.
ser chefe de uma: renda baseada na habilidade de intimidar os outros.
gangster: dinheiro fácil, morte mais fácil ainda.
capturado por um: a tortura é mental; o sofrimento pode ser transformado em ação positiva.
querer sair de: força de vontade apagará o desânimo e reconstruirá suas ambições.

QUADRIS 01-23-29-31-42-52
admirar os do marido: ele está traindo você; resolva a situação com calma e cuidado.
esposa: ela terá um caso no estrangeiro e ficará muito decepcionada.
fazer uma cirurgia no: concepção errada de que a pessoa amada está deixando você por motivos físicos.
ferido e sangrando: companheiro causará constrangimento familiar e grandes prejuízos.
quebrar o seu: doença e perda de filhos não pode ser reparada; os quadris sim.
sonhar com os próprios: progresso lento, mas garantido em uma série de problemas aparentemente não relacionados.
gordos: prazeres animalescos.
inimigos: vitória sobre os inimigos com a perda da reputação deles.

QUADRO-NEGRO 00-11-22-33-44-55

apagar: apague características que não sejam inatas.

escrever: as mãos ficarão sujas no acordo proposto.

limpar: questione os itens na sua avaliação de méritos.

vazio: ignore o pânico das outras pessoas e comece a construir seu próprio nome.

QUANTIDADE 02-05-17-24-32-53

comprar em: você tem a bênção de ter bons amigos.

de artigos: evite desperdiçar dinheiro quando um real já basta.

enviar ou dar várias coisas: será processado por cruzar a fronteira com contrabando.

estocar em grande: construa uma pirâmide para se proteger.

vender coisas em: o lucro se torna maior quando multiplicado.

QUARENTENA 02-11-13-16-26-34

isolar-se em: a conexão com seu parceiro foi rompida.

ser posto em: evitará o perigo se não se opuser ao cancelamento do projeto.

casa: perdoará os amigos por ter sido isolado pela discussão entre eles.

navio: terá bons lucros lenta e tediosamente.

QUARTEL 02-22-32-29-41-43

com muitas instalações: trabalho árduo sob a influência de autoridade.

impedido de entrar no: problemas têm que ser resolvidos antes que seja hora de seguir em frente.

perder-se de seu: um relacionamento restritivo tem que mudar ou terminará.

soldado vivendo em: dificuldades terminarão com uma mudança de local; novas começarão.

viver em: reexamine os motivos que você tem para as diferenças com seu chefe.

QUARTO 04-05-06-12-13-23

banheiro: sua possessividade está irritando a família.

cela: sente-se reprimido, confinado e preso com a situação atual.

de criança: privacidade e conforto são seus maiores objetivos.

de hotel: as sugestões que ouviu não são bem o que parecem.

de pensão: negócios ruins que absorvem todo o seu custo de vida.

decorar o próprio: perdas nos negócios acabam trazendo convidados inesperados.

em casa: a pobreza emocional lhe assola.

em um apartamento: esteja em guarda contra traições.

em um necrotério: perigo de morte imediata.

entrar em um: certeza de bons lucros e companhia agradável.

escritório: problemas com credores; gerencie suas dívidas.

escuro: riqueza de imagens reenergizando o progresso emocional.

o seu: seu bom humor não vai aliviar o lento sufocamento.

de alguém que você ama: será traído por amigos que lhe deixarão doente.

recém-pintado: se brincar com os sentimentos da pessoa amada acabará sendo enganado.

sala de espera: está medindo os passos com suas incertezas quando tudo que precisa fazer é abrir a porta.

vazio: precisa aprender a dar valor ao que tem.

QUEBRA-CABEÇA 08-25-27-28-49-50

outras pessoas se dedicando a: espere mais problemas com parentes do que o previsto.

que você consegue resolver um: após corrigir erros, se esforce para resolver outros.
não consegue: aguarde perdas pesadas por meio de uma união apressada que se provará instável.
resolver um: ambiente agradável após retomar o controle de um problema complexo.

QUEIJO 08-25-35-38-45-51
caseiro: boa sorte para aquele com quem você se importa.
comer: porções menores trarão saúde.
comprar: aspirações se cumprirão se você descobrir quem está enganando você.
gorgonzola: suas ações cheiram mal e são embaraçosas para você.
importado: você tem propensão a gostar apenas das delícias gastronômicas mais sofisticadas.
nacional: você trocará a mobília da sua casa.
ralado: a oposição causa pequenos contratempos em assuntos do amor.
sonhar com: preocupação causada pelos seus atos precipitados.

QUEIMADO 04-05-15-20-27-41
andar sobre carvão em brasa: você pode superar qualquer impossibilidade.
enquanto cozinha: a pessoa amada romperá o relacionamento.
escaldar a própria mão enquanto cozinha: tristeza e doença.
por causa dos outros: problemas se aproximam.
queimar uma casa: alívio de problemas estressantes.
de febre: sua paixão sexual será a fonte da sua destruição.
incenso: solidariedade de uma fonte inconsciente.
madeira: a inventividade da mente.
óleo: cuidado com companhias voláteis.
ser escaldado: ambições grandes.
ser incinerado: em projetos de grupo, você é quem perderá.
ser queimado vivo: suas ambições crescerão com o sucesso.
ter queimaduras no próprio corpo: você terá amizades valiosas durante a vida.
outros: prosperidade nos seus negócios.
uma pessoa se queimando: infelicidade e doença para aqueles ao redor dela.

QUEIXO 29-33-37-40-46-52
o próprio: seu caráter está buscando exposição.
outros machucando: obstinação atrapalha o caminho para o sucesso.
pessoas com papada: você receberá elogios por fazer o bem.
ter um bonito: você conseguiu aceitar os reveses da vida com elegância.
grande: sua austeridade impede que sua inteligência flua livremente.
tumor no: uma doença se aproxima.

QUENTE 04-06-11-27-29-32
desfrutar de clima: será censurado por sua incapacidade de apreciar todos os aspectos da vida.
desgostar de clima: seus desejos causaram estrago em sua capacidade de gozar a vida.
esquentar comida: sua timidez e falta de ação acabarão fazendo com que cause ferimentos ao tentar ajudar.
água: terá maus pensamentos para com pessoas mais fracas que você.
manter-se aquecido: infelicidade por causa do desequilíbrio da temperatura emocional.
crianças: chegada de amigo aliviando a pressão para que você seja divertido.

QUERER 14-16-17-19-32-34

sonhar que quer algo: fará amizade com recém-conhecido.

colega: discussões sobre sua insatisfação com os serviços que ele presta.

crianças querendo várias coisas: a felicidade dá a elas o que precisam para alcançarem o que querem.

pessoa amada: receberá importante carta com dinheiro.

QUERMESSE 03-04-10-23-38-42

estar em: atividades sociais proporcionarão oportunidades de ascensão para você.

outras pessoas: um empreendimento rendoso de duração curta, mas intensa.

ir à: evite gastos desnecessários que custam o dobro do valor.

com a família: postergação do sucesso até amanhã; o dia de hoje é para a harmonia.

amigos: você sofrerá por causa de um amigo que normalmente é jovial e calmo.

QUÍMICA 21-23-25-26-31-48

causar reação química: sua ingenuidade precisa de recursos internos para se adaptar aos costumes.

dissolver líquidos: sua vida espiritual precisa de atenção.

misturar sólidos: conhecimento prévio de material é necessário.

observar experiências químicas: um passo de autorresponsabilidade na sua transformação.

pedir a um farmacêutico para curar você: uma busca dentro da sabedoria cura tudo.

ser farmacêutico: cuidado com sua saúde e segurança.

vaporizar: intenso processo de purificação.

QUININO (remédio contra febres e malária) 24-26-38-39-42-46

comprar: para o alívio de uma febre insistente.

dar, aos filhos ou crianças: terão riquezas por toda a via relacionada à capacidade de expressão.

casais de noivos: a temperatura de seu ardor cairá à medida que as brigas forem ficando mais frequentes.

parentes: cuidado, escassez e incerteza em todos os seus interesses.

sonhar com: estimule-se a viver de maneira saudável com uma amizade sólida de assistência mútua.

tomar: energia renovada que vai abrilhantar sua vida e lhe afastar da frustração.

QUINTAL 24-25-31-44-46-48

bagunçado: tristeza que levará às lágrimas.

bem cuidado: discussões familiares por causa de detalhes.

cheio de sucata: tem certeza de que não está sendo roubado nas compras?

colher flores de um: receberá notícias do noivado de amigos.

plantar algo em um: está tão envolvido pelos detalhes que perde o futuro.

de um amigo: perseguição.

de um vizinho: deve contar com os próprios esforços.

estar em um: amigo inoportuno lhe visitará.

trabalhar em um: um admirador em breve se casará.

usar uma bengala: está medindo o tamanho de seu compromisso com a vida.

colega usando: está julgando o colega por outro padrão que não o seu.

vendedores: as pessoas não gostam de você e frequentemente lhe esnobam.

R

RABANETES 05-12-28-32-47-48

comer: problemas passageiros devido a comentários amargos.

outras pessoas: mude de ambiente para evitar pessoas críticas.

comprar: descoberta de segredos domésticos; estão lhe bajulando para lhe manipular.

plantar, para vender: suas ambições serão realizadas em breve.

para seu próprio uso: você sofrerá por causa das ambições que as pessoas nutrem à sua custa.

sonhar com: o que você considera um ato inocente, seus inimigos consideram pecado.

RABINO 07-11-23-35-38-53

consultar-se com um: terá prosperidade nos negócios e investirá com sabedoria em seu perfil.

discutindo com outras pessoas: seu desânimo e sua paranoia não têm fundamento.

discutir com um: fará as pazes, convenientemente, com inimigos.

falar com um: engana-se com a aparência amigável de inimigos ao encarar a verdade.

lendo: prosperidade por conhecimento que está na ponta de seus dedos.

ser um: terá uma vida de miséria financeira, mas viverá confortavelmente.

RÁDIO 13-28-32-41-50-53

comprar um: encontro agradável com novos amigos e suas opiniões variadas e apaixonadas.

desligar um: você se esforça incansavelmente para estar em um relacionamento.

escutar uma voz familiar no: segredos lhe foram revelados em alto e bom som.

música no: você se mantém ocupado para evitar a questão.

estática de: sua agitação aumentará até que a decisão seja tomada.

causar: será repreendido e terá de prestar contas das ramificações de seu comportamento.

RAINHA 02-13-22-23-33-43

cercada por sua corte: chegada de notícias de todas as partes.

ir ver uma: você deseja que a pessoa que namora lhe seja dependente.

Madonna, da Igreja: será perdoado por seus pecados para manter sua influência estabilizadora.

mandar uma carta para uma: não exponha suas intenções, a não ser quando estiver cara a cara.

ser uma: será confrontado por se envolver excessivamente nas políticas do escritório.

sonhar com uma: sua fome de poder e ânsia por fama ofendem quem não tem chances.

ter uma entrevista com uma: rebelião contra a influência de uma adorada matriarca.

RAIOS-X 08-22-25-32-42-47

análise do exame de outra pessoa: novo relacionamento com alguém do sexo oposto.

exame favorável: evento importante e benéfico a caminho.

desfavorável: as pessoas não se deixam levar por sua fachada inocente.

sonhar com máquina de: alívio de preocupações à medida que você vai se envolvendo mais.
operar uma: tempo de reflexão e reavaliação de sua missão na vida.
tirar o próprio: você se condenou à decepção.

RAIVA 23-25-28-30-36-40
brigando com: não há resolução sem que haja compreensão da nossa programação negativa.
com um parente: você se beneficiará da recusa daquela pessoa de brigar com você; não é a luta dele(a).
sentir: retrata um conflito com você mesmo.
brigar: confronte o problema ou destrua a amizade.
muita: o mal-estar será tanto que você perderá o fôlego; sua vida está em jogo.
ter ataque de: o antagonismo é entre facções de si mesmo.
filhos: amor excessivo cria violência, que resulta em distúrbios físicos.
inimigos: você se aborrecerá com brigas bobas que começou e outros terminaram.
marido ou mulher: um disfarce para a incapacidade de expressar amor.
outros: você ficará doente se não escutar sua consciência.

RAIZ 03-06-10-20-24-33
arrancar uma planta pela: outras pessoas estão levando crédito por suas ideias.
comer: volte aos padrões originais de sua saúde.
de árvores: tarefa difícil a cumprir.
de plantas: a doença virá logo, a não ser que você se nutra.
descobrir: seus talentos precisam ser rápida e eficientemente desenvolvidos.
desenterrar: a fonte de seus problemas o surpreenderá.
e encontrar trufas: você sabe fazer dinheiro.
dos dentes de crianças: não se deixe levar pelos desejos de um amigo nem pelos pedidos de uma criança.
do próprio dente: não empreste dinheiro.
ter a raiz do seu arrancada: exposição de dor intensa e arraigada.

RAIZ-FORTE 05-12-28-32-47-48
sonhar com: ponha sua raiva em uma carta e não a envie.

RAMPA 04-21-25-28-30-35
cruzar uma: rival hostilizará você.
descer de: tragédia social e trabalho desfavorável em todas as esferas.
outros: perda da confiança dos amigos.
subir na prancha de embarque de um navio: uma transição de um passado difícil para uma aventura.
marinheiros ou oficiais na: seu ambiente está restringindo você.
outros se apinhando para: volte para trás, não mude; tire o melhor partido do estado atual das coisas.

RANCOR 10-12-26-28-34-37
entre companheiros: um violento assalto causará a separação que em breve ocorrerá.
parentes: golpe devastador em sua paz e felicidade.
guardar rancor de alguém em segredo: terá boas amizades caso se abra para elas.
outras pessoas guardando rancor de você: fará negócios lucrativos.
sonhar com: nutrirá ódio por determinadas pessoas, o que lhe trará solidão e pessimismo.

RAPÉ 06-09-17-23-24-44

caixa de: apegar-se a velhos problemas é um valor questionável.
cheirar: perderá a calma por causa de horizontes perdidos.
colocar na boca: está esbanjando dinheiro em gratificações instantâneas.
estar disposto a cheirar: logo receberá um bônus ou promoção.
não estar: hábitos de trabalho devem ser examinados.
oferecer uma pitada a um amigo: está dispersando sua benevolência nos hábitos destrutivos de outros.

RAPOSA 05-07-30-38-40-43

astuta: um inimigo astuto surpreenderá você sutilmente.
capturar uma raposa com uma armadilha: você descobrirá um relacionamento clandestino.
com bela pelagem: cuidado com a falsidade de encantos sedutores.
comprar: vigie com muito cuidado as atividades potencialmente perigosas de outra pessoa.
domesticar: seu amor não será mal-empregado nem traído.
filhos brincando com um filhote de: as pessoas estão abusando da sua bondade.
fox terrier: ponha o seu nervosismo hiperativo para trabalhar no mercado de ações.
matar: êxito em debilitar oponente sagaz.
muitas: os inimigos são criativos em termos de maldade.
participar de uma caçada à: você está sendo vencido em estratégia.
sendo morta: você superará a ameaça de um inimigo astuto.
sonhar com: rival de um inimigo é conhecido seu.
surpreender: cuidado com a baixeza e trapaça por parte de ladrões.

RAQUETE DE TÊNIS 07-09-10-16-17-36

sonhar com uma: boa sorte para pessoa querida; uma extensão de seu próprio poder.
jogar com uma: domínio sobre vários assuntos; não deixe de ganhar mais.
outras pessoas: cuidado com a determinação de algumas pessoas no sentido de vencer a qualquer custo.
sua: ajuste sua intuição para que se torne mais harmônica.

RARO 05-09-34-38-40-50

comprar produtos: grandes disputas causadas pela nostalgia de amigos.
gemas raras: terá aflição e desconforto ao buscar adulação.
selos raros: você tem a astúcia de entender a história antes que ela se repita.
sonhar com produtos: você tem uma natureza altamente egoísta e deseja o que ninguém mais pode ter.
livro: sua sensibilidade precisa ser desabafada de maneira menos intensa.

RASGAR 01-16-21-23-39-45

cartas de amor: vai se apaixonar por alguém que vai lhe partir o coração.
dinheiro: atingirá seus objetivos lentamente, mas os conseguirá com certeza.
documentos valiosos: você mudará de ideia.
papéis: infortúnio no amor.
sonhar com rasgo ou rasgar: desejo de ferir a si próprio devido à sua vontade de ferir aos outros.
um vestido: um amigo faz fofoca de você.

RASTEJAR 10-13-16-38-44-45

em lugares ásperos: boas oportunidades foram negligenciadas.

outros rastejando: você está fadado a uma grande decepção com a censura dos amigos.

sonhar com: seu relacionamento não prosperará depois que você humilhar a pessoa amada.

RASTRO 03-07-18-20-27-31

estar no de alguém: tende à arrogância, mas sua saúde está longe de ser perfeita.

ter alguém no seu: carrega nas costas sua consciência pesada.

colega no seu: chegada de amigo irá lhe exigir sacrifício se você quiser manter o companheiro.

investigador: sua boa-fé está em dúvida; priorize seus assuntos.

pessoa amada: terá aventura com alguém do sexo oposto.

RATO 18-24-38-42-44-53

abandonando navio que está afundando: reme com seu barco para outra direção.

branco: não siga o líder, e sim o túnel com luz no final.

colocar as mãos em um: em breve atrairá novo namorado.

isca para se livrar de: sua inteligência determina seu futuro.

matar um: todos os negócios estão tortuosos.

muitos: problemas sérios causados por desonestidade levam à pobreza.

pegar, com armadilha: as pessoas não gostam de você devido à sua covardia.

gato, em casa: negócios por terminar serão bem-sucedidos.

pessoas que se amam sonhando com: você teme que um rival não ache que você mereça tamanha sorte.

preparar uma armadilha para: aquilo que você temia sofrerá a tentação de se expor por si só.

roendo: um conhecido tem inveja de sua vida.

ser mordido por: a inveja fará com que um amigo se transforme em arqui-inimigo.

sonhar com: injúria originada por falsidade e dissolução da verdade.

sonhar com um desratizador: vai dar certo se lidar primeiro com a pior parte.

brancos: você deseja a ruína de inimigos terríveis; supere isso.

muitos: receberá desagravo de pessoa que lhe prejudicou.

pegando ratos em um campo: está traindo a confiança de alguém.

RAVINA 07-09-22-40-47-51

cair em uma: os problemas se multiplicarão com um mero erro; corrija-os e caia fora.

muita água correndo por uma: as pessoas têm fé na sua capacidade de não se deixar seduzir.

pequena: paz e prosperidade em união precoce e confortável.

quase seca: um amigo vai lhe aconselhar um serviço, apesar de seu desagrado.

sonhar com uma: terá autoconfiança de sobra para se orientar; fortaleça sua independência.

REAÇÃO 01-02-13-14-26-39

esperar por uma: a amargura de amigos será adoçada pela sinceridade.

receber uma boa: receberá dinheiro referente a acordo do qual não esperava mais nada.

desfavorável: as coisas vão melhorar após viagem desconfortável e trabalho deprimente.

de um homem: seu rápido progresso esbarrou em um empecilho.
mulher: será foco de aplausos por seus esforços e sua liberalidade.
responder à proposta de negócios: as preocupações terminarão com uma resposta muito positiva.
a carta de um homem: as condições vão piorar com a renovação da raiva.
mulher: um mistério será resolvido, trazendo desconforto e solidão.

REBATER 19-25-42-43-46-53
um argumento: tempos difíceis pela frente.

REBELIÃO 03-04-24-30-46-52
assistir a uma: eventos desordeiros que interferem em seu negócio.
dar fim a uma: crescimento profissional.
estar em uma: as pessoas não lhe perturbarão se você parar de ser irritante.
amigos: seus projetos profissionais receberão ajuda discreta de um amigo.
com: a infidelidade existe de ambos os lados.
ferido: você é a fonte do problema.
no exterior: você é ambicioso demais para solucionar os problemas rapidamente.
pessoas sendo mortas em uma: você encontrou uma solução inteligente para um problema difícil.
ser um rebelde: revés emocional acusado por rompimento inesperado.
sonhar com uma: alguém inferior a você está lhe causando muitos problemas.
ter papel de liderança em uma: satisfação própria que se transforma em tormento.

RECEBER 01-09-25-35-47-50
carta de amor: seu sofrimento, sua infelicidade e seus aborrecimentos levarão à reconciliação.
carta de família: o perigo está vindo, mas sua família está lhe dando proteção.
cumprimento: sua depressão se dá por desacreditar de sua própria luz.
dinheiro: uma negociação será revertida a seu favor.
personalidades importantes: riquezas por meio de admirador distante.
ser recebido pelos outros: apoio e ajuda de custo por parte de fontes influentes.
um anel de presente, em segredo: receberá promessa de casamento com um toque de traição.
um documento: não confie demais em seu futuro.
um presente em casa: harmonia na vida doméstica.

RECEITA MÉDICA 06-07-12-21-23-35
lidar com uma: receberá conselhos sobre como lidar com o problema; aceite-os.
médico prescrevendo uma: boas esperanças não compensam sua estupidez e inconsequência.
pedir uma, a um médico: enfermidade contraída em aventura malcalculada.
preencher novamente uma: vai se recuperar completamente de enfermidade.
preencher uma, para a família: comprará roupas novas, precise delas ou não.
ter uma: o problema de saúde atual vai passar.

RECEPÇÃO 03-05-07-21-28-29
comparecer a uma: será recompensado por ser convidado a um círculo social.
comer sozinho em um jantar público: adiamento de sucesso até que tenha eliminado pendências emocionais.

em sua honra: você não está acostumado a receber elogios das pessoas.
entrar de penetra em uma: não pense demais, aja honestamente.
informal e ruidosa: mau conselho a caminho.
oferecer uma: será muito bem-considerado em sociedade por causa de seu bem-estar financeiro.
de casamento, para os filhos: realizará altas ambições por eles.
solene: sua originalidade vive para imaginar riscos e corrê-los.
sonhar com uma: brigas de família por causa de sua nova aventura romântica.

RECLAMAR 09-11-30-37-39-46
com outras pessoas: suas esperanças não têm base.
entrar com uma ação na justiça: um acontecimento importante, muito benéfico.
receber reclamações: sua ansiedade em agarrar oportunidades favoráveis mostra o seu desespero.
sonhar com: você fica zangado facilmente por causa de coisas insignificantes.

RECOMPENSA 02-16-19-20-23-27
aceitar uma: terá uma grande discussão por causa de dinheiro.
dar uma: desfrutará de coisas que o dinheiro não pode comprar.
receber uma: sua confiança excessiva em si mesmo e sua pouca cortesia lhe farão fracassar.
inimigos: interferência com as pessoas mais íntimas.
outras pessoas: cuidado com o risco de incêndio em sua casa.
recusar uma, injustificada: esclareça a verdade dos fatos.

RECONCILIAÇÃO 06-15-22-23-48-50
após discussão: primeiro tome as iniciativas sensatas; as empreitadas de risco devem vir depois que as bases estiverem estabelecidas.
com um credor: cairá em uma armadilha que causará grande perda de capital.
transação de negócios: envolvimento pesado precisa ser desatado.
com o pai: viagem de negócios será construtiva e lucrativa.
amigo: conflitos gerados por sua abertura social será interpretada como deslealdade.
mãe: destemor e decisão na execução de seus talentos.

RECONHECER 07-10-11-36-38-50
ganhar reconhecimento: sua tarefa aparentemente infindável será bem-sucedida.
dar: conseguirá finalizar o que outros não conseguiram.
ser reconhecido por outros após muitos anos: sua paciência será testada.
sonhar que reconhece pessoas: vai levar uma vida sossegada até o atual projeto ser revelado ao público.
um velho amigo: ficará bastante aborrecido com os efeitos de seu erro.
um documento falsificado: você confia em suas capacidades; use-as.
uma pessoa morta: ficará aflito por causa de problemas afetivos.

RECORDE 05-12-20-36-44-50
ficar pronto a tempo: satisfação por trabalho bem feito.
mundial: forte necessidade de liberdade e independência.

RECRUTAS 17-25-32-41-43-44
alinhados para inspeção: você não conseguiu disciplinar a si mesmo.

no quartel: liberdade sem direção é um caminho para a humilhação.
para esportes: desavenças sérias com parentes dogmáticos.
sendo recrutados: traumas no trabalho afloraram a força do seu caráter.

RECUPERAÇÃO 16-25-26-30-45-47
de bens roubados: você é cheio de ideias imaginativas.
de crianças: será protegido por Deus durante mudanças inesperadas.
de membro da família, de enfermidade: necessidade desesperada de resolver seu desapego e sua indiferença para com as pessoas.
de móveis: você tende a ser imprudente com sua originalidade.
de perda nos negócios: felicidade no futuro próximo.
não se recuperar: cuidado com pessoas traiçoeiras que perturbam sua rotina.
sonhar com: terá vida longa se atentar cuidadosamente para a saúde.
sonhar que se recupera de enfermidade: você se diverte além da conta.
companheiro: fim dos mal-entendidos, mas é preciso tempo para curar a mágoa.
crianças: a infelicidade termina em 48 horas.

REDE 09-18-20-25-26-30
capturar pássaros em uma: você desconfia excessivamente de inocentes.
algo: terá uma surpresa; mudança de temperatura e muita chuva.
peixes: deve se pronunciar e fazer valer seus direitos.
uma mulher: a vida familiar será feliz e com bastante dinheiro.
de moscas: caso de amor que você gostaria de esquecer acabará em breve.
capturar moscas e borboletas com: você possui desejos injustos.
de pesca, secando ao sol: você crê que seu subconsciente e você são uma coisa só.
jogar ao mar: você consegue encarar tudo que a vida lhe traz.
enredar-se em: medo de ser confinado e exposto.
mulher sonhando que usa rede de cabelos: o casamento será duradouro se você se alegrar com sua integridade.
pesca de arrastão: está tentando conseguir o máximo com o mínimo esforço.
usar uma: está enredado em uma situação de vida intrigante.

REDE DE DORMIR 06-08-31-37-40-48
dormir em: você está flutuando, embrulhado em segurança, durante as agonias da vida.
estar em: felicidade com amante está assegurada na recreação saudável.
filhos em: uma série de irritações causadas por sua atitude egoísta.
parentes em: mágoa causada por infortúnio em relacionamentos amorosos.
pessoas em: gerenciamento ruim perturbará uma existência de outro modo plácida.

REDE SEM FIO 09-12-13-16-22-29
em escritório: o dinheiro virá fácil de fontes externas.
modem de rede sem fio quebrada: você tem muitos inimigos prontos para sabotar seus esforços.
operar uma máquina com: pronta-aceitação de uma conexão.
a bordo de um navio: boas-novas sobre dinheiro.
receber mensagens por: você é muito cruel ao expor a verdade.
enviar: aflições de família não devem ser discutidas com estranhos.

telefone: acreditarão no seu lado em briga familiar.

REDEMOINHO 03-12-16-22-24-44

devastação causada por: descoberta de disposições em desacordo com sua vontade.

observar um: será levantado e reorganizado em um novo Mundo de Oz.

perder propriedade em um: suas emoções estão lhe dominando.

sonhar com: é impossível analisar bem relatórios perigosos com uma agenda tão lotada quanto a sua.

REFINAR 09-13-19-26-27-35

afinar por refinamento: se você for capaz, fará progresso inimaginável.

pessoas trabalhando em refinaria: hora de limpar a alma.

purificar enquanto refina: você perde tempo demais com prazeres.

sonhar com: você tem muitos inimigos; dê graças pelos amigos que tem.

REFLEXO 08-11-13-17-33-36

ver o próprio, na água: vida solitária se você não reconhecer amor nenhum exceto por si mesmo.

crianças: você chegará ao sucesso, pois não pode fugir do problema.

família: visita de pessoa estranha que pode ser perfeita para você.

pessoa amada: seu contato pouco feminino não vai impressionar o namorado.

ver um rosto estranho refletido: sua falta de perseverança provoca a separação de pessoas amadas.

REFRESCO 02-03-16-24-27-28

comprar: alegria para a mulher da família.

dar à família: você é sério e sincero em relação ao bem-estar emocional de sua família.

a amigos: você ganhará um presente de um homem rico.

a crianças ou filhos: eles alcançarão posições importantes na comunidade.

sendo oferecido: confira o programa de carreira; certifique-se que todos os níveis estejam sendo abrangidos.

servir: passará por pequeno aborrecimento de saúde, que será perfeita exceto por isso.

REFRIGERADOR 04-25-33-40-49-50

abrir um: acabará sendo descortês com sua frigidez emocional.

cheio: terá o alimento mental para sustentar seus objetivos.

encher o: preencherá seu lar com intensa vida sexual.

esvaziar um: convidado para jantar que não vai mais embora; deixe-o com fome.

sonhar com: causará fissura em uma amizade com seu jeito egoísta.

tirar gelo de um: o projeto será adiado por causa do estrago causado por seu egoísmo.

REFRIGERANTE 02-03-06-13-26-51

beber: está cercado de amigos indesejáveis.

com álcool: ganhará muitos presentes.

com espumante: terá de justificar seu comportamento inconveniente.

comprar: você tem alguns desejos impossíveis.

fonte de água gasosa: encontrará uma celebridade fazendo coisas comuns.

produzir água gasosa: regozijará em seu poder sobre questões simples.

REGATA 01-09-16-20-23-30

assistir a uma: mudança imediata de planos será requisitada ao longo do processo.

navegar em uma: alegria e festividade por conta de notícias de futuras oportunidades para sua carreira.
remar em uma: fará longa viagem para o exterior com a pessoa amada.
participar de uma: em breve será condecorado com medalhas.
perder uma: terá de encontrar um novo amor, pois a anterior foi lançada ao mar.
ser mestre de uma: será cortejado por muitas mulheres.
vencer uma: herdará dinheiro de uma idosa.

REGIMENTO 11-21-22-25-32-34
estar em um: você não tem dúvidas de que em breve estará se envolvendo ativamente em assuntos cívicos.
marchando em uma parada: mudança de posição dentro de família grande.
perdendo uma batalha: está cercado de credores; procure fazer outro cartão de crédito.
ganhando: vai se destacar em seu círculo de amigos e colegas.
sendo aniquilado: será cercado por belas mulheres.

RÉGUA 04-15-28-37-44-45
carpinteiro usando uma: tenha visão ao analisar suas aspirações.
medir com uma: ficará sem dinheiro.
profissional usando uma: superará a infelicidade.

REI 11-21-22-25-30-44
cercado pela corte: uma conspiração concebida por uma pessoa amiga e de confiança sabotará você.
enviar uma carta a um: cuidado com o que deseja, pois existe perigo no que conseguirá.
ir ver um: uma solução rápida colherá grandes recompensas.
Rei da Igreja: na hora da morte você receberá perdão pelos seus pecados, mas deixará uma revolução de herança.
ser um: a forma com que usa o seu poder, com sabedoria ou insensatez, é decisão sua e de mais ninguém.
sonhar com um: você enfrentará falsidade nos assuntos do amor enquanto está se movendo com grande esforço na direção errada.
ter uma audiência com um: seu ego inflado não consegue esconder sua inferioridade.

REJEIÇÃO 06-10-11-23-24-31
outras pessoas se recusando a rejeitar: infelicidade e desespero até que se livre de velhas ideias.
recusar-se a aceitar uma carta: dores secretas por causa de opiniões que precisam ser revistas.
outras pessoas, a sua: só vai recuperar a situação se encarar os fatos.
rejeitar um presente: está contando demais que lhe seja dado outro presente.
outras pessoas, o seu: ganhará abraço da pessoa amada; finalmente, aceitação.
ser rejeitado pelos filhos: alcançará as condições necessárias para ser feliz no futuro próximo.
por amigos: ciúmes e divergências devem ser varridos de sua consciência.
por parentes: velhas ideias precisam ser descartadas antes que se possa pensar em tempos melhores.

RELAÇÃO SEXUAL 05-16-25-34-44-53
com várias pessoas: você perdeu totalmente a noção dos limites e está se expondo ao perigo.

outros que estão tendo: a não ser que seja com seu parceiro, não é da sua conta.
ser impotente: você possuirá bens inesperados, mas não terá o poder de acioná-los.
unir-se em: felicidade garantida se a intenção for pura.

RELÂMPAGO 14-20-21-47-51-54
atingindo uma casa: doença iminente se não for descoberta no estágio inicial.
árvores: revelação repentina da fonte de discórdia entre parceiros.
de noite: vingança irascível de um estranho.
matando animais em um campo: lampejos de ideias mudarão a estrutura do plano.
para-raios no telhado: obstrução por parte de uma fonte obscura e misteriosa.
seguido de trovão: a liberação da energia que reside no conhecimento espiritual é agora.
ser atingido por um raio: uma advertência vívida de uma emboscada próxima.
água: o sucesso está garantido depois que uma conscientização repentina dissolver a tensão.
dor causada ao seu: um inesperado período rigoroso causará dificuldades.
outros: você conhecerá uma mulher sensual apenas durante um curto espaço de tempo.
sonhar com um: uma oportunidade de resolver problema desagradável leva a grandes honrarias.
tempestade de raios: o mistério será solucionado por meio da sua purificação e purgação.

RELIGIOSIDADE 10-11-12-15-16-29
acreditar na própria religião: grande discussão em família acaba com a tranquilidade e a alegria.
afiliação com Deus: irá longe e esvaziará uma preocupação infundada.
fazer campanha contra o pecado: apoiará substancialmente ações de caridade.
ir à igreja todos os dias: sua ingenuidade impedirá desperdício de dinheiro.
pertencer a uma instituição religiosa: ficará sabendo dos intentos malignos de falsos amigos.
ser uma pessoa muito religiosa: vai romper ou desonrar algo que você preza muito.
uma relíquia sagrada: sua falta de pretensão lhe confere praticidade para chegar longe.

RELÓGIO 03-04-08-13-35-48
alarme tocando: você precisa de mais equilíbrio e disciplina nos seus impulsos de força de vontade.
comprar um de parede: você planeja uma iniciativa de negócios com pequenos sucessos contínuos.
contar os minutos: você não pode mais adiar uma decisão importante.
dar corda em: você está tendo dificuldade para alcançar o eu que você sente que é.
de igreja ou cidade: você faz parte de um presente em constante mudança, apoiado por feitos passados.
de pêndulo: o tempo passou e você ainda não terminou.
mostrando as horas: a decisão que mudará sua vida é o casamento.
parado: uma situação chegou ao seu fim e dará frutos.
antes do meio-dia: você evitará uma doença se enfrentar sua decisão.
parar um: você está tentando protelar o processo em direção à morte.

perda de: você sente que o tempo está acabando.
ponteiro grande se movendo rapidamente: sua impaciência é a causa da sua insatisfação com a vida.
quebrado: problemas por parte de um caluniador.
ter um de parede: muito tempo para resolver um problema.

RELÓGIO DE PULSO 03-12-19-21-23-25
comprar um, muito pequeno: gosta de aprender de maneira indireta.
consertar: os rivais virão para lhe ajudar.
derreter um: não está fazendo o melhor uso de seu tempo.
guardando um segredo: integre o que é importante em sua vida e guarde bem dos inimigos.
algo: boa saúde e recreação agradável.
moça ganhando um relógio de presente: receberá proposta de casamento.
quebrar um: confira a estabilidade do banco onde guarda dinheiro.
ser fabricante de: terá de trabalhar duro antes de ser percebido por pessoa influente.
sonhar com um pequeno: hora de dar passos decisivos para se estruturar.
usar: tempo precioso foi perdido.
vender: o tempo está passando rápido.
um fabricante de: tem capacidade analítica profundamente desenvolvida.

RELÓGIO DE SOL 03-04-12-17-39-53
conferir as horas em: casamento dentro de seu círculo de relacionamentos.
lidar com um: aproveite cada momento de felicidade amorosa.
observar um: um aspecto da vida fora da realidade, há muito tempo em desuso.
sonhar com um: não há reciprocidade para seu amor; portanto, procure outros jardins.

REMAR 14-15-18-27-35-36
competição em corredeiras estreitas com outra pessoa: as pessoas vão lhe ajudar se você trabalhar em harmonia; do contrário, não ajudarão.
com oito: sucesso onde outros falharam se encontra na sincronicidade.
com quatro: será redirecionado a outro território, com outra equipe.
correnteza acima: incongruência no trabalho com seu superior.
em um caiaque: a promoção que você espera vai para outro.
em uma canoa: receberá uma promoção.
na máquina de remo: seja persistente rumo ao seu objetivo.
outras pessoas: não confie seus segredos aos amigos, mas os impressione com sua competitividade.
pessoas: está caminhando para o infortúnio com sua enorme irritabilidade.
em uma corrida: crescimento em sua posição.
sozinho: as pessoas estão reparando em seus consideráveis talentos.
um remo: terá de conter a impulsividade contra forte rival.

REMÉDIO 04-09-16-20-28-29
aplicar aloé na pele: problemas domésticos são resolvidos.
beber suco: vai curar as úlceras no estômago e os ferimentos no coração.
aplicar um cataplasma: caia fora desse buraco e desenvolva aquela ideia louca e obscura.
camomila: disposição pacífica de energias adversas.
dar, aos filhos ou às crianças: será tido em alta conta por pessoas que não lhe merecem.
descobrir um, para assuntos de negócios: vai economizar e frustrar um plano para arruinar seus interesses.
engolir iodo: caia fora da depressão.

esfregar unguento em lugar dolorido: legado valioso de simples tesouros.
maná para luxação leve: tudo na natureza tem propriedades medicinais.
que vem de Deus: seus problemas de saúde têm a ver com a nutrição.
óleo de rícino: recuperação de pequeno bate-boca.
processo de terapia cupping: a usura será tão somente para sua vantagem.
recomendar um, às pessoas: tenha confiança e seja decisivo em relação àquilo que acredita.
tomar um: vai se recuperar logo de uma enfermidade.
aspirar: não dê ouvidos e nem respeite fofoca nenhuma.
beladona: não consegue pagar as dívidas, o que lhe dá câimbras nas mãos.
dar: esforços em vão para aliviar pessoa querida dos espasmos de um envenenamento.
ipecacuanha: suas necessidades repulsivas lhe divertem; vai se posicionar firmemente contra aventuras fraudulentas.
óleo de fígado de bacalhau: um episódio amoroso cheio de charme e excitação.
pastilha para a garganta: sua tagarelice negativa não ajuda a levar o trabalho para frente.
tomar um antídoto: para toda tese existe antítese; curar é fazer a síntese.
usar cânfora em casa: fracasso dos planos de um cretino que vai querer se vingar.

REMENDAR 09-15-23-35-45-49
cercas: não se pode abusar da confiança e permanecer confiável.
mulher jovem remendando roupas: ajudará bastante seu marido.
outros: cuidado nas aventuras amorosas ao conseguir pessoa que desejava há muito tempo.
outros remendando as próprias roupas: brigas de família terminarão num período em que tudo seguirá à sua maneira.
roupa de criança: tem um forte senso comum de responsabilidade.
sonhar com: terá uma posição inferior e miserável antes de sua merecida promoção.

REMENDO 05-10-18-35-39-43
colocar, em roupas de filhos: você tem vergonha de não ter dinheiro para comprar roupas.
fazer colcha de retalhos: o dinheiro lhe virá por meio da aquisição de imóvel disputado.
outras pessoas: o amor deles por você não é sincero; o seu por eles é.
para outras pessoas: outra pessoa ganhará o afeto de seu namorado e ficará com ele.
na própria roupa: não herdou nenhum falso orgulho ao respeitar a obrigação familiar.
remendar as próprias roupas de baixo: não está mostrando à pessoa que namora a verdade sobre seu caráter.
roupas de parentes: está tentando manter algum traço de civilidade.

REMO 05-12-16-18-26-28
lidar com: sua incapacidade de levar um relacionamento a sério será o fim de tudo.
partindo-se: será interrompido por obstáculos até sair da situação.
com um só remo: precisa de um parceiro para refletir suas teorias.
outros: ao olhar superficialmente para as coisas, você acaba deixando as dificuldades debaixo da superfície.

remar em pequeno barco: em breve conhecerá pessoa por quem se interessará afetivamente.
perder um: seus planos fracassarão por causa de sua impulsividade.
quebrar um remo: impedimento obscuro que pode ser desatado com mente calma.

REMOVER 02-08-12-20-21-23
as roupas para outro lugar: prognóstico reconfortante sobre a saúde de um parente.
a si mesmo: suas aspirações excedem suas capacidades; não tente extrapolar seus limites.
mudar de casa: vai gostar de trabalhar duro pelas grandes mudanças que iniciou.
dentadura: espere visitas em sua casa; esteja certo de saber onde os deixou.
outras pessoas removendo coisas: precisa de ajuda financeira; use suas posses como garantia, não como poder.
um obstáculo: você tem força de vontade para mudar em sua personalidade.

RENDA (tecido) 01-02-32-33-36-39
comprar: perigo causado por um segredo; o seu charme não está no vestido.
vestido de: sua mente ativa realizará seus maiores sonhos.
xale de: falta de seriedade, mas ninguém questiona o seu direito de dar ordens.
dar de presente: infortúnio nos relacionamentos amorosos, mas a prosperidade será sua melhor amiga.
fazer: amantes irão se prostrar em profundo respeito aos seus feitiços irresistíveis.
moça sonhando com: ela terá um marido bonito, devotado, carinhoso e rico.
receber da pessoa amada: amores e todos os desejos irão se realizar em um romance sincero.

RENDIÇÃO 15-18-20-26-31-36
exército se rendendo: você não sabe se defender da invasão de adversidade.
render-se à pessoa amada: você ficará ainda mais avarento no futuro para elevar o padrão de vida.
à polícia: determinação para superar qualquer processo, e dentro da lei.
e devolver peças roubadas: vai precisar de muitas noites em claro para guardar sua propriedade.
render-se à vontade do(a) parceiro(a): você tem grande confiança em sua capacidade de vencer.

RENDIMENTO 20-26-29-34-43-45
amigos com um grande: o fato de você perder a calma apenas revela sua inveja.
parentes com uma grande renda: use de cautela em empreendimentos de risco; sua trapaça refletirá nos parentes.
receber uma restituição: êxito nos seus empreendimentos.
ter renda muito baixa: sua promoção está a caminho, mas você espera mais do que irá receber.
ter uma renda confortável: você deveria mudar de vida e melhorar sua conduta até que receba o que é devido.
insuficiente: problemas adicionais com parentes a respeito de dinheiro não cobrado.

RENUNCIAR 13-16-19-26-31-35
a posição proeminente: influência pacífica que acabará lhe alcançando.

entregar a própria renúncia: está abdicando do respeito público arduamente conquistado.
amigos: haverá discussões e desacordos, e a primeira impressão estará errada.
marido: dinheiro legalmente ganho.
outras pessoas: avanço em futuro próximo devido à sua graciosidade na derrota.
parentes: a alegria de sua personalidade intuitiva e ponderada.
rei ou presidente abdicando: desordem nos negócios causada por grande mudança.
ser informado da renúncia de inimigo: discute-se sua própria renúncia também.
sonhar que renuncia: você está semeando a derrota nas mãos de inimigos mais fracos.
amigos: vencerá um processo judicial, mas o sucesso será adiado.
esposa ou marido: a impressão que você tinha de seu companheiro se desfez.
inimigos: você é cúmplice de gestos inconvenientemente espontâneos.
outras pessoas: um inimigo está tentando fazer as pazes com você.

REPETIR 17-13-47-43-03-51
a si mesmo: você mergulhou na mediocridade como forma de não ofender as pessoas.
erros: sua falta de diligência está bloqueando qualquer reconhecimento.
experimentos científicos: sua mente analítica e racional enxerga Deus nos detalhes.

REPOLHO 31-34-36-42-48-49
comer: saúde certa, mas sustento incerto.
chucrute: uma refeição saudável, e uma noite de boa música.
comprar: casamento conturbado de infidelidade e carência.
cultivar: cuidado com a extravagância nos negócios.
fazer uma salada de: meios abundantes de lidar com problemas de forma fácil.
ferver: sua estagnação precisa de purificador emocional e um cicatrizador.

REPRESA 08-12-13-31-42-46
água represada transbordando: atitudes impulsivas causam resultados drásticos.
calma, com o sol brilhando: o êxtase não pode ser alcançado por meio da repressão de sentimentos.
turbulenta: perdas devido à ação comunitária sem a devida análise.
estar no alto de: você está com vontade de chorar mas está contendo as lágrimas.
rompendo: você não consegue conter a fúria; libere a raiva acumulada.

REPRIMENDA 04-07-14-18-23-28
outras pessoas: receberá a desagradável notícia de que andaram lhe criticando.
parceiros repreendendo um ao outro: sua tranquilidade e prosperidade estão correndo risco.
parentes: discussões domésticas por causa de seu comportamento irracional.
repreender crianças ou filhos: seu emprego está ameaçado: expresse-se com clareza no trabalho.
funcionários: surpresa agradável pela frente quando amigos concordarem em seguir em frente com seus planos.
ser repreendido: seu nervosismo está lhe causando sérios erros de julgamento.

por um guarda: descobrirá inimigos secretos dentro de si mesmo.
superior: fique de olho para onde é enviado o dinheiro.

RÉPTEIS 02-08-16-32-34-36
crocodilo: adversário poderoso submerge, pronto para emergir depois de seu esconderijo.
matar: lide com pessoas traiçoeiras antes que elas lhe prejudiquem.
morrer por causa da mordida de um: pode apostar que está cercado por inimigos.
muitos, nas florestas: é egoísta demais para acreditar que os inimigos mentiriam ao lhe aguardar.
pegar um réptil vivo: as pessoas estão fazendo fofoca sobre você; prove que estão erradas.
ser mordido por: os negócios vão bem, mas os rivais estão dispostos a destruir sua família.
parentes: as pessoas estão difamando seu nome; difame o delas.
sonhar com: você tem inimigos ocultos que podem fazer seu companheiro lhe enganar.
ter um engaiolado: vencerá no jogo, mas não nas apostas mais altas.
outras pessoas: cuidado com os negócios, pois as finanças estão ameaçadas.

REQUINTADO 03-05-07-13-19-20
conhecer homem: alegria sem lucro.
flertar com mulher: seu futuro será triste.
jovem de beleza: você acumulará muitas dívidas.
ter gosto: você irá se arrepender pelas presentes ações.

RESERVATÓRIO 04-07-08-18-27-30
sendo cheio de água: muitos dependem de você para ter o básico.
limpo: dinheiro de sobra para incrementar seu guarda-roupa.
semicheio: negócio em declínio precisa de estímulo emocional.
vazio: destruição de toda nutrição disponível.

RESFRIADO 02-19-29-31-32-39
clima: os outros estão contendo as emoções e as coisas não estão indo da forma que você deseja.
ter um resfriado forte: você está com depressão e ansiedade, mas a segurança está próxima.
filhos: todas as privações da sua infância estão sendo revividas.
pessoa amada: a deslealdade causa afastamento emocional.

RESGATAR 04-11-12-21-24-34
crianças: grande herança de pessoa desconhecida não se provará tão sólida quanto se imaginava.
outras pessoas: sua boa reputação no que diz respeito aos deveres cívicos culminará em homenagens.
de afogamento: muitos ganhos financeiros em forma de prazer e presentes.
parentes: sua defesa da honra corre o risco de entrar em colapso em brigas de família.
por um animal: a situação deverá ser encarada antes de se tornar uma ameaça.
de afogamento: evite viagens marítimas e não divulgue suas intimidades.
por um herói: amigos de altas posições virão em sua ajuda.
resgatar inimigos, impedindo que se matem: seja especialmente cuidadoso; os perigos não desapareceram.
ser resgatado ileso: pequena perda nos negócios devido a uma ou outra maçã podre.

um marujo: para humilhação e vergonha dele, estará eternamente em dívida com você.
uma pessoa que quer morrer: sentirá a aguda indiferença demonstrada por amigos falsos.

RESISTIR 05-08-10-12-28-36
a transgressões: sorte e prosperidade sendo atormentadas pela adversidade.
ao amor de alguém: será perseguido por sua capacidade inata de ser independente.
ao progresso no trabalho: seus parentes mais velhos aprenderam algo ao longo dos anos.
não resistir a avanços: descoberta de valores perdidos; sua habilidade para amar.
outras pessoas resistindo ao amor: ganhará confiança em si mesmo; ganhos em todos os aspectos do amor.

RESPEITO 03-04-10-28-32-34
pessoas respeitadas: desfrutará de todos os prazeres e desejos da vida, mesmo se os outros não o fizerem.
ser respeitado pelos outros: receberá dinheiro e alcançará riquezas com sua alegria e amizade.
ser muito, pelos filhos: mais prosperidade a partir de apoios construtivos.
ser uma pessoa respeitável: levará uma vida delicada e irritável com a pessoa amada.
considerada: grande chuva e mudança de temperatura da afeição de seu companheiro.
ter negócios com: seu trabalho será compensado, seu coração não.
sonhar com: vai tentar uma empreitada cheia de perigos e ganhar sua recompensa.

RESPIRAÇÃO 05-15-17-35-44-48
estar sem fôlego: pegue antes que seja tomado de você.
estar sufocado: aceite a situação como está, mas evite condições claustrofóbicas.
outros: você se sente sufocado por um confinamento que não é seu.
filhos com mau hálito: você será abandonado na doença.
pessoas com mau hálito: uma pessoa amiga especial deseja ver você.
respiração rápida: uma aceleração reorganizada, revitalizada e consciente de poder.
respirar lenta e constantemente: relaxamento do sistema inteiro para que a energia se renove.
e não conseguir: remorso pelas ações passadas; equilibre rapidez com competência.
ter mau hálito: você se sente encerrado em um espaço que não escolheu.

RESPONSÁVEL 04-06-07-16-29-30
lidar com pessoa responsável: a preocupação excessiva com o passado é uma maldição em sua vida.
ser-lhe dada uma responsabilidade: as preocupações não desaparecerão sozinhas; esclareça as coisas.
ser, por delitos: cuidado para que credores não sumam e atrapalhem seu empreendimento.
por boas ações: cuidado com o jogo duplo de pessoa importuna.
ter filhos responsáveis: os parentes virão pedir ajuda.

RESSURREIÇÃO 01-06-11-14-17-29
estar no local da: o interesse religioso trará esperança de felicidade.
ir à missa da Manhã de Páscoa com a família: renascimento da ambição.

renascer: recuperação de doença e de brigas com amigos.
outra pessoa: cancelamento de uma opressão da qual você não tinha consciência; lide com o que ela esconde.
sonhar com: longa jornada a santuários religiosos para recuperar a fé perdida.

RESTAURANTE 08-11-27-31-33-34
bufê, rodízio: suas ideias precisam ser digeridas.
cada um pagando sua conta: sua expectativa é que o outro pague a conta.
comer em um: receberá proposta lucrativa demais para ser recusada.
com filhos: sua saúde não é muito boa devido à má nutrição.
parentes: você vencerá os inimigos com paciência.
pessoa amada: busca tímida de uma solução para má situação financeira.
inimigos: seus inimigos mais cruéis vestirão o disfarce da amizade.
marido e esposa, sozinhos: apetites sensuais são saciados em um casamento longo e feliz.
outras pessoas: você inveja o alcance social dessas pessoas, e elas invejam o seu; juntem forças.
entrar em um: superindulgência não alimenta a alma.
ler o cardápio: se você vai pedir pelo preço, não era para estar comendo neste restaurante.
sonhar com um: você precisa ser servido pelo menos uma vez na vida.

RESTRINGIR 03-07-09-17-32-35
ações sendo restringidas: você mesmo impõe limites ao seu desenvolvimento.
pelo governo, e você aceita: deve fazer dieta durante as alarmantes flutuações da situação.
pelos outros: sabedoria para aceitar o conselho de outra pessoa.
restringir as ações de pessoas de negócio: você vai superar seu rival.
imposições dos familiares: a família vai pedir dinheiro, tendo abertura para isso ou não.
transgressões dos filhos: você é excepcionalmente decisivo com as críticas construtivas.

RETORNAR 01-02-10-12-28-31
amigos, para casa: você recebeu uma bênção que não reconheceu.
da guerra: está exagerando na certeza de que as batalhas terminaram.
de uma viagem: terá grande prosperidade quando usar seus muitos talentos de forma prática.
outras pessoas retornando após longo tempo: em breve verá que as perdas foram para melhor.
parentes retornando de uma viagem: ciúme na família por causa de seu relacionamento emocional.
pessoa amada retornando para casa: ele lhe traiu.
prisão: sua paciência e perseverança beiram o extremismo.
sonhar com retorno: prazer inesperado virá quando a inveja e a amargura forem suprimidas, por mais justificáveis que possam ser.

RETRATO 09-13-33-37-41-42
da pessoa amada: amor duradouro; um período de prazeres de sedução.
de crianças: alcançará alta posição em seleto encontro social.
de parentes: falsa bajulação lhe alimenta a vaidade, mas você rejeitará o bajulador em questão.

de um amigo: as camadas serão expostas em um escândalo libidinoso.
mulheres de um: suas emoções estão sendo postas de lado.
pintar o de ancestrais: será gratificado, mas ficará desiludido com a pouca importância que ele manifestará.
de crianças ou filhos: vai abdicar de toda inveja e se resignar a se doar.
de outra pessoa: será vítima de astuciosa persuasão.
o próprio: você exagerou a própria importância na criação de nova empreitada.
receber um, de presente: sucesso imediato se você buscar uma mudança de locação.

REUMATISMO 01-05-16-17-28-30
sofrer de: vai superar a rejeição dos amigos.
sonhar com: está escondendo as mágoas da indiscrição de amigos.
ter: sua amargura e raiva estão se voltando contra você mesmo.
amigos: vai se deixar aprisionar pelo caos alheio.
inimigos: desengano ao desejar a queda de alguém.
parente: lembre-se de cumprir suas promessas.

REUNIR 02-13-22-24-38-46
cartas de amor: uma opinião secreta pesa muito na sua consciência.
coisas de outras pessoas: postergação do sucesso até que as dificuldades sejam superadas.
várias coisas: seu amor irá usar e, então, deixar você.
velhos colegas de escola: ascensão lenta à popularidade.

REVÓLVER 05-10-14-20-22-35
atirar com um: suas táticas violentas debilitam sua equipe.
crianças segurando um: seus pais não merecem seu autocontrole.
guardas com: responsabilidade requer conhecimento integral.
inimigos: você volta a usar sua dinâmica iniciativa após solucionar questões complicadas.
manejar um: aprenda a usar sua inveja da maneira correta.
matar com um: cuidado com sua capacidade de ferir e ser ferido.
policiais: sua sensibilidade e inteligência precisam ser revivificadas.
usar um: seja cuidadoso e atencioso em suas atividades.

REZAR 05-14-29-34-36-38
a Deus: ouça com atenção a intuição que vem de dentro.
a Jesus Cristo: o valioso conforto de ter um amigo leal pela vida toda.
a cruz de: a infidelidade é normalmente o preço cobrado para explicar seu ponto de vista.
com devoção: terá alegrias e felicidade.
outras pessoas: mudança para melhor.
e ter a prece atendida: receberá conselho venturoso e também lhe pedirão para aconselhar.
não ter: sua falta de humildade será causa de infortúnio.
ler um livro de rezas: algum auxílio em meio ao caos de sua vida.
perder um: sua fé precisa de apoio, e seu sucesso, de força de vontade.
receber um, de presente: conselhos sábios aparecerão em cada página à medida que forem sendo necessários.
na igreja: desejos serão conquistados.
outras pessoas, por você: um simples ato de apoio com bases concretas.
para que alguém faça algo por você: consequências ruins que você não merece.

que morreu: está requerendo o que perdeu e ainda sente falta.
para ter uma mulher: sua boa reputação será dissipada.
por outra pessoa: conflitos e dificuldades entre amigos.

RIACHO 01-12-13-14-30-49
balançar os pés em um límpido: analise seu caminho cuidadosamente antes de prosseguir.
banhar-se em: você está pronto para aceitar resolução pelos seus próprios esforços.
calmo e lento: deixe sua gentileza de lado e parta para a ação emocional.
que se torna turbulento: sua agitação está causando o seu estresse.
caminhar ao longo de um de águas sujas: é preciso tempo para que suas ações se consolidem.
perto da sua casa: você receberá um cargo honroso.
pescar em um límpido: você terá amigos fiéis que apoiarão suas finanças crescentes.
quase seco: objetos de valor perdidos serão descobertos.
serpenteado por uma pastagem: lide com as distrações.
turvo: perda de amigos.

RICO 01-29-30-39-40-45
conversar com pessoas ricas: receberá compensações.
ficar: sua abordagem firme e agressiva trará a justa recompensa.
não: obterá emprego inexpressivo sob comando de pessoa rica.
outras pessoas que são: confusão em questões de negócios à medida que a competição vai tomando corpo.
receber uma herança: sua herança de conhecimento e sabedoria lhe servirá bem.
ser: seus altos ideais e os recursos para alcançá-los.
abastado: sucesso em planos imediatos: vá devagar daí por diante.
ter amigos ricos: tentarão lhe destruir; período de dúvida e depressão.
companheiro: sua perseverança lhe ajudará nos reveses.
parentes: uma herança de talentos para alcançar objetivos que vêm de dentro.

RIDICULARIZADO 09-14-15-17-35-40
ser: tenha cuidado para não ser enganado por sua honesta modéstia.
crianças: não negligencie suas próprias questões por as daqueles que são seus descendentes.
outros: será solicitado a ajudar outros, mas desacreditado por aqueles que conhece melhor.
por amigos: está nas garras de uma fraude; não fique excessivamente desconfiado, apenas seja cuidadoso.

RIFLE 04-10-16-21-23-32
atirar com um: a expressão de seu ego reprimido será explosiva.
em um inimigo: sucesso adiado, pois outra pessoa lhe rouba a vitória.
homem sonhando com: tentar impressioná-la é inútil; desfrute a si mesmo.
mulher: medo de pretendente agressivo.

RIM 10-11-17-22-31-39
comer: você receberá visita de uma pessoa não convidada que ficará por tempo demais.
comprar: infelicidade; deterioração física da função glandular.
outros se recusando a comer: negação impressionante irá se mostrar prejudicial a você.

passar por uma cirurgia de: você investirá em um estoque inútil de uma substância tóxica.
sonhar com um: você lamentará envolvimento em uma intriga indecente e inconveniente.
ter dor nos: você confia demais em si mesmo para o desgosto de uma pessoa intrometida.

RINOCERONTE 04-05-07-14-27-32
lutando: alguém está tentando se vingar de você; bloqueie-os com seu caos.
matar um: as aparências não revelam o homem por inteiro.
no zoológico: desilusão para quem está apaixonado por causa da revelação de seus segredos.
sonhar com um: use de muito bom-senso ao se deparar com a montanha de trabalho.

RIO 06-08-11-17-21-36
barreira de um: cautela e otimismo serão seus guias para ultrapassar impedimentos.
estar em um dique: ficará sabendo que a pessoa que ama está comprometida.
outras pessoas: o compromisso será cancelado por causa de sua obsessão com o próprio conforto.
boiar ou navegar na correnteza: você ganha força contra um relacionamento repressor.
cair em um: o perigo aguarda que você dê algum passo em falso; procure ajuda profissional.
crianças: está passando de um período de crescimento para outro.
pessoa amada: uma pausa para descanso permite que os ânimos se acalmem.
caminhar à beira de um: a inspiração está à mão; agarre-a.
catarata com água limpa e correnteza veloz: um aventureiro ameaça sua felicidade doméstica.
turvo: o fluxo da vida é infinito e jamais suave.
chafurdar em um riacho seco: novas experiências; viagem curta.
outras pessoas: alguém está desfrutando do que você considerou insuficiente.
de água limpa: bons negócios dando frutos.
suja: cairá em desgraça por confrontar pessoa em estado emocional alterado.
estar em um barco e ser levado pela correnteza de um: perigo iminente; conduza sua vida com decisão.
inimigos cometendo suicídio em um: mudança há muito desejada é iminente.
inundação: terá boas-novas sobre pendências judiciais.
escapar de uma: processos judiciais de longa duração por causa das atitudes indiscretas de outros.
não conseguir: decepção ao corrigir suas falhas.
jogar alguém dentro de um: fará amizade com pessoa mais confiável.
nadar em um: encare o perigo iminente de frente e ataque a fonte.
correnteza acima: suas atitudes se voltam contra seus instintos, revertе-as para que coincidam.
pescar em um: mudança de ambiente traz contato com pessoa influente.
vadear um: a segurança está do outro lado, encontre a vau certa.

RIR 09-16-21-28-30-48
alguém rindo: somente idiotas riem o tempo todo; torne sua a energia curativa e edificante.

em uma ocasião solene: suas dívidas precisam ser pagas antes que sua honra não seja mais capaz de ser salva.
meninas ou jovens: convites terão muitos motivos; não os leve a sério.
ex-amigo rindo: velhas paixões reverberam muito depois do fim do relacionamento.
filhos rindo: informação de diferenças fundamentais entre você e seu filho.
inimigos rindo: rival está sabotando o seu trabalho e afirmando que suas acusações são ridículas.
ouvir risos: você sente que está sendo levado a um rápido rompimento da cordialidade.
rindo com outras pessoas: investimentos lucrativos no trabalho dos outros.
ser alvo das risadas de uma mulher: ela enganou você e agora se gaba disso.
sua risada: você está escondendo o seu fardo dos outros com futilidades.
várias pessoas rindo: tome precauções contra fofoqueiros com introversão e insociabilidade.

RISCO 01-09-25-31-45-55
escapar de um acidente: você se envolverá em um acidente de carro, mas não sairá ferido.
prédio sendo um risco à segurança: você irá à falência se não reexaminar seus princípios.
ser ferido em um acidente: medidas desesperadas estão esgotando rapidamente todos os seus bens e seu dinheiro.
sonhar com: doenças leves afligirão a pessoa amada; procure a fonte em lugares pouco convencionais.

RITUAL 03-15-16-28-33-37
cometer um sacrilégio: vai sofrer muito por causa de pessoas insuportavelmente egoístas.
fazer um sacrifício: seu martírio é subestimado e em causa própria.
amigos, por você: você receberá pesadas repreensões.
sacrificar um animal: seu caráter é determinado pela maneira com que lida com quem depende de você.
criança: ter de realizar escolhas será a ruína do relacionamento.
sonhar com um: seu comprometimento é com promover uma mudança no rumo de sua vida.
assistir a um: você precisa pôr seus seguidores na linha.

RIVAL 05-08-18-21-27-29
competir com um: passará em breve por alterações extremas de humor.
derrotar um: vai se mostrar bem-sucedido nos negócios com atitudes vagarosas.
namorado sonhando que tem um: precisa reivindicar seus direitos na vida amorosa.
moça: aceitará o namorado atual por medo de não ter outro.
pessoas casadas: está sendo fraco e vacilante em sua decisão de se comprometer totalmente.
ser derrotado por um: reverterá situação e sairá vencendo.
sonhar com um: aceitará uma empreitada desagradável e se dará bem.

ROCHEDO 04-10-13-16-33-34
beijar pessoa amada no topo de um: o casamento vai durar para sempre.
crianças escalando: terá satisfeito seu desejo por dinheiro.
descendo: vai enfrentar reveses e obstáculos para ter boa educação.
descer: ofereça-se para dividir as responsabilidades.
com facilidade: inauguração de novo empreendimento de futuro incerto.

pelo caminho mais difícil: lenta realização de desejos; é preciso resolver o compromisso.
ter problemas ao: você se forçou para ir longe demais.
escalar, com pessoa amada: casará em breve, e com base sólida.
grande, no mar: vencerá os inimigos pela perseverança.

RODA 05-28-29-41-43-44
carregar algo em um carrinho de mão: fica correndo de um lado para o outro sem progredir.
d'água: vai pôr as mãos em muito dinheiro.
de jogo de azar: rompimento inimaginável é iminente.
eixo quebrado: vai passar grande vergonha em discussões impressionantes com companheiro.
de um carro: as pessoas vão lhe ajudar a se recuperar de doença.
caminhão: será econômico e entusiasmado em sua aquisição de fartura.
em movimento: progresso inédito está sendo feito
em um engenho: tem de encarar um sério perigo devido a um fardo pesado.
muitas rodas em uso: recuperação de dinheiro de forma sinuosa.
parada: outra pessoa terá de começar o projeto.
sonhar com roda da fortuna: a fortuna não virá sem esforço.
volante: sua força de vontade lhe dá poder.

ROLO COMPRESSOR 04-20-25-30-37-49
operar um: cuidado para não ultrapassar os limites da humanidade.

ROMÃ 06-07-09-18-21-33
beber suco de: você voltará, todos os anos, a cair em antigas armadilhas.
comer: felicidade, boa saúde e longevidade.
sementes de: vai continuar nas atuais condições e status.
estragada: herdará riquezas e companhia agradável.
partir uma, em duas metades: perseguição por parte de cobrador de impostos.
ter uma cesta cheia de: vai exagerar nas atitudes estúpidas

ROMANCE (livro) 12-16-28-30-39-40
comprar um: abstenha-se de especular no mercado de ações.
escrever um: nada substitui a realidade por muito tempo.
imprimir um: uma chance de as pessoas estarem interessadas em suas opiniões.

ROMPIMENTO 12-19-24-26-36-40
homem abandonando uma mulher: está hesitando na sua decisão de manter um acordo sensato.
homem casado sendo abandonado: terá felicidade na vida matrimonial.
solteiro: terá sorte com muitas mulheres.
viúvo abandonado por uma mulher solteira: grandes transações financeiras seriam o preço de um relacionamento.
mulher casada abandonando um amante secreto: incapacidade de conectar sentimentos com ações.
mulher abandonando um homem: leviandade nos investimentos ainda rende grandes lucros.
mulher solteira abandonando o amado: é essencial escolher o momento mais adequado e ligar todos os pontos emocionais.

ROSÁRIO 01-11-12-19-21-36
alguém usando um: passará por privação, mas melhorará de vida.

outras pessoas: bons tempos a caminho para elas.
parentes: tristeza por causa de sua apatia e indiferença.
rezar cada uma das contas do próprio: reconciliação com conselheiro influente.
rezar um: sofrerá por seus pecados e receberá gestos de gentileza.

ROSAS 02-12-22-28-30-35
artificiais: fale baixo se falar de amor, e mais baixo ainda se falar inverdades.
brancas: inocência e pureza; um embaixador do amor.
cheirar, durante a estação própria: empatia pela Mãe Natureza e por tudo que é adorável.
colher: você é bom namorado, ou a pessoa amada não tem consciência de sua beleza.
em botão: coragem para desenvolver sua beleza apesar de todos os contras.
em tom vermelho escuro: tempos de alegria e diversão pela frente.
receber: memórias agradáveis de velhos amigos; relaxe da ansiedade.
espetar-se com umas: sente-se sexualmente subjugado por relacionamento anterior.
levemente passadas: o sucesso virá após a morte de um amigo querido.
pessoa doente cheirando: perigo na morte de impressões temporárias.
podar: a vida amorosa só lhe espetou o coração uma única vez.
segurar com as mãos, durante a estação própria: felicidade na forma mais elevada de amor.
fora da estação: a infelicidade de uma paixão tola.
vermelhas: se não controlar seu gênio, acabará solteirão ou solteirona.

ROSTO 02-03-27-34-40-47
acne no seu: exposição à desordem interior.
espremer: você terá uma grande quantidade de prata.
remover: doença que não irá embora facilmente.
ter espinhas no: você terá bons proventos no ramo imobiliário.
de criança: adiamento do sucesso.
de um estranho: esse rosto ficará frente a frente com você.
completo: um projeto secreto está para ser apresentado a você.
não se lembrar de um: uma apresentação importante a um professor ou mentor.
repulsivo: fracasso dos inimigos.
esconder-se por trás de uma fechada: seu lado social esconde uma personalidade bem diferente.
fazer caretas: enfrente a situação; não esconda seu medo.
fazer um lifting: aparências desaparecem após o primeiro encontro; o caráter sustenta o segundo.
facial: encubra sua indiscrição antes que seja exposta, ou, ainda melhor, exponha-a você mesmo.
franzir as sobrancelhas: sua verdadeira natureza é revelada.
lavar o próprio: prazeres aos quais não está acostumado por meio de novos amigos com bons conselhos.
pintar o: você será pego na mentira sobre a sua herança.
passar creme no: seu desejo de parecer arrumado e elegante.
pintar um: imagem de como você gostaria de ser visto.
de preto: sua escolha de amigos está levando a um escândalo iminente.
rosto com muita maquiagem: os amigos estão mentindo para você.

soprar no rosto de alguém: uma mulher está enganando você.
suavizar as rugas da testa: sua influência no trabalho será significativa.
ter um barbudo: um visitante retornará.
bigode: você terá divergências e contendas com empregador sobre conduta adequada.
mulher admirando um: defenda a virtude dela ou você será envergonhado publicamente e perderá a amizade dela.
bonito: brigas que se resolvem no amor.
com manchas: um defeito de caráter se tornou óbvio para os outros.
covinhas: vários casos esvaziarão a paixão e a tornarão mero flerte.
feições sorridentes: somente um desejo sincero será concedido.
feio: conflitos nos relacionamentos amorosos; seu arrependimento pelos pecados será visto como fingido.
inchado: a visão de sua própria importância está bastante inflada.
pálido: a energia da vida se esgotou.
pinta no: alguém deseja fazer amor com você.
recém-barbeado: você ficará com muita vergonha e não permanecerá por muito tempo na mesma área.
resplandecente: não se leve muito a sério.
uma cútis bonita: é como os outros veem você.
uma mandíbula grande: você ficará frente a frente com ameaças e escapará por pouco.
ver o seu rosto no espelho: preste atenção aos sintomas físicos.

ROUBAR 08-13-16-19-29-37
coisas valiosas: receberá de volta a grande tristeza que causou.
peles: devolva o que ganhou ilegalmente e receberá sua parte.
pessoas roubando outras: falta de autocontrole com o dinheiro que está chegando.
planejar um roubo: ansiedade interna sem efeito externo e que causa estrago permanente.
roubar outra pessoa: um aviso: você insiste em levar o crédito pelo trabalho alheio.
roupas: você tomou algo que não lhe pertence.
ser roubado: receberá dinheiro de fonte escusa.
em dinheiro: apoiará uma injúria facilmente reversível.
em joias: receberá herança e um parente invejoso.
em papéis e ações: sairá bem dos atuais problemas.
em roupas: terá o apoio de bons amigos contra sua insegurança.
ser roubado ao viajar: diminua o passo e seja mais observador.
sonhar com roubo: um presente em forma de joia lhe será oferecido, mas quem oferece não pode lhe dar, pois não é o dono do bem.

ROUPAS 04-15-25-28-34-51
ajustes sendo feitos em peça de: adapte sua aparência exterior para combinar com as mudanças interiores.
de criança: alegria na família.
em várias: um noivado muito em breve.
outros fazendo para você: a aquisição de um corpo imortal.
apertadas: suas atitudes restringem suas emoções.
combinar: você receberá uma visita inesperada.

comprar: a persona ou o rosto que você tem vontade de revelar.
azuis: você terá mente vigorosa.
carmim: dignidade e mérito.
cinza: está para acontecer um evento importante e muito benéfico.
malva: ser virgem.
marrons: alegria sem lucro.
muitas: uma conquista das coisas materiais.
rosa: recuperação do dinheiro perdido.
verdes: ganhos financeiros.
vermelhas: você receberá uma carta triste.
de adolescente: tentativas imaturas de vaidade.
jogar fora: seus inimigos triunfam quando você recusa a ajuda de amigos.
estar malvestido: você está insatisfeito com sua atratividade.
estar parcialmente vestido: você está se comportando de forma irracional e irritante.
estar sem: é a sua cara; faça das suas aparições o que você deseja.
peças específicas: a parte do corpo exposta está vulnerável.
maltrapilhas: você enfatiza trabalho à sua custa.
recolher: você aprecia de cada coisa que tem.
mancha em uma peça de: aquilo que você deseja tem uma falha importante; ponha mãos à obra e conserte-a.
mulher sonhando com homem usando um macacão: ela não conhece o caráter do seu amado.
não conseguir tirar as: falta a você a habilidade de se moldar às normas sociais.
não querer tirar: recusa em revelar seu verdadeiro caráter.
de outra pessoa: você quer adotar aspectos da vida dessa pessoa.
não usar: você receberá muito dinheiro.
outros: rumores espalhados por você são igualmente errados.
novas: problemas domésticos que preocupavam você estão no fim.
rasgadas: uma conspiração está em movimento para prejudicar você.
vender: sua trapaça é óbvia para os outros.
sujas: você tem um poder criativo bruto; use-o.
ter macacão sujo: cuide da sua dieta para um evento à fantasia.
ter muitas roupas: você está seriamente decidido acerca das suas ambições.
trabalhar usando um macacão: você será recompensado pela sua gentileza com admiração.
usar de uma vitrine: morte inesperada de um parente querido.
usar touca de dormir: abundância nos negócios.
vender: os prejuízos não podem ser ressarcidos com a venda dos seus bens.
vestido demais para a ocasião: autoproteção.
vestir: a virtude de cada peça de roupa precisa ser discernida.
vestir roupas erradas para a ocasião: aquilo que você quer *versus* o que os outros querem de você.
acima da cintura apenas: um aviso contra o esnobismo.
abaixo: você não tem dúvidas quanto à sua identidade social.
camuflagem: você está escondendo algo.
em excesso: você se sente exposto e vulnerável.
esquisitas: você é um estranho ou intruso porque deseja ser.

estranhos acessórios: você não precisa comparecer.
macacão: você está assumindo uma tarefa suja.
muito grandes para você: o papel está acabando com você.
muito pequenas: o papel é muito limitado para você.
nenhuma blusa: você acha que tem seios inadequados.
nenhuma calça: rebeldia contra a autoridade.
nenhuma camisa: você terá dificuldade para se encaixar.
nenhuma saia: um novo amor espera por você.
quimono: você irá a uma festa ou um festival ao ar livre e lá encontrará o seu destino.
sujo: um caso de amor de consequências inesquecíveis.
roupas de bebê: você se sente infantil em um evento adulto.
sua própria roupa: você está mostrando admiração por essa pessoa.
xadrez: grande prosperidade proveniente de atividades ao ar livre.

ROUPA DE DORMIR 02-05-11-15-31-33
camisola voluptuosa: seu caso sórdido não vai ferir ninguém que valha a pena conhecer.
usar em local não apropriado: precisa dormir mais para clarear sua percepção da realidade.
trocar roupas noturnas por roupas diurnas: seu comportamento é íntimo demais para a ocasião.
vestir pijamas: suas complexas paixões serão platônicas.
crianças: período de espera interminável e angustiante.
deitar-se no sofá usando: caso insignificante sem consequências para nenhuma das partes.
homem: precisa desesperadamente de afeição e de um lar estável.
mulher: está totalmente em desacordo com a família.

ROUPA ÍNTIMA 15-17-19-28-34-36
ajustar uma cinta-liga: ouvirá relatos escandalosos sobre você em situação que jamais ocorreu.
comprar: exponha seus talentos ocultos, não sua falta de virtude.
em promoção: não se venda por pouco; você deseja o que as pessoas têm e está disposto a fazer por onde.
não usar: um desempenho destemido dará certo, mas terminará em incerteza.
usar em público: você precisa de mais intimidade para ter satisfação.
calcinha: está precisando de uma relação íntima.
camiseta: infidelidade de alguém próximo.
cueca: pergunte às pessoas para saber de que precisam realmente.
preta: está se escondendo de seu verdadeiro eu.
suja: você não está convencendo ninguém com sua encenação.
usar: esperanças momentaneamente frustradas.
conjunto de roupas íntimas: acontecimentos desagradáveis pela frente.
envolver algo em: você fez alguma coisa errada.

ROUPAS ÍNTIMAS 16-19-27-34-45-47
bordadas: contrairá doença contagiosa.
brancas: receberá um belo presente; dignidade por parte de marido másculo que lhe ama cegamente.
coloridas: diferentes casamentos acontecerão em breve na mesma cerimônia.

comprar: tenha a moderação em seu estilo de vida.
rasgadas: sua reputação foi manchada pelo zelo excessivo pela aparência.
remendar: muitos divertimentos mudarão sua vida amorosa.
ter: terá, em breve, um caso amoroso com direito a aborrecimentos por mesquinharia.
trocar de: seus desejos mais caros resultarão em desastre.
uma jovem que perde as: perda do carinho do namorado causa problemas na vida de casada.
usar: cuidado com a arrogância e com os gastos inúteis.

ROUXINOL 01-05-06-07-11-26
engaiolado: será rejeitado pela pessoa amada se ousar desafiar seu controle.
escutar o canto do rouxinol durante a noite: sedução sem palavras.
de muitos: inválido que recupera a saúde com a harmonia doméstica.
matar um pássaro noturno: evento alegre se transforma em aborrecimento e depois em desgraça.
ouvir rouxinol cantando ao longe: terá prosperidade; boa relação amorosa.

RUA 11-16-21-27-33-51
caminhar por uma rua sem fim: sucesso pela frente, apesar de distante.
com muitas curvas: infelicidade se você insistir neste caminho.
em más condições: sucesso das próprias esperanças após esforço árduo.
estar em rua na qual nunca esteve antes: viajará muito.
largar bagagem na: seus pertences serão roubados.
longa, com belas casas: terá uma boa surpresa.
muitas pessoas na: apesar de suas aflições, você será bem-recebido por todos.
perder-se em ruas lamacentas e sujas: será assediado.
reta e cheia de gente: prosperidade.
rua deserta: sua coragem trará grande alegria por si só.

RUBIS 02-04-07-16-29-34
anel de: terá mais de um amor sincero, vários deles.
comprar joia com: quanto mais profunda a consolação, mais valiosa a experiência.
usar: vencerá os inimigos e será indiferente ao atual amor.
vender: perda de dinheiro por causa de investimentos inseguros.
sonhar com: a verdadeira humanidade gerada pela profundidade da cor da pedra.

RUGAS 05-06-07-20-28-36
amigos jovens com: terá ulcerações e terríveis problemas de pele.
homem idoso com: perda de amizade devido a comentários incorrigíveis.
de meia-idade: você é crédulo demais; o tempo é vital, use-o com sabedoria.
sem: elogios e prazeres sociais; alcançará tudo que deseja na vida.
não ter: terá boa aparência para o resto da vida.
nas roupas: haverá pequenos desacordos, mas no geral tudo ficará em paz.
no próprio rosto: vida longa após doença.

RUGIDO 10-12-16-19-23-26
ouvir o de um animal: um inimigo observa cada um de seus movimentos, e o escuta atentamente.
de águas: um viajante retornará após ataque injustificável.

distante: encontro desagradável no futuro próximo vai lhe desconcertar agora.
em um celeiro: avance e leve conforto para dentro de si mesmo.
vento: você perderá sua herança e desvirtuará o processo.

RUIBARBO (erva medicinal) 02-03-09-10-21-30
comer: está insatisfeito com sua ocupação; siga em outra direção.
comprar: o conselho de aceitar a vida com seus altos e baixos nem sempre funciona.
cozinhar: você vai se libertar de associações destrutivas.
cultivar: mudança que resultará em algo propício.
fazer torta de: receberá visita inesperada e irá se mudar com ele.
sonhar com um: uma amizade nova e forte de pessoas que comungam da mesma filosofia.

RUÍDOS 11-12-17-21-24-35
ouvir: credores estão fazendo fofoca sobre sua capacidade de pagar altos juros.
ouvir um barulho alto: abstenha-se de interferir em brigas de amigos.
crianças fazendo: receberá carta com boas-novas há muito aguardadas; seja paciente.
estrondo: um membro da família lhe tira da letargia.
na rua: fracasso de seus planos se você não parar para relaxar um pouco.
visitas fazendo: seu sucesso depende de decisões que só você pode tomar.

RUÍNA 05-07-09-21-34-47
arruinar-se por causa de contravenções: sofrerá grave constrangimento.
casamento arruinado: todos sabem de sua avareza.
causar a ruína de alguém: terá prosperidade, mas sua consciência pagará um preço alto.
cidade em ruínas: receberá uma fortuna para ajudar na reconstrução.
família financeiramente arruinada: receberá um dinheiro inesperado.
sua casa em ruínas: hora de reconstruir sua vida.

RUPTURA 07-09-16-19-42-46
operar uma: falta entendimento entre os órgãos operados.
em outras pessoas: o estado de saúde se tornará o pomo da discórdia.
sonhar com uma: sente inveja de outras pessoas à medida que se esforça exageradamente.
ter uma, no corpo: preocupações familiares lhe afligirão fisicamente.

S

SABÃO 01-03-04-07-11-23
bolhas de: fundamente suas ilusões ou elas entrarão em combustão.
comprar: os negócios estão totalmente confusos devido à falta de disposição para o entendimento mútuo.
dissolver sabão em pó: resolverá questões que o deixam perplexo.
fazer: você jamais passará necessidade, apenas terá indisposição.
fazer espuma com: a fúria se alimenta de si mesma; reveja velhos apegos.
lavar o corpo com: pedir ajuda a amigos será bom negócio.
mãos: deixe de lado a situação que não consegue resolver, solucione aquela que puder.
rosto: não conseguirá compatibilizar seu rosto no espelho com a opinião que tem de si mesmo.

roupas: não reaja de forma exagerada a acusações injustas.
líquido: agarre o que deseja antes que se esvaia.
usar para tirar mancha: desonra devido à incapacidade de satisfazer demandas excessivas.

SABEDORIA 12-19-24-32-36-38
consultar um sábio: você possui uma mente vigorosa e tende a falar demais.
de pessoa notoriamente sábia: não há fim para a sabedoria disponível, se você dela precisar.
ser sábio: confusão em questões empresariais que se dá quando o que é sábio não é prático.
pessoa dando conselho: está sendo ludibriado para acreditar que só porque foi dito tem de ser verdade.
seguir o conselho: evite os rivais, pois eles aconselham aqueles que lhe aconselham.

SÁBIO 03-11-19-39-40-48
inimigos indo a um: não pense que outra pessoa o entende melhor que você mesmo.
ouvir os conselhos de um: o passo que você está para dar deve ser revisto.
ser um: a inteligência é algo pesado de se carregar.
sonhar com homem erudito: sabedoria não é erudição, mas *insight*.

SACERDOTE 01-09-26-28-30-38
confidenciar a: uma confusão na esfera da ética.
estar em companhia de: uma posição de honra irá lhe causar aflição.
muitos curas ou vigários: você receberá uma carta decepcionante do exterior.
muitos: você receberá uma carta do exterior; queime-a.
proferindo o sermão: você ficará livre de seus problemas.
sonhar com: decepção nos assuntos do amor causada por esforços sérios, porém com motivos maliciosos.

SACO 13-27-33-34-40-44
carregar um pesado: recebimento de dinheiro inesperado.
cheio: está obstruindo a justiça com sua sede por lucros.
de carvão: projeto produtivo e gratificante que ninguém quis fazer.
de batatas: é preciso muito controle para resistir a tentações sexuais.
esvaziar um: fase de tristeza, desemprego e peculato.
encher um: aquisições em nível superficial e corriqueiro.
vazio: sua astúcia e sagacidade serão necessárias para construir seu negócio.

SAFIRA 02-13-15-16-17-30
amigos usando anel de: você receberá notícias muito agradáveis.
mulher sonhando com: aquietamento da ansiedade por posses materiais.
azul-escura: seu marido lhe protegerá de ser molestada.
outros: disputas com grandes amigos; a solução será pela força.
usar joia com: amor sem expressão sexual, mas com fervor religioso.
anéis: rápido recuo de problema emocional que projetou um toque de maldade.
não usar: atrairá pessoas de altas posições.
pulseiras: prenúncio de ganho ao frustrar os planos de inimigos secretos.

SAGUÃO 04-09-13-23-38-51
estar em: colega de duas caras prejudicará sua reputação.
com outros: transição de um grupo de amigos para outro.
sozinho: esteja preparado para um período prolongado de ansiedade irreal até que você alcance a sabedoria.
ter encontro com amigos em: conversão se torna difícil por causa de ideias conflitantes.
inimigos: promoção leva a pessimismo sobre o futuro.

SAIA 04-20-25-30-37-49
branca: seus gostos são refinados, sua sorte é menos mundana.
comprar uma: você está ansioso demais por causa de uma ação desimportante.
curta e apertada: atração que vai além das roupas; certifique-se de que são os seus desejos que está realizando.
desgastada: deve curar mágoas passadas para estar pronto para um novo amor.
homem sonhando com: não se vence por meio de avanços inconvenientes.
longa: você está escondendo sua decepção por debaixo de um pedaço de pano.
preta: adversidade com o sexo oposto, as limitações de ser abrangente.
sonhar com uma: você é preguiçoso demais para conseguir o que deseja, portanto os outros vão conseguir o quinhão que lhes cabe.
de outras cores: sua ambição extrapola sua conquista romântica.

SAL 02-06-11-21-23-31
acrescentar à comida: entretenha, mas não interfira nos assuntos dos outros.
comprar: ganhos certos vindos de trabalho constante durarão bastante tempo.
cozinhar com: você será vítima de um envenenamento leve por comida.
derramar: se você jogar sal por cima do ombro, estará no caminho certo para fazer dinheiro.
outros: não deixe ninguém brigar por causa de insatisfação.
jogar no rabo de um passarinho: você sentirá amortecer sua exposição social.
pilar de: enterre mágoas passadas oriundas de seu ciúme e siga em frente.
ser um comerciante de: você fará uma quantidade fixa de dinheiro se a necessidade for constante.
sonhar com: compartilhe sua abundante vitalidade em bases sólidas.
usar saleiro: você vai se dedicar de corpo e alma ao estudo científico.
sal na comida: discussões religiosas por causa de erros pelos quais você não quer ser humilhado.
demais: você perderá a oportunidade perfeita em meio a várias ofertas.

SALADA 02-06-28-31-37-41
anchovas em: você receberá uma herança com condições restritivas.
comer: seu corpo está pedindo mais nutrientes.
em companhia de outros: você agirá de maneira estúpida em festa de estranhos.
comprar agrião: você será insultado por vizinhos que o humilharão.
comer: espere um aumento no fluxo de dinheiro.
grande travessa de: você está sendo vítima de comentários negativos que menosprezam sua harmônica família.
preparar salada mista: a saúde pode piorar durante limpeza do intestino grosso.

para outros: você está sendo forçado a dizer sim.
sonhar com: suas qualidades lhe farão progredir da posição atual.

SALAME 01-06-11-12-19-40
comer: discussões de família devido a parentes chatos e discordantes.
fatiar: cuidado com armadilha que lhe está sendo preparada.
fazer um sanduíche de: boas-novas de amigos próximos.
sonhar com vários tipos de: seu amor é muito instável e mutável.

SALÃO DE BELEZA 05-06-10-20-31-42
amigos em: você se defronta com obstáculos intransponíveis.
depilação: você realizará seus planos atuais com sucesso.
ir a: a falta de atenção da pessoa amada é passageira.
com um familiar: controle seus gastos para satisfazer sua autoestima.
para fazer um penteado: tenha cuidado com os falsos amigos e preze os verdadeiros.
tratamento facial: você está envergonhado pela maneira como se apresenta.

SALÁRIO 12-18-20-22-31-36
não receber: armação por parte de gente que não gosta de você.
pagar: perderá dinheiro que ganhou de herança.
a funcionários de escritório: uma bela mulher se casará.
aos empregados: trabalha duro, e pela vida toda.
semanalmente: futuro melhor lhe aguarda.
pedir aumento de: seja sábio e não desperdice tempo de trabalho.
e gastar afobadamente: tudo dará errado; rebaixamento de posto e corte no pagamento.
e ter o salário merecido: a autoconfiança vem de saber gastar.
e ser recusado: você arrumará nova fonte de renda antes de largar este emprego.
preparar a folha de pagamento: mau gênio e decepção com pessoas muito estimadas.
receber: pequenos roubos podem ameaçar seus empreendimentos lucrativos.
não receber pagamento por trabalho já feito: bancarrota espiritual.
os próprios rendimentos: defenda suas posses e deixe os outros com as deles.

SALGUEIRO 03-06-08-14-41-42
fazer cestas com galhos de: dinheiro chegando.
outros trabalhando com madeira de: aviso de confusão se você não for flexível.
rastejante: será abandonado pela pessoa amada e consolado por amigos leais.
salgueiro-chorão: vão chorar interminavelmente em seu ombro.
salgueiro-gato: humildade traz o conforto da paz.
sonhar com: um rival ganhará o coração da pessoa amada se você não for fiel.
usar uma máquina para podar um: está sendo traído.

SALIVA 01-04-08-15-20-48
de pessoa doente: a autodestruição é contagiosa; reforce seu sistema imunológico.
de seus filhos: a animação deles deve ser moderada para que seus talentos se desenvolvam.
de um animal: você vencerá seus inimigos.
outras pessoas cuspindo: um antagonista está se esforçando para fazê-lo desistir de seu projeto.

saindo da boca de um cão: você tem amigos leais que querem lhe cobrir de presentes.

cavalo: você pode se conduzir à oportunidade, mas deve aproveitá-la sozinho.

sua própria: sua felicidade futura está garantida.

SALMÃO 08-19-29-40-41-44

comer fresco: um amigo leal lhe apoiará em briga e reconciliação amorosa.

cozido: até a pureza precisa de modificações para se tornar palatável.

defumado: sua ambição é impulsionada por permanente insatisfação.

enlatado: bate-boca com vizinhos devido à remoção do lixo.

salada de: você passará por tristezas e brigas com aqueles que controlam sua nutrição.

sanduíche de: opositores lhe acusarão de falhas que eles mesmos cometeram em segredo.

pescar um: acordo entre amigos que você encontra de modo não convencional.

SALSICHAS 01-08-21-24-27-38

comer: reúna o que sobrou da situação para criar algo novo.

com chucrute: você vai roubar o amor de outra pessoa e casar.

de fígado: pobreza, o último recurso, o valor intuitivo do qual você precisa.

de porco: você ganhará no jogo; sua vida não será envenenada.

de vitela: descubra novas maneiras de florear sua atual carreira.

comprar: fortuna nos negócios e felicidade na vida se evitar promiscuidade.

cozinhar: felicidade em casa se usar sua influência para harmonizar.

fazer: você é uma pessoa muito apaixonada com forte senso de seu lugar na cadeia alimentar.

SALTAR 14-17-23-25-39-45

ato de: você é muito inconsistente nos seus relacionamentos amorosos.

na água: você sofrerá perseguição e perderá seu cargo atual.

outros: você superará os inimigos com perseverança.

por sobre um fosso: um inimigo está se empenhando para que você perca em uma ação judicial.

bem alto: você sairá do perigo atual com uma promoção.

recuar diante de um salto: a vida será quase intolerável sem o prestígio social.

SALTO ALTO 07-12-17-29-31-48

caminhar com: sua língua pode cortar o coração de alguém.

usar como parte de uniforme: persuadirá seus amigos infiéis para ser compreendido.

SALVA DE TIROS 02-03-13-14-21-25

encomendar uma: seu inimigo está salvando a honra por meio de uma evasiva.

ouvir uma: recuperação de doença que se dá pouco a pouco.

do exército: contentamento vindo do reconhecimento por fonte célebre.

marinha: progresso em empreendimentos se dá mais rápido com limites.

receber uma: o júri será ludibriado por uma dúvida desonesta.

sonhar com: você está no meio de uma guerra de nervos.

SANATÓRIO 03-14-18-40-43-46

ser internado em um: traição por parte de parentes que deturpam suas ações.

amigos: triunfo sobre perseguição por meio da purificação de uma vida.
inimigos: melhorias financeiras para o presente; prepare-se para futura vingança.
parentes: evite ficar alarmado – e demonstrar isso – devido à revelação de segredos de família.
ser liberado de um: grande fortuna conquistada na mesa de jogo, e não por meio da sanidade.
trabalhar em um: as pessoas talvez não possam apreciar sua contribuição.

SANDÁLIAS 08-25-32-33-35-41
andar com sandálias de couro: a marca de seus sonhos; um passeio a pé por sua vida.
jogar fora: seus talentos serão desconhecidos e subestimados até que você os divulgue.
mudar de: dor de cabeça por falta de pagamento de pequena dívida.
sonhar com: boa saúde se você souber a hora certa de sair do páreo.
tirar as: você receberá uma pequena herança inesperada vinda de um estranho.
usar: você terá pés saudáveis e amores na calada da noite.

SANDUÍCHE 18-21-22-27-30-46
com pão branco: uma abordagem delicada trará grandes lucros.
com carnes diversas: uma fatia fina é suficiente.
com pão preto: densidade não tornará seus problemas menos indigestos.
com peixe: oportunidade de melhorar as condições de vida.
torrado: uma desventura na qual você acaba se queimando.
comprar em lanchonete: cuidado ao conversar com um estranho.
preparar para outros: um caso de amor explodirá em seu rosto, seu trabalho, sua vida.

SANGUE 20-23-32-36-43-48
beber: use sua hostilidade para criar seu próprio poder.
cercado por sangue ruim: a hostilidade é causada por um desequilíbrio químico.
derramar durante transfusão: negócios estrangeiros desastrosos.
doar para uma transfusão: sua vitalidade está enfraquecendo como resultado de estresse.
a um animal: você precisa tirar um pouco de responsabilidade dos ombros para poder funcionar.
em você: fique longe dos problemas de outra pessoa.
falta de: com a perda de sangue, vão fardos e vida ativa.
fazer um torniquete: a sorte irá se originar de um amigo que você não via há muito tempo.
jorrando: símbolo de rejuvenescimento após a queda.
de um ferimento: purifique-se de um ódio antigo e doente.
do chão: amigos estão sugando sua motivação.
menina sonhando com: o começo da menstruação; sua energia está sendo sugada.
menopausa: você teme o fim da vida sexual e o desequilíbrio das emoções.
nas mãos: perda de força devido ao excesso de esforço mental e físico.
nos outros: absorva o poder de seus inimigos.
pacto de: prometa lealdade total.
perder: frustrações revelam partes do seu corpo propensas a doenças.

receber dinheiro ganho à custa da vida de alguém: você traiu e será traído também.
receber transfusão de um banco de: estão extraindo seu sangue financeiro.
de um homem doente: a vergonha por seus atos farão os outros se voltarem contra você.
roupas manchadas de: inimigos estão atrapalhando sua chance de sucesso; estranhas amizades destruirão suas oportunidades.
sangrar: relatos maliciosos farão com que os outros abandonem você.
seco em discos de algodão: no trabalho, escolha os amigos com prudência e sabedoria.
sentir seu próprio pulso: seu sistema nervoso precisa de uma revisão.
sonhar com transfusão de: você precipitará o apoio emocional vital para sua psique.
ter hemorragia: pessoa amada está sugando seu alimento.
ter perdido: o sacrifício supremo da força moral; defenda-se.
ver: símbolo da vitalidade e da capacidade de se ter sucesso.
a você mesmo sangrando: suas feridas emocionais não sararam.
cuspir: você ignorou as boas maneiras que aprendeu.
outra pessoa sangrando: uma pessoa muito amiga precisa do seu apoio.
você menstruando: os ciclos férteis da sabedoria de Deus.

SANGUESSUGA 02-11-15-19-23-56
matar uma: lute contra os inimigos que se intrometem em seus assuntos.
muitas por perto: perda de dinheiro com relacionamentos parasíticos.
sonhar com este verme sugador de sangue: você enfrentará problemas de saúde maldiagnosticados.
ter aplicado no seu corpo: você está causando muito sofrimento a amigos.

SANITÁRIO 03-18-26-29-33-48
condenar algo por falta de condições sanitárias: sua culpa não pode ser limpa desta forma.
fazer serviços sanitários: um lembrete constante e aviltante que você está sozinho.
ajudar a família com: eventos importantes, bastante benéficos no todo.
trabalhar em departamento: melhoria na carreira por meio de liderança responsável.

SANTO(A) 15-21-25-42-44-47
estar bem perto de um: uma reconciliação longamente esperada trará paz e bem-estar.
pessoa doente sonhando com: sugere que tratamento está sendo direcionado à doença errada.
pessoa pecaminosa: deve se arrepender, mas é preciso se confessar primeiro.
rezar para um: perseverança que faz superar obstáculos à empreitada ambiciosa.
sonhar com: escute a mensagem, aja com sabedoria.

SANTO GRAAL 06-15-24-27-32-42
busca pelo: sua missão é a única coisa que importa.
buscar a bem-aventurança: paz e harmonia com sua família e seus amigos.
procurar o: seus esforços obterão grandes recompensas.
sonhar com: seu espólio afetará todos os envolvidos.

SAPATEADO 09-12-40-42-48-52
sapatear: sua chance de ganhar vantagem e vencer os oponentes.

sonhar com: mudança de vida para breve, mas você precisa controlar suas paixões.

SAPATOS 13-17-20-41-46-52

achar um: um estranho trará oferta promissora.

um par de: libertação de relacionamento opressivo.

botas: você ficará exaurido de tanto trabalhar.

cadarços ou fivelas soltos: brigas com parentes devido a opiniões sem fundamento.

com buracos nas solas: um projeto precisa de grande retificação.

comprar tamancos: você está se intrometendo demais em questões alheias e ficará chocado com o que vai descobrir.

calçar: prepare-se para casamento no futuro próximo.

usar: expanda lentamente seus limites; continue na rota escolhida.

comprar um par de: começo de um projeto prolongado e de muitas etapas.

de couro: não dê atenção a bajuladores.

de criança: preocupação excessiva com a saúde de seus dependentes.

comprar novos: bons resultados inesperados em negócios de longo alcance.

de homem: sucesso profissional adiado até seus superiores lhe notarem.

de mulher: expresse quem você é e siga em frente para conseguir o que quer.

enfiar uma tacha nos: pedirão a você que execute um pequeno serviço que só será lucrativo se for feito de boa vontade.

estar sem: prepare-se para um caminho difícil na rota do sucesso profissional.

falta de sapatos em situação inoportuna: sua abordagem está defasada; compartilhe de novas ideias.

par de sapatos em vitrine: se você relaxar, atingirá seu objetivo.

pendurá-los em uma árvore: notícias desfavoráveis.

perder: continuar neste caminho só poderá levar à pobreza.

pisar na lama com sapatos gastos: período de desalento devido à pobreza de espírito.

polainas: você terá sorte no amor se seguir seus pressentimentos.

usar: terá ilusões de esplendor em relação à sua conta bancária.

outros: será esnobado por pessoa de sua estima.

sapatos comuns com: uma jornada cansativa pela frente; brincadeiras envenenadas por rivalidades.

polainas masculinas: recuperação de doença com melhora da situação.

usar: terá domínio de questões amorosas, mas perderá o emprego.

outros: você está sendo observado por alguém mal-intencionado.

pretos: momentos ruins por deserção de amigo.

azuis: você perderá um amigo por motivo de doença.

botas de cano alto: terá de pagar suborno para manter um segredo.

brancos: seu futuro está completamente garantido e será edificante.

com as solas furadas: sua falta de segurança lhe fará perder um compromisso.

de camurça: terá dias felizes que poderão ser facilmente arruinados.

outros tipos de sapato de couro: sua timidez o levará à ruína.

velhos e confortáveis: você está ligado demais ao seu divã.

que causam dor: seus problemas de saúde devem ser diagnosticados.

remendados: sua aspereza, falta de tato e seu destempero verbal lhe causarão dificuldades financeiras.
repor solas de sapato feminino: por mais inocente que seja, um flerte trará desejos ilusórios.
salto quebrado: alguém vai explorar sua fraqueza; aproveite a oportunidade oferecida.
sapateiro: um projeto que você considerava morto será retomado.
consertando os seus: um projeto decadente será salvo por novos investidores.
ser um sapateiro: a essência da provação.
ter os seus consertados por: proteja os positivos entre os oprimidos.
sonhar com: não há obstáculos em seu caminho para conseguir o que deseja.
usar apertados: um adversário impede seu progresso e toma liberdades enquanto você se atrasa.
usar saltos altos: finalmente seus esforços serão recompensados.
agulha: não se compra a vaca se o leite for de graça.
errados para a ocasião: você não está ouvindo seu coração.
por causa das condições climáticas: agora é preciso mais flexibilidade.

SAPO -03-07-21-28-37-40
atirar pedras em: terá de combater sozinho o perigo iminente.
capturar: um ferimento autoinfligido ao pular de um lado para outro.
comer carne de: não crie uma desculpa para outros fofocarem.
comprar em uma loja: você encontrará pessoas que admiram o seu sangue frio.
dissecar: chegue ao ponto crucial do problema por meio do aprendizado e da tomada de decisão.
girino: sua transformação começou; o destino está sorrindo para você.
matar mais de um: muitos amigos sinceros estão preocupados com você.
matar um: amigo não confiável exige adulação constante e sua atenção exclusiva.
mulher vendo uma rã-touro: casamento com viúvo rico com filhos.
na água: a sua reputação se mescla com os outros.
observar: você espera fugir da situação, mas ela fica fugindo de você.
ouvir coaxando: o prazer o aguarda se você o quiser; seja específico sobre quem deve compartilhá-lo.
pegar um: lesão autoinfligida impede que seu rival o desafie; você está com força total.
pisar em um: os amigos vão lhe abandonar quando você mais precisa.
pulando para longe: trabalho duro solucionará seus problemas; buscar novos rumos trará sucesso.
receber: você receberá uma estranha força interior.

SARDAS 23-28-29-35-37-40
examinar as suas no espelho: perda da pessoa amada a qual você tinha apenas no coração.
filhos com: a descoberta de um inimigo que se insinuou em sua vida.
rosto coberto de: descoberta desagradável de uma pessoa amiga que se tornou rival no que diz respeito à pessoa amada.
ter por todo o corpo: seus vícios serão revelados antes que você consiga ocultá-los.

SARDINHA 01-07-20-21-30-35
cardume de: grande reunião de família traz notícias agradáveis.

comprar em conserva: você tem problemas pela frente, decida agora.
fazer torta de: desacordo entre parentes que pode ser somado a suas discussões internas.
fritar: você brigará com uma pessoa que considera desagradável.
marinar: sofrimento que se transforma em confusão, profunda doença mental.
pegar na rede: pessoas que invejam suas conquistas vão lhe desmoralizar.
comer: insatisfação na cozinha; fertilidade no quarto de dormir.
sonhar com: você tem em si uma marca negra de desonra.

SARJETA 01-06-18-28-34-40
encontrar algo valioso: receberá uma recompensa financeira.
estar na: tempos difíceis pela frente causados pela baixa autoestima; a degradação tem sua participação.
amigos: você fará com que as vidas de outras pessoas se agite em um turbilhão e rirá.
inimigos: faça uma viagem para triunfar sobre os inimigos desprezíveis.
limpar: sua ascensão será feita sobre fundações sólidas, mas os seus direitos serão questionados.

SÁTIRO 02-27-31-33-43-44
cometer atos indecentes: seus prazeres imorais massacrarão todo tipo de sentimento.
outros que são: você contrairá uma doença incurável em companhia destes.
ser uma pessoa libertina: você será criticado pela comunidade; dê-lhes o troco adequado.
sonhar com Pã: suas ligações secretas ficarão conhecidas por meio de letras de música.
ter amigos: você será forçado a uma estratégia para manter a honra.

SATISFAÇÃO 07-10-19-28-29-30
dar a amigos: você será perseguido por dar a outros e enaltecido por deles tirar.
outros: perda de posição presente permite a outros ocupar seu espaço; parta para outra.
estar satisfeito: você está satisfeito com riquezas momentâneas pelas quais ainda não pagou.
receber de outros: um processo judicial ruim no qual o pagamento será extraído com a recuperação de uma doação.

SATURAÇÃO 05-12-17-31-32-46
outros, artigos saturados: você está à procura de um novo negócio.
parentes, algo saturado: você não tem como encontrar trabalho dentro da família.
receber algo saturado: você receberá notícias tristes e levará tempo para esquecê-las.
algo sendo saturado: sua abundância virá na proporção da saturação.

SAÚDE 10-15-17-18-19-50
curando outra pessoa: você precisa de apoio emocional.
ensinar os filhos a ter uma vida saudável: a felicidade deles é sua obrigação.
estar em estância de águas termais: a carreira terá seus altos e baixos.
deleitar-se nas águas de: a confiança da pessoa amada está em risco; encontre formas de tranquilizar o parceiro.
mergulhar nas águas de: você viajará para um novo lar além mar.
estar em uma loja de comida: você está exercendo seu direito de verificar a fonte de tudo o que você come.

fazer exercício para ter uma boa saúde: você é muito ativo nos negócios para gastar algum tempo consigo mesmo.
filhos com boa: cuide bem das coisas, inclusive das novas.
família: você conquistará a fama fazendo vista grossa para a dor de um amigo.
fomentando a boa saúde através do exercício: você terá uma boa posição na vida.
pregar e atuar a favor de uma vida saudável: cuidado, você está comendo demais.
recuperar-se de uma doença: você precisa confiar na inteligência de negócios.
selecionar vitaminas: a vitalidade precisa de reforço por causa de uma vida não comedida.
ter saúde ruim: você será salvo de um grande perigo por meio de um vigor reforçado nos negócios.
amigos: morte de amigo cujo velório traz alegria a companheiros animados.
filhos: os empreendimentos deles prosperarão, mas faltará harmonia nos seus lares.
marido ou esposa: você se ressente muito de uma injustiça anterior.
parentes: aviso de problemas causados por perseguição.

SECA 10-23-28-34-38-44
campos ressequidos: alguém está aproveitando aquilo que você esperava ganhar.
chuva caindo depois de uma longa: os suprimentos chegarão finalmente; a assistência aos necessitados reunirá famílias.
longo período de: em breve você terá muito sucesso e um período longo e prejudicial de fracasso.
sonhar com: cuidado com prejuízos nos negócios; trabalho servil sem oportunidade viável de progresso.

SECANDO 02-18-23-30-31-42
filhos se: riqueza e lucros.
louça: o trabalho árduo trará bons ganhos em dinheiro.
outros se: prosperidade.
panelas: você receberá notícias de longe.
roupas: você receberá visita de uma pessoa indesejável.
você mesmo se: felicidade.

SECRETÁRIO(A) 05-06-07-30-31-39
contratar um homem: disputas devem estar livres de envolvimento emocional.
mulher: você estará em boa situação pelo resto da vida, mas não irá além disso.
despedir um homem: ele vai se apaixonar por um membro da família.
mulher: discórdia na família devido a críticas às suas escolhas.
gabinete de um: esta decisão não pode ser delegada, e será acompanhada por um grande aumento.
homem sendo: você aproveitará, por osmose, de riquezas com as quais não consegue viver.
mulher: não deixe que seu chefe se apaixone por você.
mulher no trabalho: boa sorte no seu caminho.
homem: não subestime talentos, por mais disfarçados que sejam.
tomando ditado: você é responsável pelas palavras dos outros e, subsequentemente, por suas próprias ideias.

SEDA 06-14-24-27-33-34
camisolas de: será escolhido para promoção pela razão errada.

comprar: você está contemplando uma nova empreitada e fazendo o primeiro investimento.
fiar: desejo de tratar a vida com mais delicadeza.
outras cores de: consciência tranquila.
roupas de: você tem uma empregada que lhe engana.
de criança: questões prósperas com as quais é impossível lidar.
pretas: você receberá notícias de danos a assuntos relacionados a você.
azuis: viva sabiamente com compaixão e na tranquilidade de sua consciência.
branca: o começo do fim da imaturidade emocional.
comprar amarela: você será enganado pela pessoa amada e ficará feliz ao se livrar dela.
vermelha: será ferido por tiro passional direcionado a outra pessoa.
usar roupão de dormir sem camisola: receberá proposta e aceitará.
moça: o sucesso coroará seus esforços, mas não os dela.
vender: está contraindo dívidas demais.
vestido de: amor sensual, mas não com seu parceiro.
casamento: pureza além do reino terrestre.
fazer: será suprido com as necessidades da vida.
ganhar de presente: vai adorar a admiração que terá de quem irá lhe dar o presente.
jogar fora: contrairá doença contagiosa à qual não é imune.
limpar: está substituindo a discórdia por ações auspiciosas rumo à prosperidade.
rasgar: uma simulação de alegria se transformará em sonhos desfeitos.
usar: não acredite em nada que ouve sem provas.
vestir-se com: alguém está minando sua felicidade.

SEDE 09-10-23-40-42-43

sentir: desejo de ser nutrido de amor.
com uma garrafa vazia nas mãos: infelicidade.
crianças: serão realizadas as grandes ambições das crianças.
beber água turva para matar a: será afligido pelo pior dos problemas.
água quente: sua ânsia por conhecimento lhe corromperá.
até matar a sede: riquezas e contentamento.
e não matar a: amor platônico.
dar de beber a alguém: grande catástrofe pela frente se você não busca liderança.
matar sua: o caso vai ultrapassar suas expectativas se você exercer uma boa liderança.
não conseguir matar sua: não vai realizar os desejos que não quiser de verdade.

SEDUÇÃO 12-20-25-27-32-41

adolescente seduzindo garota da mesma idade: morte da família em acusações desagregadoras.
casar com o homem que lhe seduziu: você está lidando com frivolidade, não com amor.
flertar com um Don Juan: fique de olho em sedutores entre aparentes inocentes.
homem preso por seduzir uma mulher: muitas perplexidades ao provar sua inocência.
menina muito nova sendo seduzida: os negócios correrão como você deseja, mas empacarão em formalidades legais.

seduzir mulher à força: suas ações se voltarão contra você.
ser seduzido: uma situação complicada precisa ser retificada antes de se tornar violenta.
mas escapar: você é sentimental e impressionável demais para reconhecer um sedutor.

SEGREDO 16-27-34-40-44-45
amigos lhe contando um: intriga entre pessoas que você confia é intriga mesmo assim.
comunicar um: não espere que seus segredos sejam guardados.
contar um: se o segredo é de outros, os seus segredos também não estarão a salvo.
contarem-lhe um: grande encargo que você talvez não queira.
sussurrarem-lhe ao ouvido: dignidade pública lhe será conferida.
crianças guardando, dos pais: é solicitado empenho imediato em averiguação amigável.
casais, um do outro: diligência sem verdade não pode equivaler a amor.
ter um: todos sabem do segredo que você pensa esconder.
entre outras pessoas: apresentar amigos permite que eles se unam contra você.
trair um: punição divina para sua fofoca maldosa; os resultados serão os mesmos.

SEGURANÇA 07-09-12-16-24-43
companheiros se sentindo seguros um com o outro: a felicidade familiar se baseia na sinceridade.
pôr dinheiro no cofre para, as crianças: é o mínimo que você pode fazer; não espere retorno.
receber, de outros: boa especulação financeira feita por outros em seu benefício.
ter segurança financeira: você cumprirá seu papel de bom cidadão; invista dinheiro em títulos do governo.
na velhice: ambições futuras são excesso de zelo, mas tente assim mesmo.

SEGURO 11-13-15-21-23-39
comprar uma apólice de: as possibilidades são infinitas se você estiver aberto a elas.
de carro: rival tomará o que você deseja enquanto você espera por um orçamento.
de incêndio: novas oportunidades de se fazer dinheiro, incêndio criminoso não sendo uma delas.
de invalidez: uma época difícil financeiramente para a família.
de saúde: medidas preventivas e vigilância diligente direcionadas à autossuficiência.
ser abordado por pessoa vendendo: você receberá a oferta de um novo cargo por causa da solidariedade de uma pessoa amiga.
recusar comprar: a saúde ruim sob cuidados durará mais que a saúde boa maltratada.

SEIOS 04-08-12-21-41-53
amamentar: sua criatividade precisa de alimento.
aninhar-se nos de outra pessoa: você busca fugir de volta ao útero.
cirurgia nos: você escutará às escondidas uma conversa sobre seus defeitos; estão falando de você.
de homem: você casará em breve.
de mulher: cuidado com admirador ardente.
inchados: desejo de ter filhos.

doloridos: dê a outra pessoa somente após ter se alimentado.
homem sonhando com os de uma mulher: ele busca alimento.
inflamados: você terá um dente arrancado.
mãe apertando uma criança contra os: você protege seus filhos das dificuldades deste mundo.
muito magros: rivais garantirão sua pobreza e tristeza.
mulher com pelos nos seios: o marido dela morrerá.
observar um bebê sendo amamentado: imensa necessidade de carinho.
peito coberto de pelos: sucesso no amor.
repousar nos de alguém: amizade verdadeira e leal.
segurar um bebê junto aos seus: saudade do amor que alimenta.
mamando: você está desesperada pela segurança do amor incondicional.
sendo aumentados: uma doença está ameaçando você.
ter grandes: sua prosperidade está crescendo.
ter bonitos e saudáveis: grande alegria pela frente.
ter uma pinta nos: presságio de doença pela frente.

SEIXOS 01-02-05-27-32-42
fazer uma caminhada sobre: infelicidade que será vingada na primeira oportunidade.
jogados na água: as joias afundam rápida e facilmente.
contornar: deve medir as consequências, pois certas façanhas lhe farão afundar.
lidar com: competição que causará problemas; resolva quaisquer discussões para evitar isto.
pegar: melancolia caso não cultive a indulgência para com os pontos fracos dos outros.
sentar-se sobre: será libertado de uma situação difícil.
vários, coloridos: você é orgulhoso demais, o que lhe causa desconforto.

SELA 10-31-37-43-44-47
cair de uma: aparecimento repentino de nova responsabilidade.
de cabeça: seu controle restringe a criatividade de outros.
cavalgar com: seu progresso é certo.
cavalgar sem sela: suas táticas rebeldes lhe trarão a derrota.
crianças: reveja seus planos de impor sua vontade a elas.
nova: confronto com obstáculos intransponíveis.
outros: uma catástrofe é causada por aqueles que você tratou mal.
sela lateral: sua falta de comprometimento frustrará seu projeto.
velha e desconfortável: você está sendo complacente com o trabalho.
ser um produtor de selas: grandes lucros por meio de feitos impalatáveis.
sonhar com: bons amigos continuam a lhe apoiar.

SELF-SERVICE 07-16-19-32-45-51
bandejão de escola: alimentação emocional despersonalizada.
bandejão de universidade: você está comendo grande quantidade mas nenhuma qualidade.
com comida adequada, mas pouco inspirada: sua vida amorosa precisa de atenção.
comida demais: sua saúde está em perigo; você precisa perder peso.
vontade de jogá-la em alguém: você tem defeitos que estão impedindo seu sucesso no trabalho.

nada é apetitoso: uma mudança na carreira se faz necessária.
recusa em comer em: sinal de dificuldades financeiras.

SELO 11-14-24-30-35-41
abrir uma carta selada: começo de um novo regime; estabeleça seu lugar.
colecionar: encontrará uma chance rara para fazer dinheiro.
colocar em um álbum: vai se associar a um alto funcionário.
colocar o próprio em papéis oficiais: todas as objeções contra sua estratégia se esgotaram.
carta: você escapará de um perigo se guardar segredo.
comprar: reconciliação com inimigo ao aceitar em parte seu controle.
de aprovação: subirá de posição pelo contato com pessoas influentes.
do governo: você está lutando por uma posição que não tem capacidade de manter.
lacrar: sua reserva o impede de deixar sua marca na decisão.
selar uma carta: você está buscando segurança.
tirar o selo de uma carta: perda da posição atual por causa de sua ambição obsessiva.

SELVA 06-11-14-25-34-40
estar em uma: economize enquanto ainda há tempo; deixe suas inibições em casa.
outros: grandes obstáculos no caminho de descobrir objetos de valor perdidos.
matar um animal selvagem em uma: o condicionamento social nunca permitiria que isto se manifestasse.
sonhar com uma: caos nos assuntos financeiros causará ansiedade.
usar um facão para abrir caminho na: parente próximo regurgitará hostilidade.

SELVAGEM 18-27-28-34-41-42
cabeça de um: vitória frustrada sobre inimigos por causa de seu gesto descuidado.
chifres de um: magnificência.
correndo: infortúnio devido a uma séria doença mental e perturbações incontáveis.
em uma jaula: inimigos falharão na tentativa de lhe prejudicar.
matar um: muitas mudanças ocorrerão, e no final terá vitória.
morto: morte de pessoa importante.
ouvidos aguçados como os de um: um inimigo ganha força.
ser atacado por: esqueça a adversidade para ter vida longa.
ser perseguido por: será execrado por ofensa de um amigo.
sonhar com um: terá proteção e favores de gente importante.

SEM-VERGONHA 13-17-21-31-35-45
ser: prepare-se para resistir a grandes tentações postas em seu caminho.
com o outro: você está na fila para subir socialmente, se superar a insensatez do vício.
com você: você está se desculpando por ter sido negligente nos negócios.
pessoas: os amigos enganarão você a respeito da sua falta de modéstia.
ser insolente com você: o novo cargo melhora suas finanças, sua responsabilidade e seu respeito.
com filhos: você terá uma mente ativa se controlar seu temperamento.

SEMENTES 04-06-09-15-27-47
germinar: você tem em si tudo o que precisa para ter sucesso.

germinar suas próprias: suas experiências de vida estão germinando.
loja de: pessoa desconhecida está falando de você; escute com cuidado.
pássaro: desonra entre gananciosos.
plantar flores: prosperidade ao dar prosseguimento à sua última ideia.
grãos: matrimônio sendo planejado entre crianças.
vegetais: desconforto em seu trabalho se mostrará proveitoso, se permitido.
semear: se você mantiver seu caminho de educação, seus feitos terão sucesso.

SEMENTES DE CARVALHO 12-25-32-34-46-54
coletar: um legado é recebido: a verdade.
embaixo de uma árvore: abundância de pequenas ideias se revelará frutífera.
juntar: você obterá lucro depois da fatiga.
mulher comendo: ela cumprirá outra etapa da vida por meio dos filhos.
na mão: alimente as sementes de sua sorte.
da pessoa amada: seu relacionamento tem grande potencial.
de pessoa doente: recuperação imediata depois de aprendido o verdadeiro valor da vida.
sacudir de uma árvore: você alcançará rapidamente a força criativa total.

SEMINÁRIO 01-06-11-19-28-36
não ser aceito em: uma nova vida trará bons lucros e um pouco mais.
ser o decano de: você sofrerá infelicidade na mesma profundidade de sua responsabilidade.
aluno: um falso amigo está tentando lhe prejudicar.
visitar um: você terá um filho que se tornará padre.

SENADO 03-05-20-26-29-41
escutar argumentos de senadores: você conseguirá enganar algumas pessoas, mas não todas.
ser membro do: você será perseguido por aqueles que pedem favores.
fazer amor com um senador: você sentirá a proeminência social ao ser o maior objeto de fofocas.
sonhar com: haverá disputas por coisas ridículas.
visitar o: evite dizer mentiras ou será iludido pelos amigos.

SENHORIO 06-08-11-17-22-41
cobrando o aluguel: ganhos e lucros gastos antes mesmo que possam ser investidos.
congelando o aluguel: se você estiver a ponto de perder dinheiro, vá embora.
pagando um faz-tudo: dificuldades com inquilinos são causadas pela sua própria avareza.
receber uma repreensão de: rápida realização de seus sonhos da casa certa.
discutir negócios com um: você ganhará a entrada (o pagamento inicial) da sua casa.
ser um: você tem amigos leais que conhecem pessoas influentes.

SENTAR 08-15-19-21-33-38
convidar pessoas a se sentarem: honras lhe serão conferidas.
em uma sala de espera: sente-se calmamente e abdique de seu costumeiro ritmo frenético.
em um banco de praça: será bem tratado pela pessoa amada, mas maltratado por estranhos.
em um divã: terá uma vida confortável.
pedirem para você se sentar em uma cadeira: solução longamente esperada para seus problemas financeiros.

SENTENÇA 10-29-32-41-43-51

escrever sentença incorreta, em carta: você não tem a consciência limpa; resolva a confusão.

ler uma de um livro: gaste tempo com vários prazeres em vez de se concentrar em si mesmo.

receber uma: não confie sua culpa ou inocência a outros.

ser sentenciado à morte: o que você fez para sentir uma culpa tão insana?

à prisão: você está errado e deve aceitar a decisão dos outros.

injustamente em processo judicial: as pessoas estão dizendo mentiras sobre você, assim como você mente para si mesmo.

SENTINELA 02-04-31-32-46-50

atirando ao ouvir um alarme: cuidado com seus casos.

muitos: cuidado com aqueles em que depositou confiança.

ser morto por um: desejos e esperanças serão realizados.

ser repreendido por: uma morte está próxima para quem quer que cruze a linha.

ser um: o ambiente ao seu redor é bem guardado, com pouca flexibilidade.

solitário: novo negócio o levará para viajar ao Sul.

SEPARAÇÃO 15-18-27-32-34-41

de amigos: doença de crianças que dependem de sua atenção.

de casamento com filhos: uma herança de faltas não confirmadas e de pensamentos não verbalizados.

de marido e mulher: fofocas de amigos se tornam mais lascivas que a verdade.

de namorados: conversa fiada de pessoas próximas não constituem verdades.

definitiva: dissolução de união insustentável.

namorado querendo uma: cuidado em transações comerciais que envolvam um parceiro.

outros desejando a sua: cuidado com pessoas duvidosas; procure saber seus motivos.

planejar a de alguém: você sente que deve apresentar um amor antigo ao amor atual.

separar-se de um parceiro comercial: sucesso na sua parte do negócio.

daquele que ama: fracasso de algum plano acalentado porque ninguém perguntou o que as pessoas queriam.

SEPULCRO 04-05-18-23-36-53

branco: nobre, respeitável e virtuoso.

construir um: você vive sob um paladino código moral, o que o torna vulnerável à desgraça.

para a família: nascimento de menino que consolidará o nome da família.

estar em um, com namorado(a): uma carta lhe trará felicidade.

ir a um: ruína, a não ser que você escape da herança familiar.

visitar um, sozinho: más notícias podem nascer apenas em espírito.

com outras pessoas: notícias familiares desagradáveis requerem discussão.

com parceiro: boas-novas sobre nascimento ou renascimento de generosidade.

SEQUESTRO 02-03-10-28-42-43

resgate, sequestrado pelo: aquele que já lhe deve há muito tempo quer ressarcir você.

sequestradores sendo presos: o seu bem mais estimado está enterrado em uma sepultura sem nome.

ser sequestrado: mudança de ambiente ao comprar riqueza superficial e infelicidade interior.

menina: sua amabilidade e capacidade de amar foram derrotadas.
menino: seu espírito, sua agilidade e sua avidez pela vida vêm sendo tratados com desatenção.

SERENATA 08-10-14-17-46-48
amantes ouvindo uma: o casal brigará e romperá por causa da frívola atenção de outras pessoas.
apreciar uma: você receberá uma proposta dentro de um mês, e terá um amor duradouro.
cantar uma: sofrerá embaraços financeiros.
ouvir uma: cuidado para não jogar flores, a não ser que quem faz a serenata seja seu amor.

SERMÃO 26-38-40-41-42-51
fazer um curto: seus amigos agradáveis usufruem uma irresponsabilidade da qual você não pode desfrutar.
ouvir um: doença temporária a caminho por causa de problema não resolvido.
seguir o conselho de um: você é muito supersticioso com aqueles que lhe querem bem.
ser um pregador e fazendo um longo: conflitos entre utopia e realidade prática.

SERPENTE 01-04-15-30-34-53
branca: sabedoria recebida por mentes e ouvidos abertos.
caduceu de médico: a cura está se dando por si mesma.
com várias cabeças: você seduzirá ousadamente uma menina.
matar uma: vitória sobre os inimigos utilizando apenas as mãos: seus demônios serão liberados.
pegar uma: você pescará em águas poluídas.
d'água: recuperação de doença: o tratamento é a aceitação de pesadelos como sendo realidade.
discutir com uma: desejos sexuais não realizados que não podem ser consumados.
energia mediúnica de uma azul: religiosidade.
branca: *insight* espiritual.
dourada: glória a Deus.
laranja: idealismo, emoções e sexualidade.
verde: desejos emocionais que florescem.
vermelha: sedução.
violeta: poder intelectual.
indo embora: pessoas ingratas que você ajudou exigem sua prisão.
matar uma: você é impetuoso demais para reconhecer uma sedução, mesmo quando desejada.
picando o próprio rabo: sua situação se tornou um círculo fechado.
se desenrolando: doença.
ser picado por uma: inimigos lhe acusam de ódio e doença.
subindo por suas pernas: energia sexual despertada.
trocando a pele: novas oportunidades estão por perto e precisam ser descobertas.

SERRA 04-08-16-31-33-39
cega: atualize-se para encarar o desafio.
comprar uma: fofocas porão em risco sua reputação e seu crédito; faça seu próprio trabalho.
cortar metal usando uma: as complicações de seu trabalho exigirão mais tempo, mas com pagamento extra.
mão: você alterará sua política para se encaixar à realidade.

enferrujada e com dentes quebrados: sua desonra leva ao fracasso.
serrar madeira: sua honestidade irrita os outros; reavalie seus métodos de compartilhamento.
sonhar com: progresso nos negócios se você reutilizar a serragem.
torturar inimigos com: parta para outra enquanto o assunto está adormecido.
outros: aceite a responsabilidade pelas falhas dos outros, não pela sua.

SERVIÇO 09-15-16-36-46-47
pedir, de outros: pode precisar de tempo para digerir uma desgraça na família.
religioso, frequentar em igreja: você quer compartilhar o contentamento em seu coração.
serviço de porcelana: fofoca de vizinhos que pode ser desfeita em recepção com jantar.
serviço de prata: um servidor metido a santo está lhe roubando.
servir aos amigos: hora de recuperar sua fé em si mesmo.
servir aos outros: contrairá débitos, mas seus talentos devem ser compartilhados.

SERVO 01-02-04-16-34-40
brigar com um: você está envolvido demais com planos de ação de negócios para ver o que existe.
despedir um: você sofrerá pesadas perdas das quais se arrependerá por meio de ações subsequentes.
contratar um: alguém lhe roubará.
mulher: a fofoca de alguém lhe fará mal.
homem: você deseja exercer sua autoridade com alguém, qualquer um.
no trabalho: talvez você queira canalizar sua raiva para uma causa válida.
ser servido por um: infidelidade; trabalhe com mais astúcia em vez de trabalhar mais.
ter um: amigo de infância vai ressurgir e fazer com que veja sua própria arrogância.
ser um: aja como servidor e será tratado como tal.
ser um servo: alguém mal-intencionado aguarda uma quebra na etiqueta.
despedir um: bons modos levados ao extremo trazem repercussões inesperadas.
seu, esperando por você: transforme seu complexo de inferioridade em humildade.
de outros: amigos estão tentando lhe destruir.
vários: persevere e acompanhe de perto seus assuntos; escute qualquer sinal de dissidência.

SETEMBRO 05-11-27-28-39-42
nascer em: abundância de recursos para conseguir desenvolver seus talentos.
crianças: seu futuro está garantido se você estiver empenhado.
sonhar com, durante o próprio mês: reúna os frutos de seu trabalho e faça estoque para o inverno.
sonhar com, durante outros meses: mudanças das quais você poderá se beneficiar.

SEXO 12-15-16-24-46-52
com um homem: você é responsável pela sobrevivência das espécies.
com um garoto: sorte, prosperidade e perpetuação do nome da família.
com uma mulher: você terá uma vida de constante doação e depois exigirá um retorno por isso.
filha: é urgente retomar a ligação com uma visão mais reanimadora de si mesmo.
homem com desejo sexual: desgraça em público e horror na vida privada.
mulher: sucesso imediato de suas esperanças se você persistir nelas.

homem mudando de: hora de prestar atenção ao seu lado feminino.

mulher: um filho nascerá para trazer honra à família.

sendo uma Lolita: suas intenções amorosas estão sendo rejeitadas.

desejar uma: idade é questão de cabeça.

ser homossexual: aceitação de si mesmo sem pedir desculpas e sem hostilidade.

SEXTA-FEIRA 10-15-19-26-29-36

coisas que acontecerão na próxima: você será vítima de falsa acusação.

da Paixão: haverá prosperidade na família.

ir à igreja na: você precisa pôr os assuntos domésticos em ordem.

sonhar com: dignidade e honra.

SIDRA 01-06-07-09-20-32

comprar: você fará fofoca sobre seus assuntos particulares.

fazer: cuidado com contatos sociais que não merecem sua confiança.

pessoas bebendo: prazeres baratos são seguidos de despertares desagradáveis.

tomar: seus hábitos destrutivos estão fora de controle.

vender: seduzir os outros à bebedeira resulta em castigo imediato.

SIFÃO 12-19-27-28-43-45

homem sonhando com: será convidado para uma despedida de solteiro.

mulher: será cumprimentada pela escolha do noivo.

quebrar um: seu imóvel corre perigo de sair das mãos da família.

usar um: fofoca dentro de casa que surpreenderá alguém antes de alcançar os ouvidos de outros.

outros: algo de novo e positivo acontecerá.

SINAL 04-20-27-35-43-47

alerta vermelho: você está colocando sua vida em mãos perigosas.

de perigo: as condições não são favoráveis para a melhoria de suas transações.

fazer vistas grossas a um: você lutará para satisfazer sua vontade.

escutar um alarme de incêndio: você será informado de acontecimentos desagradáveis.

escutar uma sirene de polícia: você será traído por uma mulher, mas terá sucesso em outra questão.

mulher sonhando com sirene de polícia: cuidado com quem você deixa se aproximar de sua família.

na rua: será confrontado com doenças contagiosas.

guarda coordenando o tráfego: a competência é sua e não pode ser compartilhada.

semáforo: cuidado com problemas emocionais; a competição não é sua.

bandeiras náuticas: exponha seu caso; se não aceitarem, siga em frente.

sonhar com sinal de estação de trem: cuidado para proteger a integridade de seu corpo.

ver um, mas não prestar atenção: depressão por causa do infortúnio de amigos.

SINO 02-1213-26-38-39

anunciar a chegada de outros: conte este sonho ao familiar que estava nele.

badalar dissonante de: notícias alarmantes expõem sua falta de compreensão.

campainha da porta: aventuras sexuais excitantes surpreenderão você.

carrilhão: preocupação quanto a amigos distantes se confirma.

igreja sem: você é impotente para aconselhar os outros.

olhar para um silencioso: alguém em uma posição superior está manipulando seu sucesso.
ouvir sino de igreja tocar: cuidado com as preocupações causadas por inimigos ocultos.
campainha da porta: alerta de brigas em família.
muitos: amizades importantes foram consolidadas e anunciadas.
um sino: o objeto de sua sedução está ouvindo.
ser anunciado por: você gostaria que seu trabalho fosse reconhecido.
outros: uma outra pessoa conseguirá a casa dos seus sonhos.
tocar: sua presença fará alguém feliz.
tocar em um funeral: uma oportunidade perdida de se aprimorar.

SISTEMA HIERÁQUICO 01-14-24-26-34-54
defender pessoas de: atitudes de falsos amigos lhe trarão muitos problemas.
do seu: a estrutura social baseada em ancestralidade é tida em alta conta.
instituir um: encontrará parente distante pela primeira vez e perceberá que ambos levaram vidas semelhantes.
o seu: sua vida será construída pouco a pouco.

SÍTIO 17-26-31-35-48-55
estado contínuo de: limite seus gastos para resistir a uma pressão injustificável.
estar dentro de área em estado de: você tem falsos amigos.

SITUAÇÃO 06-19-31-32-42-45
de melhoria própria: o objetivo é ser fiel ao próprio espírito interior.
encontrar-se em uma complexa: humilhação nas mãos daqueles que não estão no controle.
amigos sendo postos em uma ruim: pense duas vezes antes de tomar uma atitude da qual pode se arrepender.
objetos: cuidado em questões de negócios.
séria: vigie para que os invejosos segurem suas línguas.
ruim de trabalho: oponentes estão preparando sua derrocada.

SOBERANO 04-15-28-37-44-45
comandando a nação com mãos de ferro: os parentes lhe pedirão dinheiro.
ser o, de uma nação: más notícias em relação à vida amorosa.

SOBREMESA 08-09-17-33-38-45
comer sorvete: evite apaixonar-se por alguém em uma onda de deslumbramento romântico.
comer sozinho: você pode usufruir de luxos dos quais se abstinha.
com outros: harmonia entre amigos após realização.
derramar sobre as roupas: uma pessoa amiga respeitada olhará para você com suspeita.
não gostar de uma: sem comemoração até que o projeto esteja terminado.
outros comendo sem você: deixe que os outros se deleitem em excesso.

SOBRINHA 01-12-28-29-35-36
casar com uma: você anda traindo a pessoa que namora.
homem flertando com uma: perigo de morte por suas mãos se ele não desistir.
não gostar de uma: uma esnobe egoísta que não se mistura com a família.
nua: Vênus semiexposta; beleza observada e intocada.

sendo morta: como é frágil a ternura da ingenuidade.
ter litígios com uma: a raiva que existe entre pais e filhos é assunto deles.
ter uma linda: os casos dela mancharão sua reputação, mas fogem ao seu controle.

SOBRINHO 04-08-13-15-31-37
conflitos com: a rivalidade nos negócios chegará ao fim.
gostar de seu: obterá lucro se concordar em apoiar sua empreitada.
não gostar de: bons resultados em questões suas que possam ter sido atrapalhadas por um sobrinho.
sendo morto: constrangimento nos negócios, seu nepotismo o pôs no poder.
sonhar com seu: grandes obstáculos na adaptação a um ambiente desagradável.

SOCO 05-09-11-19-44-53
dar um, em inimigo: apenas novos interesses e ambientes aliviarão sua raiva.
em alguém: reações emotivas irritantes que você não consegue controlar.
em um amigo: sérias discussões causando infortúnio em assuntos do coração.
levar um, de alguém: recente decisão controversa vai lhe custar alguns amigos.

SODA CÁUSTICA 02-03-06-13-26-51
comprar: sua perspectiva parece cheia de contradições.

SOFÁ 02-03-07-30-49-52
com uma mola solta: talvez agora seja a hora de pensar na sua dieta.
espreguiçar-se confortavelmente em: você tem uma falsa impressão das circunstâncias por trás de um acontecimento.
estar sentado sozinho em: decepção e solidão.
com o marido: mude a capa do sofá.
com os filhos: a probabilidade de êxito da sua força de vontade precisa ser nutrida.
com pessoa amiga: trabalho árduo pela frente.
com um cachorro: você tem amigos fiéis.
com uma pessoa que você ama: uma viagem repentina assegurará o seu futuro.
levantar-se de: uma carta inesperada melhorará sua posição social.
vazio: confiança, tranquilidade e transparência se você estiver disposto a aceitar.
ver televisão em: cuidado com mudanças no ambiente.

SOFRIMENTO 11-20-27-40-44-46
ajudar outros que estão sofrendo: você terá sucesso onde temia fracassar.
causar: advertência de problemas.
esposa ou marido sofrendo: você ficará muito triste por causa de uma discussão.
filhos sofrendo: você não tem consciência do estado agitado de seu filho.
gritos de: cuidado com a validade de advertências anteriores.
dos filhos: não faça perguntas, aja.
indiferente ao: tragédia ao não perceber os primeiros sinais de doença.
outros sofrendo: seu estado de espírito combativo desconta as coisas em outra pessoa.
sofrer: seu comportamento desmedido e sua falta de responsabilidade estão lhe custando caro.

SOFTWARE 05-30-33-36-37-49
antivírus: os talentos de seu advogado são questionáveis.

de artes gráficas: o logotipo e a campanha publicitária de seu negócio são fracos.
de negócios: procure rombos ocultos nos lucros.
de processamento de texto: você não comunicou claramente seus objetivos a seus funcionários ou sócios.
de realidade virtual: pessoas que você deixou no comando vão lhe decepcionar.
mecanismo de busca: necessidade de um novo produto ou serviço.
moderno: um sócio está vendendo seus segredos para outros.

SOL 24-32-33-36-45-48
aparecendo por entre as nuvens: os problemas logo desaparecerão com a chegada de notícias que vêm de muito longe.
brilhando forte em um quarto: grandes lucros e prosperidade.
em sua cabeça: pecados são perdoados; todas as glórias e honras.
no alto da casa: altos e baixos, perigo de fogo.
dourado: a fonte de sua vitalidade.
eclipse do: período temporário de perda de riquezas.
entrar em uma casa e ver a luz do: comprará uma propriedade específica.
estar no: sua autoconfiança acabará lhe trazendo alegria.
levantar com o raiar do: felicidade por meio da força de vontade e futuro pródigo em termos financeiros.
pôr do sol: hora de se aposentar do estilo de vida intenso do passado.
luz solar excessiva: suas ideias secarão, bem como suas criações.
mulher casada sonhando com a luz do sol em um quarto: terá filho(a) de valor.
pessoa cega sonhando com o: voltará a enxergar.
prisioneiro: será libertado da prisão e se defrontará com uma vida ainda mais assustadora.
pessoa que tem inimigo e sonha com o: notícias falsas de perdas causarão perdas reais.
ponto no: não deixe de aceitar uma promoção a caminho.
raio de sol: um anjo da guarda lhe protege.
brilhando em sua cama: apreensão devido à ameaça de doença.
caindo do céu: obstáculos virão da esquerda.
se dirigindo à lua: terá conflitos com amigos que também são membros da mesma organização.
sofrer de insolação: as pessoas terão várias razões para lhe invejar.
parentes sofrendo de: brigas familiares à medida que você espontaneamente aumenta sua responsabilidade.
sonhar com o: energia masculina trará sucesso no amor.
vermelho: criança enferma vai melhorar quando menos se esperar.

SOLDADOS 10-11-25-40-45-55
artilharia: dificuldade em persuadir outros a seu ponto de vista antiquado.
bandeando-se para o lado inimigo: será traído por amigos se não mudar de lado primeiro.
contar: você tende a economizar em sua proteção.
feridos: perderá o sono até resolver o problema; os sonhos lhe indicarão o caminho.
infantaria: seguirá a decisão de seu superior contra seu próprio julgamento.
lutando: sairá vitorioso em incisivo confronto no trabalho.
marchando: os erros que você viveu precisam ser redimidos.

ouvir soldados cantando: você desperta mais interesse em um superior do que percebe.
praticando esportes: terá filhos muito inteligentes.
ser perseguido por: será estimulado a encarar tormentos em velocidade recorde.
atirar em: uma dívida de longa data lhe será paga.
seu filho sendo soldado: consertará a má conduta de um familiar.
treinar: concretização de esperanças e desejos que há muito lhe inquietam.
uma jovem sonhando com: passará por muitas mudanças antes de se estabilizar.
voltando-se contra você: precisará se dispor a ouvir a verdade para liderar.

SOLICITAÇÃO 05-06-24-26-29-36
receber uma: será questionado por conta de seu sucesso.
de dinheiro: tem competência suficiente para viver acima da linha da penúria; reveja suas prioridades.
de várias mulheres: sofrerá humilhação por exceder suas expectativas.
solicitar algo aos outros: você espera favores demais dos outros.
companheiros solicitando um ao outro: o relacionamento está em campo minado; compartilhar não fazia parte do acordo.

SOLITÁRIO 08-09-13-15-17-41
estar: o isolamento levará ao infortúnio; frequente a igreja da sua comunidade.
e não buscar a companhia de outros: dinheiro iminente fará ressurgir velhos amigos.
outros: alguém nutre uma animosidade secreta em relação a você que compartilha apenas com o silêncio.
solidão: melhoria nos negócios depende de você encarar exposição pública.

SOLTEIRO(A) 12-17-21-30-35-36
casando-se: você encontrará uma mulher rica para casar.
de meia-idade: mudança repentina de circunstâncias; afaste-se das mulheres.
esbofeteando alguém: um episódio de amor afoito.
homem ou mulher sonhando que são novamente: fofocas trarão preocupação.
homem solteiro se aproveitando de moça: você está lutando contra o instinto natural de proteção.
mulher aceitando as investidas de um homem solteiro: casará com um estrangeiro belo, alto e de olhos escuros.
dando à luz uma criança: será abandonada pelo amante.
mulher solteira sonhando que assa algo: perda de amigos devido a seu gênio.
mulher solteira sonhando que dá à luz um bebê: obstáculos em casa serão fonte de aguda ansiedade.
mulher solteira sonhando que tem pequena barba: perda no jogo.
pessoa solteira sonhando com Caim: uma oferta arriscada afetará o resto de sua vida.
pessoa solteira sonhando com um barão: sua cobiça o faz pegar tudo.
pessoa solteira sonhando com um sótão: pronto comprometimento com futuros assuntos de família.
pessoa solteira sonhando que ama outra: tendência a pavio curto.
pessoa solteira sonhando que se casa: indecisão na escolha do marido.
noivo: mudança na vida, mas no lado seguro do altar.
jovem: desejo de voltar a ser a pessoa que você era antes do casamento.

velho: infortúnio em um relacionamento quando você era jovem prejudicou sua habilidade de amar.
ser: o pecado da omissão lhe perseguirá caso você aceite esta oportunidade.
solteiro batendo em alguém: boa sorte nos assuntos do amor.
solteirona virgem: você será ofendido por uma proposta vinda de um músico temperamental.
sonhar com: cuidado com mulheres enganadoras, desesperadas e ardilosas.

SOMBRA 02-11-14-33-35-55
branca e indistinta: lembrança alegre de sua mãe vendo, em sonho, como você vai.
de amigos: cuidado para não ser levado a acreditar na visão que eles têm de você.
de espíritos maus: qual seu defeito moral que isso está expressando?
de inimigos: suas partes negativas são projetadas nos outros.
de uma árvore: um amigo que você considerava sincero lhe trairá.
  estar à: receberá proposta amorosa.
muitas: uma negativa não reconhecida lhe sobrecarregará.
O Sombra (personagem dos quadrinhos): representa tudo que você odeia em si mesmo.
sua: ganhos financeiros por meio de questões legais.
ter medo de uma: será ameaçado por um grande inimigo; você precisa se exercitar.
  da sua própria: reconheça seu lado negativo e o integre.

SONHAR 09-20-25-27-28-33
bairro: falta de atenção aos assuntos do dia a dia.
coisas bonitas: você tem sonhos impossíveis.
com cidade: um problema de verdade se o sonho se tornar uma fantasia tolerável.
com família de crianças: problemas com autoridade.
com lugar mágico: você está renovado; permita que sua alma também fique.
com outros: você terá dores emocionais.
consultar alguém a respeito dos seus sonhos: aguarde notícias de um lugar distante.
em sequência: existe um fio que liga todas as partes; encontre-o!
em ser pobre: mudança em seu cargo.
em ser rico: você ficará decepcionado.
que suas pernas não conseguem correr: a situação atual se tornará proveitosa.
sonho que se repete: revela os conteúdos mais profundos do seu ser.
ter numerosos pesadelos: momento para abandonar o seu estilo de vida, que é exagerado.
  ter um: traição vinda de pessoa em quem você confia.
    incluindo outros: você enfrentará muitas preocupações.
    filhos: sua decepção disputará solo sagrado.

SOPA 02-05-17-22-30-44
enlatada: receberá ajuda de fonte na qual se esforçará para confiar.
fervendo: faça seus ingredientes darem certo.
  com pão e vinho: seu relacionamento deve ser reestruturado para dar certo.
  de arroz: poucos obstáculos em seu caminho para a prosperidade.
  de cebola: uma breve discussão sobre sua desconsideração para com a paz familiar.
  de cevada: terá boa saúde.
  de feijão: pobreza extrema muda de rumo em direção à prosperidade.

de galinha: um encontro pesado com sua tristeza na zona de conforto.
de mariscos: grande fortuna que sairá de pequenos investimentos.

SORO DA MANTEIGA 08-15-31-38-43-47
bebido por crianças: uma solução agradável para boatos lascivos.
pessoas casadas: você será chamado para atuar em um interlúdio ofensivo.
pessoas solteiras: decepção no amor se você continuar nesta direção.
comprar: você escapará de perigo iminente por meio de uma manobra discreta.
derramar: você sofrerá com sua própria insensatez.
fazer: uma grande alegria seguida de uma experiência amarga.

SORRISO 02-06-17-19-27-33
amigos sorrindo: cuidado, podem não ser seus amigos de verdade.
caminhar com um sorriso no rosto: encontro indesejado se provará contornável.
crianças sorrindo: compromissos firmados a cada fase obstruirão a sua carreira ou a de seus filhos.
esposa sorrindo para o marido: ela dará a você notícia de gravidez.
família sorrindo: sofrerá oposição familiar durante período de 48 a setenta dias.
garotas sorrindo: encontro com o homem com quem deseja se casar.
marido sorrindo: alívio de esforços, pois ele fará um bom dinheiro.
mulher na rua sorrindo para você: a falta de moral dela será uma notícia alarmante.
risada: sucesso em ou no teatro.
secretamente para si mesmo: conversas de outros trarão preocupações, mas não para você.

SORTE 05-07-24-33-34-35
ler a de outra pessoa: atividades especiais de natureza divertida.
ler em uma roda da fortuna: cuidado com o perigo.
na política: você terá um cargo estável.
nos negócios: um acontecimento divertido pela frente.
ouvir ser lida para outras pessoas: você tem um amigo leal.
receber uma fortuna: problemas e perdas.
receber uma fortuna de parentes: sucesso em tudo.
nada: você perderá muito dinheiro no jogo.
ser adivinho ou uma cartomante: confiança na sua primeira impressão.
ter a sua lida: uma grande luta na vida real.

SORVETE 02-24-26-33-40-49
comer: um caso de amor satisfaz suas ânsias, não suas emoções.
filhos: a infância deveria ser deixada para os jovens.
inimigos: eles precisam aguentar a fome, segundo a sua fria declaração.
comprar: perigo por causa da indulgência excessiva no seu relacionamento estável.
fazer: abstenha-se da ação proposta.
lamber uma casquinha de: ganância e avidez são complexos que devem ser superados.
outros: uma pessoa ingênua idolatra sua liderança ou orientação.

SÓTÃO 13-16-19-25-38-47
arrumado: reuniões familiares satisfatórias.

bagunçado: ligações familiares têm que florescer para desenvolver um nível mais alto onde todos conseguem interagir.
mulher sonhando com: você deve evitar flertes interpretados como escalada de alpinista social.
na casa de outros: você se confronta com uma história de obstáculos insuperáveis.
pessoa casada sonhando com: você deve evitar flertes, inocentes ou não.
pessoa solteira sonhando com: você tem uma maneira puramente idealista de encarar o noivado.
rebuscar: uma parte de sua história está em cada objeto.
sonhar com: você escapará de perigo ao manter-se fiel a seus ideais mais altos.

STRIPTEASE 14-28-29-31-42-53
muitas dançarinas no palco: prosperidade e sucesso nos negócios.
tirar as próprias roupas: grande desejo de fazer o bem para as pessoas, mas os outros não deixam.
mulher de má fama: uma surpresa infeliz em seu caminho.
uma moça fazendo: problemas financeiros ao longo da vida.
amada: não será aceita na sociedade.

SUBORNO 02-07-10-36-43-50
aceitar: conduta reta e honrada não consegue impedir boatos.
recusar: você receberá o dinheiro de volta de forma inesperada.
sonhar com: você será culpado de explorar os outros para suas finalidades egoístas.
subornar autoridade: grande tristeza causada por boatos falsos.

SUICÍDIO 04-16-19-29-33-41
cometer hara-kiri: culpa por ter piorado a situação de outras pessoas.
de marido ou esposa: mudança permanente no ambiente e no casamento.
de outros: frustrações com pessoas que são incapazes e não o percebem.
mulher: um rival no amor vai lhe afetar diretamente.
pensar em: ou você se conforma com a vida real, ou aceita que vive fora da realidade.
planejar cometer: foi você mesmo quem provocou os problemas.
por enforcamento: alguém está usando mal sua generosidade.
pular da ponte: vai sacrificar algum bem estimado para ajudar um parente.
sonhar com: você esgotou sua mente julgando os outros.
ter cometido: infelicidade por não suportar a situação.

SUJEIRA 07-14-28-33-37-43
atirar nos outros: não se ganha pureza pela transferência de culpa para outra pessoa.
cair na: seus negócios carecem da maturidade necessária para prosperar.
criada por seres humanos: descoberta de objetos de valor perdidos no meio dos arbustos.
em igreja: aguarde castigo pelas suas recentes atitudes.
estar sujo: doença pôde se espalhar graças à falta hereditária de imunidade.
pisar na: você deixará sua residência por uma maior.
roupas sujas: você escapará de uma doença contagiosa.
pessoas sujas: você será insultado por causa de doença na família.
sendo jogada em você: advertência antecipada de um estado doentio de espírito.

SUOR 02-07-35-41-47-48
enxugar, da testa: uma pequena preciosidade quer sair do fundo de sua psique.

corpo: você teme que uma proposta de casamento seja impedida por causa de fofocas maldosas.
crianças: serão bem-amadas pelo sexo oposto.
homens: será maltratado por credores.
inimigos: eles perdem dinheiro, e você ganha.
por tomar remédio: a saúde vai melhorar tomando um pouco menos do remédio certo.
odor de: sua sensação de que seus amigos estão lhe enganando está correta.
sonhar que está transpirando: trabalho árduo será necessário para ter sucesso.
parentes: será recompensado por seus bons esforços.

SUPREMA CORTE 06-11-31-32-39-48
ser membro da: a maior das responsabilidades.
sonhar com: alcançará lentamente seus objetivos após descobrir as mentiras dos outros.
ter um processo judicial na: debata as verdades nas quais acredita profundamente.
perder: infidelidade pode ser aplacada por vitória no jogo.

SURDEZ 04-06-15-24-37-39
sonhar com: as pessoas estão falando de você pelas costas.
sonhar que está surdo: você não escuta o que não quer escutar.

SURDO 13-20-28-34-35-46
ensurdecer repentinamente: promoção no trabalho ao evitar um escândalo.
fingir-se de: aceite os comentários e conselhos de outra pessoa e não os seus próprios.
pessoas: a sua opinião dos outros define você, não eles.
ser: você está se isolando da realidade e da verdade que ela traz.
tentar falar com surdo-mudo: decepção, pois os outros estão fechados às suas ideias.

SURPRESA 06-12-18-19-24-34
ficar surpreso: está na fila para ganhar um posto no gabinete.
ganhar uma: está cercado por pessoas desleais que se fazem de religiosas.
outras pessoas: uma sacudida inesperada na vida amorosa; agora você está livre para buscar o verdadeiro amor.
por atos dos outros: se não espera nada, será receptivo a tudo.
outras pessoas ficando surpresas: você ignorou as convenções e produziu arte original.
por atos de membro da família: receberá boas-novas.
surpreender crianças fazendo algo errado: será vítima de algo que manchará sua ficha limpa.
um(a) companheiro(a): seu egoísmo arrogante ofenderá aqueles que ganham a vida honestamente.

SUSPEITAR 05-10-18-20-24-45
de parente: uma mulher lhe aplicará um truque sujo.
ter suspeitas: você está acostumado a fazer coisas ruins aos outros; agora é sua vez.
com razão: as necessidades estarão garantidas; já seus desejos são responsabilidades suas.
um companheiro desconfiando do outro: desconfie de uma amizade carinhosa.

SUSPENSÓRIOS 03-26-33-41-42-46
amante usando: você deixará de ver a vida com lentes cor-de-rosa devido aos maus modos deste amante.
comprar: sua falta de cuidado com as palavras será fonte de ansiedade; já

as palavras práticas trazem previsão de sucesso.
marionetes: decida os traços que deseja manter e os que quer descartar.
suspensas no ar: receberá homenagens e deferências.
sonhar com: deve ter fé e determinação para obter o sucesso.
arrebentados: terá de pedir desculpas.
ter suspensórios velhos: cuidado com fofocas pelas suas costas e aceite a ajuda oferecida.
novos: deve conter a tentação se ultrapassar os limites.

SUSPIRAR 08-11-13-17-22-37
acordar de devaneios nostálgicos: você precisa de ar fresco e nova perspectiva.
escutar crianças suspirando de cansaço: continue a nutrição.
outros: inimizade velada de alguém que você considera muito.
profundamente: acerte os ponteiros com seus amigos.
sonhar que está suspirando: grande alegria se você reconhecer seus desejos.

SUSSURRAR 08-27-34-38-48-49
amigos sussurrando: está sendo ludibriado por conselhos de gente com segundas intenções.
com crianças: deixe claras suas intenções.
outras pessoas sussurrando: estão tentando lhe destruir; agarre-os.
parentes: um rumor será confirmado; você está se contendo.
seu companheiro: ganhos financeiros à mão.

SUTIÃ 10-16-22-36-47-49
comprar: sua mente vigorosa consegue tomar decisões sensatas.
da esposa: evite dar passos falsos em frente a rivais.
da namorada: a tentação virá com uma pessoa próxima a você.
de outra pessoa: suas ideias esquisitas ativam a criatividade de outra pessoa.
pequeno: você está lutando por uma fatia maior da torta.
perder: sua obstinação faz com que você se agarre a opiniões inúteis.
seu: uma outra pessoa está curtindo os frutos do seu trabalho.
vestir: sua adaptabilidade vai lhe ajudar muito.

T

TABACO 16-18-23-24-29-43
aspirar: terá muita irritação ao encontrar mulher egoísta.
bolsinha de: está gastando o dinheiro que lhe foi entregue por pessoa em quem não confiava.
comprar: faça planos e economize para a velhice.
folhas de: fracasso no amor, mas sucesso nos negócios.
fumar: o que você tem a dizer pode lhe arrumar problemas.
maço de folhas de: receberá notícias falsas.
tabacaria: uma enorme fofoca feita pelas suas costas acabará lhe revelando um amigo.
vender: encontrará alguém bastante interessante.

TABELIÃO 09-13-14-15-18-39
estar no cartório: a justeza de sua verdade é assinada e selada.
filho que se torna: satisfação na família com as instalações domésticas.
levar outros consigo ao cartório: mudanças em sua vida devem ser triplamente testemunhadas.

procurar o tabelião para reconhecer firma de documentos: tem amigos curiosos que querem saber até das coisas mais secretas.
receber orientação de um: um constrangimento no trabalho que você não pode resolver sozinho.

TÁBUAS 18-19-23-26-31-39
cair de uma tábua: durante um caso amoroso, ficará perturbado com a indiferença do amor.
caminhar na de um navio: está transferindo o controle de sua vida para outros.
para desembarcar: projeto pendente terminará auspiciosamente.
para morrer: estresse em seu momento mais frágil.
comprar: ficará em estado mental incansável até alcançar seus objetivos.
cortar: decepção com a dimensão de suas falsas atitudes.
empilhadas: desonra pública por causa de ofensa pessoal perpetrada por uma pessoa a quem você destruiu.
outras pessoas lidando com: negócios desafortunados; você acaba tendo os lucros roubados por outros.
vender: fará viagem satisfatória por rota tranquila.

TALHARIM 07-14-31-33-36-40
comer: causará um estrago nos inimigos ao conquistar suas ambições.
oriental: viagem inesperada para nova morada.
comprar: realizará um plano há muito acalentado.
cozinhar: receberá notícias inesperadas.
fazer: seu apetite incomum será exposto.
sonhar com: será visitado por pessoas impositivas e famintas.

TALISMÃ 03-13-14-18-33-39
mulher usando um: perigo vindo do amante que você escolheu, e não de sua alma gêmea.
moça: cuidado ao atravessar ruas.
sonhar com: um mistério será solucionado com o conselho honesto de um amigo.

TÂMARAS 16-18-19-38-41-49
comer: você sentirá falta de vários amores quando encontrar-se com uma paixão antiga.
comprar: você será admirado por um membro do sexo oposto.
em uma palmeira: fertilidade, prosperidade e um casamento sério.
marcar um encontro com alguém: você não se sente atraente e desejado a ponto de ficar angustiado.
não conseguir marcar um encontro com alguém: a pessoa amada deixará você por outra pessoa.
presentear: você terá uma jornada desagradável.
receber de presente: problemas durante uma jornada longa causados por companhias falsas.

TAMBORIM 04-06-08-12-37-52
dançar ao som de um: deleite arrebatador.
sonhar com: oportunidades de valor misturadas a outras que representam um caminho de progresso lento.
tocar um: deve controlar seus gastos com coisas que não têm importância.
marido tocando um: suas explicações inconsistentes para seus sumiços estão levantando suspeitas.
moça: um homem velho lhe pedirá em casamento.
músicos: será traído por amigos.
pessoa amada: um rival lhe tomará o lugar.

TANQUE 07-18-23-25-40-42
cheio de combustível: superará os rivais e concorrentes.
cheio de petróleo: seus pecados desaparecerão em emoções suprimidas.

cheio de vinho: a fermentação das ideias, a alegria de imaginar sua concretização.
dirigir um: encare as ameaças sem agressão.
transbordando: suas ideias são desperdiçadas por preguiça.

TAPEÇARIA 06-19-20-23-26-51
admirar uma: abuso de segurança; a história não pode ser julgada com isenção.
bordar desenhos em: sua experiência traz alegria no trabalho, mas poucos lucros.
comprar uma: gosto extravagante denota cultura e refinamento.
decorar uma: utilize os nós de seus embates para criar uma vida belamente adornada.
pintar em: será enganado por amigos em armação contra sua reputação.
queimar uma: morte do chefe da família.
usar na decoração: grande satisfação e pouco custo.

TAPETE 04-13-28-40-45-50
assentar: uma grande catástrofe pela frente pelo fato de estarem pisando em você.
colorido: sem tempo para o tédio quando você lida com situações complexas.
com desenhos intricados: um mapa da sua vida, do complicado ao sereno.
comprar: sua farsa está criando um mistério.
em chamas: um esquema soberbo surge do aparente caos.
estar em aposento acarpetado: aguarde boas notícias sobre o desmascaramento de uma farsa.
fazer: uma jornada agradável e lucrativa com uma base segura, calor e proteção.
gasto: você terá que economizar muito e ganhará a vida com dificuldade.
limpar um: uma visita irritante intervirá nos seus planos.
persa: faça seu passado medíocre desaparecer para dar espaço a suas ambições.
trocando por um novo: insatisfação no amor é possível; cuidado.
vários: perigo vindo do dono do tapete.

TAREFA 04-11-18-20-34-37
completar com sucesso: espere problemas nos negócios; mude-se para a política.
sem êxito: acontecimento importante e muito benéfico pela frente.
incompleta: ajuste feliz das dificuldades com pessoas intrometidas.
sair para realizar: harmonia em casa; harmonia e comunhão fora dela.
ser incumbido de: seu egoísmo alienará a pessoa amada.

TARTARUGA 08-18-21-22-26-49
beber caldo de tartaruga marinha: você é lento em provocar mudanças.
matar: você destruiu a mão que lhe alimentava.
morta: o apoio diminui sem você saber.
pegar no mar: oportunidade de promoção a caminho.
sonhar com jabuti: vai entrar na sua concha à menor provocação.
comprar: alguém novo se apaixonará por você.

TATUAGEM 05-06-29-46-48-53
observar alguém sendo tatuado: o sucesso de uma pessoa abalará sua confiança.
ter os braços tatuados: sofrerá devido a ciúme insaciável.
ter uma: um novo estágio da sua vida se inicia.
outra pessoa: algo lhe será confidenciado e você não ousará contar a ninguém.

TÁXI 07-12-13-17-18-38

andar de noite: você está escondendo segredos dos amigos.

andar sozinho num: empenhado em um passatempo adequado.

com os filhos: felicidade na família.

mulher: você desfrutará de um sucesso mediano.

na chuva: correspondência com amigos que vivem no exterior.

com amigos: descoberta de um segredo.

com esposa: você terá uma vida longa.

com parentes: você se deparará com boatos no futuro.

para se encontrar com a pessoa amada: a fraqueza será descoberta.

chamar um: trabalho manual com pouco futuro financeiro.

dirigir: ingresso na sociedade.

dirigir um: cuidado com amigos invejosos, mesmo que você ache que eles têm poucas razões para lhe invejar.

escapar de ser atropelado por um: sua vida amorosa será repleta de jogos de guerra.

homem andando com uma mulher: seu nome será envolvido em um escândalo.

pegar um: notícias abruptas a respeito da herança de alguém que você já conheceu.

com outra pessoa: esteja em guarda contra falsas notícias.

perseguir alguém em: novo romance.

ser perseguido por: a situação está fora de controle; use os freios.

TEATRO 08-19-20-35-39-48

assistir a espetáculo dramático: sofrerá crise emocional, mas superará.

a uma boa peça com pessoa amada: matrimônio.

com a família: está pensando que você também pode ser fonte de entretenimento.

com grupo numeroso: será forçado a se juntar a companhias desagradáveis.

e com pessoa amada: prosperidade na companhia de pessoas que estão em busca do prazer.

atuar em drama: a bondosa aparição de guarda de trânsito pode ser enganadora.

escrever texto de um: vai expor um gesto secreto e imprudente, e perder seu melhor amigo.

ficar nervoso ao: fará papel importante no teatro amador.

atuar no: suas escapadas vão lhe causar vergonha profunda.

chegar atrasado para atuar: faça preparações extras para o seu dia.

chegar em cima da hora: respire fundo e comece devagar.

dançar com um arlequim: tempos adoráveis com a pessoa amada.

debaixo dos refletores: confrontos públicos expõem seu complexo de inferioridade.

olhar para os: o futuro é todo seu.

desfrutar de um espetáculo teatral: cuidado com as hipocrisias de suas ambições irreais.

encontrar uma prima-dona: seu círculo social é composto de imagens cintilantes e personagens irreais.

ensaiar: não precisa vacilar nem gaguejar em nenhum aspecto da sua vida.

uma cena de musical: se não sabe se comportar, aceite.

esquecer o texto ao representar: desconforto causado por visitas de quem você não gosta.

estar em um cabaré: charmosa falta de sinceridade por parte de pessoa recém-conhecida.

estar no camarim de um: em breve vai relaxar com o que conseguiu ou deixou de conseguir.
fazer o cenário: ficará de fora de evento divertido por causa de infecção sem seriedade.
ficar entediado no: esperam que você acompanhe um convidado lerdo e desinteressante.
fileira no: será ridicularizado por pessoas que querem lhe provocar; não reaja.
aplaudir: você é incapaz de ser egoísta ou invejoso, mas é invejado.
caminhar por entre uma: você é culpado por atos maldosos; troque os ingressos e sente-se em outro lugar.
outros: desejo de ser adulado por uma estrela para compensar a inexistência de alguém.
ouvir aplausos: esqueça os planos presentes; comece uma aventura inteiramente nova.
pessoa importante: confie em seus instintos, não em suas credenciais, para escolher os aliados.
receber: tende a esnobar a vida que gostaria de estar vivendo.
ser ridicularizado pelo público: alguém cancelará um acordo.
ser vaiado: aprovação não é requisito para a vida, a não ser que a aprovação venha de si mesmo.
ir a uma matinê: um lapso em seu sólido trajeto.
ir ao teatro sozinho: encontro desagradável com a realidade em relação àquilo que você finge ser.
levar crianças ao: cuidado ao discutir seus planos, mas prepare-se para qualquer eventualidade.
não encontrar o: reveja seus planos de crescimento.
não escutar: não preparou sua apresentação com dados atualizados.
o porteiro não lhe deixar entrar no: tente outra abordagem para uma chance perdida.
pantomima: um fofoqueiro vai lhe fazer tropeçar em sua rota para o sucesso.
assistir à: observe os movimentos sem palavras para entender os motivos.
em bando: pequenos desentendimentos podem ser removidos daqueles que não queriam solucioná-los.
participar de espetáculo de revista: avalie seus talentos e desenvolva aqueles que lhe são únicos.
plateia de: para cumprir um acordo é preciso primeiro condições viáveis.
com um político: aventura intensa, mas temporária.
estar no palco diante de uma: encare-os com ousadia e reaja.
ser ventríloquo: as pessoas desconsideram o que você diz; seu rosto informa o contrário do que você sente.
vaiar um ator: será desprezado por quem respeita.
ser vaiado: ficará ansioso com a desconsideração e rudeza que receberá.

TECER 03-05-13-25-40-44
encomendar algo a um tecelão: boas notícias chegando por carta.
roupas: está preso a uma rotina repetitiva.
sonhar com: está envergonhado e com medo de falar e expor seu plano.
um conjunto: com paciência e força será possível contornar o problema.
um vestido: união de forças, intuição e motivação para criar sua vida como quiser.
uma tapeçaria: constrangimento relacionado a posses, pois seu companheiro é mais do que frugal.
vestido de noiva: dias agradáveis ajudando a construir a felicidade de outras pessoas.

TECIDO 08-09-13-14-21-37

de algodão: riqueza que vem com a finalização de uma tarefa trabalhosa.

em funcionamento: o uso de todos os seus recursos trará bons lucros.

idosa sonhando com: suas histórias inventadas causam irritação e ansiedade.

lã: não negligencie os filhos se quer que eles sejam alguém na vida.

operar uma roda de fiar: não terá recompensa por seu empenho.

ter uma: novas amizades se mostrarão indignas de confiança.

TECIDO 17-19-23-31-33-49

acrescentar uma franja: você fixou a beleza do seu sexo.

amarelo: sofrimento pela frente.

azul-celeste: felicidade.

brancos: você tem pensamentos negros injustificados.

brim cáqui para uniformes: você está cercado de ansiedade.

carmesim: os bons tempos estão chegando.

cetim: não se deixe enganar pela bajulação; conclua o projeto.

estar usando: todos os mal-entendidos são defletidos para longe de você pela sua segurança.

chiffon: fútil.

cinza: riqueza.

comprar calico: acontecimentos lamentáveis no prazo de 12 meses.

comprar linho branco: o dinheiro virá facilmente durante a vida.

comprar zefir: você terá um acidente sério.

cortar enviesado: um amigo em dificuldade.

escarlate: perigo nos assuntos do amor.

guingão de cores vivas: você precisa escolher o amor da sua vida agora.

lã: você obterá lucro de seus próprios produtos.

linho: você irá garantir e conseguir lucro oriundo de uma saúde constante.

listrados: enfrente problema com firmeza antes que ele ressurja.

lona: uma inesperada farra de compras com todas as despesas pagas.

malva: aviso de problemas.

marrom: seus empregados enganarão você.

moldura para se fazer tecido: esforços estão sendo desperdiçados.

picotar ou cortar em zigue-zague: você terá o respeito das pessoas.

prateados: você terá muitos amigos.

rosa: você terá uma vida familiar feliz.

de outra pessoa: lucro garantido e certo, oriundo de uma saúde constante.

que foi picotado ou cortado em zigue-zague: tempos felizes e roupas novas.

roxo: perda de amigos.

seda: você está criando beleza a partir do caos.

seda azul arroxeada: a igreja abençoa você.

qualquer outra: êxito nos seus assuntos.

sonhar com: o vestir do padrão de suas experiências de vida.

sonhar com precioso crepe acetinado: problemas causados pela intromissão nos assuntos dos outros.

tafetá azul: você voltará a ser uma pessoa confusa e com problemas emocionais.

tecido usado para forro: vaidade; uma imperfeição dentro de você que precisa de conserto.

comprar: você receberá um visitante inesperado.

ter crepe: atraso na conclusão do seu negócio.

ter um leve: molestarão você.

tingir: você depositou confiança demais em uma pessoa falsa que acabou de conhecer.

tingir com índigo: você ficará bastante tempo fora de casa.
transformar fio em tecido em um tear: uma carreira promissora nas artes.
tear: recuperação depois de uma doença.
veludo: você terá uma conversa carinhosa.
verde: meios abundantes.
vermelho: infortúnio.
xadrez: companheiros afáveis que apoiarão você até a morte.

TÉDIO 09-10-14-26-34-42
estilo de vida tedioso: falta de imaginação para mudar.
ter que falar com uma pessoa chata: cuidado, o desastre é iminente.

TEIA DE ARANHA 02-25-17-38-34-35
com aranha: uma pessoa cínica está usando você.
sem: suas habilidades estão ocultas, esperando para serem distribuídas.
destruir: o infortúnio está próximo.
tecer uma: as pessoas odeiam, criticam e caluniam você.
ver e limpar: você está descartando ideias valiosas por falta de ímpeto.

TEIMOSO 02-16-18-36-43-45
lidar com animais teimosos: você está afirmando seus direitos; sua responsabilidade é o amor.
ser: esperanças irrealizadas; a oferta foi feita com base em mentiras.
crianças: corrija seus erros antes que seus filhos comecem a imitá-lo.
outros: muitas pessoas amadas ao seu redor estarão correndo perigo.
ser obstinado: passará por degradação, mas manterá suas crenças mais enraizadas.
ter amigos teimosos: infelicidade no ar: você possui motivos ocultos.
companheiro(a) teimoso(a): velhice agradável caso consiga eliminar determinados maus hábitos até então.

TELA 16-25-35-45-47-48
belas: não coloque panos quentes sobre a má-fé de amigos.
comprar uma: superexposição desnecessária.
despir-se atrás de uma: você usufruirá de coisas belas e do privilégio de usá-las.
envolvendo uma parede: tentativa de esconder erros que serão expostos de maneira floreada.
que divide um quarto: você assistirá a um show humorístico com duas pessoas falando ao mesmo tempo.

TELEFONE 04-09-10-26-36-42
a pessoa para quem está ligando não atende: alguém está pedindo seu apoio, mas a relação acabou.
desligam na sua cara: seu parceiro sabe que virará seu ex.
atender ao telefone, mas ninguém fala nada: ou você confronta suas emoções, ou ao operador de telemarketing.
dar um telefonema: a pessoa em quem você pensou, seja quem for, precisa de você.
e não ouvir resposta: não está se fazendo entender.
receber um: adiamento de encontro para que você resolva seus problemas.
desligar o telefone: a quem você quer evitar do outro lado da linha?
discar para emergência: sua diferença de opinião está desencaminhando seriamente seus relacionamentos.
errado: mude de direção; diferenças de opinião estão submetendo seu amor a sérios riscos.

um número errado: os outros não vão saber, só quando você os acusar.
trocado: está ignorando a comunicação de seu inconsciente.
estar sem: equilíbrio e confiança para você controlar o que faz.
falar em ligação interurbana: sua curiosidade será satisfeita.
interferência no: os rivais falarão muito para persuadir os outros contra você.
ligação errada: a pessoa que ligou quer lhe ver fora da vida dela.
ligar para a pessoa errada: você tem sentimentos por alguém que não é seu parceiro.
não atender ao: está casando ou já se casou com a pessoa errada.
não conseguir falar com o filho pelo: qual é a mensagem que você não entende?
com amante/colega: está se esforçando demais para ganhar a atenção dele(a).
com amigo: seu tédio se tornará difícil de ser resolvido se você continuar sendo chato.
com pessoa morta: ganhará pequena soma de dinheiro de um velho amigo.
pai ou mãe: está ficando tão apático que assim nem mesmo seus pais poderão lhe amar.
receber um recado: você acata menos do que deveria.
tentar desesperadamente completar uma ligação: frustração por não conseguir expressar seu ponto de vista.

TELEGRAMA 08-13-37-49-50-56
amigo que lhe manda um: perda de amizade por falta de comunicação.
mandar um: você está controlando suas emoções até o fim de uma amizade confiante, mas ela acabará.
de negócios: recusa de negócio devido à sua incapacidade de se comunicar.
receber um: notícias desagradáveis serão recebidas e processadas se você mantiver seu centro.
de negócios: para receber orientação é preciso querer.

TELEMARKETING, OPERADOR DE 03-07-11-33-41-44
comprar de um: amigo íntimo lhe desafiará e sairá falando mal de você ao perder.
desligar o telefone na cara de um: uma intrusão hostil em sua privacidade deve ser repelida agressivamente.
falar com um: seja reservado com os colegas de trabalho atuais e atemorizante com os novos.
sonhar com: uma nova influência lucrativa está para entrar em sua vida.

TELEVISÃO 03-08-21-37-41-52
assistir à: hora de fazer algumas mudanças positivas em sua vida pessoal.
deitado no sofá: você é preguiçoso demais para prestar atenção na vida real e na sua falta de futuro financeiro.
enquanto faz o trabalho doméstico: está passando por cima de coisas importantes por se preocupar com irrelevâncias.
envolver-se completamente com a: uma escolha inconsciente entre sua realidade e a de outra pessoa.
falar com a: retorno à vida equilibrada; decisões tomadas sensatamente e julgamentos brutais.
ficar passeando pelos canais: incapaz de focalizar no ponto principal de sua vida.
sem encontrar nada: você confia pouco em sua capacidade de entreter.

e voltar a ficar trocando de canal: envolvimento em situação potencialmente adversa.

TELHADO 01-02-04-22-23-25

cair do: grande erro de julgamento; você não agarrou o que havia de positivo.

caminhar pelo: você está no ápice de sua profissão.

colocar um, em uma construção: um inimigo está espreitando.

outras pessoas: terá mente vigorosa e ocupada com aborrecimentos mesquinhos.

telhas: segurança na vida, mas decepção no amor.

consertar uma goteira no: em breve viajará para longe para aumentar sua prosperidade.

de casa: vaticínio de seu estado de saúde.

ficar debaixo da calha, durante a chuva: será corrigido, limpo e enviado à nova missão.

fogo no: você vive com medo de ficar doente.

caminhar na direção de casa com: recue e volte até a encruzilhada na estrada.

gotejando: nova informação quebrando as barreiras de sua obstinação.

telha caindo de um: a separação entre os estados de consciência está se deteriorando.

usar uma escada para subir no: resolva seus problemas um por vez e chegará a um sucesso sem precedentes.

TELHAS 06-07-11-21-27-48

caindo do telhado: cuidado para evitar um acidente.

lidar com: você está otimista e aceita os desafios à medida que se apresentam.

muitas: uma cobertura protetora para permitir bons lucros nos negócios.

quebrar: você lida de forma destrutiva com suas próprias influências positivas.

sonhar com: tentativa de aumentar seus rendimentos.

TEMPERAMENTO 10-21-22-30-33-52

explosivo: suas ações são guiadas pela paixão.

forte: está cercado de mentirosos que não se assumem como tal.

frio: você ganha calor humano ao ser solidário para com os menos afortunados.

paciente: será o árbitro de uma disputa.

perder a paciência com crianças: você tem algo em sua consciência.

TEMPERO 02-16-18-35-40-41

cebolinhas no peitoril da janela: uma pessoa chata começa a lhe distrair.

na omelete: evite ser arrogante com as pessoas ao promover suas ideias.

cheiro de: sofrerá por melancolia e irritação.

comer curry ou gengibre: sua vida precisa de estímulo.

comprar açafrão em pó: receberá dinheiro e cairá em desgraça devido à origem deste.

cozinhar com: energias sexuais momentâneas vão se transformar em total destruição.

comprar noz-moscada: mudanças nos negócios lhe farão viajar ao exterior.

usar uma vareta de noz-moscada: grandes discussões entre parceiros comerciais.

comprar páprica: queda nos lucros.

derrubar no chão: discussão acalorada com pessoa muito esquentada.

usar na comida: você vai se irritar muito com os vários prazeres relativos à vida de outros.

comprar sálvia: saudades das virtudes domésticas.
sonhar com a planta: recuperação de doença só de sentir um odor.
cozinhar com alecrim: partida de criança que nasceu na própria casa.
cultivar: satisfação de desejo por comida.
temperar com tomilho: abundância que significa felicidade no amor.

TEMPESTADE 16-19-22-34-37-44
buscar abrigo de: empreitadas darão errado e levarão ao desespero.
destruindo sua casa: pessoas com más-intenções estão esperando você dar um passo errado.
caindo: mudanças repentinas no trabalho revelam a confiança que seu chefe tem em você.
danificando: mantenha o moral alto enquanto outros projetam sua raiva.
na casa dos outros: grande perigo em seu caminho.
estar debaixo de chuva com neve: seja mais paciente com as pessoas ao redor.
outros: receberá uma informação importante.
estar debaixo de uma: negócios infelizes causarão estresse.
temporal: a blasfêmia deixa um rastro de ruína.
trovão: com sua solução simplista você acabou se metendo em situação delicada.
observar uma: a infelicidade no amor está acabando.

TEMPLO 11-20-23-33-37-47
em seu país: morte de velho amigo de adolescência.
em país estrangeiro: em breve passará por experiência incomum.
entrar em: discrição trará recompensa.
participar de culto em: pare de negligenciar seu lado espiritual.
ídolos em: fará algo socialmente injustificável, apesar de essencial para seu espírito.

TEMPO 03-07-08-10-24-42
bom: sua segurança está em sua decidida autoconfiança.
cata-vento virando do norte para o sul: perda de dinheiro.
do sul para o norte: ganho de dinheiro.
ver um: está sendo elogiado demais; não deixe seu ego inflar.
chuvoso: uma carta acabará com a tristeza, mas um gosto de depressão continuará.
com tempestades: os inimigos querem lhe destruir, mas você entorna o caldo.
relampejante: uma indiscrição do passado emerge agressivamente.
com vento: uma velha amizade revitalizará seu bem-estar físico.
ensolarado: autoconfiança com explosões de paixão; você fica tremendo por inteiro.
previsão do: preste bastante atenção em todas as partes do conselho.
ruim: um episódio psicótico traz notícias desagradáveis que lhe deixam de cabeça quente.

TENDA 25-26-31-43-45-47
de acampamento militar: fará uma viagem muito cansativa para descobrir sua identidade permanente.
estar com crianças numa: lembre-se da liberdade e independência de sua juventude.
amigos: terá prazer em ajudar os outros em questões amorosas.

com a família: sua família passará por muitas mudanças, ficando mais forte a cada golpe.
pessoa amada: discussões acerca da impermanência do amor.

TÊNIS 01-08-19-23-35-39
bolas de: é certo o nascimento de criança esperada.
jogar: forte necessidade de autoexpressão dentro de sistema flexível.
jogar em dupla: você tem uma razão sensata e racional para suas ações.
jogar em quadra de grama: vai garantir o emprego; fará lucro sobre os próprios amigos.
e ganhar: cuidado ao se apaixonar; sofrerá pequena enfermidade.
jogar tênis com a parede: sua oposição mais forte vem de você mesmo.
raquetes de: sua declaração corajosamente agressiva em um tribunal justo e equilibrado.

TENTAÇÃO 08-10-18-26-32-45
resistir à: uma lufada de ar fresco trará apoio para seu trabalho.
sentir-se tentado: encontrará obstáculos em seu caminho.
a abandonar pessoa amada: encontrará pessoa envolvente e cederá a suas emoções.
a pecar: dificuldades serão vencidas.
sentir-se tentado a fazer algo errado: segure a língua e use o bom-senso.

TERMÔMETRO 06-09-13-25-27-47
comprar um: fará muitas viagens para garantir o funcionamento correto de suas empreitadas.
marcando febre alta: suas emoções são elevadas e sua avidez, incontrolável.
diminuindo: a calma trará um momento de claridade antes da tempestade.
medir a temperatura com: decisões devem ser tomadas apenas após analise cuidadosa.
de criança: seu forte senso de responsabilidade faz as coisas darem certo; os outros cuidam do que é deles.
sonhar com: comentários sobre suas roupas amarrotadas prejudicarão sua reputação.

TERRA 06-15-16-24-29-34
agricultor trabalhando a: grandes lucros provenientes de esforço contínuo.
andar no pântano: um inimigo desconhecido está tramando contra você.
beijar a: você sofrerá humilhação por não honrar a Mãe Terra.
cavar: alguém está soterrando você de trabalho.
cavar uma toca na: suas ansiedades não têm uma vazão construtiva.
cheia de milho, trigo, centeio ou outros cereais: você é uma pessoa que acolhe, nutre e trata com carinho.
de legumes: você está nas mãos de amigos falsos e materialistas.
com bons pastos: você terá filhos que se apoiarão em instintos naturais.
comer: doença longa causada por assuntos emocionais.
escapar de uma erupção: você tem como fundação uma ética de trabalho boa.
estar deitado na: uma fundação sólida a partir da qual você constrói.
estar sentado sobre a terra fria: não deixe que sua timidez impeça você de prestar atenção à sua saúde.
lavrar: uma renda estável oriunda do trabalho árduo.
observar a Terra através de um telescópio: uma herança obstruída até a homologação do testamento.
pegada na: vida complicada repleta de fardos.

possuir: interesse insuficiente pelas suas raízes.
preta: sua inércia para resolver problemas causa tristeza.
ser colocado sob a: sua história está em camadas na sua consciência.
ser puxado em direção a: independentemente da espiritualidade, mantenha os pés no chão.
sonhar com: a fonte da sua força física.

TERRAÇO 03-04-06-25-44-53
estar sozinho em um: subirá para posição de nível internacional sem levar ninguém junto.
com crianças: terá muitos altos e baixos.
amigos: sofrerá humilhação.
oficiais importantes: será senhor de seus assuntos.
parentes: receberá uma herança.

TERREMOTO 01-11-16-29-30-31
assistir em um filme: o tumulto entre ações múltiplas atrai o mundo para o perigo.
chão se movendo embaixo de você durante: enfrente sua insegurança por meio da ação.
cidade destruída por: uma mudança repentina com ramificações a perder de vista.
estar em área de: insegurança com a perda de amigo chegado.
estar em prédio durante: você passará por uma reorganização e problemas financeiros no trabalho.
ficar ferido em: modificações na sua estrutura social podem ser fatais.
ocorrendo no leste: antigas dificuldades devem ser deixadas para outros resolverem.
Norte: você dilacerou a fundação da sua vida.
Oeste: aviso de problemas; as mudanças ocorrerão na sua ausência; desabafe agora.
Sul: a purificação emocional do horror original.
sentir um tremor de: você será agitado por um turbilhão que precisa de expressão.
terra tremendo devido a: trabalhe para conseguir uma base sólida no campo dos negócios.

TERRENO 05-22-35-47-52-58
deslizamento de terra: você é uma pessoa sobrecarregada, extenuada emocionalmente, e leva consigo a confiança dos outros.
causar um: triunfo sobre os inimigos graças à sua sensatez e inteligência.
reparar um: descobrimento de objetos de valor perdidos no entulho.
estar na água e alcançar a terra: seus projetos já encontraram bons alicerces.
estéril: uma pessoa que você não conhece irá se tornar a sua mais forte aliada no momento mais desesperado.
mudando-se de um: mudança de profissão pela frente.
paisagem bela e aberta: dignidade, distinção e tranquilidade no amor.
com um grupo de árvores: você agirá com rapidez em relação a suas decisões bem-pensadas.
feia: você sentirá o ranço persistente de esperanças frustradas.
oculta pelas montanhas: você passará muitas horas prevendo problemas e obstáculos.
possuir terras: solidão e dificuldades por causa de um incidente desonesto concebido por você.
ser expulso de um terreno pelo proprietário: espere amarga decepção com uma amizade desejada.

TERRIER 02-08-16-17-19-30
brincando com crianças: terá bons lucros no futuro.
dormindo: deixe as coisas como estão.

latindo: cuidado com brigas em atividades sociais de natureza alegre.
mordendo um amigo seu: pessoa de sua confiança lhe engana.

TERRORISMO 18-28-31-32-46-49
alguém usando violência contra você: um inimigo põe amigo seu em tristes apuros.
confrontar um terrorista: cuidado com qualquer pessoa que possa lhe impedir de ganhar seu sustento.
crianças causando: energia sexual emergente direcionada criativamente.
em partido político: você quer sua liberdade, mas não quer que os outros tenham a deles.
estar aterrorizado: a raiva deve ser resolvida em si mesma.
ser um terrorista: cantando você consegue mais mel do que chutando a colmeia.

TESOURA 03-12-27-30-31-33
amantes lidando com: acusações sem provas causarão rompimento.
comprar: você é uma pessoa minuciosa e correta, a não ser quando se trata de ciúme e suspeitas.
cortar algo com uma: você será vítima da peça que pregou nos outros.
com habilidade: ações decisivas são necessárias para controlar a situação.
papel: você quer deixar o passado para trás, mas ele continua lhe assombrando.
de unha: você não consegue abrir mão de suas críticas, que se voltam para si mesmo.
para canhotos: mude para uma profissão mais visual, na qual precisam de seus talentos.
inimigos usando uma: você se sente tolhido dentro das circunstâncias; mantenha-se assim.
casal: sua rebeldia lhe causará uma grande briga amorosa.
outros: o futuro não está garantido, a não ser que você se mantenha na batalha.
sonhar com: você será nomeado editor de um conhecido jornal.

TESOURO 04-27-28-33-39-49
cavar em busca de um: seu estado instável interfere na sua percepção da oportunidade.
comprar um: não espere preços de liquidação; sua cobiça é sua desgraça.
considerar os filhos um tesouro: tem neles bons amigos.
considerar a pessoa amada: sairá da casa dos pais.
descobrir um: sua interpretação dos símbolos revelados lhe mostrará o rumo.
arca do tesouro: herança de fontes obscuras libera seu poder criativo.
escondida: corre o risco de ter seus talentos roubados.
enterrar um: seu egocentrismo está isolando seu espírito dos amigos.
ir ao Tesouro Nacional: grande dor de cabeça pela frente ao explicar suas finanças.
sonhar com tesoureiro: receberá dinheiro de parentes para completar seu projeto.
roubar um: cuidado com armações vindas daqueles em quem você agora confia.

TESTA 04-06-23-26-29-33
de outros: você receberá admiração sincera pela qualidade da sua amizade.
ter uma bonita: você obterá poder por meio do seu bom-senso e da sua integridade.
feia: aborrecimento quando o seu afastamento não leva à verdade.

ferida: você descobrirá um tesouro desconhecido em um empreendimento conduzido indiscretamente.
grande: você possui animação e inteligência; use-as em benefício de todos.

TESTAMENTO 22-25-33-47-51-52
cancelar um: chegará à idade madura com decisões concretas e brigas de família.
deixar algo de herança para alguém: brigas de família lhe farão infeliz por um dia.
amigo: um amigo falecerá em breve, e você ficará aborrecido pelos problemas dele.
caridade: passará por doença prolongada; peça conselho a quem entende do assunto.
deserdar alguém: você terá de aguentar uma perda séria.
outra pessoa: mudar de ambiente não vai curar o que lhe fizeram de ruim.
escrever um testamento para outra pessoa: vai se enrolar em situação delicada.
não deixar nada para os parentes: morte iminente do seu relacionamento.
deixar tudo para estranhos: os julgamentos melancólicos de uma mente insatisfeita.
para sua esposa: ela falecerá antes de você para evitar os procedimentos legais.
para um parente: terá vida longa e um rosário de amizades sinistras.
perder um: você esqueceu de um rival na disputa pela herança.
sendo feito em seu benefício: para herdar dinheiro é preciso tato e diplomacia.
por parte de pessoa desconhecida: ganhos financeiros.
ser o executor: você receberá uma herança inesperada.

TESTEMUNHA 09-15-22-35-45-46
a seu favor: bons resultados nos negócios.
alguém testemunhando um documento: suas ações são sempre prósperas.
infidelidade de companheiro: problemas legais na família.
criando confusão entre os jurados: inseguranças em suas questões.
falsa: será preso, seja por grades ou por sua própria consciência.
no tribunal: falsas acusações contra você.
de caso de divórcio: não revele sua prosperidade.
de qualquer ação civil: bons lucros nos negócios.
ter uma, como álibi: esteja em guarda contra amigos falsos.

TESTEMUNHAR 02-11-18-19-24-32
a favor de outros: fale apenas a verdade como a conhece, e somente se lhe perguntarem diretamente.
a favor de si mesmo: outros revelaram a verdade; suas acusações os descrevem.
contra outros: mentirosos tendem a acusar os outros daquilo que eles mesmos fazem.
sob juramento: um criminoso desesperado vai apelar para qualquer manipulação dos fatos.
testemunhar: as pessoas respeitarão sua distinção.

TETO 08-17-19-25-26-29
branco: a pureza e o ardor romântico do primeiro amor.
colorido: cheio de ideias que você projeta nele.
consertar: proteção contra os elementos.
do seu próprio quarto danificado: a percepção de autoridade foi prejudicada.
explodir para fora de: expansão é crucial para o crescimento e bem-estar continuado.

ornamentado: mostra gosto artístico refinado e o intelecto para mantê-lo.
rachado: você terá problemas causados por alguém próximo a você.

TIA 07-13-18-24-29-39
da esposa: cuidado com indivíduos que exemplificam tudo o que você odeia sobre si mesmo.
do marido: os bons tempos estão voltando com a chegada de seu ídolo.
ser: você terá sucesso com o casamento que está planejando.
sonhar com: você será acusado de algo que não fez.
visitar: você receberá uma herança inesperada.

TIGELA 05-09-17-28-29-36
cheia de comida: você dará conselhos a amigos e receberá a culpa dos resultados.
muitas: não dê conselhos, eles serão mal-interpretados.
pequena: viva simplesmente agora e receberá recargas continuamente.
de cerejas: símbolo da eternidade.
receber uma cheia: sua família irá prosperar, outros exigirão a parte deles.
vazia: você tem que dar um jantar.
semivazia: reabasteça os seus recursos interiores; o seu eu precisa de alimento e cuidado.
suas mãos ao redor de: você receberá uma oferta.
vazia: o convite não virá; suas ideias não estão sendo usadas e são desnecessárias.

TIGRE 07-10-15-22-23-36
atuando em circo: terá amigos prestativos, mas a atuação de sua vida cabe apenas a você.
correndo: conseguirá se curar de doença séria.
matar: cuidado com amigos extremamente invejosos; ataque-os pelos flancos antes que eles façam o mesmo.
morrendo ao dar à luz: limite sua agressividade e assim impedirá que haja degeneração.
observar: os inimigos o perseguem em seu caminho rumo à prosperidade familiar; fique de olho neles.
rugindo: sofrerá grande tristeza se der ouvidos àqueles para quem falar alto é falar a verdade.
ser atacado por: uma pessoa calma se tornará letal.
acorrentado: será surpreendido pela sinuosidade de um inimigo.
preso no zoológico: progresso social por meio da morte de homem importante.
ser surpreendido por: passará por enorme vergonha devido a alguma briga de grandes consequências na família.
ter um filhote como animal de estimação: proposta de casamento que talvez seja perigoso aceitar.

TIMBRE (carimbo) 05-09-13-17-24-42
estampado em ouro e prata: perda devido à negligência de subalternos.
bens: você será obrigado a conceder privilégios a pessoas indignas.
faltando em seus artigos de ouro: você não conseguirá realizar seus planos.
sonhar com: reputação ficará prejudicada por causa de amigo duas caras.

TÍMIDO 13-27-28-31-38-41
ser: a confiança dos outros em suas capacidades equivale à sua própria.
companheiro: acredite nos conselhos de parentes em relação a obstáculo atual.

crianças: você está cercado por pessoas invejosas, mas você não é o objeto de inveja delas.
no trabalho: modéstia nunca traz promoções.
outros: os planos serão insatisfatórios se você os fizer assim.

TÍMPANO (instrumento musical) 02-05-27-32-36-42
comprar um: mudança de ambiente, longe do abuso de comida e bebida alcoólica.
ter um: sua ambição se esconde por trás do seu entusiasmo.
tocar um: sua arrogância traz má-reputação.
o *rufar de*: anúncio de um enforcamento ou uma coroação.
outros: não brigue, arbitre um acordo amigável.

TINGIR 04-05-08-21-28-44
com cores claras: doença pela frente.
com amarelo ou cores escuras: um membro da família terá febre alta.
materiais de tingimento: tristeza.
o próprio cabelo: aviso de problema.
de outra pessoa: felicidade sem lucro.
pessoas tingindo coisas com anil: sucesso imediato; a prosperidade será duradoura.
colocando anil na água: você fará uma viagem pelo mar ou rio.
pessoas tingindo o cabelo: você sofrerá por causa da sua própria insensatez.
roupas: os negócios estão confusos.
e fazer bagunça: aguarde um presente muito caro.
tintureiro: você passará por uma longa doença.

TINIDO 11-13-17-21-32-43
ouvir o tinido do sininho de um cachorro: compromisso iminente em um flerte inocente.
gado: diversão bucólica com uma pessoa do sexo oposto.
o sino de um trenó: você realizará seus grandes sonhos de natureza semi-empresarial.
ouvir um sino ressoar a distância: você receberá o anúncio de casamento de uma pessoa que foi sua amiga íntima há muito tempo.

TINTA 05-09-12-30-40-49
apagar tinta indelével: confronto com o locador ou senhorio sobre aumento do aluguel.
beber: você tentará manchar a reputação de outra pessoa com o seu rancor.
borrão de: alivie a consciência de ter sido a causa da perda sofrida por outra pessoa.
borrar papel colorido de: uma viagem longa distorce poder em um futuro próximo.
branco: realização dos maiores sonhos; você dormirá em uma cama desconhecida da sua escolha.
borrar um documento importante: seu comportamento irritante está escondendo um infortúnio.
um cheque: você se ressente de ter que pagar a conta.
comprar: não saia por aí revelando os seus segredos, todos eles.
derramar: atos maliciosos e irritantes realizados pelos cobiçosos.
escrever cartas de amor com uma pena de escrever e: seu amor não é correspondido.
cartas de negócio com tinta preta: é prematuro assinar acordos.
vermelha: seus sócios desonrosos corromperão seus negócios.
filhos escrevendo com tinta: você tem um amigo leal dentro da maldade mesquinha e despeitada dos outros.

frasco de tinta: faça as pazes, não importa o preço.
mancha de: quanto mais você ignorar a doença, mais numerosas as possibilidades do que pode acontecer.
moça sonhando com tinta: difamação por parte da pessoa que disputa o afeto de quem você ama.
trocar de cor: sua indecisão estimula brigas em família.

TIO 06-09-29-33-52-57
do marido: o desprazer que ele sente por ser a vergonha de uma controvérsia.
da esposa: cuidado com aparentados invejosos que provocam rusgas em seu lar.
de outra pessoa: vergonha e tristeza causadas por situação desagradável e difícil trazem discussão familiar.
ser: casamento bem-sucedido se você distanciar a família dos aparentados.

TIREOIDE 07.10-35-37-42-45
hiperativa: acalme-se, pare e aprecie a paisagem.
inativa: não conseguirá nada culpando os outros por seus erros.
sofrer de bócio: preocupações deprimentes e mesquinhas superam sua capacidade de lidar com problemas reais.
ter doença de Graves: aceite o fato que alguém lhe ama.

TIROS 02-20-23-25-35-49
acertar no alvo: sua sinceridade produzirá sucesso.
artilharia: desaprovação e uso exagerado de suas ideias.
atirar em algo e errar o alvo: superará dificuldades temporárias.
atirar em inimigos: problemas domésticos devido a fontes externas.
atirar em outros: brincadeiras violentas em família podem sair de controle.
concurso de: você terá oportunidade de melhorar como pessoa.
levar um tiro: abuso de fonte da qual você depende.
outros atirando em você: cairá em desgraça por agir sem provas.
ouvir: mal-entendido entre pessoas casadas.
pássaros: fofoca sem fundamento por parte de amigos acaba vazando e deve ser silenciada.
que matam alguém: disputas hostis de fonte inesperada.
um grande e único tiro: grande lucro se você encontrar um parceiro; desastre caso estiver sozinho.

TÍTULO 05-07-29-40-46-55
carregar título de família: não deixe que pessoas de dentro ou de fora da família atrapalhem seus pensamentos.
ganhar título acadêmico: suas decisões são interminavelmente discutidas, mas nunca exercem maiores influências.
receber: investimentos financeiros que tomaram rumo temerário devido aos boatos de vizinhos.
renunciar a algum: a perda de prestígio possibilitará um crescimento real.

TOALETE 16-18-23-28-44-49
dar a descarga no: evite atitudes estranhas que lhe envenenam.
ir ao: já aproveitou o melhor da vida e está pronto para se aposentar.
lavar o rosto ou ajeitar o cabelo no: receberá pedido de dinheiro e não poderá recusar.
sentar-se em um vaso sanitário: desejo de perdoar os inimigos.
sonhar com um: está se eximindo de perdoar atitudes negativas que magoam as pessoas.
vaso sanitário entupido: está constipado e recusando experiências que no fundo não poderia declinar.

TOALHA 15-19-24-27-40-49

limpa: precisará de cautela para aceitar apenas valores puros após um período de purificação.

suja: seus segredos e suas intenções ocultas estão lhe deixando doente.

toalha de hóspede em seu banheiro: cuidado com armação de falsos amigos que pode lhe custar o cargo.

usar toalha para enxugar o rosto: passará por breve enfermidade para encontrar felicidade no amor.

crianças: conseguirá seu objetivo com pequena quantia de dinheiro.

enxugar as mãos: aproximar-se de dinheiro com más intenções.

outros: recuperação de doença muito em breve.

TOALHA DE MESA 09-18-42-45-47-55

branca: dignidade e distinção.

colorida: a ascensão na posição que você ocupa virá como recompensa justa.

comprar uma: sua irritabilidade reprime seu crescimento.

decorada com laços: evento importante e bastante benéfico a caminho.

limpa, sobre a mesa: receberá recompensas inesperadas.

suja: aguarde problemas causados por você mesmo; você é infiel e não é digno de confiança.

pôr, na mesa: seu tempo é bem distribuído e ocupado.

rasgada: pessoa amada perdeu a confiança em você.

sonhar com: receberá favor de pessoa importante.

TOBOGÃ 13-14-31-32-37-44

descer um monte de: sairá bem de perigo presente, mas sem emprego.

outras pessoas em: o sucesso da equipe depende de quem dá o exemplo.

sonhar com: tome cuidado com cada passo que dá e conseguirá desviar a má-sorte.

ter um: uma abertura para que almas perdidas passem a conviver bem.

TOCHA 07-14-19-24-32-37

acesa: os problemas se dissolverão rapidamente.

acender uma: encontrará um jeito de resolver seus problemas rapidamente.

achorte: será abençoado com bom-senso; mas não vá com tudo em direção à luz.

desfile iluminado por: iluminar o subconsciente pode se mostrar letal.

inimigos segurando tochas: reconhecimento e distinção ficaram claros aos olhos de todos.

mulher: um caso amoroso sob circunstâncias estranhamente ritualísticas.

outros: descoberta de erros que seria melhor que seguissem incógnitos.

segurar uma em público: será abençoado com bom-senso.

ardente: segredo revelado; respeitar os outros lhe angaria respeito.

que se apagou: uma onda de apatia e resignação após ser rejeitado por falta de ardor.

segurar a tocha do amor para uma bela mulher: cairá em pecado novamente para conquistar seus desejos.

para uma mulher casada: o que você tira dos outros lhe será tirado também.

TOLDO 04-09-13-17-18-20

abaixar: melhora com a mudança de profissão.

erguer: você receberá muitos pretendentes e rejeitará todos.

sentar embaixo de: você escapará de dano esperado.

TOMATES 06-08-11-17-30-32

ainda não maduros, na plantação: perseguição por exigir pagamento integral de trabalho incompleto.

beber suco de: o reequilíbrio de seu organismo na manhã seguinte.

colher: paz e felicidade em casa.

comer: viverá circunstâncias favoráveis a partir dos próprios esforços.

cozidos: recentes inovações clareiam a perspectiva de futuro.

crianças comendo: retorno de uma saúde esplêndida e número considerável de viagens.

cortar um tomate ao meio: perseguição por parte de mulher de má-fama.

cultivar: terá câimbras nas mãos por comer vegetais pesados.

fazer molho de: seu amor vai durar para sempre.

podres: cuidado com perigo a caminho, e este é apenas um entre muitos.

verdes fritos: em breve, comemoração das coisas boas da vida.

TONEL 05-13-21-23-38-57

cheio d'água: felicidade no casamento se houver moderação nas disputas internas.

estar dentro de um: está fazendo coisas extravagantes a troco de quase nada.

trazer um para dentro de casa: receberá notícias misteriosas; aceite a oferta de negócios.

vazio: tempos difíceis pela frente devido à sua indecisão e à incerteza decorrente.

TONTO 05-06-11-14-34-48

estar tonto: trabalho árduo sem resultados até que você faça uma viagem de avião.

filhos com: trabalho árduo trará mudança para melhor.

por efeito do álcool: medo de se apaixonar por si mesmo.

membros da família: sensação de tensão por falta de ordem.

outros: responsabilidades esmagam aquele que está na beira do amor.

sentir-se leve e sem firmeza nas pernas: esta decisão importante irá alterar seu futuro.

sonhar com: verifique a possibilidade de doença hereditária.

ter: volte ao assento de controle dos seus atos conscientes.

TOQUE DE CORNETA 05-06-29-46-48-53

convocando os militares de volta ao quartel: estranhamento na hierarquia familiar.

escutar um, diante do exército: seu ego se anunciou.

TORMENTA 13-14-16-24-32-44

a caminho: desgosto que lhe cerca devido às palavras maliciosas de gente invejosa.

algo caindo em sua casa durante uma: será ferido em acidente.

danificando imóveis de parentes: será banido devido a um relacionamento amoroso.

perder a estabilidade devido ao vento forte: as pessoas se aproveitam de sua boa-fé.

crianças: controvérsias veiculadas acabam se resolvendo e fazendo você subir de posição.

sonhar com: passará por humilhação quando a calúnia deixar um rastro de destruição.

TORNADO 02-18-19-35-37-46

brando: ficará devastado e perderá o controle de seus interesses.

estragos causados por: ser honesto em relação à raiva contida lhe trará a vitória.

outras pessoas tendo os imóveis danificados por: haverá tremenda agitação.
sonhar com: aviso de desastre em casa e nos negócios.
violento: está emaranhado em um conflito referente à perda dos amigos.

TORNEIRA 09-12-40-42-48-52
de vinho: perigo causado por um segredo.
tirar cerveja de uma: seja cauteloso nos negócios.

TORNOZELOS 09-16-23-39-44-47
homem sonhando com tornozelo bonito: o que foi que você trouxe para este relacionamento?
mulher exibindo: realização dos desejos dela.
sonhando com os tornozelos de um homem: ela perderá marido e filhos.
quebrar: morte de alguém em país estrangeiro.
sonhar com o próprio: uma pessoa amiga tenta ajudar em segredo.
ter belos: você terá dinheiro demais na velhice.
extraordinariamente grandes: felicidade protegida de pessoas no exterior.
fortes: você precisa de suporte básico antes de começar seu plano.
pequenos: separação da pessoa amada em breve.
sangrando quebrados: você morrerá longe de pessoas amadas.
torcido: dificuldade de movimento seguida de sucesso do movimento flexível.
de outra pessoa: o mistério será solucionado quando você descobrir o motivo.

TORPEDO 19-21-27-30-41-42
atirar um: mudanças em sua vida a partir da autodestruição daqueles que querem lhe destruir.
explodindo: está cercado de gente invejosa que vai lhe arruinar.
lidar com um: amor à primeira vista trará muita infelicidade e arrependimento.
que acerta o alvo: alegria com os filhos.

TORRADA 01-07-12-13-17-44
comer: fará bastante dinheiro e cometerá um ato de cruel preconceito.
fazer torrada de pão preto: grandes irritações em sua rota para a prosperidade.
branco: aumento de despesas.
servir aos outros: será convidado a jantar com grupo de amigos influentes.

TORRE 06-10-22-26-27-28
com sinos descascados: aja agora ou nunca.
de igreja a distância: você escolheu seu caminho, e ele requer todos os seus recursos internos.
escalar uma torre de igreja: mapeie sua área de operações.
de uma cidadela: resistirá à obstinação de seu inimigo e o fará acabar abrindo mão.
salva de tiros saindo de uma: será traído em tentativa desperdiçada de impressionar amante.
subir uma: vai se livrar de constrangimento, mas com grande perda financeira.
descer de uma: nem todos os seus desejos serão realizados.
estar no topo de uma: pense com o coração e o intelecto antes de pular dentro.
em campanário: saber o momento certo é tudo; parta antes que soem os sinos.
observar cidade do alto de uma: esboce o projeto todo antes de começar.
outros: muita aflição quando uma pessoa sem escrúpulos lhe passa a perna.
estar trancado em uma: você está tão envolvido com a própria dor que não consegue entender a dos outros.

muito alta: terá vida longa e velhice agradável.
sendo destruída: a inveja dos outros tomou proporções psicóticas.

TORRENTE 20-24-29-33-37-44
cair em uma: conseguir poder não é o mais importante.
caminhar ao lado de uma: desejos realizados após pequeno atraso, mas você precisa se envolver.
cruzar uma: conseguirá seus objetivos com infelicidades pessoais e profundo arrependimento.
nadando para se salvar de: perigo no seu caminho, cuidado com cada passo.
observar uma torrente com outras pessoas: não apresse as coisas; retorne cautelosamente à tranquilidade.
outras pessoas escapando de uma: a desonestidade de um amigo lhe faz ganhar aliado influente.
sonhar com uma: precisará ser prático e tranquilo para lidar com adversidade.

TORTA 11-12-13-15-43-44
assar uma: complicações desagradáveis se desenvolvendo dentro de casa.
comer uma: indulgência acrescenta dimensão, mas não para os inimigos.
outras pessoas: o problema paira sobre você; mantenha os pés no chão.
dar, aos filhos ou crianças, para comer: você vai se colocar em situação de risco, mas será ajudado por amigos sinceros.
fazer: recursos abundantes em meio à necessidade é uma questão de estado de espírito.
ganhar uma: paquerar como ocupação paralela cria uma preocupação com a repercussão que causa.
ser reduzido a comer as crostas: questões de trabalho vão prosperar se você deixar de ser desleixado.

TORTA DE FRUTAS 05-18-20-28-35-38
assar uma: o dinheiro a caminho é limitado.
comer uma: uma pequena novidade agradável é sinal de domínio de várias questões.
com cereja: a vida, como você a conhece, não é tudo que existe.
com chocolate: esgotamento causado por pressão que lhe sobe à cabeça; deixe suas ideias no topo.
com gelatina: terá experiência inesquecível com seu parceiro.
com maçã: você espera ser altamente recompensado por fazer algo que é sua função.
comprar uma: fortuna pela frente; hora de reexaminar sua vida.

TORTURAR 06-09-22-30-31-34
a si mesmo: você mata seu amor com suas interpretações equivocadas.
amantes se torturando mutuamente: uma relação cômoda lhe mostrará como você é irracional.
animais: grande perda de dinheiro devido a ações defensivas de mentes fraudulentas.
assistir a notícias de tortura: não aceite a responsabilidade por aquilo que não pode mudar.
outros: a injustiça é um anátema para ambos os lados; sua suspeita é infundada.
sala de torturas: precisa expressar raiva reprimida.
ser torturado: soluções para problemas domésticos se provarão infrutíferas.

TOSSIR 05-18-22-30-32-33
acesso grave de tosse: você está pondo para fora algo que teve que digerir no trabalho.

estar tossindo: boa saúde se você prestar atenção aos primeiros sinais de doença.
filhos tossindo: lucros; compre um umidificador de ar.
outros tossindo: você está emaranhado em uma situação delicada; não deixe que isso influencie você.
sonhar com: pessoas indiscretas estão por perto, observe os hábitos delas.
ter um ataque de soluços: uma advertência contra o consumo de álcool em demasia.

TOUPEIRA 06-10-12-24-26-37
cavando: um colega ultrapassará você num trabalho.
infiltrada: o que parece ser um fracasso vai acabar sendo um sucesso.
matar uma: não consegue ver o erro de outro por sua própria culpa.
pegarem uma: não chegará a ter proeminência trabalhando no subterrâneo.
sonhar com: sua investigação das rotinas ocultas de outra pessoa não será reconhecida.

TOURO 15-30-37-38-45-47
encontrar fígado de: você sofrerá um grande prejuízo nos negócios devido à teimosia.
ferindo você com os chifres: o azar surpreenderá você em sua corrida para escapar.
furioso: sua precipitação e falta de consideração estão devastando sua vida amorosa.
muitos: você receberá altas honrarias com a sua força bruta.
não fugir de: situação com concorrentes invejosos é inofensiva.
ser perseguido por: a pessoa amada está excessivamente otimista a respeito das suas habilidades sexuais.
sonhar com: você fará bons investimentos, mas não se tiver raiva do sexo oposto.
toureiro: você terá um amigo interessante da Espanha.

TRABALHADOR (operário) 21-25-27-39-44-56
brigando: infâmia e descrédito causados pela preguiça e inércia.
demitir um: você passará por uma crise pública, deixando que outra pessoa julgue o seu valor.
castigar: cuidado com vizinhos que vivem importunando você; eles terão reação violenta contra um ataque irracional.
contratar: o lucro significa trabalho árduo lucrativo e grande riqueza para aqueles que o fazem.
pagar a: sem respeito mútuo por um dia de trabalho árduo, não há dinheiro que pague.
descansando: a falta de determinação e entusiasmo leva você à estagnação.
indignação por ter de ser: a deterioração dos seus recursos mentais e de sua determinação.
lavrando a terra: uma mistura sólida de trabalho árduo e realizações bem feitas.
trabalhando: prosperidades nos negócios por meio das suas próprias iniciativas.
com apenas a mão esquerda: você terá problemas momentâneos para se ajustar a tarefas injustas.
direita: você pode organizar o mundo, mas não criar um novo.

TRABALHO 05-08-09-14-17-39
crianças no: felicidade.
delegar: seus negócios lucrarão com os esforços dos outros.

amigos, bastante: cuidado com empreitadas comerciais.

estar em um asilo de pobres por estar desempregado: um grande legado lhe virá em breve.

estar em uma oficina: viagem interestadual na qual seu caráter será plenamente revelado.

comprar uma: projetos ambiciosos para o futuro.

outras pessoas: é decisivo em tomar a iniciativa para competir de igual para igual e vencer.

estar no: diversas experiências passadas moldaram seus pontos de vida e suas atitudes.

sua ajuda no: realização de grandes ambições.

sua família: ganhos financeiros.

estar sufocado de tanto: privação intelectual por falta de trabalho.

ser um operário: satisfaça sua curiosidade de saber o que acontecerá com sua carreira se você mudar de ramo.

contratar um: está estagnando por falta de entusiasmo e força de vontade.

cortador de lenha: você lida com suas coisas na ordem certa; evite tentações.

encanador: as iniciativas profissionais devem fluir de forma livre e contígua para ter lucro.

metalúrgico: receberá uma visita que conduzirá a questão da maneira desejada.

TRAÇAS 09-10-14-16-38-44

agitadas em torno de uma luz: conquistas pequenas duram pouco.

destruindo coisas: você tem tentado impedir a exposição de uma condição, mas vai acabar fracassando.

devorando roupas: alguém próximo está causando danos à sua família.

em casa: rivais tentarão visivelmente prejudicar você; cuidado com o que fala.

jogar fora roupas destruídas por: sua ajuda não é confiável; seus inimigos não desistem.

usar: suas finanças não são confiáveis; sua tristeza não vai passar.

matar: espere brigas com a pessoa amada.

tê-las na própria casa: suas ações são insuficientes para lidar com os problemas.

TRAJES ESPECIAIS 06-26-34-38-41-47

fazer baile de máscaras: você está descontente com sua imagem e teme repercussões.

oficiais em uniformes: você precisa de disciplina e um código de justiça para realizar suas grandes ambições.

outros em: fuja de um cargo desastroso antes que eles o façam e culpem você.

ter vários trajes diferentes: você tem um problema de identidade.

traje de montaria vestido por homem: um grande esforço está sendo exigido de você.

por mulher: uma atividade agradável.

traje de um padre: evite rivais que afirmam ser inocentes.

TRANQUILIDADE 18-26-27-33-41-43

estar em: infelicidade devido ao choque nervoso causado pelo ruído cortante.

pedir às pessoas que fiquem tranquilas: um ataque histérico ao interagir com a agressão passiva de outras pessoas.

tranquilizar pessoas que estão brigando: inimigos fazendo as pazes.

crianças: não se pode lidar com as frustrações arrumando outras.

vizinhos: apenas questões confrontadas e discutidas têm chance de solução.

TRÂNSITO 02-10-18-21-29-30

envolver-se em um acidente de: você está mais ferido do que imagina; a culpa pode recair sobre você.

outros, feridos: sofrerá perseguição devido ao que fez inadvertidamente contra outras pessoas.

estar no: reconhecimento público e muitos amigos em seu destino.

na cidade grande: não bloqueie o fluxo; siga na direção da prosperidade de seu negócio.

engarrafamento: briga com pessoa que você precisa ter do seu lado.

ficar preso no: infidelidade e inconstância por parte de amante.

placa de: a direção foi dada; não há outro caminho.

ser parado por um guarda de: desfrute de uma vida ativa; seja aventureiro, mas mantenha-se dentro da lei.

sinal de: no momento sua vida está fora de controle.

TRAPAÇA 06-18-31-38-50-53

pensar em trapacear: você não consegue se igualar à concorrência; tente um jogo diferente.

sensação de traição: você demonstra preocupação com um projeto que não consegue terminar.

ser pego trapaceando: você deseja que sua infidelidade seja reconhecida para terminar o relacionamento.

sonhar com: pessoas ardilosas desejam aliviar você da sua fortuna.

ter sido enganado: empenhe-se para confiar nos amigos; exponha os falsos amigos.

trapacear em um jogo de cartas: você está arriscando perder a confiança do seu parceiro com falta de honestidade.

TRAPOS 14-20-23-32-35-52

crianças em: seus desejos serão concedidos rapidamente.

amigos: brigará com amigos por serem pouco ambiciosos.

inimigos: superação de velhos problemas e de questões que precisavam ser esclarecidas.

muitas pessoas: deve descartar rotas difíceis para descobrir a certa.

pessoas ricas: empreitada perigosa que pode se mostrar cara; e uma outra, bem pensada, será lucrativa.

fazer: sua escolha se mostrará exata e sábia.

juntar: grandes discussões por causa de sua incapacidade de se decidir.

lavar: chegada de parentes distantes reintroduz a palavra "oportunidade" em seu vocabulário.

pessoa vendendo: será apresentado a pessoas da classe alta que vão se beneficiar com seu projeto.

ser um comerciante de: deve economizar para o futuro e ser menos preguiçoso agora.

vermelhos: você expôs seus bens a riscos, mas como eles não funcionam direito, não há perigo de roubo.

TRELIÇA 01-02-16-23-28-32

em sua casa de verão: sairá bem de perigo atual.

estar em uma: terá muitos filhos.

ficar sozinho debaixo de uma: receberá proposta de casamento.

colher uvas usando uma: terá vida conjugal feliz.

com outras pessoas: receberá visita de amante.

ter uma: uma amizade firme será a base do sucesso.

TREM 14-20-27-46-48-49

andar de metrô: precisa manter a compostura em incidentes irritantes.

estar em batida de: terá um carro cheio de amigos para apoiar sua empreitada.
batida de outro: apuros e decepções.
chegar à estação: respire fundo e siga em frente na jornada da vida.
deixar a: confira todos os sistemas e lentamente ganhe impulso.
não conseguir chegar à: esta viagem você não deveria fazer.
com uma engrenagem quebrada: o dinheiro a caminho fará você mudar de mentalidade.
comprar passagens de: você é incansável e está louco para pegar a estrada.
de carga: preocupações complexas do presente acabarão se mostrando benéficas para você.
de carga: se você andar na linha, as circunstâncias ficarão mais favoráveis para os negócios.
ficar em vagões-dormitórios: suas atitudes ignorantes prejudicam sua luta egoísta para fazer fortuna.
passar a noite toda em um: quando você chegar, já estarão definindo o calendário.
guarda-freios puxando o desvio: todas as mudanças acabarão sendo para melhor.
perder o: se não estiver preparado, acabará perdendo a oportunidade.
perder uma conexão: alguém para culpar por seus complexos; pare de cuidar da vida dos outros.
ser condutor de: suas ambições são sobrecarregadas pelos muitos passos necessários para realizá-las.
engenheiro ferroviário: sua ambição será concretizada, e as dificuldades facilmente superadas.
sonhar com: cuidará de projeto contemplado com pressa.
sonhar com locomotiva: requisite um tempo precioso para cuidar dos detalhes da viagem.
a toda velocidade: rápida ascensão financeira rumo a uma vida alegre.
destruída: perda de prosperidade que não lhe deixou nada a não ser um filme de sua vida.
duas locomotivas enganchadas: desejo de seguir em frente e solidificar o relacionamento.
indo na direção oposta: será rejeitado pela pessoa amada depois que suas atitudes desonestas forem descobertas.
vindo em sua direção: você deseja reviver uma experiência impossível de repetir.
trem-correio: está frustrado por causa de carta não respondida ou nunca enviada.
trocar de trilho: uma fonte externa lhe fará mudar de rumo.
vários trens: daqui para frente os planos darão certo.
ver alguém partir em um: a amplitude de sua visão o impede de aceitar a primeira oferta.
viajar em um: está otimista e acha que vai ganhar um processo.
com a família: aproveite a vida; não deixe que se aproveitem de você.
amigos: está para dar um grande passo na vida profissional; mantenha uma abordagem racional.
por um túnel: pode evitar muito trabalho se seguir seus instintos.

TREMER 02-03-10-27-46-56
crianças tremendo: perda de membro da família por sequestro.
marido e mulher: comprarão algo do agrado de ambos.
outros: perderá dinheiro em transações no mercado imobiliário.

parentes: eles em breve ganharão roupas novas.
vestir roupas quentes para não: perda de herança.

TRENÓ 27-34-40-42-44-54
conduzir um: não se aventure além de seu campo profissional; mantenha a cordialidade.
sendo puxado por vários cães: cuidado com o tipo de amigos que escolhe.
mudando de direção: hora de levar seu talento cômico ao palco.

TREVO 02-29-38-39-43-48
campo de: um acontecimento mudará a sua vida e as de seus inimigos.
estar em um campo de: amor que se desenvolve de forma bem equilibrada.
florescendo: infortúnio de uma coisa muito boa para ser verdade.
sonhar com: empreendimento diligente criará um futuro mágico.

TREVO-IRLANDÊS 04-06-23-31-44-45
dar, a outros: tempo apropriado para fazer a corte.
pegar: sua leveza de espírito lhe trará grande fortuna.
receber um: notícias a respeito de assuntos antigos transformarão seus negócios.
ter um: prosperidade em casos de amor e alegria na vida.
usar um: falso amigo por perto.

TRIÂNGULO 29-30-35-50-54-55
crianças calculando geometria: receberá fortuna em futuro próximo.
estar no meio de um: não escolha entre um e outro, fique com os dois amigos e faça um trio.
operário cortando um: a felicidade virá após o sofrimento.
traçar um: descobrirá que pode integrar talentos e equilibrar o racional com o emocional.
outras pessoas: terá de escolher entre dois amores.

TRIBUNAL 02-28-22-28-29-36
absolvendo você: fracasso dos inimigos em condenar você.
outros: aceite que eles são culpados.
pessoas culpadas: calúnia causa altos e baixos.
bobo da corte, ser: você ignorará responsabilidades enquanto explora um encontro tolo com os amigos.
cometer desacato em: suas indiscrições serão questionadas; seu exílio é iminente.
corte marcial: circunstâncias atenuantes não serão levadas em conta.
depor sobre outra pessoa: você se sente vítima, mas não está preparado para confrontar o culpado.
estar diante de um juiz: você está contrastando suas ações recentes com a moralidade universal.
estar em: sua consciência está falando de eventos futuros.
estar sob custódia de um meirinho: promoção.
examinar documentos: as autoridades questionarão você no tribunal.
falar com meirinho: dinheiro inesperado virá logo.
não absolvendo você: confesse sua culpa.
outros: você precisa se proteger da injustiça.
não conseguir se defender em: uma podridão interior precisa ser retirada e dissecada.
pátio ou quintal, um: um abrigo de perigos passados que não está exposto aos ventos da mudança.
receber intimação ou uma citação: você está colhendo o que plantou.

ser condenado: você está perdendo tempo esperando gratidão pelas suas ações.
ser convocado como testemunha: uma pessoa amiga precisa desesperadamente da sua ajuda.
ser espectador em um: enfrente as lembranças inconscientes que estão perseguindo você.
ser meirinho: você está acusando e julgando a si mesmo.
ser punido por: acusar os outros de preconceito subentende o seu preconceito.
ser solicitado a comparecer em um tribunal: você conseguirá a confiança dos outros graças a grande consideração que eles têm por você.
e comparecer: está tendo muita dificuldade com as questões da culpa e da perda.
ser testemunha: precisa superar um obstáculo intransponível.
ter estado em: erro antigo causará perda de prestígio.
ter problemas com meirinho: lembranças de erros vieram à tona.

TRICOTAR 10-15-22-29-35-42
fazer pontos mais sofisticados: você está complicando algo simples.
filhos tricotando: prosperidade em casa, com grandes prazeres.
inimigos tricotando: empreendimentos serão coroados de sucesso.
mãe tricotando: terá filhos obedientes, brilhantes e econômicos, com o uso sensato das potencialidades.
moça tricotando: se casará precipitadamente, o que mudará o seu azar no amor.
mulher tricotando um cachecol para o seu amado: ele perderá o compromisso com o relacionamento.
outros tricotando: os amigos estão enganando você.
perder um ponto enquanto tricota: você não teve tato; não se disperse; comece de novo.
tricotar: paz em casa vem com a atenção aos detalhes.
tricotar com fio de lã penteada: você herdará mais do que recebe de salário; invista bem.
tricotar um lenço de pescoço para o namorado: os sentimentos dele irão se tornar negativos.

TRIGO 06-08-19-21-25-30
colher: cuidado com amigos invejosos quando estiver em uma missão difícil.
comprar: propensão a problemas e inanição que diminuirão gradualmente.
maduro: terá grande fortuna se conseguir separar o joio do trigo.
vender: mais entrada de dinheiro a partir de projetos animadores.

TRILHOS 05-09-14-34-38-43
carros parados sobre: está aguardando uma decisão que pode representar uma reviravolta em sua carreira.
correndo em direção a trilhos quebrados: cuidado com as atividades ilegais em sua carreira.
uma ponte ferroviária danificada: está sobrecarregado demais para ver a verdade ou prevenir o que está sendo avisado.
quebrados: está sendo confrontado com obstáculos intransponíveis; considere a possibilidade de usar um plano B.
sentar-se em: pequeno atraso enquanto você reavalia seus planos.
que se quebra: não é hora de se arriscar.

TRINCHAR 01-10-22-24-29-39
aves: suas constantes explosões de temperamento frustrarão qualquer plano.

carne cozida: você está nas mãos de pessoas mentirosas, então cave um nicho para você.
outros trinchando para você: conceba novos métodos para melhorar o estado das coisas.
para outros: outros serão beneficiados pelos atos deles mesmos; deixe sua marca apenas em você.
para si: outros atrapalharão constantemente sua prosperidade.

TRINCHEIRA 20-21-23-30-42-44
cavar uma: carece de iniciativa e espírito empreendedor; siga o líder.
cheia de soldados: ficará surpreso ao ver como uma trabalho tão cansativo pode ser tão lucrativo.
estar em uma: esperança de novo emprego.
lutar em uma: nunca se está livre de influências nefastas, nem do poder de cortá-las.
soldados sendo mortos em uma: cuidado para não cair em uma armadilha.

TROCAR 05-10-11-12-25-36
artigos em uma loja: descoberta de objetos de valor perdidos rearranjará seus planos.
com membros da família: uma surpresa agradável com benefícios mútuos.
com outra pessoa: perdas nos negócios pela frente.
esposa entre parentes: rápida realização das esperanças de que a felicidade está com uma outra pessoa.
loura por uma morena: você se casará novamente com a repetição das mesmas circunstâncias.

TROMBA 21-27-29-34-41-48
tromba de elefante: está satisfeito com pequenos prazeres.

TROUXA 13-27-30-38-49-31
carregar: dias tristes pela frente até que se receba um convite.
de palha: você passará por dificuldades se revelar confidências.
de roupas: você receberá notícias boas.
feixe de galhos: você receberá notícias falsas.
filhos carregando: mudança para melhor.
outros carregando: um amigo está trapaceando você.
muitas pessoas com: um presente de uma pessoa amiga.
pessoas carregando: os sonhos são alcançados por meio da diligência.

TROVÃO 06-10-11-29-34-49
ficar debaixo de uma tempestade de trovões: uma ideia descartada ganhará importância.
ouvir: perigos iminentes requerem ação quando se apresentam.
relâmpago seguido de: é apropriado decidir logo; você já analisou por tempo demais.
ser atingido por: viu o que foi danificado por sua falta de atenção?
sonhar com tempestade de trovões: desaprovação dos deuses.

TROMPETE 03-08-29-30-31-49
grande: atividades agradáveis no futuro próximo.
ouvir um: receberá uma revelação surpresa referente a um incidente doméstico.
vários: faça planos para reunião familiar.
soprar um: seu ego é frágil e será severamente humilhado.
tocar: as pessoas têm curiosidade em assuntos seus; não lhes conte nada.
crianças: terá ótima sorte no futuro.

TRUTA 21-25-29-34-37-38

comprar: com seu jeito amável e cortês, será promovido após uma apresentação.

cozinhar: seus problemas acabarão.

em uma peixaria: promoção no trabalho.

nadando contra a corrente: a responsabilidade vem junto com a liberdade.

pegar uma: terá melhoria nos rendimentos.

cozinhando: brigará com parentes por causa de notícias alarmantes.

outra pessoa: dúvidas nebulosas trazem infortúnio na vida amorosa.

TUBARÃO 02-07-21-30-35-52

escapar de um: doença séria decorrente de logro alheio.

pegar um: as coisas estão correndo suavemente.

ser morto por um: você superará os obstáculos, mas perderá amigos.

outros: você ajudará outras pessoas a escapar de sérios problemas.

ser mordido, mas não morto: maus resultados nos negócios se você permitir.

sonhar com um: problemas, caso você engane os outros.

TUBOS 01-08-09-12-29-35

cheio d'água: vai encontrar alguém com quem terá uma discussão.

comprar: seu nascimento foi um sucesso, portanto você prosperará.

consertar e recolocar tubos e canos: terá boa reputação.

pilha com vários tubos grandes: prosperidade de acordo com a quantidade de tubos.

vender: agarre sua fortuna antes que ela se acabe.

TUMBA 02-13-15-21-23-26

caindo aos pedaços: superará obstáculos ao examinar seu patrimônio.

cair em uma: o ataque de seus inimigos não dará certo e você escapará por um triz.

caminhar entre tumbas: casamento com alguém de família importante.

construir: alguém vai lhe pedir que desempenhe uma tarefa repugnante.

de alguém importante: perderá muitos amigos por estar ficando mais rico e respeitado.

em catacumba: exploração de conflitos profundos ligados à reencarnação.

perdida: um amor há muito perdido animará seus agradáveis eventos familiares.

em igreja ou convento: receberá uma comunicação mal-humorada e acusatória.

epitáfios em: desempenhará tarefas desagradáveis de natureza séria.

lápides em cemitério rural: entrará em contato com amigo de quem há muito não ouve falar.

fixar uma lápide: um amigo vai lhe salvar de um problema.

lápides novas entre as velhas: nova chance de causar boa impressão.

ser colocado em uma: você é capaz de se autossacrificar quando a infelicidade se abate sobre sua família.

seu nome em uma: novidades empolgantes que vêm de longe lhe favorecerão imensamente.

sonhar com uma: a busca pela capacidade de viver de acordo com os próprios valores.

ver uma tumba com outra pessoa: encontrará um sócio adequado.

TUMOR 12-19-27-28-35-39

ter um no pescoço: aproveite a boa sorte quando ela chegar.

crianças com: a família será perturbada por irritações que vão minando.

na cintura: infelicidade por causa de herança.

na garganta: sua relutância em mudar de opinião para aceitar a verdade que sabe.

outros com: encontrará a bela esposa de um amigo.

TÚMULO 09-14-23-42-44-48

caminhar sobre: você pondera sobre as dívidas da experiência mundana.

cavar: os grandes obstáculos que você cria com o objetivo de prejudicar os outros irão destruí-lo.

de seu pai: notícias desagradáveis sobre a sua herança; a opressão se dispersou.

destruir: um casamento ocorrerá em breve, levando a um matrimônio infeliz.

espaço sendo aberto para: você receberá notícias de desespero total vindas de longe.

dos inimigos: eles estão afundando você no desespero sem esperança de libertação.

estar de pé diante de: confesse a sua cumplicidade antes que seja acusado.

ornamentar um: você terá muito pouca alegria da promessa não cumprida de alguém.

outra pessoa caminhando sobre o seu: morte ou um casamento desastroso estão muito próximos.

recém-preparado: você sofrerá por meio dos pecados de outros e terá êxito usando o sucesso deles.

seu próprio: os inimigos estão tentando causar uma grande desgraça para você; aprume-se e empurre a ralé de volta para o lugar dela.

visitar o de parentes: arrependimento causado por promessas não cumpridas em um grande jantar matrimonial.

TÚNEL 18-22-30-31-32-33

andar em círculos em: dependência da mãe e incapacidade de sair da barra de sua saia.

bem iluminado: mal-entendidos são passíveis de solução, por mais obscuros que sejam.

caminhar na lama dentro de: está atrapalhando a si mesmo com sua lerdeza.

em construção: vitórias em muitas transações de negócios se você conseguir enxergar os negociantes com clareza.

escapar de ferimento em um: satisfação nos negócios; você não pode sair da linha.

escuro: problemas fechando o tempo no horizonte; não é possível confiar na companhia atual.

estreito: a ambição ficará constrita até você expandir seu mundo.

ficar preso em: você não consegue entender sistemas de crença que não os seus.

no breu total: você precisa fazer exame de vista; um período feliz se aproxima.

grande: sua considerável ambição pode causar um erro; mantenha-se alinhado e siga em frente mesmo com dificuldade.

luz no fim do: alívio e renascimento de condições nocivas do passado.

passar de trem por um: desejo de retornar ao ventre em vez de encarar as tarefas que tem no presente.

dirigindo um carro: negócios não satisfatórios lhe jogam em prostração como se estivesse em estado fetal.

encontrando outro trem: vai confrontá-los com bravura em condições impossíveis.

sair de um: ponha seus óculos de sol; a realidade é cruel.

TURQUIA 01-11-13-17-35-37

pessoas da: será sujeitado à vontade alheia.

ser turco: lindas mulheres estarão atrás de você.

U

UÍSQUE 07-18-24-30-47-48

beber: cuidado com seu mau comportamento, preste mais atenção.

comprar: passará por dificuldades e contrairá dívidas, mas as pagará por meio de esquemas ilícitos.

oferecer aos amigos: seu egocentrismo lhe causará problemas com amigos.

amante: a tentação virá a você.

colega: realização de grandes ambições por meio de estratégias sedutoras.

parentes: fique de olho nas traições enquanto corre atrás de seus objetivos.

ser-lhe oferecida uma dose de: vai sacrificar amigos por causa de seu egoísmo.

ÚLCERA 05-08-21-24-50-56

ter: é preciso demonstrar sua afeição para ter retorno.

na boca: você precisa ser menos impulsivo e segurar a língua; respire fundo.

na garganta: será ignorado por todos.

no estômago: deve cumprir seu destino, por mais difícil que seja, e por mais tempo que leve.

ulcerações nos braços: alguém está bloqueando suas iniciativas.

nas pernas: ficará aflito ao ver outra pessoa assumindo a autoria de uma conquista sua.

ULTRAPASSAR 18-28-33-39-42-52

crianças ultrapassando outras: um falso amigo lhe negará um favor.

outras pessoas: trabalhará muito em nova empreitada que encerrará um assunto.

lhe ultrapassando no mesmo negócio: aflição em romance; você tem inveja das posses da pessoa amada.

ser ultrapassado nos esportes: será muito desencorajado; conseguirá poucas vitórias muito batalhadas.

UMBIGO 05-06-20-28-43-47

crianças brincando com seus: desejos insanos de voltar à fonte de alimento.

de parentes: uma pessoa influente ajudará você em uma aventura.

doendo: uma reação ao começo de um projeto.

observar seu próprio: você tem o respeito de seus colegas de trabalho.

sonhar com o próprio: sua criatividade está implorando para ser expressada; a fonte é a sua infância.

UNHAS 12-17-24-27-29-41

arranca: sua extrema sensibilidade torna cautelosas suas ações.

arrancar as dos outros: abordagem sádica que expõe a felicidade doméstica.

cortar as próprias: para homem, acidente; para mulher, briga.

de outras pessoas: desonra na família; associações pouco comuns se mostrarão desastrosas.

cutícula solta na base da unha: preste máxima atenção nos mínimos detalhes.
de crianças crescendo: você, ou alguém querido, sofrerá acidente.
de mulher, extremamente longas: grandes lucros não vêm de mentes pequenas.
dos outros: grande conquista para uma mulher ao proteger suas partes mais tenras.
dos próprios dedos: para continuar em abundância, seja frugal.
pessoas roendo as: será evitado pela classe alta por ver a si mesmo como sendo de classe inferior.
quebrar as: infelicidade e aflição, mas em breve as coisas voltarão ao normal.
roer as dos pés: será acusado publicamente de cumplicidade em crime.
roer até o sabugo: está sendo levado ao limite devido aos comentários disparatados sobre você.
ter muito curtas: você não estabeleceu suas opiniões ou seus pontos de vista.
usar postiças: seus equívocos ocorrem cada vez mais por falta de concentração.

UNICÓRNIO 04-11-23-35-43-49
algum animal com um único chifre: ficará ansioso por causa de falsidades.
enjaulado: será evitado por conhecidos por não dividir nada.
matar um: perdas imobiliárias.
muitos unicórnios juntos: está conhecendo lobos em peles de cordeiro.

UNIFORME 02-03-09-25-45-47
guardas usando: receberá uma promoção aos olhos daqueles que respeita.
membro da família usando: glória e respeito.
mulher: expressão estrita de si mesmo trará felicidade.
militar: não está preparada para ser alguém na vida; precisa mudar, por meio de ações sábias e conscientes.
militares uniformizados: não conseguirá se livrar de grandes aflições.
usar um cáqui: deseja lidar com visitas desagradáveis com frivolidade.
soldados do exército usando uniformes: um rival lhe tomará a pessoa amada.
usar um: valor e eminência devem ser merecidos; a oportunidade é justificada.
amante usando um: será culpado por atitudes tolas contra uma atriz de teatro.
capacete: perturbação interna com sérias consequências.
com dragonas: tenha honra e consideração por seus pés arrasados.
inimigos usando uniformes: será muito respeitado por sua escolha.
outros usando uniformes: vai se tornar soldado militar ou naval.
vender: amigos exercerão influência para lhe ajudar em mais de uma tarefa insuportável.

UNIVERSIDADE 13-16-17-29-37-43
frequentar uma: sua fortuna repousa em seus talentos; desenvolva-os.
crianças frequentando uma: seu humor se alterna entre euforia, criativa e depressão total.
outras pessoas frequentando uma: triunfo sobre inimigos.
ser professor de: você é inventivo e tem muita força de vontade.
sonhar com: essencialmente, seja perfeito em seus estudos para estar preparado para novos desafios no trabalho.

URINAR 23-25-28-29-30-36
beber urina: sente que alguém lhe suga a energia.

crianças urinando: terá de limpar o chão.
em uma parede: ficar se desculpando por transgressões do passado se torna cada vez mais difícil à medida que você adia os pedidos de desculpas.
molhar a cama ao: ato inconsciente que mostra seu desdém pelos outros.
outros: conclusão de transação após acalorada discussão com investidor.
ter de urinar: está evitando encarar obstáculos incômodos; a realidade não desaparece.
urinol: está guardando considerações maliciosas dentro de si e quer se purificar.

URNA 20-37-40-41-46-48
cheia de cinzas: você não se entusiasma muito com as condições da herança que lhe cabe.
de um parente: terá notícias de novo conhecido.
lidar com: morte de um amigo.
de outros: vai angariar respeito e destruir sua credibilidade ao tagarelar nervosamente.
pôr as mãos em uma: transformará uma empreitada difícil em bom negócio.
quebrar uma: infelicidade por planos que dão errado.
vazia: morte entre vizinhos revela seu acanhamento.

URSO 01-10-22-31-33-43
atacado por: será perseguido por alguém que afirma amar você.
beber leite de: outros têm inveja do seu poder.
comer carne de: uma longa doença levará você à fase seguinte.
dançando: você será tentado a se arriscar em investimentos cujo lucro será inconsistente.
dançar com: seu plano resistirá enquanto você tiver forças.
em pé: você tem insegurança quanto à sua mãe.
em uma jaula: liberação das acusações de cumplicidade.
filhote de: você receberá uma dica de um amigo; charme e carinho estão na moda.
muitos: tristeza emocional proveniente de uma situação superprotetora.
em uma jaula: você se sente possuído pela sua mãe.
hibernando: um desejo de fugir da realidade.
homem sonhando com: crie uma distância entre você e sua mãe.
homem sonhando com uma mulher em companhia de: sua amada está escondendo seus mais profundos pensamentos.
matar: derrote seus adversários com as próprias fofocas deles.
morto: resolução de ambiguidades emocionais.
mulher sonhando com: uma rival ameaçará o seu amor.
polar, no jardim zoológico: perda da herança e de alicerces sólidos torna o caminho escorregadio.
habitat ensolarado: você precisa encontrar sua zona de conforto entre o velho e o novo.
ser transformado em: você conseguirá se libertar de suas inibições.
ser: sua vitalidade voltou para enfrentar grandes problemas.
sonhar com: grande competição em cada atividade.
trabalhando: a concorrência é esmagadora.
vários: as pessoas fofocam a respeito do seu instinto primitivo.

URSO DE PELÚCIA 01-10-28-30-34-40

aconchegar-se junto ao seu: você deve se doar incondicionalmente antes de poder compartilhar.

falar com seu: medo imaturo de falar besteira.

sonhar com: dedicação e apoio incondicionais.

ÚTERO 04-09-14-24-26-29

sentir dor no: está requerendo uma propriedade à qual não tem direito.

ter o útero retirado: fará bom dinheiro, mas não conseguirá crédito.

UVA-PASSA 28-33-35-39-41-45

comer: vai gastar dinheiro mais rápido do que ganha.

comprar: tenha cautela com os negócios, pois o lucro tende a vir aos poucos.

cozinhar: vários pequenos presentes suavizarão o golpe.

secar uvas: receberá visita inesperada do passado.

vender: ignorar o desprazer não é o mesmo que ser feliz.

UVAS 12-13-17-28-42-46

azedas: uma discussão dolorosa a respeito da sua amargura.

brancas: vitória sobre os inimigos por meio dos seus sacrifícios.

campo cheio de: a força espiritual para ter uma longa vida.

colher maduras: grande prosperidade pela frente, oriunda de uma reunião inesperada.

comer: colher os frutos inebriantes do seu trabalho.

comprar: vida física sem a influência do espírito tem curta validade.

destruir: você deveria corrigir os seus hábitos.

fazer vinho de: recursos abundantes por intermédio da sua grande perspicácia nos negócios.

filhos comendo: eles terão uma influência ampla e serão uma promessa viva.

nas videiras: você terá a supremacia nas dádivas do amor.

pretas: cuidado com seus negócios; não permita que sua criatividade enrijeça.

secas: sacrifique o veneno pela voluptuosidade da floração completa.

grandes: riqueza considerável; ponha metade de lado para emergências.

passas feitas de: um estranho afetará você profundamente.

vender: os negócios estão em perigo, mas não a sua saúde.

vermelhas: a partir de uma pequena contradição, as perspectivas pioram.

VACA 03-12-21-24-41-49

adorar uma: você recebeu pouco amor materno.

estábulo: um refúgio da doença.

leiteira: você se sente como um empréstimo bancário pequeno.

malnutrida: dor pela perda do seu instinto maternal.

ordenhar uma: sua atitude em relação à maternidade frutificará.

observar outra pessoa: alguém está tirando vantagem do seu instinto maternal.

rebanho de: preste pouca atenção à opinião dos outros.

pastando no campo: pare e reflita, e então tome sua decisão.

ser: seus impulsos sexuais tão pacientes e calmos.

ser perseguido por: a estupidez de um amigo colocará você em perigo.
mas conseguir escapar: vigie seus assuntos com cuidado.
servir dobradinha no jantar: um sócio prejudicará você em segredo para ficar com a sua posição.
várias: grande prosperidade em todos os empreendimentos por causa de investimentos bem-alimentados.

VACINADO 12-14-25-32-41-52
necessidade de ser: suspeitas lhe obrigarão a provar sua inocência.
ser: está enchendo de afeição uma pessoa que não merece.
crianças: cuidado para não esbanjar dinheiro.
família: prosperidade proporcional ao número de pessoas vacinadas.
por enfermeira: algumas pessoas ficarão contra a chuva de elogios que você vai receber; ignore-as.

VADEAR 07-09-10-16-17-36
amantes vadeando em águas claras: o amor dos dois não está seguro.
barrentas: desilusão que causa enfermidade no coração.
com dificuldade: o amor dos dois desaparecerá completamente, mas seus votos permanecerão intactos.
sonhar com o ato de: pecará para realizar as vontade de uma pessoa querida.

VAGABUNDO 01-04-05-15-22-23
estar na companhia de andarilho: tentativa de evitar más companhias.
encontrar um andarilho sozinho: novo amigo com quem você lutará contra obstáculos maçantes.
outros: reestruture suas finanças para se reavaliar.
ser um: desonra devido à falta de moral daqueles a quem você ajudou a alimentar.
amigos: travará conhecimento com pessoas dignas que lhe considerarão um intruso.
sonhar com: você se liberta dos limites impostos pela sociedade.
vagando: divertimento em piquenique e maus momentos por causa de intoxicação alimentar.

VAGAR 17-20-29-29-32-34
inimigos vagando: sua busca terminará no começo; volte a suas raízes.
outras pessoas vagando: seja decidido e tenha força de vontade para evitar ser traído pelos outros.
pelas ruas: a fortuna será posta em seu caminho.
sem rumo: está limitado por imaginação e restrições de seu eu interior.
crianças vagando: melhoria nos negócios.
sonhar com o ato de: está se aproximando da conquista de seus desejos.

VALA 03-07-10-28-34-37
andar por: seu comportamento e seus hábitos antiquados impedem seu progresso.
cavar: a descoberta de um segredo superará os problemas e possibilitará a prosperidade.
desejar que alguém caia em: sua vingança será revelada, causando humilhação e perda.
estar em: recuperação rápida da saúde.
estar na beira de uma: pense bem antes de prosseguir.
muito funda: você tende a exagerar a adversidade a fim de inflar seu ego.
outros em: você terá dificuldades financeiras, não as suas próprias.
saltar sobre: pare de especular com tantas distrações presentes.
ser empurrado para dentro de uma: atenção com dificuldades inesperadas.

tentar saltar sobre: recue antes de comprar qualquer coisa.

VALE 01-06-11-19-28-36

árido: sua atitude de "não estou nem aí" vai lhe deixar insatisfeito e na vontade.

cruzar um verdejante: alegria e tranquilidade são insuficientes para manter os campos cultivados.

estar em um: pessoa entusiasmada, determinada e independente precisa se concentrar nestas qualidades.

com crianças: vai receber inesperadamente dinheiro que lhe é devido.

parentes: cuidado com problemas sérios de saúde; não ultrapasse seus limites.

o fundo de um: está por baixo, mas vai chegar lá.

vagar por um escuro: ser perdulário não é uma ocupação correta, mas é das mais tranquilas.

VALETE 05-10-17-22-34-38

criado: dignidade e honra só podem ser ganhas de boa vontade.

das cartas de baralho: desvencilhe-se das situações mais complicadas.

empregar um: seu talento para falar meterá você em encrenca.

vários: divergências com amigos a respeito de fazer algo contra o seu bom-senso.

VALIDAR 02-03-08-09-10-16

cheque: cairá nas garras dos credores.

documento: não conte tanto com a sorte.

ser dono de fortuna válida: escutará fofocas idiotas.

tíquete: abundância em sua propriedade.

VALSA 01-12-21-25-31-33

com pessoa amada: um admirador esconde seus sentimentos.

pessoa de má-fama: um pequeno erro de julgamento pode causar um estrago permanente.

dançar, em um salão: bom humor em relação a um romance elegante.

ouvir: está distraída pela melodia e não vê o companheiro leal ao seu lado.

valsar com crianças: ganhará a amizade de pessoa influente.

VAMPIRO 02-07-23-25-30-39

beijando seu pescoço: um amante lhe suga a energia e as emoções.

lutar contra um: você é responsável pela manutenção de seu nível de inveja.

pessoa casada sonhando com: você fez mau negócio com um sanguessuga egoísta.

pessoa morta que volta à vida: você se deixa seduzir por seus hábitos destrutivos.

ser mordido por um: todos os seus medos apontam para um encontro desagradável que terá de encarar.

ser perseguido por um: escolha bem suas companhias; esqueça pessoas que pensam negativo.

sonhar com um: vencerá a resistência a suas origens sociais e se casará por dinheiro.

VAPOR 04-20-25-30-37-49

de panela fervendo: deixe que outros fiquem com suas vidas sem graça e viva sua própria vida.

de locomotiva a vapor: seus objetivos tacanhos serão sabotados.

de máquina a vapor: sua raiva pode lhe expor a perigos; transforme-a em energia positiva.

fazer sauna a vapor: resolverá tarefas que antes eram impossíveis de serem solucionadas.

ir a todo vapor: você resolveu pendências e está pronto para completar a tarefa com êxito.
queimar-se com: exposição de plano secreto contra você.
radiador a vapor funcionando ruidosamente: não provoque uma chantagem contra você.
soltando vapor: se não lidar com os problemas quando eles surgem, eles explodirão.
usar: dúvidas e diferenças entre você e a pessoa amada.
vaporizar: a parte irada de sua personalidade está no controle.

VARANDA 04-15-18-35-36-37
comer em uma: terá de se satisfazer com as condições atuais, de modo que não busque por mais.
com namorado: o pedido de casamento é iminente, mas aceitar não deveria ser.
dormir na: aventura na natureza, mas na proteção do próprio lar.
rastejar debaixo de uma: vai ouvir pessoas conversando consigo mesmas.

VARÍOLA 02-18-25-31-32-52
cuidar de vítima de: promoção ou herança inesperada.
estar com: tudo dará certo para o sonhador.
marca de vacinação: sinal de beleza comparada com a feiura da doença; vacine-se.
ser vacinado contra: você terá dinheiro de sobra e vida longa.

VASO 07-18-27-29-42-51
cheio de flores: exposição de seus gastos absurdos com supérfluos.
de boa cerâmica: você valoriza muito as qualidades da pessoa amada.
de prata: dívidas do passado serão pagas e seu cofre permanecerá cheio.
cheio de flores: os amigos vão lhe ajudar em momento difícil.
ganhar de presente: haverá uma reestruturação radical de suas finanças.
pessoa solteira sonhando com: casamento imediato e nascimento de filho.
quebrado: tristeza insuportável que resulta em dúvidas e indecisões ocultas.
quebrar um, e derramar água: sua preocupação com as aparências destrói as esperanças.
rachado: ainda consegue se segurar, mas a aparência está perdendo a força.

VASSOURA 07-09-19-36-41-43
bater em alguém com: uma mudança para melhor está chegando, se você levar as coisas a sério.
jogar fora uma velha: ignore complicações de pessoas e coisas indesejáveis.
limpar com um espanador: você precisa de um esforço adicional para extrair as sementes ruins que atrasam planos.
montar em um cabo de: seu emprego está em perigo causado por notícia caluniosa.
sacudir uma: livre sua alma de poeira espiritual danosa.
ter nova: a convicção é o primeiro passo para o sucesso.
velha: dinheiro desperdiçado devido a descuido de sua parte.
varrer: tenha cuidado com cada fração de responsabilidade pelo seu sucesso.

VAZAMENTO 04-24-30-37-40-45
de gás: sua impaciência causará mais problemas que a paciência.
na banheira: avalie a situação e resolva o problema.
cano: você deveria procurar um espaço mais amplo para as suas atividades.

carro: você tem uma esposa fiel e é amado por todos ao seu redor.
em um barco: em um acidente, o dono do barco que salva você é dono do seu barco.
galochas: muita energia está sendo escoada para fora de você em forma de preocupação.
radiador: você conhecerá uma pessoa importante; o nascimento de uma criança está próximo.
torneira: você é responsável por cada palavra que diz.
no telhado: você está desperdiçando seu tempo com o amor; concentre-se no plano material.

VAZIO 01-02-19-29-32-44
lar: grande catástrofe pela frente, sem nada para se vender.
o vazio: você não está vendo resultados de um grande esforço; um copo meio vazio.
servir o conteúdo de jarro: ganhos inesperados são uma esperança em vão.
ter barril: grande pobreza; dedique-se primeiro às coisas pequenas, depois é hora de expandir.

VEADO 13-19-22-41-47-53
caçar um veado macho: você está correndo atrás de alguém a quem deve se juntar para ganhar distinção.
evitar um: seus planos serão arruinados quando você receber uma herança.
sonhar com: sua chance de ser o senhor da situação, mas nos bastidores.

VEGETAIS 07-08-09-21-31-33
colher: preocupações com dinheiro podem ser minimizadas por medidas econômicas.
outros colhendo: suas brigas estão atraindo críticas ferrenhas.
comer: está colhendo os benefícios do que plantou.
abobrinha: caminho aberto para melhorar a saúde.
alho-poró: a saúde fica melhor.
brócolis: suas ambições serão malinterpretadas e lhe darão motivo para uma verdadeira indigestão.
endívias: um estrangeiro dirá que lhe ama, e a conversa acabará por aí.
nabos: brigará em companhia de amigos.
vagem: planos antigos começam a se realizar.
comer abobrinha italiana: tenha o bom hábito de ir à igreja regularmente.
cultivar: receberá notícias inesperadas que lhe deixarão feliz.
comer alcachofras: briga familiar devido a seus atos ridículos.
cultivar: conseguirá superar os problemas atuais.
comer alface: você arruma desculpas para o comportamento de um parente; a inveja está à solta.
colher do próprio jardim: finanças saudáveis serão destruídas por sua supersensibilidade
comprar: brigas de família.
comprar pastinacas: a doença não vai durar muito tempo.
comer: só terá sucesso nos negócios se não se contentar com pouco.
cozinhar: está em dívida com alguém; pague antes que essa pessoa cobre.
comprar salsa: segurança em afabilidades sociais.
cultivar: sucesso virá com trabalho duro.
cozinhar aspargos: sucesso nos negócios se reconhecer quando estiver errado.
comer: cuidado com o que deseja, pois pode conseguir.

cozinhar espinafre: receberá a gratidão da família com uma dose de coragem.
comer: será importunado por um vizinho absolutamente detestável.
cultivar: seu trabalho renderá frutos se for cultivado, e o dinheiro virá se você souber regá-lo.
funcho: clareza espiritual a respeito dos ciclos da vida.
lentilhas: está treinando para a batalha da vida.
plantar: reexamine sua saúde e alimente o lado espiritual.
preparar berinjela: seu sucesso cresce gradualmente por você divertir os colegas de trabalho.
raiz-forte: dúvidas quanto à fidelidade e constância de um amigo.
sentir cheiro de legumes cozinhando: descobrirá segredos desagradáveis, e depois outros agradáveis.
ser vegetariano: uma dieta para autodisciplina deve respeitar sua natureza.
sonhar com: trabalho árduo com pouco retorno e ameaça continuada de má-sorte.
verduras: continue a perseverar e guarde as maiores esperanças para a vida amorosa.

VEIAS 05-07-15-27-32-38
alguém lhe tirando sangue das: veja sua saúde com outra perspectiva.
de um parente: não acredite em tudo que ouve, mas defenda seu nome contra o que você suspeita.
cortar as: se deixar seu talento fluir, ficará rico.
crianças cortando as: cuidado com suas ações; sua ansiedade lhe deixará doente.
tirar sangue das próprias: desfrutará de um grande amor.

VELA (de navegar) 11-14-15-24-31-48
içar a vela em um barco: com a organização apropriada, suas ideias inovadoras o propulsionarão.
lidar com várias velas: suas responsabilidades incluem a liderança onde outros já falharam.
manejar a vela do próprio barco: você está sendo levado a fazer uma escolha constrangedora.
quadrada: os problemas devem ser encarados de forma concreta sob todos os pontos de vista.
sonhar com vela para navio ou barco: um inimigo quer lhe arruinar.

VELAS 02-07-17-13-21-33
acender: seja mais atencioso e respeitoso com os amigos; comece do início.
acesas: aguarde convite para uma festa e o aceite.
nos dois lados: suas indulgências estão esgotando seus recursos físicos.
queimando lentamente: sua paz está dentro do seu eu mais profundo.
apagando-se: um pouco de tempo que sobrou em sua vida.
apagar: sua briga com uma pessoa amiga passou; comece do início.
candelabro: o caminho da sua salvação por intermédio do invisível está claramente indicado.
carregar acesas: um pequeno esforço produz resultados extraordinários.
com chama clara e estável: você terá um casamento esplêndido cheio de aventuras.
castiçal: seu espírito será iluminado.
comprar: você tende a acreditar nos inimigos.
de velório: deixe partir aqueles que morreram.
fazer: você está buscando orientação em um tempo de escuridão espiritual.

fumegando: período de incerteza, dúvida e indecisão.
pequena de cera: a sabedoria vem em doses pequenas.
apagada: é o único fardo que você carregará.
carregar uma vela alta e fina acesa: a sorte protegerá seu caminho na vida.
possuir uma pequena: indecisão quanto a uma proposta.
queimar-se com: a busca por sabedoria não é uma jornada sem aflição.
sonhado por empresário: alcance a prosperidade com boa ética profissional.
por pessoa doente: se você se empenhar no bem do corpo inteiro, irá se recuperar.
por pessoa solteira: você deseja a liberdade proveniente do casamento.
soprar: a competição e a rivalidade no final de um período de sua vida.
ter coloridas: você enviuvará prematuramente.
tremeluzindo: você está sendo guiado por meio dos segredos de boatos prejudiciais.

VELEIRO 16-18-21-44-45-46
manusear um: planos atuais de negócios podem se provar fúteis.
outras pessoas em um: seus desejos não extrapolarão a capacidade de conservação, uma vez que você já os tenha conseguido.
ter um: se sairá bem de um perigo atual.
velejar em mar aberto: seu gosto por aventura deve ser usado construtivamente.
com crianças pequenas: maestria em vários assuntos, menos dinheiro.
com marinheiro: planos atuais de negócios se mostrarão fúteis.
só com a pessoa amada: tristeza em assuntos do coração.
velejar em um: muitas dificuldades serão encaradas e resolvidas.
em mar calmo: sorte nos negócios.
tempestuoso: obstáculos atrapalharão seu caminho, mas você tem imunidade.

VELHO 07-09-10-16-17-36
ficar: distancie-se da fama e a alcançará.
homem: distancie-se do conhecimento advindo de ações questionáveis e suas memórias.
mulher: o perdão liberará o vigor necessário para a continuidade do envolvimento emocional.
relacionar-se com pessoas idosas: seja prudente; você está mais satisfeito do que se permite reconhecer.
ser: aquele que sobreviver a seus oponentes vencerá.
muito: terá relacionamento ruim com uma jovem.
sujeito velho e esquisito: terá de justificar a inocência de seu ato a um relator.

VELUDO 16-22-38-40-42-48
comprar: será esforçado, suave, sensual e elegante.
costurar: receberá ajuda de um amigo e retornará dez vezes mais.
ser comerciante de: juntará dinheiro por meios questionáveis.
sonhar com: a oposição irá se doer com sua ascensão.
vestido de: as riquezas e o respeito de alguém serão transmitidos a você.

VENDA 02-04-07-16-29-34
a crédito: não há certeza se o preço dado equivale ao esgotamento emocional pela perda.
da empresa: discussões em família devido à sua falta de respeito pelas tradições familiares.

das próprias coisas: de quanto você precisa para se sentir confortável consigo mesmo?
homem pobre vendendo barato para homem rico: só dinheiro faz dinheiro.
de imóvel: doença vinda de intoxicação não revelada.
de leite e queijo: você aceitou a responsabilidade pela saúde de outra pessoa.
de objetos mecânicos: infelicidade, caso você não forneça apoio técnico.
de tabaco: uma euforia de origem pacífica se torna destrutiva quando chega à superexposição.
joias: sua imaginação mórbida cria cenários que você preferiria que não existissem.
objetos de aço: você está permitindo que outros construam sua vida.
pequenas quantidades de mercadoria: falta de confiança para ganhar abundância e riquezas.

VENDA 10-15-24-35-39-43
outros vendendo coisas: você é objeto de inimizade secreta por parte de pessoa desconhecida.
privada: fará bons negócios sem competição desonesta.
comprar em: não será possível determinar o valor sem negociar o preço.
pública: você está prestes a ser enganado, pessoas nervosas; esconda as relíquias de família.
vender mercadorias: não inclua uma parte de si mesmo na negociação.
a si mesmo: seus ganhos materiais valem o preço que você paga por eles?
sua propriedade: mudança de ambiente devido à melhoria de rendimento.

VENDEDOR(A) 01-14-16-24-25-33
outros comprando de um: adiamento do sucesso até você conseguir o que precisa.
ser um: tudo dará certo se você vender com amor e afeto.
amigo: cuidado para não ser traído por amigos.
um vendendo-lhe algo: não existem perguntas idiotas; se ele menospreza suas perguntas, não compre.
armas: sua tentação deve ser detida antes de fazer mal a outros.

VENENO 06-09-18-20-25-38
cultivar plantas venenosas: proteja-se de enfermidades causadas por inveja e olho-grande.
dar a alguém: suas mentiras causarão a separação de pessoa amada.
envenenar a bebida de outra pessoa: desonestidade por parte de pessoa em quem você confia.
jogar fora: sucesso, a despeito de qualquer obstáculo.
melado como antídoto para: ficará sabendo de notícias agradáveis que guardará por muito tempo na memória.
tomar: vai se desintoxicar e se recuperar.
morrer por tomar: seria adequado rejeitar violentamente a causa de seu sofrimento.
ptomaína: a gula tem suas gratificações e cobra sua conta.
recuperar-se dos efeitos de um: sua comida ou bebida favorita podem ser como veneno para seu corpo.
ser envenenado: a fofoca que você espalhou continua dentro de você.
comprar arsênico: passará por contrariedades por dar crédito e emprestar dinheiro.
tomar: contrairá doença infecciosa.

sonhar com: as pessoas lhe desconsideram devido à causa de suas ações perversas.
sumagre: excelência intelectual não representa preparo para lidar com um aproveitador fraudulento.
tomar, por vontade própria: você teve participação na disseminação da praga.
amigos: não especule no mercado de ações; tome decisões solidamente embasadas por pesquisas.
outras pessoas: encontrará oposição ao saber de notícias dolorosas e angustiantes.

VENERAÇÃO 32-35-39-40-49-52
a Deus: fundir todos os aspectos de si mesmo em uma qualidade a qual você pode aspirar.
adorar um ídolo: negócios fracassam pela falta de ação individual.
por seus filhos: um símbolo de quem você desejaria ter sido.
esposa: abundância de beleza simboliza sua posição.
marido: suas habilidades têm que se desenvolver de você mesma.
namorada: as qualidades dela são as que faltam em você.

VENTO 05-06-07-08-18-19
afundando uma embarcação: o dinheiro virá fácil por meio de especulação bem-sucedida.
ausência total de: precisa superar as esperanças perdidas de um desejo muito acalentado.
navio: você descobrirá um segredo.
caminhar com: recursos abundantes por meio do apoio de amigos.
contra o: agonia nas mãos de rivais que não lhe dão sossego.
e sentir um formigamento: será insultado por homem sem modos.
estar no mato e sentir um vindo do oeste: modéstia.
estar no meio de uma ventania: ganhos financeiros em seu caminho se você planejar cada passo de forma cuidadosa e honesta.
estar em um navio durante uma forte: realizará grandes ambições; você foi aniquilado, mas ainda permanece destemido.
em um barquinho: problemas e perdas nas finanças.
lutar contra o: sucesso rápido de suas esperanças se você encarar as dificuldades de frente.
redemoinhos ao seu redor: reconsidere ideias recusadas.
sobrenatural: começo de uma aventura que só você poderá viver.
soprando: já está avisado: o litígio vai lhe custar uma energia infinita e esgotará as reservas de sucesso.
desfrutar do vento à noite: ganhará um presente de um estranho.
em um navio à vela: problemas emocionais à vista; as condições futuras serão melhores.
forte: recomponha-se; mostre alguma coragem em suas especulações.
sentir uma suave brisa: será insultado por um homem mal-educado.
soprando o chapéu para longe: tempo favorável para fazer negócios com estranho.
suave e frio: agarre essa inspiração e siga com ela.
vela ao: receberá uma herança ou promoção no trabalho.

VÊNUS 01-03-04-16-22-37
casando: será respeitada e amada por todos.
figura de Vênus nua: relação sexual como forma de comemoração.

sonhar com: vai escrever poesia, canções, qualquer coisa para seduzir um homem.
a deusa: cuide de suas emoções sensuais e volúveis.
o planeta: visão de harmonia estética.
ter uma estátua de: riquezas proporcionais ao tamanho da estátua.

VERÃO 03-09-13-24-30-32
paisagem de: seu otimismo e sua confiança são autorrenováveis.
sonhar com, durante a própria estação: vai procurar prazer à custa do senso de justiça e da civilidade de outra pessoa.
durante a primavera: é preciso pensar muito bem e não confiar em todos os amigos.
durante o outono: vai se arrepender por deixar de desempenhar determinada tarefa.
inverno: seja sério em seus empreendimentos.

VERDE 02-08-23-24-36-50
inveja, roxo de: reavalie suas opiniões e conquistas.
paisagem: você está em sintonia com o que passa no ambiente que o cerca.
pintar um aposento de: receptividade à inspiração intelectual.
queimar madeira: suas extravagâncias estão permitindo que sua imaginação corra desenfreadamente.
vestir: reconsidere seu crescimento potencial somente em projetos com os quais você está entusiasmado.

VEREDITO 04-11-15-18-31-45
escutar contra a vontade: vai se preparar para viajar às pressas.
júri que decide o: sua esperteza e astúcia fazem alguém rejeitar sua sociedade.
ouvir um jurado dar o: vencerá um processo.
ser jurado e decidir um: conseguirá dinheiro com um amigo caso segure a língua.

VERGONHA 10-17-20-29-42-47
parceiro com vergonha do outro: a separação logo ocorrerá.
sentir: sorte nos negócios.
da castidade: você conhecerá uma pessoa rica.
de suas ações: você está com a consciência pesada.
dos filhos: ouça o conselho dos amigos.

VERMELHO 01-11-13-14-15-29
carmesim: notícias agradáveis de um amigo perdulário e cheio de vida.
usar coisas dessa cor: longa viagem no calor da paixão.
carro de bombeiros: aviso para evitar atritos com amigos.
carro esporte: você está pedindo para levar uma multa por excesso de velocidade.
Cruz Vermelha: será recrutado para cuidar de um parente que está passando por problemas.
escarlate: brigas de família que levarão anos para serem resolvidas.
rosto: a raiva ofusca qualquer gesto positivo.
semáforo ficando: o comportamento de alguém lhe bloqueia a energia.
ver: é preciso uma agressão vital para ações afirmativas.

VERMES 04-11-12-31-19-40
carne cheia de: pessoas o exploram vergonhosamente.
matar: guardar rancor não lhe dará justificativa.
muitos: sua saúde mental está perturbada, na melhor das hipóteses.
nas plantas: receberá dinheiro inesperado ao se manter junto dos antigos amigos.

destruindo as plantas: você foi pego de surpresa pela traição de um conhecido.
em seu corpo: você se desencoraja facilmente devido à falta de autoconfiança e de objetivos.
no corpo de crianças: perigo de doença infecciosa.
outras pessoas matando: a fonte da destruição irá para a cadeia.
sonhar com: será vítima de intriga, mas acabará com o ardil graças à sua assertividade.

VERMUTE 15-17-29-31-35-38
beber: precisa economizar.
comprar: sofrerá humilhação.
dar de presente: vai se irritar com pessoa insensata.
sonhar com: em breve sentirá muita dor no corpo.
vender: passará por sofrimento e humilhação.

VERRUGAS 06-12-15-24-25-32
sonhar com: está cercado por hostilidades e insensibilidade ocultas.
ter: está expulsando fofocas do passado.
muitas, nas mãos: muito dinheiro virá para você.
no corpo: sua reputação sofrerá devido a gestos generosos.

VERSOS 08-22-23-27-40-45
escrever: não terá sucesso se trabalhar sozinho; lide com os reveses e perturbações.
ler: vai se dar bem em seus planos, pois sabe exatamente o que lhe espera.
lidos em voz alta por outras pessoas: felicidade familiar.
sonhar com: uma pessoa idiota o perturba; sua irritabilidade não ajuda.
sonhar com versículos da Bíblia: felicidade com companheiro, mas precisa apaziguar a inimizade entre os aparentados.

VESPA 02-10-12-20-29-30
matar uma: rival tentará lhe ferir duas vezes mais do que você o feriu.
outros matando: outra pessoa está conduzindo suas batalhas.
ser picado por uma: perdas devido à oposição de inimigos invejosos.
crianças: cometerão uma injustiça contra você; amargas recriminações de sua parte.
parentes: você tem inimigos entre aqueles em quem confia, e eles estão tentando lhe prejudicar.
ser um: a centelha necessária para o sucesso de sua empreitada.
vespa-rainha: tentará destruir para se reconstruir.
vespeiro: muitos lhe culpam por suas tristezas; cuide de seus próprios interesses.

VESTIDO 10-23-29-37-40-43
hábito de uma freira: você receberá grandes honrarias.
alguém pisando na cauda do: você terá um novo caso de amor.
armário cheio de: amor constante pelos prazeres sociais.
sem: você terá dificuldade para escolher a roupa adequada.
bonito: você será importante socialmente.
ganhar: um homem desconhecido ajudará você.
comprar um novo: riqueza e alegria.
coser um rasgado: você está descuidando de seus próprios filhos.
de pessoas idosas: você comparecerá a um batismo.
decorado com azeviche: um luxo ligado a um caso de amor com uma pessoa de posses.

desejo de arrancar: sucesso em casos de amor.
desenhar: você irá receber uma proposta e recusá-la.
desordem no seu: alguém está tirando vantagem de você.
em vitrine: sua ambição está inspirada; siga-a.
escuro: lucros se você causar a impressão certa.
folgado: amigos enganarão você.
fora de moda: a situação hostil é autoinfligida.
homem vestindo roupas de mulher: ele tem ciúme do sucesso da parceira.
lavar: moderação em relação ao dinheiro.
levar para lavanderia: você está gastando tempo com aqueles que, no final, irão prejudicá-lo.
manchar: as pessoas estão falando mal de você.
mulher grávida usando um folgado: você não está tendo cuidado e atenção com seus relacionamentos.
mulher vestindo roupas de homem: ela tem uma personalidade egoísta.
parcialmente costurado: os amigos tratarão você com indiferença.
perder: você espera favores demais dos outros.
possuir: você tem que lidar cuidadosamente com um momento desagradável, antes que ele se torne exasperador.
apertado: você está sendo implacável no controle sobre os outros.
azul-claro: uma promoção no emprego.
azul-marinho: infortúnio será evitado.
belos: os esforços terão sucesso.
bordado: você receberá favores de uma pessoa que não conhece.
branco: as pessoas sabem que suas intenções são puras.
cinzento: você receberá uma carta com boas notícias.
cor de malva: infelicidade pela frente.
curto: você fará qualquer coisa para chamar a atenção.
de casa: você está muito negligente.
de luto: morte de parente.
de luxo: você irá presunçosamente a um lugar onde não pertence.
de várias cores: conhecerá uma pessoa simpática.
dourado: os fardos impingidos a você não irão assustá-lo.
marrom: terá uma posição social alta.
negro: tristeza e dor.
rosa: um êxito glorioso.
roxo: um casamento feliz e a morte de um amigo.
simples: terá êxito no amor.
verde: a prosperidade que deseja virá a você.
vermelho: terá o respeito dos outros.
rasgar: sua prosperidade está em perigo por causa do exagero da sua reação.
pessoas rasgando o seu: receberá ajuda de um amigo.
remover forro de: cuidado com rivais.
roubar: você quer o respeito que sente que não poderá conseguir.
sujo: receberá a culpa pelos infortúnios nos negócios.
ter um de cauda longa: infelicidade.
tirar: esqueça as coisas fúteis; confie apenas no que pensa.
amarelo: ciúme.
azul: desprezo irracional pelo perigo.
mostarda: lucros.
negro: você não conseguirá se livrar facilmente da sua depressão.
vermelho: perderá a calma.
trocar de: sofrerá por causa de sua própria insensatez.
usar um vestido azul-celeste: mudança para melhor.

adornado com ouro: você deseja uma posição social melhor.
com pele de animal: muito dinheiro.
amarelo: sua honra será ludibriada.
barato: os amigos lhe darão as costas quando precisar de ajuda.
branco: grande fortuna.
de festa ousado: sua personalidade egoísta e pretensiosa está fazendo sucesso.
outros: será humilhado por esconder seus sentimentos das pessoas que o cercam.
de seda negra: receberá o que deseja.
grande demais: conseguirá um bom emprego.
negro: um casamento pela frente.
rasgado: você não tem consciência da sorte.
roupas de festa ousadas: doença.
vermelho: sua arrogância voltará para atormentar você.

VÉU 04-10-12-22-33-37
abrir ou dobrar um: uma verdade importante foi desvelada.
arrumar sobre a cabeça: compostura pretensiosa que tenta tornar sagrado o que nunca foi.
outras pessoas: mistério e modéstia.
perder um: perderá a pessoa amada após disputá-la com seu superior.
rasgar um: perderá apoio e proteção quando sua falta de sinceridade for exposta.
sobre pessoa morta: circunstâncias favoráveis ajudarão um casamento.
ter um: está mascarando um pensamento proibido por meio de ondas espirituais.
uma noiva com: possibilidades grandiosas de muita felicidade.
usar um: suas ações dissimuladas são para que você se preserve, não para que se aprimore.

VEXAR 14-28-38-39-42-44
atormentar alguém: tudo vai dar certo.
causar vexame: será enganado por pessoa em quem confiou.
crianças causando vexame: melhore as condições com atividade correta.
ser atormentado: sente-se ansioso para resolver um problema, mas não consegue arrumar uma solução.

VIAGEM 02-08-22-28-29-38
abandonar uma viagem: sonde as possibilidades antes do próximo passo.
de repente: sua culpa foi exposta.
aguardar ansiosamente por: o que você planejou acontecerá.
comprar passagem para uma: a batalha contra vícios e atitudes acabou; siga seu rumo.
fazer uma viagem por conta própria: não hesite; tome a direção que foi decidida.
com agente de viagens: você precisa de alguém em quem confiar.
pela internet: transcenda seus problemas para ter um ponto de vista desobstruído.
preparar-se para uma: é preciso anos de aprendizado para se preparar para todas as eventualidades.
ser levado para viajar: relaxe; as pessoas estão lhe dando apoio.

VIAGEM POR VIA AQUÁTICA 11-14-16-20-27-34
embarcar em uma: em breve receberá mensagem de longe e retornará.
com a pessoa amada: receberá remuneração acima do devido.
e chegar em país estrangeiro: reflita a respeito de suas ações para com aqueles que não lhe conhecem.

para o estrangeiro, com a família: expanda seus horizontes para dar objetivo a todos.

sozinho: os bons tempos voltarão se você se lembrar do passado.

VIAJAR 04-12-17-37-38-39

a cavalo: lidará com gente obstinada, uma delas você mesmo.

a pé: trabalho duro pela frente; cuidado, sua saúde está hesitante.

com a pessoa amada: adiamentos em questões pessoais por você esconder sua insinceridade.

com armas de fogo: em breve arrumará uma esposa, mas só depois que resolver sua tendência à irritabilidade.

com colegas de trabalho: esperanças frustradas em todas as empreitadas atuais até você partir para outras.

com outras pessoas: sente que está estagnando e que os outros lhe deixam para trás.

com sua família: evitará infelicidade se fizer os sacrifícios necessários.

como turista: seu nervosismo lhe atrapalha a desenvolver uma relação.

com *grupo de turistas*: não evite as opiniões de outras pessoas; os conselhos podem ser úteis.

de carro: separação da família próxima para viajar para um lugar ao qual você só pode ir sozinho.

de casa até outra cidade: as condições atuais se encaminham para um crescimento positivo.

de charrete: gozará de grande fortuna se aceitar novas ideias em seu trabalho.

de trem: pense antes de agir, e só depois de um merecido descanso.

em um barquinho: precisa fomentar ao máximo a consciência de si mesmo.

estando no exterior: sua mente está confusa; considere os resultados potenciais cuidadosamente antes de agir.

para o exterior: sua infantil falta de confiabilidade lhe fará perder o respeito de quem precisa.

outras pessoas viajando para o exterior: triunfo sobre inimigos lhe trará súbito e enorme ganho financeiro.

outras pessoas viajando quando estão no exterior: farão pouco de suas conquistas quando a fortuna deles aumentar.

fazer outra viagem: visita de amigo distante; considere os resultados antes de agir.

no espaço sideral: jornada espiritual de expansão de si mesmo e elevação da consciência.

preparar-se para: cuidado com fofocas de amigo sobre as razões de sua viagem.

sozinho: escapará de eventos desagradáveis caso evite a interferência de vizinhos enxeridos.

viajar a trabalho, com homem casado: um companheiro de trabalho não tem desculpas para suas atitudes.

com homem solteiro: os interesses de outras pessoas talvez não estejam alinhados com o foco do negócio.

com mulher solteira: receberá importante ajuda de superiores.

com mulher casada: alguém mal-intencionado está lhe observando.

de metrô: está atacando suas ambições utilizando seus ímpetos subconscientes.

VICE 33-37-34-35-19-50

trabalhar com um: sorte em suas questões.

ser vice-presidente: vai ter domínio de várias questões.

VÍCIO 05-22-23-29-43-45

alcoolismo: dependa de outra emoção para se entreter.

drogas ilícitas: medo controla seu desejo de viver.

em comida: suas decisões são atos responsáveis que já tardam.

ninfomania: você é codependente, em seu prejuízo.

remédios sem receita: sua indulgência excessiva é frívola.

com receita: a vontade de outra pessoa domina suas ações.

VIGÁRIO 03-13-16-26-27-31

conversar com um, na igreja: as pessoas causarão aborrecimentos.

receber as bênçãos de um: vida longa.

ser um: passará por altos e baixos.

sonhar com: respeito e dignidade.

VIGARISTA 26-31-32-37-43-45

ser parceiro de um: você é idealista demais para acreditar nas más-intenções dos outros.

ser um: está prestando serviços com muita facilidade e outros se aproveitam.

ser vítima de um: conseguirá fortuna em empreitada de risco se tiver força e paciência.

sonhar com um: você é uma pessoa muito cortês, com uma queda pela imprudência.

sonhar que passa as pessoas para trás: cuidado com amigos que desaprovam suas ações.

VIGIA 18-33-34-35-36-45

animal em vigília: você é um exibicionista que vive do desempenho dos outros.

atingir um: pule obstáculos para realizar seus projetos.

de banco: mostra que tem coração muito bom ao se importar com gente que não pode lhe retornar o amor.

de parque: espera favores demais dos outros enquanto por seus favores você cobra dinheiro.

noturno: escapará de perigo ao se afastar da situação.

sendo levado por um: sua consciência finalmente tem controle sobre os outros.

pegando um gatuno: será desencaminhado por ficar pensando o que não devia.

ser um: será perseguido por desejo ou impulso imoral.

sonhar com: tem a proteção de um amor silencioso.

vários vigias: identifique os colegas de trabalho perigosos.

VILÃO 10-14-16-37-38-45

mau: pare de ser uma vítima para descobrir seu papel na sociedade.

muitos vilões fazendo maldades: incapacidade de determinar o que ou não mudar.

ser um: não está disposto a se responsabilizar por dar rumo à própria vida.

uma vilã: foi-lhe enviada uma carta de amor relatando grande afeição.

encontrar um: está vivendo de acordo com um padrão que não é o seu.

VILAREJO 04-10-26-27-35-36

distante e iluminado pelo luar: uma oportunidade de ouro pode ter repercussão negativa.

onde você vive: condições melhores e perfeita satisfação no futuro.

pegando fogo: fará uma peregrinação à essência de sua capacidade de amar.

vários vilarejos a distância: mudanças de posição à medida que você pula de um emprego a outro.

VINAGRE 06-12-18-19-24-34

beber: a família não concorda com suas extravagâncias; o equilíbrio se dá em prazeres mais básicos.

branco: a ruína bate à porta, com resultados desarmônicos e desfavoráveis.

cozinhar com: concordou em fazer algo que pode resultar em desastre para sua indústria.

derramar: a perda de um amigo vai lhe afastar de velhos fantasmas.

fazer picles com: os negócios ficam paralisados até começar a fermentação.

fazer: o projeto traz problemas demais para dar certo.

de bom vinho: terá uma briga na justiça por causa de uma mágoa complicada.

para salada: participará de uma orgia de delícias saudáveis.

fresco: com cuidado, gozará de boa saúde.

sonhar com: trabalhos darão resultado mais tarde, depois que você lidar com 12 obstáculos.

vermelho: será insultado por outros, piorando uma situação que já era ruim.

VINGANÇA 01-03-10-17-24-25

contra a família: solucione imediatamente as pequenas discussões familiares.

amigos: use seus talentos para enriquecer sua mente, não para ter o prazer de destruir sua moralidade.

inimigos: um rival vai lhe roubar o afeto da pessoa amada.

parentes: as brigas lhe farão perder muitos bons aliados.

um homem: atitudes humilhantes e cruéis de sua parte.

uma mulher: você é considerado muito vulgar.

procurar por: tempos de angústia que trazem amargas decepções.

VINHA 01-02-10-39-48-53

colheita de frutas de: bons ganhos se você tiver uma relação confiável com seu sócio.

colher de uma: mal-entendidos não vão lhe favorecer.

conferir um vinhedo: espera resultados com impaciência sem por eles ter trabalhado.

de folhas verdes: terá sucesso em breve.

de uva: abundância e frutos de seu esforço.

murcha: sua vitalidade depauperada abriu caminho para fraude no processo.

passear por vinhedos: especulação favorável, sexo auspicioso e muitos filhos.

podar uma: deve ter fé em sua empreitada para conseguir fortuna.

saudável: operação de negócios bem-sucedida com boa amizade; perigos podem ser revertidos.

ter uma grande: quanto mais velho você for, mais poderá produzir.

VINHO 02-11-12-14-28-46

abrir uma garrafa de vinho com abridor: perigo devido à sua incapacidade de controlar desejos sórdidos.

outras pessoas: um mistério será resolvido; está tudo em sua cabeça.

amargo: sua falta de atitude transformou seu talento em vinagre.

beber: receberá muitas coisas boas, depois ficará surpreso ao passar por problemas.

branco: felicidade em amizades sinceras.

clarete: um posto nobre lhe será oferecido.
de cor quase negra: fortuna e satisfação.
de um garrafão: você vai extrapolar no amor e na paixão, passando vergonha e tristeza.
escuro: está se permitindo revelar emoções que não costuma expor em público.
marsala: as condições nos negócios melhorarão se você evitar excessos.
moscatel: grande reconhecimento vindo de vários e distantes lugares.
muito suave: conversas inteligentes com amigos.
tinto: ficará inebriado de animação e otimismo.
beber durante a liturgia: o significado transformador de Cristo.
comprar: terá novo emprego com colegas adequados.
derramar uma taça de: alguém vai se ferir e derramar muito sangue.
tinto, em toalha de mesa branca: você ampara o desastre alheio.
fazer: divertimento superior, prazer e bons resultados em todos os assuntos.
fermentar: enfermidade mental temporária que vai abalar a família.
ficar bêbado de: nascerá um filho bastardo.
garrafa de: banquete, tempos de prosperidade e amizades inteligentes.
quebrada: algumas pessoas vão lhe fazer pensar que cometeu ato imoral.
vazia: vida desprovida de prazer.
ter muitas rolhas: a perseverança lhe dará a segurança em si mesmo que lhe é tão necessária.
enfiar uma, em uma garrafa de: uma visita inesperada e de alto-astral vai lhe aliviar os problemas.
tirar uma: um amigo lhe ajudará a superar a situação.
ter um barril cheio de: você entra em crise por pouco.
vender: cuidado com intrigas ao oferecer seus serviços.

VIOLÃO 18-28-30-31-44-46
moça sonhando estar ouvindo: tentação por meio da lisonja.
música de violão sendo interrompida: os amigos interferirão nos seus relacionamentos mais íntimos.
ouvir um sendo tocado: uma vida vigorosa até a morte; harmonia e desarmonia – é sua opção.
sons suaves de um: fortifique-se contra as artimanhas astutas de um sedutor.
ter prazer com música de: você está no processo de superar com êxito as dificuldades.
tocar: comportamento caprichoso e discutível que precisa de ajuste fino.
guitarra espanhola: siga o seu próprio caminho com determinação.

VIOLÊNCIA 04-08-26-35-46-47
companheiro demonstrando: infidelidade em situação delicada é impraticável.
você mesmo: você é uma pessoa tímida e sensível que precisa de tranquilidade.
praticada contra outros: perdeu todo o sentido de controle sobre seus poderes.
ser atacado com: uma revolta da qual você faz parte, mas não é o instigador.

VIOLETAS 0-14-28-50-51-52
colher: a humildade conduzirá a um casamento feliz.
comprar: enfrentará um processo; sua santidade não pode ser comprada.
cultivar africanas: saudade de uma lufada de beleza em meio ao frio severo.

fazer um buquê de: castidade e devoção religiosa.
receber de pessoa amada: terá muita sorte no amor.
usar a cor violeta: modéstia e temperança, poder e paixão.

VIOLINO 15-18-27-32-40-43
arco de: os outros interferirão em questões amorosas.
arrebentar uma corda de: em breve vai chorar de tristeza.
ouvir a doce música de um: será coroado ao máximo de seus desejos domésticos.
pedestal de: será visitado por um velho amigo.
quebrado: felicidade entre marido e esposa.
tocar um: vai enfrentar uma confusão considerável tentando desemaranhar situações complicadas.
com outras pessoas: alegria se você desistir do ciúme.
em quarteto de cordas: sua decisão não deve se basear em fofocas maldosas.
em um concerto: consolo de uma bela mente.
sozinho: irá a um funeral.
violoncelo: sua autoconfiança é firme, profunda e verdadeira.
viola da gamba: seu talento é essencial para o projeto realizado em equipe.

VIRGEM 01-18-21-33-36-47
abraçar uma: ofenderá a inocência dela de maneira ultrajante.
conhecer uma, com muitos namorados: fique alerta que sua ingenuidade será respeitada.
conversar com a Santa: o prêmio de consolação chegará rápido e não será injustificado.
fazer avanços sexuais em uma: sua culpa interna não lhe permite admitir a pureza dos outros.
figura de uma: tentações lhe ameaçam por todos os lados.
perceber que uma pessoa não é: pesar por acreditar que precisa do que não é essencial para uma relação.
pessoa doente sonhando com a Santa: a velocidade de sua recuperação será proporcional à sua sinceridade.
segurar uma: ao se manter compromisso total um com o outro, não haverá barreiras à expressão do amor.
sequestrar uma: sua obsessão por volubilidades vai criar uma difamação de proporções irreais.
ser apresentado a uma: a sorte lhe sorri em prazeres sem segredo.

VIRTUOSO 10-12-23-35-39-41
ser uma pessoa virtuosa: muitos inimigos por perto, proteja-se ficando firme.
companheiros virtuosos: ficará em situação precária.
crianças virtuosas: não dê ouvidos às mentiras dos outros sem confrontar as suas.
sonhar com virtude: está andando em más-companhias.
oculta: vá em frente com sua nova amizade mantendo o coração tranquilo.
ter amigos virtuosos: vai cair em uma armadilha ao esperar que outros façam jus às suas expectativas.

VISÃO 01-05-16-17-18-27
adorável e envolvente: a mensagem espiritual de seu significativo papel no mundo.
de Deus: horror e medo indicando enfermidade iminente.
confusão estranha: está atarefado demais e precisa diminuir o ritmo.
deusas: é provável que seja humilhado publicamente.
santos: promoção inesperada lhe é oferecida.

embaçada: você é incapaz de decifrar seus próprios erros ao parar para analisá-los.
imaginativa: seu ponto de vista perspicaz deve ser expresso em sua totalidade.
ver uma imagem mental: perigo vindo de pessoa vaidosa e egoísta que lhe aparece.

VISCO 01-15-17-31-33-43
colher: vai se render à vontade de amantes cheios de esquemas.
dar a outros: boa sorte e prosperidade para aqueles que recebem seus presentes.
galho pendurado: ganhará um amante zeloso e encantador.
receber de alguém: a felicidade tem que vir de dentro de você.
trocar beijos sob um: uma reviravolta emocional está tendo início.

VISITAR 11-18-23-25-28-31
fazer visita: obstáculos em seus planos resolvem uma opinião contrária.
fazer visita com parente: pessoas preguiçosas ficarão desconfiadas de seus talentos organizacionais.
o médico: terá vantagens sobre ele; você vive em seu corpo e sabe mais.
receber cartão de visitas: chorará de tristeza.
de pessoa em apuros: solucione o problema da pessoa e ela ficará em dívida pelo resto da vida.
retribuir uma: tem um problema merecido, deve ter paciência.
seus amigos: sua situação não é boa; protele a decisão.
um amigo: terá perdas profissionais se não lidar com um determinado problema urgente.
vários: em breve receberá boas-novas.

VISITAS 04-12-17-22-27-28
muitas: você está retomando lentamente sua energia após um trauma; conte com a ajuda dos amigos.
problemas em ter: você quer ter os talentos da pessoa com quem sonha.
receber: chegada inesperada de amigo que não é bem-vindo.
ser uma visita: adote suas características admiráveis.
sonhar com: descarte sua relutância em seguir com as revisões; você precisa de uma abordagem mais renovada.

VISTA 05-06-14-19-21-30
a distância: sua saúde precisa de cuidados.
de casas e árvores: bons resultados ao construir o crescimento e desenvolvimento de suas empreitadas.
de um lago: amizades recentes se formaram por meio de um nível básico de entendimento.
nebulosa: não terá sucesso e sofrerá muito.
para o mar: sua sensibilidade excessiva torna enorme o menor dos problemas.
perder alguma coisa de: morte de parente.
sonhar com uma bela: todos os seus desejos serão realizados.
um panorama de montanha: sua inconsistência é exagerada por sua solidez.

VITÓRIA 02-09-12-21-36-41
ganhar de alguém: riqueza e respeito.
militar: as pessoas estão rindo de suas tentativas de bloquear suas iniciativas ultrajantes.
política: vai expor e exagerar as falhas de seus oponentes com senso implacável de oportunidade.
ser membro de equipe vitoriosa: não tome partido na briga dos outros.

VITRINE 10-19-26-34-48-49

decorar uma: aproveite a oportunidade para cumprir suas obrigações.

VIÚVA 02-05-17-24-32-35

assando algo: espere por favores das pessoas para lidar com responsabilidades que você julga exaustivas.

casando: alcançou o último refúgio de esperanças frustradas.

com homem velho e rico: o dinheiro chegará por carta; a felicidade está garantida.

jovem: infelicidade no amor por causa de responsabilidades pesadas que se tornam suas.

pobre: obstáculos intransponíveis pela frente para alguém próximo a você.

com parente distante: mudar de ambiente vai lhe livrar de gente maliciosa.

dando à luz uma criança: será culpado por gestos inconsequentes.

sonhando que está grávida: está se jogando de cabeça em ambições fragmentadas.

sonhar com uma: desenvolva seu lado masculino para conquistar o equilíbrio.

VIÚVO 01-10-20-24-38-45

casando com mulher rica: seus desejos mais caros se esfarelarão em tristezas.

com a cunhada: você se afastou para evitar a tentação.

com mulher da mesma idade: realização de altas ambições; terá domínio sobre várias coisas.

de idade, com mulher jovem: desejo inconsciente de ficar emocionalmente sozinho quando em meio aos amigos.

determinado a continuar sozinho: você se preocupa que alguém próximo lhe deserde.

sonhar com: libere os aspectos femininos de seu eu.

VIZINHOS 08-17-18-20-35-36

ajudar vizinhos, em apuros: será incluído em uma herança por prestar ajuda na hora certa.

boas relações com: perda da humildade que lhe permitia perdoar e esquecer.

socializar: ficará constrangido de ver como provocou a animosidade das pessoas.

encontrar um vizinho: será confrontado por visita indesejada e cheia de amargura.

os seus: você é uma chateação completa por ficar perdendo tempo com fofocas inúteis.

VOAR 06-14-16-20-35-38

elevar-se: restrições cansativas perderam sua curva de aprendizado.

em grande altitude: você é convencido demais para dominar outros e seguro demais de si para percebê-lo.

baixa: o fracasso é causado porque você não se arrisca.

em queda livre: um incentivo para colocar outros em seu lugar.

fora de controle: baixa autoestima na medida em que você não vê suas ambições serem realizadas.

nas nuvens: compensação excessiva pela falta de experiência sexual.

no espaço: seu comportamento é intolerável e irritante; suas fundações irão se desfazer.

outros: os problemas estão sendo tratados; cuidado com traição que paira no ar.

perder a cabeça: cólera é bom contanto que você lhe dê vazão quando está sozinho(a) e silenciosamente.

praticar paraquedismo: ganhe controle; movimento sem desvios no tempo e no espaço.
sobre um abismo: um espírito desencarnado olhando para um corpo solto.
em: equilíbrio entre o seu consciente e o seu inconsciente, no qual você apoia a sua vida.
sonhar com: trabalho agradável e ação de último momento trarão elogios.

VOLEIBOL 05-13-16-18-31-36
jogar: faça um esforço para se controlar; dê atenção às necessidades em casa.
crianças jogando: receberá boas notícias, mas o pagamento será atrasado.
perder em jogo de: não espere cartas daqueles que ama.

VOMITAR 03-09-15-18-28-32
bebida alcoólica, após a ingestão: gastará facilmente dinheiro ganho no jogo.
comida: está se livrando de uma situação nauseante.
induzir vômito: precisa recuperar seu poder ou acabará tendo prejuízo.
outros vomitando: solicitará o serviço de alguém para dar um jeito nas coisas.
por estar doente do estômago: será enquadrado com base no seu estilo de vida extravagante.
sonhar que está vomitando: explosão de emoções suprimidas por medo de participar de grande evento.
vinho: o que você está segurando lhe deixará doente.

VOTAR 05-08-19-25-28-33
em alguém que você conhece: deve estar em paz consigo mesmo para alcançar seus desejos.
em eleição: uma conquista que ultrapassa seus sonhos.
em igreja: virtudes e bênçãos de Deus.
em gabinete de político: uma conquista além de seus sonhos.
entregar uma cédula eleitoral: em breve haverá mudança para melhor, relacionada a suas companhias.
abrir uma urna eleitoral: você tem uma escolha a fazer.
outros entregando: problema em questões atuais devido à falta de autoexpressão.

VOZES 06-08-13-15-16-34
não ter voz: ninguém está lhe escutando, e nem você está ouvindo sua mente.
laringite: a expressão de sua profunda preocupação fará despertar as defesas dos outros.
ouvir vozes de amigos: pessoa próxima ficará doente e precisará de você como guardião.
várias ao mesmo tempo: reveses nos negócios devido ao seu fracasso em cumprir as obrigações.
voz conhecida: seja discreto, mas aceite os bons conselhos dos amigos.
voz desconhecida falando com você: proposta de trabalho vai lhe deixar em posição precária.
voz do seu amante: conserte seus erros no relacionamento, agora!
vozes alegres: estranhos lhe ajudarão a resolver muitas preocupações.
voz chorosa: segure a língua e escute bem quando estiver no ápice da emoção.

VULCÃO 11-15-25-26-29-31
amante sonhando com: logro e intriga por parte de outros.
homem: possui funcionários desonestos que lhe desencaminham.
mulher: você afugentou velhas emoções e dores.
em erupção: as emoções estão escapando por uma fenda em seu eu exterior.

extinto: jogue na cratera todas as memórias antigas e dolorosas para encerrar o assunto.

lava cobrindo a cidade: você está possuído pela raiva.

quente e ativo: sua paixão está para explodir devido a uma premente necessidade de dinheiro.

sonhar com: está envolvido em atividades de alto risco; libere um pouco de energia primeiro.

VULGAR 06-09-26-27-28-36

conversando com outros: será capaz de contar com o sucesso de bons desejos.

com pessoas vulgares: fará amizades desagradáveis.

escutar pessoas vulgares falando: fará amizade com alguém famoso.

ser: será ridicularizado pelas pessoas, e com razão.

amigos sendo: vai desfrutar de felicidade no futuro.

XADREZ 03-35-36-43-46-48

cavalo: personalidade astuta decidida.

dama: está apostando alto demais no jogo da vida; você não precisa de tanto assim.

ganhar: use o bom-senso para lidar com o dinheiro que está chegando.

jogar: desvie a seu favor as dificuldades que encontrar no caminho.

pessoas jogando: sua sorte dependerá dos resultados do jogo.

lance feito por você: aumente seu conhecimento antes de agir.

pelo seu oponente: preste atenção em como ele pensa e aja de acordo.

perder: disseque os padrões de pensamento do seu oponente ou não vá adiante com o negócio.

rei: faculdades críticas altamente desenvolvidas.

torre: pense com cuidado sobre a forma que os outros veem você.

XALE 06-09-17-27-35-54

branco e grande: pureza e virtude.

comprar um: receberá a visita de um médico.

de outras cores: as coisas fluirão de forma tranquila e aventureira.

negro: sofrimento causado por sua indiscrição.

presentear com um: receberá o afeto profundo da pessoa amada.

usar um: alguém lhe será cruel, mas os efeitos e objetivos serão breves.

adornado, dado de presente: fofocas infundadas sobre você.

amigos: deve prestar mais atenção aos negócios.

moças: está cercado de falastrões.

parentes: irá a uma casa funerária.

pessoas pobres: os inimigos estão tramando contra você.

vermelho: você é muito desleixado com seus afetos.

XAROPE 06-09-14-17-23-24

colocar na comida: questões empresariais ficarão muito confusas.

dos filhos: fará bastante dinheiro.

comprar: cuidado com ladrões.

fazer: cuidado com inimigos.

sonhar com: passará por vergonha e humilhação.

xarope de carvalho silvestre: encontro feliz com recordações alegres.

XENOFOBIA 02-08-27-28-36-46

deportar um estrangeiro: perda de amigo leal.

insultar um: mistério que será resolvido.

não gostar de: brigas de família.

ter ódio de: felicidade.

homem que casa com estrangeira: sorte e prosperidade.
mulher, com homem: trabalho agradável e boas-novas.
mistura de raças: casamento fora da família que causa aborrecimento.
xenogamia: amigos inesperados virão para o jantar.

XÍCARA 04-15-16-28-31-40
beber de: os bons tempos estão chegando.
de ouro: progresso nos negócios.
beber de um cálice: você exige que outros sofram para que possa obter prazer.
caindo no chão: sua vitalidade recém-descoberta não durará muito.
de porcelana: um compromisso esperado tem que ser adiado.
muitas pessoas bebendo de uma: sua saúde depende do conteúdo da taça.
quebrada: seu oponente preferiria morrer a que você tivesse poder sobre ele.
quebrar uma: a morte de um inimigo.
receber de presente: uma pessoa que você admira muito melhorará a sua vida.
ter uma vazia: consciência espiritual encherá a taça.
elegante: sorte nos assuntos do amor.
transbordando: uma decisão favorável e alegre do coração.
ver uma: visita amigável.

Z

ZEBRA 05-08-15-18-23-43
mãe, com filhote de: desentendimentos entre amigos se dissiparão satisfatoriamente.
no zoológico: amizade malcolocada que vai lhe causar muitos estragos.
alimentada: ingratidão por parte de pessoas por quem você batalhou para que tivessem lugar garantido na empreitada.
ser atacado por uma selvagem: sua honra está em perigo devido a uma empreitada que carece de credibilidade.
sonhar com uma: viajará muito para o exterior devido a uma fonte surpreendente de lucros.

ZELOSO 02-07-17-31-33-50
fingir, ser: vai lutar em causa própria em detrimento do mundo.
não conseguir trabalhar com zelo: a descoberta de um tesouro é um desejo que não se realizará.
não ser: perigo e infortúnio ao decidir com o coração.
outros que são zelosos: breve cortejo terminará em acordo.

ZÊNITE 04-12-20-32-42-47
direto dos céus sobre você: felicidade.
pessoa divorciada sonhando com: casará com alguém rico.
pessoa casada: riqueza incomum.
não casada: boa escolha de cônjuge.
viúva: casará com homem mais jovem.
viúvo: jamais se casará novamente.

ZEPELIM 03-04-07-36-39-40
descer em um: receberá boas-novas quando puser os pés no chão.
estar em um: será aborrecido por conquistas que trazem grande risco.
pegando fogo: sua paixão, não seu intelecto, atingirá o objetivo.
fazer parte de acidente em: sua indecisão é culpada por seu fracasso.
inflar um, com hélio: investimentos seguros e lucrativos.
observar um, movendo-se lentamente: as pessoas estão se metendo em seus assuntos.

sonhar com um: ambições além de seu alcance.
subir em um: será insultado por homem de maus modos.
voando por entre as nuvens: sua avaliação de si mesmo não é verdadeira.

ZIBELINA 03-04-06-27-30-41
comprar pele de: mulher sedutora aparece misteriosamente.
mudança de pele: você terá honra e distinção social entre tolos.
parentes: será trapaceado por seus inimigos que acham que você tem parte na fortuna dos parentes.
ter: cultive mentores influentes procurando parecer mais rico do que é de fato.
usar: encontro com pessoa aventureira do sexo oposto.
vender: perda de dinheiro devido à fraude por parte de seu sócio.

ZIGUE-ZAGUE 16-24-30-31-36-49
caminhar lentamente em: problemas nos negócios devido à sua dificuldade em se empenhar.
amigos: evite hesitar ao tomar decisões, mas decida por si mesmo e assuma suas escolhas.
crianças: você perderá as estribeiras; não pense em controle, é melhor um leve cutucão.
dirigir um carro em: seus modos instáveis podem causar estragos.
cavalo: mudanças empresariais vão lhe colocar em outro grupo.

ZINCO 02-15-19-32-35-37
comprar: seu futuro será construído com a fundação de uma empresa.
produtos feitos de: evite especular com ouro.
lidar com: você participa de entretenimentos em excesso.
outras pessoas usando coisas feitas de: está tomando direções demais para um romance duradouro.
sonhar com: conseguirá sucesso sólido com esforço incansável.

ZÍPER 08-14-28-50-51-52
abrir o zíper das próprias roupas: alívio da tensão de tentar ser quem não é.
homem, o vestido de uma mulher: receberá notícias relacionadas ao nascimento de criança.
comprar um: desejo de desenvolver uma relação mais fácil com alguém.
emperrado: constrangimento social por comentários no começo e no fim.
fechar o zíper das próprias roupas: uma pequena irritação abrirá caminho para uma proposta amorosa.
de criança: preservará a dignidade familiar, apesar de todos os contras.
outros, suas: terá sorte no jogo e ficará chateado com o azar de um amigo.

ZODÍACO 08-17-25-49-50-53
sonhar com algum dos signos do: grande sorte no futuro.
das crianças: será muito amado pelos filhos ou por crianças.
de familiares: riquezas, bens.
de parente: terá discussões com parentes.
o próprio signo: ganhará na loteria.

ZOOLÓGICO 07-13-21-36-50-57
estar em um com animais selvagens: o sucesso vai requerer uma nova forma de fazer dinheiro.
guarda de zoológico: ganhos financeiros com atenção redobrada.
ir sozinho ao: está humilhado e seus instintos estão oprimidos.
com a família: boas esperanças, se o futuro permitir.

amigo: não faça confidências; selecione os amigos após observar de perto.
marido ou esposa: esperanças não se realizarão; sua sorte será variável.
pessoa amada: as pessoas lhe oprimem e aborrecem.
trabalhar em um: seu ciúme tornará o casamento um inferno.
outros: eles têm fama de fofoqueiros.
visitar um, com crianças: precisa arrumar uma situação e torcer para ter alegria e admiração.

Este livro foi composto na tipografia
ITC Giovanni, em corpo 8,5/11, e impresso em
papel offset no Sistema Digital Instant Duplex
da Divisão Gráfica da Distribuidora Record.